Expertise comptable

LMD

DCG 2

Droit des sociétés et groupements d'affaires

MANUEL + APPLICATIONS + CORRIGÉS

Sous la direction d'Alain Burlaud

Emmanuel Béal
Marie Suzuki-Caumartin
Caroline Trevisan

ISBN 978-2-216-15870-6

Préface

Le monde de la comptabilité, du contrôle de gestion, de l'audit, de la finance et du droit des affaires bouge. L'enseignement de ces disciplines aussi, s'ajustant en permanence aux évolutions politiques (la normalisation comptable), économiques, juridiques, éthiques et technologiques (la révolution numérique) qui transforment l'exercice du métier : apparition de normes mondiales pour la formation initiale des professionnels de la comptabilité (*International Federation of Accountants*), de normes européennes (*Common Content Project*), réorganisation des études universitaires en trois niveaux (licence, master, doctorat ou LMD) dans la plupart des pays.

Les réformes des études supérieures comptables

Les études comptables supérieures comportent aujourd'hui trois diplômes :

- le diplôme de comptabilité et de gestion, DCG (bac + 3, grade licence) ;
- le diplôme supérieur de comptabilité et de gestion, DSCG (bac + 5, grade master) ;
- le diplôme d'expertise comptable, DEC, diplôme final qui ne peut être présenté qu'après le stage professionnel réglementé de trois ans, soit 8 ans après le bac.

Le cursus a connu les évolutions récentes suivantes : après une refonte complète en 2007, l'ouverture à la « validation des acquis de l'expérience » (VAE) du DCG et du DSCG (2010), puis du DEC (2018), l'obtention du grade licence pour le DCG et du grade master pour le DSCG (ce qui signifie qu'ils ouvrent les mêmes droits qu'une licence ou un master), les programmes ont fait l'objet d'une nouvelle révision en 2019.

Ce cursus conserve l'esprit d'ouverture qui a fait son succès depuis plus d'un demi-siècle : des unités d'enseignement (UE) indépendantes et capitalisables, la compensation des notes (avec, toutefois, des notes éliminatoires), des entrées possibles à différents niveaux avec des dispenses d'épreuves, des sorties à chaque niveau avec des débouchés professionnels clairement identifiés, des diplômes reconnus et appréciés, délivrés par l'État. Depuis 2006, la « mesure » de chaque UE en unités *European Credit Transfer System* (ECTS) facilite la portabilité des acquis dans les différents établissements d'enseignement supérieur, y compris à l'étranger.

Le cursus intègre pleinement le dispositif de validation des acquis de l'expérience. Enfin, la réforme de 2019 introduit dans les programmes la notion de « compétences », en lien avec les connaissances, pour les rendre plus lisibles et plus attractifs, tant pour les étudiants que pour leurs futurs employeurs. En effet, le monde du travail raisonne en termes de compétences acquises.

Pour correspondre à ce nouveau référentiel, la collection « Expertise comptable » des Éditions Foucher a été entièrement remaniée en 2019.

La réécriture des ouvrages s'inscrit dans une démarche de qualité, de recherche d'excellence qui se construit pas à pas, souvent grâce au dialogue que nous entretenons avec nos lecteurs et les professeurs des différentes disciplines concernées.

Qu'apporte la collection « Expertise comptable » des Éditions Foucher ?

Depuis plus de quarante ans, les Éditions Foucher publient des ouvrages de référence préparant aux examens comptables de l'État, également très appréciés par les étudiants des universités, grandes écoles, IUT, classes post-baccalauréat des lycées et, aussi, largement utilisés dans le cadre de la formation continue.

Aujourd'hui, la collection « Expertise comptable » répond totalement aux ambitions d'un cursus reconnu et recherché, aux nombreux débouchés professionnels.

Chaque ouvrage est un outil multimédia utilisant au mieux l'ergonomie de plusieurs supports. Le livre offre le meilleur confort de lecture, des possibilités d'utilisation nomade, la facilité d'appropriation et de mémorisation des contenus en annotant et en surlignant.

Le numérique apporte aussi la possibilité de mises à jour instantanées et d'applications dynamiques comme l'utilisation du tableur.

Le contenu des ouvrages, fruit du travail des meilleurs auteurs et spécialistes des différentes disciplines, est mis en valeur par une présentation particulièrement soignée.

Outre les manuels et les applications et cas, mis à jour régulièrement, la collection, qui couvre l'ensemble des unités d'enseignement du DCG et du DSCG, offre une série, « Tout le DCG » et « Tout le DSCG », comprenant des mémos et des batteries d'exercices corrigés pour faciliter vos révisions.

Enfin et surtout, les ouvrages de la collection « Expertise comptable » ont pour ambition de donner un sens à la connaissance ; ils privilégient le raisonnement sur la description, la déduction sur l'énumération. Ils développent une pratique raisonnée des différentes disciplines qui, conformément à l'esprit du LMD, conduit à la réussite académique et professionnelle.

Quelles perspectives universitaires et professionnelles ?

Le cursus comptable supérieur est marqué par une triple ouverture.

- Ouverture sur **l'université** : les ECTS associés à chaque épreuve du DCG ou du DSCG et le grade licence pour le DCG ou master pour le DSCG permettent des passerelles dans l'ensemble des universités de l'Espace européen de l'enseignement supérieur qui regroupe 48 pays.
- Ouverture sur les **métiers** : les nouveaux diplômes comptables de l'État ayant le grade licence ou master, correspondent à des repères précis et appréciés des employeurs pour tous les métiers de la comptabilité : comptabilité financière, contrôle de gestion, audit, finance. Tous offrent de très beaux débouchés. De plus, la validation des acquis de l'expérience (VAE) rapproche encore plus étroitement profession et formation.
- Ouverture sur le **monde** : les professions comptables sont celles qui sont le plus ouvertes sur le monde, qu'elles soient exercées en entreprise, dans l'économie sociale et solidaire, dans le secteur public ou en cabinet.

Quel projet personnel ?

Que faut-il de plus pour réussir dans cette voie ? Simplement un peu d'ambition, les moyens de ses ambitions et de bons outils. Cet ouvrage de la collection « Expertise comptable » est un excellent outil au service de votre ambition.

Alain BURLAUD
Professeur émérite du Conservatoire national des arts et métiers

Programme

DROIT DES SOCIÉTÉS ET DES GROUPEMENTS D'AFFAIRES (UE 2)

Niveau L : 150 heures – 14 ECTS

COMPÉTENCES	SAVOIRS ASSOCIÉS	MANUEL
1. L'ENTREPRISE EN SOCIÉTÉ (40 heures)		
1.1 **La notion de société**		
Sens et portée de l'étude **Le droit des sociétés a une histoire marquée par de grandes lois complétant le Code civil. C'est un droit qui a souvent accompagné les mutations économiques. Les différentes formes sociétaires n'ont pas été créées ex nihilo mais pour répondre à des besoins. La forme sociétaire n'est toutefois pas la seule forme juridique utilisée pour l'exercice d'une activité économique.**		
▪ Identifier les sources du droit des sociétés. ▪ Repérer les grandes évolutions historiques et économiques ayant donné naissance aux différentes formes sociétaires. ▪ Repérer l'influence du droit européen en droit des sociétés à travers quelques exemples concrets. ▪ Chercher une forme adaptée à la situation patrimoniale de l'entrepreneur (sociétaire, EIRL, entreprise individuelle).	▪ Définition de la société. ▪ Sources et évolution du droit des sociétés. ▪ EIRL et entreprise individuelle.	**Introduction** **Chapitre 1**
1.2 La société - contrat		
Sens et portée de l'étude La société est à la fois un contrat entre associés et une personne juridique autonome. Cette double nature donne à la société un statut juridique particulier. La nature contractuelle de la société se révèle à travers le contrat de société, acte fondateur, dont les différents éléments constitutifs doivent être étudiés avec attention. Mais au cours de la vie sociétaire, les volontés individuelles vont parfois être dépassées au profit d'un intérêt social qui s'imposera aux associés. La compréhension de cette double nature permet de voir la société comme un instrument juridique au service de la liberté individuelle et contractuelle qui a toutefois une autonomie certaine par rapport à la volonté de ses créateurs.		
▪ Identifier les différents éléments constitutifs du contrat de société et les caractériser. ▪ Analyser le régime juridique des apports. ▪ Distinguer bénéfices et dividendes. ▪ Distinguer capital social et capitaux propres. ▪ Analyser l'influence du régime matrimonial de l'associé sur le contrat de société. ▪ Analyser l'impact du débat de la nature juridique de la société sur la notion d'intérêt social.	▪ Les éléments constitutifs du contrat de société : associé(s), apports, bénéfice ou économie, affectio societatis. ▪ Le régime des nullités en cas d'élément constitutif manquant. ▪ La terminologie des aspects juridiques intéressant les capitaux et résultats : capital social, capitaux propres, bénéfice / dividendes. ▪ La nature juridique de la société : contrat, institution. ▪ L'intérêt social, l'abus de droit.	**Chapitre 1** **Chapitre 2** **Chapitre 3**

COMPÉTENCES	SAVOIRS ASSOCIÉS	MANUEL
1.3 La société, personne juridique		
Sens et portée de l'étude Depuis sa création jusqu'à sa disparition, des règles juridiques vont encadrer la vie d'une société. La personnalité morale de la société lui donne une autonomie certaine qu'expriment ses statuts mais dans un cadre déterminé par la loi. Le pouvoir et les droits des associés vont varier selon l'étendue de la responsabilité financière qui leur incombe. La société sera dirigée par des organes dont les pouvoirs et les responsabilités varient selon les formes sociétaires. Les mécanismes de contrôle de la gestion de la société doivent favoriser une plus grande transparence. Un équilibre se crée dans le fonctionnement quotidien entre les dirigeants, les associés et les organes de contrôle. Parfois les aléas du fonctionnement de la société vont l'amener à disparaître. Toutes ces étapes sont encadrées par des règles juridiques destinées à maintenir ou à imposer un équilibre entre des intérêts divers et parfois contradictoires.		
1.3.1 La naissance de la société		
▪ Différencier constitution de la société et acquisition de la personnalité juridique. ▪ Schématiser le processus administratif aboutissant à l'acquisition de la personnalité morale. ▪ Analyser les conséquences d'un acte pris par une société en formation. ▪ Repérer les attributs de la personne morale et en analyser le régime juridique.	▪ La constitution de la société, l'acquisition de la personnalité morale, l'immatriculation de la personne morale. ▪ L'identité : les attributs de la personne morale (nom, siège, patrimoine, durée, capacité).	Chapitre 3 Chapitre 4
1.3.2 Le fonctionnement et les contrôles de la société		
▪ Analyser le fonctionnement interne d'une société et sa représentation vis-à-vis des tiers. ▪ Distinguer la rémunération liée au mandat social, du salaire lié au contrat de travail. ▪ Différencier les conditions et les conséquences de l'engagement de la responsabilité de la société, des dirigeants et des associés. ▪ Apprécier les contrôles internes et externes de l'action du dirigeant et leurs conséquences.	▪ Les associés : informations, pouvoirs et responsabilités. ▪ Les dirigeants et les organes sociaux : représentant légal, mandataire social, fonctionnement, responsabilités. ▪ Le contrôle et les sanctions.	Chapitre 5
1.3.3 La disparition de la société		
▪ Identifier les causes de dissolution d'une société. ▪ Schématiser le processus de dissolution et de liquidation. ▪ Analyser les conséquences de la dissolution et de la liquidation pour la personne morale. ▪ Analyser les conséquences de la dissolution et de la liquidation pour les associés.	▪ La dissolution et la liquidation. ▪ L'étendue de la personnalité morale pendant les phases de dissolution et liquidation.	Chapitre 7

<table>
<tr><th>COMPÉTENCES</th><th>SAVOIRS ASSOCIÉS</th><th>MANUEL</th></tr>
<tr><td colspan="3">1.4 La société sans personnalité juridique propre</td></tr>
<tr><td colspan="3">Sens et portée de l'étude La société peut être sans personnalité juridique propre, soit du fait de la négligence des associés, soit volontairement. Les conséquences de cette absence de personnalité sont importantes, surtout dans la mise en œuvre de la responsabilité des associés.</td></tr>
<tr><td>▪ Distinguer les différentes formes de société sans personnalité juridique.
▪ Identifier les conséquences juridiques associées aux différentes formes de société sans personnalité juridique.</td><td>▪ Les dispositions régissant l'absence de personnalité juridique de la société.
▪ La société en participation.
▪ La société de fait.
▪ La société créée de fait.</td><td>Chapitre 4</td></tr>
<tr><td colspan="3">2. LES PRINCIPAUX TYPES DE SOCIÉTÉS (60 heures)</td></tr>
<tr><td colspan="3">Sens et portée de l'étude La société peut prendre plusieurs formes selon que les associés veulent limiter ou non leur responsabilité au montant de leurs apports, se ménager une latitude contractuelle, faciliter le financement de ses activités. La forme choisie n'est toutefois pas figée. Les opérations sur le capital ou les opérations de transformation permettant par exemple d'adapter la forme initialement choisie aux besoins des associés. Une étude des principaux types de sociétés doit permettre de mieux comprendre les avantages et les inconvénients de chaque forme sociétaire pour pouvoir ensuite déterminer la forme la plus adaptée à un contexte donné.</td></tr>
<tr><td>▪ Schématiser et analyser les règles de fonctionnement de chaque forme sociétaire étudiée.
▪ Rédiger des clauses spécifiques des statuts (clause limitative de pouvoir, clause d'inaliénabilité, clause d'agrément).
▪ Repérer dans des statuts les clauses non conformes (clause limitative de pouvoir, clause d'inaliénabilité, clause d'agrément, clause de préemption et clause d'exclusion) et les corriger.
▪ Analyser les opérations de contrôle au sein d'une société : rôles du commissaire aux comptes, contrôle des conventions réglementées, contrôle interne, procédure d'alerte.
▪ Différencier les principales valeurs mobilières (actions, actions de préférence, obligations) et expliquer leur régime juridique.
▪ Distinguer les actions et les parts sociales et justifier les conséquences juridiques de cette distinction.
▪ Analyser les opérations d'augmentation et de réduction de capital.
▪ Analyser les conditions et les conséquences d'une transformation pour chaque type de sociétés.
▪ Identifier les causes et les conséquences d'une dissolution spécifiques à chaque type de sociétés.
▪ Justifier le choix d'une forme sociétaire adaptée à une situation donnée.</td><td>▪ Les sociétés à responsabilité limitée :
– pluripersonnelle ;
– unipersonnelle.
▪ Les sociétés anonymes :
– forme classique ;
– à directoire.
▪ Les sociétés par actions simplifiées :
▪ pluripersonnelle ;
▪ unipersonnelle.
▪ La société en nom collectif.
▪ Les sociétés civiles de droit commun.</td><td>Chapitre 8
Chapitres 9, 10, 11 et 12
Chapitre 15
Chapitre 16</td></tr>
</table>

COMPÉTENCES	SAVOIRS ASSOCIÉS	MANUEL
3. L'ÉCONOMIE SOCIALE ET SOLIDAIRE ET LE MONDE DES AFFAIRES (10 heures)		
Sens et portée de l'étude L'économie sociale et solidaire (ESS) prend une place croissante au sein de l'économie. Les formes classiques de sociétés ne permettent pas toujours de répondre à ces nouveaux besoins. L'association et la société coopérative sont deux structures juridiques compatibles avec les principes directeurs de l'ESS.		
▪ **Caractériser l'économie sociale et solidaire.** ▪ **Mettre en évidence à partir d'une documentation l'importance croissante de l'économie sociale et solidaire et son encadrement par la loi.** ▪ **Identifier les principes généraux régissant les associations et les sociétés coopératives.** ▪ **Déterminer les conséquences de l'exercice par une association d'une activité économique.** ▪ **Identifier une structure juridique adaptée à une situation donnée.**	▪ L'économie sociale et solidaire. ▪ L'association. ▪ La société coopérative.	Chapitre 23 Chapitre 24 Chapitre 25
4. LES AUTRES TYPES DE GROUPEMENTS (15 heures)		
Sens et portée de l'étude Au-delà des formes communes déjà étudiées, de nombreux groupements permettent d'organiser les relations entre des partenaires mus par des projets particuliers. Ces groupements apportent des réponses à des besoins divers dans un contexte donné.		
▪ **Identifier l'utilité de ces groupements dans des situations spécifiques.** ▪ **Mettre en évidence les principales règles de fonctionnement de ces groupements.**	Caractéristiques essentielles des : - sociétés en commandite par actions (SCA) ; - sociétés d'exercice libéral (SEL) ; - société civile immobilière, société civile professionnelle, société civile de moyens ; - sociétés agricoles : GAEC, EARL ; - groupement d'intérêt économique (GIE).	Chapitre 14 Chapitre 17 Chapitre 18 Chapitre 19 Chapitre 20 Chapitre 21 Chapitre 22
5. PRÉVENTION ET TRAITEMENT DES DIFFICULTÉS (10 heures)		
Sens et portée de l'étude Dans un contexte économique incertain, les organisations peuvent connaître des difficultés financières mettant en danger leur existence même. Le droit va tenter de détecter au plus tôt ces situations, pour encourager les organisations à mettre en place des outils destinés à les aider à surmonter rapidement leurs difficultés. Si la situation s'aggrave, le législateur a alors prévu des procédures plus contraignantes destinées à préserver les intérêts de toutes les parties prenantes.		
▪ **Différencier le mandat ad hoc de la conciliation.** ▪ **Caractériser la notion de cessation des paiements.** ▪ **Identifier les conditions d'engagement d'une procédure collective.** ▪ **Présenter les acteurs des procédures collectives.** ▪ **Schématiser les procédures applicables en fonction du degré de la difficulté rencontrée.** ▪ **Déterminer l'issue d'une procédure collective.**	▪ La cessation des paiements. ▪ Les spécificités et comparaison des procédures préventives (mandataire ad hoc / conciliation). ▪ La procédure de sauvegarde (finalités, acteurs, issues). ▪ Le redressement et la liquidation judiciaire (finalités, initiatives, acteurs, durée, issues).	Chapitre 6

<table>
<tr><th>COMPÉTENCES</th><th>SAVOIRS ASSOCIÉS</th><th>MANUEL</th></tr>
<tr><td colspan="3">6. DROIT PÉNAL DES GROUPEMENTS D'AFFAIRES (15 heures)</td></tr>
<tr><td colspan="3">Dans le cadre du développement de ses activités, l'entreprise mais aussi le dirigeant peuvent voir mise en cause leur responsabilité pénale. Cette dernière a pour but la défense sociale et la garantie d'une forme de morale des affaires. Elle peut toutefois mettre en jeu la survie même de l'entreprise ou la liberté des hommes de l'entreprise. Elle est également parfois perçue comme limitant de manière trop importante la liberté d'entreprendre. Elle doit donc être entourée de nombreuses garanties et trouver un équilibre parfois délicat.</td></tr>
<tr><td colspan="3">6.1 La responsabilité pénale</td></tr>
<tr><td colspan="3">Sens et portée de l'étude Le droit pénal appliqué aux affaires ne saurait se libérer des principes fondateurs du droit pénal afin de garantir son efficacité et sa légitimité. Le rôle du juge est ici fondamental. Il est également nécessaire de comprendre que le risque pénal ne se limite pas au dirigeant ou à l'entreprise : experts comptables, commissaires aux comptes, banquiers peuvent également voir leur responsabilité mise en cause. Il est donc important de comprendre les enjeux et la mesure du risque pénal afin de permettre aux différents acteurs d'exercer leur liberté d'entreprendre ou leur profession d'une manière acceptable aux yeux de la loi et de la société.</td></tr>
<tr><td>▪ Identifier la personne pénalement responsable, l'auteur et le complice.
▪ Associer une peine à une infraction (amende, emprisonnement...).
▪ Schématiser les grandes étapes de la procédure pénale.
▪ Mettre en évidence les grandes règles de la procédure pénale.
▪ Identifier la responsabilité pénale du commissaire aux comptes (CAC).</td><td>▪ Les éléments constitutifs de l'infraction.
▪ La classification des infractions : crime, délit, contravention.
▪ L'identification de la personne responsable : auteur, complice.
▪ La procédure pénale : action publique et action civile, instruction préparatoire, jugement et voie de recours, principes directeurs d'un procès.
▪ Le statut pénal du CAC.</td><td>Chapitre 26
Chapitre 28</td></tr>
<tr><td colspan="3">6.2 Les infractions de droit commun applicables aux affaires et les infractions spécifiques du droit pénal des sociétés et groupements d'affaires</td></tr>
<tr><td colspan="3">Sens et portée de l'étude Les infractions de droit commun visent surtout à protéger la propriété intéressant la vie des affaires. Principe constitutionnel, la propriété est ici protégée par l'abus de confiance ou l'escroquerie. Mais elles ont également comme objectif de renforcer la probité des comportements des acteurs économiques afin de maintenir la crédibilité du système économique. Le rôle régulateur du droit pénal trouve ici tout son sens.</td></tr>
<tr><td>▪ Repérer et nommer les éléments constitutifs de chaque infraction.
▪ Distinguer les infractions de droit commun des infractions spécifiques.</td><td>▪ L'abus de confiance.
▪ L'escroquerie.
▪ Les faux et usage de faux.
▪ Le recel.
▪ L'abus de biens et du crédit de la société.
▪ La distribution de dividendes fictifs.
▪ La présentation ou publication de bilan ne donnant pas une image fidèle.
▪ La surévaluation des apports.
▪ Les infractions remettant en cause le bon déroulement de la mission de contrôle du CAC.</td><td>Chapitre 27
Chapitre 28</td></tr>
</table>

Abréviations

AGO	assemblée générale ordinaire des associés
AGE	assemblée générale extraordinaire des associés
AMF	Autorité des marchés financiers
BALO	Bulletin des annonces légales obligatoires
BODACC	Bulletin officiel des annonces civiles et commerciales
CA	Conseil d'administration
CE	comité d'entreprise
CS	conseil de surveillance
CSE	conseil social et économique
CAA	commissaire aux apports
CAC	commissaire aux comptes
CFE	Centre de formalités des entreprises
CJUE	Cour de justice de l'Union européenne
CRESS	chambre régionale de l'économie sociale et solidaire
DG	directeur général
DGD	directeur général délégué
DPS	droit préférentiel de souscription
EARL	exploitation agricole à responsabilité limitée
EIRL	entrepreneur individuel à responsabilité limitée
ESS	économie sociale et solidaire
ESUS	entreprise solidaire d'utilité sociale
EURL	entreprise unipersonnelle à responsabilité limitée
GAEC	groupement agricole d'exploitation en commun
GEIE	groupement européen d'intérêt économique
GIE	groupement d'intérêt économique
JAL	journal d'annonces légales
LRAR	lettre recommandée avec accusé de réception
OPA	offre publique d'achat
OTP	offre de titres au public
PDG	président directeur général
PME	petite et moyenne entreprise
PP	personne physique
PM	personne morale
PV	procès-verbal
RCS	Registre du commerce et des sociétés
RSE	responsabilité sociale de l'entreprise
SA	société anonyme
SARL	société à responsabilité limitée
SAS	société par actions simplifiée
SCA	société en commandité par actions
SCE	société coopérative européenne
SCEA	société civile d'exploitation agricole
SCI	société civile immobilière
SCIC	société coopérative d'intérêt collectif
SCM	société civile de moyens
SCOP	société coopérative de production
SCP	société civile professionnelle
SCA	société en commandite par actions
SCS	société en commandite simple
SEL	société d'exercice libéral
SNC	société en nom collectif
SE	société européenne
SICAV	société d'investissement à capital variable
UE	Union européenne

Sommaire

Introduction

Compétence attendue :

- ***chercher une forme adaptée à la situation patrimoniale de l'entrepreneur (sociétaire, EIRL, entreprise individuelle)***

Dans le cadre de la **rénovation du DCG, quatre axes ont été mis en évidence** :
- le droit des affaires ;
- la gestion comptable et financière ;
- l'analyse économique et managériale ;
- et la communication et environnement numérique.

Le premier axe « ***Droit des affaires*** » comprend les **fondamentaux du droit**, le **droit des sociétés et des groupements d'affaires**, le **droit social** et **le droit fiscal**.

Cet ouvrage a été **conçu pour préparer l'UE 2** « Droit des sociétés et des groupements d'affaires » et, plus généralement, pour tous les étudiants ayant besoin d'une formation en droit des affaires et plus particulièrement d'une connaissance juridique du fonctionnement des organisations.

1 Savoirs associés issus de l'UE 1 « Fondamentaux du droit »

Les formes possibles d'exploitation

Le droit commercial s'est construit autour de la figure du commerçant, personne physique ou personne morale.

On distingue alors traditionnellement :
- **l'exploitation individuelle** à travers la figure du commerçant personne physique ;
- **de l'exploitation collective ou sociétaire** : il s'agit alors d'une société dotée de la personnalité juridique et répondant à l'adage « l'union fait la force » (par la réunion des moyens matériels et financiers des associés). La personnalité morale permet d'organiser l'activité entreprise à plusieurs.

L'UE 2 s'appuie sur des notions étudiées principalement dans le cadre des « Fondamentaux du droit ».

L'importance des personnes morales (PM)

À l'occasion de l'étude de la personnalité juridique, les Fondamentaux du droit ont permis de mettre en évidence l'importance des personnes morales en tant qu'acteurs de l'activité économique. Seul le commerçant personne physique a été étudié en tant que premier acteur de la vie des affaires.

Le patrimoine du commerçant et les techniques de cantonnement du passif

L'étude de la situation patrimoniale du commerçant personne physique -qui exerce en nom propre ou, autrement formulé, à titre individuel – a mis en évidence les techniques de cantonnement du passif (c'est-à-dire des techniques permettant de limiter les risques financiers ou le passif entrepreneurial) dont il bénéficie (insaisissabilité de la résidence principale, recours au patrimoine d'affectation avec l'EIRL – entrepreneur individuel à responsabilité limitée – qui ne doit pas être confondu avec l'EURL – entreprise unipersonnelle à responsabilité limitée). L'atténuation de la responsabilité du commerçant personne physique peut également prendre la forme de la mise en société. Cet ouvrage étudie notamment le régime juridique des sociétés commerciales qui, une fois immatriculée au RCS (Registre du commerce et des sociétés), jouissent de la personnalité juridique et sont dotées d'un patrimoine propre, distinct de celui des associés qui l'ont constituée. Ce sont les commerçants personne morale.

Dans certaines sociétés, la responsabilité des associés sera limitée au montant de leur apport. La technique sociétaire apparaît alors comme une technique de cantonnement.

Les autres sociétés et groupements de la vie des affaires

À côté du commerçant, toujours parmi les personnes physiques, les Fondamentaux du droit ont permis d'étudier d'autres professionnels de la vie des affaires (artisan, agriculteur, professionnel libéral). L'UE 2 permet d'étudier les sociétés et structures possibles de ces professionnels (sociétés civiles, sociétés d'exercice libéral, sociétés agricoles...).

L'entreprise et ses responsabilités

Les fonctions et la mise en œuvre de la responsabilité (civile et pénale) figurent parmi le quatrième thème des Fondamentaux du droit. Les sociétés et groupements d'affaires, en tant que sujets de droit (PM), engagent leur responsabilité tant civile que pénale. Les infractions propres au droit des sociétés figurent au programme de l'UE2 et sont étudiées dans les derniers chapitres du manuel.

> Remarque sur les thèmes de l'UE 2 qui trouvent un écho dans d'autres UE :
> **Savoirs associés issus de l'UE 5 « Économie contemporaine » :** la richesse créée au sein d'une économie résulte d'une pluralité d'acteurs parmi lesquels certains dépassent le cadre marchand et lucratif traditionnel. Depuis plusieurs années, l'économie sociale et solidaire (ESS), en constituant une alternative à l'économie marchande classique, connaît un développement très important. Les structures juridiques de l'ESS figurent désormais au programme de l'UE 2.
> **Savoirs associés issus de l'UE 7 « Management » :** les relations entre une organisation, quelle que soit sa nature, et ses parties prenantes constituent un point du programme du Management. La responsabilité sociale de l'entreprise (RSE) est un thème qui inspire le droit des sociétés. La loi PACTE du 22 mai 2019 prévoit des dispositifs inspirés de cette démarche RSE.

2 Entreprise ou société ?

Précisions préalables en termes de vocabulaire

Le commerçant personne physique dirige une entreprise individuelle qui n'est pas un sujet de droit. C'est la raison pour laquelle elle n'est pas dotée d'un patrimoine propre.

Retenez que l'entreprise est une notion économique. La notion d'entreprise ne trouve pas sa place dans la distinction fondamentale (*summa divisio*) qui oppose les personnes aux choses. L'entreprise n'est ni un sujet de droit ni un objet de droit. Même si la notion de cession d'entreprise est utilisée, y compris par les juristes, elle est impropre dans la mesure où les salariés impliqués dans l'activité économique ne peuvent être cédés (les contrats de travail sont transférés – UE 3 Droit social).

Certes le législateur utilise la notion d'entreprise (par exemple avec la notion de « comité d'entreprise » en 1945 – remplacé par le Comité social et économique – ou encore avec « le droit des entreprises en difficulté », branche du droit qui traite de la prévention et des difficultés économiques des entreprises ; dernièrement encore avec la loi Pacte du 22 mai 2019 « Plan d'action pour la croissance et la transformation des entreprises ». À chaque fois, le concept d'entreprise permet de regrouper toutes les réalités juridiques concernées par une règle de droit. Ainsi, ce n'est pas la structure juridique de l'employeur (un commerçant PP ou une société commerciale) qui va déterminer le droit du travail applicable aux salariés, ni permettre d'échapper aux règles du droit de la concurrence.

Quelles sont ces réalités juridiques ?

Derrière l'entreprise individuelle.

C'est l'entrepreneur individuel-sujet de droit (commerçant, artisan...) qui est le seul maître à bord et responsable de la gestion de l'activité économique. L'entrepreneur individuel est celui qui a fait le choix de l'absence de forme sociétaire et celui de ne pas constituer un patrimoine affecté. Cherchant à promouvoir le statut de l'EIRL, le législateur prévoit que, lors de la création d'une entreprise en nom propre, l'entrepreneur doit effectuer un choix entre le statut d'EIRL et celui d'entrepreneur individuel (article L. 526-5-1 du Code de commerce).

L'EIRL n'est pas un sujet de droit.

C'est un **patrimoine d'affectation** rattaché à la personne de l'entrepreneur individuel. Il permet à tout entrepreneur d'affecter à son activité professionnelle un patrimoine séparé de son patrimoine personnel. Il n'y a pas création d'une personne morale (article L. 526-6 du Code de commerce).

L'entrepreneur reste propriétaire des biens affectés à son activité professionnelle. Ces biens constituent la garantie des créanciers intervenant dans le cadre professionnel.

Les biens personnels de l'entrepreneur sont à l'abri des poursuites des créanciers professionnels : seuls les créanciers personnels de l'entrepreneur exercent leurs poursuites sur le patrimoine « non affecté ».

> Remarque sur l'incitation à choisir le statut d'EIRL pour l'entrepreneur individuel : dans le cadre de la loi PACTE, **l'entrepreneur individuel doit effectuer un choix entre le statut d'EIRL et celui d'entrepreneur individuel dès la création de son entreprise en nom propre**. Outre le choix évoqué précédemment, la loi Pacte a prévu que l'entrepreneur pourra choisir ce statut et démarrer son activité alors même que le patrimoine affecté est d'une valeur égale à zéro. Cette nouvelle disposition permet de briser un arrêt rendu le 7 février 2018 dans lequel la Cour de cassation avait retenu un manquement grave aux règles de l'EIRL et avait prononcé la réunion des deux patrimoines de l'entrepreneur (ce dernier avait voulu affecter à son activité professionnelle de vente ambulante de boissons un patrimoine séparé, mais sa déclaration ne comprenait aucune précision relative aux biens affectés). La loi PACTE a supprimé l'article L. 526-10 du Code de commerce qui prévoyait une procédure d'évaluation des biens dont la valeur déclarée était supérieure à 30 000 €. Elle visait à garantir la réalité de la valeur des actifs affectés au patrimoine professionnel.
> La loi PACTE prévoit enfin que la composition du patrimoine affecté a vocation à évoluer dans le temps. Ce sont les documents comptables qui valent actualisation de la composition du patrimoine affecté (article L. 526-8-1 al.1er du Code de commerce).

Les entreprises sociétaires correspondent aux sociétés, historiquement pluripersonnelles

Le législateur permet à un associé unique de constituer une société (société unipersonnelle). La technique sociétaire permet à l'entrepreneur individuel-associé unique de limiter, tout au moins théoriquement, sa responsabilité au montant de son apport.

La société a un patrimoine propre et les créanciers de la société unipersonnelle (EURL ou SASU) ne peuvent exercer leurs poursuites que sur les biens figurant à l'actif du patrimoine de la société.

> Remarque sur le **micro-entrepreneur** (lors de la création de la création de ce régime social et fiscal en 2008, il s'agissait de l'**auto-entrepreneur**) : la résidence principale du micro-entrepreneur est, de droit, insaisissable. Il peut procéder à une déclaration d'insaisissabilité de ses biens fonciers, non affectés à son usage professionnel, et y renoncer (régime qui continue d'attirer : accroissement de 28 % en 2018, soit 66 500 immatriculations supplémentaires)

3 Quel type sociétaire ?

Les premiers chapitres du manuel vont permettre de comprendre l'intérêt pour plusieurs entrepreneurs de créer une société, et en particulier de recourir à la personnalité morale qu'elle revêt à l'issue du processus de constitution (cf. Chapitre 3). Sans efflorer les développements à venir, on peut simplement viser la loi de la majorité qui permet la prise de décision collective. Si les entrepreneurs n'utilisent pas la technique sociétaire mais se contentent d'un contrat pour organiser leur partenariat ou leur collaboration, le risque de paralysie est important puisque l'unanimité des participants sera requise pour chaque décision (cf. la société en participation, chapitre 4).

La doctrine dénonce actuellement un véritable brouillage des formes sociales -ou altération des types sociétaires- qui rend les distinctions entre les sociétés délicates à mettre en œuvre pour celui qui s'initie à la matière.

Société civile, société commerciale

Historiquement le caractère civil était la règle et la commercialité, l'exception. L'article 1845 al. 2 du Code civil dispose : « Ont le caractère civil toutes les sociétés auxquelles la loi n'attribue pas un autre caractère à raison de leur forme, de leur nature, ou de leur objet » tandis que l'article L. 210-1 du Code de commerce prévoit que « le caractère commercial d'une société est déterminé par sa forme ou par son objet ».

La distinction entre les sociétés commerciales et les sociétés civiles est devenue secondaire. Elle conserve un intérêt pour déterminer la compétence d'attribution d'une juridiction ou le régime de la preuve en cas de conflit. Le plus souvent, la forme de la société permet de déterminer le caractère civil ou commercial d'une société (A) ; plus rarement, c'est son objet (B).

A L'hypothèse la plus fréquente : les sociétés commerciales par la forme quel que soit leur objet

Si les associés font le choix de recourir à l'une des formes réglementées suivantes SNC, SARL, SA, SCS, SCA, SAS, la société sera commerciale, quel que soit son objet (article L. 210-1 du Code de commerce).

B Plus rarement, la qualité civile ou commerciale découlant de l'objet

Une société non immatriculée est commerciale par son objet : toute société qui a pour objet l'exercice habituel d'actes de commerce tels qu'ils sont définis par l'article L. 110-1 du Code de commerce.

Les sociétés civiles ont dans leurs statuts un objet social civil (exploitation agricole ou encore toute activité intellectuelle, par exemple les experts-comptables). Parmi les sociétés civiles, il est également possible d'identifier des formes réglementées (la société civile professionnelle -SCP- par exemple, cf. chapitre 19).

4 Critères de choix parmi les types de sociétés commerciales par la forme

Sont commerciales, à raison de leur forme et quel que soit leur objet, les sociétés en nom collectif (SNC), les sociétés en commandite simple (SCS), les sociétés à responsabilité limitée (SARL/EURL) et les sociétés par actions (SA, SAS/SASU) (article L. 210-1 du Code de commerce).

Chacune d'elles relevait historiquement (loi du 24 juillet 1966) d'un régime juridique propre aux contours nettement déterminés. Pour simplifier : à tel projet et telles contraintes reposant sur les associés (le montant du capital social pouvant être réuni, des biens propres à protéger...), correspondait un type sociétaire.

Plusieurs classifications sont traditionnellement présentées mais le droit positif se caractérise par une altération des traits qui distinguaient il y a peu chaque type sociétaire. Cela signifie qu'au sein d'un modèle légal proposé tel que la SARL ou la SA, apparaissent des sous-types, c'est-à-dire des variations possibles.

Sociétés de personnes, sociétés de capitaux et société hybride

Les sociétés de personnes (SNC comme modèle) s'opposent traditionnellement aux sociétés de capitaux (SA comme modèle). Il faut entendre par là que la personne de l'associé est plus importante dans la SNC que dans la SA. L'adjectif « anonyme » est révélateur mais il s'applique davantage à une société cotée dont l'actionnariat éparpillé évolue chaque jour sur les marchés financiers.

Cette classification met en évidence des différences en termes de :

- **responsabilité des associés** : elle est limitée au montant de l'apport dans une société de capitaux ; elle sera indéfinie et solidaire pour l'associé qui a la qualité de commerçant (c'est le cas dans la SNC) ;
- **causes de nullité du contrat de société** : la considération de la personne conduit à ce qu'un vice du consentement ou un défaut de capacité conduise à prononcer la nullité du contrat de société ; ce qui ne sera pas le cas dans une société de capitaux (cf. chapitre 2 portant sur le contrat de société) ;
- **régime des titres sociaux** (parts sociales ou actions – cf. chapitre 12).

Cette classification connaît des **limites** :

- lorsqu'une SA est créée par deux actionnaires - ou même sept - il est difficile de dire que la personne de l'actionnaire disparaît complètement derrière son apport. Pourtant, la SA demeure l'une des formes sociales dans laquelle un capital minimum est exigé (cf. chapitre 9 portant sur la constitution de la SA) ;
- la SARL (société à responsabilité limitée) échappe à cette classification et a toujours été considérée comme une société hybride : elle emprunte des caractéristiques aux sociétés de personnes et aux sociétés de capitaux. La suppression d'un capital minimum semblait la rapprocher davantage des sociétés de personnes mais finalement la possibilité d'émettre un emprunt obligataire la rapproche à nouveau de la SA (cf. chapitre 15 portant sur la SARL) ;
- la SAS (société par actions simplifiée) appartient aux sociétés de capitaux ; pourtant, la personne des associés est extrêmement importante (cf. chapitre 13 portant sur la SAS).

Société ouverte, société fermée

Dans l'imaginaire collectif, la SA constitue la forme de société présente sur les marchés financiers. Qualifiée alors d'ouverte, la SA constitue le modèle des sociétés de capitaux au sein desquelles les actionnaires peuvent céder facilement leurs titres. A l'inverse, l'associé d'une SNC est présenté comme « prisonnier de ses titres » lorsqu'il veut les céder (cf. chapitre 8 portant sur la SNC). La SNC constitue le modèle des sociétés fermées.

Ci-dessous un tableau représentant une vision très simplifiée et schématique pour rentrer plus facilement dans la matière :

	Sociétés de personnes (modèle SNC)	Sociétés de capitaux (modèle SA)
L'associé	Il a la qualité de commerçant : sa responsabilité est indéfinie et solidaire.	Il n'a pas la qualité de commerçant. Sa responsabilité est limitée au montant de son apport.
Le capital social	Il est libre. Les créanciers sociaux sont protégés par l'étendue de la responsabilité des associés.	Il y a un capital minimum (37 000 €).
Cession des titres	L'associé est prisonnier de ses titres : ils sont difficilement cessibles puisqu'un agrément doit être accordé à l'unanimité au cessionnaire. La SNC est dite « fermée ».	Les actions sont librement cessibles. La SA est dite ouverte. Une clause d'agrément peut être prévue sous certaines conditions.

D'autres critères :

- le nombre d'associés, moins pertinent avec l'apparition des sociétés unipersonnelles (EURL et SASU) et l'abaissement du nombre d'actionnaires minimum dans la SA n'offrant pas au public d'instruments financiers ;
- la fiscalité qui pèse sur les associés, les dirigeants et la société.

Remarques :

- *Remarque 1* : pour les sociétés cotées, le mode de gouvernance constitue un critère de choix (le code de gouvernance AFEP-MEDEF fournit des recommandations notamment sur le nombre d'administrateurs indépendants).
- *Remarque 2* : La loi Pacte a d'ailleurs prévu la création d'un chapitre du Code de commerce consacré aux sociétés cotées dans le délai de douze mois à compter de la promulgation de la loi (la pandémie du printemps 2020 a sans doute retardé l'ordonnance attendue).
- *Remarque 3* : une difficulté complémentaire tient en ce que l'application d'une règle de droit est de plus en plus conditionnée par le **franchissement de certains seuils établis** (légalement ou réglementairement), et non par l'appartenance d'une structure à un type de société. Par exemple, la désignation d'un commissaire aux comptes (CAC) dépend désormais de critères de taille de la structure.
- *Remarque 4* portant sur **l'émiettement des formes sociétaires** : le législateur a fait le choix de créer des sociétés à statuts spéciaux qui constituent autant de déclinaisons du régime juridique des formes sociales « classiques » (SARL et sociétés par actions). Plusieurs secteurs d'activité sont concernés (la finance avec les SICAV par exemple, la construction, l'urbanisme, le sport avec les sociétés anonymes à objet sportif).

Voilà autant d'éléments qui nuisent à l'accessibilité à la matière pour le candidat au DCG mais constituent un défi pour les auteurs de l'ouvrage !

5 Structure du programme de l'UE 2 et plan de l'ouvrage

Les 27 chapitres que comporte ce manuel permettent de couvrir les 6 parties du programme officiel de l'UE 2 :

- **1re partie : l'entreprise en société** (chapitres 1 à 7) : cette première partie correspond au droit commun des sociétés. Seront étudiés les savoirs associés à toutes les sociétés, depuis leur constitution jusqu'à leur dissolution.
- **2e partie : les principaux types de sociétés** (chapitres 8 à 13, et 15) : cette seconde partie traite du droit spécial des sociétés, c'est-à-dire des dispositions spécifiques aux types sociétaires. Les sociétés commerciales sont principalement visées dans cette partie du programme de l'UE 2 (SARL/EURL, SA, SAS/SASU, SNC). Par souci de rigueur juridique, l'étude du droit commun

des sociétés civiles -qui n'est donc pas une société commerciale- est abordée dans le chapitre 16 de la Partie III de l'ouvrage qui traite de toutes les sociétés civiles.

- **3e partie : l'économie sociale et solidaire (ESS) et le monde des affaires** (chapitres 22 à 24) : derrière le concept d'ESS se regroupent des entreprises organisées sous forme de coopératives ou d'associations dont le fonctionnement et les activités sont fondés sur un principe de solidarité et d'utilité sociale. Elles bénéficient d'un cadre juridique renforcé depuis la loi Hamon du 31 juillet 2014.
- **4e partie : les autres types de groupement** (chapitres 14, 17 à 19, 20 et 21) : les sociétés visées dans cette quatrième partie nécessitent moins d'approfondissements. Les structures sont variées et extrêmement différentes les unes des autres : certaines sont des sociétés commerciales, d'autres des sociétés civiles. Enfin, certaines structures ne sont pas des sociétés mais des groupements (GAEC, GIE).
- **5e partie : le droit des entreprises en difficulté** (chapitre 6) : la prévention et le traitement des difficultés économiques sont étudiées dans la première partie du manuel « droit commun des sociétés ». Ces difficultés ne peuvent être séparées des autres causes de dissolution des sociétés.
- **6e partie : le droit pénal des groupements d'affaires** (chapitres 25 à 27) permet d'étudier la délinquance dite en « col blanc ».

6 À propos de l'épreuve écrite de l'UE 2

Les unités d'enseignement de l'axe « Droit des affaires » doivent permettre de développer certaines compétences spécifiques. Des conseils méthodologiques sont proposés à la fin de l'ouvrage.

Par ailleurs, à la fin de chaque chapitre, le lecteur trouvera des applications et, en fin d'ouvrage, la méthodologie, le corrigé des applications et des cas transversaux.

SYNTHÈSE SUR LE CHOIX DE LA FORME ADAPTÉE

Pour celui qui entreprend seul, plusieurs possibilités s'offrent :

- le **choix de l'absence de forme sociale** et **celui de ne pas constituer un patrimoine affecté** : c'est l'**entrepreneur individuel** (commerçant, artisan, exerçant une profession agricole ou libérale…) exploitant en nom propre. Sa résidence principale est insaisissable c'est-à-dire qu'elle ne peut pas faire l'objet d'une saisie immobilière par ses créanciers pour ses dettes professionnelles ;
- Le choix du patrimoine affecté : soit **l'entrepreneur individuel opte pour le régime de l'EIRL** (entrepreneur individuel à responsabilité limitée) : il effectue une déclaration d'affectation de son patrimoine professionnel. En cas de difficulté, son patrimoine personnel est protégé des poursuites des créanciers professionnels.
- Le recours à une société unipersonnelle (EURL ou SASU) : l'entrepreneur individuel est l'associé unique, et la somme de la valeur des apports en numéraire et en nature constituera le capital social de la société unipersonnelle. Dans ces deux formes sociales, l'associé unique n'a pas la qualité de commerçant. Les créanciers sociaux ne pourront exercer leurs poursuites que sur les biens figurant à l'actif de la société (d'où le recours fréquent à des garanties personnelles qui mettent en lumière le caractère souvent théorique de la responsabilité limitée).

Pour ceux qui souhaitent entreprendre à plusieurs

La collaboration ou le partenariat peut reposer sur :

- un **contrat** : chacun des partenaires conserve son autonomie juridique et les décisions sont prises à l'unanimité ;
- un **groupement** (tel que le GIE) : il facilite ou permet de développer l'activité économique de ses membres. Chacun d'eux conserve son propre intérêt. Le GIE est doté de la personnalité juridique ;
- une **société** : elle constitue la technique privilégiée. Les entrepreneurs deviennent des associés. La société est un contrat-organisation qui acquiert la personnalité juridique lors de son immatriculation au RCS.

Parmi les sociétés, le choix est conditionné par plusieurs critères :

- l'activité parfois ;
- la responsabilité limitée ou illimitée des associés (qualité de commerçant requise ou non) ;
- le capital social : montant minimum et nature des apports ;
- la prise en compte de la personne des associés : elle peut conduire à « fermer » la société ;
- statut fiscal et social des dirigeants, cumul possible avec un contrat de travail ;
- contraintes en termes de contrôle (recours à un CAC) ;
- recours à l'épargne publique et aux marchés financiers ;
- place conférée à la liberté contractuelle.

Ces critères seront étudiés dans la partie 2.

SYNTHÈSE

Quel statut juridique pour son entreprise ? Source : economie.gouv.fr

	Associé(s)	Dirigeant(s)	Capital social	Régime social du ou des dirigeant(s)	Imposition des bénéfices
Entreprise individuelle (EI) **Entreprise individuelle à responsabilité limitée** (EIRL)	L'entrepreneur individuel	L'entrepreneur individuel	Aucun	Travailleur non-salarié	Impôt sur le revenu (possibilité d'impôt sur les sociétés sous conditions en entreprise individuelle à responsabilité limitée)
Entreprise unipersonnelle à responsabilité limitée (EURL)	Une personne physique et morale	Un ou plusieurs gérants (personnes physiques)	Libre	Travailleur non-salarié (associé unique) ou assimilé-salarié (plusieurs associés)	Impôt sur le revenu (personne physique – possibilité d'impôt sur les sociétés), impôt sur les sociétés (personne morale)

	Associé(s)	Dirigeant(s)	Capital social	Régime social du ou des dirigeant(s)	Imposition des bénéfices
Société à responsabilité limitée (SARL)	2 à 100 personnes physiques ou morales	Un ou plusieurs gérants (personnes physiques)	Libre	Travailleur non-salarié (gérant majoritaire), assimilé salarié (gérant égalitaire ou majoritaire)	Impôt sur les sociétés dans la plupart des cas
Société anonyme (SA)	Au minimum 2 personnes physiques ou morales (ou 7 pour les sociétés cotées en bourse)	Un conseil d'administration de 3 à 18 membres, avec un président désigné parmi eux	Au minimum 37 000 €	Assimilé-salarié (président du conseil d'administration)	Impôt sur les sociétés dans la plupart des cas
Société par actions simplifiée (SAS) **Société par actions simplifiée unipersonnelle** (SASU)	Au minimum une personne physique ou morale	Un président (personne physique ou morale), obligation d'un représentant légal	Libre	Assimilé salarié (président)	Impôt sur les sociétés dans la plupart des cas
Société en nom collectif (SNC)	Au minimum 2 personnes physiques ou morales	Un ou plusieurs gérants (personnes physiques ou morales)	Libre	Travailleur non-salarié	Impôt sur le revenu (part des bénéfices des associés), option de l'impôt sur les sociétés possible pour la société
La société coopérative de production (SCOP)	Les salariés de l'entreprise (à hauteur de 51 % minimum du capital) et éventuellement des investisseurs extérieurs	Un dirigeant ou gérant élu par les associés majoritaires	30 € minimum en SCOP SARL ou SAS et 18 500 € pour la SCOP SA	Assimilé-salarié (directeur et dirigeants de l'entreprise)	Impôt sur les sociétés
Société en commandite par actions (SCA)	Au minimum 4 associés dont 1 commandité et 3 commanditaires	Un ou plusieurs gérants (personnes physiques ou morales) nommé(s) par le(s) commandité(s)	Au minimum 37 000 €	Assimilé-salarié (gérant)	Impôt sur les sociétés

EXO 00.01 Cas pratique sous la forme d'une consultation

Anna envisage de créer un restaurant cambodgien « Le rêve du Mekong ». Très indépendante, elle possède les rudiments en matière culinaire mais préfèrerait s'occuper des approvisionnements et de la gestion en général du restaurant. Anna est propriétaire d'un très spacieux appartement dans Paris, hérité de son oncle Arthur. Elle ne voudrait surtout pas le perdre si l'activité tournait mal. Elle dispose en outre de 3 000 € d'économies. Son ami cambodgien, Boran, serait intéressé pour participer à l'aventure. Il est plutôt doué en cuisine.

Travail à faire

Conseillez Anna sur la forme juridique que peut revêtir son restaurant.

EXO 00.02 Analyse d'une décision de justice (Cass. com., 7 févr. 2018, n° 16-24.481)

Sur le moyen unique, pris en sa première branche :

Vu les articles L. 526-6, L. 526-7, L. 526-8 et L. 526-12 du Code de commerce, ensemble l'article L. 621-2, alinéa 3, du même code ;

Attendu qu'il résulte de la combinaison de ces textes qu'un entrepreneur individuel à responsabilité limitée (EIRL) doit affecter à son activité professionnelle un patrimoine séparé de son patrimoine personnel et que la constitution du patrimoine affecté résulte du dépôt d'une déclaration devant comporter un état descriptif des biens, droits, obligations ou sûretés affectés à l'activité professionnelle, en nature, qualité, quantité et valeur ; que le dépôt d'une déclaration d'affectation ne mentionnant aucun de ces éléments constitue en conséquence un manquement grave, de nature à justifier la réunion des patrimoines ;

Attendu, selon l'arrêt attaqué, que M. C. a déposé une déclaration d'affectation de patrimoine afin d'exercer, en qualité d'EIRL, une activité de vente ambulante de boissons ; que, le 1er juillet 2014, il a été mis en liquidation judiciaire, en application de l'article L. 680-1 du code de commerce, à raison de son activité professionnelle, M. B. étant désigné liquidateur ; qu'invoquant l'absence, dans cette déclaration, de toute mention des éléments affectés par l'entrepreneur à cette activité, le liquidateur a demandé la réunion de ses patrimoines ;

Attendu que pour rejeter la demande, l'arrêt énonce que la déclaration d'affectation a pour principal objet de rendre opposable aux créanciers de l'entrepreneur la décision de celui-ci d'affecter à son activité professionnelle une partie de son patrimoine, et non celui de dénoncer l'existence de biens par nature nécessaires à cet exercice qui, ne figureraient-ils pas sur la déclaration, n'en constituent pas moins le gage des créanciers dont les droits sont nés à l'occasion de l'exercice de cette activité professionnelle, et en déduit que l'absence de mention dans la déclaration d'affectation des biens nécessaires à l'activité professionnelle ou une déclaration complémentaire ne caractérise en soi ni une confusion des patrimoines professionnel et personnel, ni un manquement grave aux règles de l'alinéa 2 de l'article L. 526-6 du code de commerce ; qu'ayant constaté que la déclaration d'affectation déposée au greffe par M. C., qui ne comportait aucune précision relative aux biens affectés, n'en avait pas moins été acceptée par le greffe et relevé que le débiteur avait intentionnellement utilisé le sigle EIRL pour ouvrir un compte bancaire dédié à son activité professionnelle et immatriculer le véhicule destiné à l'exercice de l'activité, lequel figure à l'actif de son bilan simplifié, l'arrêt en déduit que le liquidateur ne caractérise pas un manquement grave aux règles prévues au deuxième alinéa de l'article L. 526-6 du code de commerce ;

Qu'en statuant ainsi, la cour d'appel a violé les textes susvisés ;

Par ces motifs, (...) : casse et annule, en toutes ses dispositions, l'arrêt rendu le 5 juillet 2016, entre les parties, par la cour d'appel d'Angers ; (...) pour être fait droit, les renvoie devant la cour d'appel d'Orléans (...)

Quel était le problème de droit soulevé ? Quelles ont été les conséquences de l'absence de déclaration d'affectation ? La loi Pacte n'a-t-elle pas brisé cette jurisprudence ?

L'entreprise en société

Partie 1

Cette première partie correspond au droit commun des sociétés. Seront étudiés les savoirs associés à toutes les sociétés, depuis leur constitution jusqu'à leur dissolution.

Présentation du droit des sociétés

COMPÉTENCES ATTENDUES

- **Identifier les sources du droit des sociétés.**
- **Repérer les grandes évolutions historiques et économiques ayant donné naissance aux différentes formes sociétaires.**
- **Repérer l'influence du droit communautaire en droit des sociétés à travers quelques exemples concrets.**
- **Définition de la société. Sources et évolution du droit des sociétés.**

Le droit des affaires – qui englobe le droit des sociétés – rassemble les règles qui encadrent la production et la distribution des richesses. C'est le droit des professionnels qui est régulièrement réformé pour suivre les mutations économiques à l'image de la **loi PACTE du 22 mai 2019**. De ce fait, il revêt un caractère pragmatique.

- Historiquement, les commerçants se sont forgé un « droit sur mesure » parce que le droit commun – c'est-à-dire le droit civil qui se préoccupe surtout des personnes et de leur patrimoine dans une dimension statique – ne répondait pas à leurs besoins professionnels (notamment en termes de rapidité). Le droit des affaires a été créé pour satisfaire ces exigences et devenir une branche autonome.
- Au cours des 30 dernières années, le législateur a répondu aux besoins exprimés par les milieux professionnels à l'image de la loi du 19 juillet 2019 qui cherche à simplifier l'environnement juridique des entreprises pour renforcer leur compétitivité.
- À la fin des années 1990, les milieux professionnels dénonçaient encore régulièrement l'inadaptation de la réglementation française aux besoins des entreprises. C'est l'aspiration à davantage de souplesse et de liberté dans l'organisation et le fonctionnement des sociétés qui est la plus récurrente. On assiste à un mouvement sans précédent de **contractualisation du droit des sociétés**.
- La loi du 24 juillet 1966 a étouffé les sociétés par une réglementation tatillonne et l'autoritarisme imposé a été entretenu ultérieurement par certaines directives européennes. Cédant à la pression des milieux économiques, le législateur a en partie libéralisé le droit des sociétés, « ligotée par l'ordre public sociétaire » J.-P. Bertrel. Parallèlement à cette évolution, les juristes ont exploité la part de flexibilité offerte par le droit des sociétés, à l'image des pactes d'actionnaires qui constituent une pure création de la pratique. Ils contiennent une grande variété d'accords et de clauses destinés à répondre à la diversité des besoins des rédacteurs.

- Introduite en 1994, la SAS (société par actions simplifiée) était réclamée depuis des années par la pratique. L'exposé des motifs du projet de loi pointait les risques de délocalisation à l'étranger des filiales de certains groupes, le droit français des sociétés par actions n'étant pas adapté aux besoins des opérations de partenariat interentreprises.
- En 2008, les Chambres des métiers (artisans) plaidaient pour que l'affectation du patrimoine à une activité ne se fasse pas uniquement par la création d'une personne morale. L'entreprise sous la forme individuelle constituant selon eux le mode d'accès à l'entreprenariat le plus aisé. Le rapport De Roux (2008) a conduit à l'adoption de l'EIRL (qui n'est pas une société mais un patrimoine d'affectation) par la loi du 15 juin 2010.
- La **loi PACTE du 22 mai 2019** répond elle aussi aux critiques régulièrement formulées. Parmi les nombreux objectifs affichés, elle vise à faciliter la création d'entreprises et offre des instruments pour aider les PME (petites et moyennes entreprises) à se transformer et à croître.
- **La loi du 19 juillet 2019 poursuit la simplification du droit des sociétés** réclamée par les professionnels (notamment en matière de prorogation de la durée de la société ou encore de droit de vote de l'usufruitier).

PLAN DU CHAPITRE

1 Les sources du droit des sociétés

À côté des dispositions d'origine interne, le droit des sociétés français est inspiré par le droit de l'Union européenne. **L'intégration de la France au sein de l'Union européenne se traduit par une harmonisation des règles relatives au droit des sociétés.**

A Sources internes

Parmi les sources internes, la liberté du commerce et de l'industrie a été proclamée pendant la Révolution française et a valeur constitutionnelle. Elle implique que quiconque peut exercer une activité commerciale. Sous l'Ancien Régime, le commerce était réservé à ceux qui remplissaient certaines conditions.

Le **droit des sociétés est d'abord régi par le Code civil** qui constitue le droit commun. D'ailleurs, avant de devenir un sujet de droit (chapitre 3), la société est un contrat (chapitre 2). Et surtout, le Code civil a vocation à régir les sociétés civiles. Le **Code de commerce contient l'essentiel des dispositions relatives aux sociétés commerciales**. Enfin, d'autres dispositions figurent dans le Code monétaire et financier et dans le Code rural et de la pêche maritime.

1 Le Code civil

Plusieurs dispositions du Code civil seront reprises dans les chapitres suivants :

- les dispositions communes à toutes les sociétés (les causes de dissolution y sont abordées mais le droit des entreprises en difficulté figure dans le Code de commerce par exemple) aux articles 1832 à 1844-17 ;
- les règles applicables aux sociétés civiles (Partie III) aux articles 1845 à 1870-1 ;
- les règles relatives à la société en participation et à la société créée de fait (dont l'objet peut être civil ou commercial – cf. chapitre 4) aux articles 1871 à 1873.

2 Le Code de commerce

Les dispositions relatives aux sociétés commerciales et aux groupements d'intérêt économique figurent dans le Livre II du Code de commerce.

Le Titre II vise les dispositions particulières aux sociétés commerciales (SNC, SARL, sociétés par actions, – c'est-à-dire la SA, la SCA, la SAS – et le régime des valeurs mobilières qu'elles émettent).

Le **Titre III** vise **d'autres dispositions communes aux sociétés commerciales** : sur le capital variable, les comptes sociaux, les filiales et les participations, la procédure d'alerte, les nullités, les opérations de fusion et scission, la liquidation.

Le **Titre IV** regroupe le **droit pénal des sociétés** : sous prétexte de protéger les actionnaires minoritaires dans la SA et les tiers, le législateur a prévu de nombreuses sanctions pénales qui fixent encore aujourd'hui le cadre du droit contemporain des sociétés commerciales. Il y a eu cependant plusieurs vagues de dépénalisation.

Le **Titre V** vise les groupements d'intérêt économique (chapitre 21).

B Influence du droit européen en droit des sociétés

L'influence du droit européen sur le droit des sociétés est réelle (la partie application permet d'illustrer concrètement cette influence ; en matière de nullité du contrat de société ou d'actes contraires à l'intérêt social dans les sociétés à risque limité).

Des directives ont été transposées dans tous les Etats-membres : beaucoup de lois « françaises » ne sont alors que la traduction de dispositions européennes. C'est par exemple le cas de la Directive « Droit des actionnaires 2» du 17 mai 2017 destinée à promouvoir **l'engagement à long terme des actionnaires** dont la transposition a été prévue par la loi Pacte par voie d'ordonnance (ordonnance du 27 novembre 2019 relative à la rémunération des mandataires sociaux des sociétés cotées). Les directives laissent à chaque État-membre le choix des moyens pour parvenir à l'objectif fixé par l'autorité européenne ; la voie conventionnelle ayant produit peu de résultats (1). Les principales réalisations du droit commun des sociétés seront étudiées, en particulier les différentes entités juridiques européennes (2).

1 Méthode d'élaboration d'un droit commun des sociétés

a. Principes contenus dans le droit primaire

L'expression **« droit primaire » désigne les dispositions issues des traités européens**. Depuis 2009, c'est le Traité sur le fonctionnement de l'Union européenne (TFUE) qui représente le texte constitutif de l'Union européenne. Il est issu du traité de Rome (1957).

Dès 1957, deux objectifs majeurs ont été assignés aux initiatives de l'Union européenne dans le domaine du droit des sociétés : faciliter le libre établissement des sociétés et garantir la sûreté juridique des opérations intra-communautaires pour instaurer un climat de confiance indispensable aux relations économiques transfrontalières (articles 49 al. 2 et 50 du TFUE).

Remarque sur la mobilité européenne des sociétés et le transfert transfrontalier de siège social :

- Certaines sociétés se sont livrées à la pratique de la « dissociation de sièges » (transfert du siège statutaire dans un État-membre tout en maintenant le siège réel dans l'État membre d'origine ; autrement dit : le transfert du siège statutaire s'opère sans implantation d'une quelconque activité dans l'État membre d'accueil).
- S'appuyant sur le principe de la liberté d'établissement, la CJUE retient qu'il n'y a pas d'abus lorsque le transfert du siège statutaire ne s'accompagne d'aucun exercice effectif d'une quelconque activité dans l'État membre d'accueil dans le seul but de bénéficier d'une législation avantageuse (arrêt *Polbud* du 25 octobre 2017). La directive 2019/2121 du 27 novembre 2019 offre une harmonisation des règles régissant les opérations de mobilité transfrontalière des sociétés de capitaux (en matière de transformation, fusion ou scission transfrontalières).
- Cette mobilité des sociétés dans le cadre de l'UE peut être assurée par la société européenne (SE).

Un droit commun a pu alors être constitué à partir des différents règlements adoptés et de l'harmonisation des législations internes.

b. La méthode retenue : harmonisation des législations des États-membres

Le recours aux directives - droit dérivé- pour édicter une nouvelle obligation a pour finalité de laisser une marge de manœuvre aux États membres. Il est fondé sur une logique d'harmonisation et non celle de l'unification. L'harmonisation du droit des sociétés vise à **favoriser la réalisation de la liberté d'établissement**. C'est la participation des salariés qui a, jusqu'à présent, fait l'objet des plus âpres désaccords entre États-membres.

La France conserve alors son propre droit des sociétés mais elle est contrainte de le modifier afin qu'il ne comporte pas de dispositions incompatibles avec l'existence du marché unique (par exemple, l'abandon de la notion d'appel public à l'épargne au profit de l'offre au public d'instruments financiers – cf. chapitre 9 portant sur la constitution de la SA).

La loi PACTE du 22 mai 2019 vise à transposer plusieurs directives (notamment celle du 26 juin 2013 dite « directive comptable » qui a conduit au relèvement des seuils relatifs à la désignation obligataire d'un CAC et une autre, en date du 17 mai 2017, sur l'engagement à long terme des actionnaires et certaines des dispositions de la directive visée précédemment relatives aux rémunérations des dirigeants sociaux). La France intègre ainsi les règles de droit européen dérivé même si elle s'expose parfois à un risque de **surtransposition** (hypothèse dans laquelle le contenu de la norme interne excède l'objectif visé par la directive qu'elle met en oeuvre). La loi PACTE s'est d'ailleurs livrée à un travail de dé-surtransposition pour simplifier le droit des sociétés et le rendre plus attractif (mise à l'écart des dispositions européennes qui pouvaient être écartées).

L'élaboration d'un droit commun réglementant les sociétés a été possible parce qu'il s'agit d'une matière aux enjeux techniques et surtout, sont concernés des États présentant des similarités d'un point de vue économique. Les formes sociales ne sont foncièrement pas très dissemblables d'un État à l'autre.

Depuis la première directive « droit des sociétés » (1968) jusqu'au projet de 14e directive adopté le 27 décembre 2019 (elle porte sur le transfert transfrontalier des sièges d'entreprises et vise à limiter le dumping fiscal), les dispositions européennes ont eu une influence considérable sur le droit national des sociétés. Beaucoup d'États-membres ont systématiquement étendu l'application des mesures à toutes les sociétés par exemple.

En 2017, était adopté le premier « petit Code européen des sociétés » (M. Roussille) : il s'agit d'une directive européenne adoptée le 14 juin 2017 qui **regroupe 6 grands textes fondateurs intéressant les règles fondamentales de la vie sociétaire**. Cette directive répond à une volonté exprimée dès 2012 de simplifier et de clarifier le cadre applicable aux sociétés.

Remarque Le 8 juillet 2019, était publié un rapport sur « l'élaboration d'un code européen des affaires » (rédigé par la députée V. Gomez-Bassac) qui s'inscrit dans le Traité d'Aix-la-Chapelle du 22 janvier 2019, signé par la France et l'Allemagne. Il prévoit « la recherche d'une harmonisation bilatérale de leurs législations, notamment dans le domaine du droit des affaires ». « Il s'agit d'intégrer totalement nos marchés en appliquant les mêmes règles à nos entreprises, du droit des affaires au droit de la faillite » selon le président Macron. Ce rapport consiste en une étude sur l'opportunité d'un code européen des affaires. Ce code est très attendu car il permettrait de réaliser une consolidation des textes. La codification des directives et des règlements permettrait de mieux les articuler avec les dispositions nationales. Il contiendrait également les recommandations et les arrêts de la CJUE. En outre, le rapport préconise d'aller au-delà de l'harmonisation. De nouvelles règles de fond sont proposées mais on retrouverait malheureusement le risque d'une Europe à géométrie variable.

2 Les réalisations du droit commun des sociétés

a. L'adoption de normes minimales

L'harmonisation des règles nationales sur les sociétés se traduit par certaines normes minimales obligatoires.

Plusieurs domaines sont concernés :

- **la constitution des sociétés, le capital et les formalités de publicité**

C'est l'objet de la première directive visée précédemment et modifiée à plusieurs reprises (notamment en 2017) qui vise à faciliter et accélérer l'accès du public à l'information sur les sociétés. Elle porte sur la validité des obligations prises par une société et la nullité de la société. Elle s'applique à toutes les sociétés anonymes et sociétés à responsabilité limitée. Une seconde directive (1977 et remplacée en 2017) concerne les seules sociétés anonymes et leur impose un capital social minimum (25 000 €, 37 000 € dans la loi française) présenté comme le gage des créanciers et la contrepartie de la responsabilité limitée des associés ;

- **les sociétés ayant des activités dans plusieurs pays**

C'est notamment l'objet de la 11e directive (1989) qui introduit des formalités de publicité pour les sociétés de l'UE qui établissent une succursale étrangère dans un autre pays de l'UE ;

- **la restructuration de sociétés (fusions et scissions nationales, transfert de siège)**

Plusieurs directives, notamment celle du 5 avril 2011 portant sur la protection des actionnaires, des créanciers et des travailleurs ont pour objectif de faciliter les fusions transfrontalières entre sociétés de capitaux ;

- **les garanties sur la situation financière des sociétés**

Plusieurs directives ont pour objectif que l'information fournie par les documents comptables relatifs aux comptes sociaux soit équivalente dans tous les États membres. Un règlement de 2002 vise l'application des normes comptables internationales et harmonise l'information financière des sociétés cotées en bourse afin de garantir la protection des investisseurs. Une directive de 2013 impose aux sociétés cotées au sein de l'UE d'inclure une déclaration sur le gouvernement d'entreprise dans leur rapport annuel. Des mesures de simplification en matière d'obligation d'information financière ont été instaurées pour les petites structures (directive de 2009). Enfin, un règlement en date du 20 mai 2015 relatif aux procédures d'insolvabilité qui prévoit des mesures de coopération judiciaire ;

L'exercice transfrontalier des droits des actionnaires

Une directive adoptée en 2007 (modifiée en 2014 et en 2017) vise l'exercice des droits des actionnaires des sociétés cotées (notamment l'accès aux informations pertinentes relatives aux assemblées générales et la simplification du vote par procuration). Une directive adoptée en 2017 instaure notamment des exigences liées à l'identification des actionnaires, à la facilitation de l'exercice de leurs droits et à la rémunération des dirigeants.

b. Les entités juridiques européennes

Le droit européen participe à la diversité des formes particulières de sociétés et groupements. Plusieurs entités s'appliquent dans toute l'Union européenne et coexistent avec les entités nationales.

La société européenne (SE)

L'UE s'est péniblement dotée d'un **statut pour la société européenne** avec le règlement du 8 octobre 2001 qui permet à une société de se constituer sur le territoire de l'UE sous forme d'une SA. Elle a fait l'objet d'une loi de transposition qui a introduit plusieurs dispositions dans le Code de commerce (articles L. 229-1 et suivants). **La société européenne figure parmi les sociétés par actions**. Elle peut être immatriculée dans l'un des pays ressortissants de l'UE.

La SE présente certains avantages, notamment la mobilité du siège social, ou encore la possibilité d'étendre son activité sur tout le territoire de l'UE. Elle peut également obtenir des aides européennes lors de son installation.

La SE rencontre un succès mitigé. On compte actuellement plus de 3000 SE au sein de l'Espace économique européen (Airbus, LVMH et Allianz y ont recours). Le projet de fusion de PSA et FiatChrysler en société européenne atteste de l'engouement que cette forme sociale suscite).

La société coopérative européenne (SCE)

Le règlement du Conseil en date du 22 juillet 2003 instituant la société coopérative européenne (SCE) permet la création d'une coopérative par des personnes résidant dans des États-membres différents ou par des entités juridiques implantées dans des États-membres différents.

Le groupement européen d'intérêt économique (GEIE)

Le règlement du Conseil du 25 juillet 1985 a créé le groupement européen d'intérêt économique (GEIE). Le GEIE offre aux sociétés d'un État-membre la possibilité de coopérer à des sociétés ou des personnes physiques d'autres pays ressortissant, en vue d'un objectif commun (faciliter ou de développer l'activité économique de ses membres, mais pas de réaliser des bénéfices pour lui-même – cf. chapitre 21 portant sur le GIE). Eurostar et Airbus ont emprunté historiquement la forme du GEIE.

2 Évolutions du droit des sociétés

Le **législateur procède à des arbitrages permanents** entre :

- un **droit contraignant** qui se traduit par des **dispositions d'ordre public**, c'est-à-dire impératives. Elles visent à **protéger les tiers** ou encore les actionnaires minoritaires dans une SA par exemple ;
- et davantage de **liberté** et de **flexibilité** exigées par les milieux d'affaires. Soucieux de favoriser l'esprit d'initiative, les pouvoirs publics y répondent en supprimant certains obstacles dissuasifs aux yeux des entrepreneurs (à l'image de loi PACTE avec le relèvement du seuil de chiffre d'affaires au-delà duquel l'entreprise doit faire appel à un commissaire pour faire certifier son bilan).

A Période antérieure à la loi du 24 juillet 1966

En 1807, le Code de commerce ne contient que quelques dispositions sur la société en nom collectif (SNC) et la société en commandite simple (SCS). Sous le Second empire, lorsque la France réalise sa révolution industrielle, elle adapte sa législation commerciale en accordant la liberté de constitution aux SA par la loi du 24 juillet 1867. Par la suite, la Troisième République est plus favorable au capitalisme et crée la SARL en 1925.

B La loi-code du 24 juillet 1966

La loi du 24 juillet 1966 n'élabore pas un véritable « Code des sociétés » régissant aussi bien les sociétés civiles que les sociétés commerciales, puisque seules ces dernières sont visées. La loi du 24 juillet 1966 met fin au désordre juridique qui caractérisait la matière jusqu'alors : elle agrège les dispositions qui régissaient chaque type de sociétés en droit français. Chaque société obéit à un corps de règles propres. Elle introduit en droit français des innovations importantes dans le souci de **protéger les tiers** (publicité entourant la création de la société) et **les associés** (droit à l'information). Elle reste classée parmi les grandes lois du droit des affaires comme la loi du 13 juillet 1967 relatives aux procédures collectives (entreprises en difficulté aujourd'hui).

La loi du 24 juillet 1966 et son décret en date du 23 mars 1967 s'inscrivent dans une période de fort interventionnisme étatique. Caractérisée par une très grande rigidité, la loi du 24 juillet 1966 a été intégrée au Code de commerce par l'ordonnance du 18 septembre 2000 (= codification à droit constant).

C L'évolution postérieure à la loi du 24 juillet 1966

L'évolution du droit des sociétés pourrait être qualifiée de « révolution silencieuse » tant la matière a été traversée par un très grand nombre de lois postérieures qui l'ont réformée par « petites touches ». Ce procédé relève davantage du tâtonnement tant il est parfois difficile de distinguer les caractères distinctifs de chaque type de société. Certains évoquent une crise du droit des sociétés.

Le droit positif est le fruit d'une évolution législative motivée par plusieurs considérations (incitation à la création d'entreprises, accès à de nouveaux moyens de financement par exemple). Cette évolution peut être résumée en quelques mots :

Libéralisation et simplification

- mesures tournées vers les grandes sociétés : mise en place d'un processus d'innovation financière afin de faciliter leur financement, libéralisation du régime des valeurs mobilières à travers plusieurs lois (13 juillet 1978, 3 janvier 1983 et 14 décembre 1985) ;
- mesures de simplification et de libéralisation tournées vers les PME : la loi du 5 janvier 1988 relative au développement et à la transmission des entreprises et la loi Madelin du 11 février 1994 relative à l'initiative et à l'entreprise individuelle qui tend à simplifier « la vie sociale des entreprises » ;
- dépénalisation de certaines dispositions depuis la loi portant Nouvelles régulations économiques du 15 mai 2001 (NRE) qui a instauré en contrepartie des nullités et injonctions de faire.
- loi du 19 juillet 2019 de simplification, de clarification et d'actualisation du droit des sociétés : les besoins des professionnels ont été pris en compte dans l'objectif de simplifier l'environnement juridique des entreprises pour renforcer leur compétitivité. Le texte comporte des mesures touchant à de nombreux domaines : droit de vote de l'usufruitier, prorogation de la durée de la société, remplacement d'un dirigeant sous tutelle...

Libéralisation et contractualisation

Introduction de la SAS par la loi du 3 janvier 1994 marquée par le sceau du libéralisme qui rompt avec la loi institutionnelle du 24 juillet 1966 et ses nombreuses règles d'ordre public.

Modernisation

Remise en cause des concepts fondamentaux du droit des sociétés

- **avènement des sociétés unipersonnelles** : dans un premier temps, sans renoncer à la théorie classique du patrimoine (principe d'unicité qui conduit à ce que, à un sujet de droit soit attaché un et un seul patrimoine), le législateur a permis à celui qui entreprend seul de profiter de la société comme technique de cantonnement du passif (l'EURL en 1985 puis la SASU en 1999). La technique sociétaire est elle-même concurrencée par la consécration du patrimoine d'affectation (EIRL) en 2010 qui est encouragé par la loi PACTE pour celui qui exploite en nom propre ;
- **suppression de l'exigence d'un capital social minimum**, présenté comme le gage des créanciers sociaux (loi Dutreil du 1er août 2003 pour la SARL, puis par la loi de modernisation de l'économie, dite LME, du 4 août 2008 pour la SAS). L'utilité du capital social est remise en cause dans les sociétés à responsabilité limitée (SARL et SAS).

Emiettement des formes sociales

- **multiplication des types sociétaires** : sociétés anonymes d'exercice libéral (SEL) créées par la loi du 31 décembre 1990, complétée par de nombreux décrets d'application propres à chaque profession ; sociétés de participation financière de professions libérales (SPFPL) par la loi du 11 février 2004 ; sociétés pluri-professionnelles d'exercice (SPE) créées par l'ordonnance du 31 mars 2016, la SAOS (société anonyme à objet sportif) ...
- le manque d'unité des sources du droit des sociétés : à côté du droit commun des sociétés commerciales figurant dans le Code de commerce, de nombreuses lois régissent les sociétés à statut particulier. Les sociétés cotées en bourse font l'objet d'une réglementation particulière. Les difficultés d'interprétation de ces textes ont conduit à une inflation des réponses ministérielles.

Régulation et transparence

- la loi portant nouvelles régulations économiques dite NRE du 15 mai 2001 traduit l'influence du gouvernement d'entreprise, courant doctrinal d'origine anglo-saxonne : responsabilisation des administrateurs, extension du champ d'application des conventions réglementées, direction bicéphale dans la SA dite classique ;
- loi du 1er août 2003 dite de sécurité financière qui crée l'AMF (Autorité des marchés financiers) suite aux scandales financiers survenus (Enron aux États-Unis et le Crédit Lyonnais en France) ;
- loi du 9 décembre 2016 relative à la transparence, à la lutte contre la corruption et à la modernisation de la vie économique (« Sapin 2 »), réformée par l'ordonnance du 27 novembre 2019 relative à la rémunération des mandataires sociaux des sociétés cotées » (a rendu le vote des actionnaires contraignant sur les rémunérations individuelles des dirigeants sociaux).

Retour de la morale et responsabilisation ?

Traditionnellement, la sécurité des transactions juridiques n'a que peu à faire de la morale, pourtant, on constate :

- l'exigence de sécurité s'est transformée en obligation de **transparence** en réaction au secret des affaires pour **moraliser la vie des affaires** ;
- développement de la *soft law* ou droit mou : volonté d'**auto-régulation** contre une intervention législative (codes de déontologie, code Afep-Medef sur la gouvernance des sociétés cotées) qui représente une doctrine normative qui crée des obligations comportementales. Sa version révisée du 30 janvier 2020 intègre la mixité entre les femmes et les hommes au sein des instances dirigeantes et le calcul du ratio d'équité en matière de rémunérations des dirigeants ;

- la responsabilité sociale de l'entreprise (RSE) qui conduit les sociétés à intégrer volontairement des préoccupations sociales, environnementales, et économiques dans leurs activités et dans leurs interactions ;
- concernant les dirigeants : développement des **devoirs de loyauté** (cf. les opportunités d'affaires dans l'application) et du contrôle des rémunérations (Say on Pay) ;
- loi du 27 mars 2017 relative au **devoir de vigilance** des sociétés mères et des entreprises donneuses d'ordre (suite au scandale de l'Athéna Plaza survenu au Bangladesh dans les entreprises de textile sous-traitantes de groupes européens) ;
- la loi PACTE du 22 mai 2019 impose d'ailleurs un intérêt social élargi : les sociétés doivent désormais prendre en considération les enjeux sociaux et environnementaux de leur activité (obligation de moyens). Les associés peuvent également préciser dans les statuts « la raison d'être » de la société. Les critiques convergent sur ces nouvelles dispositions de l'article 1833 al. 2 du Code civil. « Prendre en considération, c'est examiner leur impact lors du processus de décision mais ce n'est pas subordonner les décisions à ces enjeux » (D. Schmidt). La réforme atteindrait même le « sommet de l'illusionnisme » (J. Peyrelevade) en ne s'accompagnant d'aucune sanction. Pourtant l'incertitude juridique générée fait craindre au Medef une explosion des recours judiciaires (cf. Chap. 3 E sur l'intérêt social).

Remarque sur la pratique du « *Say on pay* » confortée par la loi Sapin 2 et l'ordonnance du 27 novembre 2019 : elle consiste à demander aux actionnaires réunis lors de leur assemblée générale de se prononcer sur le mécanisme de rémunération des dirigeants sociaux (preuve que la recommandation du Code Afep-Medef n'était pas suffisante comme l'avait révélé l'augmentation de C. Ghosn lorsqu'il était PDG de Renault).

3 Définition et nature de la société

S'agissant de la nature de la société, est-elle un contrat né de la volonté des associés ou, au contraire, une institution qui est contrainte par des dispositions impératives ?

Jusqu'à la loi du 11 juillet 1985, l'article 1832 al. 1er du Code civil définissait la société comme un contrat. Désormais, les dispositions de l'article précité sont les suivantes : « *la société est instituée par deux ou plusieurs personnes qui conviennent par un contrat d'affecter à une entreprise commune des biens ou leur industrie en vue de partager le bénéfice ou de profiter de l'économie qui pourra en résulter* ».

En utilisant les termes « **instituée** » et « **contrat** », le législateur n'a finalement pas tranché la controverse portant sur la nature de la société.

La questions présente-t-elle des enjeux autres que théoriques ?

A Sur la difficulté de trancher la controverse entre la thèse contractuelle et la thèse institutionnelle

Une société n'est pas un contrat ordinaire ; elle fait naître un sujet de droit. Ni la thèse contractuelle ni la thèse institutionnelle ne permettent de trancher définitivement le débat sur la nature de la société. Pour le démontrer, prenons deux sociétés commerciales : la société anonyme (SA) et la société par actions simplifiée (SAS).

La SA incarne davantage la thèse institutionnelle

Sa règlementation très détaillée laisse peu de place à la volonté des actionnaires. Une fois créée par les actionnaires, immatriculée et dotée de la personnalité juridique, la SA échappe à leur volonté pour obéir à des règles d'ordre public, c'est-à-dire impératives. La société a son propre patrimoine et obéit à un intérêt propre (l'intérêt social) distinct des intérêts de chacun des actionnaires.

La SAS incarne quant à elle la thèse contractuelle

La SAS a marqué le retour de la liberté contractuelle qui se manifeste dans les statuts : ils permettent par exemple de prévoir l'exclusion d'un associé ou encore de mettre en place une présidence révocable pour justes motifs, voire même irrévocable. La société en commandite par actions (SCA) est décrite comme un « oasis de liberté contractuelle » depuis les années 1980. Les praticiens du droit et de la finance ont redécouvert ses attraits quand beaucoup de sociétés françaises, contraintes de renforcer leurs fonds propres, recherchaient des montages permettant une ouverture sans risque du capital à des investisseurs extérieurs.

Remarque 1 : la liberté dont jouissent les associés en nom (SNC) dans la rédaction des statuts apparaît comme la contrepartie de leur responsabilité.

Remarque 2 : se sont développés les pactes d'actionnaires dans la SA pour tenter de contourner la rigueur des dispositions légales. A propos de leur articulation avec les statuts, la Cour de cassation a jugé que les statuts devaient prévaloir sur le pacte (Cass. com. 5 juin 2019)

B Enjeux pratiques liés à la controverse

Ces deux approches (contractuelle et institutionnelle) amènent à s'interroger sur la gestion de la société menée par le ou les dirigeants.

La société doit-elle être dirigée dans l'intérêt des associés, parties au contrat de société, ou dans l'intérêt de la société elle-même ? Privilégie-t-on le court terme (distribution des bénéfices sous la forme de dividendes) ou le long terme (mise en réserve des bénéfices qui permettent de financer les investissements de demain et réaliser les dividendes d'après-demain) ?

La réponse n'est pas tranchée. Il existe une variété de situations parmi les associés : quel est le point commun entre l'associé pour qui la société est le projet d'une vie et celui qui « boursicote », seulement intéressé par la réalisation d'une plus-value et se réjouira peut-être d'un plan massif de licenciements qui provoquera la hausse du titre ?

Ce point sera repris et approfondi lors de l'étude de la notion d'intérêt social (chapitre 3).

Remarque Historiquement, les dirigeants (cf. Chapitre 5) étaient considérés comme des mandataires (sociaux) car la relation qui les liait aux associés était analysée comme un mandat. Cette conception contractuelle a laissé place à une analyse institutionnelle car leur mission comporte des actes de gestion, de direction dans l'ordre interne de la société et leurs pouvoirs sont essentiellement fixés par la loi. « Les dispositions spécifiques du Code civil régissant le mandat n'ont pas vocation à s'appliquer dans les rapports entre la société et son dirigeant » (Cass. com. 18 septembre 2019).

SYNTHÈSE

- Les spécialistes du droit des affaires évoquent souvent la crise du droit des sociétés. L'étude des sources du droit des sociétés permet de mieux la sentir.

On assiste aujourd'hui :

- **à un véritable brouillage entre les différentes formes sociétaires :** il est difficile de faire correspondre un type de société à tel ou tel projet imaginé par des fondateurs. Pour stimuler l'entreprenariat et permettre l'accès à de nouveaux moyens de financement, le législateur a étendu à d'autres formes sociales les règles qui caractérisaient chaque type sociétaire ;
- **à une forme de concurrence entre les différents Etats-membres de l'UE :** elle conduit à la simplification du droit des sociétés depuis 1966. Par ailleurs, un droit commun des sociétés existe, une harmonisation du droit des sociétés a pu être réalisée par le biais de directives européennes ;
- **à une contractualisation du droit des sociétés pour répondre aux attentes des différents agents économiques** (loi moins impérative, développement des pactes d'actionnaires et de la soft law).
- Une controverse doctrinale porte sur la nature de la société : est-elle davantage un contrat ou bien, échappe-t-elle à la volonté des associés pour devenir une institution ? La controverse met en lumière la notion d'intérêt social étudiée dans le chapitre 3. L'enjeu essentiel consiste dans la finalité poursuivie par la société (la satisfaction des associés ou de la société elle-même en tant que sujet de droit).

EXO 01.01 Analyse d'une décision de justice Cass. com. 18 décembre 2012

L'expression « opportunités d'affaires » désigne la situation dans laquelle un dirigeant social vient à connaître, dans le cadre de ses fonctions, de l'existence d'une opportunité (acheter ou vendre un bien, conclure un marché...) et décide d'en profiter personnellement. Il y a un conflit d'intérêt qui n'est pas tranché par le Code de commerce. L'arrêt reproduit ci-dessous apporte des éléments de réponse à la sanction encourue par le dirigeant.

Cass. com. 18 décembre 2012

Attendu, selon l'arrêt attaqué, que le 2 octobre 2001, Mme X... et MM. Y..., Z..., A..., E..., D... et B..., médecins, ont constitué une société par actions simplifiée dénommée Clinique esthétique de Paris Spontini (la société CEPS) ayant pour objet l'exploitation d'une clinique ; que M. B... était membre du Comité de direction de la société CEPS ; que le 2 avril 2003, MM. B... et D... ont cédé leurs actions à leurs confrères ; que le 21 février 2005, ces derniers ont cédé leurs actions à la Compagnie générale de santé ; que reprochant à M. B... et à M. C..., notaire et beau-frère de ce dernier, d'avoir au mois de janvier 2003 fait l'acquisition, par sociétés interposées, de l'immeuble dans lequel était exploitée la clinique, alors que le premier connaissait l'objectif poursuivi par les autres associés d'acquérir cet immeuble en leur nom propre, et alors que le second avait reçu mandat de négocier l'opération pour leur compte, Mme X... et MM. Y..., Z..., A... et E...les ont fait assigner en paiement de dommages-intérêts ; que M. D... est intervenu volontairement à l'instance ;

(Le premier moyen n'était pas de nature à permettre l'admission du pourvoi)

Mais sur le second moyen, pris en sa première branche :

Vu les articles L. 227-8 et L. 225-251, alinéa 1, du Code de commerce ;

Attendu que pour rejeter les demandes dirigées contre M. B…, la cour d'appel retient, par motifs propres et adoptés, que si l'opération d'acquisition de l'immeuble litigieux a été mise en œuvre sans la moindre transparence à l'égard des autres associés, la seule indélicatesse de M. B… dans son comportement ou la recherche à son seul profit d'une opération financièrement avantageuse ne suffisent pas à caractériser une faute de ce dirigeant envers ses associés ; qu'il retient encore qu'une violation par M. B…de ses obligations d'associé et de membre du comité de direction de la société CEPS ne peut être retenue à son encontre puisque ce n'est pas en sa qualité d'associé ou de dirigeant de cette société qu'il a agi en participant à l'opération d'acquisition par le biais d'un crédit-bail ;

Attendu qu'en statuant ainsi, alors qu'elle constatait que M. B…, dirigeant de la société CEPS, avait laissé les autres associés dans l'ignorance de l'opération d'acquisition pour son compte personnel d'un immeuble que les associés entendaient acheter ensemble pour y exercer leur activité, ce dont il résultait que ce dirigeant avait manqué à son devoir de loyauté envers eux, la cour d'appel a violé les textes susvisés ;

PAR CES MOTIFS, et sans qu'il y ait lieu de statuer sur le dernier grief :

CASSE ET ANNULE, mais seulement en ce qu'il rejeté les demandes de Mme X… et de MM. Z…, D…, Cornette de Saint Cyr, A… et E…dirigées contre M. B…, l'arrêt rendu le 14 juin 2011, entre les parties, par la cour d'appel de Paris ; remet, en conséquence, sur ce point, la cause et les parties dans l'état où elles se trouvaient avant ledit arrêt et, pour être fait droit, les renvoie devant la cour d'appel de Paris, autrement composée (…)

À partir de l'arrêt reproduit ci-dessus, précisez les faits et la solution rendue par la Cour de cassation en matière de loyauté du dirigeant.

EXO 01.02 Droit européen et rémunération des dirigeants

En 2012, la Commission européenne a annoncé plusieurs initiatives dans le domaine de la gouvernance d'entreprise, notamment en vue d'accroître la transparence entre les sociétés et les investisseurs (« Plan d'action sur le droit européen des sociétés et la gouvernance d'entreprise »). La question de la rémunération des dirigeants s'y inscrit. La directive du 17 mai 2017 prévoit que « la politique de rémunération des sociétés soit déterminée de manière appropriée par les organes compétents au sein de la société et que les actionnaires aient la possibilité d'exprimer leur point de vue en ce qui concerne la politique de rémunération de la société ».

Après avoir lu les documents reproduits ci-dessous, vous répondrez aux questions suivantes :

1. **Identifiez la nature des règles de droit correspondant à chacun des documents. Quel lien établissez-vous entre ces trois règles ?**
2. **Quelles sont les sociétés entrant dans le champ d'application de la directive du 17 mai 2017 ?**
3. **Quelles sont les finalités de cette directive ?**
4. **Le droit français vous semble-t-il en conformité avec le droit européen ?**

DOCUMENT 1 : Extraits de la DIRECTIVE (UE) 2017/828 DU PARLEMENT EUROPÉEN ET DU CONSEIL

29 – Afin de garantir que les actionnaires ont réellement leur mot à dire sur la politique de rémunération, ils devraient avoir le droit de procéder à un vote contraignant ou consultatif sur cette politique en se fondant sur une vue d'ensemble claire, compréhensible et complète de la politique de rémunération de la société (...). Les performances des dirigeants devraient être évaluées selon des critères de performance à la fois financiers et non financiers, y compris, selon le cas, en fonction de facteurs environnementaux, sociaux et de gouvernance. La politique de rémunération devrait décrire les différentes composantes de la rémunération des dirigeants et l'éventail de leurs proportions respectives (...) La politique de rémunération devrait être rendue publique sans retard à l'issue du vote des actionnaires à l'AG.

31 – Pour faire en sorte que la politique de rémunération soit mise en œuvre conformément à cette politique, les actionnaires devraient avoir le droit de voter sur le rapport sur la rémunération de la société. Pour garantir la transparence des sociétés et responsabiliser les dirigeants, le rapport sur la rémunération devrait être clair et compréhensible, et fournir une vue d'ensemble complète des rémunérations individuelles des dirigeants au cours de l'exercice le plus récent. Lorsque les actionnaires votent contre le rapport sur la rémunération, la société devrait expliquer, dans le rapport sur la rémunération suivant, la manière dont le vote des actionnaires a été pris en compte.

32 – Afin de fournir aux actionnaires un accès aisé au rapport sur la rémunération et de permettre aux investisseurs potentiels et aux parties prenantes d'être informés de la rémunération des dirigeants, le rapport sur la rémunération devrait être publié sur le site internet de la société (...)

33 – La communication des rémunérations individuelles des dirigeants et la publication du rapport sur la rémunération visent à accroître la transparence des sociétés et la responsabilité des dirigeants, ainsi qu'à renforcer le droit de regard des actionnaires sur la rémunération des dirigeants. Cela crée une condition préalable nécessaire pour l'exercice des droits des actionnaires et l'engagement des actionnaires en ce qui concerne la rémunération. La communication de ces informations aux actionnaires est notamment nécessaire pour leur permettre d'évaluer la rémunération des dirigeants et d'exprimer leur point de vue sur les modalités et le niveau de rémunération des dirigeants, ainsi que sur le lien entre la rémunération et les performances individuelles des dirigeants, afin de remédier aux situations éventuelles dans lesquelles le montant de la rémunération d'un dirigeant n'est pas justifié au vu de ses performances individuelles et des performances de la société (...) La communication et la publication de rapports anonymisés sur la rémunération ne permettraient pas d'atteindre ces objectifs (...)

DOCUMENT 2 : Extraits de l'article L. 225-37-2 du Code de commerce (modifié par l'ordonnance du 27 novembre 2019 pour laquelle le gouvernement a été habilité par la loi Pacte du 22 mai 2019)

I. – Dans les sociétés dont les actions sont admises aux négociations sur un marché réglementé, le conseil d'administration établit une politique de rémunération des mandataires sociaux. Cette politique est conforme à l'intérêt social de la société, contribue à sa pérennité et s'inscrit dans sa stratégie commerciale. Elle décrit toutes les composantes de la rémunération fixe et variable et explique le processus de décision suivi pour sa détermination, sa révision et sa mise en œuvre. Elle est présentée de manière claire et compréhensible au sein du rapport sur le gouvernement d'entreprise mentionné au dernier alinéa de l'article L. 225-37.
Le contenu et les modalités de la publicité de la politique de rémunération sont fixés par décret en Conseil d'État.
II. – La politique de rémunération fait l'objet d'un projet de résolution soumis à l'approbation de l'AG des actionnaires dans les conditions prévues à l'article L. 225-98 chaque année et lors de chaque modification importante dans la politique de rémunération (...)
III. – Aucun élément de rémunération, de quelque nature que ce soit, ne peut être déterminé, attribué ou versé par la société, ni aucun engagement correspondant à des éléments de rémunération, des indemnités ou des avantages dus ou susceptibles d'être dus à raison de la prise, de la cessation ou du changement de leurs fonctions ou postérieurement à l'exercice de celles-ci, ne peut être pris par la société s'il n'est pas conforme à la politique de rémunération approuvée ou, en son absence, aux rémunérations ou aux pratiques mentionnées au dernier alinéa du II (...)
Tout versement, attribution ou engagement effectué ou pris en méconnaissance des dispositions du présent III est nul dans cette mesure (...)

DOCUMENT 3 : Extraits de l'article R. 225-29-1 du Code de commerce (modifié par le décret du 27 novembre 2019 qui complète l'ordonnance du 27 novembre 2019)

I. – La politique de rémunération mentionnée au I. de l'article L. 225-37-2 présente les informations suivantes, relatives à l'ensemble des mandataires sociaux :
1° La manière dont elle respecte l'intérêt social et contribue à la stratégie commerciale ainsi qu'à la pérennité de la société ;
2° Le processus de décision suivi pour sa détermination, sa révision et sa mise en œuvre, y compris les mesures permettant d'éviter ou de gérer les conflits d'intérêts et, le cas échéant, le rôle du comité de rémunération ou d'autres comités concernés (...)
5° Les critères de répartition de la somme fixe annuelle allouée par l'AG aux administrateurs (...)
II. – La politique de rémunération précise, pour chaque mandataire social, les éléments suivants :
1° Les éléments fixes, variables et exceptionnels composant la rémunération totale et les avantages de toute nature qui peuvent lui être accordés en raison du mandat concerné, ainsi que leur importance respective (...)
4° Lorsque la société attribue des éléments de rémunérations variables, les critères clairs, détaillés et variés, de nature financière et non financière, y compris, le cas échéant, relatifs à la responsabilité sociale et environnementale de l'entreprise, qui conditionnent leur attribution et la manière dont ces critères contribuent aux objectifs de la politique de rémunération (...)
IV. – La politique de rémunération soumise à l'AG des actionnaires (...) est rendue publique sur le site internet de la société le jour ouvré suivant celui du vote et reste gratuitement à la disposition du public au moins pendant la période où elle s'applique.

EXO 01.03 Cas société « Jazz club »

Retrouvez cet exercice complémentaire sur www.editions.foucher.fr

Le contrat de société

Chapitre 2

COMPÉTENCES ATTENDUES

- **Identifier les différents éléments constitutifs du contrat de société et les caractériser.**
- **Analyser le régime juridique des apports.**
- **Distinguer bénéfices et dividendes.**
- **Analyser l'influence du régime matrimonial de l'associé sur le contrat de société.**

- Une société est d'abord un contrat. L'article 1832 du Code civil précise que : « ***La société est instituée par deux ou plusieurs personnes qui conviennent par un contrat d'affecter à une entreprise commune des biens ou leur industrie en vue de partager le bénéfice ou de profiter de l'économie qui pourra en résulter*** ». Comme tout contrat, le contrat de société, qui se matérialise avec la rédaction des statuts doit obéir aux conditions de droit commun – c'est-à-dire communes à tous les contrats – puis aux conditions spécifiques qui sont propres au contrat de société (1). Il existe, outre ces conditions de fond, des conditions de forme (cf. chapitre 3).
- Comme tout contrat, des sanctions sont encourues si ces conditions ne sont pas respectées. Mais ces sanctions prennent en compte la spécificité du contrat de société : la société est un **contrat-organisation** qui va donner naissance à une personne morale qui crée des richesses, traite avec des tiers... Aussi le droit limite-t-il les possibilités d'annuler le contrat de société et, le cas échéant, les effets de cette annulation (2).

PLAN DU CHAPITRE

APPLICATIONS P. 50

1 Les conditions de validité du contrat de société

A Les conditions de validité communes à tous les contrats

1 Le consentement des associés

a. Les pourparlers et promesses pour la conclusion du contrat de société

Pourparlers

L'initiative, le déroulement mais également la rupture des pourparlers sont libres. Les pourparlers doivent cependant répondre à certaines exigences :

- ils doivent être menés de **bonne foi** (article 1112 du Code civil). Ainsi la rupture de pourparlers très avancés par une personne qui ne veut plus s'associer peut être considérée comme abusive car elle ne répond pas aux exigences de la bonne foi ;
- la partie qui connaît une **information déterminante** pour l'autre doit l'en informer (article 1112-1 du Code civil) ;
- ils supposent le respect d'une **obligation de confidentialité** (article 1112-2 du Code civil).

En cas de non-respect de ces obligations, la partie concernée peut voir sa responsabilité extracontractuelle engagée.

Promesse de société

La promesse de société est un engagement visant à établir entre les parties un véritable lien de société, alors que celle-ci n'existe pas encore.

Les personnes qui cherchent à s'associer ont trouvé un accord écrit sur les principaux éléments du contrat mais il manque encore la réalisation d'une formalité, d'une condition essentielle… (*ex.* : obtention d'un agrément administratif par les fondateurs, d'un diplôme par un des associés…).

L'inexécution de la promesse par une des parties peut se régler par **le versement de dommages-intérêts mais non par l'exécution forcée.**

b. Le consentement non vicié des associés

Erreur (articles 1132 et suivants du Code civil)

L'erreur n'est cause de nullité que si elle porte sur les **éléments essentiels du contrat de société** (*ex.* : erreur sur la nature même du contrat, avec une personne s'engageant dans ce qu'elle croit être un contrat de travail avec participation aux bénéfices) ou sur les **qualités essentielles de la personne cocontractante** à condition que ces qualités soient considérées comme un élément déterminant de la future relation (*ex.* : apport en industrie réalisé par un associé).

Dol (articles 1137 et suivants du Code civil)

Le dol vicie le consentement lorsqu'une des parties au contrat a usé de **manœuvres ou de mensonges ou a dissimulé intentionnellement** une information essentielle pour déterminer l'autre à contracter (*ex.* : un apporteur en nature ment sur la valeur de son apport).

Violence (articles 1140 et suivants du Code civil)

La violence est cause de nullité si une personne s'engage dans une société sous **la pression d'une contrainte** exercée par un autre associé ou même un tiers, qui lui inspire la crainte d'exposer sa personne, sa fortune ou celles de ses proches à un mal considérable. En droit des sociétés, cette hypothèse est néanmoins très théorique.

Remarque Une société peut être qualifiée de fictive lorsqu'elle possède l'apparence d'une véritable société (siège social, dénomination sociale, immatriculation au RCS…) mais qu'elle n'a aucune existence propre et n'est destinée qu'à masquer les agissements d'une personne que celle-ci soit ou non associé. Dans ce cas, il y a absence de consentement au contrat de société, et la nullité de celui-ci pourra être prononcée.

2 La capacité des associés

a. Les mineurs et majeurs

Mineurs

Un mineur même non émancipé peut devenir associé d'une société ne nécessitant pas la capacité commerciale (*ex.* : SARL, SAS, SA...). Il devra simplement agir par le biais de son représentant légal. En revanche, il ne peut pas devenir associé d'une société nécessitant cette capacité commerciale (*ex.* : SNC, commandités dans SCS ou SCA...).

Un mineur émancipé peut être associé de n'importe quel type de sociétés, mais s'il s'agit d'une société nécessitant la capacité commerciale, il devra obtenir une autorisation du juge (article L. 121-2 du Code de commerce).

Majeurs protégés

Le majeur sous sauvegarde de la justice peut devenir associé de n'importe quel type de société sauf si cet acte est jugé lésionnaire ou excessif.

Le majeur sous curatelle ou sous tutelle peut devenir associé de toute société ne nécessitant pas la capacité commerciale. Le majeur sous curatelle sera assisté par son curateur pour l'exercice de sa mission d'associé. La majeur sous tutelle sera représenté par son tuteur.

b. Les interdictions

Certaines personnes peuvent se retrouver privées de la capacité commerciale et ne peuvent donc à ce titre devenir l'associé (ou le dirigeant) d'une société telle que la SNC. Ces interdictions peuvent provenir d'une **condamnation pénale** pour des infractions d'une particulière gravité (*ex.* : crime) ou concernant de manière « large » le droit des affaires (*ex.* : infractions relatives au droit des sociétés, au droit de la consommation, au droit fiscal, au droit du travail...). En revanche, **ces interdictions n'empêchent pas en revanche de devenir associé d'une SARL, d'une SAS ou actionnaire d'une SA, mais elles ne permettent pas de diriger ces sociétés.**

c. Les incompatibilités

Les membres de certaines professions, telles que les **professions libérales** (*ex.* : avocats, commissaires aux comptes, experts-comptables...) mais aussi les **fonctionnaires**) ne peuvent avoir la capacité commerciale et, à ce titre, être associés d'une société telle que la SNC. Pour les sociétés pour lesquelles la capacité commerciale n'est pas exigée (*ex.* : SARL, SA, SAS...), il convient d'examiner la réglementation propre à chacune des professions concernées. Ainsi, à titre d'exemple, le commissaire aux comptes ne peut être associé d'une société dont il doit certifier les comptes.

3 Le contenu

Depuis la réforme du droit des contrats de 2016, la notion de contenu s'est substituée à celles d'objet et de cause dans les conditions de validité du contrat. Ainsi un contrat pour être valable :

- doit avoir **un contenu licite et certain** (article 1128 du Code civil) ;
- **ne peut déroger à l'ordre public**, que ce soit par ses stipulations ou par son but (article 1162 du Code civil) ;
- avoir une obligation possible, déterminée ou déterminable (article 1163 du Code civil).

En revanche, les dispositions relatives à l'objet social du contrat de société n'ont pas été modifiées : **une société doit avoir un objet licite et être constituée dans l'intérêt commun des associés** (article 1833 du Code civil).

Il est particulièrement complexe de déterminer l'articulation que la réforme de 2016 prévoit entre la notion de contenu, qui concerne tous les contrats, et celle d'objet social, qui ne concerne que le contrat de société. Nous nous bornerons à essayer de distinguer les notions d'objet social et de contenu du contrat, en sachant que cette distinction n'est pas forcément clairement exprimée par la doctrine :

- **l'objet social consiste en l'ensemble des activités que la société peut exercer. Il est défini dans les statuts.** Il doit être licite : un objet social illicite entraînerait la nullité de la société et son refus d'immatriculation. Encore faut-il remarquer ici qu'il est rare qu'un objet social soit explicitement illicite. La plupart du temps, il faudra pour juger du caractère ou non licite de l'objet social se référer à la réalité de l'activité exercée et/ou aux mobiles ayant poussé les associés à constituer la société. La jurisprudence n'est cependant pas très établie quant au fait de savoir si la nullité de la société doit être prononcée relativement à l'objet social réel de la société ou à son seul objet statutaire (cf. chapitre 3) ;
- la notion de contenu du contrat de société peut, quant à elle, être entendue plus restrictivement comme l'obligation de chacun des associés dans le contrat de société, c'est-à-dire celle de réaliser un apport. Définie ainsi, la notion de contenu (et toutes les conditions, qu'elle doit remplir : caractère licite, certain, possible, déterminée ou déterminable) ne se distingue que peu de la notion d'apport. Pris dans un sens plus large, le contenu se rapproche très fortement de la notion d'objet social.

> La loi PACTE a rajouté un 2ème alinéa à l'article 1833 du Code civil :
> *« La société est gérée dans son intérêt social et en prenant en considération les enjeux sociaux et environnementaux de son activité ».*
> Sans qu'il soit possible d'envisager toutes les conséquences possibles de cet ajout (*ex.* : nouveaux cas de responsabilité des dirigeants et/ou de la société ? Mise en cause de ces responsabilités par des tiers à la société ?...), il convient de noter qu'il modifie sinon le contenu du contrat de société ou son objet social, au moins la finalité de celle-ci. Elle ne serait plus seulement constituée dans le seul intérêt commun des associés et de la société, mais dans celui de l'ensemble de la Société, entendue ici comme la « communauté des humains ».
> La gestion de la société ne doit pas se faire dans le seul but de réaliser des bénéfices au profit des associés, mais doit prendre en compte l'environnement, les salariés...

B Les conditions spécifiques

1 Les apports

a. Définition

L'apport est ce qui **permet d'acquérir la qualité d'associé,** c'est-à-dire de « propriétaire » de la société (mais l'associé est titulaire d'un droit personnel à l'égard de la société, dont il est un créancier ; et non d'un droit réel).

L'apport est constitué par une somme d'argent, un bien, un savoir-faire...mis à la disposition de la société par l'associé et **contrepartie duquel ce dernier reçoit des parts sociales ou des actions – titres sociaux – qui lui donnent droit aux bénéfices, à une information sur la vie sociale, droit de participer à celle-ci par son droit de vote**... (cf. chapitre 5).

La **somme de la valeur des apports en numéraire et en nature constitue le capital social**. Les apports en industrie en sont exclus car ils ne constituent pas une garantie pour les créanciers sociaux.

b. Typologie

Apport en numéraire

Il s'agit de l'apport d'une **somme d'argent**.

On distingue la **souscription** (promesse de réaliser l'apport) de la **libération** (versement effectif de l'apport à la société).

La libération est librement organisée par les statuts dans les sociétés dans lesquelles la responsabilité des associés est indéfinie (cela signifie que les associés sont responsables sur l'ensemble de leurs biens personnels ; par exemple la SNC). **La libération est organisée de manière impérative par la loi dans les sociétés dans lesquelles la responsabilité des associés est limitée au montant de l'apports** (*ex.* : SARL, SAS, SA...). Dans ces dernières, la loi fixe le montant de l'apport devant être libéré dès la souscription et les modalités de recouvrement du solde, notamment en termes de délai. Il est en effet nécessaire que la société récupère une partie de son capital social (capital d'amorçage) dès le début de son activité.

L'article 1843-3 du Code civil prévoit des dispositions pour assurer l'effectivité de cette libération :

- les sommes qui devaient être apportées et qui n'ont pas été libérées produisent des intérêts de plein droit et sans demande, à compter du jour où elles devaient être versées ;
- l'apporteur qui a fait défaut peut se voir condamner à verser des dommages-intérêts à la société, si l'absence de libération de l'apport lui a causé un préjudice ;
- lorsque la libération des sommes n'a pas été demandée dans les délais légaux, tout intéressé peut demander en justice : soit d'enjoindre sous astreinte aux dirigeants de procéder à ces appels de fonds, soit de désigner un mandataire chargé de procéder à cette formalité.

Remarque La Cour de cassation s'est fondée sur l'article 1843-3 qui fonde un droit de créance de la société sur ses membres dans l'hypothèse où un associé s'était retiré de la société. En l'espèce, deux concubins associés avaient constitué une SCI dont les statuts prévoyaient la libération ultérieure des apports en numéraire. Suite à l'appel de libération de son gérant, l'autre associé refusa de libérer son apport et sollicita son retrait de la société. La Cour retient que « le capital social non libéré est une créance de la société contre son associé qui ne s'éteint pas lorsque celui-ci se retire de la société » (Civ. 3ème, 17 janvier 2019 ; arrêt qui vaut quelle que soit la forme sociale).

Apport en nature

Il s'agit de l'apport d'un **bien autre qu'une somme d'argent**, en pleine propriété, en jouissance, ou en usufruit (cf. UE 1, fondamentaux du droit). Tout type de biens peut être apporté (meuble ou immeuble, corporel ou incorporel), tant que ce bien est évaluable pécuniairement et peut faire l'objet d'une exploitation commerciale.

Les apports en nature nécessitent une **évaluation** afin de ne pas fausser le montant du capital social et la répartition des droits entre les associés. Cette évaluation est faite par les associés dans les statuts. Toutefois, dans les sociétés où la responsabilité des associés est limitée aux apports, (*ex.* : SARL, SAS, SA...) **cette évaluation est encadrée par la nomination d'un commissaire aux apports** (CAA) à l'unanimité des fondateurs ou par décision du président du tribunal de commerce à la demande du (ou des) fondateur(s) le(s) plus diligent(s). Le CAA réalise l'évaluation des apports en nature mais les associés ne sont pas tenus par celle-ci. S'ils s'en écartent, ils engagent alors leur responsabilité solidaire pour l'évaluation qu'ils ont retenue. **Les sociétés concernées par le recours à un CAA peuvent parfois en être dispensées**. Tel est le cas des SARL ou des SAS :

- dans lesquelles les associés le décident à l'unanimité ;
- et à la double condition que la valeur d'aucun apport en nature n'excède 30 000 € et que la valeur totale des apports en nature n'excède pas la moitié du capital (articles L. 223-9 et L. 227-1 du Code de commerce).

Remarque Lorsque la société est constituée par une seule personne (EURL et SASU), le commissaire aux apports n'est pas obligatoire si l'associé unique, personne physique, exerçait auparavant une activité professionnelle en tant qu'entrepreneur individuel ou EIRL, et qu'il apporte à la société des éléments figurant dans le bilan de son dernier exercice, comme par exemple son fonds de commerce (articles L. 223-9 et L. 227-1 du Code de commerce).

Apport en industrie

Il s'agit de l'apport d'**un savoir-faire**, de **compétences**... Ces apports ont de plus en plus d'importance dans les sociétés : les biens ou l'argent apportés sont interchangeables avec d'autres biens, d'autres sommes d'argent, ce qui n'est pas en revanche le cas pour les apports en industrie qui présentent un caractère *intuitu personae* (propre à la personne qui fait l'apport).

Les apports en industrie sont interdits dans les SA (article L. 225-3 du Code de commerce). **Ils ne participent pas à la constitution du capital social** car ils ne peuvent faire l'objet d'une saisie par un créancier impayé de la société (article 1843-2 du Code de commerce). Si l'apporteur en industrie n'est pas subordonné à la société dans l'exercice de l'activité faisant l'objet de son apport (car sinon il serait le salarié de la société et non son associé), il doit en revanche verser à la société tous les gains qu'il tire de cette activité et ne pas entreprendre une activité concurrente à celle promise à la société (article 1843-3 du Code civil).

c. Les apports des personnes mariées ou pacsées

Si l'associé est marié ou pacsé, il n'est pas obligatoirement le seul propriétaire du bien qu'il compte apporter à la société. Il peut s'agir d'un bien commun, qui appartient donc aux deux époux (alors que le bien propre n'appartient qu'à l'époux concerné). L'époux non apporteur peut-il s'opposer à l'apport ? Peut-il demander à être également associé ?

Personnes mariées

Régime légal de la communauté réduite aux acquêts	Régimes issus d'un contrat de mariage
▪ il n'a pas été établi de contrat de mariage ▪ les biens propres sont les biens appartenant aux époux avant le mariage, les biens acquis pendant le mariage à titre gratuit (succession, donation) et les biens personnels (*ex.* : vêtements) ▪ les biens communs sont les biens acquis pendant le mariage à titre onéreux, y compris les revenus des époux.	Le régime matrimonial est précisé dans un contrat de mariage. Ce contrat détermine les biens qui restent propres et ceux qui sont communs. Le régime matrimonial le plus courant est celui de la séparation des biens : les biens des époux détenus avant le mariage et acquis après parchacun restent propres. Il peuvent néanmoins acheter des biens en commun, ils seront soumis au régime de l'indivision (chacun est propriétaire de sa quote-part).
Liberté d'apporter pour les biens propres (article 1428 du Code civil). **Solution identique pour l'apport d'un bien commun dans une société par actions.** En cas d'apport d'un **bien commun à une SNC, à une SARL, à une SCS ou à une société civile, il faudra en aviser le conjoint**. Si celui-ci notifie à la société son intention d'être personnellement associé, il sera associé pour la moitié des parts souscrites (article 1832-2 du Code civil). En cas d'apport d'un **bien commun immeuble ou fonds de commerce ou d'apports de droits sur le logement familial ou sur les meubles le garnissant**, **il faudra obtenir l'accord du conjoint** (articles 215 et 1424 du Code civil). Le conjoint peut demander l'annulation de l'apport dans les deux ans de la découverte de celui-ci ou de la dissolution de la communauté (article 1427 du Code civil)	Liberté d'apporter mais accord du conjoint pour l'apport de droits sur le logement familial et des meubles le garnissant (article 215 du Code civil).

Personnes pacsées

Depuis 2007, les partenaires d'un **PACS** ne sont plus soumis au régime de l'indivision mais à celui de la **séparation de biens** susdécrit (articles 515-5 du Code civil). Ils peuvent cependant décider d'appliquer le régime de l'**indivision** (qui est valable pour les PACS conclus avant 2007), et dans ce cas l'apport d'un bien indivis nécessite l'accord préalable du partenaire (article 515-5-1 du Code civil).

2 Vocation aux bénéfices, aux économies et contribution aux pertes

Cette condition est celle qui permet de distinguer les sociétés qui ont un but lucratif des associations qui ont été définies par opposition aux sociétés (loi 1901, cf. chapitre 23). Mais l'apparition de certains groupements (GIE, sociétés coopératives) brouillent sensiblement cette division.

Distinction bénéfices-économie

Une société doit avoir un but lucratif pour les associés qui cherchent, soit un gain pécuniaire (bénéfice), soit une réduction de leurs dépenses (économie).

Répartition des bénéfices

En principe, **la répartition des bénéfices se fait proportionnellement à la fraction dont chaque associé dispose dans le capital social, celle-ci étant elle-même proportionnelle aux apports effectués par chaque associé** (article 1843-2 du Code civil). **L'apporteur en industrie dispose d'une part égale à l'apporteur en numéraire ou en nature qui a le moins apporté**.

Par exception les statuts peuvent prévoir une autre répartition (afin par exemple de récompenser les fondateurs, les associés historiques...). **La seule limite est celle de la clause léonine**, c'est-à-dire la clause qui attribuerait tous les bénéfices à un seul associé (qui se « taillerait la part du lion ») ou qui priverait un associé de toute part dans ceux-ci. La clause léonine est réputée non écrite (article 1844-1 du Code civil).

Remarque

- **Bénéfices**

  Schématiquement, il s'agit pour une société de la différence entre ses produits et ses charges.
- **Dividendes**

  Il s'agit du bénéfice distribué aux associés. Chaque année, ceux-ci sont réunis en assemblée générale et décident par un vote l'affectation du résultat de la société et donc l'éventuel distribution de bénéfices (si l'exercice a été bénéficiaire, sinon il s'agit d'un délit de distribution de dividendes fictifs – cf. chapitre 27 ; 3 B).

Contribution aux pertes

Il s'agit du corollaire à la recherche des bénéfices. Les règles s'appliquant sont d'ailleurs les mêmes (contribution selon la part de chacun dans le capital social, prohibition des clauses léonines, comme celles prévoyant qu'un associé n'aura jamais à supporter les pertes de la société).

Il faut cependant **distinguer cette contribution aux pertes qui concerne les rapports des associés entre eux et l'obligation aux dettes qui concerne les rapports des associés avec les tiers** dans les sociétés où la responsabilité n'est pas limitée aux apports. Dans ces sociétés (*ex.* : SNC, société civile...), si la société subit des dettes, ses créanciers peuvent se retourner contre les associés.

La contribution aux pertes, quant à elle, est en principe sans effet durant la vie de la société sur le patrimoine des associés : si la société a des dettes, les créanciers ne pourront en exiger paiement sur le patrimoine des associés. La question de la contribution aux pertes se posera essentiellement lors de la liquidation de la société : si cette dernière n'a pas les moyens de rembourser totalement les créanciers sociaux, elle puisera dans les apports encore présents dans son actif (cas des sociétés où la responsabilité est limitée aux apports), et même dans le patrimoine personnel des associés (cas des sociétés dans lesquelles la responsabilité n'est pas limitée aux apports ; par conséquent la contribution aux pertes se confondra donc avec l'obligation aux dettes).

3 L'*affectio societatis*

Il s'agit d'un élément constitutif du contrat de société d'**origine jurisprudentielle**. L'*affectio societatis* se définit comme la **volonté de collaborer pour chaque associé à l'exploitation de la société dans un intérêt commun et sur un pied d'égalité**. Cette notion permet aux tribunaux **d'apprécier le caractère fictif ou non d'une société, mais également de distinguer la société**

d'autres contrats (*ex.* : mandat, indivision, travail...). Elle est particulièrement importante lorsqu'il s'agit de déterminer si une relation entre plusieurs personnes constitue une société créée de fait (cf. chapitre 4).

L'*affectio societatis* qui se distingue du simple consentement au contrat de société, diffère en fonction du type de société : ainsi dans les sociétés de personnes, comme la SNC, elle est particulièrement forte (les associés participent activement à la vie de la société, notamment parce que leur patrimoine personnel est engagé) alors que dans certaines sociétés de capitaux, notamment les sociétés cotées, elle est restreinte (les associés participent peu à la vie de la société, et se contentent de percevoir leurs dividendes). Elle est absente des sociétés unipersonnelles.

2 La nullité du contrat de société

Le droit commun (civil) prévoit qu'un contrat peut être annulé lorsqu'une condition de validité n'est pas respectée : il n'est censé jamais avoir existé (la nullité emporte rétroactivité ; cf. UE 1, Fondamentaux du droit).

En ce qui concerne le contrat de société, les solutions retenues sont différentes car la société en tant que sujet de droit a pu nouer des relations avec des tiers (salariés, créanciers) qui seraient pénalisés par la nullité du contrat de société. Aussi, le législateur a restreint les possibilités d'annuler le contrat de société et en a limité les conséquences.

A Les causes de nullité du contrat de société

La nullité de la société ne peut résulter que de la violation d'une disposition expresse du Code de commerce ou du non-respect des lois qui régissent les contrats (articles 1844-10 du Code civil et L. 235-1 du Code de commerce).

Peu de cas de nullité sont prévues dans le Code de commerce

Le livre relatif aux sociétés commerciales du Code de commerce ne prévoit que peu de **cas de nullités** :

- pour les SARL et les sociétés par actions, il peut y avoir nullité si un vice du consentement ou une incapacité touche tous les associés fondateurs (article L. 235-1 du Code de commerce) ;
- pour les SNC et les SCS, il peut y avoir nullité en cas de défaut d'accomplissement des formalités de publicité (article L. 235-2 du Code de commerce).

Nullités dues au non-respect des lois qui régissent les contrats

La nullité peut venir du non-respect d'une des conditions générales de validité des contrats (défaut ou vice du consentement, incapacité, contenu illicite ou incertain) ou des conditions spécifiques au contrat de société (absence du nombre minimal d'associés pour les sociétés qui ne peuvent être unipersonnelles, absence ou fictivité des apports, défaut de participation aux résultats de l'exploitation, objet illicite, défaut d'*affectio societatis*...).

Les cas de nullités sont cependant relativement rares dans la mesure où :

- la nullité d'une SARL ou d'une société par actions n'est encourue que si tous les associés sont victimes d'un vice du consentement ou d'un défaut de capacité (dans les sociétés de personnes au contraire, il peut y avoir nullité si le vice du consentement ou l'incapacité ne touche qu'un associé) ;
- la clause léonine privant un associé de sa participation aux résultats de l'exploitation n'entraine pas la nullité de la société, elle est réputée non écrite ;
- la loi PACTE prévoit expressément qu'il n'est pas possible d'obtenir la nullité de la société en cas de non prise en compte des conséquences environnementales et sociales de l'activité de la société.

B Les conséquences de la nullité de la société du contrat de société

En principe, la nullité du contrat est rétroactive : le contrat est censé n'avoir jamais existé (article 1178 du Code civil). Cependant, emporte pour le contrat de société :

- le législateur ne prononce pas systématiquement la nullité ;
- **la nullité prononcée n'a pas d'effet rétroactif** ; exceptionnellement, elle ne vaut que pour l'avenir.

La société a en effet souvent commencé une activité économique, elle s'est engagée contractuellement auprès de tiers ; ce qui prime alors est la sécurité juridique.

Régularisation

Pour éviter de prononcer la nullité, le législateur permet de régulariser la condition qui fait défaut.

D'ailleurs, si la cause de la nullité a cessé d'exister le jour où le tribunal statue sur le fond en première instance, il n'est plus possible de prononcer la nullité, sauf si elle est fondée sur l'illicéité de l'objet social (articles 1844-11 du Code civil et 235-3 du Code de commerce).

De plus, pour favoriser cette régularisation, le tribunal saisi d'une demande en nullité :

- ne peut prononcer la nullité moins de deux mois après la demande ;
- peut même d'office (et avant de se prononcer) donner un délai pour couvrir cette nullité ;
- peut dans son jugement donner aux associés un délai pour prendre une décision collective afin de couvrir cette nullité. Mais il faut que les associés aient déjà été régulièrement convoqués à une assemblée générale en ce sens, ou aient déjà reçu les projets de texte et documents nécessaires à leur prise de décision (articles 1844-13 du Code civil et L. 235-4 du Code de commerce).

La régularisation empêche d'obtenir en justice le prononcé de la nullité de la société, mais il est toujours possible aux personnes qui, du fait de l'existence d'une cause de nullité, ont subi un préjudice, de demander des dommages-intérêts dans le délai de trois ans à compter du jour de la régularisation (article L. 235-13 du Code de commerce).

Remarques

- **Nullité fondée sur un vice du consentement ou l'incapacité d'un associé**

  Tout intéressé peut mettre en demeure la personne concernée de régulariser la situation ou de demander la nullité dans un délai de six mois. La société est prévenue de cette action.

  À défaut de régularisation, tout associé ou la société peut soumettre au tribunal saisi de l'action en nullité, toute mesure susceptible de supprimer l'intérêt à agir du demandeur comme par exemple le rachat de ses droits sociaux. Le tribunal peut alors prononcer la nullité ou rendre obligatoires les mesures proposées à condition qu'elles aient été approuvées au préalable par la société, sans que ne soient prises en compte les voix du demandeur de la nullité (articles 1844-12 du Code civil et L. 235-6 du Code de commerce).

- **Nullité fondée sur un défaut de publicité**

  Dans ce cas, tout intéressé peut mettre en demeure la société de réaliser ces formalités. A défaut, cette personne peut demander en justice la désignation d'un mandataire qui réalisera ces formalités (article L. 235-7 du Code de commerce).

Prescription

Les personnes ayant subi un préjudice du fait de la nullité peuvent toujours poursuivre pendant trois ans les personnes à l'origine de cette nullité, c'est-à-dire essentiellement les fondateurs, pour obtenir réparation (articles 1844-17 du Code civil et L. 235-13 du Code de commerce).

La nullité ne peut être demandée que dans un délai trois ans (articles 1844-14 du Code civil et L. 235-9 du Code de commerce).

Non rétroactivité

Lorsque la nullité d'une société est prononcée, la société est liquidée (cf. chapitre 7, article L. 235-10 du Code de commerce). L'annulation n'emporte pas rétroactivité, elle entraîne la dissolution judiciaire de la société (article 1844-15 du Code civil).

De plus ni la société, ni les associés (sauf ceux dont le consentement a été vicié ou qui sont incapables) ne peuvent se prévaloir d'une nullité à l'égard des tiers de bonne foi, la société devra donc dans ce cas honorer ses engagements (articles 1844-16 du Code civil et L. 235-12 du Code de commerce).

SYNTHÈSE

La société est un contrat et doit donc respecter des conditions de validité.

Conditions de validité communes à tous les contrats	Conditions de validité spécifiques au contrat de société
Consentement	Apports
Capacité	But lucratif et contribution aux pertes
Contenu	*Affectio societatis*

Apports

En numéraire	En nature	En industrie
▪ somme d'argent ▪ pris en compte dans le capital social	▪ bien matériel ou immatériel ▪ pris en compte dans le capital social	▪ compétence, savoir-faire... ▪ non pris en compte dans le capital social ▪ interdit dans les SA
On distingue la souscription de la libération. Dans certaines sociétés (SARL, SAS, SA) la loi fixe la proportion de l'apport devant être libéré dès la souscription et le délai pour en libérer la totalité.	L'apport doit faire l'objet d'une évaluation. Dans certaines sociétés (SARL, SAS, SA) et sauf exceptions dues notamment au faible montant de l'apport et à son peu d'importance dans le capital social, il est nécessaire de recourir à un commissaire aux apports.	L'apporteur est soumis à une obligation de non-concurrence et d'exclusivité : il doit rendre compte de tous les gains réalisés dans le cadre de l'activité faisant l'objet de l'apport.

Lorsque l'apporteur est marié ou pacsé, l'apport peut nécessiter l'information ou l'accord de son conjoint – ou de son partenaire de PACS – selon la nature du bien apporté, la société qui bénéficie de l'apport, le régime matrimonial...

But lucratif

La répartition des bénéfices se réalise conformément aux prévisions statutaires, sauf si ces dernières prévoient une clause léonine.

Dans le silence des statuts, chaque associé reçoit une part proportionnelle à la fraction de titres qu'il détient dans le capital social (l'apporteur en industrie reçoit autant que le plus petit apporteur en numéraire ou en nature, sauf répartition contraire prévue dans les statuts).

▶ *Affectio societatis*

C'est une condition d'origine jurisprudentielle qui permet de distinguer la société d'autres types de contrat et se définit comme la volonté de participer sur un pied d'égalité à la vie sociale.

En cas de non-respect de ces conditions de validité, la nullité du contrat de société est rarement encourue. Quand elle l'est, le législateur prévoit :
- de nombreuses possibilités de régularisation ;
- une prescription brève de l'action ;
- que l'annulation n'a pas d'effet rétroactif.

EXO 02.01 Cas pratique – La création d'une SARL informatique

Jean, Christine et Richard ont décidé de créer une SARL de maintenance informatique.
Les apports sont les suivants :
- pour Jean : apport d'une somme d'argent de 3 000 € ;
- pour Christine : apport de matériel informatique acheté il y a plusieurs années avec son époux Patrick, et qu'elle évalue à 2 000 € ;
- pour Richard, petit génie de l'informatique âgé de 15 ans : apport de compétences techniques.

Les statuts ne prévoient aucune disposition particulière relativement portant sur la répartition des bénéfices.

Travail à faire

1. **Calculez le montant du capital social.**
2. **Déterminez les droits de chacun des associés dans la répartition des bénéfices. Une autre répartition aurait-elle été possible ?**
3. **Christine peut-elle faire l'apport du matériel informatique librement ? Son évaluation personnelle de la valeur de matériel est-elle possible ?**
4. **Richard peut-il devenir associé de la société ? Y-a-t-il un risque de nullité de la société ?**

Chapitre 3

La société, personne morale

COMPÉTENCES ATTENDUES

- **Différencier constitution de la société et acquisition de la personnalité morale.**
- **Schématiser le processus administratif aboutissant à l'acquisition de la personnalité morale.**
- **Repérer les attributs de la personne morale et en analyser le régime juridique.**
- **Analyser l'impact du débat de la nature juridique de la société sur la notion d'intérêt social.**

- La société est d'abord un contrat, c'était l'objet du chapitre 2. **Dans le présent chapitre, il convient d'étudier la société en tant que personne morale** (PM). La société qui a été régulièrement constituée – c'est-à-dire celle dont les associés fondateurs ont respecté toutes les modalités conduisant à son immatriculation au R.C.S – va devenir un sujet de droit, une personne juridique appelée personne morale.

  A compter de la signature des statuts, on dit que la société existe.

  À compter de son immatriculation au R.C.S, elle devient un sujet de droit, une personne du seul point de vue du droit.

  L'attribution de la personnalité juridique conduit la société à être dotée d'un **patrimoine** ou encore, à engager sa responsabilité comme une personne physique.

  Les conséquences liées à l'attribution de la personnalité juridique permettent de mieux comprendre les solutions dégagées pour les sociétés qui n'ont pas la **personnalité juridique** mais qui ont pu, ou peuvent, avoir une activité économique. Les sociétés qui en sont dépourvues (notamment la société en formation) seront étudiées dans le chapitre 4.
- Pour acquérir la personnalité juridique, les associés fondateurs doivent respecter le processus de constitution d'une société (1).
- En devenant un sujet de droit autonome, la société obtient une identité lui permettant d'être individualisée (2). Elle sera titulaire de droits patrimoniaux (immeubles, brevet...) et extrapatrimoniaux (sa réputation par exemple).
- À l'occasion de son activité, pourra être engagée sa **responsabilité aussi bien civile** (défaut de paiement d'un fournisseur) **que pénale** (recours à des travailleurs non déclarés par exemple) (3).

PLAN DU CHAPITRE

1 Processus administratif de création d'une société

Les statuts d'une société matérialisent le contrat de société étudié précédemment.

Ils contiennent un certain nombre d'éléments obligatoires qui permettent d'**individualiser** la future personne juridique mais également de préciser les **règles de fonctionnement** retenues par les associés.

Parmi les objectifs poursuivis par la loi Pacte (Plan d'action pour la croissance et la transformation des entreprises) du 22 mai 2019, l'article 1er vise à simplifier les démarches que les entreprises sont tenues d'accomplir lors de leur création (cette simplification vise également la modification de leur situation et la cessation de leur activité).

A La signature des statuts, naissance de la société

1 Forme

Ils prennent la **forme d'un écrit obligatoirement,** le plus souvent sous seing privé. La forme authentique sera requise en cas d'apport d'un bien immobilier. Ils doivent être datés et signés par tous les associés.

2 Enregistrement au service des impôts

Depuis juillet 2015, l'obligation d'enregistrer les statuts d'une société auprès du service des impôts des entreprises (SIE) a été supprimée. Elle demeure néanmoins dans certains cas.

3 Contenu

Il existe des statuts types.

Mentions obligatoires :

- certaines sont communes à toutes les sociétés.

Les statuts doivent contenir les mentions visées aux articles 1835 du Code civil et L. 210-2 et suivants du Code de commerce :

Mentions statutaires obligatoires communes	Précisions
la forme	SARL, SA, SNC, société civile…
les apports de chaque associé ou actionnaire	Identification et évaluation des apports en nature à préciser. Identité de l'apporteur en industrie (connaissances apportées, modalités de la mise à disposition, droits en contrepartie)
la durée	Une disparition programmée est prévue par le législateur puisque la durée ne peut excéder 99 ans. Seule une manifestation expresse de volonté de la part des associés, intervenant avant le terme, permet de la proroger (article 1844-6 al. 1er du Code civil). À l'arrivée du terme prévu, la société est dissoute et radiée de plein droit (article 1844-7 du Code civil). Pour limiter la rigueur du principe, une **clause de prorogation tacite** est possible et surtout, la loi du 19 juillet 2019 crée une **procédure permettant aux associés de proroger** sous le contrôle d'un juge la durée de la société après la survenance du terme (article 1844-6 al. 4 du Code civil).
la dénomination sociale	Obéit à des contraintes liées au respect des marques et au risque de concurrence déloyale (cf. II.A)
le siège social	Développé plus loin (II. B)
l'objet social	Abordé dans le chapitre 2
le montant du capital social	Le dépôt des apports en numéraire doit être effectué avant la signature des statuts ; le dépositaire remet une **attestation de dépôt de fonds** certifiant que les sommes ont bien été versées sur le compte de la société. Jusqu'à l'immatriculation, les fonds sont bloqués.

- d'autres sont **propres à certaines sociétés** : pour certaines formes de sociétés, des indications complémentaires doivent figurer aux statuts (cf. Partie II).

Dispositions facultatives

De manière générale, les statuts contiennent des règles de fonctionnement qui ne peuvent pas déroger aux dispositions légales impératives (par exemple il n'est pas possible de modifier l'étendue de la responsabilité des associés dans la SNC).

Lorsque la loi est supplétive de volonté – c'est-à-dire qu'elle va s'appliquer par défaut de stipulation statutaire contraire – les associés peuvent organiser d'une façon qui leur est propre le fonctionnement de la société (prévoir un plafond d'engagement au-delà duquel un dirigeant doit consulter l'assemblée générale des associés avant d'engager la société ; une répartition des dividendes non léonine...).

Remarque Parmi les dispositions facultatives, un préambule peut comporter la liste des actes préparatoires au démarrage de la société (cf. société en formation dans le chapitre 4). On peut y trouver également les grandes lignes de l'organisation de la société et les principaux motifs de la société. La loi Pacte a introduit la qualité de **société à mission** sous réserve pour les sociétés commerciales de remplir les conditions fixées à l'article L. 210-10 du code de commerce, complétées par le décret du 2 janvier 2020. Les trois premières conditions visent les statuts. Ils doivent comporter une **raison d'être**, un ou plusieurs **objectifs sociaux et environnementaux** que la société se donne pour mission de poursuivre, et enfin les modalités du suivi de l'exécution de la mission incluant notamment l'intervention d'un comité de mission et le mode de désignation de l'organisme tiers indépendant chargé du contrôle de l'exécution.

4 Modification des statuts

Dès lors que la société jouit de la personnalité morale, la modification des statuts relève de la compétence de l'**assemblée générale extraordinaire** des associés. La modification est une décision extraordinaire obéissant à des règles de quorum et de majorité particulières. Tant que la société n'est pas immatriculée, la société reste un contrat : la modification des statuts suppose alors l'unanimité des associés. De manière générale, jusqu'à l'immatriculation, les rapports entre les associés sont régis par le contrat de société et par les principes généraux du droit applicables aux contrats et obligations (article 1842 al. 2 du Code civil).

La signature des statuts par tous les associés marque le **début de l'existence d'une société** mais elle n'est pas encore un sujet de droit. Avant l'immatriculation, la société est dite **en formation**. Aucun délai n'est prescrit pour le dépôt de son dossier d'immatriculation. Les actes préparatoires sont accomplis. En théorie, elle peut même débuter son activité économique mais il n'est pas dans l'intérêt des associés de faire perdurer cette situation. Aussi, après les formalités de constitution, il est recommandé de déposer le dossier d'immatriculation au plus tôt.

B Les formalités de publicité permettant d'acquérir la personnalité juridique

Ces formalités de publicité achèvent le processus de création d'une société, elles vont rendre la société opposable aux tiers en tant que sujet de droit.

1 Publication d'un avis dans un JAL

Un **avis de constitution de la société** doit être publié dans un journal d'annonces légales (JAL) du département du siège social. Retenez que l'on dit « un » JAL car on vise une publication habilitée à diffuser des annonces légales (publication juridique ou grand quotidien national). En revanche, vous direz « le » **BODACC** car il s'agit d'une publication unique. Les sociétés civiles sont dispensées de cette publication. La publication est facultative pour les GIE. Elle doit avoir lieu au plus tôt après l'accomplissement des formalités de constitution.

Une attestation de parution, délivrée par le JAL, peut être produite au greffe du tribunal de commerce pour l'immatriculation au RCS.

Remarque Poursuivant un objectif de simplification, la loi Pacte prévoit d'habiliter les services de presse en ligne pour la publication d'annonces judiciaires et légales (AJL). La baisse des coûts de publication de ces annonces pour les entreprises, notamment lors de leur création, est également un objectif important.

2 Immatriculation au RCS

Seule l'immatriculation au R.C.S permet à la société d'acquérir la personnalité morale (articles 1842 du Code civil et L. 210-6 du Code de commerce).

Le créateur peut directement déposer la déclaration dite MO zéro auprès du greffe du tribunal de commerce (article R. 123-5 du Code de commerce) ou déposer un exemplaire des statuts au centre de formalités des entreprises (CFE).

Les CFE, institués auprès des chambres de commerce et d'industrie, sont chargés d'être l'interface entre le créateur d'entreprise et les administrations. Ils assurent la transmission des demandes d'autorisations pour les activités réglementées (par ex. une inscription au registre du transport routier pour une société de déménagement doit être délivrée par le ministère chargé des transports).

Dès qu'un dossier de demande d'immatriculation complet est déposé, un **récépissé de dépôt de dossier de création d'entreprise** est délivré gratuitement (article L. 123-9-1 du Code de commerce). Il permet d'accomplir, sous la responsabilité de la personne physique qui agit pour le compte de la société en formation, les démarches nécessaires auprès de certains organismes. Il comporte la mention : « en attente d'immatriculation ».

Remarque 1 : mesure de simplification apportée par la loi Pacte : à compter du 1er janvier 2021, création d'un guichet électronique unique au niveau duquel seront centralisées les formalités administratives des entreprises (aujourd'hui diverses étapes peuvent déjà être effectuées en ligne).

Remarque 2 : le coût de l'immatriculation dépend de la forme sociale. Il faut compter environ 40 € qui viennent s'ajouter au coût de la publication (en moyenne 200 euros), ce qui laisse songeur sur l'expression juridiquement impropre de société à 1 € – il convient de dire « société dont le capital social est libre ».

Le Kbis, certificat attestant l'immatriculation de la société

Une fois la société immatriculée, un extrait « K bis » est délivré pour attester de son immatriculation. Il permet d'obtenir le **retrait des fonds** correspondant aux apports en numéraire déposés sur le **compte ouvert pour le compte de la société en formation**.

Ce certificat contient notamment l'identité du représentant légal de la société, le siège social. Il précisera également si la société a déposé le bilan (cf. chapitre 6 sur le droit des entreprises en difficulté). Toute personne intéressée peut demander (ou lever) un extrait « K bis » de la société (avant d'assigner la société en justice, un créancier vérifie quel tribunal est compétent en fonction du siège social ou si elle ne fait pas l'objet d'une liquidation judiciaire).

Figurent sur l'extrait K-bis – le numéro d'immatriculation qui est unique (composé de la façon suivante : RCS + ville d'immatriculation + numéro Siren) et un certain nombre d'éléments d'identification délivrés par l'INSEE :

- le numéro Siren : il s'agit d'un numéro unique d'identification pour toutes les relations avec organismes publics et les administrations ;
- un ou plusieurs numéros Siret qui ciblent précisément les établissements ;
- enfin un code APE (activité principale exercée).

3 Publication au BODACC (Bulletin officiel des annonces civiles et commerciales)

Le BODACC publie toutes les annonces légales rythmant la vie d'une entreprise et enregistrées au R.C.S : création, modifications, mutations et cessation d'activité, avis relatifs aux procédures de redressement et liquidation judiciaires et avis de dépôt des comptes. Dans les huit jours de l'immatriculation au R.C.S, le greffier du tribunal de commerce y fait paraître un **avis de constitution** (article R. 210-8 du Code de commerce).

2 Attributs de la PM permettant de l'individualiser

Parmi les mentions obligatoires qui doivent apparaître dans les statuts, figurent les attributs permettant d'individualiser une société.

A Appellation (ou dénomination)

Les statuts doivent déterminer l'appellation de la société (article 1835 du Code civil).

L'appellation est le nom d'une société qui sert à identifier la PM et, par conséquent, à la distinguer des autres PM et de ses propres associés.

Les sociétés commerciales ont une **dénomination sociale** tandis que les sociétés civiles sont désignées par une **raison sociale** (cf. chapitre 16 sur les sociétés civiles).

La dénomination sociale est le principal moyen d'identification de la société PM depuis sa constitution jusqu'à la fin de sa vie (dissolution). Elle naît de sa mention aux statuts, confirmée par l'immatriculation de la société - qui lui permet d'ailleurs d'en être propriétaire - et peut évoluer par modification des statuts.

Quant au choix de la dénomination, les associés sont libres, contrairement aux personnes physiques pour lesquelles les règles de filiation s'appliquent. Elle peut être fantaisiste, s'inspirer de l'activité sociale ou du nom d'un associé (qui ne pourrait contraindre par la suite les associés à modifier la dénomination s'il était exclu par exemple). Cette liberté est néanmoins restreinte par l'atteinte aux droits des tiers (dénomination déjà utilisée qui pourrait susciter la confusion auprès des consommateurs ou marque déposée par exemple car la dénomination est également un signe distinctif).

Remarque 1 portant sur la protection de la dénomination : comme toute personne physique, la société PM a un droit à la protection de son nom. La dénomination sociale est protégée en lui conférant à la société une exclusivité dans son domaine d'intervention.

Remarque 2 une société peut être connue sous différents noms qui n'ont pas tous le même statut (dénomination sociale, nom commercial, enseigne qui tous trois ne doivent pas être confondus avec la marque). L'**appellation** sera alors distinguée du nom de domaine qui est l'appellation attribuée à un site Internet lors de sa création. Il peut être identique à la dénomination sociale. Depuis 2012, il peut également être déclaré au RCS (article R. 123-5 du Code de commerce).

Le nom commercial est le nom de l'entreprise ou du fonds de commerce exploité par la société. Lors de la constitution, les fondateurs peuvent clairement distinguer la société du fonds de commerce auquel ils donneront un nom commercial distinct. Le plus souvent, c'est le nom commercial qui figure sur les documents commerciaux d'une société.

B Siège social

En permettant de localiser une société, le siège social est le « domicile » d'une société (un délit de violation de domicile a d'ailleurs été retenu à l'encontre d'une personne ayant pénétré par escalade dans les locaux d'une société). Le législateur ne définit pas le siège social, aussi c'est la jurisprudence qui a été contrainte de le faire.

1 Enjeux entourant la fixation du siège social

Depuis fort longtemps, il est établi qu'une société a nécessairement un domicile pour déterminer territorialement devant quel tribunal un créancier peut l'assigner. Il fixe le lieu d'accomplissement des formalités administratives telles que l'immatriculation au RCS.

La détermination de la loi applicable est un autre enjeu important de la fixation du siège social. Une société dont le siège social est situé sur le territoire français est soumise à la loi française (article L. 210-3 du Code de commerce). Le choix du siège social a alors des implications fiscales (par exemple le montant de la CET - Contribution économique territoriale - qui varie d'une commune à une autre).

Les créateurs anticipent également sur cette localisation qui peut représenter une charge de gestion pour la société. Aussi est-il autorisé et fréquent, au moment de la création de la société que le siège social soit fixé au domicile de son représentant légal, sous réserves du règlement, de copropriété, pour une durée ne pouvant excéder cinq ans à compter de sa création. Il est impossible de le fixer au domicile d'un associé non dirigeant. Avant l'expiration de la période de cinq ans, le représentant légal doit, sous peine de radiation d'office, communiquer au greffe du tribunal les éléments justifiant son changement de situation (article L. 123-11-1 du Code de commerce).

Remarque à propos des pépinières : une approche pragmatique a conduit à multiplier les possibilités de domiciliation de la société. Fixer le siège social dans une pépinière permet de bénéficier d'infrastructures importantes (salle de réunion) tout en payant un loyer généralement abordable.

2 Siège social statutaire

a. Définition jurisprudentielle du siège social

Le siège social est déterminé librement par les associés dans les statuts (article L. 210-2 du Code de commerce). Le siège social **statutaire** doit toutefois correspondre au lieu de son **principal établissement**. La société peut néanmoins avoir plusieurs établissements secondaires.

Le caractère réel et sérieux du siège social statutaire est présumé. Il ne doit pas être fictif. Lorsqu'il ne correspond pas au siège effectif de la société, il est qualifié de siège réel.

En l'absence de définition légale, les tribunaux définissent le siège social comme le lieu où la société a son principal établissement, où se trouvent les organes de direction et les services administratifs de la société. Ils utilisent tous autres indices susceptibles de révéler cet établissement principal (lieu où sont ouverts les comptes bancaires, où se trouve la comptabilité centralisée...). La notion de « direction effective de la société » est la plus courante.

Remarque 1 : à propos du transfert de siège social : pour pouvoir s'adapter à son environnement une société peut être amenée à transférer son siège social. S'agissant de la modification d'une disposition statutaire, il obéit à des règles particulières (AGE et mesures de publicité). Les modalités de transfert varient selon les formes sociales.

Remarque 2 : à propos de la jurisprudence dite des « gares principales » : elle permet de donner compétence au tribunal du lieu où une société dispose d'un **établissement secondaire**. La Cour de cassation précise qu'elle ne vaut que si l'établissement secondaire a bien un rôle effectif et efficace vis-à-vis des tiers. Il doit être dirigé par une personne ayant le pouvoir d'engager la personne morale à l'égard des tiers.

b. Siège social statutaire fictif

Lorsque la fictivité du siège est établie, les tribunaux ont un pouvoir souverain pour déterminer le siège réel. S'agissant d'un fait juridique, la preuve de la fictivité du siège peut être rapportée par tout moyen par celui qui l'invoque (a été ainsi reconnu incompétent un tribunal à l'occasion d'une procédure de redressement judiciaire car la SNC en l'espèce n'était, au lieu de son siège social, propriétaire d'aucun bien et ne disposait d'aucun bureau ni d'infrastructures y justifiant l'exercice d'une activité réelle).

En principe, les tiers concernés sont des créanciers (l'administration fiscale). Ils bénéficient d'une option : ils peuvent se prévaloir du siège statutaire ou du siège réel en fonction de leurs intérêts (article L. 210-3 al. 2 du Code de commerce).

Par exception, dans l'hypothèse d'une procédure de traitement des difficultés (cf. chapitre 6), la procédure judiciaire est toujours ouverte devant le tribunal compétent en considération du siège social réel.

La fictivité du siège social peut avoir un caractère frauduleux. Un subterfuge est utilisé pour bénéficier par exemple d'un régime fiscal plus favorable (par exemple la loi relative à l'égalité réelle outre-mer du 28 février 2017 contient différents dispositifs d'incitation fiscale) ou d'aides à la création d'entreprise.

c. Société rattachée à un pays : la nationalité

La société a la nationalité du pays où se situe son siège social. Toutes les sociétés sont rattachées à un État. La notion d'entreprise multinationale n'existe pas juridiquement.

Ce rattachement à un État permet de déterminer la loi applicable à la société. Ainsi toute société dont le siège social est situé sur le territoire français est soumise aux dispositions de la loi française (article 1837 du Code civil). Le transfert du siège social à l'étranger entraîne par conséquent un changement de nationalité (l'unanimité des associés est requise).

On retrouve la distinction abordée précédemment à propos du **siège social réel** et du siège social statutaire fictif. La France retient comme critère de rattachement le siège social réel. En cas de siège social fictif, les juges se réfèrent au critère du contrôle et se basent sur la nationalité des associés, des dirigeants ou sur l'origine des capitaux pour déterminer le siège réel de la société.

Remarque relative aux paradis fiscaux : la stratégie d'optimisation fiscale peut générer des mécanismes de forum shopping dans les domaines social, environnemental et fiscal. Par exemple, Apple et Amazon vendent des services et produits immatériels pour lesquels pour lesquels la TVA facturée au consommateur est celle du siège social situé au Luxembourg.

3 La société immatriculée, sujet de droit autonome

Dotée de la personnalité juridique, la société est autonome. Elle se distingue de la personne des associés. Pour autant, la société fait-elle oublier la personne des associés ? Sera abordée préalablement une ancienne controverse doctrinale portant sur la nature juridique de la personne morale (A). De l'attribution de la personnalité juridique découlent pour la société un patrimoine (B), la capacité de détenir des droits et de les exercer (C), enfin, la possibilité de voir sa responsabilité engagée (D).

A Notion de personne morale

Le contrat de société associé à la théorie de la personnalité morale ont longtemps permis de contourner l'interdiction du patrimoine d'affectation en droit français. La personnalité morale réunit les associés dans une structure organisée et leur permet que les décisions soient prises à la majorité.

1 La personne morale, entité abstraite et incorporelle

Au terme du processus d'immatriculation, une société jouit de la personnalité morale. La société devient titulaire de droits et d'obligations. Néanmoins une personne morale ne peut être identique en tous points à une personne physique. De manière générale, sont protégés les droits de nature à permettre à la société personne morale d'exercer son activité dans le cadre de sa capacité (réputation ou encore droit à la tranquillité admis dans l'hypothèse de la condamnation d'un concurrent harcelant téléphoniquement une société, rendant indisponible son numéro vert). La Cour de cassation a ainsi retenu qu'une société ne peut invoquer l'existence d'un droit à la protection de la vie privée et invoquer l'existence d'un trouble manifestement illicite résultant d'une atteinte à la vie privée (Civ. 1re, 17 mars 2016 : une société titulaire d'un bail commercial reprochait au propriétaire l'installation d'un système de vidéosurveillance et d'un projecteur).

2 L'autonomie de la société fait oublier la personne des associés

a. Illustration de cette autonomie

Une société ne peut être condamnée au vu des seuls agissements de son associé

Une affaire portant sur la divulgation d'informations de nature à jeter le discrédit sur un concurrent permet de distinguer la responsabilité de la société en tant que PM de celle des associés. Dans un arrêt rendu le 16 mai 2018, la Cour de cassation a rappelé que seule la responsabilité de l'auteur de la divulgation d'informations peut être engagée.

En l'espèce, deux entreprises demandaient réparation à deux sociétés concurrentes pour dénigrement à leur encontre (propos péjoratifs tenus par écrit et oralement par celui qui avait la qualité de gérant de l'une des sociétés assignées et celle de principal associé de la seconde).

Leur demande avait été accueillie devant les juges du fond. La Cour de cassation casse l'arrêt d'appel car la seconde société n'était pas l'auteur des actes de dénigrement. Le dénigrement n'était pas imputable à un dirigeant ou à un représentant de la société, seul son associé avait agi. La responsabilité de la seconde société ne pouvait être retenue.

b. Un tempérament au principe : la clause d'intuitu societatis

Dans l'hypothèse où la personne des associés a déterminé la conclusion d'un contrat auquel la société est partie, un cocontractant peut-il valablement rompre un contrat (par exemple un contrat d'exclusivité) avec la société si cette personne-clé quitte la société ? Tout dépend de l'existence ou non d'une clause d'intuitu societatis : en l'absence d'une telle clause, les événements pouvant affecter la société ne peuvent conduire à remettre en cause un engagement contractuel en application du principe de l'autonomie de la personne morale.

Ce principe de l'autonomie de la personne morale est parfois remis en cause en cas de filiale et de société mère. La Cour de cassation (3 février 2015) a rappelé une limite au principe de l'autonomie de la personne morale de la filiale d'un groupe de sociétés, en cas d'immixtion de la société mère dans la gestion de celle-ci. La société mère était intervenue à plusieurs reprises pour discuter du règlement d'une créance de sa filiale à un tiers, laissant croire à ce dernier qu'elle se substituerait à la filiale dans tous les cas. La société mère a finalement été condamnée à régler la créance de sa filiale (3 février 2015).

B Le patrimoine de la société

Le patrimoine est un attribut de la personnalité juridique (les sociétés étudiées dans le chapitre 5 telles que la société en participation en sont dépourvues - cf. chapitre 4).

1 Contenu du patrimoine social

Le patrimoine regroupe tous les droits et obligations à caractère pécuniaire de la société. Il constitue un ensemble cohérent dans lequel l'actif répond du passif :

- l'**actif** est essentiellement constitué des biens possédés par la société (apportés lors de sa constitution puis acquis par la suite c'est-à-dire les bénéfices non distribués), de sa trésorerie, des créances non réglées des clients ;
- le **passif** correspond aux dettes : en premier lieu on retrouve le capital social (dette de la société à l'égard des associés qui seraient remboursés en dernier en cas de liquidation), mais plus globalement les **capitaux propres** (capital et réserves car les bénéfices réalisés ont vocation à être distribués aux associés si la société était dissoute). Il y a également les autres dettes (emprunts bancaires, créances fournisseurs...).

Le passif incombe à la société qui réglera ses créanciers sur son propre actif. Il existe néanmoins des formes sociales dans lesquelles les créanciers pourront mettre en œuvre la responsabilité personnelle des associés (responsabilité indéfinie et solidaire des associés de la société en nom collectif).

Remarque Le patrimoine ne doit pas être confondu avec le bilan, document comptable. Le bilan est établi à la fin d'un exercice comptable et doit être équilibré (correspondance entre les emplois et les ressources).

2 Autonomie du patrimoine social

Si la société est présentée comme une technique de cantonnement du passif pour les sociétés à responsabilité limitée, c'est parce que le patrimoine de la société est distinct de celui des associés.

On en déduit que :

- les **associés** ne sont pas copropriétaires des biens sociaux : ils ne sont titulaires que d'un droit personnel (et non réel) contre la société : ce sont des créanciers ;
- les **créanciers** sociaux exercent leur droit de gage général sur les biens figurant à l'actif du patrimoine de la PM (et non sur le patrimoine des associés dans les sociétés à responsabilité limitée) ;

- les créanciers personnels des associés ne peuvent poursuivre le règlement leur créance sur l'actif de la société. En principe, ils n'ont aucun droit sur le patrimoine social. Toutefois, une société peut être reconnue fictive et l'associé, considéré comme le véritable propriétaire des biens figurant à l'actif de la société (et non la société). Les créanciers personnels des associés pourront en revanche saisir les titres sociaux de leur débiteur ;
- d'ailleurs, les associés et dirigeants -même majoritaires – engagent leur responsabilité pénale en cas de confusion entre le patrimoine de la société et leur patrimoine propre.

3 Patrimoine social et capital social

Le capital social ne représente que la valeur des apports en numéraire et en nature. Il représente une dette de la société à l'égard des associés qui sont donc des créanciers (il figure pour cela au passif du bilan de la société). Il va permettre à la société de constituer son patrimoine (exclusion des apports en industrie).

Les notions de « patrimoine social » et de « capital social » ne coïncident qu'au moment de la constitution de la société. Les premières dettes sociales – notamment l'immatriculation au RCS – entament l'actif qui tombe au-dessous du capital. En cas de bénéfices réalisés par la suite, l'actif s'accroît et dépasse le capital social.

a. La remise en cause de l'utilité du capital social

Le capital social est souvent présenté comme le gage des créanciers sociaux. Depuis quelques années, son utilité est remise en cause :

- ce sont les **capitaux propres** qui permettent de valoriser davantage une société ;
- il ne remplit pas la fonction de gage des créanciers sociaux : si l'actif social est tombé à zéro, le capital social ne correspond alors à plus rien de concret. Le capital social libre dans les sociétés à responsabilité limitée (SARL puis SAS) en est l'illustration.

Néanmoins le capital social reste indispensable car il fixe les **règles de répartition du pouvoir et des dividendes** entre les associés.

b. L'intangibilité – ou la fixité – du capital social

Même s'il ne remplit plus la fonction de gage des créanciers sociaux, le capital social reste affecté aux créanciers sociaux. Il est **fixe et intangible**. Plusieurs conséquences en découlent :

- la société ne peut pas rembourser les associés tant qu'elle n'est pas dissoute (sous réserve de l'amortissement du capital dans la SA) ;
- elle ne peut distribuer aucune somme aux associés par prélèvement sur le capital (cf. délit de de distribution de dividendes fictifs dans la SARL et les sociétés par actions – chapitre 27) ;
- toute modification du capital est strictement réglementée. Les réductions de capital (à la suite des pertes subies) ne doivent pas conduire à abaisser le capital social au-dessous du minimum légal ou statutaire.

La variabilité du capital, une exception à l'intangibilité du capital social :

Par rapport aux sociétés improprement qualifiées de « sociétés à capital fixe », les sociétés à capital variable font figure d'exception et obéissent à un régime particulier (articles L. 231-1 et s. du Code de commerce).

Elles ne constituent pas une forme particulière de société. La variabilité ne constitue qu'une **modalité du fonctionnement** de la société (c'est le cas de beaucoup de SCI et de coopératives aujourd'hui). La variabilité du capital permet de ne pas modifier les statuts en cas d'entrée ou de sortie d'un associé (cf. chapitre 24 sur la société coopérative).

Une société créée à l'origine avec un capital fixe peut, au cours de la vie sociale, avoir recours à la variabilité du capital lorsqu'elle est proposée (les assurances ne peuvent être exercées par une société à capital variable ; les SA sont également exclues). La décision d'insérer cette clause de variabilité dans les statuts doit être prise à l'unanimité par les associés.

Pour les autres sociétés, notamment les coopératives, il peut être stipulé dans les statuts que le capital social est susceptible :

- d'augmentation par des versements successifs des associés ou l'admission d'associés nouveaux ;
- et de diminution par la reprise totale ou partielle des apports effectués.

La clause de variabilité doit contenir les limites suivantes :

- un **capital plancher** qui indique la limite en-dessous de laquelle le capital ne pourra plus être abaissé sauf par réduction de capital ;
- et le **capital autorisé** (plafond) qui correspond au montant au-dessus duquel le capital ne pourra pas être augmenté sans respecter les conditions de droit commun relatives à la modification de statuts.

La mention « capital variable » doit figurer sur tous les documents commerciaux de la société (factures, conditions générales de vente, etc.) une fois approuvée.

c. Le montant minimum exigé du capital social

L'heure est à la suppression du montant légal minimal (sauf SA et SCA). Il s'agit d'une mesure incitative pour les futurs entrepreneurs que l'on retrouve dans un certain nombre des États-membres de l'UE. Pourtant l'insuffisance des fonds propres explique traditionnellement les défaillances de sociétés. Un capital social trop faible a des conséquences :

lors de la constitution

- En termes de crédibilité : si les associés prennent peu de risques, ce n'est pas une banque qui les prendra en cas de besoin de financement. Les créanciers ne fourniront pas de délai de règlement ;
- En termes de responsabilité : le capital social joue un rôle d'amorçage, c'est-à-dire qu'il doit être suffisant pour pouvoir assurer le démarrage de l'activité sociale. La responsabilité des dirigeants était traditionnellement engagée lorsqu'il apparaissait que son montant était insuffisant pour assurer le fonctionnement de la société dans des conditions normales. Désormais, l'insuffisance des apports consentis à une société lors de sa constitution relève de la responsabilité des associés (Cass. com. 10 mars 2015).

au cours de la vie sociale, en cas de pertes

La procédure de reconstitution des fonds propres concerne les sociétés par actions et la SARL. Lorsque les capitaux propres d'une société commerciale deviennent inférieurs à la moitié du capital social, une procédure spécifique s'impose aux associés (cf. chapitre 7 portant sur la dissolution et chapitre 12 portant sur les opérations sur capital). Le dirigeant commet une faute de gestion pour ne pas avoir fait – ou n'avoir pas tenté de faire – procéder à une augmentation de capital lorsqu'elle s'avère nécessaire à la survie de la société (Cass. com. 16 juillet 2016).

C La capacité des sociétés

La capacité est l'aptitude à acquérir et à exercer un droit. Deux degrés sont distingués : la **capacité de jouissance** qui désigne l'aptitude à être titulaire de droits et d'obligations et la **capacité d'exercice** qui désigne le pouvoir de les mettre en œuvre seul, sans assistance, ni représentation par un tiers. La nature même de la société implique des réserves sur ces deux degrés de capacité.

1 Le principe de spécialité limite la capacité de jouissance d'une société

La capacité de jouissance des sociétés est doublement limitée par le principe de spécialité :

a. La spécialité légale

Le législateur limite la capacité de jouissance d'une société de deux manières :

- de façon étroite, elle vise les secteurs dans lesquels le législateur réserve ou interdit une forme sociale pour la mise en œuvre de l'activité concernée. Cette spécialisation permet de contrôler les activités jugées sensibles. Citons par exemple les sociétés d'assurance, de capitalisation et

d'épargne qui ne peuvent adopter la forme de société à responsabilité limitée (article L. 223-1 al. 5 du Code de commerce) ou encore les professions libérales réglementées (avocats, experts comptables par exemple) qui ne peuvent constituer une SNC en raison de l'incompatibilité de leur statut avec la qualité de commerçant ;
- de façon plus large, la spécialisation renvoie aux dispositions légales qui prévoient qu'une société est constituée en vue de **partager des bénéfices ou de réaliser des économies**. Une activité caritative est par conséquent en principe exclue. Néanmoins il n'est pas interdit à une société d'effectuer des actes à titre gratuit si elle en tire un avantage (distribution de produits gratuits pour promouvoir leur sortie). Le mécénat est un dispositif qui permet aussi à une entreprise de verser un don à un organisme, par exemple pour soutenir une œuvre d'intérêt général. En contrepartie, elle peut bénéficier d'une réduction fiscale.

Remarque La loi Pacte a introduit la qualité de société à mission (article L. 210-10 du Code de commerce). Toute mission d'intérêt général ou collectif peut figurer dans les statuts (c'est déjà le cas de la Maif ou du Groupe Rocher).
Outre un avantage compétitif en termes de notoriété, choisir cette qualité va conférer davantage de sécurité pour les dirigeants craignant l'engagement de leur responsabilité en cas d'investissement sans rentabilité financière évidente pour la société.

b. La spécialité statutaire

La société ne peut agir que dans les limites de l'**objet social** précisé dans les statuts (les associés peuvent avoir intérêt à adopter un objet social largement défini pour anticiper un développement ultérieur de l'activité). Par conséquent la société sera engagée par tout acte entrant dans l'objet social.

Une activité développée en dehors du champ de l'objet social est toutefois valable si elle a un lien avec les actes de gestion courante nécessaires à la poursuite de l'activité (recrutement de personnel, ouverture d'un compte bancaire...).

Remarque Dans les sociétés où la responsabilité des associés est limitée au montant de leur apport, les actes pris en dehors de l'objet social engagent quand même la société (SARL et sociétés par actions).

2 La capacité d'exercice d'une société impose sa représentation

S'agissant d'une société, l'exercice de ses droits passe nécessairement par des **représentants sociaux**. La société ne peut faire aucun acte juridique sans être représentée par une personne physique ou morale dont la désignation doit faire l'objet d'une publicité.

Remarque La Cour de cassation rappelle que la personne qui a signé une convention en qualité de gérant d'une société n'y a pas consenti en son nom personnel et que, par conséquent, les clauses de cette convention lui sont inopposables (Cass. com. 20 novembre 2019). En l'espèce, un prêt d'argent avait été accordé par une société à une SCI en vue d'acquérir un ensemble immobilier. La convention de prêt comportait une clause par laquelle, à défaut de remboursement, la société prêteuse pourrait exiger le transfert à son profit d'une fraction des parts constituant le capital social de la SCI, société emprunteuse. La société prêteuse avait poursuivi la gérante à titre personnel afin de la voir condamner, à titre personnel, à lui transférer l'ensemble des parts qu'elle détenait dans la SCI.

L'extrait K *Bis* précise les nom, prénom, date de naissance, commune de naissance, nationalité et adresse du ou des représentants légaux. L'enjeu est de pouvoir vérifier l'identité de la personne qui est habilitée à engager la société vis-à-vis des tiers. Le représentant légal a en effet tous les pouvoirs entrant dans l'objet social pour engager la société vis-à-vis des tiers.

Remarque Dans toute société à risque limité, la société est engagée même lorsque ses représentants agissent en dehors de l'objet social mais seulement si le tiers est de bonne foi. En revanche, dans la SNC – modèle de société à risque illimité car les associés sont commerçants – le gérant n'engage pas la société lorsque les actes ne participent pas de l'objet social.

D La responsabilité des sociétés

La reconnaissance de la personnalité juridique aux sociétés conduit à ce que leur responsabilité tant civile que pénale puisse être engagée (cf. Partie 6 : droit pénal des affaires).

1 La responsabilité civile des sociétés

Les deux types de responsabilité civile

La responsabilité civile d'une société, tant contractuelle qu'extracontractuelle, est engagée dans le but de réparer un dommage causé. Ces deux types de responsabilité font l'objet de dispositions distinctes dans lesquelles la société est respectivement considérée comme :

- un **débiteur défaillant en matière contractuelle** : la société a commis une faute contractuelle. L'objet de la responsabilité contractuelle vise à obtenir la réparation du préjudice résultant de l'inexécution d'un contrat (articles 1217 et suivants du Code civil) ;
- le **responsable d'un dommage en matière extracontractuelle** : plusieurs faits générateurs de responsabilité sont susceptibles d'engager la responsabilité de la société. La responsabilité est délictuelle quand le préjudice a été causé par un fait volontaire ; elle est quasi-délictuelle quand il a été causé par un fait involontaire (articles 1240 et suivants du Code civil).

Les conditions de la mise en œuvre

Elles sont sensiblement identiques dans les deux formes :

- le **dommage ou le préjudice** : certain, direct (par ex. les pertes économiques subies par la victime de concurrence déloyale) et prévisible en matière contractuelle (en cas de perte d'une marchandise, une société de transports ne rembourserait que la valeur déclarée) ;
- un **fait générateur** dont l'appréciation varie selon le type de responsabilité (cf. tableau figurant ci-dessous) ;
- le **lien de causalité**, c'est-à-dire un rapport direct de cause à effet entre le dommage et le fait générateur.

	Responsabilité extracontractuelle	Responsabilité contractuelle
Faits générateurs	La faute entraînant la responsabilité du **fait personnel** (par commission telle que le dénigrement d'un concurrent ou par omission comme le défaut d'information) (article 1240 du Code civil) **Tout fait ou acte d'un préposé** (salarié) entraînant un dommage, et qui serait susceptible d'engager sa responsabilité personnelle vis-à-vis de la victime s'il avait agi pour son propre compte, engage la responsabilité de la société- employeur (le commettant). C'est une hypothèse de la responsabilité du fait d'autrui sans faute (implication dans un accident de la circulation) La victime ne peut agir que contre la société si le préposé n'a pas excédé les limites de sa mission (1242 al. 5 du Code civil) **Le fait d'une chose dont la société est le gardien de la chose** (1242 al. 1er du Code civil) **Mise en circulation d'un produit défectueux** ; hypothèse de responsabilité sans faute (article 1245 du Code civil)	Faute contractuelle consistant en : - une inexécution totale ou partielle - une exécution tardive - une exécution défectueuse (article 1219 du Code civil)

La personne morale – et ses organes – répond de ses faits dommageables. L'avant-projet de réforme de la responsabilité civile remis au mois de mars 2017 prévoit que la faute pourrait également résulter d'un défaut d'organisation ou de fonctionnement de la personne morale.

2 La responsabilité pénale des sociétés

Le principe de la responsabilité pénale d'une PM – à l'exclusion de l'Etat – a été entériné en 1994 en droit français. Par exemple, la société Vinci a fait l'objet de plusieurs dépôts de plainte pour « travail forcé » sur des chantiers liés à la future coupe du monde au Qatar. Le 20 décembre 2019, le tribunal correctionnel de Paris a condamné France Telecom devenu Orange à la peine d'amende maximale (75 000 euros) pour harcèlement institutionnel suite à la vague de suicides de salariés entre 2007 et 2010, indépendamment de la condamnation personnelle de trois de ses anciens dirigeants (la première plainte a été classée sans suite par le procureur de Nanterre faute de victimes identifiées au mois de février 2018 ; la seconde a été déposée au mois de novembre 2018).

Ils peuvent être considérés comme coauteur ou complice (article 121-2 du Code pénal).

a. Conditions de mise en œuvre de la responsabilité pénale

Les personnes morales sont responsables pénalement des infractions commises pour leur compte, par leurs organes ou représentants.

La mise en oeuvre de la responsabilité pénale répond aux conditions suivantes :

- **La commission d'une infraction** : l'abandon du principe de spécialité (loi Perben II du 9 mars 2004) conduit à que les PM puissent être responsables de toutes les infractions. Toutefois, la nature même de la personnalité morale conduit à ce que certaines infractions ne soient jamais constituées (harcèlement sexuel par exemple). Aussi une circulaire en date du 13 février 2006 a dressé une liste d'infractions pour lesquelles la responsabilité pénale des personnes morales présente un intérêt particulier.
- **L'infraction doit avoir été commise pour le compte de la personne morale** (elle sert l'intérêt social ; cf. ci-après sur cette notion) et non pour le compte personnel du dirigeant.

L'infraction pour laquelle les sociétés sont le plus souvent condamnées est le travail dissimulé « l'économie » réalisée en violation de la loi profite à la société et non au dirigeant.

- **Le fait délictueux doit avoir été commis par un organe ou un représentant précisément identifié**. Cela pourra être un salarié en cas de délégation de pouvoirs régulière. Une jurisprudence avait admis l'existence d'une présomption d'imputation de l'infraction à l'organe ou au représentant de la personne morale. La Cour de cassation y a mis un coup d'arrêt (Crim. 6 mai 2014) et veille à l'identification de l'organe ou du représentant agissant pour le compte de la personne morale pour engager sa responsabilité pénale.

b. Sanctions pénales propres aux personnes morales

Tant la procédure pénale que les sanctions sont propres aux personnes morales. Les peines d'amende encourues sont le plus souvent le quintuple des **amendes** prévues pour les personnes physiques. La **dissolution** de la société pourra être prononcée dans les cas les plus graves, ou bien la **fermeture temporaire** (hypothèse d'un chantier qui n'est pas aux normes et sur lequel la sécurité des salariés n'est pas assurée). Une société peut également être **exclue des marchés publics** (et donc de marchés pour lesquels le règlement est garanti). La condamnation peut enfin faire l'objet d'une **publication** (ce qui n'est jamais une très bo nne publicité pour une société). Les peines sont inscrites sur le casier judiciaire de la personne morale.

E L'intérêt social

Suivant les conclusions du rapport Notat-Sénard qui préconisait la réécriture des articles 1833 et 1835 du Code civil, la loi Pacte a modifié la définition de la société. Une société n'est plus seulement **constituée dans l'intérêt commun** des associés (approche contractuelle visée précédemment), elle « est **gérée dans son intérêt social**, en prenant en considération les enjeux sociaux et environnementaux de son activité » (article 1833 al. 2 du Code civil).

La loi Pacte ne définit pas pour autant la notion d'intérêt social. La notion d'intérêt social n'était pas inconnue des juristes : elle était déjà consacrée par la jurisprudence et par le Code Afep-Medef et la modification apportée, essentiellement symbolique, est loin de tarir les controverses doctrinales depuis longtemps engagées autour de cette notion (1).

Cela ne nous empêchera pas d'étudier les fonctions remplies jusqu'à présent par la notion (2).

1 Une notion délicate à définir

a. L'approche légale : difficulté à appréhender la notion malgré sa consécration par la loi Pacte

Avant la consécration de l'intérêt social par la loi Pacte, seules quelques dispositions éparses dans le Code de commerce y faisaient référence. Par exemple, l'article L. 221-4 du Code de commerce prévoit que le gérant de la SNC peut, en l'absence de la détermination de ses pouvoirs par les statuts, faire tous actes de gestion dans l'intérêt de la société. L'abus de biens sociaux est également constitué si l'usage des biens est contraire à l'intérêt de la société (articles L. 241-3 et L. 242-6 du Code de commerce).

Une opposition textuelle – disons même originelle (entre l'article 1833 du Code civil avant sa réécriture par la loi Pacte et l'article 1848 al. 1er du Code civil) – conduisait à concevoir l'administration d'une société deux façons : alors que le premier prévoyait que toute société doit être **constituée dans l'intérêt commun des associés**, le second dispose que « dans les rapports entre associés, le gérant peut accomplir tous les actes de gestion que demande **l'intérêt de la société** ». Le véritable enjeu consistait alors à savoir qui allait déterminer l'intérêt social : les dirigeants ou l'assemblée des associés ?

L'influence du gouvernement d'entreprise en droit français (notamment avec la loi NRE – portant nouvelles régulations économiques – du 15 mai 2001) avait laissé penser que le législateur rapprochait davantage l'intérêt social de l'intérêt des associés. Toutefois, il n'y avait de doute (et il n'y en a pas avec l'adoption de la loi Pacte) concernant les organes sociaux qui doivent toujours agir dans l'intérêt de la société : si un dirigeant accomplit une opération contraire à l'intérêt social, sa responsabilité peut être engagée à l'égard de la société pour faute de gestion.

Est-ce à dire que la loi Pacte a permis de lever le doute ? À la suite du rapport Notat-Sénard intitulé « L'entreprise, objet d'intérêt collectif », le ministre de l'Économie et des Finances faisait le constat que la définition de l'entreprise en droit français ne reconnaissait pas la notion d'intérêt social et n'incitait pas les entreprises à s'interroger sur leur **raison d'être**. Avec l'adoption de la loi Pacte, la notion d'intérêt social – bien connue des juristes et des tribunaux – est désormais intégrée à l'article 1833 du Code civil.

Remarque La raison d'être une notion a également été introduite par la loi Pacte (article 1835 du Code civil). Elle est définie comme le motif pour lequel la société est constituée.
La loi Pacte permet-elle de répondre à l'opposition qui peut naître entre la sauvegarde de l'intérêt social et la prise en considération des enjeux sociaux et environnementaux ? La simple prise en considération de ces derniers laisse penser que l'intérêt social doit primer (B. Dondero).

Une société doit également s'interroger sur sa **raison d'être**, notamment pour préciser l'intérêt social ou pour exprimer les principes ou valeurs affirmés par la société. Veolia et Altis, sociétés du CAC 40, ont avant même l'adoption de la loi Pacte invité les associés à s'interroger sur la raison d'être de la société (qui nécessite alors une modification des statuts).

Remarque

- Sur l'intérêt social : en définitive, la loi Pacte ne propose pas une définition nouvelle de l'intérêt social et ne modifie donc en rien l'état du droit en la matière dans la mesure où les tribunaux rappellent régulièrement qu'une société doit être gérée dans l'intérêt social et sanctionnent les actes non conformes (cf. 2 consacré aux applications). Le projet de loi prévoyait d'ailleurs de s'en remettre à la jurisprudence pour préciser la signification de l'intérêt social, la définition de l'intérêt social n'étant pas stabilisée. Aussi, la loi n'apporterait rien de ce point de vue-là (D. Schmidt), notamment parce que les finalités de la société précisées à l'article 1832 du Code (le partage d'un bénéfice ou profiter d'une économie) n'ont pas été modifiées par la réforme.
- Sur la prise en considération des enjeux sociaux et environnementaux de l'activité sociale : il ressort des débats autour de l'adoption de la loi Pacte que les obligations résultant de cette prise en considération ne constituent qu'une obligation de moyens à la charge de la société (et non de résultat). Il n'y aura donc pas de sanctions légales pour ne pas y avoir répondu et il sera difficile de mettre en cause la responsabilité des dirigeants pour une insuffisance de prise en considération (M. Capron). Par ailleurs, la loi Pacte n'apporte rien car dès 2011, le Conseil constitutionnel a considéré que « chacun est tenu à une obligation de vigilance à l'égard des atteintes à l'environnement qui pourraient résulter de son activité ». Et surtout, dans un avis rendu en 2018, le Conseil d'État a fait remarquer que les enjeux sociaux et environnementaux ne constituaient pas une nouvelle composante de l'intérêt social et qu'ils n'entraient pas dans le champ de l'obligation de gérer dans l'intérêt social.
- Sur la raison d'être : la loi Pacte n'innove pas non plus au sujet de la raison d'être dans la mesure le législateur prévoyait déjà cette possibilité pour les SA, les SARL et les SAS.
- L'article 1835 du Code civil intègre la suggestion du rapport Notat-Sénard portant sur la notion d'« entreprises à mission » qui ne constitue pas une nouvelle forme juridique. Il y a un risque de confusion avec le statut des entreprises relevant de l'ESS (cf. Partie 5 du manuel).

Beaucoup de bruit pour rien ? L'intérêt social reste une notion délicate à appréhender qui fait l'objet d'âpres échanges doctrinaux dont la portée n'est pas restée théorique car le contenu de l'intérêt social influe sur le mode de gouvernement de la société.

b. L'approche doctrinale : la controverse portant sur la nature de la société revisitée

Il n'en fallait pas davantage pour que les auteurs soient divisés sur la notion d'intérêt social. Les difficultés pour définir la notion d'intérêt social ont rallumé la controverse portant sur la nature de la société (contrat ou institution – cf. chapitre 1er) :

L'approche contractuelle/libérale (ou shareholders : les actionnaires à qui le dirigeant doit rendre des comptes) : le dirigeant est le mandataire des associés qui le nomment et peuvent le révoquer. L'intérêt social correspond alors à l'intérêt propre des associés. Elle s'appuyait sur l'article 1833 dans son ancienne rédaction : la société est constituée dans l'intérêt commun des associés qui attendent une création de richesse. Les dirigeants doivent gérer la société dans l'intérêt des associés. Cette acception s'appuie sur le gouvernement d'entreprise.

Cette conception est également critiquée en conduisant à adopter une stratégie court-termiste contraire aux intérêts de la société sur le long terme (critique adressée aux fonds de pension qui sont des investisseurs très volatiles). La contractualisation contemporaine du droit des sociétés accrédite cette approche malgré la réforme apportée par la loi Pacte dont nous avons expliqué le maigre impact sur le sujet.

Remarque sur le **gouvernement d'entreprise** : c'est une doctrine née dans les pays anglo-saxons (corporate governance) qui tend à restaurer les prérogatives des actionnaires en imposant des devoirs stricts aux dirigeants et en facilitant l'exercice des droits qui sont ceux de l'actionnariat. Ce courant est né dans les années 1970-80 en réaction à l'attitude des dirigeants négligeant les intérêts des minoritaires et des épargnants condamnés à « voter avec les pieds », c'est-à-dire à céder leurs titres, si la gestion de la société ne leur convenait pas. Certains principes ont été repris par le législateur, d'autres dans des codes privés tels que le Code Afep-Medef pour les sociétés cotées.

L'approche institutionnelle (ou stakeholders qui regroupe tous ceux qui ont un intérêt dans la société et auxquels elle a des comptes à rendre)

L'intérêt social correspond à l'intérêt de l'entreprise. À l'origine de cette acception qui s'appuie sur l'autonomie de la personne morale, indépendante de la personne des associés, on trouve l'École de Rennes. L'intérêt social englobe alors l'intérêt des associés, mais aussi celui des salariés, des créanciers, des clients, voire même de l'État.

Les dirigeants vont avoir un rôle plus important. Cette approche est critiquée en ce que l'intérêt des associés n'est qu'une composante trop négligeable.

c. L'approche jurisprudentielle

La loi Pacte ne devrait pas remettre en cause l'approche retenue par la jurisprudence. L'intérêt social a toujours été perçu comme un standard laissant au juge une certaine latitude dans l'appréciation des contentieux qui lui sont soumis. Selon la société, en fonction de l'opacité ou de la transparence de l'écran de la personnalité morale, l'intérêt social à prendre en compte peut varier.

La Cour de cassation n'en détermine pas davantage le contenu, à l'image de cet arrêt (Cass. com., 5 juill. 2016) : un dirigeant est révoqué pour faute grave et perd l'indemnité de révocation prévue contractuellement. Il avait émis des doutes sur les perspectives de la société et était tombé en désaccord avec l'actionnaire majoritaire sur la stratégie de financement au point même de chercher un repreneur en la personne d'un concurrent de l'actionnaire majoritaire. Le dirigeant évincé admit qu'il avait commis une faute à l'égard de l'actionnaire majoritaire mais pas à l'égard de la société. Il se défendit donc en soutenant que l'intérêt social ne se confond pas avec l'intérêt de l'actionnaire majoritaire et qu'il avait agi dans l'intérêt de la société en cherchant des financements et en réagissant tôt aux difficultés qu'elle rencontrait. Dans cet arrêt, la Cour de cassation s'était bien gardée de se prononcer sur le point de savoir si un dirigeant commet une faute à l'égard de la société en ne poursuivant pas l'intérêt de l'actionnaire majoritaire. Elle approuve la Cour d'appel qui a admis la faute grave du dirigeant en mettant en péril le projet de financement de la société. Elle juge que l'intérêt des majoritaires était aligné sur celui de la société.

Remarque La nouvelle rédaction de l'article 1833 du Code civil pourra peut-être mettre les dirigeants à l'abri de la part d'actionnaires mécontents au titre d'actes qui ne privilégieraient pas leur propre intérêt.

Le célèbre arrêt Fruehauf (Cour d'appel de Paris, 22 mai 1965) posa que l'intérêt social doit l'emporter sur les intérêts des associés fussent-ils majoritaires.

2 Les fonctions remplies par la notion d'intérêt social

C'est une notion à contenu variable qui remplit plusieurs fonctions. Quelques applications sont clairement identifiées, notamment en cas de conflit entre associés.

L'intérêt social sert ainsi de « **boussole** » :

- aux dirigeants sociaux dans le choix et la mise en œuvre de la politique sociale,
- et au juge qui doit arbitrer en cas de différends entre associés dans la mise en œuvre du droit de vote par exemple (abus de majorité).

Mais l'intérêt social est également le contrepoids nécessaire au contrôle. La faute de gestion qui permet d'engager la responsabilité civile des dirigeants de sociétés. Cette notion recouvre une large variété de situations parmi lesquelles les comportements traduisant une imprudence. Elle vise toute décision du dirigeant qui serait contraire à l'intérêt social.

a. Le contentieux de l'abus en matière de droit de vote

La loi Pacte ne devrait pas remettre en cause la jurisprudence en matière d'abus du droit de vote. La question est pourtant discutée. Le principe est celui du vote libre ce qui signifie que toute délibération prise individuellement n'est pas constitutive d'un abus. Avant la loi Pacte, une jurisprudence constante conditionnait la reconnaissance d'un abus de majorité si la décision litigieuse avait été adoptée dans l'unique dessein de favoriser les majoritaires au détriment des minoritaires et si elle était contraire à l'intérêt social. L'élargissement de l'intérêt social figurant à l'article 1833 al. 2 ayant fait craindre une hausse des contestations, en l'espèce, à l'encontre des décisions adoptées en assemblée générale, le législateur a expressément écarté des fondements possibles de l'annulation d'un acte ou d'une délibération des organes de la société l'article 1833 al. 2 (article 1844-10 al. 3 du Code civil). Il semblerait cependant, de l'aveu même des rédacteurs de la loi, que l'article 1844-10 ne serait pas de nature à remettre en cause la théorie de l'abus de majorité. De quoi s'agit-il ?

L'abus de majorité

La loi Pacte semble imposer une nouvelle approche de la notion d'abus de majorité débarrassée de la notion d'intérêt social (B. Dondero). Si la théorie jurisprudentielle est maintenue, l'abus de majorité est reconnu si la décision contestée a été prise contrairement à l'intérêt social, et dans l'unique dessein de favoriser les majoritaires au détriment des minoritaires. Les hypothèses dans lesquelles l'abus de majorité a été reconnu sont donc rares et doivent établir la volonté de nuire des associés majoritaires et que la décision a été prise contrairement à l'intérêt social (priver de dividendes les associés minoritaires alors que les réserves de la société étaient très importantes). Ce n'est pas la mise en réserve systématique pendant quelques années qui permettra d'admettre l'abus si la capacité d'autofinancement de la société est à reconstituer. Avant même la crise de la Covid-19, la dette des entreprises françaises atteignait des niveaux record. Le juge peut accorder des dommages-intérêts aux associés minoritaires et parfois, prononcer la nullité de la délibération.

Remarque Les impératifs de sécurité juridique conduisent rarement les juges à prononcer la nullité des décisions collectives. Il leur est également difficile de se substituer aux organes sociaux pour apprécier l'opportunité de telle opération pour la société. Lorsque le maintien de certains actes lèse injustement les intérêts des minoritaires, les juges n'hésiteront pas à annuler une décision collective.

L'abus de minorité

Inversement, l'abus de minorité est celui qui conduit les associés minoritaires à bloquer l'adoption de mesures indispensables pour la société. Il convient de rechercher si le vote négatif a empêché une opération essentielle à la poursuite de l'intérêt général dont dépend la survie de la société (Civ. 3ème, 5 juillet 2018). Il s'agit de décisions prises par une majorité qualifiée (2/3 des actions dans la société anonyme par exemple, voire l'unanimité des associés). Une **minorité dite de blocage** peut empêcher l'adoption d'une délibération (par exemple une augmentation de capital à laquelle les associés minoritaires ne peuvent pas participer et qui, en cas d'adoption, leur ferait perdre cette minorité de blocage en raison de la dilution de leur participation dans le capital social).

Quelle est la sanction en cas d'abus de minorité ? La Cour de cassation juge depuis **l'arrêt Flandin** (Com. 9 mars 1993) que la décision de justice ne peut valoir vote en cas de minorité de blocage. Il faut désigner un mandataire chargé de voter en lieu et place du minoritaire et le juge ne peut pas non plus fixer le sens du vote au mandataire (Civ. 3e, 16 décembre 2009). Formulé autrement, l'abus de minorité ne « neutralise » pas les droits de vote de l'auteur de l'abus.

L'abus d'égalité

Il vise l'hypothèse d'une société composée de deux associés détenant chacun la moitié du capital social. Toutes les décisions devant alors être adoptées à l'unanimité, la société peut être facilement bloquée dès qu'un coassocié s'abstient de voter.

b. Autres différends résolus par l'intérêt social

Le juge des référés, dans une situation de crise grave (paralysie de la société due à la mésentente entre associés ou en cas de carence des organes sociaux), interviendra au nom de l'intérêt social pour désigner un **administrateur provisoire**.

L'intérêt social peut également servir à apprécier le juste motif de révocation du gérant dans la SARL.

En matière pénale, l'intérêt social permet de définir l'abus de biens sociaux (cf. chapitre 27).

L'intérêt social permet encore d'apprécier la validité de l'octroi d'une sûreté au nom de la société. La société doit avoir un intérêt personnel à consentir la sûreté pour autrui. Cet intérêt a été reconnu dans l'hypothèse où le gérant d'une SCI avait obtenu un prêt bancaire pour lui permettre de libérer son apport en numéraire. Après quelques échéances impayées, la banque avait poursuivi la SCI qui entendait se prévaloir de la nullité de la sûreté. Cet apport avait procuré à la SCI les moyens d'acquérir deux biens immobiliers – pour un prix payable comptant d'un montant égal à celui du prêt – qui avaient généré des revenus à son profit, ce qui démontrait l'intérêt de la SCI (Cass. com. 2 novembre 2016).

SYNTHÈSE

Une fois immatriculée au RCS, la société devient un sujet de droit autonome, seul interlocuteur auprès des tiers (Trésor public, salariés, clients...).

En tant que sujet de droit, elle est individualisée par des attributs qui lui sont propres :

- une dénomination,
- une capacité qui n'est pas complète car les personnes morales sont toujours affectées d'une incapacité de jouissance (spécialités légale et statutaire) et elles doivent être représentées (ses droits ne peuvent être exercés que par l'intermédiaire de ses représentants),
- une nationalité,
- et un patrimoine, à distinguer du capital social et du bilan.

La personnalité juridique propre emporte plusieurs effets : dans ses relations juridiques, la société engage sa responsabilité tant civile que pénale.

Enfin, elle est dotée d'un **intérêt propre**, l'intérêt social, que la loi PACTE a intégré dans le Code Civil. Le législateur s'en remet à la jurisprudence pour en préciser la signification. La notion a donné lieu à de vives controverses doctrinales et permet de trancher un certain nombres de différends entre associés (notamment le contentieux de l'abus au droit de vote).

La loi Pacte contient des dispositions visant à simplifier la création d'entreprise. Les mesures destinées visent à faciliter la création d'entreprises :

- en limitant au strict nécessaire les barrières à l'entrée : l'obligation de stage de préparation à l'installation pour les entreprises artisanales est supprimée. Le stage devient facultatif à l'image du stage d'initiation à la gestion pour les commerçants et son coût est diminué (194 €) ;
- en limitant le coût de création des entreprises : allègement du processus et du coût de publication des annonces judiciaires et légales avec l'habilitation des services de presse en ligne et l'instauration d'une tarification au forfait. L'obligation de compte bancaire dédié à l'activité professionnelle pour les microentreprises réalisant un chiffre d'affaires annuel inférieur à 5 000 €/an est également prévue ;
- et en simplifiant au maximum les formalités administratives : la création d'entreprise en quelques clics sera possible à l'horizon 2021 avec la mise en place d'une plateforme en ligne qui remplacera les 7 réseaux de CFE. Elle sera l'unique interface pour les formalités d'entreprise, quelles que soient leur activité et leur forme juridique. La création d'un registre général dématérialisé centralisera à l'avenir les informations des entreprises : il regroupera les informations relatives aux entreprises contenues dans le registre national du commerce et des sociétés, dans le répertoire national des métiers et dans le registre des actifs agricoles.

Statuts

- Signature des statuts (sous seing privé ou notarié)
- Enregistrement au service des impôts dans certains cas limités (notamment en cas d'opération juridique soumise à enregistrement)

Publicité

- Un avis doit être inséré dans un JAL
- Dépôt de la déclaration M0 au CFE

Immatriculation

- Dépôt du dossier complet au greffe du tribunal de commerce
- Publicité au BODACC dans les 8 jours de l'immatriculation au RCS

EXO 03.01 Analyse d'une décision de justice (Civ. 3e, 8 juillet 2015)

Attendu, selon l'arrêt attaqué (Paris, 22 janv. 2013), que la SCI dénommée Société de gestion Bergougnan et ses enfants (la SOGEB) a été constituée pour acquérir et exploiter un immeuble ; que la société Bruxys a acquis les deux tiers des parts sociales de la SOGEB, M. B. en détenant un tiers ; qu'une assemblée générale (AG) a voté, le 15 janvier 2009, une augmentation de capital social, destinée à financer le coût de travaux à entreprendre avant de remettre l'immeuble en location ; que cette augmentation de capital, réalisée avec droit préférentiel de souscription et sans prime d'émission, a été souscrite en totalité par la société Bruxys ; qu'une AG, réunie le 30 mars 2009, a modifié l'objet social pour que la gestion de « tous immeubles et biens immobiliers » et la « cession » d'immeubles y soient explicitement prévues ; que le 15 avril 2009 la SOGEB a signé une promesse synallagmatique de vente de l'immeuble ; que les AG des 21 juin 2010, 23 juin 2011 et 10 juillet 2012, ont affecté la totalité du résultat en réserves ; que M. B. a assigné la société Bruxys, la SOGEB et ses trois gérants successifs aux fins, notamment, d'annulation de certaines décisions collectives, et de liquidation de la société avec désignation d'un liquidateur judiciaire ;

Sur le premier moyen, ci-après annexé :

Attendu qu'ayant, par motifs propres et adoptés, relevé que l'associé majoritaire avait entièrement souscrit à l'augmentation du capital à laquelle, nonobstant l'absence de prime d'émission, M. B. n'avait pu participer eu égard à sa situation de fortune, au très court délai imparti et à l'importance de l'augmentation, qu'auparavant détenteur du tiers du capital social, M. B. avait vu sa part réduite à 11,1 % après l'opération, qu'alors que l'augmentation du capital social était exclusivement justifiée par la nécessité de financer le coût de travaux de rénovation, ces travaux n'avaient été réalisés qu'à hauteur de 5,90 %, que la SOGEB avait régularisé une promesse de vente avec un tiers le 15 avril 2009, l'acte de vente ayant été signé le 9 juin suivant, que dès le 12 mars 2009 une AG était convoquée aux fins de modification des statuts pour permettre la cession de l'immeuble, et retenu, sans dénaturation, qu'il résultait du rapport de gestion pour l'exercice clos au 31 décembre 2009 que la perspective d'une vente, qui rendait inutile une entreprise de rénovation d'envergure, était envisagée dès le début de l'année 2009, qu'une facture d'une société spécialisée dans le diagnostic amiante – réglée par la SOGEB au mois d'avril 2009 – avait été établie dans le courant du mois de mars précédent, comme l'ensemble des études et autres diagnostics obligatoires à la charge du vendeur, tous datés de la mi-mars, que compte tenu du délai normal d'établissement et d'obtention d'un tel nombre de documents, de nature et d'origine diverses, lesquels ne s'imposent que lorsque la vente est quasi parfaite, soit à l'issue de pourparlers dont la durée est nécessairement liée à l'importance de la transaction, la seule existence de ces pièces au mois de mars 2009 établissait qu'à la date à laquelle l'assemblée générale du 16 janvier 2009 avait décidé de l'augmentation du capital, le principe d'une vente de l'immeuble, à très court terme, était déjà acquis, la cour d'appel, qui a pu en déduire que l'augmentation de capital était contraire à l'intérêt social dès lors qu'elle se trouvait sans cause légitime, et n'avait pour seul objet que de diluer la participation de M. B. avant que le produit de la vente ne soit perçue par la SOGEB, a, par ces seuls motifs, sans statuer par des motifs dubitatifs ou hypothétiques ni être tenue de répondre à des conclusions que ses constatations rendaient inopérantes, légalement justifié sa décision d'annuler la délibération pour abus de majorité ;

Sur le deuxième moyen (...)

Sur le troisième moyen, pris en sa seconde branche, ci-après annexé :

Attendu qu'ayant relevé que la décision systématique de report de la totalité du bénéfice privait sur plusieurs exercices l'associé minoritaire de la perception de tout dividende, alors que, de surcroît, l'objet social de la SOGEB, cantonné à l'achat et à la gestion d'un seul bien immobilier, désormais vendu, ne justifiait pas la réalisation de nouveaux investissements, et

que les décisions prises ne pouvant s'autoriser ni de l'objet social, ni des perspectives financières de la société civile, et ayant eu pour seul objet d'affecter la totalité de la trésorerie de la SOGEB à des avances au bénéfice des sociétés de l'associé majoritaire, au détriment de l'associé minoritaire, la CA a, sans être tenue de procéder à une recherche que ses constatations rendaient inopérante, légalement justifié sa décision d'annuler les résolutions pour abus de majorité ;
Par ces motifs : rejette le pourvoi (...)

À partir de la décision de la Cour de cassation reproduite ci-dessus, vous répondrez aux questions suivantes :

1. **Quels sont les faits ayant donné lieu à ce contentieux ?**
2. **Quelle fut la procédure antérieure ?**
3. **Le demandeur initial – celui qui a introduit l'instance – a-t-il finalement obtenu gain de cause ? Pourquoi la notion d'intérêt social est-elle convoquée ?**

EXO 03.02 Analyse d'une décision de justice (Civ. 3e, 21 décembre 2017)

Civ. 3e, 21 décembre 2017
Sur le premier moyen :
Vu l'article 1134 du Code civil dans sa rédaction antérieure à celle issue de l'ordonnance du 10 février 2016 ;
Attendu, selon l'arrêt attaqué (Nouméa, 4 juin 2015), que Julien Y... et Simone F..., son épouse, et leurs cinq enfants étaient associés de la société civile immobilière Escandihado (la SCI) ; qu'après le décès de Julien Y... puis celui de son épouse, 3 365 parts sur les 3 415 parts composant le capital social sont restées dépendantes d'indivisions successorales ; que, lors d'une assemblée générale extraordinaire (AGE) du 10 octobre 2011, a été adoptée une résolution portant sur la mise en vente de deux biens appartenant à la société ; que Mme Z..., associée, a assigné la SCI en annulation des résolutions adoptées par cette AGE ;
Attendu que, pour rejeter cette demande, l'arrêt retient que le représentant de Mme Z... s'est opposé à la désignation d'un candidat qui se proposait de représenter l'indivision de Simone F..., sans que ce refus soit motivé, alors qu'un autre associé avait été désigné pour représenter l'indivision de Julien Y..., à l'unanimité des associés, moins la voix du candidat, que Mme Z... a reconnu avoir toujours accepté la désignation d'un mandataire pour les deux indivisions et ne donne aucune explication sur son refus de faire de même lors de l'assemblée du 10 octobre 2011, que l'absence de désignation d'un mandataire pour l'une des deux indivisions est imputable à Mme Y..., que ce refus est abusif en ce qu'il vise à bloquer toute décision sur la question de la mise en vente de certains biens et porte préjudice aux intérêts de la SCI, alors que Mme Z... avait donné son accord pour procéder à la vente des deux villas concernées lors d'une précédente assemblée du 17 mai 2011 ;
Qu'en statuant ainsi, alors qu'un abus de minorité n'est pas susceptible d'entraîner la validité d'une résolution adoptée à une majorité insuffisante, la cour d'appel a violé le texte susvisé ;
PAR CES MOTIFS, et sans qu'il y ait lieu de statuer sur les autres moyens :
CASSE ET ANNULE, dans toutes ses dispositions, l'arrêt rendu le 4 juin 2015, entre les parties, par la cour d'appel de Nouméa ; remet, en conséquence, la cause et les parties dans l'état où elles se trouvaient avant ledit arrêt et, pour être fait droit, les renvoie devant la cour d'appel de Nouméa, autrement composée (...)

À partir de la décision de la Cour de cassation reproduite ci-dessus, vous répondrez aux questions suivantes :

1. **Quels sont les faits ayant donné lieu à ce contentieux ?**
2. **Quelle fut la procédure antérieure ?**
3. **Quelle est la décision rendue par la Cour de cassation ? Comment le droit de vote des associés est-il protégé ?**

EXO 03.03 Cas pratique : mise en œuvre de la responsabilité civile

Faits : la société Jackson produit des coffrets de commande et de régulation de chambres froides, utilisés dans les commerces alimentaires. La société Equip'facile vend et installe ces coffrets. Elle en a notamment installé un il y a plusieurs mois dans la boucherie exploitée par la société Viandissimo. Un incendie a détruit le local à usage commercial de la société Viandissimo ; la société demande réparation pour le préjudice subi. Un expert a été désigné aux fins de déterminer les causes du sinistre et d'évaluer les préjudices qui en ont résulté. Il a conclu que le départ de feu provenait du coffret réalisé par la société Jackson et non sur une borne de raccordement d'alimentation mise en œuvre par la société Equip'facile.

Qu'en pensez-vous ?

EXO 03.04 Cas pratique sur le thème : l'opposabilité des statuts aux tiers

Un GFA (groupement foncier agricole) est propriétaire d'un bien qu'elle loue à Pierre. Le GFA souhaitant résilier le contrat de bail, un congé afin de reprise est délivré à Pierre par le dirigeant. Pierre entend faire annuler le congé qui lui a été donné au motif que les statuts du GFA prévoient une autorisation de l'assemblée générale extraordinaire dans ce genre d'hypothèse. Il saisit le Tribunal paritaire des baux ruraux.

Pierre peut-il obtenir l'annulation de son congé ?

EXO 03.05 Cas pratique sur le thème du secret des affaires

La société Meubles Confort, numéro 2 de la distribution d'ameublement et employant près de 9000 salariés en France, connaît des difficultés économiques au point de faire l'objet d'une procédure réservée aux entreprises en difficulté – ces procédures seront étudiées précisément dans le chapitre 6). Des journalistes bien renseignés la disent empêtrée dans un scandale financier et alimentent chaque jour leur site internet avec de nouvelles informations. Meubles Confort assigne les auteurs pour demander le retrait des articles portant sur ces difficultés financières.

Quelles sont les chances de succès de la société Meubles Confort ?

EXO 03.06 Veolia, société de mission

Veolia veut se doter d'une raison d'être, greenwashing ou pas vers l'entreprise de mission ?

Pas question de transformer Veolia en entreprise de mission, comme le prévoit la Loi pacte, en discussion au parlement. « Veolia est une société anonyme et nous n'allons pas changer les statuts, prévient Antoine Frérot, le PDG du groupe. Pour autant, ce dernier aimerait bien préciser "en quoi et comment notre entreprise est utile à tous ceux qui contribuent directement et indirectement à sa marche". Pour cela il veut doter l'entreprise d'une "raison d'être" en préalable à l'élaboration du plan stratégique 2020-2023.

Ce nouveau plan stratégique "ne déterminera pas uniquement le quoi, mais aussi le comment nous voulons le faire. Au-delà de l'activité économique proprement dite, il comportera un volet sur l'organisation de Veolia, mais aussi un volet relatif à la culture de Veolia et à ses valeurs. Nous formulerons à cette occasion la raison d'être de notre groupe, comme la Loi Pacte invite à le faire", a expliqué Antoine Frérot (...)

Sortir d'un pilotage purement financier

(...) "Elle servira également de fondement à la définition de nos critères de performance économique, financière, environnementale, sociale et sociétale", prévient le PDG. Ces critères viendront se substituer aux critères actuels de performance économique et financière et de RSE. Chaque objectif relèvera d'un même degré de priorité.

Réinventer les outils RSE

Pourquoi Antoine Frérot juge-t-il nécessaire de doter Veolia d'une raison d'être ? (...). "La RSE a été une prise de conscience, mais elle n'est pas traitée sur le même plan que l'objectif financier. Elle reste un objectif secondaire, un complément, voire vécue comme une contrainte par les entreprises (...)

Il y détaillait aussi le rôle qu'avait joué un comité de "critical friends" dans la gestion des actifs utilisant du charbon, qu'il a constitué en marge du conseil d'administration. "Ce comité est composé de professionnels des mondes de l'écologie, de l'économie sociale et solidaire, de l'université, des organisations internationales, qui aident l'entreprise à garder le cap de son utilité et de sa mission, précisait Antoine Frérot. Au début, il (le conseil d'administration) ne voulait pas entendre parler de ce comité. Puis est arrivé le problème du charbon que nous gérons dans des réseaux de chaleur de certains pays. [...] Le comité des critical friends s'est penché sur le sujet et a expliqué que vendre à n'importe qui ne résoudrait pas le problème des émissions de carbone et du climat. [...] Nous avons donc construit [...] une solution dans laquelle Veolia a la responsabilité de faire évoluer ses activités en supprimant progressivement le charbon. »

Participer à la réduction de 11,7 Gt de CO2/an

Reste à savoir si se doter d'une raison et de nouveaux objectifs de performance suffira à permettre à Veolia de peser dans la lutte contre le réchauffement climatique, comme l'annonce aussi Antoine Frérot. (...)

A. Barbaux pour L'usine nouvelle – le 13 février 2019 (extraits)

1. **Quelle disposition de la loi Pacte avait déjà été anticipée chez Veolia ?**
2. **Qu'est-ce qu'une entreprise (ou société à mission) ?**
3. **Qu'est-ce que la RSE ?**
4. **Qu'est-ce que le greenwashing ?**
5. **Quelles sont les sanctions qui seront encourues s'il apparaît que Veolia est à l'origine d'une pratique contribuant au réchauffement climatique ?**

EXO 03.07 Qui va payer les loyers ?

Il y a quelques années, Yaël, Brigitte et Nathalie décidaient de s'associer. Elles projetaient de distribuer du miel artisanal auprès d'apiculteurs de la région Grand-Est. Nathalie a aussitôt consulté un avocat, Maître Boullain, pour la rédaction des statuts. Puis, lors de la signature des statuts, Brigitte et Yaël ont donné mandat à Nathalie pour recruter un responsable des achats. Le 10 mai 2018, Monsieur Olivier est embauché et prend ses fonctions.

Le 13 mai 2018, Nathalie a conclu un bail commercial avec Annie pour le compte de la société en formation. Dès son immatriculation le 31 juillet 2018, la SARL Ruche rouge s'est acquittée des loyers et de l'assurance du local commercial. Nathalie en est devenue la gérante. Il n'y a pas eu d'assemblée générale permettant une reprise expresse de ce bail commercial.

Depuis quelques mois la concurrence asiatique est forte, Nathalie est contrainte de déposer le bilan et la SARL fait l'objet d'une liquidation judiciaire. Se posent plusieurs questions, notamment sur les actes qui ont été accomplis pendant la période de formation de la société dont le paiement n'a pas été honoré.

Vous pourrez utilement vous aider de l'annexe reproduit ci-dessous (Chambre commerciale de la Cour de cassation du 20 février 2019).

1. **Qu'en est-il de la note d'honoraires de Maître Boullain ?**
2. **Qui devra régler les salaires non versés de Monsieur Olivier depuis 2 mois ?**
3. **Annie constate un arriéré de loyers de 6 mois. Qui va payer les loyers ? Concernant les loyers dus à Annie :**

ANNEXE 1 : Cour de cassation – chambre commerciale – Audience publique du mercredi 20 février 2019 – N° de pourvoi : 17-14242

Sur le premier moyen, pris en sa première branche :

Vu les articles L. 210-6 et R. 210-5 du Code de commerce ;

Attendu, selon le premier de ces textes, que les personnes qui ont agi au nom d'une société en formation avant qu'elle ait acquis la jouissance de la personnalité morale sont tenues solidairement et indéfiniment des actes ainsi accomplis, à moins que la société, après avoir été régulièrement constituée et immatriculée, ne reprenne les engagements souscrits ; qu'il résulte du second que la reprise de tels engagements ne peut résulter que soit de la signature par les associés des statuts auxquels est annexé un état des actes accomplis pour le compte de la société, soit d'un mandat donné par les associés avant l'immatriculation de la société à l'un ou plusieurs d'entre eux, ou au gérant non associé, et déterminant, dans leur nature ainsi que dans leurs modalités, les engagements à prendre, soit encore, après l'immatriculation, d'une décision prise, sauf clause contraire des statuts, à la majorité ;

Attendu, selon l'arrêt attaqué, que, le 15 janvier 1999, M. S… a consenti un bail commercial à Mme V…, agissant pour le compte de la Sarl Discount moto center (la société), en formation ; qu'à la suite de désordres affectant la toiture de l'immeuble, objet du bail, M. S… et la société ont conclu, sous la condition suspensive de la vente de l'immeuble au profit de la SCI Val Reulos, en formation, un protocole d'accord aux termes duquel la société renonçait à demander des dommages-intérêts au bailleur, en contrepartie de l'abandon par ce dernier d'une action en recouvrement des loyers échus ; que se prévalant de la caducité de la promesse de vente, M. S… a fait délivrer, le 19 décembre 2006, à la société, un commandement de payer, visant la clause résolutoire du bail, de payer l'arriéré locatif ; que M. S… a, le 10 juillet 2007, fait délivrer à la société un congé portant refus de renouvellement et d'indemnité d'éviction ; qu'un arrêt de la cour d'appel du 10 février 2010 a constaté l'acquisition de la clause résolutoire au 19 janvier

2007 par l'effet du commandement du 19 décembre 2006 ; que la société a assigné M. S... en nullité du commandement de payer du 19 décembre 2006 et du commandement de quitter les lieux du 10 juillet 2007 ; que la société ayant été mise en redressement puis liquidation judiciaires les 15 mars 2017 et 21 juin 2017, la société SMJ, nommée liquidateur, a repris l'instance ;
Attendu que pour constater l'acquisition de la clause résolutoire du bail du 15 janvier 1999 à la date du 19 janvier 2007 et ordonner en conséquence à la société de libérer les lieux, l'arrêt retient que la reprise, par la société, des engagements pris par Mme V..., se présentant lors de la conclusion du bail comme la gérante d'une société en cours de formation, se déduit nécessairement des actions en justice que cette société n'a diligentées qu'en sa qualité de titulaire du bail et que la société s'est toujours présentée au cours des différentes instances comme ayant la qualité pour agir en tant que titulaire du bail ; qu'il ajoute que l'absence d'une annexe aux statuts listant tous les engagements passés pour le compte de la société en formation ou d'un mandat figurant dans un acte séparé ou encore d'une assemblée générale décidant après l'immatriculation de la société de reprendre les actes passés au cours de la période de formation de la société ne peut être invoqué car la société a ratifié le bail, par son comportement procédural constant et non équivoque, en qualité de preneur, et par sa participation à la transaction avec le bailleur ;
Qu'en statuant ainsi, la cour d'appel a violé les textes susvisés ;
PAR CES MOTIFS, sans qu'il y ait lieu de statuer sur les autres griefs ;
CASSE ET ANNULE, en toutes ses dispositions, l'arrêt rendu le 25 novembre 2016, entre les parties, par la cour d'appel de Paris (...)

Chapitre 4

Les sociétés non immatriculées

COMPÉTENCES ATTENDUES

- **Analyser les conséquences d'un acte pris par une société en formation.**
- **Distinguer les différentes formes de société sans personnalité juridique.**
- **Identifier les conséquences juridiques associées aux différentes formes de société sans personnalité juridique.**

- **La distinction entre les sociétés dotées de la personnalité morale et celles qui en sont dépourvues est fondamentale**. Immatriculée au RCS, la société est dotée de la personnalité juridique qui conduit à son autonomie patrimoniale et à l'engagement de sa responsabilité (chapitre 3).

  Que se passe-t-il alors lorsque la personne morale ne s'interpose pas entre les tiers et les associés ?

  Quels sont les recours des tiers qui auraient contracté avec ces sociétés, sans personnalité juridique propre, par l'intermédiaire de leur représentant ?
- **Par opposition aux sociétés régulièrement constituées et jouissant de la personnalité morale ces structures sont communément appelées les sociétés non immatriculées.** Les conditions de validité et les formalités d'immatriculation n'ont pas été respectées et pourtant, il y a parfois une activité économique entreprise.

  Tout engagement pris par une société non immatriculée serait nul pour défaut de capacité de jouissance (article 1128 du Code civil). Ainsi a été annulé le prêt contracté pour une société non encore immatriculée à la demande de la société emprunteuse. Lors de la conclusion du prêt, il n'avait pas été précisé qu'il avait été souscrit pour le compte d'une société en formation. Cette nullité n'a pas été couverte lorsque la société a acquis la personnalité juridique (article 1181 du Code civil).

  Plusieurs hypothèses doivent être distinguées car, dans les faits, ces sociétés non immatriculées sont distinctes les unes des autres. Parmi elles, il y a **la société en formation** (1) qui sera finalement immatriculée ou non, mais aussi les sociétés dont l'absence de personnalité juridique propre est volontaire (**société en participation** III) ou résulte de la négligence des associés (**société – devenue – de fait** IV et **société créée de fait** II).

PLAN DU CHAPITRE

1 La société en formation et le sort des actes externes

La société en formation est la société qui n'est **pas encore immatriculée**.

Peut-être les créateurs tardent-ils à accomplir les formalités imposées étudiées précédemment ou bien peut-être la société ne sera jamais immatriculée, peu importe les raisons (abandon du projet, financement non accordé, attente d'une autorisation administrative pour une activité particulière...).

Pour autant, cela ne l'empêche pas en principe d'avoir un début d'activité. Des actes préparatoires à l'activité sont pris au nom de la société en formation dans le but de parvenir à la création de cette société (conseils juridiques auprès d'un avocat pour la rédaction des statuts par exemple). Des contrats sont parfois conclus pour démarrer au plus vite l'activité pour le compte de la société en formation (locaux loués avant même l'immatriculation).

Qui paie ? **Seul un sujet de droit peut être débiteur**, et dans l'hypothèse retenue, cela ne peut être la société puisqu'elle n'est pas encore un sujet de droit. Si dans l'attente de l'immatriculation le créancier a accordé un délai, qui paiera si finalement la société n'est jamais immatriculée ?

Les textes relatifs à la société en formation (articles 1843 du Code civil et L. 210-6 du Code de commerce) ne contiennent aucune limitation quant à la nature des actes (préparatoires ou actes d'exploitation qui peuvent être accomplis au nom de cette société).

La reprise est un **instrument imaginé dans l'intérêt du tiers** amené à contracter avec une société en formation. Elle lui permet de parvenir aux fins qu'il espérait : contracter, dès le début, avec la société.

A Le mécanisme de la reprise

1 Les actes externes passés pour le compte de la société en formation

Entre la naissance de la société marquée par la signature des statuts et l'attribution de la personnalité morale conférée par l'immatriculation, des actes peuvent être passés. Ils sont **qualifiés d'actes externes à condition** :

- qu'ils aient été **pris pour le compte de la société en formation** ;
- et **dans son intérêt** : l'avenir de la société ne doit pas être compromis par des engagements conclus, peut-être inconsidérément, par certains fondateurs. Ne serait pas reprise la créance née d'une condamnation du fait d'une concurrence déloyale des fondateurs.

2 Les effets de la reprise

Les règles figurant aux articles 1843 du Code civil et L. 210-6 al. 2 du Code de commerce prévoient les **modalités de la reprise de ces actes quand la société sera immatriculée** : ils seront considérés comme ayant été conclus depuis le premier jour par la société et l'associé qui lui aura « prêté » sa personnalité sera ainsi libéré. On dit que **la reprise opère une véritable substitution rétroactive de débiteur**.

L'objectif est que les tiers contractant avec la société en formation soient certains d'avoir un contractant contre lequel ils pourront poursuivre l'exécution de l'acte dans l'hypothèse où la société n'est jamais immatriculée.

Un créancier inquiet pourrait demander que tous les associés soient partie à l'acte.

B Les trois modes de reprise

Plusieurs hypothèses doivent être distinguées :

- tenant au moment où l'acte externe a été accompli (**avant la signature des statuts ; entre la signature des statuts et l'immatriculation ; après l'immatriculation**) ;
- et selon que la reprise est **automatique** ou **explicite**, c'est-à-dire découlant d'une décision collective des associés.

1 La reprise automatique des actes externes

En visant les « personnes qui ont agi au nom d'une société en formation », l'article 1843 du Code civil s'adresse à ceux qui ont personnellement passé les actes externes (1re hypothèse) et à ceux qui ont donné mandat de les passer. Ce **mandat** est le plus souvent **formalisé lors de la signature des statuts** qui marque la naissance de la société (2nde hypothèse).

1re hypothèse : acte conclu avant la signature des statuts

L'**état de ces actes/engagements** conclus pour le compte de la société en formation est **annexé aux statuts**. Il précise pour chacun de ces actes l'engagement qui en résulterait pour la société (article R. 210-5 du Code de commerce). La signature des statuts par tous les associés implique qu'ils seront repris automatiquement dès l'immatriculation de la société.

2nde hypothèse : acte accompli dans le cadre d'un mandat

Lors de la signature des statuts - ou par un acte séparé - un mandat peut être donné par tous les associés à un ou plusieurs associés - les fondateurs le plus souvent - ou au dirigeant non associé pour accomplir une ou plusieurs opérations déterminées. Les **modalités de ces engagements doivent figurer dans le mandat.** Si la société est immatriculée, les actes passés dans le cadre du mandat seront également repris automatiquement.

2 La reprise expresse : la décision des associés

Il s'agit de l'hypothèse dans laquelle des **actes ont été conclus après la signature des statuts** mais ne rentrent pas dans le cadre du mandat. Ces actes devront alors **faire l'objet d'une reprise expresse par une délibération spéciale** postérieure des associés selon des modalités propres à chaque type de société. Une décision adoptée à la majorité des voix -la société étant immatriculée et fonctionnant selon la loi de la majorité- permettra la **substitution de la société** (sauf clause contraire des statuts).

Et la reprise tacite ?

Prenons l'exemple d'une société qui reçoit les fonds versés d'un prêt conclu par une personne pour le compte de la société en formation et qui s'acquitte des échéances. Peut-il y avoir reprise tacite de ce prêt -consistant pour la société à s'acquitter des mensualités- alors même qu'aucun des trois modes de reprise évoqués ci-dessus n'a été respecté ?

La protection des tiers devrait conduire à admettre la reprise tacite d'autant plus que l'acte a profité à la société. La réponse de la Cour de cassation est très claire : **la reprise ne se déduit pas des circonstances**. Certaines cours d'appel tentent de lui résister.

Remarque 1 : une société en formation opposée à la société Santé magazine a pu profiter de cette rigueur. Santé Magazine lui reprochait d'avoir déposé des noms de domaine qui portaient atteinte à ses droits et demandait qu'il lui soit fait interdiction d'utiliser ces dénominations. La Cour d'appel avait retenu que le dépôt des noms de domaine avait été repris automatiquement lors de l'immatriculation. La Cour de cassation mit fin au litige en jugeant que la société en formation était dépourvue de la personnalité juridique et par conséquent du droit d'agir lors de l'assignation (Cass. com. 20 juin 2006).

Remarque 2 : sur la clause de substitution : la Cour de cassation a validé la clause qui permet de substituer la société une fois le contrat conclu par le fondateur. En l'espèce, le fondateur d'une EURL avait conclu un contrat de prestation de services avec un client. Le contrat prévoyait cette clause de substitution. Quand la société décida de résilier le contrat, le client contesta que l'EURL ait acquis la qualité de commerçant dans la mesure où les formalités de reprise imposées par la loi n'avaient pas été respectées. La Cour de cassation affirme que l'EURL a bien acquis la qualité de cocontractant aux lieu et place de son fondateur (Cass. com. 21 mars 2018).

C À défaut de reprise des actes

La finalité de l'article 1843 du Code civil est d'offrir une garantie minimale pour les tiers, celle d'avoir « toujours un répondant en face d'eux ». A défaut de reprise, **la personne qui a passé l'acte reste le souscripteur de l'acte** (qui peut d'ailleurs se révéler plus intéressant lorsque la société est insolvable ; contexte dans lequel naît d'ailleurs souvent le contentieux de la reprise des actes accomplis pour le compte de la société en formation).

Le créancier ne peut donc agir que :

- contre la ou les **personnes qui ont passé l'acte**. L'absence de reprise ne les a pas déchargés de toute **obligation personnelle** ;
- contre les associés responsables solidairement en cas de mandat.

- Dernière hypothèse : la période de formation s'éternise du fait de la passivité des associés fondateurs.

Il peut arriver que la société ne soit plus considérée comme une **société en formation** mais comme une **société créée de fait** (Cass. Com. 9 novembre 1987). L'enjeu est important pour le créancier qui parviendra à prouver l'existence d'une société créée de fait : il n'aura pas à se contenter du débiteur initial, il aura alors la possibilité de se retourner contre tous les associés de la société créée de fait, responsables indéfiniment et solidairement si l'objet de la société est commercial ; responsable indéfiniment et conjointement si l'objet est civil (article 1872-1 du Code civil ; par le jeu de l'article 1873 du Code civil prévoyant que les dispositions visant la société en participation s'appliquent aux sociétés créées de fait). Peu importe que les associés aient été initialement engagés dans un processus de création d'une société dans laquelle leur responsabilité aurait été limitée. Le créancier devra rapporter la preuve de ce que les parties avaient bien changé d'optique, à savoir qu'une société créée de fait avait succédé à la société en formation.

Toutefois, à la demande de tout intéressé ou du ministère public, le président du tribunal, statuant en référé, peut enjoindre sous astreinte au dirigeant de toute personne morale de procéder au dépôt des pièces et actes au RCS. Le président peut, dans les mêmes conditions et à cette même fin, désigner un mandataire chargé d'effectuer ces formalités (article L. 123-5-1 du Code de commerce).

2 La société créée de fait

La société créée de fait désigne la situation dans laquelle **deux ou plusieurs personnes se sont comportées, en fait, comme des associés, sans avoir exprimé la volonté de former une société**. Dans les faits, des personnes se sont comportées comme si elles avaient créé une société mais elles ne l'ont pas formalisée, ni même simplement envisagée. C'est une décision de justice qui reconnaîtra l'existence de cette société créée de fait. La société créée de fait est ainsi **tournée vers le passé** : elle n'apparaît « officiellement » que pour organiser sa disparition.

La **dissolution de la société créée de fait est initiée soit par un associé, soit par un créancier**.

A Invoquée par un associé pour liquider les rapports entre les associés

La rupture du concubinage – qui n'est pas encadrée comme la rupture des époux – reste l'illustration la plus courante de société créée de fait. Dans l'hypothèse où seul l'un des concubins exerce régulièrement, à titre individuel, une activité économique, il arrive que l'autre prête main forte et s'investisse – tout au moins physiquement – dans cette activité sans que cette participation ne soit formalisée par un contrat de travail ou encore par la constitution d'une société. Lorsque survient une séparation entre les concubins, celui dont l'activité n'était pas officialisée par un apport ou par un contrat de travail manifeste le désir de ne pas repartir « sans rien ».

Plusieurs voies de droit sont possibles :

- reconnaître un lien de subordination juridique qui caractérise l'existence d'un contrat de travail (cf. programme de l'épreuve de droit social) ; Le concubin a davantage intérêt à cette qualification si les affaires ne sont pas prospères (le salarié ne subissant pas à court terme les risques des difficultés économiques) ;

- ou bien, le concubin souhaite profiter davantage des fruits de l'activité économique. Il doit donc faire **reconnaître judiciairement** que **dans les faits**, il était un des **associés d'une société**. La preuve est rendue difficile par toutes les juridictions. La reconnaissance de la société créée de fait ne permet que d'obtenir sa liquidation. Le concubin aura le droit à une fraction du boni de liquidation en tant qu'associé. Pour cela, il doit prouver que, dans les faits, il existait une société, c'est-à-dire que tous les éléments constitutifs d'une société étaient réunis : apport, intention de participer aux résultats et affectio societatis (condition qui apparaît dans les arrêts avec l'expression suivante : « l'intention de s'associer en vue d'une entreprise commune »). La preuve est rendue difficile par toutes les juridictions. Il ressort d'une jurisprudence relativement récente (Civ. 1re, 20 janvier 2010) que l'affectio societatis est l'élément le plus difficile à établir parce qu'elle ne peut se déduire de la « mise en commun d'intérêts inhérents au concubinage », elle n'est pas un simple « coup de main » dans la gestion des affaires. Certains auteurs affirment même que le concubinage constituerait aujourd'hui un obstacle à la qualification de société créée de fait.

Remarque La société créée de fait repose sur l'accord, informel, et nécessairement à durée indéterminée, des partenaires qui l'ont créée. L'une des parties peut alors y mettre un terme à tout moment. la Cour de cassation a retenu que « la dissolution d'une société créée de fait peut résulter à tout moment d'une notification adressée par l'un d'eux à tous les associés, pourvu que cette notification soit de bonne foi, et non faite à contretemps ». Il s'agissait dans cette espèce de deux pharmaciens qui exploitaient une officine en indivision, sans respecter de forme particulière. L'un d'eux avait souhaité se retirer mais, ne parvenant pas à se mettre d'accord sur le prix demandé par le retrayant, ce dernier avait demandé la dissolution de la société créée de fait (Cass. com. 10 avril 2019).

B Invoquée par un créancier pour étendre ses poursuites aux autres créanciers

Un créancier peut également invoquer l'existence d'une **société créée de fait** pour poursuivre personnellement ceux qui seront qualifiés d'associés alors même qu'il n'a contracté qu'avec l'un d'eux.

La **preuve** est alors **allégée** : l'existence de la société est admise dès lors que le tiers était fondé « à croire à l'**apparence d'une société créée de fait** ». C'est une facilité accordée aux « tiers » puisque l'apparence d'une société s'apprécie globalement, indépendamment de la révélation des éléments constitutifs de toute société. Il serait impossible pour le tiers de disposer des informations nécessaires pour prouver l'existence de chacun des trois éléments du contrat de société.

Remarque 1 : sur la société immatriculée en tant que société civile mais exploitant un fonds de commerce : il s'agit d'une hypothèse dans laquelle la conscience sociétaire est plus forte. Elle sera requalifiée en société créée de fait ayant une activité commerciale et taxée au régime de l'IS. Et surtout, la responsabilité des associés sera indéfinie et solidaire (la solidarité profitant au créancier qui n'a pas à diviser ses recours).

Remarque 2 : sur l'association qui distribuerait des dividendes à ses membres : l'association serait requalifiée en société créée de fait et perdrait la personnalité morale (cf. chapitre 23).

C Mise en œuvre de la responsabilité des associés

La société créée de fait ne vient à exister juridiquement que pour les besoins de sa disparition. L'article 1873 du Code civil renvoie néanmoins aux dispositions relatives à la participation qui impliquent que les associés de la société créée de fait engagent :

- leur responsabilité **indéfinie et conjointe si son objet est civil** ;
- leur responsabilité **indéfinie et solidaire si son objet est commercial**.

3 La société en participation

La société créée de fait naît d'une pratique alors que la société en participation **résulte d'une convention**. La société en participation – ou la participation – est résolument **tournée vers l'avenir** car elle résulte d'un choix délibéré des associés en présence (nommés partenaires), qui décident de leur **volonté expresse** de se réunir au sein d'une société et de **ne pas procéder à son immatriculation**. Elle est régie par les articles 1871 à 1872-2 du Code civil. Selon son objet, la participation peut être civile ou commerciale.

A La participation, la plus contractuelle des sociétés

Société pluripersonnelle, la participation repose fondamentalement sur la liberté contractuelle :

- elle est la **forme la plus simple** de société car elle n'exige aucune forme (article 1871 du Code civil). Les statuts ne sont pas obligatoires mais, de fait, ils seront écrits. Elle est donc avantageuse en termes de rapidité ;
- elle n'exige **aucune publicité** : elle est parfaitement **transparente** pour les tiers. Sans personnalité morale, elle n'a pas de patrimoine propre opposable aux tiers, ni de siège social opposable aux tiers. Elle ne pourra pas ester en justice, ni faire l'objet d'une procédure prévue pour les entreprises en difficulté ;
- elle **peut rester discrète** si telle est la volonté des participants de ne pas la révéler aux tiers. Dans cette hypothèse, seul le gérant de la participation apparaît aux yeux des tiers lorsque la participation est dite **occulte**. Il se présente comme agissant pour lui-même. Elle est **ostensible** si les participants apparaissent en qualité d'associés aux yeux des tiers ;
- **liberté des participants d'organiser leurs rapports internes** : en l'absence de personnalité morale, il n'est pas nécessaire d'imposer des règles de fonctionnement impératives qui sont destinées à protéger les tiers.

Réduite à un contrat, les participants ne s'engagent le plus souvent que pour une opération ponctuelle et déterminée (autrefois elle était appelée « société momentanée »). Elle peut être prouvée par tous moyens. Les cas de recours sont variés. Elle peut être créée entre époux, ou encore, elle est souvent utilisée comme une technique de collaboration interentreprises dans l'attribution de marchés publics.

B Constitution de la participation

- Les **associés sont au moins deux, PP ou PM**. La capacité civile est requise si la participation est civile ; la capacité commerciale le sera si la participation est commerciale.
- Les **apports en nature ne sont pas translatifs de propriété** car la participation n'ayant pas la personnalité morale, elle ne peut être titulaire d'un droit (et elle n'a pas de patrimoine). Ils sont seulement mis à la disposition de la société. Ce sont des **apports en jouissance** (chaque associé reste propriétaire des biens – article 1872 du Code civil).
- Les **apports en numéraire sont mis à la disposition du gérant** considéré juridiquement comme un détenteur précaire.
- Les **participants** conviennent **librement de l'objet de la participation** (article 1871 al. 2 du Code civil).
- La **durée est fixée librement** par les participants, elle peut être limitée à une opération ou avoir une durée indéterminée (hypothèse visée à l'article 1872-2 du Code civil).

C Fonctionnement de la participation

Sous réserve de ne pas déroger à certaines dispositions impératives (par exemple l'article 1836 al. 2 du Code civil dispose que les engagements d'un associé ne peuvent être augmentés sans son consentement), **les règles de fonctionnement sont librement prévues par les statuts**. Les statuts ne sont **pas nécessairement rédigés** (article 1871 al. 2 du Code civil).

A défaut, seront appliquées à titre supplétif les règles de la SNC si la participation est commerciale, et les règles de la société civile si la participation est civile (article 1871-1 du Code civil).

Le contrat peut prévoir un ou plusieurs gérants ; à défaut, tous les participants sont gérants.

Les décisions sont adoptées à l'unanimité car la participation reste un contrat entre les participants (par opposition à la loi de la majorité qui s'applique pour certaines décisions dans les sociétés régulièrement constituées). Cela constitue un frein au développement sur le long terme de cette collaboration.

- **Plusieurs questions se posent alors : qui est engagé vis-à-vis des tiers ?** Tous les participants sont-ils engagés personnellement auprès des tiers lorsque ces derniers connaissent leur existence ? C'est l'hypothèse de la participation ostensible. Mais dans le cas évoqué précédemment où les tiers ne connaissent qu'une personne de la coopération – le gérant – que se passe-t-il si les tiers apprennent finalement l'existence de tous les participants ?

Hypothèse de la participation ostensible

Dans la mesure où ils agissent en qualité d'associés au vu et au su des tiers, **chaque participant est tenu** à l'égard de tiers des obligations nées des actes accomplis en cette qualité par l'un d'eux, avec solidarité, si la société est commerciale, sans solidarité dans les autres cas (article 1872-1 al. 2 du Code civil).

Hypothèse de la participation occulte

Chaque associé contracte en son nom personnel et est seul engagé à l'égard des tiers (article 1872-1 du Code civil). Il peut s'agir du gérant ; même dans cette hypothèse les participants ne sont pas tenus auprès des tiers de payer les dettes sociales.

Il existe également l'hypothèse de la participation qui est au départ occulte puis, qui est révélée par la suite aux tiers. Les participants sont alors tenus d'exécuter les engagements sociaux et de payer les dettes sociales sur leur patrimoine propre.

D Dissolution de la participation

Les **causes** de dissolution sont **communes à toutes les sociétés** (article 1844-7 du Code civil, étudiées dans le chapitre 7) et propres à la SNC lorsque la participation a un objet commercial (cf. chapitre 8).

La société n'ayant **pas de patrimoine**, il n'y a **pas de liquidation**. Les comptes seront arrêtés par le ou les gérants. Il y a un partage entre les participants. Chacun reprend ses apports. Si des biens ont été mis en indivision (bien en nature), sont alors appliquées les règles de droit commun du droit du partage.

Lorsque la participation est **à durée indéterminée**, sa **dissolution** peut résulter **à tout moment** d'une notification adressée par l'un d'eux à tous les associés, pourvu que cette notification soit de bonne foi, et non faite à contretemps (article 1878-2 al. 1er du Code civil).

4 La société (devenue) de fait

La **société de fait ne doit pas être confondue avec la société créée de fait**.

- L'expression « **société devenue de fait** » forgée par la Cour de cassation permet de les distinguer davantage (Civ. 1re, 13 décembre 2005). Il s'agit d'une **société volontairement et régulièrement constituée, puis immatriculée** au R.C.S.. C'est par la suite qu'elle a été annulée ou radiée du R.C.S car une condition de validité faisait défaut.

Est visée l'hypothèse d'une **société dissoute de plein droit par l'arrivée du terme** : les associés peuvent ne pas s'être rendu compte de sa dissolution (pour rappel, elle peut être créée pour une durée maximale de 99 ans) alors que la société a encore une existence économique. C'est la « société zombie » (B. Dondero).

- En principe, la société est dissoute de plein droit. Elle doit être liquidée et un liquidateur se substitue au représentant légal (chapitre 7 portant sur la disparition de la société). Cette rigueur juridique peut surprendre d'autant plus quand l'activité de la société est florissante par ailleurs (ce phénomène est qualifié de troublante énigme par P. Le Cannu). Une approche plus pragmatique n'a pas été retenue (prorogation tacite ou implicite) ; seule une manifestation expresse de volonté, intervenant avant le terme, permettant la prorogation.

Le législateur vient d'apporter une réponse aux solutions posées précédemment par la Cour de cassation qui étaient très discutées. La loi du 19 juillet 2019 de simplification, de clarification et d'actualisation du droit des sociétés a créé une **procédure permettant aux associés de proroger sous le contrôle d'un juge la durée de la société après la survenance du terme et ainsi de valider les actes accomplis entre ce terme et la décision de prorogation** (Article 1844-6 al. 4 du Code civil).

- Plusieurs questions se posent alors : qui est responsable vis-à-vis des tiers ? Quelle est la validité des actes initiés par une personne qui n'est plus le représentant de la société ?

Auparavant, il apparaissait clairement que les actes faits par la société depuis sa dissolution étaient menacés de nullité :

- soit parce qu'ils ne se rattachaient pas aux besoins de la liquidation ;
- soit parce qu'ils avaient été faits par des personnes sans qualité (un liquidateur qui n'avait jamais été nommé).

L'arrêt Dormeuil (Cass. com. 12 novembre 1992) faisait état d'une logique juridique imparable : malgré son terme échu, une société renouvelle la marque qu'elle exploitait et faisait l'objet d'une transformation. La Cour de cassation avait déclaré ces actes nuls car la société n'avait plus de représentant légal lui permettant d'accomplir régulièrement ces actes.

Sur la question de la personnalité morale, la Cour de cassation avait jugé plus récemment que les statuts continuaient de s'appliquer même après la dissolution (Civ. 1re, 13 décembre 2005) et que la société devenue de fait conservait la personnalité morale (Civ. 3e 23 oct. 2013, mais arrêt non publié).

La loi Sapin 2 du 9 décembre 2016 n'avait finalement pas retenu la proposition selon laquelle les actes conformes à la loi et aux statuts antérieurs à la prorogation auraient été réputés réguliers.

C'est désormais chose faite avec la loi du 19 juillet 2019. Le législateur a créé une procédure permettant aux associés de **proroger sous le contrôle d'un juge la durée de la société après la survenance du terme et ainsi valider les actes accomplis entre ce terme et la décision de prorogation**. Toutefois, ce dispositif de régularisation est limitée à une année (article 1844-6 al. 4) ; ce qui signifie que les difficultés sont les mêmes une année plus tard si les associés ne sont pas aperçus de l'arrivée et du dépassement du terme. En principe, un an avant la date d'expiration de la société, les associés doivent être consultés à l'effet de décider si la société doit être prorogée. Si cette consultation n'a pas eu lieu, tout associé peut saisir sur requête – c'est-à-dire une procédure non contradictoire – le président du tribunal dans l'année suivant la date d'expiration de la société. Ce dernier pourra constater l'intention des associés de proroger la société et autoriser la consultation à titre de régulation dans un délai de trois mois, le cas échéant en désignant un mandataire de justice chargé de la provoquer. Si la société est prorogée, les actes conformes à la loi et aux statuts antérieurs à la prorogation seront réputés réguliers et avoir été accomplis par la société ainsi prorogée. Le droit positif permet donc de contourner, le temps d'une année seulement, les effets préjudiciables de l'arrêt Dormeuil avec le non-renouvellement d'une marque.

SYNTHÈSE

Société non dotée de la personnalité morale	Volonté de créer une société	Immatriculation au R.C.S	Activité économique	En résumé, société…
société en formation	oui	Non, en attente, la société n'existe qu'en tant qu'acte juridique	oui, possible mais risque de requalification en société créée de fait	qui est en voie d'être constituée régulièrement
société créée de fait	non	non	oui	qui vient à exister pour disparaître
société de fait	oui	non depuis une radiation	oui	qui a dégénéré
société en participation	oui	non et sciemment	oui	dont les collaborateurs se contentent du contrat comme support

EXO 04.01 Cas pratique

Simon et Adèle ont décidé de créer une SARL, chacun détenant la moitié des titres. Les statuts ont d'ores et déjà été signés. Simon a reçu mandat annexé aux statuts pour un certain nombre d'actes importants pour la future société. Il choisit un local pour le futur siège social ; pourtant ce contrat de bail ne figurait pas dans le mandat qui lui a été remis. La société est ensuite immatriculée et installée dans ces locaux sans autre formalité. Elle règle par la suite les loyers pendant un peu plus d'un an, puis cesse les versements en raison de difficultés que les associés espèrent passagères.

Contre qui le propriétaire doit-il se retourner ?

EXO 04.02

Anna exploite à titre individuel un commerce de restauration rapide de produits frais et bio. Son compagnon Arthur, sans emploi depuis trois ans, lui prête main forte de temps à autre. Il reçoit les marchandises le matin et sert quelques clients à l'occasion. Simon, maraîcher, n'obtient pas le règlement de la dernière facture auprès d'Anna malgré plusieurs relances.

Que pouvez-vous conseiller à Simon pour augmenter ses chances pour obtenir le règlement de sa créance ?

Le fonctionnement et le contrôle de la société

Chapitre 5

COMPÉTENCES ATTENDUES

- **Analyser le fonctionnement interne d'une société et sa représentation vis-à-vis des tiers.**
- **Distinguer la rémunération liée au mandat social, du salaire lié au contrat de travail.**
- **Différencier les conditions et les conséquences de l'engagement de la responsabilité de la société, des dirigeants et des associés.**
- **Apprécier les contrôles internes et externes de l'action du dirigeant et leurs conséquences.**

- Au-delà des règles particulières liées à chaque forme sociale, il existe des **règles communes au fonctionnement de l'ensemble des sociétés**.

  Les associés, qui ont pu créer la société, confient la mission de la gérer à des dirigeants, que l'on nomme également mandataires sociaux.
- **Les dirigeants choisis disposent ainsi de pouvoirs étendus** (1) ; **les associés en contrôlent l'exercice et en profitent** (2). Cependant, parce que la vie sociale a des effets pour d'autres personnes juridiques, d'autres contrôles peuvent venir s'ajouter à ce premier contrôle. Il s'agit d'abord de celui effectué par le commissaire aux comptes (3) mais d'autres organes sont encore susceptibles d'exercer leur contrôle (4).

PLAN DU CHAPITRE

1 Les dirigeants

Les dirigeants prévus par la loi		
Forme sociale	**Dirigeant et représentant légal**	**Autres organes de gouvernance**
Société en nom collectif (SNC)	Gérant(s)	
Société anonyme (SA) forme moniste ou classique	Directeur général Directeur(s) général(aux) délégué(s)	Conseil d'administration
Société anonyme (SA) forme dualiste ou moderne	Président du directoire Directeur général unique Directeur(s) général (aux)	Autres membres du directoire Conseil de surveillance
Société par actions simplifiée (SAS)	Président	
Société en commandite par action (SCA)	Gérant(s)	Conseil de surveillance
Sociétés civiles de droit commun	Gérant(s)	

Les sociétés peuvent être dotées d'organes supplémentaires dans les conditions prévues par la loi et le pouvoir de représentation peut être aménagé. Ceci sera précisé dans l'étude de chaque forme sociale.

A Nomination

1 Conditions tenant à la personne du dirigeant

- Le dirigeant peut être une **personne physique ou morale**.
- S'il s'agit d'une personne morale, celle-ci doit désigner un représentant permanent, personne physique, qui doit remplir les conditions légales et assumer les mêmes responsabilités que le dirigeant personne physique.

Remarque Des exceptions existent :
- dans les SARL, le gérant est obligatoirement une personne physique ;
- dans la SA, le directeur général, le directeur général délégué, le président du conseil d'administration, les membres du directoire sont obligatoirement des personnes physiques.

- Il peut être choisi parmi les **associés** ou parmi les **tiers**.
- Il a la **capacité civile**. Ceci signifie d'abord qu'il ne doit pas être une personne protégée : (mineur non émancipé ou majeur faisant l'objet d'une mesure de protection : tutelle, curatelle). Cela signifie ensuite qu'il ne doit pas être frappé d'une interdiction de gérer ou d'administrer une société ou d'une incapacité au titre d'une condamnation à certaines infractions pénales. Cela signifie enfin qu'il ne doit pas exercer de profession incompatible (ex : cas des fonctionnaires, avocats, notaires, parlementaires, etc... pour lesquels des règles interdisent de gérer des sociétés commerciales).

Attention Le gérant associé de SNC ou de société en commandite, doit, en raison de cette autre qualité, avoir la capacité commerciale.

2 Conditions de forme

- Les dirigeants sont en principe **désignés par les associés**.

Pour être opposable aux tiers, cette désignation doit faire l'objet des publicités légales habituelles : insertion dans un JAL, inscription au RCS, insertion au BODACC. La publication est de toute première importance, tant pour la société que pour les tiers pour établir qui a le pouvoir d'engager la société à une date donnée. En effet, l'article L. 210-9 du Code de commerce prévoit que ni la société ni les tiers ne peuvent se prévaloir d'une irrégularité dans la nomination des dirigeants, lorsque cette nomination a été régulièrement publiée. En outre, la nomination et la cessation de fonction des dirigeants ne peut être invoquée par la société, à l'égard des tiers, tant qu'elles n'ont pas été régulièrement publiées.

Remarque **À côté du dirigeant de droit régulièrement désigné**, le juge peut retenir à l'égard d'autres personnes, la qualification de **dirigeant de fait**. Cette notion permet de rechercher la responsabilité pénale d'une personne qui s'est immiscée dans la gestion sociale pour y commettre un délit, de lui faire supporter la responsabilité fiscale du dirigeant ou de lui faire supporter des sanctions dans le cadre d'une procédure de redressement ou de liquidation judiciaire (action en comblement du passif par exemple). Il s'agit d'une personne qui exerce en toute **indépendance** le pouvoir de direction de la société sans être régulièrement investie d'un mandat social. La jurisprudence exige des **actes répétés de gestion**. Un salarié qui s'est affranchi de tout contrôle hiérarchique peut être qualifié de dirigeant de fait.

B Pouvoirs du dirigeant

- Les dirigeants **assument des fonctions de direction et de gestion** selon les modalités déterminées par la loi.

La plupart sont en outre investis du pouvoir de représentation légale, c'est-à-dire qu'ils engagent la société vis-à-vis des tiers. (Exception : membres du conseil d'administration, du conseil de surveillance de la SA, du conseil de surveillance de la SCA, qui n'exercent des prérogatives que collectivement).

- Les dirigeants **organisent la production de biens et services**, et ont le pouvoir de conclure des contrats d'achats, de vente, de travail, etc... Leurs pouvoirs connaissent toutefois des limites, qui doivent être analysées différemment selon que l'analyse est faite dans l'ordre interne ou externe.

- Dans l'ordre interne, c'est-à-dire exclusivement au regard du fonctionnement des organes sociaux prévus au contrat de société, le dépassement des limites par le dirigeant va se traduire par la mise en jeu de sa responsabilité civile et/ou de sa révocation.
- Dans l'ordre externe, c'est-à-dire cette fois-ci vis-à-vis des tiers qui sont extérieurs au fonctionnement des organes sociaux et ne connaissent que la société, le dépassement des limites pose la question de l'engagement de la société vis-à-vis du tiers.

1 Dans l'ordre interne, c'est-à-dire vis-à-vis des associés

Les dirigeants disposent de tous les pouvoirs pour accomplir les actes de gestion dans l'intérêt social. À défaut de respecter cette première limite, ils engagent leur responsabilité.

Les dirigeants exercent aussi leurs pouvoirs **dans la limite de ceux que la loi confère à d'autres organes de la société**, en particulier ceux des associés. (Exemple : seule l'assemblée générale des associés peut décider de l'affectation des bénéfices).

Enfin, ils doivent respecter les **limites statutaires** à leurs pouvoirs. Les associés peuvent ainsi décider d'interdire au dirigeant de passer certains actes ou de les subordonner à autorisation. Une telle clause peut être prévue, par exemple, pour la souscription d'un emprunt au-delà d'une certaine somme.

2 Dans l'ordre externe, c'est-à-dire vis-à-vis des tiers

Les dirigeants sont investis des pouvoirs les plus étendus pour agir en toutes circonstances au nom de la société. Ici aussi, ils doivent respecter la **limite des pouvoirs conférés par la loi à d'autres organes**.

En revanche, les limites issues des **clauses statutaires sont inopposables aux tiers** : la société ne peut invoquer ces limites pour refuser au cocontractant le plein effet de l'acte passé par les dirigeants. La règle protège le tiers qu'il soit ou non de bonne foi.

Enfin les dirigeant doivent agir dans le **cadre de l'objet social**. La société étant une personne morale, sa capacité est limitée par le principe de spécialité et donc à la réalisation de son objet social. Si les dirigeants agissent au-delà, la société ne devrait pas être engagée. Cependant, pour protéger les tiers, la nullité est écartée pour les SARL et les sociétés par actions. La nullité n'est écartée que si le tiers est de bonne foi et ignorait le dépassement de l'objet ou ne pouvait l'ignorer compte tenu des circonstances.

À l'inverse, pour les sociétés à risque illimité, la SNC et la société civile, le dépassement de l'objet social entraîne la nullité de l'acte. C'est l'étendue de l'engagement des associés dans ces sociétés qui expliquent la solution.

Remarque La Cour de cassation a approuvé l'annulation de la souscription d'une sûreté contraire à l'intérêt social d'un société civile immobilière, malgré l'autorisation donnée par tous les associés (Cass. com. 8 novembre 2011). Mais elle a retenu une solution contraire à propos d'une garantie consentie par une SARL (Cass. com. 12 mai 2015).

C Cessation des fonctions

- La fin des fonctions peut intervenir **de plein droit**, c'est-à-dire sans qu'une décision spécifique ne soit requise. Tel est le cas avec l'arrivée du terme du mandat, la démission, l'incapacité ou le décès du dirigeant. C'est aussi le cas en cas de transformation ou de dissolution de la société.
- **La révocation** peut résulter d'une décision des associés qui ont confié au dirigeant la mission de direction. La révocation est libre. Toutefois, si la décision n'est pas fondée sur de justes motifs (faute de gestion, violation des statuts ou violation de la loi) elle donne lieu au versement de dommages-intérêts. Seuls les administrateurs ou les membres du conseil de surveillance de la SA sont révocables *ad nutum*, c'est-à-dire sans motif, sans délai et sans indemnités.

Dans tous les cas, la révocation du dirigeant doit respecter le principe du contradictoire (il doit pouvoir présenter ses arguments en défense) et ne doit pas être brutale ou vexatoire – à défaut, des dommages-intérêts seront dus.

- Enfin la **révocation judiciaire** pour cause légitime peut intervenir dans la SNC, la SARL, la société civile.

La fin des fonctions doit être publiée (JAL, RCS, BODACC).

D Cumul d'un mandat social et d'un contrat de travail

Une même personne peut être à la fois dirigeant et salariée d'une même société, à condition de respecter les conditions jurisprudentielles. Il faut :
- occuper un emploi effectif ;
- exercer des fonctions techniques distinctes de celles exercées dans le cadre du mandat social donnant lieu à une rémunération distincte ;
- être soumis par un lien de subordination à l'égard de la société.

Des conditions spécifiques peuvent s'ajouter en fonction de la forme sociale (SARL, SNC, SA).

E Responsabilités

1 Responsabilité civile

a. Le dirigeant engage sa responsabilité envers les associés ou la société pour :
- infraction à la loi,
- violation des statuts,
- ou faute de gestion.

Remarque la faute de gestion : elle n'est pas définie par la loi. Il revient donc aux tribunaux de la définir. Ils l'admettent très largement dès lors que l'intérêt social est atteint. La faute peut être un acte positif ou une omission, un acte intentionnel ou une négligence. Par exemple : constitue une faute de gestion, le défaut de surveillance du directeur général pour un administrateur, ou le fait de se verser des salaires excessifs lorsque l'activité de la société se dégradait et que le salaire annuel paraissait disproportionné par rapports aux tâches réduites qui lui incombaient.

L'action individuelle est menée par l'associé qui a subi un préjudice personnel, distinct de celui subi par la société. Les dommages et intérêts sont versés à l'associé.

L'action sociale est intentée contre le dirigeant **au nom de la société** lorsque celle-ci a subi un préjudice et c'est elle qui perçoit les indemnités. Elle est en principe exercée par le représentant de la société (en pratique par les nouveaux dirigeants contre les anciens – action dite *ut universi*). Toutefois, devant la difficulté pratique de cette voie, la loi permet l'exercice de l'action sociale par un ou plusieurs associés à titre subsidiaire, c'est-à-dire en cas d'inaction des dirigeants. (action dite *ut singuli*). L'action se prescrit par trois ans ou cinq ans selon la forme sociale

b. À l'égard des tiers

Le dirigeant agit pour la personne morale et l'engage. Sa responsabilité est donc limitée au cas où il a commis une faute intentionnelle, d'une particulière gravité, incompatible avec l'exercice normal des fonctions sociales. Il en est de même pour les infractions pénales. (exemple : défaut de souscription des assurances obligatoires).

Jurisprudence

L'exigence d'une faute séparable des fonctions

- Les chambres civiles et la chambre commerciale exigent une faute séparable des fonctions.

- Dans un arrêt du 20 mai 2003, la chambre commerciale avait précisé les trois critères : une faute, intentionnelle, d'une particulière gravité et incompatible avec l'exercice normal des fonctions. Il s'agissait dans cette affaire d'un dirigeant ayant volontairement trompé un fournisseur sur la solvabilité de la société.
- Un dirigeant qui engage de multiples recours au nom de la société contre des projets immobiliers alors qu'ils n'ont pas de lien avec l'objet et l'intérêt social (Cass. com, 10 novembre 2015).
- À l'inverse, le directeur général d'une SA qui a consenti un cautionnement au nom de la société au nom d'un pouvoir caduc a commis une faute en ne vérifiant pas la réalité de son pouvoir mais elle n'est pas séparable de ses fonctions (Cass. com, 20 octobre 1998).
- La chambre criminelle s'est récemment affranchie de cette exigence.

Dans une affaire où les juges du fond avaient condamné pénalement une SARL spécialisée dans l'aide à domicile et son gérant (contravention à différentes dispositions en matière de temps partiel) et civilement, solidairement en réparation du préjudice des salariés et d'un syndicat, le gérant avait formé un pourvoi faisant valoir la faute non détachable des fonctions. Dans un arrêt du 5 avril 2018, la cour a rejeté le pourvoi en énonçant que « *le prévenu, devant répondre des infractions dont il s'est personnellement rendu coupable, quand bien même elles ont été commises dans le cadre de ses fonctions de dirigeant social et ne constituent que des contraventions, engage sa responsabilité civile à l'égard des tiers auxquels ces infractions ont porté préjudice* ».

2 Responsabilité pénale et fiscale

Tout dirigeant est pénalement responsable, en qualité d'auteur ou de complice, des infractions à la loi (exemple : escroquerie, mise en danger de la vie d'autrui…). Le droit pénal des sociétés prévoit en outre pour lui des délits particuliers tels que la publication ou la présentation de comptes ne donnant pas une image fidèle. La sanction pénale prend la forme d'une peine d'emprisonnement et/ou d'amende et peut être assortie de peines complémentaires telle qu'une interdiction professionnelle.

Tout dirigeant qui, par des manœuvres frauduleuses ou par l'inobservation grave et répétée des obligations fiscales, a rendu impossible le recouvrement d'impositions quelconque et des pénalités dues par leur société peut être condamné personnellement au paiement de ces impositions et pénalités.

2 Les associés

Les associés sont la source du pouvoir dans la société, ils en contrôlent l'exercice par le dirigeant. Ils participent aux affaires sociales et en assument les conséquences financières.

A Participation aux affaires sociales

Afin que les associés puissent exercer utilement leurs prérogatives de contrôle de la gestion des dirigeants, le législateur a prévu leur information. Elle est renforcée pour les sociétés cotées.

1 Droit à l'information sur les affaires sociales

a. Droit d'information permanent

Tout associé peut consulter au siège social les documents relatifs aux trois derniers exercices clos et en obtenir copie. Sont concernés notamment le rapport de gestion établi par les dirigeants, les comptes annuels, les textes des résolutions prises par l'assemblée générale, l'inventaire (sans droit de copie pour ce dernier).

Lorsqu'un associé ne peut obtenir la communication de ces documents, il peut demander au président du tribunal statuant en référé, soit d'enjoindre aux dirigeants de les communiquer, soit de désigner un mandataire chargé de procéder à cette communication.

Remarque Les documents relatifs aux comptes sociaux sont en principe déposés au greffe du tribunal de commerce et deviennent consultables par tous.

b. Droit d'information avant une assemblée

Quinze jours au moins avant la tenue de l'assemblée, chaque associé a le droit d'obtenir communication des documents soumis à l'assemblée : rapport de gestion, comptes annuels (en cas d'assemblée générale ordinaire), textes des résolutions proposées et un nombre de documents plus ou moins important selon la forme et la taille de la société.

Ici encore, en cas de carence des dirigeants, l'associé peut saisir le juge des référés.

c. Droit de poser des questions écrites sur la gestion de la société

Avant l'assemblée, tout associé a le droit de poser des questions par écrit sur la gestion. Les dirigeants sont tenus de répondre au cours de l'assemblée si elles sont liées à l'intérêt social.

2 Décisions collectives

Chaque associé, quelle que soit sa part dans le capital social, **a le droit de participer aux décisions collectives**.

Ce droit est exercé par l'associé, et sous certaines conditions, par son représentant. Toute entrave à ce droit est pénalement réprimée (article L. 242-9 du Code de commerce).

Les modalités de ce droit font l'objet de dispositions particulières selon les formes sociales.

a. Classification des décisions collectives

Les décisions de la compétence exclusive des associés relèvent de deux catégories :

- **les décisions ordinaires** sont celles qui ne modifient pas les statuts. Elles sont pour autant très importantes pour le fonctionnement social. Il s'agit en effet par exemple, de l'approbation des comptes annuels, de la nomination des dirigeants ou de la nomination du commissaire aux comptes.
- **les décisions extraordinaires** sont celles qui rendent nécessaires la modification des statuts. Ce peut être l'augmentation du capital social ou la modification de l'objet social.

b. Droit de vote

Le droit de vote est **attaché à chaque titre détenu par l'associé**. Le nombre de voix de chaque associé est en principe proportionnel au nombre de titres détenus.

Cependant, les sociétés par actions peuvent aménager ce droit.

Lorsque les titres sociaux sont grevés d'usufruit : le titulaire du droit de vote varie selon les décisions à prendre :

Dans les SA et les SCA, le nu-propriétaire vote aux assemblées générales extraordinaires, l'usufruitier votant aux assemblées générales ordinaires. Le nu-propriétaire et l'usufruitier peuvent, par convention, confier le droit de vote pour toutes les décisions collectives à l'usufruitier.

Dans les autres sociétés, l'usufruitier vote sur la répartition des bénéfices, toutes les autres décisions étant prises par le nu-propriétaire.

c. Exercice du droit de vote

L'associé exerce librement son droit de vote, dans la limite de l'abus. Il y a abus de majorité ou de minorité lorsqu'une décision collective est contraire à l'intérêt social et a été prise pour favoriser un associé ou un groupe d'associés au détriment d'un autre.

3 Contrôle de la gestion

a. Approbation des comptes sociaux

Il s'agit là du **mode normal de contrôle de la gestion** opérée par les dirigeants. Dans toutes les sociétés, les associés sont obligatoirement réunis en assemblée, dans les six mois de la clôture de l'exercice, pour délibérer sur les comptes de l'exercice écoulé.

Au cours de cette assemblée, les associés :

- approuvent le **rapport de gestion** : il est établi par les dirigeants et expose la situation de la société durant l'exercice écoulé, son évolution prévisible, les évènements importants survenus entre la date de clôture de l'exercice et la date à laquelle il est établi, les activités de la société en matière de recherche et développement ;
- approuvent les **comptes annuels** ;
- affectent le **résultat**.

b. Nomination d'un expert de gestion

Les associés des sociétés par actions et des SARL peuvent **demander en justice** la désignation d'un expert de gestion. Cette demande constitue un moyen de pression.

L'expert de gestion ne doit pas être confondu avec l'expert-comptable du comité social et économique prévu par le Code du travail.

L'expertise est **limitée à une ou plusieurs opérations de gestion déterminées** et peut être demandée en justice par des associés représentant 10 % du capital dans les SARL, 5 % dans les SA et les SAS. C'est donc une prérogative précieuse pour les associés ou actionnaires minoritaires qui s'interrogent sérieusement sur certaines actions du dirigeant et ne peuvent exercer leur droit à l'information sur les documents de gestion liés à l'exercice en cours.

Dans les SA et les SAS, le président du tribunal de commerce statuant en référé ne peut être saisi que si des questions écrites au président du conseil d'administration ou au président du directoire sont demeurées sans réponse satisfaisante dans le délai d'un mois.

Le rapport de l'expert est déposé au greffe et communiqué aux dirigeants, au ministère public, au comité social et économique et au commissaire aux comptes.

c. Nomination d'un mandataire de justice

A titre exceptionnel, si les modes de contrôle normaux n'ont pas permis de mettre fin aux **conflits internes**, les associés peuvent **demander en justice la nomination d'un administrateur provisoire**, qui dessaisit le dirigeant de son pouvoir de gestion.

Pour ce faire, les conditions sont strictes :
- le fonctionnement normal de la société est impossible ;
- et il y a menace d'un dommage imminent à l'intérêt social.

La nomination peut intervenir en raison d'une mésentente persistante entre associés ou d'une carence des organes sociaux.

B Droits et obligations à caractère financier

Les associés, qui ont réalisé des apports, sont intéressés aux résultats de l'activité mais aussi à la pérennité de l'affaire.

1 Partage des bénéfices

Après approbation des comptes annuels de l'exercice écoulé et constatation de l'existence de sommes distribuables, l'assemblée générale ordinaire détermine la part des sommes distribuables aux associés sous forme de dividendes.

Définition : le bénéfice distribuable se définit comme le bénéfice de l'exercice, augmenté du report bénéficiaire et diminué des pertes antérieures et des dotations aux réserves.

a. La dotation aux réserves

L'assemblée générale peut décider de mettre tout ou partie des sommes en réserve. Les dotations aux réserves peuvent s'effectuer sur trois types de réserves :
- Les **réserves légales** : dans les SARL et les sociétés par actions, la loi impose de prélever un vingtième du bénéfice de l'exercice pour doter la réserve légale jusqu'à ce que cette dernière atteigne 10 % du capital social.
- Les **réserves statutaires** : les statuts peuvent imposer la création d'une réserve statutaire, qu'il faut doter avant de procéder à la distribution de dividendes.
- Les **réserves libres** : leur création peut être décidée par l'assemblée générale.

L'assemblée générale peut décider la mise en distribution de sommes prélevées sur les réserves dont elle a la disposition.

La dotation aux réserves permet de favoriser l'activité sociale par autofinancement. Cela renforce les capitaux propres de la société et donc augmente sa solidité financière et sa capacité d'endettement.

b. La distribution de dividendes

Lorsque l'assemblée décide la distribution de dividendes, elle décide des modalités de la mise en paiement.

Celle-ci doit intervenir dans un **délai maximal de neuf mois après la clôture de l'exercice**.

Le délai peut être prolongé par ordonnance du président du tribunal de commerce statuant sur requête des dirigeants.

Remarque Si une distribution de dividende est effectuée en l'absence de bénéfice distribuable, les dirigeants engagent leur responsabilité pénale pour distribution de dividendes fictifs.

2 Obligation aux dettes

L'obligation au passif social pèse sur les associés de sociétés à risque illimité.

Les créanciers sociaux vont pouvoir rechercher le paiement de la dette sociale directement auprès des associés.

a. En matière civile

Les associés d'une société civile de droit commun répondent indéfiniment des dettes sociales, proportionnellement à leur part dans le capital. Le créancier doit ici diviser ses recours et ne peut réclamer à chaque associé, que la partie de la créance correspondant à sa part dans le capital social.

L'obligation des associés est ainsi dite **indéfinie et conjointe**.

Le créancier ne peut agir contre les associés qu'après vainement et préalablement poursuivi la société.

b. En matière commerciale

Les associés d'une SNC ou les commandités d'une société en commandite ont la qualité de commerçants et répondent **indéfiniment et solidairement** des dettes sociales.

Si la dette a été contractée dans la limite de l'objet social, le créancier peut agir contre l'un quelconque des associés pour exiger le remboursement de la totalité de la dette, sans limite de montant. Il s'agit là d'un avantage pour les créanciers mais d'un inconvénient majeur de ces formes sociales pour les associés.

D'un point de vue formel, l'action du créancier est précédée d'une mise en demeure de la société par acte extra-judiciaire (par voie d'huissier) demeurée vaine pendant huit jours. Par ailleurs, l'associé qui a payé, dispose d'une action subrogatoire auprès de ses co-associés pour obtenir le remboursement de la part qu'ils avaient dans la dette.

Remarque Il faut bien distinguer la responsabilité indéfinie et conjointe de l'associé de la société civile, de la responsabilité indéfinie et solidaire de l'associé d'une société commerciale dans laquelle la responsabilité des associés indéfinie et solidaire (ex. SNC) :

- dans le premier cas, l'associé ne peut être poursuivi que pour la fraction de la dette qui correspond à ses parts dans le capital ;
- dans le second cas, dans l'hypothèse d'une SNC (société en nom collectif) l'associé peut être poursuivi pour la totalité de la dette.

Exemple

Axel, Bertrand, Carole et David sont associés à hauteur de 25% d'une société Erga. Pour agir en recouvrement de sa créance contre la société Erga, Zinédine, titulaire d'une créance d'un montant de 40 000 € :

- **devra diviser ses recours si la société Erga est une société civile : la responsabilité est alors indéfinie et conjointe. Il réclamera 10 000 € à chacun ;**
- **pourra diviser ses recours dans l'hypothèse où la société Erga est une société dans laquelle la responsabilité des associés est indéfinie. Zinédine pourra exiger la créance de 40 000 € auprès d'Axel par exemple, s'il lui semble le plus solvable. Axel pourra alors se retourner contre ses 3 coassociés pour obtenir le remboursement (10 000 € chacun).**

3 Contribution aux pertes

La contribution aux pertes sociales ne **concerne que les rapports des associés entre eux**. Sauf clause contraire des statuts, les pertes se répartissent au prorata des droits de chaque associé dans le capital social. Les clauses qui attribuent la totalité des pertes à un ou plusieurs associés ou qui exonèrent un associé de toute contribution aux pertes sont réputées non écrites car léonines.

En principe, chaque associé n'est, en principe, tenu de contribuer aux pertes qu'au jour de la dissolution de la société.

3 Le commissaire aux comptes, organe de contrôle externe

Le contrôle de la gestion de la société appartient aux associés. Toutefois, dans les plus grandes entreprises, ce contrôle s'avère insuffisant. Le commissaire aux comptes (CAC) est dès lors devenu un **acteur essentiel d'un contrôle qui dépasse largement celui des comptes**.

A Statut professionnel

La profession de CAC est une profession réglementée par des textes législatifs et réglementaires rassemblés dans le livre VIII du Code de commerce. A ces règles, s'ajoutent des normes d'exercice professionnel, et notamment un Code de déontologie, approuvé par décret en Conseil d'État.

La **profession est contrôlée par le Haut conseil du commissariat aux** comptes (H3C) et est représentée par la compagnie nationale des commissaires aux comptes. Elle est protégée par le délit d'exercice illégal de la profession de CAC (puni d'un an de prison et 15 000 euros d'amende).

1 Conditions d'exercice

La profession peut être exercée par **des personnes physiques ou morales inscrites sur une liste établie à cet effet auprès de la cour d'appel**.

L'inscription est aujourd'hui réalisée par le H3C, qui a délégué l'exercice de cette compétence à la Compagnie nationale des commissaires aux comptes. Elle est subordonnée au respect de plusieurs conditions : de nationalité (française ou européenne), de probité et de qualifications professionnelles (article L. 822-1-1 du Code de commerce).

Le H3C est aussi compétent en matière de sanction disciplinaire. Ses décisions sont susceptibles de recours devant le Conseil d'État. Un recours devant le H3C n'est possible qu'en matière de contentieux des honoraires. Les autres décisions font l'objet d'une contestation devant la juridiction administrative (tribunal administratif pour l'inscription, le Conseil d'État pour les décisions disciplinaires).

2 Indépendance du commissaire aux comptes

Les incompatibilités : le CAC ne peut être ni salarié, ni commerçant et doit s'abstenir de tout acte ou activité de nature à porter atteinte à son indépendance. Il ne peut être nommé dirigeant d'une société contrôlée auparavant moins de 3 ans après la cessation de ses fonctions.

Des interdictions à l'égard de l'entité contrôlée viennent compléter le dispositif : il s'agit ici aussi de prévenir les conflits d'intérêt. Ainsi, toute forme de prise d'intérêt auprès de la société contrôlée est interdite, de même que les liens personnels, financiers et professionnels prévus par le Code de déontologie. Il est aussi interdit au CAC de fournir d'autres services à la société contrôlée tels que l'établissement de la comptabilité ou des activités de conseil.

3 Nomination

Le fondement de la nomination a une influence sur la durée des fonctions, les missions et la norme professionnelle applicable.

a. Nomination obligatoire :

La nomination peut être obligatoire en vertu des statuts de la société. Toutefois les textes prévoient une nomination obligatoire dans un ensemble de cas.

- Dans les sociétés commerciales, la nomination est obligatoire pour six exercice si deux des trois suivants sont dépassés :

Obligation de nomination d'un CAC dans les sociétés commerciales
- 4 000 000 euros de total du bilan, - 8 000 000 euros HT de chiffre d'affaires, - 50 salariés

Remarques :

- Dans les petits groupes de sociétés, les seuils peuvent être atteints par l'ensemble des entités (sociétés contrôlantes et contrôlées). Dans ce cas, la société contrôlante est tenue en principe tenue de désigner un CAC. Elle a alors la possibilité d'opter pour la limitation de la durée du mandat du CAC à 3 exercices. La norme applicable est celle de l'audit légal « petites entreprises ».
- Lorsque l'entité contrôlée est une entité d'intérêt public (sociétés cotées, établissements de crédit et entreprises d'assurances), elle a obligatoirement au moins un CAC.

- La loi Pacte a introduit une nouvelle obligation de nomination dans les sociétés commerciales. Elle concerne la nomination demandée par un ou plusieurs associés ou actionnaires représentant au moins le tiers du capital social. Elle intervient alors pour trois ans et le contrôle suit la norme applicable est celle de l'audit légal « petites entreprises ».
- Dans les associations, il y a 3 cas de nomination obligatoire :

Obligation de nomination du CAC dans les autres associations
– Association ayant une activité économique :si elle dépasse 2 des 3 seuils 1 550 000 d'euros de total du bilan 3 100 000 d'euros du de chiffre d'affaires, 50 salariés
– Association qui reçoit une subvention supérieure ou égale à 153 000 euros
– Association qui émet des obligations

- Pour les GIE, la nomination est obligatoire s'il émet des obligations ou emploie au moins 100 salariés.

Remarque sanctions : lorsqu'un CAC n'a pas été désigné, les délibérations de l'assemblée générale peuvent être annulées (mais la régularisation est possible) ; par ailleurs, le dirigeant risque 2 ans de prison et 3 000 euros d'amende en cas de non-désignation et de non-convocation du CAC.

b. Modalités de désignation

- Les associés peuvent désigner un CAC dans les statuts, ainsi que son suppléant s'il s'agit d'une personne physique ou d'une société unipersonnelle. Ils doivent en désigner deux si la société doit présenter des comptes consolidés. En cours de vie sociale, c'est l'assemblée générale ordinaire qui nomme sur proposition du dirigeant.

Remarque Les associés peuvent décider volontairement – en dehors de toute obligation – de nommer un CAC. La société peut alors opter pour la limitation à ans de la durée du mandat avec application de la norme de l'audit légal « petites entreprises »

- Une nomination judiciaire est possible. Elle intervient à la demande de tout actionnaire auprès du président du tribunal de commerce statuant en référé dans les cas où la nomination est obligatoire et n'a pas été réalisée. Lorsqu'elle n'est pas obligatoire, elle peut être aussi demandée en justice par tout associé d'une SNC et par un ou plusieurs associés représentant au moins le dixième du capital social d'une SARL ou d'une SAS. Le juge apprécie alors s'il y a lieu de désigner un CAC.

4 Rémunération

La rémunération est établie en fonction d'un barème d'heures de travail, fixé en fonction de la taille de l'entreprise par voie de décret. La CAC établit un plan de mission et un programme de travail. Il est rémunéré par l'entreprise contrôlée.

5 Cessation des fonctions

La cessation des fonctions intervient normalement par l'arrivée du terme.

Elle peut résulter d'une démission pour motif légitime. Le mandat prend également fin avec la survenance d'une incapacité ou du décès du CAC ou la disparition de la personne contrôlée

Une décision de justice peut mettre fin au mandat. La **récusation** pour juste motif de nature à mettre en doute la compétence, l'honorabilité, l'impartialité ou l'indépendance du CAC peut être demandée dans les 30 jours de sa nomination. La **révocation** peut être sollicitée à tout moment pour faute ou empêchement du CAC.

B Missions du CAC

La loi Pacte a introduit une distinction entre l'audit légal de droit commun et l'audit légal « petites entreprises ». Il est question ici d'abord de l'audit légal de droit commun.

1 Missions permanentes

- Le contrôle

  Dans sa mission de certification des comptes annuels et consolidés, le CAC doit vérifier les valeurs et documents comptables et attester que ces comptes sont réguliers, sincères et donnent une image fidèle. Il vérifie en outre que l'information donnée aux associés est concordante. Dans le cadre de sa mission d'audit légal, il applique les normes d'exercices professionnel homologuées par le ministre de la justice. Le contrôle est renforcé pour les EIP.

  A l'issue du contrôle, le CAC peut certifier les comptes sans réserve. Il peut les certifier avec réserve(s) (en cas d'irrégularités qui n'entachent pas l'image fidèle) ou refuser de les certifier.

  Des certifications complémentaires existent – par exemple le montant global des 5 ou 10 personnes les mieux rémunérées de la SA font l'objet d'une certification par le CAC.

  Le CAC doit veiller à se limiter à sa mission contrôle et à ne pas s'immiscer dans la gestion.

- L'information
  - Le CAC informe les dirigeants sociaux sur les contrôles effectués.
  - Il informe les associés dans son rapport général.

2 Missions occasionnelles

- **Obligation de déclencher l'alerte :** lorsque, dans l'exercice de ses fonctions, le CAC constate un fait de nature à compromettre la continuité de l'exploitation, c'est-à-dire de provoquer la cessation des paiements, il doit en avertir les dirigeants. Si la constatation persiste, il doit en informer le conseil d'administration ou le conseil de surveillance dans la SA, les associés dans les autres formes sociales. Le président du tribunal de commerce est tenu informé.
- **Obligation de révéler les faits délictueux au procureur de la République :** lorsqu'à l'occasion de ses investigations, le CAC a connaissance d'une infraction pénale (abus de biens sociaux par exemple), il doit en informer le procureur de la République.

Par ailleurs, les CAC, comme les experts-comptables, les avocats ou les banques, ont l'obligation de déclarer à la cellule « TRACFIN » les opérations dont ils savent, soupçonnent ou ont de bonnes raisons de soupçonner qu'elles proviennent d'une infraction passible d'une peine privative de liberté supérieure à un an ou sont liées au financement du terrorisme ou relèvent de certains cas de fraude fiscale.

- Établissements de rapports spéciaux, par exemple sur les conventions réglementées.
- Convocation de l'assemblée générale en cas de carence des dirigeants.

Remarques :

- l'audit de droit commun d'une durée de 6 exercices peut être allégé lorsque la nomination du CAC est volontaire ou lorsque la nomination intervient dans un « petit groupe ».
- l'audit légal « petites entreprises » (ALPE) s'applique aux mandats de trois ans (petit groupe, désignation volontaire, désignation à la demande d'un tiers des associés). Il implique un rapport sur les comptes et leur certification et un rapport sur les risques financiers, comptables et de gestion. L'article L. 823-12-1 du Code de commerce dispense le CAC d'un ensemble de rapports et de diligences, parmi lesquels le rapport sur les conventions réglementées dans les SARL et les sociétés par actions. Les obligations relatives à l'alerte et à la révélation des faits délictueux s'appliquent.

3 Prérogatives du CAC

Pour mener à bien sa mission, le CAC dispose de prérogatives :

- **Droit d'investigation :** il peut procéder aux contrôles et vérifications qu'il juge nécessaires. Il peut se faire communiquer sur place toutes les pièces qu'il estime utiles à l'exercice de sa mission. Ce droit est pénalement protégé : un délit d'entrave aux vérifications et aux contrôles des CAC est puni de 5 ans de prison et 75 000 euros d'amende.
- **Droit à l'information :** le CAC a un droit d'information, en particulier avant l'assemblée générale, à laquelle il doit être convoqué.

  En contrepartie de cet accès privilégié à l'information, il est tenu au secret professionnel.

4 Responsabilités du CAC

a. Responsabilité civile

Le CAC est responsable en cas de **faute ou négligence** commises dans l'exercice de ses fonctions. Il doit souscrire une assurance civile professionnelle.

b. Responsabilité pénale

Le CAC engage sa responsabilité pénale.

En particulier, l'article L. 820-7 du Code de commerce prévoit **deux délits** : le fait de donner ou de confirmer des informations mensongères sur la situation de la personne morale et la non révélation des faits délictueux au procureur de la République. Il peut aussi être complice ou co-auteur d'autres délits, par exemple, sa complicité est susceptible d'être retenue quand le dirigeant est reconnu coupable du délit de présentation de comptes ne donnant pas une image fidèle, s'il a certifié des comptes qu'il savait faux (cf. Chapitre 27)

c. Responsabilité disciplinaire

En cas de manquement à ses obligations professionnelles, au Code de déontologie et aux normes d'exercice ou de négligence grave ou de fait contraire à la probité ou à l'honneur, la responsabilité du CAC peut être mise en jeu devant le H3C. En plus d'une peine d'amende, elle peut prononcer des sanctions qui vont de l'avertissement à la radiation de la liste.

4 Les autres contrôles

A Autres contrôles internes

Dans les plus grandes sociétés, d'autres organes que l'assemblée générale des associés vont contrôler la gestion du dirigeant.

1 Dans la SA et la SCA : un organe spécialisé dans le contrôle

Le **conseil d'administration** d'une SA moniste/classique a pour rôle de donner des orientations au dirigeants et contrôler leur mise en œuvre.

Le **conseil de surveillance** d'une SA dualiste/moderne a pour mission d'exercer un contrôle permanent sur la gestion de la société par le directoire.

Dans la SCA, le conseil de surveillance, composé d'actionnaires, contrôle en permanence la gestion du gérant.

2 Le comité social et économique

Dans les entreprises de plus de 50 salariés, le CSE est informé et consulté sur les questions intéressant l'organisation, la gestion et la marche de l'entreprise et peut formuler des propositions.

Il bénéficie d'un **droit d'alerte** notamment :

- économique sur tout fait de nature à compromettre la continuité de l'exploitation,
- social sur le recours aux contrats à durée déterminée.

Deux membres du CSE assistent avec voix consultative à toutes les séances du conseil d'administration ou du conseil de surveillance. Ils peuvent aussi assister aux assemblées générales.

B Contrôle permanent par l'Autorité des marchés financiers (AMF)

La gestion des dirigeants peut être contrôlée par un ensemble d'administrations (le fisc, l'URSSAF, la Direction générale de la concurrence, de la consommation et de la répression des fraudes) et par les juridictions à l'occasion de faits ou de pratiques particuliers.

L'AMF, au contraire, exerce un contrôle permanent.

1 Organisation

L'AMF est une **autorité administrative indépendante** qui dispose de trois types d'organes : le collège, composé de seize membres, des commissions spécialisées et la commission des sanctions.

2 Missions

Elle a pour rôle de veiller :

- à la protection de l'épargne investie dans les instruments financiers,
- à l'information des investisseurs,
- au bon fonctionnement des marchés d'instruments financiers.

En outre, elle apporte son concours à la régulation des marchés au niveau européen et international.

3 Pouvoirs

L'AMF dispose d'un **pouvoir réglementaire**. Elle élabore un règlement général qui pose les règles qui s'appliquent aux acteurs et aux produits des marchés des instruments financiers : sociétés cotées, intermédiaires financiers, produits d'épargne collective, offre publique d'achat, etc.

Elle dispose d'un **pouvoir d'autorisation et de surveillance** à l'égard des opérateurs, des produits et de la qualité de l'information diffusée.

Elle a un **pouvoir d'enquête** sur les infractions boursières et de contrôle des professionnels. Dans ce cadre, ses agents peuvent se faire communiquer tout document, convoquer des personnes ou effectuer des saisies.

Elle a un **pouvoir de sanction** à l'égard des professionnels au titre de tout manquement à leurs obligations professionnelles (prestataires de services d'investissement, sociétés de gestion...) et à l'égard de toute personne au titre des abus de marché. Les sanctions pécuniaires qu'elle peut prononcer peuvent atteindre 100 millions d'euros ou dix fois le profit réalisé.

L'AMF dispose en complément d'un **pouvoir d'injonction administrative** de faire cesser les pratiques de nature à porter atteinte aux droits des épargnants, fausser le fonctionnement du marché, procurer un avantage injustifié ou de porter atteinte à l'égalité de traitement des investisseurs.

SYNTHÈSE

Au cours de la vie sociale, les dirigeants animent la gestion et représentent la société à l'égard des tiers.

ÉTENDUE DES POUVOIRS DES DIRIGEANTS	
Dans l'ordre interne	Dans l'ordre externe
Tous les actes de gestion dans la limite : – de l'intérêt social – des pouvoirs que la loi réserve à d'autres organes – des clauses statutaires	Les pouvoirs les plus étendus pour agir en tout circonstance au nom de la société dans la limite : – des pouvoirs que la loi réserve à d'autres organes – des clauses statutaires mais inopposables aux tiers – de l'objet social

Ils engagent leur responsabilité civile, pénale et fiscale.

Les associés contrôlent cette gestion et participent aux affaires sociales. Ils sont dotés de droits politiques et financiers.

Ils ont des droits leur permettant d'être bien informés pour participer aux décisions collectives.

Ils ont le droit de vote. Ils participent aux décisions ordinaires (telles que l'approbation des comptes et l'affectation du résultat) et aux décisions extraordinaires (qui modifient les statuts).

Ceci leur permet de contrôler la gestion des dirigeants.

Les minoritaires peuvent en outre, dans certains cas, demander la nomination d'un expert de gestion.

Enfin, lorsque le fonctionnement de la société est impossible, ils peuvent demander la nomination d'un mandataire judiciaire.

Les associés ont vocation à percevoir des dividendes. Mais si l'activité sociale n'est pas florissante, ils peuvent avoir à prendre leur part des pertes (à la dissolution). Dans les sociétés à risque illimité, les associés ont une obligation aux dettes.

- Le commissaire aux comptes est un acteur majeur du contrôle externe. Il vérifie l'information donnée par les dirigeants et certifie que les comptes annuels sont réguliers, sincères et donnent une image fidèle. Il a un devoir d'alerte économique et une obligation de révéler les faits délictueux au procureur de la République.
- Dans les formes sociales destinées à accueillir les plus grandes sociétés, un organe de contrôle interne est prévu. Le comité social et économique complète ce contrôle.
- Pour les sociétés cotées et les titres échangés sur les marchés financiers, l'Autorité des marchés financiers assure un contrôle externe permanent.

EXO 05.01 Cas pratique - La SARL VD

Emmanuel, Bernard et Christine Van Dieter sont cousins et sont les associés principaux de la SARL VD, qui est spécialisée la fabrication de tablettes et de bonbons de chocolat d'exception, issus de fèves de cacao d'Équateur. Bernard est le gérant de la société. Il a profité de l'été pour passer des commandes importantes, à hauteur de 75 000 euros auprès d'une coopérative d'Amazonie pour lancer une nouvelle gamme de produits. Il a aussi conclu un bail commercial pour l'exploitation d'une future boutique de vente au détail. Bernard et Christine sont opposés à ces opérations et s'inquiètent des conséquences de ces opérations sur les finances de la société qui étaient déjà peu florissantes.

Annexe : ARTICLE 10 des statuts de la société VD :

Tout contrat ou marché dépassant la somme de 50 000 euros doit faire l'objet d'une autorisation préalable des associés, par consultation écrite, à peine de nullité.

Travail à faire

1. **Les contrats passés par B sont-ils valables ?**
2. **Que peuvent faire Emmanuel et Christine ?**

EXO 05.02 Cas pratique : La SARL Créabille

En 2012, Pierre Saul, son épouse Ingrid et Jérôme Diesse ont créé la SARL Créabille (annexe Les relations entre les associés se sont dégradées depuis.

La SARL Créabille est installée à Paris. L'activité stagne depuis 2013. Pierre Saul considère qu'il faut changer l'image de la société. Il a employé, à grands frais, un consultant spécialiste en image d'entreprise. Sur ses conseils, il a décidé de renouveler l'équipe commerciale et de changer la dénomination de la société, qui s'appelle désormais Newline. Jérôme Diesse considère que la démarche est inutile et que les frais exposés risquent de compromettre l'équilibre financier précaire de la société.

Annexe : SARL CREABILLE au 31 décembre 20XX

Capital : 10 000 euros

Répartition du capital :

Pierre Saul : 25 % soit 125 parts

Ingrid SAUL : 15 % soit 75 parts

Jérôme DIESSE : 60 % soit 300 parts

Gérant : Pierre SAUL

Pas de commissaire aux comptes

Travail à faire

1. **Qui est compétent pour décider le changement de dénomination sociale de la SARL Créabille ?**
2. **Inquiet quant aux frais exposés pour rémunérer le consultant et renouveler l'équipe de commerciaux, Jérôme Diesse peut-il demander la désignation d'un expert de gestion ? Sa demande a-t-elle des chances d'aboutir ?**

EXO 05.03 Cas pratique - Une SAS en pleine croissance

Monsieur Petit est le président d'une SAS florissante : au bout de 10 ans d'existence, elle connaît une croissance exponentielle. En effet, elle a pu racheter l'an dernier, son principal concurrent, pourtant beaucoup plus gros qu'elle. Monsieur Petit doit maintenant gérer les conséquences de cette opération financée par un emprunt bancaire très important.

Avec 51 salariés et un chiffre d'affaires de 10 000 000 d'euros, il pense devoir nommer un commissaire aux comptes. Il a un ami d'enfance, Monsieur Masset, qui est commissaire aux comptes et se demande s'il peut le nommer. Cela lui semble une excellente idée car il connaît bien la société : il en est l'expert-comptable.

Il pense aussi pouvoir compter sur lui pour présenter sous un jour favorable les finances dégradées de la société.

Il vous demande ce que vous pensez de son analyse

Travail à faire

1. **La SAS doit-elle désigner un CAC ?**
2. **La SAS peut-elle nommer Monsieur Masset en tant que CAC ?**
3. **Le CAC de la SAS peut-il contribuer à une présentation favorable des comptes de la SAS ?**

Le droit des entreprises en difficulté

Chapitre 6

COMPÉTENCES ATTENDUES

- **Différencier le mandat ad hoc de la conciliation**
- **Caractériser la notion de cessation des paiements**
- **Identifier les conditions d'engagement d'une procédure collective**
- **Présenter les acteurs des procédures collectives**
- **Schématiser les procédures applicables en fonction du degré de la difficulté rencontrée**
- **Déterminer l'issue d'une procédure collective**

- Le droit des entreprises en difficulté est un droit complexe et procédurier qui concerne toutes les « entités » agissant dans le domaine économique : sociétés, entreprises individuelles, EIRL, associations... (d'où l'utilisation du terme entreprise).

Il poursuit en effet plusieurs objectifs qui peuvent paraître difficilement conciliables :

- éviter la disparition (liquidation) de l'entreprise ;
- sauver les emplois ;
- respecter l'intérêt de ses différents créanciers ;
- sanctionner le chef d'entreprise qui, par sa mauvaise gestion, peut être jugé responsable de la situation.

- De plus les intervenants dans ce type de procédure sont nombreux à l'instar des intérêts en cause.

  Ce droit régulièrement réformé vise principalement à éviter tant qu'il est possible la disparition de l'entreprise.

Aussi les dispositifs destinés à prévenir les difficultés qu'elle peut rencontrer sont-ils nombreux (1). S'ils s'avèrent insuffisants, s'ouvre alors une **procédure dite collective** parce que le sort de l'ensemble des parties concernées est réglé collectivement sous le contrôle du juge (2). Enfin le chef d'entreprise peut voir sa responsabilité engagée (3).

PLAN DU CHAPITRE

APPLICATIONS P. 124

1 La prévention des entreprises en difficulté

Afin d'éviter la disparation de l'entreprise, le droit a mis en place des procédures confidentielles pour résoudre les difficultés rencontrées en principe avant la cessation de paiements : il s'agit du mandant ad hoc (B) et de la conciliation (C). Mais encore faut-il que les difficultés soient détectées (A).

Remarque **L'état de cessation de paiements** se définit comme étant la situation financière d'une entreprise dont **l'actif disponible (qui peut être utilisé immédiatement) ne suffit plus à régler le passif exigible (dont les créanciers peuvent donc exiger le paiement)**.

A La détection des difficultés

1 Les obligations comptables

a. La tenue de la comptabilité

La comptabilité rétrospective

Toute personne physique ou morale commerçante doit :

- **procéder à l'enregistrement comptable** de manière chronologique des mouvements affectant le patrimoine de son entreprise ;
- **contrôler par inventaire**, au moins une fois tous les douze mois, l'existence et la valeur des éléments actifs et passifs du patrimoine de son entreprise ;
- **établir des comptes annuels** à la clôture de l'exercice au vu des enregistrements comptables et de l'inventaire. Ces comptes annuels comprennent **le bilan, le compte de résultat et une annexe** (article L. 123-12 du Code de commerce).

De plus ces obligations comptables pèsent également sur les personnes morales de droit privé non commerçantes ayant une activité économique et dépassant deux des trois seuils suivants (par exemple les associations) :

- nombre de salariés : 50 ;
- chiffres d'affaires hors taxes : 3 100 000 € ;
- bilan : 1 550 000 € (articles L. 612-1 et R. 612-1 du Code de commerce).

Ces obligations peuvent être alourdies ou allégées en fonction de la taille des entreprises concernées et de leur régime fiscal.

La comptabilité prévisionnelle

Les sociétés commerciales (articles L. 232-2 et R. 232-2 du Code de commerce), les GIE (articles L. 251-13 du Code de commerce) et les personnes morales de droit privé non commerçantes ayant une activité économique (articles L. 612-2 et R. 612-3 du Code de commerce) qui comptent 300 salariés ou plus ou dont le montant du chiffre d'affaires hors taxes est égal ou supérieur à 18 000 000 €, sont tenues d'établir une comptabilité prévisionnelle comprenant les documents suivants :

- une situation de l'actif réalisable et disponible, et du passif exigible ;
- un compte de résultat prévisionnel ;
- un tableau de financement ;
- un plan de financement prévisionnel.

Toutes ces entreprises cessent d'être assujetties à cette obligation lorsqu'elles ne remplissent aucune des conditions pendant deux exercices successifs.

b. La publicité de la comptabilité

La comptabilité rétrospective :

Les SNC dont tous les associés sont des SARL ou des sociétés par actions (article L. 232-21 du Code de commerce), les SARL (article L. 232-22 du Code de commerce) et les sociétés par actions (article L. 232-23 du Code de commerce) sont tenues de **déposer au greffe du tribunal pour être annexés au RCS**, dans le mois suivant l'approbation des comptes annuels par l'AGO :

- **les comptes annuels** et, le cas échéant, les comptes consolidés, le rapport sur la gestion, les rapports des CAC sur les comptes annuels ;
- la proposition d'affectation du résultat soumis à l'assemblée et **la résolution d'affectation votée ou la décision d'affectation prise**.

Il en est de même pour les documents comptables de l'EIRL (article L. 526-14 du Code de commerce).

Ce dépôt permet (sauf exceptions) de **rendre ces documents publics.**

Remarque À la demande de tout intéressé ou du ministère public, le président du tribunal, statuant en référé, peut enjoindre sous astreinte au dirigeant de toute personne morale de procéder au dépôt des documents comptables si cela n'a pas été fait dans les délais prévus. Le président peut également désigner un mandataire pour effectuer le dépôt (article L. 123-5-1 du Code de commerce).
Lorsqu'il n'a pas été procédé à ce dépôt dans les délais prévus, le président du tribunal peut adresser aux personnes concernées une injonction de le faire à bref délai sous astreinte (article L. 611-2 du Code de commerce).
Enfin, il existe une infraction contraventionnelle pour non dépôt qui prévoit une amende de 1 500 € et 3 000 € en cas de récidive (article R. 247-3 du Code de commerce).

La comptabilité prévisionnelle

Les documents de gestion prévisionnelle sont **communiqués aux organes en charge du contrôle de la société,** c'est-à-dire le cas échéant, le CAC, le comité social et économique et le conseil de surveillance (article R. 232-6 du Code de commerce). En revanche ils ne sont pas communiqués en principe aux associés et ne font **pas l'objet de mesures de publicité.**

2 Le groupement de prévention agréé

Toute personne immatriculée au RCS ou au répertoire des métiers (cas des artisans) ainsi que tout EIRL et toute personne morale de droit privé peut adhérer à un groupement de prévention agréé.

Ce groupement a pour mission de fournir à ses adhérents, de façon confidentielle, une **analyse des informations économiques, comptables et financières** que ceux-ci s'engagent à lui transmettre régulièrement.

Lorsque le groupement relève des indices de difficultés, il en informe le chef d'entreprise et peut lui proposer l'intervention d'un expert.

L'administration, les services de la Banque de France et les collectivités territoriales peuvent aider les groupements de prévention agréés dans leur mission.

Les groupements de prévention agréés sont habilités à conclure, notamment avec les établissements de crédit, les sociétés de financement et les entreprises d'assurance, des conventions au profit de leurs adhérents (article L. 612-2 du Code de commerce).

3 Les procédures d'alerte

Le Code de commerce met en place diverses procédures d'alerte lorsqu'il existe des **faits de nature à compromettre la continuité de l'exploitation**. Ces procédures ont pour but d'attirer l'attention des organes sociaux sur ces faits afin de prendre des mesures pour y remédier.

La mise en œuvre de la procédure peut appartenir au CAC, aux associés, au CSE, ou au président du tribunal.

a. L'alerte par le commissaire aux comptes

Dans les SA (article L. 234-1 du Code de commerce) :

- le CAC **informe le président du conseil d'administration ou celui du directoire** de l'existence des faits en cause ;
- à défaut de réponse ou de réponse satisfaisante dans un délai de 15 jours, le CAC invite par écrit, le président du CA ou du directoire à **faire délibérer le conseil d'administration ou le conseil de surveillance** sur les faits. Une copie de cette invitation est transmise au président du tribunal de commerce. Les résultats de cette délibération à laquelle le CAC assistera lui seront aussi transmis ;
- à défaut de délibération du conseil d'administration ou du conseil de surveillance, de délibération satisfaisante, ou en l'absence du CAC lors de celle-ci, une **AG est convoquée par le conseil d'administration ou le directoire** (ou à défaut par le CAC). Lors de cette AG, il sera débattu du **rapport spécial rédigé par le CAC** sur les faits ayant justifié la procédure. Ce rapport est communiqué le cas échéant aux représentants du personnel, ainsi qu'au président du tribunal de commerce ;
- à défaut de décision satisfaisante de l'AG, le CAC **informe le président du tribunal** de commerce de ses démarches.

Dans les autres sociétés (article L. 234-2 du Code de commerce) :

- le CAC demande au dirigeant une explication sur les faits en cause ;
- à défaut de réponse ou de réponse satisfaisante dans un délai de 15 jours, le CAC informe le président du tribunal de commerce, une AG est convoquée par le dirigeant (ou à défaut par le CAC). Au cours de cette AG, il sera débattu du rapport spécial rédigé par le CAC sur les faits ayant justifié la procédure ;
- à défaut de décision satisfaisante de l'AG, le CAC informe le président du tribunal de commerce de ses démarches.

b. L'alerte par le président du tribunal (article L. 611-2 du Code de commerce)

Lorsqu'une entreprise connait des difficultés de nature à compromettre la continuité de l'exploitation, ses dirigeants peuvent être convoqués par le président du tribunal pour que soient envisagées les mesures propres à redresser la situation.

À l'issue de cet entretien – ou si les dirigeants ne se sont pas rendus à sa convocation –, le président du tribunal peut obtenir communication, notamment par les CAC, des renseignements de nature à lui donner une exacte information sur la situation économique et financière de l'entreprise débitrice.

c. L'alerte par les associés

Dans les SARL (article L. 223-36 du Code de commerce)

Dans le cadre de son droit à l'information, **tout associé non gérant peut, deux fois par exercice, poser par écrit des questions au gérant** sur tout fait de nature à compromettre la continuité de l'exploitation. La réponse du gérant est communiquée au CAC le cas échéant.

Dans les SA (article L. 225-232 du Code de commerce)

Un ou plusieurs actionnaires représentant au moins 5 % du capital social ou une association d'actionnaires (représentant une certaine part des droits de vote dont le pourcentage minimal dépend du montant du capital social) **peuvent, deux fois par exercice, poser par écrit des questions au président du CA ou au directoire** sur tout fait de nature à compromettre la continuité de l'exploitation. La réponse est communiquée au CAC.

Dans les SAS (article L. 227-1 du Code de commerce)

La procédure est la même que dans la SA, le président du CA ou le directoire étant remplacé par le président de la SAS (ou le dirigeant que les statuts désignent à cet effet).

Remarque Outre les procédures d'alerte, les associés peuvent disposer d'autres droits afin de prendre la mesure des éventuelles difficultés que peut rencontrer leur société : expertise de gestion, expertise in futurum...

B Le mandat *ad hoc*

1 La désignation du mandataire

À la demande du débiteur (l'entrepreneur individuel ou le représentant de la personne morale) s'il n'est pas en cessation de paiements, le président du tribunal (tribunal de commerce pour les entreprises commerciales ou artisanales, tribunal judiciaire dans les autres cas) peut **désigner un mandataire *ad hoc*** (article L. 611-3 du Code de commerce).

Cette désignation est confidentielle : les représentants du personnel n'ont pas à en être informés (à l'inverse du CAC). De plus toute personne ayant connaissance de la procédure est tenue de ne rien en révéler (article L. 611-15 du Code de commerce).

2 La mission du mandataire

La mission du mandataire, ainsi que sa durée et sa rémunération, sont **fixées par le président du tribunal**. Il peut s'agir d'aider l'entreprise pour des problèmes de toute nature : juridique, fiscale, économique, financière...

C La conciliation

1 La désignation du conciliateur

Les entreprises concernées sont :

- des débiteurs exerçant une activité commerciale ou artisanale, et dans ce cas, le président du tribunal de commerce sera compétent (article L. 611-4 du Code de commerce) ;
- des débiteurs exerçant une activité professionnelle indépendante, y compris une profession libérale soumise à un statut législatif ou réglementaire, et dans ce cas, le président du TGI sera compétent (article L. 611-5 du Code de commerce).

Dans les deux cas, la procédure est ouverte aux entreprises qui éprouvent une **difficulté juridique, économique ou financière, avérée ou prévisible, et ne se trouvent pas en cessation des paiements depuis plus de 45 jours**.

Il appartient à l'entreprise débitrice :

- d'exposer au président sa situation économique, financière, sociale et patrimoniale, ses besoins de financement ainsi que, le cas échéant, les moyens d'y faire face ;
- de demander la désignation d'un conciliateur.

Le président du tribunal désigne un conciliateur pour une période n'excédant pas 4 mois (mais il peut, par une décision motivée, la proroger à la demande du débiteur sans que la durée totale de la procédure ne puisse excéder 5 mois - article L. 611-6 du Code de commerce).

La décision d'ouverture de la procédure de conciliation est communiquée au ministère public si le débiteur est soumis au contrôle légal de ses comptes, ainsi qu'au CAC. En revanche, elle ne sera pas communiquée aux représentants du personnel et **toute personne en ayant connaissance sera tenue d'une obligation de confidentialité** (article L. 611-15 du Code de commerce).

2 La mission du conciliateur

Le conciliateur a pour mission principale de **favoriser la conclusion entre le débiteur et ses principaux créanciers d'un accord amiable** destiné à mettre fin aux difficultés de l'entreprise.

Lors de la procédure de conciliation, si le débiteur est poursuivi par un créancier, il peut demander un report ou un échelonnement du paiement pour une durée maximale de deux ans au président du tribunal qui prendra sa décision après avoir consulté le conciliateur (article L. 611-7 du Code de commerce).

3 L'exécution de l'accord

En cas d'accord, le président du tribunal le constate et **lui donne force exécutoire**, ce qui met fin à la mission du conciliateur. L'accord obtenu n'est **pas soumis à publicité**. Cependant **le débiteur peut demander l'homologation de l'accord**, ce qui le rend public (article L. 611-8 du Code de commerce).

Que l'accord soit constaté ou homologué, les actions en justice concernant les créances qui y sont comprises, sont interrompues ou interdites pendant la durée d'exécution de l'accord tout comme les poursuites individuelles dans le but d'en obtenir le paiement

Si pendant la durée de l'exécution de l'accord, le débiteur est poursuivi par un créancier pour le paiement d'une créance non comprise dans l'accord, le juge peut, à la demande du débiteur, lui octroyer un report ou un échelonnement du paiement pour une durée maximale de deux ans (article L. 611-10-1 du Code de commerce).

À défaut d'accord, le conciliateur présente un rapport au président du tribunal qui met fin à sa mission.

2 Le traitement des entreprises en difficulté (les procédures collectives)

Lorsque les difficultés de l'entreprise sont plus conséquentes et/ou lorsque les procédures de mandat ad hoc et/ou de conciliation ont échoué (par exemple en cas de non-exécution de l'accord de conciliation), le droit met en place des procédures collectives afin que toutes les parties en présence puissent faire valoir leurs droits :

- la procédure de sauvegarde cherche à assurer principalement la poursuite de l'activité de l'entreprise qui n'est pas en cessation de paiements (A) ;
- la procédure de redressement a les mêmes objectifs que la procédure de sauvegarde mais pour une entreprise qui est en cessation de paiements (B) ; la procédure de liquidation est quant à elle utilisée lorsque le redressement de l'entreprise n'est plus possible, principalement afin de mettre fin à l'activité de celle-ci (C).

A La sauvegarde

1 Définition

La procédure de sauvegarde est ouverte sur demande d'**un débiteur qui n'est pas en cessation de paiements, mais qui justifie de difficultés qu'il n'est pas en mesure de surmonter**. Cette procédure est destinée à faciliter la réorganisation de l'entreprise afin de permettre la poursuite de l'activité économique, le maintien de l'emploi et l'apurement du passif (article L. 620-1 du Code de commerce).

Le débiteur concerné peut être toute personne exerçant une activité commerciale ou artisanale, tout agriculteur, toute autre personne physique exerçant une activité professionnelle indépendante, y compris une profession libérale soumise à un statut législatif ou réglementaire ou dont le titre est protégé, ainsi qu'à toute personne morale de droit privé (article L. 620-2 du Code de commerce).

2 L'ouverture de la procédure

a. La demande d'ouverture et l'enquête préalable

L'ouverture de la procédure se fait à la demande du débiteur devant le tribunal de commerce si l'entreprise est commerciale ou artisanale et devant le tribunal judiciaire dans les autres cas (article L. 621-2 du Code de commerce). Les représentants du personnel sont entendus par le tribunal avant que celui ne prenne sa décision. Le tribunal peut, avant de statuer, nommer un juge pour recueillir tous renseignements sur la situation financière, économique et sociale de l'entreprise (article L. 621-1 du Code de commerce).

b. Les effets du jugement d'ouverture

La période d'observation

Le jugement ouvre une période d'observation d'une durée maximale de 6 mois qui peut être renouvelée une fois, pour une durée maximale de 6 mois, à la demande de l'administrateur, du débiteur ou du ministère public (article L. 621-3 du Code de commerce).

Cette période a pour but d'**étudier les chances de redressement de l'entreprise et d'aboutir à un plan de sauvegarde**. Pendant cette période l'activité de l'entreprise se poursuit (article L. 622-9 du Code de commerce).

Le jugement de sauvegarde fait l'objet d'une publication au RCS ou au répertoire des métiers (et d'une mention sur l'extrait Kbis), **la procédure n'est donc pas confidentielle** (article R. 621-8 du Code de commerce).

Le jugement d'ouverture interrompt ou interdit toute action en justice (et toute procédure d'exécution) de la part des créanciers relativement à leurs créances, que ce soit pour en obtenir le paiement ou pour obtenir la résolution du contrat pour défaut de paiement (article L. 622-21 du Code de commerce).

Les organes de la procédure

Organes	Désignation	Rôle
Juge-commissaire	Par le tribunal lors du jugement d'ouverture (article L. 621-4 du Code de commerce).	Il est chargé de **veiller au déroulement rapide de la procédure et à la protection des intérêts en présence** (article L. 621-9 du Code de commerce).
Représentant des salariés	Par les institutions représentatives du personnel ou, à défaut, élu par les salariés eux-mêmes (article L. 621-4 du Code de commerce).	Il représente et défend les intérêts des salariés lors de la procédure.
Mandataire judiciaire	Par le tribunal lors du jugement d'ouverture (article L. 621-4 du Code de commerce).	Il a seul qualité pour **agir au nom et dans l'intérêt collectif des créanciers** (article L. 622-20 du code de commerce).

Organes	Désignation	Rôle
Administrateur judiciaire	Par le tribunal lors du jugement d'ouverture (article L. 621-4 du Code de commerce).	Il est chargé de **surveiller le débiteur dans sa gestion ou de l'assister** pour tous les actes de gestion ou pour certains d'entre eux (article L. 622-1 du Code de commerce). Il est tenu de requérir du débiteur ou de faire lui-même **tous actes nécessaires à la conservation des droits de l'entreprise** contre les débiteurs de celle-ci et à la préservation des capacités de production. Il a qualité pour inscrire au nom de l'entreprise tous hypothèques, nantissements, gages ou privilèges que le débiteur aurait négligé de prendre ou de renouveler (article L. 622-4 du Code de commerce). Il doit se faire remettre : - les documents et les livres comptables du débiteur (article L. 622-5 du Code de commerce) ; - l'inventaire du patrimoine du débiteur ainsi que les garanties qui le grèvent ; - la liste des créanciers du débiteur, le montant de ses dettes et les principaux contrats en cours (article L. 622-6 du Code de commerce). Il est chargé avec le concours du débiteur et l'assistance éventuelle d'un ou plusieurs experts, de **dresser dans un rapport le bilan économique et social de l'entreprise qui précise l'origine, l'importance et la nature des difficultés de l'entreprise** (article L. 623-1 du Code de commerce).
Contrôleur	Par le juge-commissaire parmi les créanciers qui en font la demande (article L. 621-10 du Code de commerce).	Il assiste le mandataire judiciaire dans ses fonctions et le juge-commissaire dans sa mission de surveillance de l'administration de l'entreprise (article L. 621-11 du Code de commerce).

Les pouvoirs du débiteur

Pendant la période d'observation, **l'administration de l'entreprise continue à être assurée par son dirigeant, mais ses droits et actions sont limités** en fonction de la mission attribuée à l'administrateur (articles L. 622-1 et 622-3 du Code de commerce).

À compter du jugement d'ouverture, le débiteur n'a plus le droit de payer les créances nées antérieurement, et de payer certaines créances nées postérieurement (créances qui ne sont pas conclues pour les besoins du déroulement de la procédure ou en contrepartie d'une prestation fournie au débiteur).

Le sort des contrats en cours

Les contractants du débiteur doivent continuer à exécuter les contrats en cours (conclus avant le jugement d'ouverture et qui continuent à produire leurs effets après), et ce, même si le débiteur n'a pas exécuté certains de ses engagements antérieurs au jugement d'ouverture. Il appartient à l'administrateur judiciaire d'exiger l'exécution des contrats en cours à condition de fournir la prestation promise au cocontractant du débiteur. Il peut de plus demander au juge-commissaire de prononcer la résiliation des contrats, si elle est nécessaire à la sauvegarde du débiteur et ne porte pas une atteinte excessive aux intérêts des cocontractants (article L. 622-13 du Code de commerce).

La déclaration de créances

À partir de la publication du jugement, tous les créanciers dont la créance est née antérieurement au jugement d'ouverture, à l'exception des salariés, et certains créanciers dont la créance est née postérieurement (créances qui ne sont pas conclues pour les besoins de la procédure ou en contrepartie d'une prestation fournie au débiteur) adressent la déclaration de leurs créances au mandataire judiciaire (article L. 622-24 du Code de commerce). Ainsi est-il possible d'avoir une juste évaluation du passif du débiteur.

La déclaration de créance interrompt la prescription jusqu'à la clôture de la procédure ; elle dispense de toute mise en demeure et vaut acte de poursuites (article L. 622-25-1 du Code de commerce).

Une fois déclarées, les créances sont admises, rejetées, ou constatées comme relevant d'une instance déjà en cours par le juge-commissaire sur proposition du mandataire judiciaire (article L. 624-2 du Code de commerce).

c. La fin de la procédure

La conversion en procédure de redressement judiciaire

Le tribunal peut convertir la procédure de sauvegarde en procédure de redressement (ou même parfois de liquidation) à la demande du débiteur, de l'administrateur, du mandataire judiciaire ou du ministère public :

- s'il apparaît après l'ouverture de la procédure de sauvegarde que le débiteur était déjà en état de cessation de paiements (article L. 621-12 du Code de commerce) ;
- si les conditions du redressement ou de la liquidation judiciaires sont remplies ;
- si aucun plan de sauvegarde n'a été adopté ou si l'adoption d'un plan de sauvegarde est manifestement impossible et si la clôture de la procédure conduirait, de manière certaine et à bref délai, à la cessation des paiements (article L. 622-10 du Code de commerce).

Le plan de sauvegarde

Lorsqu'il existe une **possibilité sérieuse pour l'entreprise d'être sauvegardée**, le tribunal arrête dans ce but un plan qui met fin à la période d'observation. Ce plan comporte, s'il y a lieu, l'arrêt, l'adjonction ou la cession d'une ou de plusieurs activités (article L. 626-1 du Code de commerce).

Le plan est proposé par le débiteur, avec le concours de l'administrateur.

Le projet de plan :

- détermine les perspectives de redressement en fonction des possibilités et des modalités d'activités, de l'état du marché et des moyens de financement disponibles ;
- définit les modalités de règlement du passif et les garanties éventuelles que le débiteur doit souscrire pour en assurer l'exécution ;
- expose et justifie le niveau et les perspectives d'emploi ainsi que les conditions sociales envisagées pour la poursuite d'activité ;
- recense, annexe et analyse les offres d'acquisition portant sur une ou plusieurs activités, présentées par des tiers. Il indique la ou les activités dont sont proposés l'arrêt ou l'adjonction (article L. 626-2 du Code de commerce).

Le juge après avoir consulté chacun des organes intéressés à la procédure de sauvegarde statue sur le projet de plan (article L. 626-9 du Code de commerce). La durée du plan, qui ne peut excéder 10 ans (article L. 626-12 du Code de commerce) et la désignation de l'administrateur ou du mandataire judiciaire en qualité de commissaire en charge de veiller à l'exécution du plan sont décidés par le tribunal (article L. 626-25 du Code de commerce). Une fois décidé, le plan doit être exécuté par le débiteur :

- à défaut, le tribunal pourra décider la résolution du plan et l'ouverture d'une procédure de redressement ou de liquidation judiciaire (article L. 626-27 du Code de commerce) ;

- si le plan est respecté par le débiteur, le tribunal pourra constater l'achèvement de son exécution (article L. 626-28 du Code de commerce).

Remarque Peuvent demander à profiter d'une procédure de sauvegarde accélérée, les entreprises :

- dont les comptes ont été certifiés par un CAC ou par un expert-comptable et dont le nombre de salariés est supérieur à 20, ou le chiffre d'affaires supérieur à 3 millions d'euros hors taxes ou le total du bilan supérieur à 1,5 million d'euros ;
- qui ont établi des comptes consolidés ;
- et qui sont engagées dans une procédure de conciliation qui justifient avoir élaboré un projet de plan tendant à assurer la pérennité de l'entreprise, et qui reçoivent un soutien suffisamment large de la part des créanciers (article L. 628-1 du Code de commerce).

Le tribunal statue alors sur l'ouverture de la procédure après un rapport du conciliateur sur le déroulement de la conciliation et les perspectives d'adoption du projet de plan par les créanciers (article L. 628-2 du Code de commerce) et désigne un ou plusieurs administrateurs judiciaires (article L. 628-3 du Code de commerce).

Le plan de sauvegarde doit être arrêté par le tribunal dans un délai de 3 mois à compter du jugement d'ouverture de la procédure (article L. 628-8 du Code de commerce).

B Le redressement judiciaire

1 Définition

La procédure de redressement est ouverte à tout débiteur en **état de cessation de paiements**. Elle est destinée à permettre **la poursuite de l'activité de l'entreprise, le maintien de l'emploi et l'apurement du passif** (article L. 631-1 du Code de commerce).

Les débiteurs concernés sont les mêmes que ceux de la procédure de sauvegarde (article L. 631-2 du Code de commerce). Il en est de même des dispositions relatives à la compétence des tribunaux devant statuer sur l'ouverture de la procédure, de celles relatives à l'enquête préalable et de celles relatives à la période d'observation (article L. 631-7 du Code de commerce). D'une manière générale la procédure de redressement ressemble en grande partie à la procédure de sauvegarde, nous n'insisterons ici que sur ses caractéristiques propres.

2 L'ouverture de la procédure

a. La demande d'ouverture

L'ouverture de la procédure peut être demandée par :

- **le débiteur au plus tard dans les 45 jours qui suivent la cessation de paiements** (article L. 631-4 du Code de commerce) ;
- le ministère public ou un créancier (article L. 631-5 du Code de commerce).

Le jugement de redressement fait l'objet d'une publication au RCS ou au répertoire des métiers (et d'une mention sur l'extrait Kbis), **la procédure n'est donc pas confidentielle** (article R. 631-7 du Code de commerce).

b. La date de cessation des paiements et la période « suspecte »

Le tribunal fixe lors de son jugement d'ouverture **la date de cessation des paiements qui ne peut être antérieure de plus de dix-huit mois à la date du jugement d'ouverture** de la procédure (article L. 631-8 du Code de commerce). La date choisie est importante car toute la période entre cette date et la date d'ouverture de la procédure de redressement sera qualifiée de **période « suspecte »**, pendant laquelle le débiteur a peut-être réalisé des actes qui ont précipité les difficultés, et nuit à l'entreprise, aux créanciers...

De nombreux actes passés lors de cette période peuvent être annulés afin de reconstituer l'actif du débiteur et parce qu'ils apparaissent anormaux étant donné les circonstances : actes gratuits translatifs de propriété, paiement pour dette non échue... (article L. 632-1 du Code de commerce). L'action en nullité est ouverte à l'administrateur, au mandataire judiciaire, au commissaire à l'exécution du plan, au liquidateur ou au ministère public (article L. 632-4 du Code de commerce).

c. Les organes de la procédure

Ils sont les mêmes que ceux de la procédure de sauvegarde, mais l'administrateur peut se voir charger d'assurer seul l'administration de l'entreprise et, dans ce cas, le chef d'entreprise se trouve dessaisi de sa mission (article L. 631-12 du Code de commerce).

3 La fin de la procédure

Comme la procédure de sauvegarde, elle peut déboucher sur une procédure de liquidation si le redressement est impossible ou sur un plan de redressement qui devra être exécuté par le débiteur.

À la demande de l'administrateur, le tribunal peut également ordonner la cession totale ou partielle de l'entreprise s'il n'y a pas de plan ou si le plan proposé n'est pas susceptible de permettre le redressement de l'entreprise (article L. 631-22 du Code de commerce).

C La liquidation judiciaire

1 Définition

La procédure de liquidation est ouverte à tout débiteur en **état de cessation de paiements et dont le redressement est manifestement impossible. Elle est destinée à mettre fin à l'activité de l'entreprise ou à réaliser le patrimoine du débiteur** par une cession globale ou séparée de ses droits et de ses biens (article L. 640-1 du Code de commerce).

Les débiteurs concernés sont les mêmes que ceux des procédures de sauvegarde et de redressement (article L. 640-2 du Code de commerce). Il en est de même des dispositions relatives à la compétence des tribunaux devant statuer sur l'ouverture de la procédure et de celles relatives à l'enquête préalable. En revanche, il n'y a pas de période d'observation, sauf si la procédure de liquidation a été précédée par une procédure de sauvegarde et/ou de redressement (article L. 641-1 du Code de commerce).

2 L'ouverture de la procédure

a. Les personnes demandant l'ouverture de la procédure

Elles sont les mêmes que celles pouvant demander l'ouverture de la procédure de redressement et aux même conditions (articles L. 640-4 et L. 640-5).

Le jugement de liquidation fait l'objet d'une publication au RCS ou au répertoire des métiers (et d'une mention sur l'extrait Kbis), **la procédure n'est donc pas confidentielle** (article R. 641-7 du Code de commerce).

b. La date de cessation des paiements et la période « suspecte »

Elles sont régies comme dans la procédure de redressement (article L. 641-1 du Code de commerce).

c. Les organes de la procédure

On y retrouve le juge-commissaire, le représentant des salariés, les contrôleurs (article L. 641-1 du Code de commerce), ainsi que d'autres.

Organes	Désignation	Rôle
Commissaire-priseur judiciaire ou huissier de justice ou notaire ou courtier en marchandises	Par le tribunal lors du jugement d'ouverture (article L. 641-1 du Code de commerce).	Il est chargé de réaliser l'inventaire du patrimoine du débiteur ainsi que les garanties qui le grèvent et la prisée (estimation) de son actif (article L. 641-1 du Code de commerce).

Organes	Désignation	Rôle
Liquidateur	Par le tribunal lors du jugement d'ouverture (article L. 641-1 du Code de commerce).	Il récupère la plupart des missions qui étaient attribuées au mandataire judiciaire et à l'administrateur dans les procédures de sauvegarde et de redressement (article L. 641-4 du Code de commerce). **Il a pour mission principale de réaliser l'actif de l'entreprise et de désintéresser les créanciers de celle-ci.**
Administrateur	Par le tribunal : - si un plan de cession totale ou partielle de l'entreprise est envisageable ou si l'intérêt public ou celui des créanciers l'exige ; - si le tribunal a autorisé en ce sens un maintien de l'activité pour une période d'au maximum 3 mois ; - si l'entreprise a au moins un CA HT de 3 000 000 € et 20 salariés (article L. 641-10 du Code de commerce).	Il administre l'entreprise, et à ce titre, exerce certaines des prérogatives reconnues au liquidateur (article L. 641-10 du Code de commerce).

d. Les effets de la procédure

Les pouvoirs du débiteur

À compter du jugement d'ouverture de la procédure de liquidation, **le débiteur est de plein droit dessaisi de l'administration et de la disposition de ses biens.** Les droits et actions du débiteur concernant son patrimoine sont exercés pendant toute la durée de la liquidation judiciaire par le liquidateur. Il ne peut accomplir que les droits et actions qui ne sont pas compris dans la mission du liquidateur, et le cas échéant de l'administrateur (article L. 641-9 du Code de commerce).

Les règles similaires aux procédures de sauvegarde et de redressement

Les interdictions de payer les créances nées antérieurement et de payer certaines créances nées postérieurement au jugement d'ouverture pèsent sur le liquidateur et le cas échéant sur l'administrateur.

Le jugement d'ouverture interrompt ou interdit toute action en justice (et toute procédure d'exécution) de la part des créanciers relativement à leurs créances, que ce soit pour en obtenir le paiement ou pour obtenir la résolution du contrat pour défaut de paiement.

Les créanciers doivent déclarer leurs créances au liquidateur (article L. 641-3 du Code de commerce).

Le sort des contrats en cours est également globalement le même (article L. 641-11-1 du Code de commerce).

3 La fin de la procédure

a. La cession de l'entreprise

Elle a pour but d'**assurer le maintien d'activités** susceptibles d'exploitation autonome, de tout ou partie des emplois qui y sont attachés et d'apurer le passif. Elle peut être totale ou partielle. Dans ce dernier cas, elle porte sur un ensemble d'éléments d'exploitation qui forment une ou plusieurs branches complètes et autonomes d'activités (article L. 642-1 du Code de commerce).

Lorsque le tribunal estime que la cession totale ou partielle de l'entreprise est envisageable, il autorise la poursuite de l'activité et il fixe le délai dans lequel les offres de reprise doivent parvenir au liquidateur et à l'administrateur lorsqu'il en a été désigné (article L. 642-2 du Code de commerce). Le débiteur ainsi que ses proches ne peuvent proposer une offre (article L. 642-3 du Code de commerce).

Enfin le tribunal retient l'offre qui permet dans les meilleures conditions d'assurer le plus durablement l'emploi attaché à l'ensemble cédé, le paiement des créanciers et qui présente les meilleures garanties d'exécution. Il arrête un ou plusieurs plans de cession (article L. 642-5 du Code commerce).

b. La cession des actifs du débiteur

Les actifs immobiliers sont vendus par adjudication aux enchères publiques, le juge-commissaire fixant la mise à prix et les conditions essentielles de la vente (article L. 642-18 du Code de commerce).

Les autres actifs sont soit vendus aux enchères publiques, soit vendus de gré à gré selon ce que décide le juge-commissaire (article L. 642-19 du Code de commerce).

c. Le paiement des créanciers

L'exigibilité des créances

Le jugement qui ouvre ou prononce la liquidation judiciaire rend exigibles les créances non échues (article L. 643-1 du Code de commerce).

Le droit de poursuite des créanciers privilégiés

Les créanciers titulaires d'un privilège spécial (salariés, créanciers postérieurs au jugement d'ouverture…), d'un gage, d'un nantissement ou d'une hypothèque et le Trésor public pour ses créances privilégiées peuvent, dès lors qu'ils ont déclaré leurs créances même s'ils ne sont pas encore admis, exercer leur droit de poursuite individuelle si le liquidateur n'a pas entrepris la liquidation des biens grevés dans le délai de trois mois à compter du jugement qui ouvre ou prononce la liquidation judiciaire (article L. 643-2 du Code de commerce).

Le superprivilège des salariés

Lorsqu'une procédure de sauvegarde, de redressement ou de liquidation judiciaire est ouverte, les rémunérations de toute nature dues aux salariés pour les soixante derniers jours de travail sont payées, nonobstant l'existence de toute autre créance privilégiée (article L. 3253-2 du Code du travail).

De plus l'employeur a l'obligation de prendre une assurance contre le risque de non-paiement des sommes dues en exécution du contrat de travail, en cas de procédure de sauvegarde, de redressement ou de liquidation judiciaire (article L. 3253-6 du Code du travail).

Cette assurance (Association pour la gestion du régime de Garantie des créances des Salariés (AGS)) avancent les sommes comprises dans un relevé établi par le mandataire judiciaire (article L. 3253-15 du Code du travail) et est subrogée dans les droits des salariés pour lesquels elle a réalisé ces avances (article L. 3253-16 du Code du travail).

L'ordre des paiements

Les créanciers privilégiés et hypothécaires concourent sur le prix des immeubles en proportion de leurs créances totales (article L. 643-4 du Code de commerce).

Si les créanciers privilégiés ou hypothécaires ne sont pas totalement désintéressés, ils concourent avec les créanciers chirographaires sur la vente des autres biens (article L. 643-6 du Code de commerce).

Le montant de l'actif est déduit des frais et dépens de la liquidation judiciaire, des subsides accordés au chef d'entreprise et aux dirigeants ou à leur famille et des sommes versées aux créanciers privilégiés.

Ce qui reste est réparti entre les créanciers au marc le franc (c'est-à-dire au prorata des créances) de leurs créances admises (article L. 643-8 du Code de commerce).

d. La clôture de la procédure

Elle est prononcée par le juge :

- lorsqu'il n'existe plus de passif exigible ;
- ou que le liquidateur dispose de sommes suffisantes pour désintéresser les créanciers ;
- ou lorsque la poursuite des opérations de liquidation judiciaire est rendue impossible en raison de l'insuffisance de l'actif ;
- ou lorsque l'intérêt de cette poursuite est disproportionné par rapport aux difficultés de réalisation des actifs résiduels (article L. 643-9 du Code de commerce).

Remarque Une procédure de liquidation simplifiée est obligatoirement prévue :

- si l'actif du débiteur ne comprend pas de bien immobilier ;
- et si l'entreprise concernée ne comprend pas plus de 5 salariés et n'a pas un CAHT supérieur à 750 000 € (articles L. 641-2 et D. 641-10 du Code de commerce).

La procédure est donc simplifiée :

- le liquidateur vérifie seulement les créances salariales et celles qui peuvent être réglées avec l'actif disponible en fonction de leur rang (article L. 644-3 du Code de commerce) ;
- le liquidateur procède à la vente des biens mobiliers de gré à gré ou aux enchères publiques dans les quatre mois suivant la décision ordonnant la procédure simplifiée. À l'issue de cette période, il est procédé à la vente aux enchères publiques des biens subsistants (article L. 644-2 du Code de commerce) ;
- la clôture de la liquidation judiciaire interviendra au plus tard dans un délai d'un an (article L. 644-5 du Code de commerce) pour les entreprises qui n'emploient pas plus d'un salarié et dont le CAHT est inférieur à 300 000 euros, le délai ne doit pas dépasser 6 mois.

Les procédures collectives après la cessation des paiements

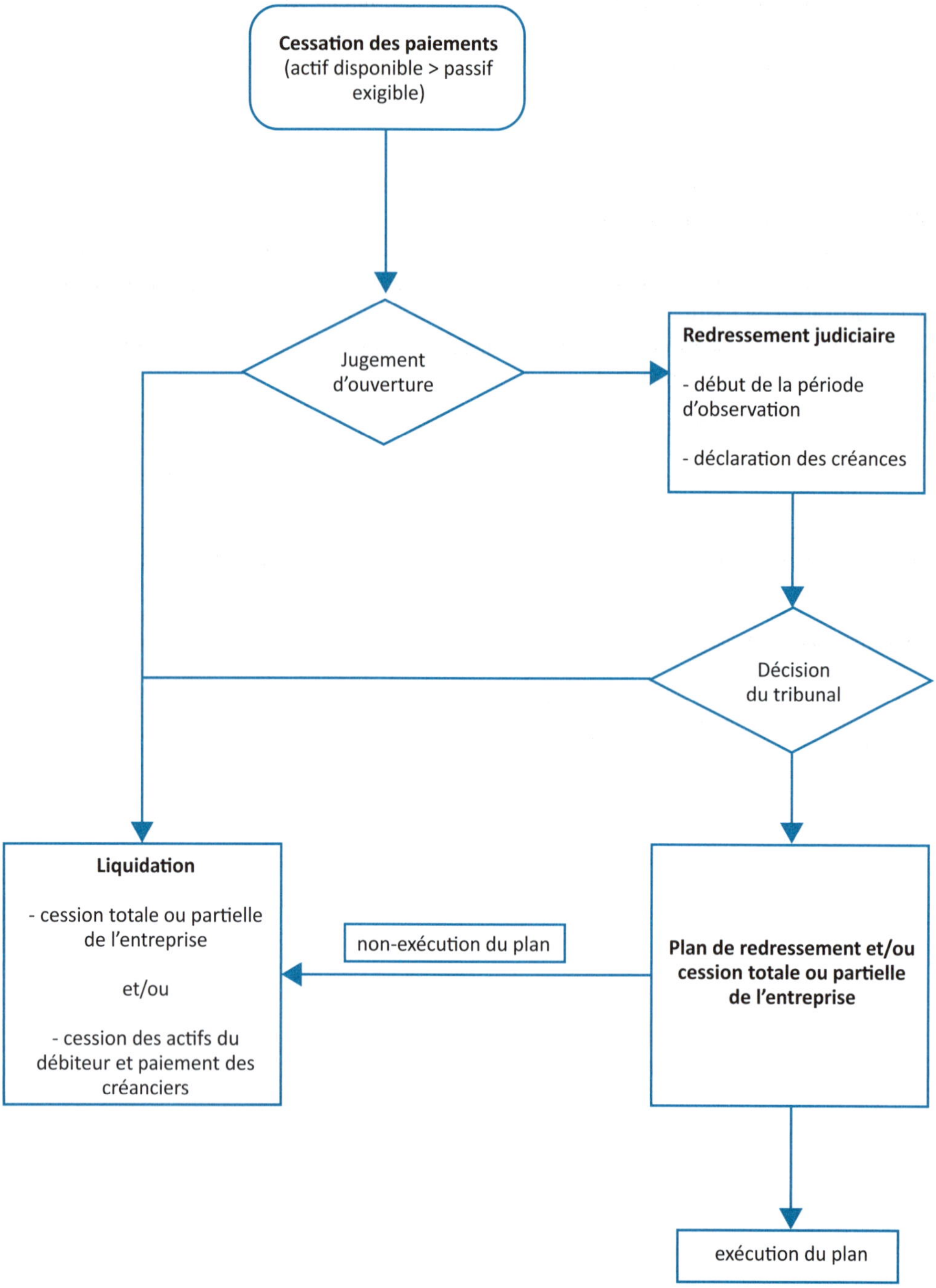

3 Les responsabilités et les sanctions

Les chefs d'entreprise peuvent voir leurs responsabilités civile ou pénale être engagées à la suite des procédures collectives décrites précédemment.

	Insuffisance d'actif (articles L. 651-1 et suivants du Code de commerce)	**Faillite personnelle** (articles L. 653-1 et suivants du Code de commerce)	**Banqueroute** (article L. 654-1 et suivants du Code de commerce)
Personnes et entreprises concernées	- dirigeants d'une PM de droit privé dont la liquidation judiciaire a fait apparaitre une insuffisance d'actif ; - EIRL dont la liquidation judiciaire a fait apparaitre une insuffisance d'actif	- PP en procédure de redressement ou de liquidation judiciaire ; - PP dirigeant de droit ou de fait d'une PM en procédure de redressement ou de liquidation judiciaire	Il s'agit des mêmes personnes que pour la faillite personnelle
Personnes pouvant enclencher la procédure	- le liquidateur ; - le ministère public ; - la majorité des créanciers nommés contrôleurs	- le mandataire judiciaire ; - le liquidateur ; - le ministère public ; - la majorité des créanciers nommés contrôleurs	- le ministère public
Faits concernés	**La procédure collective a débouché sur le constat de l'impossibilité de désintéresser la totalité des créanciers avec l'actif de l'entreprise**	**Le chef d'entreprise a réalisé des actes qui ont pu amener à la situation de redressement ou de liquidation** (*ex.* : il a poursuivi une exploitation déficitaire qui ne pouvait déboucher que sur une cessation de paiements, il a dissimulé tout une partie de l'actif ou a frauduleusement augmenté le passif...)	**La banqueroute est un délit pénal**, les faits reprochés au chef d'entreprise sont donc limitativement prévus et précisément décrits (*ex.* : avoir détourné ou dissimulé tout ou partie de l'actif, avoir frauduleusement augmenté le passif, avoir tenu une comptabilité fictive...)
Effets	**L'insuffisance d'actif est supportée personnellement par les dirigeants de droit ou de fait ou par l'entrepreneur individuel dont la faute de gestion a contribué à l'insuffisance d'actif**	**La personne responsable peut être interdite de diriger, gérer, administrer ou contrôler, directement ou indirectement toute entreprise**	**La personne responsable peut être sanctionnée par une peine de 5 ans d'emprisonnement et 75 000 € d'amende et des peines complémentaires (notamment interdiction de diriger)**

SYNTHÈSE

- Afin de détecter les difficultés que peuvent connaître les entreprises de nombreux dispositifs sont prévus :
  - tenue et publicité d'une comptabilité ;
  - adhésion à un groupement de prévention agréé ;
  - procédure d'alerte en cas de faits de nature à compromettre la continuité de l'exploitation ;

	Mandat *ad hoc*	Conciliation	Sauvegarde	Redressement	Liquidation
Situation de l'entreprise concernée	L'entreprise rencontre des difficultés sans être en cessation de paiement (l'actif disponible est supérieur au passif exigible)	L'entreprise rencontre des difficultés sans être en cessation des paiements ou pas depuis plus de 45 jours	L'entreprise rencontre des difficultés qu'elle n'est pas en mesure de surmonter sans être en cessation de paiements	L'entreprise est en cessation de paiements mais la situation est remédiable	L'entreprise est en cessation de paiements et le redressement est impossible
Objectifs	Nomination d'un mandataire pour trouver une solution aux difficultés que rencontrent l'entreprise	Nomination d'un conciliateur pour favoriser la conclusion d'un accord amiable destiné à mettre fin aux difficultés de l'entreprise entre le débiteur et ses créanciers	Faciliter la réorganisation de l'entreprise afin de permettre la poursuite de l'activité, le maintien de l'emploi et l'apurement du passif, avec pour cela : - la mise en place d'une période d'observation ; - l'encadrement des actes du débiteur par des organes nommés en justice ; - la suspension des poursuites à l'égard du débiteur ; - la déclaration et l'examen des créances ; - la mise en place d'un plan de sauvegarde.	Les objectifs sont globalement les mêmes que pour la procédure de sauvegarde, avec en plus la prise en compte d'une période « suspecte » entre la date de cessation de paiements et l'ouverture de la procédure, qui permet de remettre en cause certains actes passés par le débiteur.	Mettre fin à l'activité de l'entreprise ou réaliser le patrimoine du débiteur par une cession globale ou séparée de ses droits et de ses biens. Le débiteur est dessaisi de ses droits sur l'entreprise au profit d'un liquidateur.

	Mandat *ad hoc*	Conciliation	Sauvegarde	Redressement	Liquidation
Confidentialité	Oui	Oui sauf homologation de l'accord	Non	Non	Non

- Le chef d'entreprise peut être sanctionné s'il est jugé responsable de la situation de son entreprise. Il peut être condamné :
  - à participer au comblement de l'insuffisance d'actif ;
  - à ne plus pouvoir gérer ou diriger une entreprise (faillite personnelle) ;
  - une peine de prison et/ou d'amende et/ou à peines complémentaires (banqueroute).

Remarque sur l'impact de la Covid-19 : les règles relatives aux difficultés des entreprises ont été temporairement adaptées par les ordonnances du 27 mars 2020 et du 20 mai 2020 pour tenir compte des conséquences de la crise sanitaire. Elles permettent de prolonger la durée légale des plans de sauvegarde ou de redressement judiciaire et de modifier de manière simplifiée les plans en cours d'exécution afin de favoriser la pérennité des entreprises. La seconde ordonnance améliore la détection précoce des difficultés et favorise le recours aux procédures préventives. Elle ouvre le recours aux sauvegardes accélérées et facilite également l'adoption et l'exécution des plans de sauvegarde et de redressement judiciaire, notamment en instituant un **privilège nouveau au bénéfice des personnes qui consentiraient un apport en trésorerie** lors de la période d'observation ou dans le cadre du plan. Enfin, l'ordonnance accélère les procédures et mesures dédiées au traitement des situations irrémédiablement compromises pour faciliter le rebond des entrepreneurs individuels.

EXO 06.01 Analyse d'un article de presse Le Monde 10 avril 2017

Document

Les entreprises en difficulté recourent plus à la conciliation

C'est la dernière tendance en matière économique. Vous sentez venir des difficultés pour l'entreprise que vous dirigez ? La dette s'annonce délicate à rembourser ? N'hésitez plus : allez discrètement au tribunal de commerce et demandez au président de nommer un mandataire ad hoc ou un conciliateur pour vous aider à titre confidentiel. [...]

Les chiffres sont frappants. D'année en année, les procédures amiables deviennent plus utilisées. Pas moins de 2 467 sociétés en ont bénéficié, en 2016, dont 65 % pour des mandats ad hoc et 35 % pour des conciliations, selon le Conseil national des administrateurs judiciaires et des mandataires judiciaires (CNAJMJ).

Cela ne représente que 4 % de l'ensemble des procédures engagées en France par des entreprises en péril. Une infime minorité des dossiers, donc, par rapport à la masse des liquidations et des redressements judiciaires. Mais en nombre d'emplois concernés, la proportion est inverse : en 2016, les entreprises dans lesquelles un mandataire ad hoc ou un conciliateur a été désigné comptaient ensemble 612 000 personnes, soit 76 % des emplois menacés dans les sociétés en difficulté, a calculé le cabinet Deloitte. Pour l'essentiel, l'activité des « urgentistes de l'économie » est donc cachée.

C'est qu'aujourd'hui, si le boulanger ou le taxi mal en point déposent directement leur bilan, les sociétés de plus grande taille font de plus en plus appel au mandat ad hoc ou à la conciliation. « Tout a basculé en quelques années, relate l'avocat spécialisé, Bertrand Biette, de Fidal. Désormais, les gros dossiers sont assez systématiquement traités en procédure amiable. [...]

L'efficacité ? Elle est démontrée. En 2016, quelque 65 % des conciliations et 55 % des mandats ad hoc ont débouché sur une issue positive, en général un accord avec les créanciers pour réaménager ou réduire la dette, avec parfois l'entrée de nouveaux actionnaires. Seule une minorité des entreprises concernées n'ont pas réussi à surmonter les obstacles, et ont dû se placer en sauvegarde ou déposer le bilan, comme l'ont fait, en mars, les librairies Sauramps de Montpellier. A l'inverse, les deux tiers des redressements judiciaires échouent, et s'achèvent sur une liquidation.

« Si ces procédures amiables marchent si bien, c'est que les problèmes y sont pris en amont, mais aussi que le dispositif est confidentiel », analyse l'avocat Laurent Jourdan, du cabinet Racine. En dehors des dirigeants, du président du tribunal et des créanciers mis dans la confidence, personne n'est censé être au courant des tractations. En 2015, la Cour de cassation a même condamné le site Debtwire pour avoir révélé qu'Hélène Bourbouloux avait été désignée mandataire ad hoc puis conciliateur du groupe de matériaux Consolis, information pourtant parfaitement exacte.

Ce secret évite que les fournisseurs ou les clients, paniqués, ne lâchent soudain l'entreprise, accentuant ainsi ses problèmes. « Dans certains cas exceptionnels, la direction dévoile elle-même l'existence d'un mandat, lorsque tout le monde connaît déjà les difficultés de la société et que cela peut au contraire constituer un élément rassurant », précise M. Colaert. [...]

Le savoir-faire des spécialistes choisis pour mener ces procédures constitue l'autre clé du succès. « En tant que mandataire ad hoc, je n'ai aucun pouvoir, explique Frédéric Abitbol, à l'œuvre notamment chez SoLocal et William Saurin. Je dois donc obtenir la confiance de tous ceux autour de la table, et convaincre. Alors qu'il n'y a en général pas d'argent dans la caisse, que le temps file, mon travail consiste à inventer des solutions de compromis. Si les sacrifices sont équilibrés, tout le monde y trouve son compte, les actionnaires comme les créanciers. » [...]

https://www.lemonde.fr/

Travail à faire

À l'aide de l'article de presse figurant ci-dessus et de vos connaissances, répondez aux questions suivantes :

1. **Distinguez mandat *ad hoc* et conciliation.**
2. **Expliquez les facteurs de réussite de ces procédures : confidentialité et « prises en amont des problèmes ».**

EXO 06.02 Analyse d'un article de presse Capital 18 janvier 2019

Document

LES SOCIÉTÉS DE BERNARD TAPIE EN REDRESSEMENT JUDICIAIRE

PARIS (Reuters) – Le tribunal de Commerce de Paris a rejeté vendredi un plan de sauvegarde des sociétés de l'homme d'affaires Bernard Tapie mais l'a converti en procédure de redressement judiciaire, écartant une nouvelle fois la liquidation judiciaire pure et simple.

Le Groupe Bernard Tapie (GBT) et la SCI Financière et immobilière Bernard Tapie (FIBT) sont au cœur de la bataille pour le remboursement de 404 millions d'euros reçus en 2008 par l'homme d'affaires à la faveur d'un arbitrage contesté sur son litige avec le Crédit Lyonnais sur la vente d'Adidas.

Une somme à laquelle s'ajoutent des intérêts et réclamée par le consortium de réalisation (CDR) chargé de gérer le passif du Crédit Lyonnais mais que Bernard Tapie conteste, bien qu'il ait été définitivement condamné à les rembourser en mai 2017 par la Cour de cassation.

« Il n'a jamais reçu 404 millions, il a reçu 240 et quelques millions d'euros », soutient-on dans son entourage.

Le tribunal de Commerce a fixé une période d'observation de six mois, donnant la possibilité aux administrateurs de GBT et de la FIBT de présenter un plan de redressement judiciaire.

« Nous allons présenter un plan de redressement, ainsi que la loi l'autorise », déclare-t-on dans l'entourage de Bernard Tapie. « D'ici là, on y verra plus clair sur le montant du passif. Cela nous permettra aussi d'avancer sur les fonds saisis dans le cadre de la procédure pénale. »

« Cela retarde le paiement des créances qui sont dues au CDR », ajoute-t-on de même source.

Il s'agit d'un nouveau rebondissement après des années de bataille judiciaire opposant le CDR à Bernard Tapie et ses avocats.

https://www.capital.fr/

Travail à faire

À l'aide de l'article de presse figurant ci-dessus et de vos connaissances, répondez aux questions suivantes :

1. **Expliquez pour quelles raisons le tribunal a choisi de convertir la procédure de sauvegarde en procédure de redressement, et non en procédure de liquidation.**
2. **Expliquez l'utilité de la période d'observation dont il est question ici.**
3. **Expliquez en quoi cette situation retarde le paiement des créances dues par les sociétés de Bernard Tapie.**

EXO 06.03 Analyse d'un arrêt de la chambre commerciale de la Cour de cassation en date du 5 septembre 2018 – insuffisance d'actif

Cass. com., 5 septembre 2018

Attendu, selon l'arrêt attaqué, que la société Riviera construction (la société) a été mise en liquidation judiciaire par un jugement du 12 avril 2010 ; que sur demande de Mme Y..., nommée liquidateur, M. X..., gérant de la société, a été condamné à supporter l'insuffisance d'actif et a fait l'objet d'une mesure d'interdiction de gérer d'une durée de cinq ans ;

[...]

Vu l'article L. 653-4, 4° du code de commerce ;

Attendu qu'aux termes de ce texte, le tribunal peut prononcer la faillite personnelle de tout dirigeant, de droit ou de fait, d'une personne morale, ayant poursuivi abusivement, dans un intérêt personnel, une exploitation déficitaire qui ne pouvait conduire qu'à la cessation des paiements de la personne morale ;

Attendu que, pour prononcer à l'encontre de M. X... une interdiction de gérer d'une durée de cinq ans, l'arrêt retient que ce dernier, pendant qu'il exerçait les fonctions de gérant de droit de la société, a poursuivi abusivement une exploitation fictive et déficitaire, qui ne pouvait conduire qu'à la cessation des paiements ;

Qu'en statuant ainsi, sans rechercher si c'était dans son intérêt personnel que M. X... avait abusivement poursuivi une telle exploitation, la cour d'appel a privé sa décision de base légale ;

PAR CES MOTIFS, et sans qu'il y ait lieu de statuer sur le dernier grief : CASSE ET ANNULE

Travail à faire

À l'aide de l'arrêt de la chambre commerciale de la Cour de cassation en date du 5 septembre 2018 et de vos connaissances, répondez aux questions suivantes :

1. **Expliquez les notions d'insuffisance d'actif et de faillite personnelle.**
2. **Pour quelle raison M. X se voit condamner à une interdiction d'exercer pendant 5 ans par la cour d'appel ?**
3. **Expliquez la solution de la Cour de cassation.**

Chapitre 7

La disparition de la société

COMPÉTENCES ATTENDUES

- **Identifier les causes de dissolution d'une société.**
- **Schématiser le processus de dissolution et de liquidation.**
- **Analyser les conséquences de la dissolution et de la liquidation pour la personne morale.**
- **Analyser les conséquences de la dissolution et de la liquidation pour les associés.**

▪ La vie d'une société s'achève la plupart du temps par sa dissolution.

Cette dissolution peut résulter de plusieurs événements énoncés par l'article 1844-7 du Code civil (s'y ajoutent les causes de dissolution propres à certains types de sociétés qui seront étudiées dans les parties 2 et 3). Mais, comme cela avait été le cas lors de la naissance de la société, avec un processus long entre la rédaction des statuts et l'immatriculation au RCS, la dissolution ne signifie pas disparition immédiate de la personnalité morale. Il faudra pour cela que soit mise en place une procédure de liquidation permettant de répartir de manière organisée les biens réunis lors de la constitution de la société et au cours de la vie sociale en respectant d'abord « les tiers » – soit l'intérêt des tiers mais aussi des associés. Aussi étudierons-nous les causes de la dissolution (1), puis ses effets, c'est-à-dire la liquidation (2).

PLAN DU CHAPITRE

1 Les causes de dissolution

A L'arrivée du terme
B La réalisation ou l'extinction de l'objet social
C L'annulation du contrat de société
D La dissolution décidée par les associés
E La dissolution prononcée par le tribunal pour justes motifs
F La dissolution pour cause de réunion de toutes les parts sociales ou actions en une seule main
G La liquidation judiciaire pour insuffisance d'actif
H La dissolution pour une cause prévue par les statuts

2 Les effets de la dissolution

A La nécessité de la liquidation
B Le liquidateur
C La répartition des biens de la société
D La fin de la liquidation

Synthèse

APPLICATIONS P. 134

1 Les causes de dissolution

L'article 1844-7 du Code civil prévoit huit causes de dissolution qui peuvent résulter de la **volonté des associés ou d'une décision judiciaire**. Lorsqu'il est saisi d'une demande pour prononcer la dissolution d'une société, **le juge dispose d'un pouvoir d'appréciation plus ou moins grand, selon que la cause de dissolution invoquée est de plein droit ou non**. S'il s'agit d'une cause de plein droit, le juge ne peut en principe que constater (ou non) l'existence de cette cause et prononcer (ou non) le cas échéant la dissolution. Cependant, de la même façon que le de droit limite les possibilités d'annuler le contrat de société (cf : chapitre 2), il limite aussi les possibilités de dissoudre la société, personne morale autonome, intéressant non seulement les associés mais aussi les tiers qui ont pu contracter avec elle.

A L'arrivée du terme

Les statuts de la société doivent prévoir une durée à celle-ci d'au **maximum 99 ans.** Au terme de cette durée, **la société est dissoute de plein droit**. Le greffier du RCS peut même le mentionner d'office sur le registre (article R. 123-124 du Code de commerce).

Les associés peuvent cependant éviter cette dissolution **en prorogeant la durée de la société** à l'unanimité ou si les statuts le prévoient à la majorité nécessaire à la modification des statuts. De plus afin d'éviter, les dissolutions dues à un oubli de prorogation, cette question doit leur être posée un an au moins avant la date d'expiration du terme de la société. Si la question ne leur est pas posée, tout associé peut demander président du tribunal la désignation d'un mandataire de justice chargé de provoquer la consultation prévue (article 1844-6 du Code civil).

En revanche, il n'y a pas de prorogation tacite : une société qui continuerait son activité au-delà de son terme, serait considérée comme une société de fait (cf. chapitre 4).

La loi du 19 juillet 2019 a créé une procédure permettant aux associés de proroger sous le contrôle d'un juge la durée de la société après la survenance du terme et ainsi de valider les actes accomplis entre ce terme et la décision de prorogation (article 1844-6 al. 4 du Code civil ; cf. chapitre 4, 4 La société devenue de fait).

B La réalisation ou l'extinction de l'objet social

1 La réalisation de l'objet social

Cette cause est exceptionnelle, mais elle révèle l'importance de rédiger l'objet social de manière suffisamment large pour ne pas se trouver confronter à une telle hypothèse (même s'il est toujours possible de modifier l'objet en cours de vie sociale).

Remarque Néanmoins, dans certaines hypothèses, la réalisation de l'objet social est en quelque sorte inhérente au projet de société. Tel est le cas par exemple, pour les SCI de construction-vente, dont l'objet social est lié à la construction et à la commercialisation de tel immeuble, situé à tel emplacement : une fois la construction réalisée et les lots vendus, la SCI est dissoute car son objet social est réalisé.

2 L'extinction de l'objet social

L'hypothèse est celle d'une impossibilité de poursuivre l'activité : **l'activité prévue par les statuts n'est ici plus réalisable**, par exemple si le fonds de commerce de la société est cédé et que l'objet social était limité à son exploitation (on retrouve bien évidemment ici la nécessité de rédiger l'objet social d'une manière suffisamment large). Il appartiendra au juge, le cas échéant de décider si on se retrouve en face d'une telle situation.

Remarques **Mise en sommeil** :

Définition : La réalisation ou l'extinction de l'objet social doivent être distinguées de la mise en sommeil ou cessation temporaire d'activité. Dans cette hypothèse, la société continue à exister juridiquement, mais pas économiquement, car elle n'a aucune activité. Cette mise en sommeil peut survenir soit parce que la société n'a jamais eu d'activité, mais elle a été constituée pour être activée à n'importe quel moment, et se saisir ainsi de la moindre opportunité économique, soit parce que la société a eu une activité, mais que celle-ci était trop réduite pour être poursuivie (même si l'objet social n'est pas réalisé ou éteint). Dans tous les cas, la société peut décider à tout moment de reprendre une activité, elle n'est pas dissoute.

Régime juridique : La mise en sommeil est décidée par le dirigeant (qui peut toutefois demander par prudence l'approbation préalable des associés). Afin d'en informer les tiers, des mesures de publicité (BODACC et RCS) doivent être réalisées.

Cette cessation temporaire d'activité ne peut durer que deux ans pendant lesquels les obligations comptables de la société sont allégées (articles L. 123-28-1 et L. 123-28-2 du Code de commerce). À l'issue de ce terme, la société peut reprendre une activité (ce qui nécessitera de nouvelles mesures de publicité) ou être dissoute.

Le greffier peut même procéder à une radiation d'office, s'il constate l'absence d'inscription modificative relative à la reprise d'activité. Il doit cependant avant cela, mettre en demeure la société, par LRAR, de régulariser la situation et l'informer qu'à défaut, il procédera à la radiation (article R. 123-130 du Code de commerce).

C L'annulation du contrat de société

L'hypothèse a déjà été étudiée au chapitre 2.

D La dissolution décidée par les associés

Les associés décident ici à la majorité prévue pour modifier les statuts de dissoudre la société. Cette décision ne doit pas être prise dans le seul but de nuire aux associés minoritaires, car cela consisterait en un abus de majorité, ou dans une intention frauduleuse, afin de ne pas exécuter les engagements pris par la société.

E La dissolution prononcée par le tribunal pour justes motifs

Les justes motifs en cause peuvent être **l'inexécution par un des associés de ses obligations ou la mésentente entre les associés paralysant le fonctionnement de la société**. Le juge dispose d'un large pouvoir d'appréciation de ces justes motifs :

- il peut refuser de prononcer la dissolution (notamment lorsque la société est viable) et lui préférer d'autres solutions (nomination d'un administrateur provisoire pour régler les différends, condamnation à des dommages-intérêts pour l'associé responsable de la mésentente, exclusion de celui-ci mais seulement si les statuts prévoient cette possibilité…) ;
- il ne prononcera pas la dissolution, si l'associé qui la demande est à l'origine de la mésentente ou est celui qui n'a pas exécuté ses obligations ;
- il ne prononcera pas la dissolution si l'inexécution de ses obligations par l'associé ou la mésentente n'entraînent pas la paralysie du fonctionnement de la société, c'est-à-dire si le fonctionnement « normal » de la société n'est pas rendu impossible (ex. : impossibilité de prendre des décisions collectives, de nommer des dirigeants…). La simple disparition de l'affectio societatis ne saurait en revanche suffire, même si bien évidemment l'appréciation du juge sera différente selon que la mésentente touche une société de personnes ou une société de capitaux.

F La dissolution pour cause de réunion de toutes les parts sociales ou actions en une seule main

1 Les cas de dissolution

▶ Cette cause de dissolution n'est pas possible dans les sociétés qui peuvent être unipersonnelles (une SARL n'ayant plus qu'un seul associé deviendra une EURL, une SAS deviendra une SASU).

▶ Dans les autres sociétés, **la dissolution ne se fait pas de plein droit**. Tout d'abord, la situation peut être régularisée pendant un an en trouvant par exemple un nouvel associé ou en transformant la société en société unipersonnelle. Au-delà, tout intéressé peut demander la dissolution. Le tribunal pourra alors accorder à la société un délai maximal de six mois pour régulariser la situation. Enfin, il ne pourra prononcer la dissolution si, au jour où il statue sur le fond, cette régularisation a eu lieu.

2 Le régime juridique de la dissolution

▶ **Associé unique, personne physique**

Dans cette hypothèse, la dissolution entraînera liquidation de la société.

Associé unique, personne morale

Dans cette hypothèse, **la dissolution n'entraînera pas la liquidation de la société mais la transmission universelle de son patrimoine à l'associé unique-personne morale**, qui voit se confondre le patrimoine de la société dissoute avec le sien et qui récupère donc tous ses droits et ses obligations.

Les créanciers de la société dissoute peuvent cependant s'y opposer dans les 30 jours qui suivent la publication de la dissolution, en saisissant la justice. Le tribunal peut soir rejeter l'opposition (les créanciers de la société dissoute deviennent créanciers de l'associé unique-personne morale), soit ordonner le remboursement immédiat de leur créance, soit demander la constitution de garanties pour ce remboursement (article 1844-5 du Code civil).

G La liquidation judiciaire pour insuffisance d'actif

L'hypothèse a déjà été étudiée au chapitre 6.

H La dissolution pour une cause prévue par les statuts

Les associés peuvent prévoir dans les statuts d'autres causes de dissolution : changement de nationalité, décès d'un associé...

2 Les effets de la dissolution

A La nécessité de la liquidation

- Une fois la dissolution décidée, la société ne cesse pas d'exister immédiatement. Il faut en effet la liquider, c'est-à-dire **réaliser un ensemble d'opérations destinées à désintéresser les créanciers sociaux et à répartir les apports** (si ceux-ci sont toujours dans le capital de la société) **et l'éventuel boni de liquidation entre les associés**.
- La dissolution entraine donc liquidation sauf en cas de fusion, de scission (article 1844-4 du Code civil) ou dans l'hypothèse déjà décrite de la réunion de toutes les parts sociales entre les mains de l'associé unique-personne morale.
- La décision de dissoudre la société doit faire l'objet de mesures de publicité équivalentes à celles nécessaires lors de sa création (JAL, RCS, BODACC). La dissolution n'aura d'effets à l'égard des tiers, qu'à compter de sa publication. La dénomination sociale sera alors suivie de la mention « société en liquidation » dans tous ses documents.
- **La personnalité morale de la société subsiste mais seulement pour les besoins de sa liquidation** et jusqu'à la clôture de celle-ci. Sauf exceptions, la société ne peut entreprendre de nouvelles activités. De plus la période de liquidation ne peut durer plus de trois ans à compter de sa dissolution. Au-delà de ce terme, le ministère public ou tout intéressé peut saisir le tribunal qui fait procéder à la liquidation ou, si celle-ci a été commencée, à son achèvement (articles 1848-8 du Code civil et L. 237-2 du Code de commerce).

B Le liquidateur

- Le liquidateur va avoir comme mission dans un premier temps de dresser l'inventaire de l'actif et du passif (article L. 237-25 du Code de commerce), puis comme son nom l'indique de rendre liquide, c'est-à-dire disponible l'actif de la société afin de payer les créanciers sociaux et éventuellement de répartir, ce qui restera (le boni de liquidation) entre les associés.
- **Le liquidateur est nommé selon ce qui est prévu dans les statuts et, à défaut, par décision des associés** (s'ils n'arrivent pas à se mettre d'accord, une nomination judiciaire sera nécessaire). Sa nomination nécessite la réalisation de mesures de publicité pour être opposable aux tiers (articles 1844-8 du Code civil et L. 237-3 du Code de commerce). Le choix du liquidateur est libre : il peut s'agir d'un associé, d'un dirigeant ou d'un tiers, la seule limite est

celle des interdictions de gérer, qui interdisent aussi d'occuper un tel poste (article L. 237-4 du Code de commerce).

- **La durée du mandat du liquidateur ne peut dépasser trois ans**, mais son mandat est renouvelable (article L. 237-21 du Code de commerce).
- À compter de sa nomination, **le liquidateur remplace les dirigeants de la société**, mais le conseil de surveillance dans la SA moderne et les commissaires aux comptes de la société restent en poste et continuent à exercer leur contrôle (articles L. 237-15 et L. 237.16 du Code de commerce). **Il représente la société et est habilité à payer les créanciers et répartir le solde disponible** (article L. 237-24 du Code de commerce).
- La personnalité morale de la société étant maintenue, le liquidateur doit poursuivre l'établissement des comptes annuels, dresser l'inventaire et rédiger un rapport dans lequel il rend compte de sa mission. Les comptes et le rapport sont présentés une fois par an à l'assemblée des associés (article L. 237-25 du Code de commerce). Les associés conservent également leur droit de prendre communication des documents sociaux (article L. 237-26 du Code de commerce).

C La répartition des biens de la société

Vis-à-vis des créanciers

Le liquidateur n'étant pas concerné ici par l'encadrement du droit des procédures collectives, il peut choisir de désintéresser les créanciers sociaux comme il l'entend, à condition de respecter leurs droits. Il peut ainsi décider de les payer selon leur ordre d'arrivée. Néanmoins, le liquidateur doit être prudent dans ces opérations, il peut en effet voir sa responsabilité engagée par les tiers (mais aussi par la société) si son action leur cause un préjudice (article L. 237-12 du Code de commerce). Il est donc conseillé, d'organiser le désintéressement des créanciers notamment en distinguant les créanciers privilégiés et les créanciers chirographaires.

Pour effectuer sa mission, le liquidateur pourra avoir à organiser la cession des différents éléments de l'actif de la société. Cette cession ne peut cependant se faire totalement librement :

- le liquidateur ne peut ainsi céder tout ou partie de l'actif de la société à lui-même, à ses employés ou à leurs conjoint, ascendants ou descendants (article L. 237-7 du Code de commerce) ;
- le liquidateur ne peut de même céder tout ou partie de l'actif de la société à un de ses associés ou un de ses dirigeants ou à un de ses commissaires aux comptes, qu'avec l'accord unanime de tous les associés ou à défaut qu'avec l'autorisation du tribunal (article L. 237-6 du Code de commerce).

Vis-à-vis des associés

Une fois les créanciers désintéressés, et si cela est possible, le liquidateur rembourse le capital social aux associés, puis l'éventuel boni de liquidation :

- **pour le partage du capital social** (qui ne concerne donc pas les apporteurs en industrie), les associés reçoivent en principe le montant nominal de leurs parts sociales ou actions en espèce (la solution est identique pour les capitaux propres - article L. 237-29 du Code de commerce), mais ils peuvent aussi décider dans les statuts ou dans une décision distincte, l'attribution de tel ou tel bien spécifique, à tel ou tel associé. Si rien de tel n'est prévu, l'apporteur en nature pourra même demander à récupérer le bien apporté si celui-ci se trouve toujours propriété de la société et à charge de soulte vis-à-vis des autres associés, si la valeur dudit bien le nécessite ;
- **pour le partage du boni de liquidation**, il se fera sur la même base que la participation des associés aux bénéfices sauf si les statuts prévoient autre chose (article 1844-9 du Code civil).

D La fin de la liquidation

Une fois toute ces opérations effectuées, **le liquidateur consulte une dernière fois les associés** pour : statuer sur les comptes définitifs, lui donner quitus sur sa gestion, le décharger de son mandat et constater la clôture de la liquidation (article L. 237-9 du Code de commerce).

La personnalité morale de la société disparaitra alors définitivement à compter de la publication de cette clôture (article 1844-8 du Code civil).

SYNTHÈSE

Causes de dissolution	Caractéristiques principales
Arrivée du terme	Prorogation possible par les associés, qui doivent être obligatoirement consultés.
Extinction ou réalisation de l'objet social	Cas où l'activité prévue par les statuts est achevée ou ne peut plus être réalisée. À distinguer de la mise en sommeil de la société.
Annulation du contrat de société	Cf. chapitre 2
Décision des associés	A la majorité nécessaire à la modification des statuts.
Justes motifs	Cas d'inexécution par un des associés de ses obligations ou de mésentente entre les associés paralysant le fonctionnement de la société.
Réunion entre les mains d'un seul associé de toutes les parts sociales ou actions	Régularisation possible. Si l'associé unique est une PM, la dissolution ne vaut pas liquidation mais transmission universelle du patrimoine.
Insuffisance d'actif	Cf. chapitre 6
Cause statutaire	Cas où une clause des statuts prévoit un autre motif de dissolution.

La procédure de dissolution-liquidation

Dissolution
- Décision de mettre fin à la société
- Réalisation de mesures de publicité pour informer les tiers
- La PM de la société perdure pour les besoins de la liquidation

Liquidation : nomination du liquidateur
- Nommé par les statuts, les associés dans une décision distincte ou la justice
- Remplace les dirigeants de la société et représente celle-ci

Liquidation : répartition des biens de la société
- Vis à vis des créanciers : le liquidateur réalise l'actif et les désintéresse
- Vis à vis des associés : le liquidateur leur permet de récupérer leurs apports et répartit l'éventuel boni de liquidation selon les règles de la répartition des bénéfices

Liquidation : clôture
- Constat de la clôture de la liquidation par les associés
- La PM de la société disparait une fois les mesures de publicité effectuées

EXO 07.01 Analyse d'un arrêt de la Chambre commerciale de la Cour de cassation en date du 30 mars 2016 – extinction de l'objet social

Cass. Com., 30 mars 2016

Sur le moyen unique :

Attendu, selon l'arrêt attaqué (Versailles, 17 décembre 2013), que la société G et A distribution, constituée entre M. M..., Mme Solange D..., Paulette X...et la société Profidis, était propriétaire et exploitante d'un fonds de commerce de supermarché et locataire-gérant d'un fonds de commerce de station-service de carburant dépendant du même ensemble immobilier ; que le bailleur des locaux dans lesquels le fonds de commerce de supermarché était exploité ayant délivré un congé avec refus de renouvellement, l'exploitation a cessé le 30 mars 2009 ; que s'en prévalant, la société Profidis a assigné la société G et A distribution ainsi que ses associés afin d'obtenir la dissolution de cette dernière ; que Paulette X...étant décédée en cours de procédure, ses trois enfants, Mme Solange D..., M. Alain D... et Mme Françoise D..., ont été appelés en intervention forcée en leur qualité d'héritiers ;

Attendu que la société G et A distribution, M. M...et Mme Solange D... font grief à l'arrêt de prononcer la dissolution de la société G et A distribution et de désigner un liquidateur amiable, alors, selon le moyen :

1. que seule l'extinction définitive et totale de l'objet social peut justifier la dissolution de la personne morale ; que la perte fortuite du fonds de commerce mentionné aux statuts et la cessation d'activité n'emportent pas disparition définitive de l'objet de la société ; qu'en l'espèce, l'objet social de la société G & A distribution était défini comme suit : « l'acquisition et l'exploitation d'un fonds de commerce de vente de type supermarché à Septueil (78790), 10 place de la Mairie, à l'enseigne « Shopi » à l'exclusion de tout autre. Et plus généralement, toutes opérations, de quelque nature qu'elles soient, juridiques, économiques et financières, civiles et commerciales, se rattachant à l'objet sus-indiqué » ; qu'en affirmant que la cessation de l'exploitation du fonds de commerce alimentaire à l'enseigne Shopi depuis le 30 mars 2009 et la perte du fonds indemnisée par un arrêt de la cour d'appel de Versailles du 25 septembre 2008 avaient pour conséquence l'extinction de l'objet social de la société G & A distribution, lorsque la perte du fonds de commerce et la cessation d'activité ne suffisent pas à caractériser une extinction de l'objet social si elles n'excluent pas toute reprise ultérieure de l'activité visée aux statuts, la cour d'appel a violé l'article 1844-7, 2° du Code civil ;
2. qu'outre l'exploitation d'un fonds de commerce de supermarché, les statuts visaient « plus généralement, toutes opérations, de quelque nature qu'elles soient, juridiques, économiques et financières, civiles et commerciales, se rattachant à l'objet sus-indiqué » ; que l'objet social de la société G & A distribution n'était donc pas exclusivement cantonné à l'exploitation du fonds de commerce alimentaire, mais recouvrait toutes les activités secondaires qui pouvaient s'y rattacher, telle l'activité de station-service exploitée depuis mars 2004 dans le même ensemble immobilier ; qu'en affirmant que cette activité de station-service était « étrangère à l'objet social statutaire de la société G & A distribution, à savoir l'exploitation d'un fonds de commerce alimentaire à l'enseigne « Shopi » à l'exclusion de tout autre », pour prononcer en conséquence la dissolution de la société, lorsque les statuts mentionnaient également toutes opérations se rattachant à cette exploitation d'un supermarché, la cour d'appel a dénaturé les énonciations claires et précises des statuts et violé l'article 1134 du Code civil ;

[...]

Mais attendu que l'arrêt retient, par une interprétation souveraine des statuts de la société, que l'ambiguïté de leurs termes rendait nécessaire, que l'objet social statutaire de la société G et A distribution était exclusivement cantonné à l'exploitation d'un fonds de commerce alimentaire et que l'exploitation d'une station-service ne pouvait se rattacher à cet objet ; que la cour d'appel a pu en déduire, sans avoir à suivre les parties dans le détail de leur argumentation, que la cessation définitive de l'exploitation du fonds de commerce alimentaire depuis le 30 mars 2009 avait pour conséquence l'extinction de son objet social, impliquant la dissolution de plein droit de la société ; que le moyen n'est pas fondé ;
PAR CES MOTIFS : REJETTE le pourvoi [...].

Travail à faire

À l'aide de l'arrêt de la chambre commerciale de la Cour de cassation en date du 30 mars 2016 et de vos connaissances, répondez aux questions suivantes :

1. **Distinguez extinction et réalisation de l'objet social. Dans quel cas sommes-nous ici ?**
2. **Quel est le problème juridique auquel doit répondre la Cour de cassation ?**
3. **Quels sont les arguments des demandeurs au pourvoi ?**
4. **Quels sont la solution et les arguments de la Cour de cassation ?**
5. **Quel sera le rôle du liquidateur nommé par le Cour d'appel ?**

EXO 07.02 Analyse d'un arrêt de la chambre commerciale de la Cour de cassation en date du 3 mai 2018 – mésentente entre associés

Cass. com., 3 mai 2018

Attendu, selon l'arrêt attaqué, que Mme Z..., M. X... Y... et M. Florian Y... ont constitué la SARL Adéquation patrimoine, chaque associé ayant la qualité de gérant ; que faisant état de l'inexécution de ses obligations par M. X... Y... ainsi que de la mésentente entre les associés, paralysant le fonctionnement de la société, Mme Z... a demandé sa dissolution anticipée pour justes motifs [...] ;

Sur le moyen unique du pourvoi incident, qui est préalable :

Attendu que Mme Z... fait grief à l'arrêt de rejeter sa demande de dissolution de la société Adéquation patrimoine alors, selon le moyen, que la dissolution anticipée de la société peut être demandée en justice pour justes motifs, notamment en cas d'inexécution de ses obligations par un associé ; que ce cas de dissolution, à la différence de celui tiré de la mésentente entre associés, ne suppose pas en outre une paralysie du fonctionnement de la société ; qu'au cas d'espèce, au titre des inexécutions de ses obligations d'associé imputées par Mme Z... à M. X... Y... figurait en première place la manœuvre ayant consisté pour ce dernier à faire acquérir par la société son fonds libéral pour un prix surévalué, en contournant les règles sur les conventions réglementées ; qu'en repoussant la demande de dissolution au motif que le fonctionnement de la société n'était pas paralysé, sans s'expliquer sur l'inexécution imputée à M. Y..., la cour d'appel n'a pas donné de base légale à sa décision au regard des articles 1844-7, 5° et 1184 du Code civil, ensemble l'article L. 223-19 du Code de commerce ;

Mais attendu que l'inexécution de ses obligations par un associé ne permet, en application de l'article 1844-7, 5°, du Code civil, le prononcé judiciaire de la dissolution anticipée de la société pour juste motif qu'à la condition qu'elle paralyse le fonctionnement de la société ; que le moyen, qui postule le contraire, manque en droit ;

[...]

PAR CES MOTIFS : REJETTE le pourvoi incident [...].

Travail à faire

A l'aide de l'arrêt de la chambre commerciale de la Cour de cassation en date du 3 mai 2018 et de vos connaissances, répondez aux questions suivantes :

1. Quel est le problème juridique auquel doit répondre la Cour de cassation ?
2. Quels sont les arguments de la demanderesse au pourvoi ?
3. Quels sont la solution et les arguments de la Cour de cassation ?
4. Mme Z pourra-t-elle finalement obtenir la dissolution de la société par exemple en paralysant elle-même le fonctionnement de la société ou en servant d'une autre cause de dissolution ?

Les sociétés commerciales

Partie 2

Introduction à la société anonyme, modèle des sociétés par actions : l'article L. 225-1 du Code de commerce précise que la SA est la société dont le capital est divisé en actions et qui est constituée entre des associés qui ne supportent les pertes qu'à concurrence de leurs apports. Dépeinte au 19e siècle comme le « merveilleux instrument du capitalisme moderne » (Ripert), la société anonyme (SA) est le type même de la société de capitaux. Première forme sociale dont tous les actionnaires ont une responsabilité limitée au montant de leur apport, elle suscitait la crainte des tiers - que l'adjectif « anonyme » reflète - qui ne peuvent exercer leurs poursuites que sur l'actif du patrimoine de la SA.
Aujourd'hui la SA échappe au mouvement européen qui tend à supprimer l'exigence d'un capital minimum dans les sociétés dans lesquelles la responsabilité des associés est limitée.

La grande variété des SA : la principale distinction oppose les SA cotées aux SA non cotées. D'un côté, la SA est la forme sociale utilisée par les plus grandes cotations boursières françaises. Elle fait l'objet d'une amélioration constante de ses règles de gouvernance initiée par la loi du 24 juillet 1966 (protection des actionnaires minoritaires et institutionnalisation d'un « contre-pouvoir » avec le conseil de surveillance dans la SA dite moderne). La loi dite NRE du 15 mai 2001 a consacré un gouvernement d'entreprise à la française (transparence, responsabilisation des dirigeants). Ces sociétés sont dites managériales parce que le dirigeant est « recruté » par les principaux actionnaires pour ses qualités de « manager » (à l'image de Benjamin Smith PDG d'Air France-KLM) et dont la rémunération suscite parfois incompréhension et indignation. La loi dite « Sapin 2 » du 9 décembre 2016 réformée par l'ordonnance du 27 novembre 2019 a rendu aux actionnaires des sociétés cotées la maîtrise de la rémunération de leurs dirigeants.
De l'autre côté, les SA dites « patrimoniales », majoritaires en nombre, n'ont pas recours aux marchés financiers et se rapprochent davantage des « grandes » SARL. Le plus souvent, leurs dirigeants sont personnellement engagés auprès des créanciers. Pendant longtemps, un minimum de 7 actionnaires a été exigé pour constituer ce type de SA. Il est aujourd'hui de 2.
Remarque : cette distinction entre SA managériales et SA patrimoniales n'a pas de valeur juridique mais elle permet d'illustrer la diversité économique entre les SA.

Règles très contraignantes : toutes les sociétés anonymes évoquées ci-dessus ont un point commun : elles obéissent à des règles impératives encore très importantes et sont décrites comme « ligotées par l'ordre public sociétaire ». Elles ont néanmoins fait l'objet de mesures de simplification de la vie des affaires et de dépénalisation. La SA est la PM la plus élaborée. Toutefois, parallèlement à cette vague de simplification, la SA est traversée par une vague de contractualisation avec le développement des pactes d'actionnaires qui laissent une place à l'intuitu personae dans les sociétés cotées (à l'image du pacte aujourd'hui caduque qui liait Liliane Bettencourt au groupe Nestlé ; ce dernier s'étant engagé à ne pas accroître sa participation et donc à prendre le contrôle de L'Oréal).
Remarque portant sur le regroupement des dispositions relatives aux sociétés cotées : le projet de loi Pacte prévoit d'autoriser le gouvernement à regrouper, au sein d'une division dédiée, les dispositions du Code de commerce et du Code monétaire et financier propres aux sociétés cotées. Le constat est le suivant : parmi les articles relatifs aux SA, certaines dispositions ne concernent que les sociétés cotées. Le législateur français a pourtant souvent étendu à toutes les SA les directives européennes les concernant. Les dispositions de la SA non cotée devraient être plus identifiables. Finalement, cela reviendrait à « officialiser » la distinction entre les sociétés cotées et les sociétés non cotées, à l'image du décret du 28 février 2018 qui prévoit que les SA non cotées pourront tenir leurs AG exclusivement par visioconférence ou par des moyens de télécommunication.
L'étude de la SA fait l'objet de plusieurs chapitres : la constitution de la SA (Chapitre 9), la direction de la SA (Chapitre 10), les assemblées générales (Chapitre 11) et enfin les titres et les opérations sur capital (Chapitre 12).

Chapitre 8

La société en nom collectif (SNC)

COMPÉTENCES ATTENDUES

- **Schématiser et analyser les règles de fonctionnement de chaque forme sociétaire étudiée.**
- **Repérer dans des statuts les clauses non conformes et les corriger.**
- **Analyser les conditions et les conséquences d'une transformation pour chaque type de sociétés.**
- **Identifier les causes et les conséquences d'une dissolution spécifiques à chaque type de sociétés.**
- **Justifier le choix d'une forme sociétaire adaptée à une situation donnée.**

- La SNC présente les traits caractéristiques des premières sociétés apparues dans l'histoire. Son fonctionnement est simple et souple mais les risques encourus par les associés sont illimités, c'est ce qui explique sa rareté aujourd'hui.

  Son utilisation actuelle correspond essentiellement à deux hypothèses.

  D'abord, la SNC peut être choisie par des associés peu nombreux qui entretiennent des liens très étroits, surtout lorsque le recours à cette forme est obligatoire.

  Ensuite, elle peut permettre de structurer des groupes : en raison de sa transparence fiscale, le déficit de la SNC filiale peut s'imputer sur les résultats de sa société mère.

PLAN DU CHAPITRE

1 La constitution de la SNC

A Conditions de fond

1 Conditions générales de validité

Consentement	Il doit être **libre et éclairé**, c'est-à-dire exempt de vice.
Capacité des associés	Les associés sont commerçants (article L. 121-1 du Code de Commerce). **Ils doivent avoir la capacité commerciale**. - La majeur sous tutelle ne peut être associé. Le majeur sous curatelle peut exercer le commerce (Civ. 1ère, avis, 6 décembre 2018). - Le mineur émancipé ne peut être émancipé que si une décision de justice l'y a autorisé. - Le mineur non émancipé ne peut être associé d'une SNC. - Les associés ne doivent pas exercer de profession incompatible avec l'exercice d'une activité commerciale. (exemple : fonctionnaires, professions libérales) - Les associés ne doivent pas avoir été interdits par décision judiciaire.
Le contenu licite et certain	- **L'objet peut être civil ou commercial**. (La société, elle, est commerciale par la forme). Il doit être rédigé en termes précis car il délimite strictement les pouvoirs du gérant à l'égard des tiers. Certaines activités sont interdites (exemple : les assurances), d'autres sont réglementées ou nécessitent un diplôme ou une autorisation. Les débits de tabac sous forme sociale sont obligatoirement des SNC. - La cause de l'engagement doit exister et être licite.

2 Conditions spécifiques de validité

Les associés	- Les associés doivent être au **moins deux personnes** physiques ou personnes morales. Les sociétés civiles sont exclues. - Aucun maximum n'est fixé par la loi.
Le capital social	La loi ne fixe **pas de capital minimum légal**. Le capital est divisé en parts sociales non négociables.
Les apports	- **Tous les apports sont possibles** : en numéraire, en nature ou en industrie. Les apports en industrie sont exclus du capital social. - Les apports de biens communs doivent faire l'objet d'une information du conjoint selon le formalisme décrit au chapitre 2.
L'*affectio societatis*	- Il doit être présent comme dans toute autre société. Il prend toutefois un relief particulier car la société est fermée : l'entrée d'un nouvel associé doit faire l'objet d'un agrément unanime et les évènements altérant la capacité d'un associé à exercer le commerce (faillite, interdiction, incapacité, décès..) peuvent entraîner la dissolution de la société.

B Conditions de forme

1 Nécessité d'un écrit

Les statuts doivent être rédigés par écrit.

En l'absence d'écrit, le juge peut prononcer la nullité car elle rend impossible l'accomplissement des formalités de publicité.

La liberté contractuelle est importante dans la SNC.

Les statuts permettent d'organiser très librement le fonctionnement de la société.

2 Publicités

La création de la société fait l'objet d'une insertion dans un journal d'annonces légales.

La société est ensuite immatriculée au RCS

Le greffier du tribunal de commerce procède enfin à l'insertion au BODACC.

L'inaccomplissement des formalités de publicité entraîne la nullité sans que les associés ou la société ne puissent s'en prévaloir à l'égard des tiers (article L. 235-2 du Code de commerce). Toutefois le juge n'est pas tenu de la prononcer. Elle est aussi écartée par une régularisation même tardive.

2 Le fonctionnement de la SNC

La gérance est l'organe de gestion de la SNC.

A La gérance

1 Le statut du ou des gérants

a. Désignation

Liberté de choix	L'article L. 221-3 du Code de commerce prévoit que par principe, tous les associés sont gérants, sauf clause contraire des statuts. Ainsi, la gérance est composée **d'un ou plusieurs gérants** qui peuvent être : - des associés ou des personnes étrangères à la société ; - des personnes physiques ou des personnes morales. Le gérant personne morale est représenté par ses dirigeants qui sont soumis aux mêmes conditions et obligations et encourent les mêmes responsabilités que s'ils géraient la SNC en leur nom propre, sans préjudice de la responsabilité solidaire de la personne morale qu'ils dirigent.
Capacité	Le gérant non associé doit avoir la **capacité civile**. Le gérant associé doit avoir la capacité commerciale. Il ne doit subir ni incompatibilité ni interdiction.
Règles de désignation	Le gérant peut être statutaire (désigné dans les statuts) ou non statutaire (désigné par un acte ultérieur. La nomination est décidée à **l'unanimité des associés, sauf clause contraire** des statuts. Elle fait l'objet des publicités légales habituelles.
Cumul du mandat avec un contrat de travail	**Pour le gérant associé, le cumul est en principe impossible** (solution qui résulte de l'arrêt le plus récent : Cass.soc, 14 octobre 2015) **Pour le gérant non associé, le cumul est possible** si les conditions de droit commun sont remplies : - il occupe un emploi effectif, - impliquant des fonctions distinctes de la gérance et donnant lieu à rémunération spécifique et, - il est sous la subordination de la SNC.

b. Cessation des fonctions

Les fonctions de gérant peuvent prendre fin par **arrivée du terme ou par un événement** l'affectant et l'empêchant durablement d'exercer ses fonctions tel que le décès, l'incapacité, l'interdiction ou la faillite personnelle.

Le gérant peut donner sa **démission**. Dans le silence des textes, elle est libre.

Par ailleurs, le gérant peut être **révoqué par les associés**. Les modalités et les effets prévus par l'article L. 221 -12 du Code de commerce diffèrent selon la qualité des gérants.

Révocation du gérant par les associés

Situation du gérant	Conditions de la décision	Effets de la révocation
1 - Tous les associés sont gérants	Révocation à **l'unanimité des autres associés**, le gérant associé ne votant pas.	• Elle entraîne la dissolution de la société, **sauf clause** des statuts prévoyant la continuation ou décision unanime de continuation prise préalablement à la révocation. • Le gérant a un **droit de retrait** et peut demander le remboursement de ses parts.
2 - Le gérant révoqué est associé et statutaire (son nom est cité dans les statuts)		
3 - Le gérant révoqué est gérant associé mais non statutaire	• Révocation selon la **majorité prévue par les statuts** ou, à défaut, • par une décision unanime des autres associés, gérants ou non.	• La société n'est pas dissoute. • Le gérant n'a pas le droit de se retirer.
4 - Le gérant révoqué n'est pas associé	• Révocation dans les conditions de **majorité prévues par les statuts** ou, à défaut, • par décision des associés prise à la majorité.	La société n'est pas dissoute.

Si la révocation est fondée sur de **justes motifs** (faute de gestion, violation de la loi ou des statuts), elle ne donne pas lieu au versement de dommages-intérêts. A l'inverse, si elle ne repose pas sur de justes motifs ou si elle est décidée dans des conditions irrégulières, le gérant peut obtenir en justice des dommages et intérêts pour réparer le préjudice subi.

Enfin, les fonctions du gérant peuvent prendre fin par **révocation judiciaire** pour cause légitime (exemple : abandon des fonctions de gérant, le majeur placé sous tutelle).

Dans tous les cas, la fin des fonctions doit faire l'objet des publicités habituelles pour être opposable aux tiers.

c. Rémunération

Dans le silence des textes, les statuts peuvent :

- préciser le mode de calcul de cette rémunération (fixe, variable en fonction des bénéfices ou du chiffre d'affaires ou mixte)
- en laisser le soin à une décision collective ultérieure des associés selon des modalités qu'ils déterminent (ce choix permet d'éviter une décision modificative des statuts de la compétence des associés, pour changer le régime applicable).

2 Les pouvoirs du gérant

Le gérant est un organe de gestion et un organe de représentation.

a. Dans l'ordre interne

Les pouvoirs du gérant

L'article L. 221-4 du Code de commerce organise les rapports de la gérance avec les associés.

> *Article L. 221-4, al. 1er : « Dans les rapports entre associés, et en l'absence de clause statutaire déterminant ces pouvoirs, le gérant peut faire tous actes de gestion dans l'intérêt social. »*

Le gérant a le pouvoir de faire **tous les actes concernant l'exploitation** de l'activité sociale. Ce pouvoirs connaît toutefois des limites.

Les associés ont une compétence pour délimiter les pouvoirs dévolus au gérant qu'ils exercent en insérant des clauses dans les statuts. Des **clauses statutaires** peuvent ainsi interdire au gérant de passer certains actes sans une autorisation spéciale des associés. Si le gérant ne respecte pas de telles clauses, il peut être révoqué engage sa responsabilité civile. Cependant, ces clauses sont inopposables aux tiers, de sorte que la société est malgré tout engagée.

Le gérant doit agir dans **l'intérêt social**. Si le gérant accomplit un acte de gestion contraire à **l'intérêt social**, c'est-à-dire qui ne serait pas profitable à la société, les associés pourront se retourner contre le gérant et lui demander réparation du préjudice subi par la société, voire le révoquer pour justes motifs.

Enfin, le gérant doit respecter les pouvoirs dévolus aux autres organes.

Les pouvoirs du gérant en cas de cogérance

L'article L. 221-4 du Code de commerce organise par ailleurs l'exercice du pouvoir en cas de pluralité de gérants.

> *Article L. 221-4, al. 2 : « En cas de pluralité de gérants, ceux-ci détiennent séparément les pouvoirs prévus à l'alinéa précédent, sauf le droit pour chacun de s'opposer à toute opération avant qu'elle soit conclue. »*

Si les statuts ont prévu une organisation particulière pour l'exercice des pouvoirs du gérant (exemple : spécialisation par fonction ou secteur géographique), ils s'appliquent.

En l'absence de clause statutaire, chacun a les pouvoirs de gestion et peut les exercer séparément. Cependant, chacun des gérants a un droit d'**opposition** à un acte de gestion prévu par un autre gérant s'il l'estime contraire à l'intérêt social, à l'objet social ou aux statuts. Cette opposition, antérieure à l'acte, peut être écrite ou verbale.

Les comptes sociaux et le rapport de gestion doivent être établis par tous les gérants. En cas de désaccord entre eux, ils doivent être mentionnés dans le rapport de gestion.

b. Dans l'ordre externe

Les pouvoirs du gérant

L'article L. 221-5 du Code de commerce réglemente les rapports de la gérance avec les tiers.

Objet social	Le gérant engage la société par les actes entrant dans l'objet social. A l'inverse, la société n'est pas engagée par les actes qui excèdent cet objet. Toutefois, les associés peuvent autoriser à l'unanimité le gérant à conclure un acte dépassant l'objet social et qui ne soit pas contraire à l'intérêt social.
Clauses statutaires	Les clauses statutaires limitant les pouvoirs des gérants sont inopposables aux tiers.

Remarques Un acte entrant dans l'objet social mais non conforme à l'intérêt social serait valable mais engagerait la responsabilité du dirigeant à l'égard des associés.
La société n'est pas engagée si l'acte excède les pouvoirs que la loi confère à d'autres organes.

En cas de cogérance

Chaque gérant détient le pouvoir d'engager la société.

L'opposition d'un gérant à un acte passé par un autre est sans effet à l'égard des tiers, sauf s'il peut être établi qu'ils en ont eu connaissance.

3 La responsabilité du gérant

a. La responsabilité civile

A l'égard de la société ou des associés

Le gérant engage sa responsabilité en cas de faute de gestion, violation de la loi ou violation des statuts.

En cas de cogérance, chaque gérant répond de ses propres fautes.

L'action sociale peut être exercée non seulement par les dirigeants (action *ut universi*) mais aussi par un ou plusieurs associés (*ut singuli*).

L'action individuelle peut être exercée par tout associé ayant subi un préjudice personnel.

Les actions sont prescrites par 5 ans.

A l'égard des tiers

La jurisprudence exige traditionnellement la démonstration d'une faute séparable des fonctions (faute intentionnelle, d'une gravité particulière et incompatible avec l'exercice normal des fonctions) ou exige une faute pénale.

b. La responsabilité pénale et fiscale

Le gérant est pénalement et fiscalement responsable, selon les conditions communes à tous les dirigeants de sociétés commerciales (cf. chapitre 2).

B Les associés

1 Les droits

a. Les droits politiques

L'information sur la gestion de la société

Chaque associé dispose d'un droit à l'information pour lui permettre de participer pleinement à la vie sociale.

Droit à l'information

Deux fois par an	• Consultation au siège social des livres et documents sociaux • Droit de poser par écrit des questions sur la gestion au gérant qui répond par écrit.
Avant l'assemblée annuelle	• Envoi 15 jours avant, des comptes annuels, du rapport de gestion, du rapport du commissaire aux comptes s'il en existe un, du texte des résolutions proposées, des comptes consolidés et du rapport sur la gestion du groupe si la société est tenue d'établir des comptes consolidés. • Mise à disposition de l'inventaire au siège social, les associés peuvent en obtenir une copie.

Remarque 1 : le gérant est dispensé d'établir un rapport de gestion si la société est une PME et ne dépasse pas, à la clôture de l'exercice deux des trois seuils suivants (Total de bilan : 4 millions d'euros, chiffre d'affaires : 8 millions et nombre de salariés : 50)

Remarque 2 : si le droit à communication avant assemblée n'est pas respecté :

- un associé peut solliciter en référé une mesure d'injonction sous astreinte ou la nomination d'un mandataire judiciaire chargé de procéder à la communication ;
- l'assemblée peut être annulée.

La participation aux décisions collectives

Chaque associé participe aux décisions collectives, personnellement ou représenté par un autre associé, si les statuts le prévoient. Ces décisions correspondent à celles qui excèdent les pouvoirs du gérant.

Sauf clause contraire des statuts, chaque associé dispose d'une voix.

Les décisions sont prises par un vote en assemblée ou par une consultation écrite si les statuts le prévoient.

Les associés doivent toutefois se réunir en assemblée au moins une fois par an pour approuver les comptes. L'article L. 221-7 du Code de commerce prévoit en effet que le rapport de gestion, l'inventaire et les comptes annuels établis par le gérant sont soumis à l'approbation de l'assemblée des associés dans le délai de six mois à compter de la clôture de l'exercice.

Décision en assemblée générale

Réunion d'une assemblée générale	Pour approuver les comptes annuels (dans les 6 mois de la clôture) À la demande d'un associé.
Convocation	En principe à l'initiative du gérant Formalisme prévu par les statuts (lettre recommandée avec avis de réception conseillée).
Conditions de majorité	Principe : les décisions sont prises à l'unanimité Sauf clause contraire : les statuts peuvent aménager des règles de majorité.
	Unanimité d'ordre public pour certaines décisions : révocation du gérant associé statutaire et agrément à la cession des parts sociales par exemple.
Procès-verbal	Chaque réunion des associés donne lieu à un procès-verbal avec la signature de tous les associés présents. Ils sont portés sur un registre spécial coté et paraphé.

Remarque L'obligation de déposer les comptes annuels à l'issue de l'assemblée annuelle au greffe du tribunal de commerce ne concerne que les SNC dont tous les associés sont des SARL ou des sociétés par actions ou des SNC (ou des SCS dont tous les associés indéfiniment responsables sont des SARL ou des sociétés par actions – article L. 232-21 du Code de commerce). La discrétion de la SNC peut être un atout dans la vie des affaires.

2 Les droits financiers et patrimoniaux

a. La participation aux bénéfices

Les associés ont droit aux bénéfices dans les conditions prévues par les statuts. Il n'y a pas d'obligation de doter des réserves.

Chaque associé est imposable sur sa quote-part de bénéfices même s'ils ne sont pas distribués.

Remarque En cas de pertes, l'associé peut imputer la quote-part de déficit sur des revenus dans les conditions prévues par le Code général des impôts (cf. UE 4).

b. Le droit de céder ses parts

La cession des parts

Les parts sociales ne peuvent être cédées qu'avec le consentement unanime de tous les associés, l'**agrément**. Toute clause contraire est réputée non écrite. Ainsi, dans la SNC, un associé peut rester prisonnier de ses parts (il peut seulement au mieux conclure avec un tiers une convention de croupier par laquelle il s'entend avec un tiers pour partager avec lui les bénéfices et les pertes résultant de sa qualité d'associé).

La cession doit être constatée par écrit. Elle doit ensuite être portée à la connaissance de la société et des tiers pour pouvoir être invoquée à leur égard, c'est-à-dire pour leur être opposable.

Opposabilité à la société	• soit par signification de la cession à la société par acte d'huissier (article 1690 du Code civil).
	• soit par acceptation par l'intermédiaire de son gérant dans un acte authentique (article 1690 du Code civil),
	• soit par dépôt de l'original de l'acte de cession au siège social contre remise par le gérant d'une attestation de ce dépôt.
Opposabilité aux tiers	• Les statuts modifiés doivent en outre être publiés au RCS.

Remarque La sanction du défaut d'agrément de la cession de parts n'est pas la nullité (comme ce peut être le cas dans les sociétés civiles ou la SAS) mais l'inopposabilité à la société et aux associés (Cass. com., 16 mai 2018). La cession demeure valable entre les parties mais l'acquéreur ne peut espérer exercer les droits des associés. Il peut toutefois demander la résolution de la cession pour inexécution.

La transmission des parts sociales

Les parts sociales sont transmises par voie de succession ou d'héritage en cas de décès d'un associé. Selon l'article L 221-15 du Code de commerce, la société prend fin par le décès d'un associé. L'importance particulière de l'affectio societatis dans la SNC apparaît ici. Les statuts peuvent cependant prévoir la continuation de la société selon diverses possibilités :

- Continuation de la société avec les seuls associés survivants : les héritiers ne deviennent pas associés de la SNC. Les parts sociales sont transmises aux associés survivants, qui vont indemniser les héritiers selon une valeur déterminée par expertise au jour du décès.
- Continuation de la société avec l'un des héritiers ou les héritiers du défunt : chaque héritier devient associé dès qu'il accepte la succession du défunt. Chaque héritier doit être agréé par les associés. Si l'héritier n'est pas agréé, il a droit à une indemnité.
- Continuation avec des héritiers mineurs : l'héritier mineur non émancipé n'est tenu des dettes sociales qu'à hauteur de l'actif de la succession. A défaut de capacité commerciale de l'héritier, la société devra se transformer, dans le délai d'un an, en société en commandite dont le mineur deviendra commanditaire.

Remarque Un mandataire posthume peut être désigné pour permettre d'organiser la continuation de la société pour des héritiers identifiés pour un délai de 5 ans maximum.

Le décès d'un associé en nom doit être mentionné au RCS dans le délai d'un mois à compter du décès. Le changement d'associé fait l'objet des publicités légales habituelles (insertion dans un JAL, dépôt au greffe, inscription modificative au RCS).

3 L'obligation aux dettes sociales

La responsabilité indéfinie et solidaire

> *Article L. 221-1 al 1 du Code de commerce : « Les associés répondent indéfiniment et solidairement des dettes sociales. »*

Les associés sont responsables des dettes contractées par le gérant dans l'intérêt social et dans la limite de l'objet social. Aucune clause statutaire ne saurait exonérer un associé de sa responsabilité.

La totalité des droits et des biens des associés est engagée (caractère indéfini) et le créancier peut réclamer la totalité de la dette à l'un des associés (en raison du caractère solidaire de la responsabilité, le créancier n'a pas à diviser ses recours).

Lorsqu'un associé cède ses parts sociales, il reste tenu de tout le passif antérieur à la publication de la cession au RCS. L'acquéreur est tenu de la totalité des dettes, y compris celles nées avant son entrée dans la société.

Les modalités d'exercice :

L'obligation aux dettes sociales s'exerce de manière **subsidiaire** : pour agir contre un associé, le créancier doit détenir un titre exécutoire à l'encontre de l'associé.

Le déroulement des poursuites peut se schématiser de la façon suivante :

Mise en œuvre de la responsabilité des associés

Mise en demeure de la société
- Mise en demeure par exploit d'huissier
- Restée infrutueuse pendant 8 jours

Poursuite de l'associé
- Poursuite par le créancier de tout associé
- Pour la totalité de la dette (solidarité)

Recours de l'associé
- Recours de l'associé qui a payé contre les autres associés
- Au prorata des parts dans le capital

C Le contrôle externe de la gestion

Le contrôle est assuré par un commissaire aux comptes, le cas échéant. On distingue trois situations.

1 La désignation obligatoire du CAC

Les associés sont tenus de désigner un commissaire aux comptes au moins si la société dépasse deux des trois seuils suivants 4 000 000 € de total de bilan, 8 000 000 € de CAHT et 50 salariés.

Il est désigné soit par une décision collective prise selon les règles de majorité fixées par les statuts, soit à défaut de disposition statutaire, à l'unanimité des associés.

2 La désignation facultative

Même si elle n'y est pas tenue, la SNC peut désigner un commissaire aux comptes sur décision des associés à la majorité prévue par les statuts ou, à défaut, à l'unanimité. La SNC est tenue de désigner un CAC pour une durée de trois exercices, lorsqu'un ou plusieurs associés représentant au moins le tiers du capital en font la demande.

3 La désignation judiciaire

Un commissaire aux comptes peut aussi être désigné en la justice sur demande d'un des associés.

D La transformation de la société

1 Conditions

- La décision de transformer la SNC en société d'une autre forme est prise en principe à l'unanimité des **associés réunis en AGE**. Dans ce domaine, les statuts ont pu prévoir une clause contraire. Cependant, si la nouvelle forme implique de nouvelles obligations (comme l'obligation se faire des apports en numéraire ou en nature pour constituer un capital de 37 000 euros dans la SA), l'unanimité sera requise.
- Le société doit se conformer aux exigences de la forme sociale de destination.
- Si la société se transforme en société par actions mais n'a pas de commissaire aux comptes, la transformation nécessite la nomination d'un **commissaire à la transformation**. Il est désigné

à l'unanimité des associés ou à défaut, par voie judiciaire, et choisi sur une liste de CAC et d'experts établie par les cours et tribunaux. Ce dernier doit établir un rapport qui apprécie la valeur des biens composant l'actif social et des avantages particuliers. L'AGE se prononce sur la base de ce rapport.

2 Effets :

La personne morale survit. La jurisprudence assure la protection des créanciers sociaux : quand une société à risque illimité se transforme en société à risque limité (SARL, société par actions) les associés restent tenus indéfiniment et solidairement des dettes nées avant la transformation.

3 Les causes spécifiques de dissolution

Les causes de dissolution communes à toutes les sociétés ayant été préalablement étudiées (chapitre 7), ne sont évoqués ci-après que les causes spécifiques à la SNC. Elles concernent le sort adverse d'un associé qui affecte l'existence sociale en raison de la vigueur de l'intuitu personae dans la SNC.

Hypothèses spécifiques de dissolution

Empêchement personnel d'un associé (incapacité, interdiction d'exercer une profession commerciale, jugement de liquidation judiciaire ou arrêtant un plan de cession totale de l'entreprise touchant un associé)	**Dissolution** de la société, sauf : - clause statutaire prévoyant la continuation de la société ou - décision unanime de continuation.
Décès d'un associé	**Dissolution** de la société, sauf clause statutaire prévoyant la continuation.
Révocation d'un gérant associé statutaire ou si tous les associés sont gérants	**Dissolution** de la société, sauf : - clause statutaire prévoyant la continuation de la société ou - décision unanime de continuation.

Les opérations de liquidation sont conformes aux dispositions habituelles.

SYNTHÈSE

- La SNC est une **société de personnes** dont les associés ont la qualité de **commerçants**.
- Son **fonctionnement** est marqué par un fort intuitu personae : sauf clause contraire des statuts, tous les associés sont gérants. Cependant les associés sont libres de choisir le ou les gérants parmi les associés ou les tiers.
- Les **pouvoirs du gérant** sont limités dans l'ordre externe par l'objet social. Au-delà, les actes sont nuls.
- Les **décisions collectives des associés** sont prises à l'unanimité, sauf clause contraire des statuts.
- La **condition des associés** est par ailleurs très exigeante : ils ont une responsabilité indéfinie et solidaire pour répondre des dettes sociales (après mise en demeure préalable et vaine).
- Leurs **droits patrimoniaux** sont limités par la nécessité d'obtenir un agrément unanime des autres associés à la cession de parts. Une fois celui-ci acquis, il faut encore accomplir des formalités auprès de la société et des tiers pour leur rendre l'acte opposable.
- Enfin, du **point de vue de la dissolution**, l'intuitu personae se manifeste encore pour associer la dissolution à l'empêchement, au décès ou à la révocation d'un associé.

EXO 08.01 Cas pratique – La SNC Armand

Monsieur Xavier Armand et madame Jeanne Armand sont deux époux. Ils ont décidé il a peu de reprendre une activité de débit de tabac et de vente de presse dans une petite ville de bretagne.

Ils ont souhaité être cogérants pour plus de commodité.

Jeanne Armand a recruté une technicienne de surface pour entretenir les locaux le matin, avant l'heure d'ouverture. Xavier Armand a passé les premières commandes et s'est assuré les services d'un expert-comptable.

Quelques mois plus tard Jeanne a conclu seule, sans en informer son mari, un contrat avec une société de livraison de colis pour assurer un revenu complémentaire à la société. Xavier est opposé à cette diversification.

Travail à faire

1. **Les contrats passés avec la technicienne, les fournisseurs et l'expert-comptable sont-ils valables ?**
2. **Le contrat conclu par Jeanne avec la société de livraison est-il valable ? Que peut faire Xavier Armand ?**

EXO 08.02 Analyse d'arrêt – Formalisme de la cession de parts dans la SNC

Cour de cassation, chambre commerciale, 16 mai 2018

Attendu, selon l'arrêt attaqué (Fort-de-France, 2 février 2016), que la société La Goélette SNC (la société La Goélette) comptait trois associés à parts égales, M. X..., Mme A... et la société Immobilière des deux frères (la société Immobilière) ; que par acte enregistré le 27 janvier 1995, la société Immobilière a cédé à la société Farner et Cie les quarante parts sociales qu'elle détenait dans le capital de la société La Goélette ; que la société Immobilière a été dissoute par décision déposée au registre du commerce et des sociétés (RCS) le 4 novembre 1996, son gérant, M. Y..., étant désigné liquidateur ; que les opérations de liquidation ont été clôturées le 27 juin 1997 ; que la société La Goélette, M. X... et Mme A... ont assigné la société Copadig, venant aux droits de la société Farner et Cie, pour voir juger que ni l'une ni l'autre de ces sociétés ne sont ses associées ; que la société Copadig et M. Y..., ce dernier intervenant à l'instance en qualité de mandataire ad litem de la société Immobilière, ont demandé reconventionnellement l'annulation de l'assemblée générale du 10 août 2009 d'approbation des comptes sociaux de 2002 à 2008 de la société La Goélette ainsi que des assemblées suivantes, faute d'y avoir été convoqués ;

Sur le moyen unique du pourvoi principal :

Attendu que la société La Goélette, M. X... et Mme A... font grief à l'arrêt de déclarer irrecevable leur demande d'annulation de la cession des parts détenues par la société Immobilière dans la société La Goélette et de rejeter en conséquence la demande de la société La Goélette en répétition d'une somme de 4 500 euros alors, selon le moyen :

1°/ que la nullité d'une cession de parts d'une société en nom collectif n'ayant pas reçu l'agrément unanime des associés peut être invoquée uniquement par la société elle-même ou par ses associés ; qu'en déclarant que la société en nom collectif elle-même et ses associés, tiers à la cession, étaient irrecevables à en demander la nullité, la cour d'appel a violé l'article L. 221-13 du code de commerce ;

2°/ que la cession des parts d'une société en nom collectif qui n'a pas reçu l'agrément unanime de tous les associés est nulle ; qu'en l'espèce, après avoir constaté que la cession des parts sociales que détenait la société Immobilière des deux frères dans la société La Goélette qui avait été consentie successivement à la société Farner et Cie, puis à la société Copadig, n'avait pas reçu l'agrément des autres associés, M. X... et Mme A... , l'arrêt attaqué ne pouvait pas décider que cette cession était uniquement inopposable aux autres associés et à la société elle-même ; qu'en statuant comme elle l'a fait, la cour d'appel a violé l'article L. 221-13 du code de commerce ;

Mais attendu que le défaut d'agrément unanime des associés à la cession des parts sociales d'une société en nom collectif n'entraîne pas la nullité de la cession, laquelle est seulement inopposable à la société et aux associés ; que le moyen, qui postule le contraire en sa seconde branche, et critique, en sa première branche, des motifs erronés mais surabondants, ne peut être accueilli (...)

PAR CES MOTIFS :

REJETTE (...)

Travail à faire

Après avoir rappelé les conditions de cessions des parts sociales dans la SNC,
Expliquez le problème de droit et la portée de l'arrêt.

EXO 08.03 Analyse de statuts – La SNC Sportdiva

Projet de statuts de la SNC Sportdiva

Article 2 – Objet

La société a pour objet la pratique d'activités sportives, liées au sport-santé, de fitness et de danse pour tout public pour une finalité de sport-loisir et de bien-être

Article 3 – Dénomination sociale

La dénomination sociale est « Sportdiva »

Article 5 – Durée

La durée de la société est fixée à 110 ans à compter du jour de son immatriculation au registre du commerce et des sociétés de Pontoise, sauf dissolution anticipée.

Article 12 – Nomination et révocation du gérant

La société est administrée par un gérant, associé, nommé dans les statuts. Andrea et Anaïs Novaparma sont désignés gérants pour une durée de cinq ans indéfiniment renouvelables.

Les gérants sont révocables à la majorité des autres associés.

Article 13 – Pouvoirs du gérant

Dans les rapports avec les tiers, le gérant unique ou chacun des gérants engage la société par tous les actes qu'il accomplit.

Dans les rapports avec la société et les associés, le gérant peut faire tous les actes de gestion dans l'intérêt de la société.

Travail à faire

Lire l'extrait de statuts suivants, relever les clauses illégales et les corriger.

La constitution de la société anonyme (SA)

Chapitre 9

COMPÉTENCES ATTENDUES

- **Schématiser et analyser les règles de fonctionnement de chaque forme sociétaire étudiée.**
- **Repérer dans des statuts les clauses non conformes et les corriger.**
- **Justifier le choix d'une forme sociétaire adaptée à une situation donnée.**

- **Les conditions communes à toutes les sociétés :** elles ont été étudiées dans la première partie du manuel.

  Concernant l'*affectio societatis*, il convient de distinguer la « petite » SA constituée par quelques actionnaires (au moins 2 depuis 2015) qui se rapproche davantage de la SARL : l'*affectio societatis* y est forte. En revanche, le caractère *intuitu personae* et l'*affectio societatis* seront plus faibles dans les « grandes » SA, et par extension les sociétés cotées. Le phénomène de l'altération des types sociétaires joue ici pleinement (ce qui signifie que parmi les SA, il y a de grandes disparités).
- **Deux voies de constitution pour les sociétés anonymes peuvent être distinguées** :
  - la voie « classique » ou « intimiste »
  - et la voie spectaculaire, c'est-à-dire avec offre au public d'instruments financiers (autrefois dite avec appel public à l'épargne).
- **Deux voies de constitution** : l'ordonnance du 21 octobre 2019 – complétée par le décret du 28 octobre 2019 – a modifié les dispositions relatives aux offres au public de titres en adaptant le droit français au règlement 2017/1129 d'application directe depuis le 21 juillet 2019 (dit Prospectus III ; ce règlement étend la notion d'offre publique de titres aux placements privés et au financement participatif). C'est désormais l'article L. 411-1 du Code monétaire et financier qui interdit aux personnes ou entités de procéder à une offre au public de titres financiers, d'émettre des titres négociables ou de procéder à une offre au public, **sauf autorisation expresse de la loi** (abrogation de l'article 1841 du Code civil).

Seront étudiées d'abord la constitution d'une SA sans offre au public de titres financiers (1) pui celle de la société qui se constitue en offrant au public des titres financiers (2). Le code de commerce aborde d'abord cette hypothèse qui est extraordinaire.

PLAN DU CHAPITRE

1 La constitution d'une SA sans offre au public d'instruments financiers

A Les conditions de fond

Une nouvelle réforme est à prévoir car la loi PACTE habilite le gouvernement à réformer le droit français des offres au public des titres financiers afin de procéder à une clarification du droit rendue nécessaire par le règlement européen avant le 21 juillet 2019.

1 Les actionnaires

- **Nombre d'actionnaires :** l'article L. 225-1 al. 2 du Code de commerce dispose que la SA est constituée entre deux actionnaires ou plus.

Remarque Annulation de la SA

Jusqu'en 2015, le nombre minimal était de sept. En théorie, l'annulation reste encourue dans l'hypothèse où la SA ne comprendrait qu'un seul actionnaire. Dans la pratique, en l'absence de régularisation par l'arrivée de nouveaux actionnaires, une SASU serait créée (cf. chapitre 13 portant sur la SAS).

Contrairement à la SARL, la loi ne prévoit pas de nombre maximal.

- **Capacité des actionnaires** : la SA est commerciale par la forme, quel que soit son objet. Le statut de commerçant n'est pas exigé pour les actionnaires. Les actionnaires peuvent être des personnes physiques (mineurs non émancipés, étrangers, personne frappée d'interdiction...) ou des personnes morales.

La capacité civile suffit pour conclure le contrat de société. Un mineur peut donc acquérir des actions.

Aucune incompatibilité ou interdiction ne limite l'accès à la SA en tant qu'actionnaire.

2 Le capital social

Le capital social est divisé en actions dont la valeur nominale est libre.

Les dispositions de l'article L. 225-3 évoquées à propos de la SA offrant des titres au public s'appliquent à la SA n'offrant pas au public des titres financiers (souscription, évaluation des apports en nature, libération...).

La totalité du capital doit être souscrite avant la signature des statuts.

Remarque Les avantages particuliers

Les personnes qui rendent service à une société lors de sa création, mais pas seulement, peuvent se voir octroyer des avantages (droit de préférence sur l'actif social, dividende préciputaire -c'est-à-dire prélevé en priorité-, droit de regard accordé à un tiers sur la gestion...). Il faut entendre par avantage particulier tout engagement de nature pécuniaire ou non, statutairement attribué (ou lors d'une émission d'actions), pris au nom de la société au profit d'un associé ou d'un tiers qui représente une charge sans contrepartie pour la personne morale. Les avantages particuliers entraînent une rupture d'égalité entre les associés -plus rigoureusement dans le mode de rémunération des apports consentis par la société aux actionnaires- ; c'est la raison pour laquelle une procédure de vérification doit être suivie. Ils sont expressément visés pour les sociétés par actions et en particulier la SA. La procédure est la suivante :

- intervention du CAA chargé d'apprécier la valeur de l'avantage particulier ;
- vote d'une assemblée générale statuant sur l'octroi de l'avantage particulier statuant aux conditions de quorum et de majorité prévues pour les AGE.

a. La libération des apports en numéraire

Les actions de numéraire sont libérées, lors de la souscription, de la moitié au moins de leur valeur nominale. La libération du surplus intervient en une ou plusieurs fois sur décision du conseil d'administration ou du directoire selon le cas, dans un délai qui ne peut excéder cinq ans à compter de l'immatriculation de la société au RCS.

b. Apports en nature (ou action d'apport)

Evaluation

Pour éviter le risque de surévaluation et la rupture d'égalité entre les actionnaires et protéger les tiers, une procédure de vérification des apports en nature doit obligatoirement être mise en œuvre par un commissaire aux apports (CAA). Il est désigné à l'unanimité par les fondateurs ou, à défaut, par décision de justice à la demande d'un ou plusieurs d'entre eux (article L. 225-8 du Code de commerce).

Toutefois, elle est écartée dans deux hypothèses :

- apport de valeurs mobilières ou d'instruments du marché monétaire cotés achetés sur un marché financier dans les 3 mois précédant l'opération ;
- apport d'autres actifs ayant fait l'objet d'une évaluation par un commissaire aux apports dans les 6 mois précédant l'opération (article L. 225-8-1 du Code de commerce).

Les documents relatifs à la description et à l'évaluation des apports en nature peuvent être consultés par les futurs actionnaires (au lieu du futur siège social). Ils seront déposés avec le projet de statuts signés des actionnaires lors de la demande d'immatriculation au greffe du tribunal de commerce.

Les fondateurs ne sont pas tenus par l'évaluation du CAA. Une évaluation différente peut être retenue lors de la signature des statuts (cf. Chapitre 2). Toute majoration frauduleuse des apports en nature entraîne des sanctions pénales (cf. Chapitre 28).

Libération

Les apports en nature doivent être libérés intégralement lors de la constitution de la société, c'est-à-dire lors de la signature des statuts (article L. 225-8 du Code de commerce). Les fondateurs ou dirigeants encourent une peine d'amende de 150 000 € si des actions d'apport ont été émises sans qu'elles aient été intégralement libérées avant l'immatriculation de la société au RCS (article L. 242-1 du Code de commerce).

Apport d'un bien commun aux époux

Le principe est celui de la liberté d'apport dans les sociétés par actions, parmi lesquelles se trouve la SA. Si l'apport est effectué par un seul époux, celui-ci a seul la qualité d'associé. Si l'apport est réalisé conjointement par les deux époux, chacun d'eux a la qualité d'associé et détient la moitié des actions.

c. Apports en industrie

Les actions ne peuvent représenter des apports en industrie (article L. 225-3 du Code de commerce). Par ailleurs, l'émission de parts bénéficiaires ou parts de fondateur est interdite à peine de nullité depuis l'ordonnance du 24 juin 2004. Elles permettaient de rémunérer le concours et l'activité des fondateurs qui constituent une forme d'apport en industrie.

3 Le capital social

L'article L. 224-2 du Code de commerce prévoit que le capital social doit être de 37 000 € au moins.

Des exceptions existent :

- les sociétés de rédacteurs de presse constituées sous la forme de SA : le capital social est de 300 euros au moins ;
- les sociétés coopératives : au moins 18 500 € ;
- pour les établissements de crédit et les sociétés de financement : capital minimum qui varie de 1 à 5 millions d'euros (article L. 511-11 du Code monétaire et financier).

Le capital social est divisé en actions dont la valeur nominale est librement fixée.

Capital variable

Les clauses de variabilité du capital sont interdites (L. 231-1 du Code de commerce). Cette interdiction d'origine européenne ne n'applique ni aux SICAV (sociétés d'investissement à capital variable) ni aux sociétés coopératives (cf. Chapitre 25).

4 L'objet social

La SA étant une société commerciale par la forme, son objet peut être civil ou commercial.

Toutefois il existe des activités :

- **réservées aux SA :** entreprise d'assurance, société d'investissement en valeurs mobilières...
- **interdites :** placement d'artistes de spectacles ou activités réservées à une autre forme sociale telle que l'exploitation d'un débit de tabacs sous la forme d'une SNC ;
- **réglementées :** par exemple exigence de certaines qualifications professionnelles de la part des dirigeants ou actionnaires (sociétés ayant pour objet l'exercice d'une profession libérale : experts-comptables, architectes...).

5 La dénomination sociale

La société par actions est désignée par une dénomination sociale qui doit être précédée ou suivie de la mention de la forme de la société et du montant du capital social.

Le nom d'un ou plusieurs associés peut être inclus dans la dénomination sociale (article L. 224-1 du Code de commerce).

B Les conditions de forme

1 Signature des statuts

Tous les actionnaires signent les statuts établis par écrit.

Outre les mentions obligatoires communes aux sociétés étudiées dans la première partie (cf. Chapitre 3), les statuts d'une société anonyme doivent indiquer :

- le nombre d'actions émises, leur forme (nominative ou au porteur) et leur valeur nominale,
- l'identité des apporteurs en nature (spécification et évaluation) ou des bénéficiaires d'avantages particuliers,
- les modalités de la répartition des résultats et notamment la faculté d'un paiement du dividende en actions et non en numéraire (article R. 224-2 du Code de commerce),
- les premiers administrateurs (dans la société anonyme classique dite moniste ; cf. chapitre 10) ou les premiers membres du conseil de surveillance (dans la société anonyme moderne dite dualiste) et les premiers commissaires aux comptes (article L. 225-16 du Code de commerce).

2 Désignation des organes de direction

Dans la société anonyme classique, les premiers administrateurs désignés dans les statuts éliront le président du conseil d'administration et le directeur général.

Dans la forme dualiste, les premiers membres du conseil de surveillance nomment les membres du directoire.

3 Formalités de publicité

On retrouve les formalités étudiées dans le droit commun à la charge des fondateurs et du greffe du tribunal de commerce.

2 La constitution d'une SA avec offre au public de titres financiers

Rappelons que cette hypothèse est extrêmement rare. Dès le stade de la constitution de la société, les fondateurs font appel à des investisseurs pour constituer le capital social. Cette hypothèse doit être distinguée d'une société qui serait par la suite cotée. L'ordonnance du 22 janvier 2009 distingue ces deux situations depuis qu'elle a substitué à la notion d'appel public à l'épargne (APE) les notions européennes :

- d'**offre au public de titres financiers** (et non les contrats financiers qui désignent les conventions par lesquelles une ou plusieurs parties transfèrent à une ou plusieurs autres personnes un risque tenant aux conséquences financières de la réalisation d'un ou plusieurs événements stipulés au contrat comme par exemple la variation des taux d'intérêt) ;
- d'**admission aux négociations sur un marché réglementé** (article L. 411-1 du Code monétaire et financier).

L'offre au public de titres financiers et l'admission aux négociations sur un marché réglementé sont deux modes opératoires indépendants qui entraînent obligatoirement l'établissement d'un document d'information appelé « prospectus » destiné à protéger les futurs souscripteurs.

En ce qui concerne l'offre au public de titres financiers qui nous intéresse au stade de la constitution d'une SA, cette obligation d'information pour l'émetteur des titres est ponctuelle, liée au moment où l'offre est réalisée. Cela permet à de nombreuses entreprises de solliciter les investisseurs à moindre coût.

L'AMF peut prononcer des sanctions contre toute personne qui s'est livrée à la diffusion d'une fausse information lors d'une opération d'offre au public de titres financiers (article L. 621-15 du Code monétaire et financier). Ces éléments figurent dans le règlement général de l'AMF modifié par un arrêté du 11 juillet 2018.

A Élargissement de la notion d'offre au public de titres financiers

Depuis l'ordonnance du 21 octobre 2019, la définition de l'offre au public de titres ne figure plus à l'article L. 411-1 du Code monétaire et financier qui renvoie au règlement Prospectus. L'offre au public de valeurs mobilières y est définie comme une « communication adressée sous quelque forme et par quelque moyen que ce soit à des personnes et présentant une information suffisante sur les conditions de l'offre et sur les titres à offrir, de manière à mettre un investisseur en mesure de décider d'acheter ou souscrire ces valeurs mobilières. Cette définition s'applique également au placement de valeurs mobilières par des intermédiaires financiers » (article 2 du règlement 2017/1129).

Remarque sur l'élargissement de la notion d'offre de titres (ordonnance du 21 octobre 2019) : par dérogation à l'interdiction évoquée précédemment (article L. 411-1 du Code monétaire et financier), l'article L. 411-2 du Code monétaire et financier fixe les offres autorisées au public suivantes :

- 1° L'offre de titres financiers ou de parts sociales qui s'adresse exclusivement à un cercle restreint d'investisseurs agissant pour compte propre ou à des investisseurs qualifiés. Un investisseur qualifié est une personne définie au point e de l'article 2 du règlement (UE) n° 2017/1129 du 14 juin 2017. Un cercle restreint d'investisseurs est composé de personnes, autres que des investisseurs qualifiés, dont le nombre est inférieur à 150 (article D. 411-4 du Code monétaire et financier) ;
- 2° L'offre qui porte sur des titres financiers qui ne sont pas admis aux négociations sur un marché réglementé qui est proposée par l'intermédiaire d'un prestataire de services d'investissement ou d'un conseiller en investissements participatifs ;
- 3° L'offre de titres de capital ou de parts sociales qui s'adresse exclusivement à des personnes ou entités qui ont déjà la qualité d'associés de la société émettrice des titres de capital ou des parts sociales offerts. Le décret du 28 octobre 2019 a précisé les conditions de mise en œuvre des offres au public de titres suite à la refonte des articles L. 411-1 à L. 412-1-2 du Code monétaire et financier.

B Conditions de fond

- **Nombre d'associés** : appelés actionnaires, ils sont 7 au minimum (article L. 225-1 al. 2 du Code de commerce). Par exception, cette disposition n'est pas applicable aux sociétés dont l'Etat détient la majorité ou la totalité du capital.
- **Capital social** : l'article L. 225-3 du Code de commerce précise les règles relatives au capital social qui ne diffèrent pas d'une SA n'offrant pas de titre au public :
  - le capital social minimum est de 37 000 €
  - il doit être intégralement souscrit.
- **Les apports :** ce sont les mêmes règles qui s'appliquent que dans la SA sans offre au public d'instruments financiers. Le retrait des fonds provenant des souscriptions en numéraire ne pourra être effectué par le mandataire de la société avant son immatriculation (article L. 225-11 du Code de commerce).

Remarque Si la société n'est pas constituée dans le délai de six mois à compter du premier dépôt de fonds ou si elle n'est pas immatriculée dans le même délai, tout souscripteur peut demander en justice la nomination d'un mandataire chargé de retirer les fonds pour les restituer aux souscripteurs, sous déduction des frais de répartition. Le retrait des fonds peut également être demandé directement au dépositaire, aux mêmes fins et sous les mêmes conditions, par un mandataire représentant l'ensemble des souscripteurs (article L. 225-11 du Code de commerce).

C Les formalités de constitution

Un certain nombre de démarches doit être accompli par les fondateurs. Les personnes déchues du droit d'administrer ou de gérer une société ne peuvent les entreprendre (article L. 225-2 du Code de commerce).

Formalités de constitution SA avec offre au public titres financiers	
Dépôt du projet de statuts	Il est établi et signé par les fondateurs. Il doit être déposé au greffe du tribunal de commerce du futur siège social. S'y ajoute le rapport du commissaire aux apports en cas d'apports en nature. Les souscripteurs peuvent les consulter.
L'information des investisseurs	Une notice : établie et signée par les fondateurs sur les caractéristiques de la future société (nombre d'actions à souscrire, valeur nominale...). Elle doit être publiée au BALO (Bulletin des annonces légales obligatoires). Le « prospectus » : soumis au visa préalable de l'AMF, il constitue une note d'information relative aux modalités de l'opération à l'intention du public.
Bulletins de souscription au capital	La souscription des actions de numéraire est constatée par un bulletin établi sous certaines conditions (article L. 225-4 du Code de commerce).
Certificat du dépositaire	Les souscriptions et les versements sont constatés par un certificat du dépositaire établi au moment du dépôt des fonds, sur présentation des bulletins de souscription (article L. 225-6 du Code de commerce).

Formalités de constitution SA avec offre au public titres financiers	
Assemblée générale constitutive	Elle est convoquée au moins 8 jours avant sa tenue par insertion d'un avis dans un JAL et au BALO (article L. 225-7 du Code de commerce). Elle délibère aux conditions de quorum et de majorité d'une AGE (cf. chapitre 11) et regroupe tous les souscripteurs. Son rôle est de : - constater que le capital est entièrement souscrit et que les actions sont libérées du montant exigé par la loi ; - adopter les statuts qui ne peuvent être modifiés qu'à l'unanimité de tous les souscripteurs ; - nommer les organes de gestion (premiers administrateurs ou membres du conseil de surveillance) ; - désigner un ou plusieurs CAC ; - approuver les actes des fondateurs pour le compte de la société en formation ; - approuver le rapport du commissaire aux apports (en cas d'apports en nature ou octroi d'avantages particuliers). Seule une décision prise à l'unanimité peut réduire l'évaluation. A défaut d'approbation expresse des apporteurs et des bénéficiaires d'avantages particuliers mentionnée au procès-verbal, la SA n'est pas constituée (article L. 225-8 du Code de commerce

SYNTHÈSE

- Les formalités de constitution de la société anonyme diffèrent selon que la société est constituée ou non avec offre au public de titres financiers.
- La création d'une SA avec offre au public de titres financiers reste exceptionnelle. Les formalités sont lourdes afin de protéger et d'informer les éventuels souscripteurs. Le nombre d'actionnaires est au minimum de 7 et le capital minimum est de 37 000 € (des exceptions existent).
- Le plus souvent, une SA est constituée sans offre au public de titres financiers :
  - rédaction et signature des statuts ;
  - nomination des organes de gestion ;
  - formalités de publicité.

3 Application

EXO 09.01 Cas pratique

Yaël, Sophie et Nathalie ont décidé de constituer une société anonyme pour leur activité de conseil juridique. Il n'y avait encore aucun apport en nature prévu il y a quelques semaines. Elles ont souscrit intégralement le capital social minimum requis dans la SA mais elles parvenaient à peine à réunir la somme de 20000 €. Aucune ne parvient à obtenir un crédit auprès d'un établissement de crédit. Par ailleurs, Yaël a conservé beaucoup de clients de son activité personnelle antérieure. Elle aimerait obtenir une part plus importante dans les bénéfices. Finalement, les mois s'écoulent et rien ne concret ne se met en place, il n'y a aucun début d'activité ni même d'immatriculation de la société.

Travail à faire

1. **Que pensez-vous de la faisabilité du projet et de leurs craintes quant au capital social ?**
2. **Quel avantage particulier Yaël peut-elle obtenir ? Quelles en sont les conditions ?**
3. **Nathalie souhaiterait récupérer la somme de 8000 € qu'elle a apportée pour se lancer dans un nouveau projet. Que pouvez-vous lui conseiller ?**

La société anonyme (SA) : la direction

Chapitre 10

COMPÉTENCES ATTENDUES

- **Schématiser et analyser les règles de fonctionnement de chaque forme sociétaire étudiée.**
- **Repérer dans des statuts les clauses non conformes et les corriger.**

- Avec le développement et l'internationalisation des marchés financiers, la problématique de l'exercice du pouvoir au sein des grandes sociétés (dont la SA est la forme d'accueil privilégiée) a été profondément renouvelée. La thématique de la « **gouvernance** » est apparue en France au cours des années 1990 pour désigner la manière dont le pouvoir est organisé et exercé au sein d'une organisation. Les théoriciens du management ont mis en évidence la perte de pouvoirs des actionnaires des grandes sociétés au profit des dirigeants ou « managers » qui ne sont pas « propriétaires ». Le droit cherché à améliorer l'information et le contrôle des actionnaires en matière financière. Mais ce nouveau capitalisme dit « actionnarial » a connu des dérives liées à la recherche exclusive de maximisation de la valeur actionnariale à court terme et au développement de la spéculation financière. Nombre de scandales financiers ont incité le législateur à prendre en compte les intérêts des autres parties prenantes avec des notions telles que la responsabilité sociale et environnementale ou la notion d'entreprise à objet social élargi (envisagé dans la loi PACTE, cf. Chapitre 3).
- Pourtant, à côté de cette gouvernance managériale et de ses problématiques concernant l'équilibre des pouvoirs, subsiste, dans les petites entreprises une gouvernance entrepreneuriale, dans laquelle c'est le chef d'entreprise, qui est à la fois « propriétaire »et dirigeant, qui concentre les pouvoirs. La problématique de l'exercice du pouvoir dans ces structures est bien différente.
- Le droit de la SA doit ainsi faire face à une variété de situations puisque qu'il encadre aussi bien la petite société de deux actionnaires que la grande SA du CAC 40. De ce côté du spectre, l'AMF est chargée de veiller au respect des règles applicables en matière de gouvernement d'entreprise pour les sociétés cotées et qui résulte selon l'AMF d'« *une combinaison de dispositions législatives et de mesures non contraignantes, à savoir les codes de gouvernance d'entreprise appliqués selon le principe « se conformer ou s'expliquer » (comply or explain), qui laisse une marge de manœuvre importante aux sociétés et à leurs actionnaires* ».

Les codes de bonnes pratiques

En France, deux codes ont été élaborés par les associations professionnelles : le code Afep/Medef de gouvernement d'entreprise des sociétés cotées et le code Middlenext pour les valeurs moyennes et petites.

Ces codes contiennent les recommandations à destination des sociétés et de leurs organes de gouvernance. Ils ne sont pas contraignants.

En outre, dans un rapport annuel sur le sujet, l'AMF formule des recommandations concernant leur application.

Quelle que soit la taille de la société, la loi prévoit deux modes d'organisation pour l'administration et la direction des sociétés anonymes : la SA avec conseil d'administration (SA de type classique ou moniste) et la SA avec conseil de surveillance et directoire (SA de type moderne ou dualiste).

Les statuts de la SA doivent opter pour l'une ou l'autre forme : il s'agit d'une mention obligatoire des statuts.

Ce choix ne pourra être modifié au cours de la vie sociale que par une assemblée générale extraordinaire.

Les conventions qui interviennent entre les dirigeants et la société qu'ils dirigent font l'objet d'un contrôle spécifique.

PLAN DU CHAPITRE

APPLICATIONS P. 189

1 La société anonyme de type classique ou moniste

- L'organisation traditionnelle de la société anonyme comporte un conseil d'administration (CA) et un président du CA. Avant la loi NRE de 2001, le président du CA assurait forcément la direction générale (et était ainsi PDG). Le directeur général assure la direction et la représentation de la SA.

  Depuis la loi NRE, il peut en être dépossédé au profit d'un directeur général ; le président du CA est alors un président non exécutif.

  Ainsi, dans la SA moniste, il faut distinguer le **directeur général** qui est investi des pouvoirs de gestion et de représentation de la société à l'égard des tiers (il est également dit « opérationnel »), du **président du conseil d'administration** qui veille au bon fonctionnement des organes sociaux (et c'est un président dit « non opérationnel »).
- La dissociation des fonctions n'interdit pas leur exercice par une même personne. Le choix entre les deux formes d'organisation de la direction générale -dissociation ou cumul-appartient au conseil d'administration, dans les conditions fixées par les statuts.

  Le conseil d'administration doit informer les actionnaires et les tiers de son choix. Il peut revenir sur ce choix au cours de la vie sociale.

  Dans les faits, d'après une étude réalisée par Deloitte en 2016, sur les 120 sociétés de l'indice SBF (Société des Bourses Françaises -L'indice regroupe les sociétés cotées dont les titres sont les plus échangés sur la place française), pour 109 sociétés de droit français, 87 sont des SA avec conseil d'administration. Un tiers de ces sociétés seulement ont fait le choix d'une dissociation entre les fonctions de directeur général et de président du conseil d'administration.

A L'administration de la SA

La SA est administrée par un organe collégial dont le rôle est de contrôler la gestion de la direction, de fixer les orientations stratégiques de la société et de veiller à la bonne marche de celle-ci. Il est composé d'administrateurs.

1 Les administrateurs

a. La qualité d'administrateur

- L'administrateur peut être une personne physique ou morale. L'administrateur personne morale doit désigner un représentant et notifier cette désignation à la société administrée, au plus tard à son entrée en fonction. Il est soumis aux mêmes conditions, obligations et responsabilités que s'il était administrateur en son nom propre (article L. 225-20 du Code de commerce), de même qu'aux règles de cumul (cf. infra).
- Aucun texte n'exige une capacité particulière. La capacité civile suffit donc. Cependant, l'administrateur ne doit pas être frappé d'une interdiction de gérer ou de déchéance. Ne peuvent pas être nommés administrateurs :

Personnes exerçant certaines professions (incompatibilités)	Fonctionnaires, membres du Parlement, membres de certaines professions libérales, etc...
Commissaires aux comptes ou membres signataires d'une société de commissaires aux comptes	Vis-à-vis de la société dont ils sont CAC ou d'une société contrôlée par celle-ci ou la société contrôlante de celle-ci pendant 3 ans après la fin de leurs fonctions.
Personnes ayant fait l'objet de certaines condamnations pénales	Interdiction ou déchéance prononcée facultativement par le juge à titre de peine complémentaire

- Le législateur a en outre institué des limitations au cumul des mandats sociaux (cf. infra).

- L'administrateur ne doit pas dépasser la limite d'âge prévue par les statuts, ou, à défaut, par la loi. L'article L. 225-19 du Code de commerce dispose que le nombre des administrateurs ayant dépassé l'âge de 70 ans ne peut être supérieur au tiers des administrateurs en fonction. Une nomination intervenue en violation de la limite d'âge serait nulle. Si le dépassement de la limite d'âge intervient en cours de mandat, l'administrateur le plus âgé est réputé démissionnaire d'office.
- L'administrateur ne doit pas être surnuméraire. L'article L. 225-17 du Code de commerce prévoit que le CA comprend de 3 à 18 membres (les statuts fixent le nombre dans le respect de ces limites). Les administrateurs représentant les salariés et les administrateurs représentant les salariés actionnaires ne sont pas pris en compte dans le calcul. En cas de fusion, le nombre peut temporairement être porté à 24.
- Jusqu'en 2008, la loi exigeait que l'administrateur soit propriétaire d'un certain nombre d'actions déterminé par les statuts. Aujourd'hui, selon la loi, l'administrateur peut être actionnaire ou non, mais les statuts peuvent imposer la qualité d'actionnaire et la détention d'un nombre minimum d'actions. L'administrateur qui ne serait pas en conformité serait réputé démissionnaire d'office à l'issue d'un délai de 6 mois.

Remarque Le code Afep/Medef préconise que l'administrateur soit titulaire d'un certain nombre d'actions.

- La loi du 27 janvier 2011 a posé le principe d'une représentation équilibrée des hommes et des femmes pour toutes les SA.

Elle a imposé la mixité dans les sociétés dont les actions sont admises sur un marché réglementé (au moins 40 % de chaque sexe : à défaut, toute nomination intervenue en violation de ce principe est nulle et entraîne la suspension des jetons de présence ; quand le CA est constitué au plus de 8 membres, l'écart entre les administrateurs des deux sexes ne peut être supérieur à 2). Elle a aussi prévu une extension progressive de cet impératif aux grandes sociétés. A compter du 1er janvier 2017, sont concernées les sociétés qui comptent plus de 250 salariés et réalisent au moins 50 millions d'euros nets de chiffre d'affaires ou présentent un total de bilan de ce montant.

La loi PACTE renforce l'exigence de la parité en supprimant la disposition qui prévoyait que la nullité de la nomination n'entraînait pas celle de la délibération de l'assemblée générale.

Remarque **Les administrateurs indépendants**

Le code Afep/Medef recommande aux sociétés dont les actions sont admises aux négociations sur un marché réglementé de constituer, au sein du conseil d'administration, un comité des nominations qui doit organiser une procédure de sélection de futurs administrateurs indépendants. Ces administrateurs, qui n'entretiennent pas de lien avec la société, son groupe ou sa direction de nature à compromettre l'exercice de sa liberté de jugement, doivent constituer une proportion significative des membres du conseil d'administration.

b. La désignation des administrateurs

Modalités de désignation

À la constitution : dans les sociétés n'offrant pas de titres au public, les premiers administrateurs sont désignés dans les statuts ou par acte séparé. Dans les sociétés faisant offre au public, ils sont désignés par l'assemblée constitutive.

Au cours de la vie sociale : les administrateurs sont désignés par l'assemblée générale ordinaire. Cependant, à titre provisoire, ils peuvent être cooptés par le conseil d'administration en cas de vacance de la fonction d'administrateur lié à un décès ou une démission. Lacooptation consiste en la désignation d'un nouveau membre du conseil d'administration par les administrateurs en fonction, sous réserve de ratification par la plus prochaine assemblée générale. Pour savoir si le recours à la cooptation est possible, il faut distinguer 3 cas :

Cooptation d'un administrateur selon le nombre d'administrateurs restant en fonction	
nombre > minimum statutaire	**cooptation facultative**
Minimum statutaire	
nombre < minimum statutaire et nombre > minimum légal	**cooptation obligatoire**
Minimum légal (3)	
nombre < minimum légal	**cooptation interdite** **Il faut convoquer une assemblée générale ordinaire.**

La cooptation est obligatoire si le nombre d'administrateur est devenu inférieur au minimum statutaire sans être inférieur au minimum légal. Elle est facultative si le nombre reste supérieur au minimum statutaire.

La nomination fait l'objet des mesures de publicité habituelles (insertion dans un JAL, inscription au RCS, insertion au BODACC)

c. Le cumul d'un contrat de travail avec le mandat d'administrateur (article L. 225-22 du Code de commerce)

Le cumul d'un contrat de travail avec le mandat d'administrateur est possible sous certaines conditions :

- en principe, le contrat de travail doit être **antérieur** à la désignation comme administrateur ; une exception a été apportée pour les PME au sens du droit européen satisfaisant aux seuils suivants : nombre de salariés inférieur à 250 et chiffre d'affaires hors taxe n'excédant pas 50 millions ou total de bilan n'excédant pas 43 millions (article L. 225-21-1 du même code) : les administrateurs peuvent devenir salariés postérieurement à leur nomination.
- Par ailleurs les exigences du droit commun s'appliquent : emploi effectif, fonctions distinctes et lien de subordination.

Enfin, le nombre des administrateurs liés à la société par un contrat de travail ne doit **pas dépasser le tiers des administrateurs** en fonction. Le salarié nommé administrateur garde le bénéfice de son contrat de travail, et toute modification ultérieure de ce contrat est une convention réglementée. (les administrateurs élus par les salariés sont exclus du nombre maximal et de la règle du tiers)

Les administrateurs représentant les salariés

Ils sont de 3 types, selon la nature de l'obligation de désignation.

	Obligation concernant les grandes entreprises
Entreprises concernées	Les entreprises qui emploient pendant 2 exercices consécutifs, au moins 1000 salariés dans la société et ses filiales dont le siège est en France ou 5000 salariés dans la société et ses filiales dont le siège est situé en France et à l'étranger doivent nommer des administrateurs salariés.
Nombre d'administrateur à désigner	– 1 administrateur si le nombre de membre du CA est inférieur ou égal à 8, – 2 si ce nombre est supérieur à 8. La désignation est prévue par les statuts (élection, désignation par un organe représentant du personnel ou par l'organisation syndicale ayant obtenu le plus grand nombre de suffrage aux dernières élections professionnelles (article L. 225-27-1 du Code de commerce).
Conditions de nomination	Leur contrat de travail doit être antérieur d'au moins 2 ans à leur nomination. Ils ne sont pas pris en compte dans le décompte des minimum et maximum légaux d'administrateurs nommés par l'assemblée générale ordinaire ni pour le calcul de la limite du tiers des administrateurs liés par un contrat de travail.
	Obligation lorsque la participation des salariés actionnaires dépasse 3 % du capital
Entreprises concernées	SA cotées et, et les entreprises non cotées qui emploient pendant 2 exercices consécutifs, au moins 1000 salariés dans la société et ses filiales dont le siège est en France ou 5000 salariés dans la société et ses filiales dont le siège est situé en France et à l'étranger.
Nombre d'administrateur à désigner	Les actionnaires salariés doivent désigner un ou plusieurs administrateurs parmi les actionnaires salariés.
Conditions de nomination	La nomination est faite par l'assemblée générale ordinaire sur proposition des actionnaires (article L. 225-23 du Code de commerce). Ils ne sont pas pris en compte pour le calcul de la règle du tiers.
	Obligation statutaire
Entreprises concernées	Les entreprises dont les statuts prévoient que des administrateurs sont élus par le personnel salarié.
Nombre d'administrateur à désigner	Leur nombre est fixé dans les statuts et ne peut excéder 4 ou 5 (pour une SA cotée) ni le tiers des administrateurs (ou membres du conseil de surveillance).
Conditions de nomination	Ils ne sont pas pris en compte dans le calcul du nombre total d'administrateurs (articles L. 225-27 à L. 225-34 du Code de commerce) Leur contrat de travail doit être antérieur d'au moins 2 ans à leur nomination. Ils ne sont pas pris en compte dans le décompte des minimum et maximum légaux d'administrateurs nommés par l'assemblée générale ordinaire, ni pour le calcul de la limite du tiers des administrateurs liés par un contrat de travail

Remarque Ces trois types d'administrateurs représentant les salariés se distinguent des administrateurs salariés qui sont désignés par l'assemblée générale ordinaire selon le droit commun (c'est-à-dire qu'ils n'ont pas vocation à représenter les salariés) pour lesquels la condition d'ancienneté de 2 ans n'est pas requise.

d. Les règles de cumul des mandats

Afin de garantir l'effectivité du contrôle réalisé par les administrateurs, le législateur a encadré le nombre de mandats sociaux dont une même personne physique peut être titulaire. En réalité, le jeu des exceptions aux règles de cumul permet encore d'exercer un grand nombre de mandats simultanément.

Une limitation particulière :

Une **personne physique ne peut pas exercer simultanément plus de 5 mandats d'administrateur** (ou de membre du conseil de surveillance) de sociétés anonymes ayant leur siège social sur le territoire français (article L. 225-21 du Code de commerce).

La limitation ne concerne que les personnes physiques et s'applique aux représentants permanents des personnes morales (et non aux personnes morales elles-mêmes).

L'exercice par un administrateur des fonctions de directeur général dans la même société ne compte que pour un seul mandat (article L. 225-94 du Code de commerce : cette disposition s'applique que l'administrateur soit président du conseil d'administration ou non).

Une limitation globale :

Une même personne physique ne peut pas exercer plus de **5 mandats de directeur général, de membre du directoire, de directeur général unique, d'administrateur ou de membre du conseil de surveillance** (article L. 225-94-1 du Code de commerce).

Remarque Ce plafond global est réduit à 3 pour les mandats exercés au sein de sociétés cotées, lorsque le titulaire est directeur général, membre du directoire ou directeur général unique dans une société dont les titres sont admis aux négociations sur un marché réglementé et qui emploie au moins 5 000 salariés permanents dans la société et ses filiales, situées en France ou au moins 10 000 salariés permanents dans la société et ses filiales en France et à l'étranger.
Le code Afep/Medef recommande de limiter à 2 le nombre de mandats d'administrateurs (hors sociétés contrôlées) détenus par un directeur général, un directeur général unique ou un membre du directoire d'une SA dont les titres sont admis aux négociations sur un marché réglementé.

Des dérogations :

Il est possible de cumuler plus de 5 mandats d'administrateurs dans une SA :

- si une personne cumule un mandat d'administrateur dans une société avec un mandat dans les **sociétés contrôlées** par cette société, elle peut cumuler sans limitation un mandat d'administrateur dans chacune des sociétés contrôlées, même si elle est déjà titulaire de cinq mandats (Les mandats exercés dans les sociétés contrôlées ne sont pas décomptés). La dérogation vaut aussi pour le calcul du plafond global.

> **Exemple : Si la société SA ABC contrôle 10 SA filiales, alors Monsieur X qui siège au conseil d'administration de A pourra avoir un mandat dans chacune des sociétés contrôlées par A. Il détiendra 11 mandats tout en respectant la loi.**

- si une personne est administrateur dans plusieurs sociétés contrôlées par la même société, à condition que ces sociétés contrôlées (**sociétés sœurs**) ne soient pas cotées sur un marché réglementé, sans être administrateur de la société contrôlante ; les mandats exercés à ce titre ne comptent que pour un dans la limite de cinq.

> **Exemple : Si la société Z contrôle 5 filiales : M, N, O, P, R, alors Monsieur Delta qui n'est pas administrateur dans la société Z, peut être administrateur dans chacune des filiales. Il détiendra 5 mandats qui pourront se cumuler avec 4 autres mandats d'administrateurs dans d'autres SA.**

Remarque Par société contrôlée, il faut entendre celle qui fait l'objet d'un contrôle exclusif ou d'un contrôle conjoint au sens de l'article L. 233-16 du Code de commerce sur la consolidation de bilans. Le contrôle pouvant être exercé directement ou indirectement, l'administrateur d'une société peut être administrateur d'une sous-filiale, même s'il n'est pas administrateur de la société mère de la sous-filiale.

En l'absence de disposition contraire, il est possible de **cumuler les dérogations**. Ainsi, une personne qui exerce cinq mandats dans des « sociétés sœurs » ne comptant que pour un mandat peut encore exercer quatre mandats d'administrateur dans des sociétés non contrôlées par celle qui contrôle les sœurs, et un nombre illimité de mandats dans sociétés contrôlées par ces quatre sociétés.

Les règles de cumul sont assorties d'une sanction : le mandataire qui dépasse les règles de cumul a 3 mois pour se démettre du mandat de son choix. En l'absence de régularisation, il est réputé démissionnaire d'office du dernier mandat.

Le rapport de gestion présenté par le conseil d'administration à l'assemblée générale doit présenter la liste de l'ensemble des mandats et fonctions exercés par chacun des mandataires sociaux dans toute société (SA ou autre, en France et à l'étranger).

Pour les sociétés cotées, il présente en outre la rémunération totale et avantages de toute nature versés à chaque mandataire social par la société et par la société contrôlante et/ ou des sociétés contrôlées – et les engagements (et le montant estimatif des rentes) pris par la société au bénéfice de ses mandataires sociaux correspondant à des éléments de rémunération ou à verser à la cessation des fonctions (options de souscription d'action, versement d'une retraite par exemple).

e. L'exercice des fonctions d'administrateur

La durée des fonctions	Elle est fixée par les statuts sans pouvoir excéder 6 ans.
La cessation des fonctions	- Les fonctions prennent fin à l'issue de la réunion de l'assemblée générale ordinaire ayant statué sur les comptes de l'exercice écoulé et tenue dans l'année au cours de laquelle expire le mandat. - Sauf stipulation contraire des statuts, les administrateurs sont rééligibles. - Les causes de la cessation des fonctions sont classiquement : l'arrivée du terme du mandat ; l'application des règles concernant la limite d'âge ; la survenance d'un événement empêchant l'administrateur d'exercer ses fonctions ; le changement de forme juridique ou la dissolution de la SA ; la démission la révocation à tout moment par l'assemblée générale ordinaire : il n'est pas nécessaire qu'elle figure à l'ordre du jour. La révocation est prononcée **ad nutum**, c'est-à-dire que la décision des actionnaires n'a pas à être motivée. Cette disposition est d'ordre public. Toutefois, conformément au droit commun, l'administrateur révoqué a droit à des dommages et intérêts si la révocation intervient dans des circonstances injurieuses ou vexatoires, ou s'il n'avait pas pu organiser sa défense lors de l'assemblée (manquement au principe de contradiction).
La rémunération (ex-jetons de présence)	- En contrepartie de leur fonctions, les administrateurs ne peuvent recevoir qu'une somme fixe annuelle dont le montant global est déterminé librement par l'assemblée générale et que le conseil d'administration répartit entre ses membres. La répartition n'est pas forcément égalitaire ni nécessairement liée à l'assiduité. - Les administrateurs peuvent se voir attribuer des rémunérations exceptionnelles pour des missions ou des mandats qui leur sont confiés par le conseil d'administration (par exemple, négociation d'une alliance). Les administrateurs ne peuvent recevoir de la société aucune autre rémunération que celles visées ci-dessus (article L. 225-44 du Code de commerce.). La loi impose que le conseil d'administration rende compte de la rémunération totale des dirigeants dans le rapport de gestion (Say on Pay) et des avantages de toutes natures versés par la société durant l'exercice à chacun des mandataires sociaux, par la société et celles qu'elle contrôle pour les sociétés cotées.

Remarque La loi PACTE supprime le terme de jetons de présence pour le remplacer par le terme « rémunération allouée ».

2 Le conseil d'administration

L'administrateur n'a en tant que tel aucun pouvoir. C'est le conseil d'administration, en tant qu'organe collégial, qui détient des pouvoirs. Ses décisions sont prises collectivement.

a. Missions

Une mission stratégique

Le conseil détermine les orientations de l'activité de la société. Sous réserve des pouvoirs expressément attribués aux assemblées d'actionnaires et au directeur général, et dans la limite de l'objet social, le conseil d'administration se saisit de toute question intéressant la bonne marche de la société et règle par ses délibérations les affaires qui la concernent.

Remarque La société reste engagée envers les tiers par les actes du conseil d'administration qui dépassent l'objet social, sauf connaissance de la situation par le tiers intéressé (article L. 225-35 du Code de commerce). Les dispositions statutaires qui limitent les pouvoirs du conseil d'administration sont inopposables aux tiers.

Une mission de contrôle

Le conseil doit veiller à la mise en œuvre des orientations qu'il a déterminées. **Il procède donc aux vérifications et aux contrôles qu'il juge opportuns**, en particulier auprès du directeur général ou président directeur général. Chaque administrateur reçoit les informations nécessaires à l'accomplissement de sa mission, et peut se faire communiquer tous les documents qu'il estime utile.

b. Fonctionnement

Convocation aux séances	En principe, les modes, formes et délais de convocation sont librement fixés dans les statuts. Si le conseil ne s'est pas réuni depuis plus de deux mois, un groupe d'administrateurs représentant au moins le tiers des membres en fonction peut demander au président de convoquer le conseil sur un ordre du jour déterminé. Le directeur général peut aussi demander au président de convoquer le conseil sur un ordre du jour déterminé (article L. 225-36-1 du Code de commerce). - L'ordre du jour est en principe fixé par le président.
Présence aux séances	- Un registre des présences est tenu. - Sauf clause contraire des statuts, les administrateurs peuvent se faire représenter par un autre administrateur aux séances du conseil. Le mandat doit être écrit. - Sauf clause contraire des statuts et si le règlement intérieur du conseil d'administration le prévoit, les administrateurs peuvent participer aux séances du conseil par des moyens de visioconférence ou télécommunication. Ils sont alors réputés présents pour le calcul du quorum et de la majorité (article L. 225-37 du Code de commerce). Cette modalité de participation est exclue pour l'établissement des comptes annuels et du rapport de gestion. Les statuts peuvent limiter la nature des décisions pouvant être prises par ces moyens et prévoir un droit d'opposition au profit d'un nombre déterminé d'administrateurs.
Participants aux séances	Participent aux réunions du conseil d'administration : - avec voix délibérative : les administrateurs présents ou représentés ; - avec voix consultative : les commissaires aux comptes pour les réunions qui examinent ou arrêtent les comptes annuels ou intermédiaires, ou toute autre réunion si leur présence est opportune ; deux membres du comité social et économique.

Conditions de quorum et de majorité	- Le conseil ne délibère valablement que si la moitié au moins de ses membres sont présents. Toute clause contraire est réputée non écrite. - Les décisions sont prises à la majorité des membres présents ou représentés. Les statuts ne peuvent déroger à cette disposition qu'en prévoyant une majorité plus forte. - Sauf stipulation contraire des statuts, la voix du président de séance est prépondérante en cas de partage des voix.
Procès-verbal de séance	Après chaque réunion du conseil, il est nécessaire d'établir un procès-verbal, sous peine de nullité de la délibération.

Remarque Depuis la loi du 19 juillet 2019, les statuts peuvent stipuler que certaines décisions relevant des attributions propres du conseil d'administration peuvent être prises par consultation écrite des administrateurs. Sont concernés : les nominations par cooptation, l'autorisation des cautions, la mise en conformité des statuts avec les dispositions légales et règlementaires, la convocation de l'assemblée générale et le transfert du siège social de la société dans le même département.

c. Les pouvoirs du CA :

Mettre en place les organes sociaux

- Le conseil d'administration décide si les fonctions de directeur général seront exercées par le président du conseil d'administration ou par une autre personne physique (article L. 225-51 du Code de commerce).
- Il nomme, révoque et fixe la rémunération : du président du conseil d'administration, du directeur général et des directeurs généraux délégués (sur proposition du directeur général).
- Il peut coopter des administrateurs (sous réserve de ratification par l'assemblée générale ordinaire).
- Il peut déléguer un administrateur dans les fonctions de président.
- Il peut attribuer à ses membres des mandats spéciaux.
- Il décide le déplacement du siège social sur le territoire français, sous réserve de ratification par la prochaine assemblée.
- Il peut décider la création de comités d'études ou de direction auxquels pourront être soumis des sujets par le conseil d'administration ou le directeur général. Ils ne peuvent avoir qu'un rôle consultatif.

Remarque Les sociétés cotées doivent créer un comité d'audit qui émet un avis au conseil avant la nomination d'un CAC, suit le processus de l'élaboration de l'information financière, vérifie l'efficacité des systèmes de contrôle interne, etc... Le code Afep/Medef recommande également l'institution d'un comité pour les rémunérations et un autre pour la sélection ou les nominations. Il décide de la répartition des jetons de présence votés par les actionnaires entre ses membres.

Assurer le bon fonctionnement des assemblées générales

- Le conseil convoque les assemblées générales et fixe leur ordre du jour.
- Il établit les comptes annuels à la clôture de chaque exercice, le rapport de gestion et la proposition d'affectation du résultat. Le rapport de gestion expose la situation durant l'exercice écoulé, son évolution, les évènements importants survenus entre la date de clôture de l'exercice et la date à laquelle il est établi, ses activités en matière de recherche et développement. Il expose un état des cautionnements, avals ou garanties et sûretés consenties par elle. Il est également établi un rapport sur le gouvernement d'entreprise qui est joint au rapport de gestion.

Remarque sur l'exigence relative au rapport de gestion qui est différenciée :

- Pour les sociétés cotées et les plus grandes sociétés, il contient les éléments relatifs à la responsabilité sociale et environnementale de leur activité (sous la forme d'une déclaration de performance extra-financière) et les principales caractéristiques des procédures de contrôle interne.

- Les plus grandes entreprises doivent encore inclure un plan de vigilance dans leur rapport de gestion comportant les mesures de vigilance raisonnable pour identifier et prévenir les atteintes graves envers les droits humains et les libertés fondamentales, la santé et la sécurité des personnes ainsi que de l'environnement résultant des activités de la sociétés, des sociétés qu'elles contrôlent ainsi que des activités des fournisseurs et sous-traitants avec lesquels elles entretiennent une activité commerciale établie.
- Dans les sociétés dont les actions sont admises aux négociations sur un marché réglementé, le rapport de gestion doit présenter un état des opérations réalisés par les dirigeants, les hauts responsables et par les personnes auxquelles ils dont étroitement liés, sur leurs titres.
- Pour les plus petites sociétés qui ne dépassent pas la clôture de l'exercice deux des trois seuils suivants : total de bilan : 4 millions d'euros, montant net de chiffre d'affaires : 8 millions et 50 salariés, l'obligation d'établir un rapport de gestion a été supprimée.

- Il établit un rapport spécial pour toute décision importante concernant la vie sociale et devant être prise par une assemblée générale (exemple : augmentation de capital, suppression du droit préférentiel de souscription...)
- Il propose à l'assemblée les candidats à la désignation de commissaire aux comptes.
- Sur délégation de l'assemblée générale extraordinaire, il peut décider une augmentation de capital et/ou fixer les modalités de cette augmentation, réaliser une réduction de capital.

Délivrer des autorisations

- Le conseil d'administration dispose du pouvoir **d'autoriser les cautions, avals et garanties données par le directeur général au nom de la société** (autre qu'exploitant un établissement bancaire ou financier). Le terme « aval » désigne un engagement personnel donné par un tiers au profit d'un des signataires d'un effet de commerce. Est une garantie tout moyen juridique de se prémunir contre l'insolvabilité du débiteur.

au profit de tiers dans les conditions suivantes :

Autorisation des cautions, avals et garanties

L'autorisation doit être donnée pour un **montant limité.**	Jusqu'au plafond fixé, les engagements peuvent être accordés librement par le directeur général. Le conseil peut aussi, dans la limite du plafond global, imposer une autorisation préalable à tout engagement dépassant un montant déterminé. Tout engagement qui dépasserait alors l'une ou l'autre des limites devrait être soumis à autorisation. En l'absence d'autorisation du conseil, la garantie est inopposable à la société. Si les engagements ont été donnés pour une limite supérieure à la limite globale, le dépassement ne peut pas être opposé aux tiers qui n'en ont pas eu connaissance, à moins que le montant de l'engagement invoqué n'excède à lui seul l'une des limites (globale ou particulière) fixée par le conseil d'administration.
L'autorisation doit être **antérieure** à la convention	A défaut, l'engagement est inopposable à la société.
Le conseil d'administration ne peut donner son autorisation pour une durée supérieure à **un an** (quelle que soit la durée des engagements souscrits).	Si le délai d'un an est dépassé, l'engagement est inopposable à la société.

Si la décision autorisant l'engagement a été prise dans des conditions irrégulières, la nullité en résultant est inopposable au créancier de bonne foi.

Remarque Depuis la loi du 19 juillet 2019, le conseil d'administration peut autoriser annuellement et sans limite de montant les cautions, avals et garanties souscrites au profit des sociétés contrôlées. Le conseil peut aussi autoriser le directeur général à donner globalement, sans limite de montant pour ces opérations, sous réserve qu'il en rende compte au conseil au moins une fois par an.

Par ailleurs, le conseil a le pouvoir **d'autoriser la conclusion des conventions réglementées.**

Enfin, le conseil peut **autoriser les actes dépassant les pouvoirs statutaires du directeur général ou du président**, à moins que les statuts ne réservent cette prérogative à l'assemblée générale.

d. Responsabilité des administrateurs

La responsabilité civile des administrateurs

Elle est engagée envers la société ou les tiers en cas de violation de la loi, de violation des statuts ou de faute de gestion selon le droit commun.

L'action sociale peut être exercée par les représentants légaux (action *ut universi*) ou par un ou des actionnaires ou par un groupe d'actionnaires (représentant au moins 1/20e du capital social *action ut singuli*). Elle se prescrit par trois ans à compter du fait dommageable ou de sa révélation, s'il a été dissimulé.

A l'égard des tiers, les administrateurs ne sont responsables qu'en cas de faute personnelle séparable de leurs fonctions ou de faute pénale.

La responsabilité civile des administrateurs peut être :

- individuelle : c'est le cas lorsque la faute peut être imputée à un administrateur déterminé, et à lui seul ;
- ou solidaire : lorsque la faute est collective, qu'elle est imputable à l'ensemble du conseil d'administration. Un administrateur peut être exonéré de sa responsabilité s'il prouve par exemple qu'il s'est opposé à la décision.

La responsabilité pénale

Les administrateurs sont par ailleurs pénalement responsables des infractions commises dans la direction et l'administration de la société. La principale infraction est l'abus de biens sociaux (utiliser des biens sociaux à des fins personnelles et non dans l'intérêt de la société), mais leur responsabilité pénale peut aussi être recherchée pour abus de pouvoirs ou de voix, distribution de dividendes fictifs, présentation de faux bilans, présentation de comptes sociaux infidèles, absence d'établissement des comptes (Cf. Chapitre 27)

3 Le président du CA

Depuis la loi NRE du 15 mai 2001, le président du conseil d'administration n'a plus de facto la direction générale de la société. Il peut être un président non exécutif. Le président est alors dans la même condition juridique qu'un administrateur, sous réserve de quelques aménagements.

a. La nomination

Le président est obligatoirement une **personne physique** ;

- il est choisi **par et parmi les membres du conseil d'administration** (article L 225-47 du Code de commerce).
- Les statuts peuvent prévoir **une limite d'âge**. A défaut de disposition expresse, cette limite d'âge est fixée à 65 ans (article L. 225-48 du Code de commerce). Lorsque le président atteint cet âge, il est réputé démissionnaire d'office.
- S'il est étranger, il doit être fait une déclaration au préfet du département.

Ces dispositions s'imposent à peine de nullité de la nomination.

b. Statut

Son statut est calqué sur celui des administrateurs, seules quelques règles sont particulières.

Durée des fonctions

- La durée des fonctions du président est fixée par les statuts ou le conseil d'administration et ne peut pas excéder la durée de son mandat d'administrateur. Le président est rééligible.
- Les fonctions prennent fin par l'arrivée du terme de son mandat, par la perte de la qualité d'administrateur, par la démission, ou du fait de la limite d'âge. La révocation peut être prononcée **ad nutum par le conseil d'administration**, c'est-à-dire que la décision n'a pas à être motivée, toute clause contraire étant réputée non écrite.
- La perte de la présidence du conseil n'entraîne pas automatiquement la perte de la qualité d'administrateur.
- Le conseil d'administration peut déléguer un administrateur dans les fonctions de président en cas d'empêchement ou de décès du président.

Rémunération

- Le président a droit à sa part dans la rémunération annuelle votée par l'assemblée générale.
- Par ailleurs, il reçoit une rémunération spéciale décidée par le conseil d'administration.
- Dans les SA cotées, sa rémunération doit faire l'objet d'un vote des actionnaires lors de l'assemblée générale ordinaire.

Remarques concernant les sociétés cotées :
Les rémunérations des dirigeants font l'objet de vives controverses et des règles viennent les encadrer.
Les rémunérations des dirigeants n'ont fait l'objet d'aucune réglementation contraignante pendant longtemps. La loi est venue instaurer un double contrôle des rémunérations des dirigeants (Président, directeur général, directeur général délégué, membres du conseil d'administration ou du conseil de surveillance) par les actionnaires qui ainsi ont un « **Say on Pay** » autrement dit ont un droit de regard sur les rémunérations et les avantages de toutes natures attribués « La société doit publier une politique de rémunération conforme à l'intérêt social ». Un rapport sur les rémunérations doit permettre une comparaison avec les rémunérations moyennes et médianes des salariés.
Chaque année, une consultation préalable des actionnaires doit intervenir sur les principes et les critères de détermination des éléments fixes. S'ils sont rejetés, les règles pratiquées antérieurement continueront à s'appliquer. Un second vote des actionnaires intervient a postériori sur les rémunérations attribuées lors de l'exercice antérieur sur le rapport relatif aux rémunérations d'une part et sur la rémunération de chaque mandataire d'autre part. En cas de vote négatif, les rémunérations variables ne seront pas versées. Les actionnaires se sont ainsi vus reconnaître un droit de véto concernant l'attribution des rémunérations variables.
Dans les sociétés publiques nationales les éléments de la rémunération du PCA sont autorisés par le ministre de l'Économie et ne peuvent excéder 450 000 euros.

c. Pouvoirs

- Le président du conseil d'administration préside le CA et les assemblées générales. Il organise et dirige les travaux du conseil. Il rend compte de ces travaux à l'assemblée générale.
- Il veille au bon fonctionnement des organes de la société (régularité des convocations, de l'exercice du droit de communication des actionnaires et de l'information des administrateurs).
- Il a, sauf clause contraire des statuts, voix prépondérante en cas de partage des voix au sein du conseil.

d. Responsabilité

Il engage sa responsabilité civile et pénale dans les mêmes conditions que l'administrateur.

B La direction générale

La direction générale de la société est confiée à un directeur général qui peut être le président du conseil d'administration ou un tiers personne physique.

1 Le directeur général (DG)

a. La nomination

La qualité de DG

- Le directeur général est obligatoirement une **personne physique** (article L. 225-51 du Code de commerce), nommée (et révoquée) **par le conseil d'administration** parmi les membres du conseil d'administration ou en dehors d'eux. Dans les grandes sociétés anonymes, le directeur général est souvent un tiers nommé pour ses compétences managériales.
- Les incompatibilités et les interdictions relatives aux administrateurs s'appliquent au directeur général. Si le directeur général est étranger, il doit faire une déclaration à la préfecture.
- Les statuts doivent prévoir une **limite d'âge**. A défaut, cette limite d'âge est fixée à 65 ans. Lorsque le directeur général atteint la limite d'âge, il est réputé démissionnaire d'office (article L. 225-54 Code de commerce)
- Toute nomination intervenue en violation de ces dispositions est nulle.

Les règles de cumul de mandats

Des règles spécifiques s'appliquent au mandat de directeur général, en plus de celles relatives aux mandats d'administrateurs.

- Une personne ne peut **pas exercer plus d'un mandat de directeur général** de sociétés anonymes ayant leur siège sur le territoire français (article L. 225-54-1 Code de commerce). L'interdiction s'étend aux mandats de membre du directoire ou de directeur général unique.
- Par ailleurs, le directeur général ne peut détenir que quatre autres mandats d'administrateurs, de membre du conseil de surveillance (sauf dérogation), au plus, étant précisé que l'exercice par un administrateur des fonctions de directeur général dans la même société ne compte que pour un mandat (La limite globale est ici 4 +1 = 5)

Par dérogation :

- le directeur général d'une société peut exercer un deuxième mandat de directeur général ou un mandat de membre du directoire ou de directeur général unique dans une autre SA, à condition que cette dernière soit **contrôlée** par la société dans laquelle il exerce son premier mandat (article L. 225-54-1 Code de commerce).
- une personne physique exerçant un mandat de directeur général dans une SA peut exercer également un mandat de directeur général, de membre du directoire ou de directeur général unique dans une autre société, dès lors que les titres de ces **deux sociétés ne sont pas cotées**.

Les dérogations peuvent se cumuler. Les sanctions sont les mêmes que celles applicables aux infractions aux règles relatives à la limitation des mandats d'administrateurs.

Les règles de cumul avec un contrat de travail

Le directeur général peut être lié à la société par un contrat de travail, à condition, s'il est administrateur, de respecter les règles relatives au cumul d'un mandat d'administrateur et d'un contrat de travail. L'emploi doit être effectif, la rémunération et les fonctions doivent être distinctes, et il doit exister un lien de subordination avec la société.

Durée des fonctions

- Sauf disposition contraire des statuts, la durée des fonctions est librement fixée par le conseil d'administration.
- Les fonctions prennent fin par l'arrivée du terme, par l'application des règles concernant la limite d'âge ou le cumul des mandats, par la survenance d'une incapacité, par la démission ou par l'adoption du régime à directoire et conseil de surveillance.

- Par ailleurs, le directeur général est révocable à tout moment par le conseil d'administration. Si la révocation ne repose pas sur un juste motif, elle ouvre droit à des dommages et intérêts (sauf si le directeur général est également président du conseil d'administration : article L. 225-55 du Code de commerce).

La rémunération

- **La rémunération du directeur général est fixée par le conseil d'administration**. Sa rémunération est traitée fiscalement comme un salaire. En règle générale, la rémunération comprend une partie fixe et une partie variable constituée d'un intéressement à la progression des affaires (pourcentage de bénéfices, voire du chiffre d'affaires). S'y ajoutent les avantages en nature, tels que logement et voiture de fonction, garde-robe, etc...

Les options de souscription ou d'achat d'actions peuvent constituer un substantiel complément de rémunération bénéficiant d'un régime fiscal attrayant. Il en va de même de l'attributions d'actions gratuites.

S'il cumule sa fonction avec un contrat de travail, le directeur général peut percevoir un salaire. S'il a la qualité d'administrateur, il reçoit également sa part dans la rémunération annuelle allouée par l'assemblée générale au conseil d'administration.

Comme celle du président, la rémunération du directeur général doit être révélée dans le rapport de gestion.

- Par ailleurs, le directeur général peut percevoir des **rémunérations exceptionnelles** qui peuvent être très diverses (complément de retraite, prime exceptionnelle en fonction des résultats, « parachute doré » en cas de cessation des fonctions, stock-options ou attribution gratuite d'actions...). Ces compléments de rémunération doivent être décidés par le conseil d'administration et ne doivent pas porter atteinte au principe de libre révocabilité du dirigeant.

De plus, les éléments de rémunération doivent être soumis à des critères de performance du bénéficiaire.

Remarques Pour les sociétés cotées.
Le code Afep/Medef préconise :
- de mettre un terme au contrat de travail en cas de mandat social ;
- de fixer un nombre d'actions que le DG doit conserver au nominatif ;
- de respecter un ensemble de principes dans la fixation de la rémunération du président exécutif (équilibrée, cohérente, transparente, etc...).

Les sociétés cotées doivent par ailleurs respecter pour le directeur et le directeur général délégué les modalités du principe « Say on Pay » (contrôle a priori et a posteriori par l'assemblée générale ordinaire).

Le commissaire aux comptes atteste l'exactitude et la sincérité des informations fournies.

b. Les pouvoirs

- Le directeur général assume, sous sa responsabilité, la direction générale de la société (article L. 225-51-1 du Code de commerce).
- Il est par ailleurs le **représentant légal** de la société à l'égard des tiers : il est investi des pouvoirs les plus étendus pour agir en toutes circonstances au nom de la société, sous réserve que l'acte entre dans l'objet social et n'empiète pas sur les pouvoirs d'un autre organe – conseil d'administration ou assemblée générale (article L. 225-56 du Code de commerce). La société est néanmoins engagée même si l'acte dépasse l'objet social selon la solution classique dans les sociétés à risques limités. Les pouvoirs du directeur général peuvent être limités par les statuts ou par le conseil d'administration, mais ces limitations de pouvoir sont inopposables aux tiers.

c. La responsabilité

Le directeur général est responsable civilement et pénalement selon les conditions communes à tous les dirigeants.

2 Le directeur général délégué

La fonction de directeur général délégué a été créée par la loi du 15 mai 2001. Il exerce une mission d'assistance auprès du directeur général.

a. Le statut

La nomination

- **Le conseil d'administration**, sur proposition du directeur général, peut nommer un ou plusieurs directeurs généraux délégués, selon le nombre librement fixé par les statuts, sans pouvoir dépasser 5 (article L. 225-53 du Code de commerce). Le processus de nomination doit permettre de présenter au moins un candidat de chaque sexe.
- Le directeur général délégué est obligatoirement une personne physique. Il peut être choisi parmi les membres du conseil d'administration ou en dehors d'eux. Il n'est pas nécessairement actionnaire. Sa nomination est incompatible avec l'exercice des fonctions de président du conseil d'administration.
- Les incompatibilités et les interdictions relatives aux administrateurs s'appliquent au directeur général délégué.
- En ce qui concerne la limite d'âge, les règles sont les mêmes que celles qui s'appliquent au directeur général (65 ans sauf clause contraire des statuts).
- Les règles relatives au cumul des mandats ne sont pas applicables au directeur général délégué.
- Les règles de cumul avec un contrat de travail sont les mêmes que celles qui s'appliquent au directeur général.

La durée des fonctions

Elle est fixée par le conseil d'administration en accord avec le directeur général.

Hormis les causes habituelles de cessation des fonctions, le mandat prend fin avec la cessation des fonctions du directeur général (il reste en principe en fonction jusqu'à la nomination d'un nouveau directeur général sauf décision du conseil d'administration).

Le directeur général délégué peut également être révoqué à tout moment mais seulement par le conseil d'administration, sur proposition du directeur général. Si la révocation ne repose pas sur un juste motif, elle donne droit à des dommages et intérêts

La rémunération

Elle est fixée individuellement par le CA pour chaque directeur général délégué. Dans les SA cotées, elle donne lieu à un double vote de l'assemblée générale au titre du « Say on Pay ».

b. Les pouvoirs

Les pouvoirs sont fixés par le conseil d'administration en accord avec le directeur général. A l'égard des tiers, il dispose des mêmes pouvoirs que le directeur général (article L. 225-56 du Code de commerce). Les limitations de pouvoirs ne sont pas opposables aux tiers.

c. La responsabilité

Le directeur général délégué est responsable dans les mêmes conditions que le directeur général.

2 La société anonyme de type moderne ou dualiste

Le mode d'organisation de la direction de la SA avec un directoire et un conseil de surveillance est inspiré du droit allemand. Elle a l'avantage de dissocier clairement les fonctions de direction et de contrôle : la direction est confiée à un directoire et le contrôle à un conseil de surveillance.

Cette forme est en général choisie par des grandes sociétés (Vivendi ou Peugeot, par exemple). Elle est très appréciée des investisseurs institutionnels.

Elle peut être adoptée au moment de la constitution ou en cours de vie sociale par modification des statuts d'une SA de type classique.

Les mots « société anonyme à directoire et conseil de surveillance » doivent figurer sur les documents émanant de la société.

A Le directoire

1 Le statut de membre du directoire

a. La qualité de membre du directoire

- Le nombre de membres du directoire est fixé dans les statuts, ou à défaut par le conseil de surveillance, il est en principe de 2 à 5 (ou 7 si les actions de la société sont admises aux négociations sur un marché réglementé).

  Lorsque le capital social est inférieur à 150 000 €, le directoire peut n'être composé que d'un membre qui prend le titre de directeur général unique.
- Le conseil de surveillance nomme les membres du directoire et son président (article L. 225-59 du Code de commerce).
- Les membres du directoire sont obligatoirement des personnes physiques qui subissent les mêmes conditions de capacité, d'interdictions et de déchéances que les administrateurs. Ils peuvent être actionnaires ou non. Les membres du directoire ne peuvent pas faire partie du conseil de surveillance. La sanction est la nullité de la nomination et des délibérations. Les règles fixant la limite d'âge des membres du directoire sont les mêmes que celles qui s'appliquent au directeur général (65 ans sauf clause contraire des statuts). La composition du directoire s'efforce de rechercher une représentation équilibrée des femmes et des hommes.

b. Les règles de cumul

Le cumul avec un contrat de travail

Un membre du directoire peut être salarié de la société, sans autre restriction que l'exigence d'un emploi effectif, de fonctions et de rémunérations distinctes et l'existence d'un lien de subordination avec la société. Le contrat doit respecter la procédure d'autorisation des conventions réglementées.

Par ailleurs, l'octroi du contrat de travail nécessite l'accord des membres du directoire.

Le cumul des mandats sociaux dans des SA

Les règles sont les mêmes que celles qui s'appliquent au directeur général (un seul mandat de direction, en principe, un second dans deux cas d'exception – et quatre mandats d'administrateurs).

c. La cessation des fonctions

La durée des fonctions peut être fixée par les statuts dans des limites comprises entre 2 et 6 ans. A défaut de disposition statutaire, cette durée est de quatre ans (article L. 225-62 du Code de commerce). Sauf stipulation contraire des statuts, les membres du directoire sont rééligibles.

Les fonctions prennent fin, par l'arrivée du terme, par l'application de la limite d'âge, par la survenance d'une incapacité ou d'une interdiction, par l'adoption du système classique de direction.

Par ailleurs, les membres du directoire peuvent être révoqués par l'assemblée générale, ou par le conseil de surveillance si les statuts le prévoient.

La révocation est libre, mais le membre du directoire révoqué sans juste motif peut demander à la société des dommages et intérêts.

La démission est libre, elle doit être notifiée aux autres membres et au conseil de surveillance.

Remarque La révocation du président du directoire obéit à un régime particulier : la décision peut dans ce cas être prise par le conseil de surveillance même si les statuts ne prévoient rien.

d. La rémunération

Elle est fixée dès la nomination par le conseil de surveillance pour chacun des membres. Dans les sociétés cotées, elle donne lieu à la procédure du « Say on Pay » avec un double vote de l'assemblée générale.

e. La responsabilité

Elle est la même que celle des administrateurs.

2 Le fonctionnement du directoire

a. Les pouvoirs du directoire

Le mode d'exercice des pouvoirs

La collégialité	En principe, les membres du directoire doivent agir collégialement. Ils peuvent toutefois, sauf clause contraire des statuts et avec l'autorisation du conseil de surveillance, se répartir les tâches de direction.
La prise de décision	Le directoire prend ses décisions dans les conditions fixées par les statuts (article L. 225-64 du Code de commerce). Dans le silence des statuts, il n'y a pas d'exigence de quorum et les décisions sont prises à la **majorité simple**. Les commissaires aux comptes doivent être convoqués aux réunions qui examinent ou arrêtent les comptes annuels ou intermédiaires. Il doit être dressé un procès-verbal de la réunion. Depuis la loi du 19 juillet 2019, les statuts peuvent stipuler que certaines décisions relevant des attributions propres du conseil d'administration peuvent être prises par consultation écrite des administrateurs. Sont concernés : les nominations par cooptation, l'autorisation des cautions, la mise en conformité des statuts avec les dispositions légales et règlementaires, la convocation de l'assemblée générale et le transfert du siège social de la société dans le même département.

Les attributions du directoire

Les pouvoirs	– Le directoire est investi des **pouvoirs les plus étendus pour agir en toutes circonstances au nom de la société**, dans les limites de l'objet social et des pouvoirs que la loi attribue expressément au conseil de surveillance et aux assemblées d'actionnaires (article L. 225-64 du Code de commerce). – La société est engagée même par les actes qui dépassent l'objet social. – Les limitations statutaires sont inopposables aux tiers.
La représentation de la société	– La représentation de la société à l'égard des tiers est en principe assurée par **le président du directoire** désigné par le conseil de surveillance (article L. 225-66 du Code de commerce). – Les statuts peuvent aussi habiliter le conseil de surveillance à conférer ce pouvoir de représentation à un ou plusieurs autres membres du directoire qui portent alors le titre de directeurs généraux.
Les attributions spécifiques	– Le directoire convoque les assemblées générales. – Sur délégation de l'assemblée générale extraordinaire, il peut décider une augmentation de capital et/ou fixer les modalités de cette augmentation, réaliser une réduction de capital. – Il peut décider de l'émission d'obligations. – Il établit les comptes annuels à la clôture de chaque exercice, le rapport de gestion et la proposition d'affectation du résultat. – Il établit un rapport spécial pour toute décision importante concernant la vie sociale et devant être prise par une assemblée générale (exemple : augmentation de capital, suppression du droit préférentiel de souscription cf. Chapitre 12)

B Le conseil de surveillance

Le statut des membres du conseil de surveillance est proche de celui des membres du conseil d'administration. Plusieurs des règles relatives au conseil de surveillance sont des renvois à celles applicables au conseil d'administration. Le rôle du conseil de surveillance se démarque clairement de celui du conseil d'administration dans la mesure où ses prérogatives se limitent au contrôle de la gestion opérée dans le directoire. Le conseil de surveillance ne saurait en effet donner quelque orientation que ce soit à l'action de ce dernier.

1 Le statut

a. La désignation

- Le conseil de surveillance doit être composé de **3 à 18** membres au plus (article L. 225-69 du Code de commerce), **personnes physiques ou morales**. En cas de fusion, le nombre de membres peut être porté à 24 pendant trois ans. Ils peuvent être actionnaires ou non.
- La **capacité civile** suffit. Les membres ne doivent pas être frappés d'interdiction. Il ne semble pas y avoir de profession incompatible compte tenu du rôle de cet organe. En revanche, il existe une incompatibilité spéciale : un membre du directoire ne peut être membre du conseil de surveillance.
- Une représentation équilibrée entre les hommes et les femmes doit être recherchée dans les mêmes conditions que pour le CA.
- Les salariés sont représentés au sein du conseil de surveillance dans les mêmes conditions que celles rencontrées dans le conseil d'administration.
- Les **salariés** peuvent être nommés au conseil de surveillance par l'assemblée générale sans que soit exigée la condition de l'antériorité du mandat (contrairement à la solution retenue pour le conseil d'administration, mais ce dernier se mêle de la gestion, contrairement au conseil de surveillance). La règle du tiers s'applique.
- Les membres du conseil de surveillance sont désignés par l'assemblée générale ordinaire dans les mêmes conditions que les administrateurs. Les membres du conseil de surveillance peuvent être **cooptés** dans les mêmes conditions que les membres du conseil d'administration. Si le nombre de membres devient inférieur à trois, le directoire doit convoquer immédiatement l'assemblée générale pour compléter l'effectif.
- Les règles concernant la **limite d'âge et le cumul** des mandats sont les mêmes que pour le conseil d'administration.
- Les nominations peuvent être annulées pour les mêmes causes que celles des administrateurs.

b. La cessation des fonctions

La durée des fonctions des membres du conseil de surveillance est fixée dans les statuts comme celle des membres du conseil d'administration. Sauf stipulation contraire des statuts, ils sont rééligibles.

La cessation des fonctions est régie selon les mêmes modalités que pour les administrateurs. Ils sont donc révocables *ad nutum* (sans justes motifs) contrairement aux membres du directoire (article L. 225-75 du Code de commerce).

c. La rémunération

Les règles sont celles qui s'appliquent aux administrateurs.

d. La responsabilité

- Les membres du conseil de surveillance ne sont responsables à l'égard de la société et des tiers que des **fautes personnelles** commises dans l'exécution de leur mandat (art. L. 225-257 C. com.). Ils n'encourent aucune responsabilité en raison des actes de gestion.

Parce qu'ils ne sont pas des dirigeants de droit, même s'ils ont commis une faute personnelle, ils ne sont pas soumis au règlement du passif social, ni à la faillite, ni frappés d'interdictions ou de déchéances.

- Ils doivent révéler à l'assemblée générale les délits commis par les membres du directoire dont ils ont eu connaissance. A défaut, leur complicité pourrait être recherchée pénalement et leur responsabilité civile pourra également être mise en œuvre.

2 Le fonctionnement du conseil de surveillance

Le conseil de surveillance est, comme le conseil d'administration et le directoire, un organe collégial.

a. Le mode d'exercice des pouvoirs

Convocation	– En principe, les modes, les formes et les délais de convocation sont fixés dans les statuts. Cependant, le président du conseil de surveillance est tenu de le convoquer dans les quinze jours qui suivent le conseil lorsqu'un membre du directoire ou le tiers des membres du conseil le lui demande. A défaut, les auteurs de la demande peuvent convoquer eux-mêmes le conseil en indiquant l'ordre du jour.
Règles de quorum et de majorité	Les règles de représentation, de quorum et de majorité sont les mêmes que pour le CA.
Bureau du conseil	Le conseil de surveillance élit en son sein un président et un vice-président, obligatoirement personnes physiques, compétents pour convoquer le conseil et diriger les débats. Les pouvoirs du vice-président s'exercent en cas d'impossibilité ou de carence du président. Il faut tenir un registre des présences et établir des procès-verbaux à l'issue des réunions.
Recours à la visioconférence	Sauf clause contraire des statuts, les membres du conseil de surveillance peuvent participer aux séances du conseil par des moyens de visioconférence ou de télécommunication, dans les mêmes conditions que les administrateurs. Cependant, ce procédé demeure exclu pour la vérification et le contrôle des comptes annuels

Remarque Depuis la loi du 19 juillet 2019, les statuts peuvent stipuler que certaines décisions relevant des attributions propres du conseil de surveillance peuvent être prises par consultation écrite des membres. Sont concernés : les nominations par cooptation, l'autorisation des cautions, la mise en conformité des statuts avec les dispositions légales et règlementaires, la convocation de l'assemblée générale et le transfert du siège social de la société dans le même département.

b. Les pouvoirs du conseil de surveillance

Le contrôle permanent de gestion

- Le conseil de surveillance exerce un contrôle permanent de régularité et d'opportunité sur la gestion du directoire.
- Il peut effectuer toutes les vérifications et tous les contrôles qu'il juge opportuns, et se faire communiquer tous les documents utiles.
- Il est destinataire du rapport trimestriel du directoire et des documents prévisionnels ainsi que leurs rapports d'analyse (dans les huit jours de leur élaboration).
- Il contrôle les comptes annuels qui doivent lui être présentés par le directoire dans un délai de 3 mois à partir de la clôture de l'exercice.

Les pouvoirs spécifiques

Pouvoirs spécifiques du conseil de surveillance

Compétence vis-à-vis du directoire	– Il nomme les membres du directoire et fixer leur rémunération ; – Il choisit le président du directoire ; – Il désigne les membres du directoire en cas de vacance d'un poste ; – Il révoque les membres du directoire si les statuts le prévoient ; – Il donne une autorisation préalable au directoire lorsque les statuts l'exigent.
Compétence vis-à-vis des membres du conseil de surveillance	– Il répartit les jetons de présence ; – Il coopte un de ses membres.
Donner des autorisations	– Il autorise les conventions conclues entre la société et une personne intéressée soumises au régime des conventions réglementées ; – Il autorise les cautions avals et garanties accordées à des tiers par la société, dans les mêmes conditions que le conseil d'administration. Depuis la loi du 19 juillet 2019, autions, avals et garanties souscrites au profit des sociétés contrôlées peuvent être autorisées annuellement sans limite de montant. Le conseil peut aussi décider que le directoire autorisera ces convention sous réserve qu'il en rende compte au moins une fois par an au conseil.
Transfert du siège social	Il peut décider du transfert du siège social sur le territoire français, sous réserve de ratification par l'assemblée générale ordinaire.
Rendre compte aux actionnaires	– Il présente annuellement un rapport à l'assemblée générale, contenant ses observations sur les comptes annuels et le rapport de gestion du directoire ; – Il établit le rapport sur le gouvernement d'entreprise ; – Il peut convoquer l'assemblée générale des actionnaires s'il l'estime nécessaire.

Pour être opposables aux tiers, les nominations et les cessations des fonctions des administrateurs, du président du conseil d'administration, du directeur général, des directeurs généraux délégués, des membres du directoire et de ceux du conseil de surveillance doivent faire l'objet des publicités légales habituelles (insertion dans un JAL, inscription modificative au RCS, insertion au BODACC).

3 Les conventions passées entre la société et les dirigeants

Pour éviter que le dirigeant d'une SA ou un actionnaire ne profite de son influence sur le fonctionnement de la SA pour conclure, à son profit, une convention désavantageuse pour la société, le Code de commerce prévoit un mécanisme d'autorisation préalable de certaines conventions conclues entre la société et l'un de ses dirigeants ou actionnaires. Il est complété par une procédure postérieure destinée à garantir l'information (et le contrôle) de l'assemblée générale des actionnaires. La procédure de contrôle est donc beaucoup plus lourde que dans les autres formes sociales.

Il existe des conventions réglementées, des conventions libres et des conventions interdites.

La procédure de contrôle des conventions réglementées s'applique à la fois à la conclusion, la modification, la résiliation d'un commun accord ou le renouvellement des conventions réglementées.

A Les conventions réglementées (articles. L. 225-38 et L. 225-86 du Code de commerce)

1 La notion de convention réglementée

■ Champ d'application personnel : qui est concerné ?

Conventions passées entre la société et ses dirigeants ou actionnaires de plus de 10 %	Doit être soumise à l'autorisation préalable du conseil d'administration ou du CS toute convention intervenant directement ou par personne interposée entre la société et - son directeur général, - l'un de ses généraux délégués, - l'un de ses administrateurs, - l'un de ses membres du directoire, - l'un de ses membres du conseil de surveillance, - l'un de ses actionnaires disposant d'une fraction des droits de vote supérieure à 10 % ou, s'il s'agit d'une société actionnaire, la société la contrôlant au sens de l'article L. 233-3 du Code de commerce. Il en est de même des conventions auxquelles une des personnes visées précédemment est indirectement intéressée.
Conventions passées entre la société et certaines entreprises	Sont également soumises à autorisation préalable les conventions intervenant entre la société et une entreprise, si - le directeur général - l'un des directeurs généraux délégués - l'un des administrateurs - l'un des membres du directoire - l'un des membres du conseil de surveillance de la société est propriétaire, associé indéfiniment responsable, gérant, administrateur, membre du conseil de surveillance ou, de façon générale, dirigeant de cette entreprise. Exception : conventions conclues avec une filiale détenue à 100 % (elles échappent alors à la procédure des conventions règlementées).

Si une convention est conclue entre ces parties, il faudra vérifier la nature de l'opération pour exclure les conventions libres (B) et les conventions interdites (C). Si la convention n'est ni une convention libre ni un convention interdite alors, il faudra suivre la procédure des conventions réglementées.

2 La procédure de contrôle

Elle est particulièrement exigeante dans la SA car elle nécessite une autorisation préalable et comprend plusieurs étapes :

1 - Obligation d'information :

avant la conclusion de la convention, le contractant visé par la loi est tenu d'informer le conseil d'administration (CA) ou le conseil de surveillance (CS) dès qu'il a connaissance d'une telle convention.

2 - Autorisation préalable du CA ou du CS :

lors du vote, l'intéressé, s'il en est membre, ne peut pas prendre part au vote. Le CA (ou le CS) doit motiver l'autorisation de la convention en justifiant de son intérêt pour la société, ce qui implique d'en préciser les conditions financières. Cette formalité est destinée à améliorer le contrôle des actionnaires.

3 - Information et rapport spécial du commissaire aux comptes (CAC) :

le président du CA ou du CS est tenu d'informer le CAC de toutes les conventions réglementées autorisées par le conseil dans le délai d'un mois à compter de la conclusion de ces conventions. Le CAC présente un rapport spécial à l'assemblée générale qui devra se prononcer sur ces conventions à l'occasion d'un vote. S'il n'existe pas de CAC, le PCA rédige le rapport.

4 - Décision de l'AGO :
le président du CA ou du CS soumet les conventions autorisées à l'AG qui devra se prononcer sur ces conventions à l'occasion d'un vote sur la base du rapport spécial présenté par le commissaire aux comptes. L'intéressé ne prend pas part au vote, et ses actions ne sont pas prises en compte pour le calcul du quorum et de la majorité.

5 - Obligation de réexamen annuel :
le CA ou le CS doit réexaminer les conventions autorisées et conclues lors d'exercices antérieurs dont l'exécution se poursuit au cours du dernier exercice. Il doit indiquer s'il maintient son autorisation. S'il estime que les conditions de son autorisation ne sont plus réunies, il peut demander au dirigeant d'y mettre fin, si cela est possible et que le coût de la rupture n'excède pas les avantages escomptés. Ces conventions doivent être communiquées au CAC pour les besoins de son rapport sur les conventions réglementées. Les actionnaires auront ainsi une information complète sur l'étendue des conventions réglementées pour la société.

Remarque Les conventions avec une filiale à 100 %.
Les conventions conclues entre deux sociétés dont l'une détient, directement ou indirectement, la totalité du capital de l'autre, le cas échéant déduction faite du nombre minimal d'actions détenu par le nombre d'associés requis pour la constitution de la société visée, sont exclues de la procédure de contrôle (articles L. 225-39 et L 225-87 du Code de commerce).

3 Sanctions

Absence d'autorisation préalable (CA ou CS)	- S'il n'y a pas eu d'autorisation préalable (ou si l'autorisation est irrégulière), la société ou les actionnaires agissant individuellement peuvent demander la nullité de la convention si cette dernière a eu des conséquences dommageables pour la société. Cette action en nullité se prescrit par trois ans. Le juge n'est pas tenu de la prononcer. - Par ailleurs, la responsabilité personnelle de l'intéressé peut être engagée si la convention a causé un préjudice à la société. - Le défaut d'autorisation préalable du conseil d'administration ou de surveillance peut être régularisé postérieurement par un vote de l'assemblée générale, pris au vu d'un rapport spécial du CAC qui expose les circonstances en raison desquelles la procédure d'autorisation n'a pas été suivie.
Désapprobation d'une convention réglementée (AGO)	La convention produira ses effets à l'égard des tiers, sauf lorsqu'elle est annulée dans le cas de la fraude. Toutefois, les conséquences préjudiciables à la société pourront être mises à la charge de l'intéressé, et, éventuellement, des membres du conseil d'administration ou du directoire.

B Les conventions libres (articles L. 225-39 et L. 225-87 du Code de commerce)

Le législateur a exclu du contrôle certaines conventions à raison de leur nature car elles présentent moins de risques de conflits d'intérêts.

Conventions exclues du champ d'application matériel : les conventions libres	
Nature des conventions	Il s'agit des conventions passées entre la société et les personnes visées par les articles L. 225-37 et L. 225-38 du Code de commerce, mais qui, par exception n'entrent pas dans le champ d'application des conventions réglementées, car elles portent sur des opérations courantes et sont conclues à des conditions normales. Les opérations courantes sont des opérations effectuées par la société de manière habituelle dans le cadre de son activité. Le caractère normal des conditions consenties s'apprécie au regard des usages de la société.

C Les conventions interdites (articles L. 225-43 et L. 225-91 du Code de commerce)

D'autres conventions sont exclues du champ d'application matériel de la procédure de contrôle des conventions réglementées car elles sont purement et simplement interdites, sans qu'aucune procédure ne soit nécessaire.

Conventions exclues du champ d'application matériel : les convention interdites	
Champ d'application	**1)** Certaines opérations Il est interdit aux dirigeants autres que les personnes morales de contracter sous quelque forme que ce soit : - des emprunts auprès de la société, - de se faire consentir par elle un découvert en compte courant ou autrement, - ou de faire cautionner ou avaliser par elle leurs engagements envers les tiers.
	2) Conclues par ou au profit d'un dirigeant - Cette interdiction s'étend au directeur général, aux directeurs généraux délégués, aux membres du directoire et aux représentants permanents des personnes morales, administrateurs ou membres du conseil de surveillance. - L'interdiction s'applique également au conjoint, aux ascendants et descendants des personnes visées ainsi qu'à toute personne interposée, c'est-à-dire lorsque le bénéficiaire réel de la convention est l'une des personnes visées ; l'interposition relève de l'appréciation des juges.
Exception	Lorsque la société exploite un établissement bancaire ou financier, cette interdiction ne s'applique pas aux opérations courantes de ce commerce conclues à des conditions normales.
Sanctions	La convention encourt la nullité absolue. Des sanctions pénales sont possibles en cas d'usage abusif des biens ou du crédit de la société (Cf. chapitre 27).

SYNTHÈSE

La SA connaît deux modes d'organisation de sa direction : la forme classique ou moniste et la forme moderne ou dualiste. Ce sont les statuts qui adoptent l'une ou l'autre forme.

La SA classique ou moniste

Le directeur général dirige la société. Le CA détermine dans les conditions prévues par les statuts le cumul ou la dissociation des fonctions de directeur général et de président du CA.

- Le CA : c'est un **organe collégial qui fixe les orientations stratégiques et contrôle leur mise en œuvre**.

Statut	Principaux pouvoirs
- 3 à 18 membres - personnes physiques ou morales - actionnaires ou non - représentation équilibrée des sexes - capacité civile - limite d'âge (règle du tiers, 70 ans sauf clause contraire) - cumul avec un contrat de travail (antériorité, sauf PME + droit commun+ règle du tiers) - cumul des mandats (en principe 5, sauf sociétés contrôlées ou sociétés sœurs) rémunérés par des jetons de présence nommés pour 6 ans maximum révocables ad nutum par l'AGO	- il nomme, révoque et fixe la rémunération : du président du conseil d'administration, du directeur général, et des directeurs généraux délégués (sur proposition du directeur général). - il coopte des administrateurs - il convoque les AG et fixe leur ordre du jour. - il autorise les conventions réglementées - il autorise les cautions, avals et garanties

- Le PCA

Statut	Principaux pouvoirs
- personne physique - choisi par et parmi les membres du conseil d'administration - limite d'âge : 65 ans sauf clause statutaire	- préside le CA et les assemblées générales. - veille au bon fonctionnement des organes de la société

- Le DG : l'organe de direction de la SA classique

Statut	Principaux pouvoirs
- personne physique - choisi par le CA - limite d'âge : 65 ans sauf clause statutaire - cumul contrat de travail (droit commun) - cumul des mandats (en principe 1, sauf société contrôlée ou si les deux ne sont pas cotées). - révocable par le CA sur juste motif	- a les pouvoirs les plus étendus pour agir en toutes circonstances au nom de la société - représente la société

- Le DGD

Statut	Principaux pouvoirs
- 1 à 5 personnes physiques - choisi par le CA sur proposition du DG - limite d'âge : 65 ans sauf clause statutaire - cumul contrat de travail (droit commun) - révocable par le CA sur proposition du DG, et également en même temps que le DG	- pouvoirs fixés par le CA avec accord du DG - à l'égard des tiers, en principe les mêmes pouvoirs que le DG

La SA moderne ou dualiste

Dans cette forme, il y a spécialisation des organes selon les fonctions : le directoire dirige et le conseil de surveillance contrôle.

- Le directoire

  C'est un organe collégial, qui **dirige la société**. Toutefois, la représentation de la société est confiée au président du directoire.

Statut	Principaux pouvoirs
- principe : 2 à 5 personnes physiques - choisi par le CS - limite d'âge : 65 ans sauf clause statutaire - cumul contrat de travail (droit commun) - cumul des mandats (en principe 1, sauf société contrôlée ou si les deux ne sont pas cotées) - nommés par le CS pour 2 à 6 ans - révocable par l'AGO et le CS si prévu par les statuts, sur juste motif	- le président du directoire assure la représentation de la société. - a les pouvoirs les plus étendus pour agir en toutes circonstances au nom de la société - convoque les assemblées générales

- Le conseil de surveillance

  C'est un organe collégial chargé de **contrôler la direction** de la société.

Statut	Principaux pouvoirs
- 3 à 18 membres - personnes physiques ou morales - actionnaires ou non - représentation équilibrée des sexes - capacité civile - limite d'âge (règle du tiers, 70 ans sauf clause contraire) - cumul avec un contrat de travail (droit commun+ règle du tiers) - cumul des mandats (en principe 5, sauf sociétés contrôlées ou sociétés sœurs) Rémunérés par des jetons de présence Nommés pour 6 ans maximum Révocables ad nutum par l'AGO	- nomme, révoque et fixe la rémunération : des membres du directoire - coopte des membres du conseil de surveillance - convoque les AG et fixe leur ordre du jour - autorise les conventions réglementées - autorise les cautions, avals et garanties

- Les conventions passées entre la société et ses dirigeants

Les conventions conclues entre les dirigeants et la société font partie des conventions réglementées qui doivent faire l'objet d'une procédure particulière de contrôle.

Conventions réglementées
Conventions passées entre la société et ses dirigeants ou un actionnaire de plus de 10 % Conventions passées entre la société et certaines entreprises

Conventions exclues du champ d'application matériel : convention libres
Il s'agit des conventions passées entre la société et les personnes visées par les articles L. 225-37 et L. 225-38 du Code de commerce, mais elles portent sur des opérations courantes et sont conclues à des conditions normales.

Si les conventions entrent dans le champ d'application personnel des conventions réglementées et ne constituent ni des conventions réglementées ni des conventions libres, alors leur conclusion (modification, résiliation, etc...) nécessite une procédure particulière :

Procédure d'adoption des conventions réglementées

Autorisation préalable du CA ou du CS

↓

Rapport du CAC ou du PCA

↓

Décision de l'AGO

Rappel : la personne concernée ne prend pas part au vote

Les convention interdites	
Certaines opérations	Il est interdit aux dirigeants autres que les personnes morales de contracter sous quelque forme que ce soit : - des emprunts auprès de la société, - de se faire consentir par elle un découvert en compte courant ou autrement, - ou de faire cautionner ou avaliser par elle leurs engagements envers les tiers.
Conclues par ou au profit d'un dirigeant	- Cette interdiction s'étend au directeur général, aux directeurs généraux délégués, aux membres du directoire et aux représentants permanents des personnes morales, administrateurs ou membres du conseil de surveillance. - L'interdiction s'applique également au conjoint, aux ascendants et descendants des personnes visées ainsi qu'à toute personne interposée, c'est-à-dire lorsque le bénéficiaire réel de la convention est l'une des personnes visées ; l'interposition relève de l'appréciation des juges.
Sanctions	La convention encourt la nullité absolue.

EXO 10.01 Cas pratique – La SA Chaboté

La société anonyme Chaboté dirige un groupe spécialisé dans l'entretien des véhicules automobiles et la commercialisation de pièces détachées.

Elle détient par ailleurs des participations de plus de 50 % dans 4 sociétés anonymes qui interviennent chacune dans un domaine différent : la distribution de carburant, la fabrication de sièges pour automobiles destinées aux enfants, les stations de lavages pour automobiles et la fabrication de pneus.

Monsieur Chava, président directeur général de la SA Chaboté est administrateur dans chacune des filiales.

Il envisage l'acquisition de 60 % des parts d'une petite SA, spécialisée dans le domaine des objets connectés. Il souhaiterait en devenir le PDG.

Travail à faire

Est-ce possible ?

EXO 10.02 Cas pratique – La SA Beauchamp

La SA Beauchamp est spécialisée dans la fabrication et la vente de matériel agricole. Elle compte 300 salariés à travers la France.

Elle est dirigée par un PDG, Monsieur Mildiou. Le conseil d'administration comptait 6 membres, soit le minimum statutaire avant le départ à la retraite de Monsieur Rouille. Deux candidats se sont proposés pour le remplacer : Monsieur Bayere, 45 ans, ingénieur agronome qui travaille pour la SA Beauchamp et Madame Montsantès, 71 ans qui détient 4 % des actions.

Monsieur Mildiou souhaiterait nommer les deux candidats le plus rapidement possible.

Travail à faire

1. **Les candidats peuvent-ils être nommés ?**
2. **Comment peuvent-ils être nommés ?**

EXO 10.03 Cas pratique – La SA Charivari

La SA Charivari est spécialisée dans la location de déguisements festifs. Elle est implantée en banlieue parisienne où elle stocke plus de 4 000 costumes.

Son directeur général Alfred Variaton, est en pleine dépression depuis que son épouse l'a quitté. Il ne se rend plus au travail et ne répond plus au téléphone.

Le président du conseil d'administration, Monsieur Rivage, s'inquiète de la situation d'autant que le chef comptable a porté à son attention différents problèmes :

- Monsieur Variaton a fait diligenter un enquêteur privé pour suivre sa femme sur les fonds de la société pour un montant de 10 000 euros.
- Monsieur Variaton a engagé la société en tant que caution du crédit contracté par un sous-traitant habituel de la SA Charivari auprès de sa banque pour la construction d'un nouvel atelier, pour un montant de 500 000 euros, soit pour un montant bien supérieur aux 100 000 euros que le conseil l'avait autorisé à engager.

Travail à faire

La société est-elle tenue par les actes accomplis par Monsieur Variaton ?

EXO 10.04 Cas pratique – La constitution d'une SA dualiste

Deux amis passionnés de ski, Ahmed et Christophe, jeunes diplômés d'une école de commerce, ont convaincu 10 de leurs camarades de promotion de constituer une société pour développer une ligne de vêtements de sport d'hiver. Pour favoriser la croissance et le financement de la société, ils entendent adopter la forme de société anonyme avec directoire et conseil de surveillance.
Le capital social serait de 300 000 euros. Ils vous consultent pour affiner leur projet.

Travail à faire

1. **Peuvent-ils légalement être seuls membres du directoire ?**
2. **Tous les associés peuvent-ils être membres du conseil de surveillance ?**

EXO 10.05 Analyse d'une décision de justice (Com, 12 juillet 2005)

Cour de cassation, chambre commerciale, 12 juillet 2005
Attendu, selon l'arrêt attaqué, que le 10 juin 1997, la société PL X... (la société) a été mise en redressement judiciaire, M. Krebs étant désigné administrateur ; que par jugement du 13 juillet 1999, le tribunal, sur requête du procureur de la République, a prononcé l'incessibilité des actions détenues par MM. Jean-Pierre, Michel et Mme Martine X... (les consorts X...) et décidé que le droit de vote attaché à ces actions serait exercé par un mandataire ad hoc pendant toute la durée du plan de redressement de la société ; que les consorts X..., membres du conseil de surveillance, ont relevé appel ; que la cour d'appel a confirmé le jugement ; **(...)**
Sur le moyen unique du pourvoi (...) :
Vu l'article 621-59 du Code de commerce ;
Attendu que, pour prononcer l'incessibilité des actions détenues par les consorts X... et décider que le droit de vote attaché à ces actions serait exercé par un mandataire ad hoc pendant la durée du plan de continuation de la société, l'arrêt retient qu'ils réunissaient à eux trois plus de la majorité du capital social de la société et des voix au conseil de surveillance disposant ainsi du pouvoir de révoquer la présidente du directoire, que ce pouvoir était de nature à ruiner la confiance des créanciers qui avaient subordonné le maintien de leurs concours à l'incessibilité des actions, que ce risque était d'autant moins négligeable au regard du comportement injurieux et menaçant de M. Michel X... à l'égard de la présidente du directoire et de membres du personnel, que Mme Martine X... avait voté contre la réélection de cette dernière, qu'ainsi tous trois exerçaient une influence certaine sur la marche et la conduite de la société ce qui leur confère la qualité de dirigeant de fait au sens de l'article L. 621-59 du Code de commerce ;
Attendu qu'en se prononçant par de tels motifs impropres à caractériser en quoi les consorts X... avaient, en dehors de l'exercice de leur mission de membres du conseil de surveillance, en fait, exercé, séparément ou ensemble, et en toute indépendance, une activité positive de direction dans la société, la cour d'appel n'a pas donné de base légale à sa décision ;
PAR CES MOTIFS :
CASSE ET ANNULE

Travail à faire

Après avoir lu l'arrêt suivant, dégagez : **1.**
- **Le problème de droit**
- **La portée de l'arrêt.**

Chapitre 11

La société anonyme (SA) : les assemblées générales

COMPÉTENCE ATTENDUE

- **Analyser les règles de fonctionnement**

- Les assemblées générales constituent « l'organe souverain » de la société anonyme par lequel les actionnaires vont prendre les décisions capitales pour le fonctionnement de la société et en particulier, le choix des dirigeants ou l'affectation du bénéfice.
- Il existe plusieurs types d'assemblées d'actionnaires :
  - les assemblées ordinaires,
  - les assemblées extraordinaires et
  - les assemblées spéciales qui sont régies par des règles différentes.
- Les assemblées d'actionnaires ont un rôle essentiel dans le fonctionnement de la SA : elles prennent les décisions qui **dépassent la gestion quotidienne de la société** (l'approbation des comptes, la nomination et la révocation des dirigeants ou les modifications des statuts par exemple).

Dans la pratique, la présence aux assemblées est toutefois très variable. Dans les grandes sociétés en particulier, la participation est parfois tellement réduite qu'il est difficile d'atteindre le quorum. Souvent les assemblées sont surtout l'expression du groupe d'actionnaires disposant du contrôle de la société.

Les règles relatives aux assemblées sont empreintes d'un grand formalisme destiné à assurer le respect de l'égalité entre les actionnaires. Il est important que tous aient été informés de la tenue d'une assemblée et mis en mesure d'y participer et d'y faire entendre leur point de vue.

PLAN DU CHAPITRE

1 Les règles communes à toutes les assemblées

A La convocation de l'assemblée

1 La compétence pour convoquer l'assemblée (article L. 225-103 du Code de commerce)

Principe	Forme classique : le **conseil d'administration** Forme moderne : le **directoire** Cependant, le conseil de surveillance peut aussi convoquer l'assemblée lorsqu'il le juge nécessaire.

En cas de carence de l'organe de direction, la loi a organisé la possibilité de faire convoquer les actionnaires par d'autres personnes.

Les commissaires aux comptes peuvent convoquer eux-mêmes l'assemblée après avoir vainement requis sa convocation par le conseil d'administration ou le directoire.

Par ailleurs, toujours en cas de carence du conseil d'administration ou du directoire, le droit d'obtenir en justice la désignation d'un mandataire ad hoc -spécialement désigné à cette fin- chargé de convoquer l'assemblée a été reconnu à plusieurs personnes.

Titulaires du droit de faire convoquer l'assemblée en cas de carence du CA ou du directoire	
En cas d'urgence	- Tout intéressé : toute personne ayant un intérêt à la réunion de l'assemblée par exemple un créancier. - Le comité social et économique (CSE) dans les sociétés de plus de 50 salariés (article L. 2312-77 du Code du travail)
Sans condition d'urgence	- Un ou plusieurs actionnaires représentant au moins 5 % du capital social. - Une association de défense des actionnaires de la société remplissant certaines conditions dans les sociétés cotées.

Remarque Lorsqu'il a été nommé un mandataire judiciaire chargé de gérer la société, il peut convoquer l'assemblée ; à la suite de la cession d'un bloc de contrôle, d'une offre publique d'achat ou d'échange, et en cas de carence de l'organe de direction, les nouveaux actionnaires majoritaires peuvent convoquer l'assemblée.

2 Les formalités liées à la convocation

Les statuts peuvent prévoir les modalités liées à la convocation ; cependant, la loi exige le respect de certaines règles impératives. L'ensemble nécessite des délais assez longs non seulement pour permettre l'information et la présence des actionnaires mais aussi pour garantir à ceux qui en ont le pouvoir, la possibilité de faire inscrire des propositions de résolution à l'ordre du jour.

Les formalités préliminaires à la convocation (article. L. 225-105 R. 225-66 et suivants du Code de commerce)

L'avis de réunion	La SA ne fait pas offre de titres au public (OTP)	L'avis de réunion n'est pas une obligation, sauf pour les actionnaires qui en expriment la demande par lettre. L'avis, précisant la date et le lieu de la réunion, est alors envoyé par lettre recommandée ou par courrier électronique (si les actionnaires ont donné leur accord). Il est en outre publié dans un JAL.
	La SA fait offre de titres au public	Dans les sociétés faisant offre au public, un avis doit être publié au *Balo* 35 jours au moins avant la réunion de l'assemblée. Cet avis doit contenir les différentes mentions informant les actionnaires des caractéristiques principales de l'assemblée.

Le dépôt de projets de résolution	Par les actionnaires	**Conditions à respecter :** – Détenir **5 % du capital** si le capital est inférieur à 750 000 euros ou un pourcentage dégressif au-delà, – Demander de façon motivée l'inscription par LR/AR ou par courrier électronique dans les 20 jours de la publication au *Balo* de l'avis de réunion si la SA fait offre de titres au public ou si les actions ne sont pas toutes nominatives et **25 jours avant la date** de l'assemblée dans tous les cas. Le président du CA ou du directoire accuse réception dans les 5 jours. – Le CA ou le directoire doivent se réunir pour déterminer s'ils recommandent à l'AG l'adoption ou le rejet de ces projets et dans tous les cas doivent faire inscrire le projet de résolution à l'ordre du jour. La question est d'importance car les pouvoirs en blanc sont décomptés dans le sens préconisé par l'organe de direction.
	Par le CSE dans les SA d'au moins 50 salariés	L'organe représentant les salariés peut demander l'inscription de projets à l'ordre du jour. Les demandes doivent être présentées au siège social, par lettre recommandée avec accusé de réception ou par courrier électronique, dans les mêmes conditions que pour les actionnaires.

Remarque Il est désormais possible d'organiser des assemblées dématérialisées (c'est-à-dire tenues exclusivement par voie de visioconférence ou un moyen de télécommunication permettant l'identification des actionnaires) pour les SA dont les actions sont nominatives, à condition que les statuts prévoient cette possibilité et ainsi qu'un droit d'opposition pour les actionnaires représentant 5 % du capital. La loi du 19 juillet 2019 a supprimé ce droit d'opposition pour les assemblées générales ordinaires. Il demeure pour les assemblées générales extraordinaires.

La convocation

Le mode de convocation	– L'avis de convocation est publié dans un JAL et si toutes les actions ne sont pas nominatives ou si la société est cotée au *Balo*. – La convocation est faite par courrier postal ou électronique (si les actionnaires ont donné leur accord) doit être adressé aux actionnaires titulaires de titres nominatifs. Si toutes les actions sont nominatives le courrier remplace la ou les insertions. Ces formalités doivent être accomplies au moins 15 jours avant la date de convocation sur première convocation, 10 jours sur seconde convocation (elle intervient quand le quorum n'est pas atteint lors de la première convocation). – Les commissaires aux comptes sont convoqués par lettre recommandée avec accusé de réception.
Le contenu de l'avis de convocation	Il doit préciser la dénomination sociale, la forme de la société, le montant du capital, l'adresse du siège, le numéro d'immatriculation, le jour et l'heure de l'assemblée, la nature et l'ordre du jour de l'assemblée, les conditions dans lesquelles les actionnaires peuvent voter à distance. Les assemblées doivent être réunies au siège social ou dans tout autre lieu du même département, sauf dérogation statutaire.
L'ordre du jour	Il est établi par l'organe qui convoque l'assemblée générale. Il permet aux actionnaires de connaître l'objet de la réunion et la nature des décisions à prendre. L'assemblée ne peut délibérer que sur les questions figurant à l'ordre du jour. Toute décision prise contrairement à cette règle serait nulle. Par dérogation l'assemblée peut toujours révoquer et nommer les administrateurs ou les membres du conseil de surveillance.

En cas de méconnaissance des règles relatives à la convocation, le juge est libre d'apprécier si la nullité doit être prononcée. La demande en nullité est irrecevable lorsque tous les actionnaires étaient présents ou représentés.

Par ailleurs, des sanctions pénales sont prévues par les textes en cas de défaut de convocation du CAC ou de non convocation de l'assemblée annuelle dans le délai imparti.

B Le droit de communication des actionnaires

Les actionnaires doivent être aussi complètement informés que possible sur les affaires de la société afin de pouvoir décider en connaissance de cause. La loi a prévu un droit de communication permanent, complété par un droit de communication préalable à toute assemblée.

1 Le droit de communication permanent

Le droit de communication permanent s'exerce au siège social, l'actionnaire peut se faire assister d'un expert inscrit auprès des cours et tribunaux et prendre copie des documents. Il peut aussi désigner un mandataire. Ce droit s'exerce à toute époque au siège ou au lieu de la direction administrative.

Les documents sociaux des trois derniers exercices (article L. 225-117 du Code de commerce)
- Comptes annuels, éventuellement les comptes consolidés et les bilans sociaux. - Rapports soumis aux assemblées (dirigeants, commissaire aux comptes). - Textes et motifs des résolutions. - Procès-verbaux et feuilles de présence des assemblées. - Informations relatives aux dirigeants sociaux (renseignements sur les candidats ; liste des administrateurs ou membres du directoire et du conseil de surveillance). - Montant global des rémunérations versées aux personnes les mieux rémunérées. - Liste des actions de parrainage et de mécénat et des versements qui donnent lieu à réductions d'impôts.

2 Le droit de communication préalable à une assemblée

A dater de la convocation de l'assemblée générale annuelle, et 15 jours au moins avant la date de la réunion, tout actionnaire a le droit de prendre connaissance et de prendre copie des documents soumis à l'assemblée, sauf en ce qui concerne l'inventaire. Les documents et renseignements sont à disposition au siège social ou font l'objet d'un envoi avec la formule de procuration ou d'une publication sur le site internet de la société s'il s'agit d'une société cotée.

Documents disponibles avant une assemblée
- Ordre du jour et projets de résolution - Comptes annuels, comptes consolidés, le cas échéant, et tableaux des résultats et des affectations du résultat des trois derniers exercices - Rapport de gestion et rapport sur le gouvernement d'entreprise (et observations du conseil de surveillance le cas échéant) - Exposé de la situation de la société au cours de l'exercice écoulé - Rapport général et spécial du commissaire aux comptes - Noms et prénom usuels des administrateurs, directeurs généraux ou des membres du directoire et du conseil de surveillance et indication des sociétés où ils exercent d'autres fonctions de direction. - Renseignements sur les candidats au CA, au CS ou au commissariat aux comptes. - Tableau récapitulatif des délégations de compétence et de pouvoirs accordés par l'AG au CA ou au directoire en matière d'augmentation de capital. - Montant global des rémunérations des personnes les mieux rémunérées - Montant des versements à des œuvres d'intérêt général et liste des actions de parrainage ou mécénat - Liste des actionnaires - Éventuellement le bilan social accompagné de l'avis du CSE

Si les dirigeants ne communiquent pas les documents, l'actionnaire peut demander en référé, auprès du président du tribunal de commerce une injonction, le cas échéant sous astreinte ou la désignation d'un mandataire chargé de procéder à la communication. Il peut par ailleurs demander des dommages-intérêts en réparation du préjudice subi.

Par ailleurs, à compter de la date de convocation, tout actionnaire, quelle que soit sa part dans le capital social, a le droit de poser par écrit des questions auxquelles le dirigeant est tenu de répondre au cours de l'assemblée.

La réponse à une question écrite est réputée avoir été donnée dès lors qu'elle figure sur le site internet de la société dans une rubrique consacrée aux questions-réponses.

C Le déroulement des assemblées

1 La détermination des participants aux assemblées :

> **Principe : tout actionnaire a le droit de participer aux assemblées, les clauses contraires sont réputées non écrites.**

a. La détermination de la qualité d'actionnaire

Jouissent du droit de vote les titulaires d'actions qui ont libéré les montants exigibles. Les titulaires d'actions amorties (cf. Chapitre 12) dites actions de jouissance conservent leur droit de vote.

Lorsque les actions sont grevées d'un usufruit : le droit de vote appartient à l'usufruitier dans les assemblées générales ordinaires et au nu-propriétaire dans les assemblées générales extraordinaires.

Les copropriétaires d'actions en indivision doivent se faire représenter par un mandataire unique, choisi parmi eux ou en dehors d'eux.

Lorsque les parts sont données en gage, le débiteur demeure associé et titulaire du droit de vote tant que la garantie n'est pas réalisée.

b. La représentation des actionnaires

- Le mineur non émancipé ou le majeur sous tutelle doit être représenté par son représentant légal. La personne morale actionnaire doit se faire représenter par une personne physique, représentant habilité à l'engager à l'égard des tiers (gérant, directeur général...).
- L'actionnaire peut aussi choisir de se faire représenter. On parle alors de représentation conventionnelle. Il peut donner mandat à une personne dénommée : l'actionnaire peut choisir un mandataire à qui il donnera procuration pour voter en son nom. L'actionnaire n'est pas libre dans son choix : il ne peut se faire représenter que son conjoint (ou partenaire de PACS) ou par par un autre actionnaire. Le mandat est donné pour une seule assemblée. La règle est assouplie pour les sociétés cotées : l'actionnaire est libre de désigner la personne physique ou morale de son choix.
- L'actionnaire PM est représenté par une personne physique habilitée à représenter à l'égard des tiers (gérant, directeur général, etc...). Il peut déléguer ses pouvoirs à un tiers (par exemple un salarié) sauf clause contraire des statuts de sa société.
- L'actionnaire peut préférer donner une procuration en blanc : il envoie à la société une procuration sans indication de mandataire. Dans ce cas, le président de l'assemblée générale émet un vote favorable à l'adoption des projets de résolution présentés ou agréés par le conseil d'administration ou le directoire. Pour émettre tout autre vote, l'actionnaire doit faire choix d'un mandataire qui accepte de voter dans le sens indiqué par le mandant (une formule de procuration est adressée aux actionnaires soit spontanément soit sur demande).

c. La justification de la qualité d'actionnaire

Afin de pouvoir voter à une assemblée, il faut pouvoir justifier de sa qualité d'actionnaire. Peu importe le nombre d'actions détenues. Il faut apporter la preuve de sa qualité. Ceci se fait à partir d'une inscription en compte et de la production de ses papiers d'identité le jour de l'AG.

- Si la société comporte des actions au porteur (celles inscrites dans des comptes tenus par un intermédiaire habilité : banque, etc...), le droit de participer à l'assemblée est subordonné à l'enregistrement comptable des titres au nom de l'actionnaire ou de l'intermédiaire inscrit pour son compte au deuxième jour ouvré précédant l'assemblée. L'inscription est constatée par une attestation de participation délivrée par l'intermédiaire habilité. Cette attestation de participation permet d'obtenir une carte d'admission.
- Si toutes les actions sont nominatives (ce qui est obligatoire dans les sociétés qui ne font pas offre de titre au public), les actionnaires doivent être inscrits dans les comptes de la société au jour de l'assemblée.

Remarque admission de personnes non actionnaires :
- Le commissaire aux comptes doit être convoqué à toutes les assemblées.
- Les représentants de la masse des obligataires et des porteurs de titres participatifs (cf. Chapitre 12)
- 2 représentants du CSE dans les sociétés de plus de 50 salariés.

D'autres personnes peuvent être admises à raison de leur fonction (exemple : avocat de la société) ou de leur profession (ainsi, dans les sociétés cotées, il est d'usage d'inviter les journalistes de la presse financière).

d. Le vote à distance

Pour favoriser l'expression des actionnaires aux assemblées, le législateur a prévu à côté de la représentation des solutions pour favoriser le vote sans présence aux assemblées.

Tout actionnaire peut voter par correspondance papier, quelle que soit la nature de l'assemblée. Toute disposition contraire est réputée non écrite.

Le vote à distance par voie électronique (sous forme de courrier électronique) doit être prévu par les statuts.

Dans les deux cas, le vote à distance est exercé au moyen d'un formulaire établi par la société et remis aux actionnaires qui en font la demande. Le formulaire doit être rédigé de manière à ce que l'actionnaire puisse exprimer son vote sur chacune des résolutions proposées. Les actionnaires peuvent obtenir un formulaire de vote à compter de la date de convocation, soit à l'initiative de la société, soit sur demande écrite. A compter du premier exercice clos après le 19 juillet 2019, les formulaires sans indication de vote ou prévoyant une abstention ne seront pas pris en compte dans les votes exprimés.

Les votes papier sont pris en compte s'ils parviennent à la société trois jours au moins avant la date de la réunion, les votes électroniques à distance peuvent être reçus jusqu'à la veille de l'assemblée 15 heures.

e. L'utilisation de moyens de télétransmission pendant la séance

- **Toutes les SA peuvent prévoir dans leurs statuts la possibilité de participer aux débats et voter en séance à distance** (par voie de visioconférence ou par des moyens de télécommunications permettant l'identification des actionnaires). Les actionnaires concernés sont réputés présents pour le calcul du quorum et de la majorité. Les sociétés doivent aménager un site Internet sécurisé exclusivement consacré au vote.
- **Les statuts des SA non cotées peuvent prévoir la tenue d'assemblées exclusivement tenues par voie de visioconférence ou télétransmission.** Des actionnaires représentant 5 % du capital social au moins peuvent s'y opposer pour les seules assemblées générales extraordinaires.

2 Les débats et le vote :

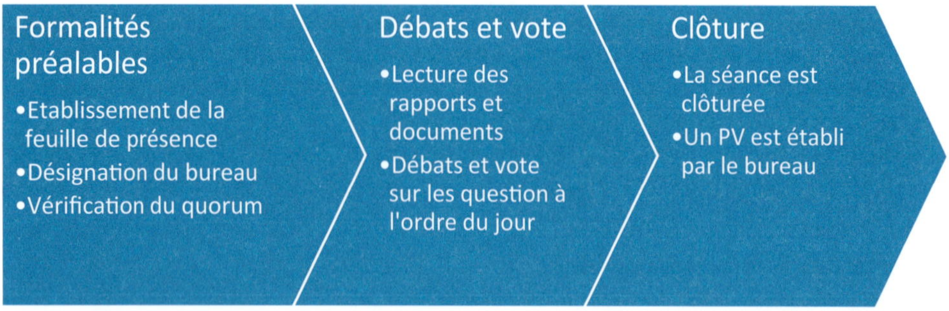

- **Une feuille de présence** est signée à chaque assemblée par tous les actionnaires ou leurs mandataires s'ils sont représentés. Ils portent leur nom et le nombre de voix qu'ils détiennent (afin de pouvoir ensuite calculer le quorum et la majorité).
- Un **bureau** est désigné. Il comprend un président (généralement le président du CA ou du CS) et 2 scrutateurs qui sont en principe les membres ayant le plus de voix et qui acceptent cette fonction. Le bureau désigne un secrétaire de séance. Le rôle du bureau est d'assurer le bon déroulement de la réunion (direction des débats, mise des projets de résolution au vote, etc..).
- Le **quorum** doit être atteint. La validité des AG est subordonnée à la présence ou à la représentation d'actionnaires possédant un nombre minimum d'actions, variable selon la nature de l'assemblée. Dans les sociétés ne faisant pas offre de titres au public, les statuts peuvent prévoir des quorums plus élevés que ceux prévus par la loi.

  Pour le calcul du quorum, seules les actions ayant le droit de vote doivent être prises en considération.
- **La lecture des rapports et des documents qui doivent être présentés aux actionnaires précède en principe l'ouverture des débats**. Cependant, l'assemblée peut dispenser de lecture pour laisser plus de temps aux débats. Le conseil d'administration ou le directoire répond aux questions écrites.
- Les débats peuvent ensuite être ouverts. **L'assemblée ne peut délibérer que sur les questions figurant à l'ordre du jour**. Néanmoins, elle peut en toutes circonstances révoquer un ou plusieurs administrateurs ou membres du conseil de surveillance, et procéder à leur remplacement (article L. 225-105 du Code de commerce).

  Tout actionnaire ou son représentant peut participer aux débats et formuler des observations ou solliciter des renseignements complémentaires sur les documents et sur les résolutions proposées.
- **Le vote** a lieu selon un mode de scrutin librement déterminé par le bureau avec l'accord de l'assemblée, sauf clause contraire des statuts. L'AG est appelée à voter les résolutions, un vote distinct devant être émis pour chacune d'entre elle.
- **La clôture de la séance** est prononcée par le président après épuisement de l'ordre du jour. A l'issue de chaque assemblée, le bureau établit un **procès-verbal**. Il indique la date et le lieu de réunion, le mode de convocation, l'ordre du jour, le nombre d'actions participant au vote, un résumé des débats, le texte des résolutions et le résultat des votes. Il doit être établi sur un registre spécial ou sur des feuillets mobiles, cotés et paraphés par le greffier du tribunal de commerce.

Remarque Pour les assemblées exclusivement tenues par voie de visioconférence ou télétransmission, l'émargement de feuille de présence n'est pas requis. Le procès-verbal est signé par le bureau par voie électronique.

3 Le droit de vote de l'actionnaire

a. Le nombre de voix

- **En principe : le nombre de voix attachées aux actions est proportionnel** à leur valeur nominale, et chaque action donne droit à une voix au moins.
- Il y a cependant des exceptions.

Limitation du nombre de voix	
Pour protéger les petits actionnaires	La loi autorise les statuts à limiter le nombre de voix dont peut disposer chaque actionnaire.
Existence d'actions de préférence (Cf. Chapitre 12)	Les actionnaires ont pu choisir de favoriser certains titulaires d'action par un droit de vote double ou au contraire de priver certaines actions de droit de vote par exemple.

b. La liberté de vote

En principe : le vote est libre. La renonciation au droit de vote ne peut émaner ni des statuts, ni de la volonté préalable de l'actionnaire.

Par exception, des conventions peuvent contenir des engagements des actionnaires à voter dans un sens déterminé ou à ne pas participer au vote. Ces conventions de vote, souvent contenues dans un pacte d'actionnaires, sont en principe valides, à condition :

- qu'il soit conclu pour une durée limitée ou une durée indéterminée s'il peut y être mis fin unilatéralement (Cf. Chapitre 3 pour l'abus de droit de vote).
- que ces conventions ne nuisent pas à l'intérêt social.

Par ailleurs, l'article L. 242-9 3° du Code de commerce pose que « le fait de se faire accorder, garantir ou promettre des avantages pour voter dans un certain sens ou pour ne pas participer au vote, ainsi que le fait d'accorder, garantir ou promettre ces avantages » est un délit puni d'un emprisonnement de deux ans et d'une amende de 9 000 €.

Les pactes d'actionnaires	
Définition	Le pacte d'actionnaires est un accord, en dehors des statuts, qui permet aux actionnaires ou à certains d'entre eux de régler la conduite des affaires et la composition du capital. Son contenu est librement fixé par les actionnaires qui s'engagent dans l'accord. Contrairement aux statuts, ils sont secrets (sauf pour actions admises aux négociations sur un marché réglementé, les pactes portant sur 0,5 % du capital ou des droits de vote doivent être transmis à la société et à l'AMF).
Clauses relatives à l'actionnariat	Elles sont utiles notamment pour attribuer aux minoritaires des moyens d'intervenir dans la société ou pour organiser d'une procédure de sortie. Exemples : **Clause de préemption** (le bénéficiaire de la clause de préemption peut acquérir, par préférence à toute autre personne, les actions ou les parts sociales dont un associé souhaiterait se défaire). **Clause d'inaliénabilité** (elle interdit à un actionnaire de céder les actions qu'il possède pendant une période définie dans le pacte. Pour être valable, elle doit être limitée dans le temps et être justifiée par un intérêt sérieux et légitime)
Clauses relatives à l'exercice du droit de vote	Les pactes peuvent contenir des clauses d'engagements sur certaines décisions. Exemples : **Clause conférant un droit de véto** (clause qui permet au bénéficiaire de s'opposer à l'adoption d'une décision) **Clause concernant la mise en distribution de dividende** (clause qui assure aux minoritaires la distribution d'un dividende si la société fait des bénéfices).

Les pactes d'actionnaires	
Sanction	En cas d'inexécution totale ou partielle, l'actionnaire peut en principe demander en justice la dissolution du pacte ou des **dommages-intérêts**. Pour les pactes conclus depuis le 1er octobre 2016, en cas d'inexécution suffisamment grave et persistante (sauf urgence), il peut notifier la résolution à ses risques et périls (article 1226 du Code civil). Enfin les parties peuvent avoir prévu des sanctions contractuelles telles qu'une clause pénale ou une clause résolutoire de plein droit.

Remarque La notion d'action de concert dans les sociétés cotées.
L'article L. 233-7 du Code de commerce définit l'action de concert « un accord en vue d'acquérir, de céder ou d'exercer des droits de vote, pour mettre en œuvre une politique commune vis-à-vis de la société ou pour obtenir le contrôle de cette société ». L'accord n'est pas nécessairement écrit. La notion permet à l'AMF de vérifier si les seuils déclenchant les obligations d'information ont été atteints par des actionnaires concertistes et dans certains cas d'appliquer les règles sur les offres publiques d'achat, d'échange ou de retrait.

2 Les règles spécifiques à chaque type d'assemblée

Selon leur type (ordinaire, extraordinaire ou spécial), les assemblées doivent obéir à des règles spécifiques et ont des compétences différentes.

A L'assemblée générale ordinaire (AGO)

Compétence de principe	De manière générale, l'AGO prend toutes les décisions qui n'entraînent pas une modification des statuts (article L. 225-98 du Code de commerce)
Principales décisions	**Approbation des comptes** L'AGO approuve les comptes (et les comptes consolidés le cas échéant) et décide de l'affectation du résultat de l'exercice dans les six mois de la clôture de l'exercice.
	Décisions relatives aux organes sociaux : L'AGO nomme et révoque les administrateurs, les membres du conseil de surveillance, ratifie leur cooptation et vote l'enveloppe globale de la rémunération allouée au conseil. Elle peut révoquer les membres du directoire ou le directeur général unique. Elle nomme les CAC.
	Autres décisions Elle ratifie les conventions intéressant les dirigeants (Cf. chapitre 11) Elle ratifie la décision du CA de transférer le siège social dans le même département ou dans un département limitrophe ; Elle approuve l'acquisition par la société de ses propres actions ; Si les statuts le prévoient, elle agrée les cessionnaires d'actions et/ou autorise les décisions de gestion importantes.
Le quorum	1ère convocation : 1/5e des actions ayant le droit de vote (Les statuts peuvent prévoir un quorum plus élevé dans les SA dont les actions ne sont pas admises sur un marché réglementé).
	2e convocation : aucun quorum.
La majorité	L'AGO statue à la majorité des voix des actionnaires présents ou représentés. A compter du premier exercice clos après le 19 juillet 2019, seuls seront décomptés les suffrages exprimes (les votes nuls ou blancs et les abstentions ne sont pas pris en compte).

- L'AGO doit être réunie au moins une fois par an dans les 6 mois de la clôture de l'exercice. A défaut de réunion dans le délai prescrit, le ministère public ou tout intéressé peut demander au président du tribunal de commerce d'enjoindre, sous astreinte le cas échéant, aux dirigeants de convoquer l'assemblée ou de désigner un mandataire pour y procéder.

- Le dirigeant qui n'aura pas convoqué l'assemblée aura commis une faute de gestion susceptible d'engager sa responsabilité au plan civil. Au plan pénal, une sanction de 6 mois de prison et 9 000 euros d'amende est encore prévue à l'égard des administrateurs ou des membres du directoire qui n'auront pas soumis à l'AGO les comptes annuels et le rapport de gestion (articles L. 242-10 et L. 242-30 du Code de commerce).

B L'assemblée générale extraordinaire (AGE)

Compétence de principe	L'AGE est seule habilitée à modifier les statuts. Toute clause contraire est réputée non écrite (article L. 225-96 du Code de commerce).
Principales décisions	L'AGE : - augmente, réduit, amortit le capital, décide l'émission de valeurs mobilières donnant accès au capital - modifie l'objet social, durée et nom de la société ; - arrête la dissolution anticipée de la société ; - décide la transformation de la société.
Le quorum	1ère convocation : 1/4 des actions ayant le droit de vote.
	2e convocation : 1/5e des actions ayant le droit de vote.
La majorité	- Principe : l'AGE statue à la majorité des 2/3 des voix des actionnaires présents ou représentés. A compter du premier exercice clos après le 19 juillet 2019, seuls seront décomptés les suffrages exprimes (les votes nuls ou blancs et les abstentions ne sont pas pris en compte). - Le changement de nationalité, la transformation en SAS l'augmentation des engagements des actionnaires (transformation en SNC par exemple) nécessitent l'unanimité.

Remarque Tout actionnaire détenant 1/3 des voix plus une a une minorité de blocage dans les AGE et peut ainsi s'opposer à l'adoption de modifications statutaires.

Cas particulier de la transformation d'une SA

Conformément au droit commun, le maintien de la personnalité morale est subordonné à la régularité de la procédure. S'appliquent, outre le droit commun, des règles particulières.

a - Conditions tenant à la SA, forme sociale d'origine

- Le bilan des deux premiers exercices sociaux doit avoir été établi et approuvé par les actionnaires
- La société doit avoir au moins deux ans d'existence.
- S'il existe un rapport du CAC de la société atteste que le montant des capitaux propres est au moins égal au montant du capital social.
- S'il existe des obligataires, une assemblée spéciale doit être réunie. Si elle refuse d'approuver la transformation, la société ne peut passer outre qu'en offrant de rembourser ceux qui en feraient la demande (le législateur protège ici les créanciers).

b - Conditions tenant à la forme d'accueil

- **La SARL :** un vote de l'AGE à la majorité des 3/4 suffit. Il faut vérifier que l'objet et le nombre d'associés (maximum 100) soient compatibles avec la nouvelle forme sociale.
- **La SNC :** la transformation n'est possible qu'avec l'accord unanime des actionnaires car elle entraîne l'augmentation des obligations des associés. Ceux-ci doivent avoir la capacité commerciale.
- **La société civile** : la transformation n'est possible qu'avec l'accord unanime des associés car elle entraîne l'augmentation des obligations des associés. L'objet doit être civil afin d'éviter la requalification en société commerciale.

- **La SAS** : l'article L. 227-3 du code de commerce exige l'accord unanime des associés. Il n'y a pas lieu d'avoir recours à un commissaire à la transformation. La société ne doit pas offrir ses titres au public.
- **La SCA** : l'article L. 225-245 du Code de commerce exige l'accord unanime des associés qui deviennent commandités. Ils doivent avoir la capacité commerciale.

C L'assemblée spéciale

Compétence de principe	Les assemblées spéciales ne comprennent que les actionnaires titulaires d'une catégorie d'actions déterminées dont la société envisage de modifier les droits particuliers. Par exemple : modification des droits attachés aux actions de préférence (Cf. chapitre 12)
Le quorum	1ère convocation : 1/3 des actions ayant le droit de vote.
	2e convocation : 1/5e des actions ayant le droit de vote.
La majorité	Principe : l'assemblée statue à la majorité des 2/3 des voix des actionnaires présents ou représentés

D L'assemblée mixte

L'assemblée mixte est celle au cours de laquelle sont prises les décisions dont certaines relèvent de la compétence de l'AGO et d'autres de celle de l'AGE. Le quorum et la majorité sont calculés selon la nature des décisions.

Remarque pour être opposables aux tiers :

- les comptes annuels, les rapports présentés aux assemblées, la résolution relative à l'affectation du résultat doivent être déposés au greffe du tribunal de commerce sauf dispense pour les PME.
- les procès-verbaux des assemblées générales ayant distribué des sommes aux actionnaires doivent être adressés au service des impôts.
- les modifications intervenant dans la composition des organes sociaux et les modifications statutaires doivent être publiés pour être opposables aux tiers (JAL, dépôt au greffe, inscription modificative au RCS, BODACC).

SYNTHÈSE

- Les assemblées d'actionnaires sont en principe convoquées par le CA ou de directoire (dans la forme moderne, le CS détient aussi ce pouvoir).
- La convocation peut être précédée d'un avis de réunion. Les actionnaires peuvent demander l'inscription de résolutions à l'ordre du jour (s'ils détiennent 5 % du capital) et poser des questions écrites aux dirigeants.
- L'ordre du jour est arrêté par l'auteur de la convocation. Il est très important car l'assemblée ne peut délibérer que sur les questions qui y sont inscrites (à l'exception de la révocation d'un administrateur ou d'un membre du conseil de surveillance).
- Chaque actionnaire a le droit de vote. Le nombre de voix dont il dispose est en principe proportionnel au nombre d'actions détenues.
- La tenue de l'assemblée est l'objet d'un formalisme important (feuille de présence, bureau, procès-verbal, etc...).
- L'assemblée générale ordinaire est compétente pour toutes les questions dépassant les pouvoirs des organes de direction. Elle est réunie au moins une fois par an pour l'approbation des comptes et l'affectation des bénéfices, dans les 6 mois de la clôture de l'exercice (le quorum est sur première convocation.)

Assemblée générale ordinaire	
Quorum	1ère convocation : 1/5e des actions ayant le droit de vote
	2e convocation : aucun quorum
Majorité	Majorité des voix des actionnaires présents ou représentés

L'assemblée générale extraordinaire est compétente pour modifier les statuts.

Assemblée générale extraordinaire	
Quorum	1ère convocation : 1/4 des actions ayant le droit de vote
	2e convocation : 1/5e des actions ayant le droit de vote
Majorité	2/3 des voix des actionnaires présents ou représentés

EXO 11.01 Cas pratique – La SA Alertix

Madame Millepertan a été nommée PDG de la société Alertix, lors de la dernière AGO. La nomination a fait l'objet d'une grande publicité dans ce milieu assez masculin d'installateurs d'alerte anti-intrusion. Sa gestion est loin de faire l'unanimité auprès des actionnaires habitués à un autre style de management.

Parmi les décisions les plus controversées, l'on trouve :

- l'embauche à grand frais d'un contrôleur de gestion issu d'un des plus grands cabinets d'audit,
- le déplacement du siège social de Senlis à Marseille.

Travail à faire

Monsieur Passiflure, actionnaire de la société Alertix vient vous consulter sur la légalité de ces décisions.

EXO 11.02 Cas pratique – La SA Airlight

La SA Airlight est spécialisée dans la pose de Velux. Elle a été créée en 2005 par 4 amis spécialistes de la pose de ces produits chez les particuliers et leurs conjoints. Antoine est le PDG de la SA Airlight. Les 3 autres amis sont administrateurs.

Antoine a plusieurs projets à soumettre à la prochaine assemblée.

Il souhaite que cette année, les actionnaires renoncent à leurs dividendes afin de pouvoir affecter les fonds à l'acquisition de nouveaux matériels.

Il envisage l'élargissement de l'objet social à la pose de véranda.

Il souhaite acquérir au bénéfice de son fils qui rénove sa maison plusieurs Velux à un tarif avantageux (il prévoit une remise de 15 %). Il pense soumettre la question au CA qui réunira l'AG.

Il n'est pas certain que Danielle Radis soit présente car elle est en conflit avec son époux Damien. Elle ne sera pas représentée. Damien Radis et Baptiste sont opposés aux projets d'Antoine.

Répartition du capital au 1er janvier	
Antoine Salor	20 000 parts
Amandine Salor	5 000 parts
Baptiste Pins	20 000 parts
Barbara Pins	5 000 parts
Cyril Verti	20 000 parts
Carole Verti	5 000 parts
Damien Radis	20 000 parts
Danielle Radis	5 000 parts

Travail à faire

Antoine vous consulte sur les chances de réussite de ses 3 projets.

Chapitre 12

Les titres et les opérations sur le capital

COMPÉTENCES ATTENDUES

- **Différencier les principales valeurs mobilières (actions, actions de préférence, obligations) et expliquer leur régime juridique.**
- **Distinguer les actions et les parts sociales et justifier les conséquences juridiques de cette distinction.**
- **Analyser les opérations d'augmentation et de réduction de capital.**

Une fois constituée, une société peut être amenée à se développer et à chercher des nouvelles sources de financement. Ainsi son capital peut-il se trouver modifié au cours de diverses opérations (2).

Mais cette faculté de développement dépend du type de société en cause :

- dans les **sociétés de personnes**, la personne des associés sera plus prise en compte que les ressources, qu'ils apportent ;
- dans les **sociétés de capitaux**, en revanche les moyens apportés ont plus d'importance que ceux qui les apportent.

Cette dichotomie se retrouve dans l'étude consacrée aux titres des sociétés. Les sociétés de capitaux peuvent ainsi émettre une grande diversité de titres pour assurer leur développement (1).

PLAN DU CHAPITRE

1 Les titres des sociétés

A Définitions

1 La distinction parts sociales-actions

On distingue traditionnellement :

- les parts sociales qui concernent les sociétés de personnes (SNC) ou les sociétés hybrides (SARL) ;
- **les actions qui concernent les sociétés de capitaux** ou les sociétés par actions telles que la SA ou la SAS. Les actions sont des valeurs mobilières.
  - Les parts sociales comme les actions sont la contrepartie de l'apport que l'associé (ou l'actionnaire) réalise pour obtenir ce statut lors de la constitution de la société ou au cours de la vie sociale. Ces deux catégories de titres offrent donc des droits similaires : droit au bénéfice, droit de vote, droit à l'information...
  - La principale différence entre ces deux catégories de titres vient du fait que les parts sociales sont beaucoup plus **attachées à la personne** de leur titulaire que les actions. Ainsi le propriétaire de parts sociales dans une SNC (et dans une moindre mesure dans une SARL) doit obtenir l'accord des autres associés de la société s'il entend les céder et il devra de plus respecter un formalisme rigoureux. L'actionnaire d'une SA ou l'associé d'une SAS est quant à lui propriétaire d'un **titre dit négociable**, c'est-à-dire, sauf exceptions, librement transmissible à un tiers par un simple ordre de virement de compte à compte.

2 La notion de valeur mobilière

Les valeurs mobilières sont des **titres financiers négociables** (et qui peuvent être cotés en bourse sous certaines conditions) émis par les sociétés par actions, qui confèrent des droits identiques par catégorie (article L. 228-1 du Code de commerce).

Les deux principales catégories de valeurs mobilières sont les titres de capital (ou actions) et les titres de créance (ou obligations) :

- l'action : le propriétaire du titre est un actionnaire. L'action représente une fraction du capital de la société. La rémunération de son propriétaire va dépendre des éventuels bénéfices ;
- l'obligation : le propriétaire du titre est **un créancier de la société émettrice** à laquelle il a prêté de l'argent, dont il sera remboursé avec un intérêt. En revanche, il ne dispose d'aucun droit sur la prise de décision au sein de la société, contrairement à l'actionnaire.

Remarques

- Les valeurs mobilières peuvent revêtir deux formes, celle d'un titre au porteur ou d'un titre nominatif. Historiquement, ces deux formes se distinguaient par des modalités de cession différentes :
  - le titre au porteur était cédé par une simple remise physique de l'écrit le constatant ;
  - le titre nominatif nécessitait pour être cédé une inscription du titulaire sur un registre tenu par la société émettrice du titre.
- Cette distinction est maintenant atténuée. Tous les titres doivent dorénavant faire l'objet d'une inscription sur un compte tenu soit par la société émettrice, soit par un intermédiaire financier lorsque la société est cotée. Dans les deux cas, la cession du titre se fait par un ordre de mouvement passé par le propriétaire du titre, qui transfère son titre de son compte vers le compte du cessionnaire.
- La distinction entre titre au porteur et titre nominatif subsiste mais seulement relativement à l'anonymat des propriétaires du titre vis-à-vis de la société émettrice. Pour les titres au porteur, l'inscription du titre se fait auprès d'un intermédiaire financier, qui sauf si les statuts de la société émettrice ne le prévoient, n'a pas à révéler l'identité du propriétaire du titre.
- La forme nominative est obligatoire pour les sociétés non cotées ou pour les titres donnant droit à un vote double

B Les titres de capital

1 Les actions ordinaires

Il s'agit des actions ne bénéficiant pas, contrairement aux actions de préférence, de droits particuliers. Leur titulaire dispose de tous les droits afférents : droit aux dividendes, droit de céder son titre, droit de participer aux décisions collectives...

2 Les actions de préférence

a. Définition

Il s'agit des actions, avec ou sans droit de vote, bénéficiant de **droits particuliers** de toute nature (article L. 228-11 du Code de commerce).

Les droits particuliers peuvent porter sur :

- le droit aux dividendes (le dividende peut être majoré, progressif, conditionnel...) ;
- le droit au boni de liquidation (le droit peut être prioritaire, majoré, sur un actif particulier...) ;
- le droit à la désignation des dirigeants (droit à un certain nombre de sièges au conseil d'administration, au directoire, au conseil de surveillance...) ;
- ...

Remarques

- Pour certains actionnaires les droits financiers sont plus importants que les droits de vote au sein de la société. Ainsi il est possible d'émettre des actions sans droit de vote (la plupart du temps ce désavantage est compensé par des droits financiers plus importants). Cependant de telles actions ne peuvent représenter plus 50 % du capital social dans les sociétés non cotées, et 25 % dans les sociétés cotées.
- Fréquemment les fondateurs ou les dirigeants d'une société reçoivent comme rémunération des services qu'ils ont rendu à la société notamment lors de sa constitution, des avantages particuliers, prenant régulièrement la forme d'attribution d'actions de préférence. Ces avantages particuliers lorsqu'ils sont attribués nécessitent le respect d'une procédure particulière. Dans les SA, cette procédure est la suivante :
  - intervention d'un commissaire aux apports (article L. 225-8 du Code de commerce) ;
  - vote de l'assemblée des actionnaires (article L. 225-9 du Code de commerce).

b. Régime juridique

Création

Les actions de préférence peuvent être émises lors de la création de la société (et dans ce cas être prévues par les statuts avec un rapport du commissaire aux apports) ou ultérieurement, en augmentant le capital de la société ou en convertissant en actions de préférence des actions ordinaires.

Il appartient à **l'assemblée générale extraordinaire** au vu d'un rapport du commissaire aux comptes de décider de cette opération, mais elle peut déléguer ce pouvoir aux organes de direction (article L. 228-12 du Code de commerce).

Lorsque les actions de préférence sont créées pour un ou plusieurs actionnaires désignés de manière nominative, l'opération sera précédée d'un rapport d'un commissaire aux apports et le ou les actionnaires concernés ne participeront pas au vote décidant de l'opération (article L. 228-15 du Code de commerce).

Assemblées spéciales

Dans les SA, les titulaires d'actions de préférence d'une même catégorie sont réunis ensemble dans des assemblées spéciales lorsqu'il y a lieu de ratifier les modifications de leurs droits déjà votés par l'assemblée générale des actionnaires (article L. 225-99 du Code de commerce).

La majorité nécessaire à la prise de décision est la même que pour les assemblées générales extraordinaires (2/3 des voix des actionnaires présents et représentés), en revanche le quorum exigé est plus élevé sur première convocation : le tiers des voix des actionnaires présents ou représentés (et 20 % sur deuxième convocation).

Les porteurs d'actions de préférence peuvent demander au commissaire aux comptes de la société d'établir un rapport spécial sur le respect par la société de leurs droits. Ce rapport est diffusé à ces porteurs à l'occasion d'une assemblée spéciale (article L. 228-19 du Code de commerce).

Outre la distinction entre actions ordinaires et actions de préférence, on trouve dans le Code de commerce (et/ou dans la pratique) de nombreuses dénominations pour distinguer d'autres types d'actions (ou pour distinguer certaines catégories d'actions de préférence) :

- **actions de numéraire et actions d'apport**. Les actions de numéraire sont la contrepartie des apports en numéraire et les actions d'apport sont la contrepartie des apports en nature (article L. 228-7 du Code de commerce) ;
- **actions à droit de vote double**. Elles permettent comme leur nom l'indique de disposer d'un droit de vote du double à celui d'une action ne disposant pas d'un tel droit. Elles ne sont valables que si elles sont prévues par les statuts, pour des actions nominatives entièrement libérées et détenues depuis au moins deux ans par le même actionnaire. Dans les sociétés cotées, au contraire elles sont en principe prévues, aux mêmes conditions, sauf clause contraire des statuts, qui rejetterait leur mise en place (article L. 225-123 du Code de commerce) ;
- **actions de jouissance et actions de capital**. Les actions de jouissance sont des actions appartenant à des actionnaires qui ont récupéré le montant de leur apport à la société lors d'une opération d'amortissement du capital (et non de réduction de celui-ci). Les actionnaires concernés récupèrent la valeur de leur apport (ils seront donc privés de ce droit si la société vient à être dissoute, mais en revanche ils gardent leur droit sur l'éventuel boni de liquidation). Ils restent actionnaires mais perdent leur droit au premier dividende (c'est-à-dire au dividende prévu par les statuts dès lors que la société a réalisé un bénéfice et qui se calcule le plus souvent en appliquant un pourcentage à la valeur nominale de l'action), mais en revanche ils gardent leur droit au superdividende, c'est-à-dire celui qui peut être éventuellement décidé par l'assemblée générale ordinaire en plus du premier dividende (article L. 225-198 du Code de commerce). Les actions de capital sont toutes les autres actions ;
- **actions de priorité**. Il s'agit d'un autre nom pour les actions de préférence (article L. 228-35-1 du Code de commerce).

C Les titres de créance

1 Définition

Les principaux titres de créances pour les sociétés par actions sont les **obligations**, c'est-à-dire des titres négociables qui, dans une même émission, confèrent les mêmes droits pour une même valeur nominale (article L. 228-38 du Code de commerce). Les obligations sont donc des valeurs mobilières négociables pouvant faire l'objet d'une cotation en bourse. L'obligataire n'est pas un actionnaire, il ne possède pas une partie du capital de la société (et ne peut donc participer à sa gestion), mais il a prêté de l'argent à la société. Il en obtiendra remboursement au terme prévu moyennant le versement d'un intérêt.

Remarques

- **Titres participatifs**

  Les sociétés par actions du secteur public et les sociétés coopératives constituées sous la forme de SA ou de SARL peuvent émettre des titres participatifs, qui sont des titres de créances d'une autre nature. Ces titres ne sont remboursables qu'à la liquidation de la société émettrice ou à l'expiration d'un délai qui ne peut être inférieur à sept ans, et ils sont rémunérés non seulement par une partie fixe mais aussi par une partie variable dépendant de l'activité ou des résultats de la société émettrice (articles L. 228-36 et L. 228-37 du Code de commerce). Ils ne répondent donc pas à des enjeux purement marchands et permettent une certaine stabilisation du financement.

- **Valeurs mobilières donnant accès au capital ou donnant droit à l'attribution de titres de créance**

  Les sociétés par actions peuvent émettre de tels titres. Il s'agit par exemple d'obligations convertibles en actions ou d'obligations remboursables non par une somme d'argent mais par l'attribution d'actions dans un certain délai et selon une certaine parité (articles L. 228-91 et suivants du Code de commerce).

2 Régime juridique

a. Emission

Conditions

L'émission d'obligations n'est possible que pour des sociétés par actions dont le **capital a été entièrement libéré, qui ont établi deux bilans approuvés par les actionnaires**. Si tel n'est pas le cas, l'émission doit être précédée par une vérification de l'actif et du passif par un ou plusieurs commissaires qui rédige(nt) un rapport à ce sujet (article L. 228-39 du Code de commerce).

Organe décisionnel

La décision d'émettre des obligations (comme le choix du ou des commissaires en charge de la vérification de l'actif et du passif) appartient au **conseil d'administration ou au directoire** de la société sauf si les statuts réservent ce pouvoir à l'assemblée générale ou si celle-ci décide de l'exercer. Le conseil d'administration ou le directoire peut déléguer, à toute personne de son choix (par exemple à un directeur général), les pouvoirs nécessaires pour réaliser, dans un délai d'un an l'émission d'obligations et en arrêter les modalités. La personne désignée devra rendre compte de sa mission au conseil d'administration ou au directoire (article L. 228-40 du Code de commerce).

L'émission d'obligations est également possible dans d'autres structures juridiques que dans les sociétés par actions.

- **SARL**

  Par décision de son assemblée générale à la majorité ordinaire, une SARL peut émettre des obligations nominatives, à condition :
  - de répondre aux conditions pour disposer obligatoirement d'un commissaire aux comptes ;
  - que les associés aient approuvé les comptes des trois dernières années ;
  - de remettre aux souscripteurs une notice relative à l'émission et un document informatif relatif à la société.

L'émission ne peut pas se faire par une offre au public (article L. 223-11 du Code de commerce).

- **Associations**

  Par décision de son assemblée générale, une association peut émettre des obligations nominatives, à condition
  - d'avoir une activité économique depuis au moins deux ans ;
  - d'être immatriculée au RCS ;
  - de disposer d'un commissaire aux comptes ;
  - de prévoir dans ses statuts les conditions dans lesquelles seront désignées les personnes chargées de la diriger, de la représenter et de l'engager vis-à-vis des tiers, ainsi que la constitution d'un organe collégial chargé de contrôler les actes de ces personnes ;
  - de remettre aux souscripteurs une notice relative à l'émission et un document informatif relatif à l'association.

L'émission ne peut pas se faire par une offre au public (articles L. 213-8 et suivants du Code monétaire et financier).

- **GIE**

Le GIE composé uniquement de sociétés ou d'associations qui peuvent émettre des obligations, peut lui-même en émettre aux mêmes conditions que les sociétés ou les associations membres (article L. 251-7 du Code de commerce).

b. Droits des obligataires

Outre leurs droits financiers (droit au remboursement de la somme prêtée et des intérêts afférents) et leurs droits patrimoniaux (droit de céder son obligation), les obligataires d'une même catégorie sont regroupés en une **masse dotée de la personnalité morale**, qui a pour mission la défense de leurs intérêts.

La masse prend ses décisions lors d'assemblées générales, ayant pour objet d'assurer la défense des intérêts communs des obligataires. De plus l'assemblée générale des obligataires est consultée lors de certaines opérations envisagées par la société émettrice (modification de l'objet ou de la forme de la société, fusion, scission...).

La masse est représentée par des mandataires qui peuvent assister aux assemblées générales de la société émettrice mais sans y exercer de droit de vote, et de manière générale sans s'immiscer dans sa gestion. Ils disposent des mêmes informations que les actionnaires (articles L. 228-46 et suivants du Code de commerce).

2 Les opérations sur le capital

Les opérations sur le capital sont entourées d'un formalisme rigoureux, et ce, afin de protéger plusieurs intérêts parfois divergents :

- **intérêt de la société** qui peut souhaiter vouloir se développer et donc augmenter son capital pour cela ;
- **intérêt des associés** dont la proportion du capital détenue a une influence sur leur « importance » dans la société (les droits aux dividendes et au vote y sont en principe proportionnels). Une augmentation du capital peut donc avoir pour effet de diminuer cette « importance » ;
- **intérêt des créanciers sociaux**, vis-à-vis desquels le capital apparait comme une garantie. Une réduction du capital peut donc avoir pour effet de diminuer cette garantie.

A Les opérations sur le capital dans les SA

1 L'augmentation du capital

a. Modalités

L'augmentation du capital peut venir soit de l'émission de nouvelles actions (soit ordinaires, soit de préférence), soit de l'augmentation de la valeur nominale des actions déjà émises (article L. 225-127 du Code de commerce).

Les nouveaux apports peuvent être des apports en numéraire (y compris lorsqu'un créancier de la société accepte en compensation de sa créance de recevoir des actions) ou en nature, mais l'augmentation de capital peut également venir d'incorporations de réserves, de bénéfices ou de primes d'émission (article L. 225-128 du Code de commerce). Dans ces derniers cas, l'augmentation du capital se traduit surtout par un jeu d'écriture comptable entre deux postes au bilan de la société.

Remarque La société peut prévoir lors de son augmentation de capital, que les nouveaux actionnaires auront à verser en plus de la valeur nominale des actions auxquelles ils souscrivent une **prime d'émission**. Cette prime représente le cas échéant (si la société est en bonne santé financière) la différence entre cette valeur nominale et la valeur réelle des actions, et ce, afin de ne pas pénaliser les anciens actionnaires.

b. Procédure

Principe

L'augmentation de capital doit être décidée par **l'assemblée générale extraordinaire** sur rapport du conseil d'administration ou du directoire (article L. 225-129 du Code de commerce).

Délégations

L'assemblée générale extraordinaire qui décide d'une augmentation de capital peut déléguer au conseil d'administration ou au directoire, le pouvoir de fixer les modalités de l'émission des titres (article L. 225-129-1 du Code de commerce).

L'assemblée générale extraordinaire peut également déléguer la compétence même de décider de l'augmentation de capital, au conseil d'administration ou au directoire. Dans ce cas, elle décide de la durée de cette délégation (qui ne peut dépasser 26 mois) et du plafond de l'augmentation (article L. 225-129-2 du Code de commerce).

Dans la SA cotée classique, le conseil d'administration peut déléguer le pouvoir de décider la réalisation de l'augmentation de capital ou de la suspendre, au directeur général ou avec l'accord de ce dernier à un ou plusieurs directeurs généraux délégués. Dans la SA cotée moderne, cette délégation peut être donnée au président du directoire ou avec l'accord de celui-ci à l'un des membres du directoire. Les personnes bénéficiant de ces délégations doivent en rendre compte dans un rapport remis aux organes, qui ont délégué leur fonction (article L. 225-129-4 du Code de commerce).

Cas particuliers

Augmentation par apports en numéraire (articles L. 225-131 et L. 225-144 du Code de commerce)	Il est nécessaire que le **capital initialement souscrit ait été intégralement libéré**. Si la société recherche de nouveaux financements, elle doit au préalable le faire, en faisant respecter aux actionnaires initiaux leur promesse d'apport. L'apport est obligatoirement libéré, lors de la souscription, d'un quart au moins de leur valeur nominale et, le cas échéant, de la totalité de la prime d'émission. La libération du surplus doit intervenir dans le délai de cinq ans.
Augmentation par incorporation de réserves, de bénéfices ou de primes d'émission (article L. 225-130 du Code de commerce)	Dans ce cas, la décision est prise par l'assemblée générale extraordinaire mais aux **conditions de quorum et de majorité des assemblées générales ordinaires**. L'augmentation de capital n'est qu'un simple jeu d'écriture comptable, qui ne modifie par la répartition des pouvoirs entre les associés. En dehors de cette hypothèse, l'augmentation du capital par augmentation de la valeur des actions déjà émises nécessite l'accord unanime des associés.
Augmentation par apports en nature (article L. 225-147 du Code de commerce)	Dans ce cas, le ou les apport(s) en nature doivent être **évalués par un commissaire aux apports** désigné à l'unanimité des actionnaires ou par décision de justice. L'évaluation est soumise à l'approbation de l'assemblée générale extraordinaire. En cas de vote positif, l'augmentation de capital est réalisée. En cas de réduction de l'évaluation, l'augmentation de capital n'aura lieu que si les apporteurs approuvent cette réduction. L'apport en nature est libéré intégralement dès sa souscription.

c. Droit préférentiel de souscription

Une augmentation de capital peut avoir pour effet de modifier les rapports de pouvoir entre les associés qui dépendent de leur part respective dans le capital social. Aussi le Code de commerce a-t-il prévu un garde-fou : le droit préférentiel de souscription.

Les actionnaires ont, **proportionnellement au montant de leurs actions, un droit de préférence** pendant 5 jours au moins, lors de la souscription des actions de numéraire (et non pour les actions d'apport) émises pour réaliser une augmentation de capital (article L. 225-132 du Code de commerce).

Les actionnaires peuvent céder leur droit, y renoncer individuellement, et l'assemblée générale extraordinaire peut, sur rapport du conseil d'administration ou du directoire et rapport du commissaire aux comptes s'il en existe, le supprimer partiellement ou totalement (article L. 225-135 du Code de commerce).

Remarques Le Code de commerce impose que les augmentations de capital soient ouvertes aux salariés :

- l'AGE d'une SA qui réalise une augmentation de capital par apport en numéraire, doit se prononcer sur un projet de résolution tendant à réaliser une augmentation de capital réservée aux salariés ;
- tous les trois ans, l'AGE d'une SA, dont les actions détenues par ses salariés représentent moins de 3 % du capital, doit se prononcer sur un projet de résolution tendant à réaliser une augmentation de capital réservée aux salariés (article L. 225-129-6 du Code de commerce).

2 La réduction du capital

La réduction du capital doit être décidée par **l'assemblée générale extraordinaire**, mais elle peut déléguer ce pouvoir au conseil d'administration ou au directoire. Dans tous les cas, l'assemblée aura à statuer sur un rapport du commissaire aux comptes sur les causes et les conditions de l'opération. **Les actionnaires doivent être traités de manière égale** : chaque action supportera la même proportion de réduction de sa valeur nominale, sauf si tous les actionnaires acceptent qu'elle ne soit supportée que par certains d'entre eux (article L. 225-204 du Code de commerce).

Remarques

- Lorsque la réduction de capital **n'est pas justifiée par des pertes**, mais permet surtout de restituer aux actionnaires une partie de leur apport, l'opération présente un risque pour les créanciers sociaux. Le capital social constitue en effet une garantie au remboursement de leur créance. Aussi la loi prévoit-elle dans ce cas, un processus particulier d'information des créanciers.

  Dans ce cas **les créanciers peuvent former opposition** à la réduction auprès de la justice. Le juge saisi peut soit rejeter l'opposition, soit ordonner le remboursement des créances, soit demander la constitution de garanties de la part de la société au profit des créanciers. L'opération de réduction est suspendue pendant toute la durée de la procédure judiciaire (article L. 225-205 du Code de commerce).
- Le fait de faire coïncider une opération de réduction du capital et une opération d'augmentation constitue un « coup d'accordéon ». Cette opération permet d'effacer les pertes de la société, qui sont imputées sur le capital social, avec le plus souvent disparition des actions existantes, et de faire entrer de nouvelles sources de financement avec de nouveaux actionnaires (ou les anciens si ceux-ci acceptent de participer à la recapitalisation).

3 La perte de la moitié du capital

Si les pertes qu'a subi la société font que **les capitaux propres représentent moins de la moitié du capital social**, le conseil d'administration ou le directoire doit dans les quatre mois de l'approbation des comptes, qui ont fait apparaître cette situation, interroger les actionnaires sur les suites données à la société, qui périclite.

Il doit donc convoquer l'assemblée générale extraordinaire, qui peut décider de

- **dissoudre** de manière anticipée de la société ;
- **reconstituer les capitaux propres**, afin que ceux-ci représentent au minimum la moitié du capital social ;
- **réduire le capital de la société** d'un montant au moins égal à celui des pertes qui n'ont pas été imputées sur les réserves.

La reconstitution des capitaux propres et la réduction du capital doivent être réalisées au plus tard à la clôture du deuxième exercice suivant celui au cours duquel la perte de la moitié du capital a été constatée.

Si l'assemblée générale n'est pas consultée ou ne délibère pas de manière valable, tout intéressé peut demander en justice la dissolution de la société. Le juge peut toujours donner un délai maximal de six mois pour régulariser la situation et ne pourra dans tous les cas prononcer la dissolution, si au jour où il statue, la régularisation a eu lieu (article L. 225-248 du Code de commerce).

B Les opérations sur le capital dans les SARL

1 L'augmentation du capital

Elle obéit à des **conditions proches de celles de la SA :**

- elle doit être décidée par les associés aux conditions de quorum et de majorité extraordinaires. Cependant comme pour la SA, et pour les mêmes raisons, la décision d'augmenter le capital par incorporation de bénéfices ou de réserves est prise par les associés représentant au moins la moitié des parts sociales (article L. 223-30 du Code de commerce) ;
- si elle est réalisée par des apports en numéraire, l'intégralité du capital social initialement souscrit devra être préalablement libéré. La libération des nouveaux apports se fera d'un quart au moins lors de la souscription, la libération du surplus intervenant dans les cinq ans (article L. 223-32 du Code de commerce) ;
- si elle est réalisée de manière totale ou partielle par des apports en nature, il faudra respecter la même procédure que l'évaluation desdits apports en cas de constitution de la SARL : en principe désignation d'un commissaire aux apports à l'unanimité des associés ou par la justice à la demande d'un associé ou d'un gérant, responsabilité solidaire du gérant et des associés ayant souscrit à l'augmentation de capital, relativement à l'évaluation retenue si celle-ci diffère de celle du commissaire aux apports ou en absence de ce dernier...(article L. 223-33 du Code de commerce).

En revanche, le mécanisme du droit préférentiel de souscription doit être prévu pour que les associés actuels puissent en bénéficier (il en est de même pour la prime d'émission).

2 La réduction du capital

Les règles sont ici les **mêmes que pour la SA**, que cela soit relativement au pouvoir des associés pour prendre une telle décision aux conditions de quorum et de majorité extraordinaires, au rapport du commissaire aux comptes le cas échéant ou au droit des créanciers si la réduction est motivée par des pertes (article L. 223-34 du Code de commerce).

3 La perte de la moitié du capital

Les règles sont ici les **mêmes que pour les SA** (article L. 223-42 du Code de commerce).

C Les opérations sur le capital dans les SAS

Les règles sont les **mêmes que pour la SA**, dans la mesure où il n'y a pas d'incompatibilités avec les règles particulières concernant la SAS. Les attributions des organes de la SA (conseil d'administration, directoire) sont transmises au président de la SAS ou aux dirigeants que les statuts ont prévus à cet effet (article L. 227-1 du Code de commerce).

SYNTHÈSE

Selon le type de sociétés on distingue :

- les parts sociales, pour les sociétés de personnes et les sociétés hybrides, qui ne sont pas librement cessibles ;
- les actions pour les sociétés de capitaux, qui sont des valeurs mobilières négociables librement cessibles.

Valeurs mobilières : titres financiers négociables émis par une société par actions	
Actions	**Obligations**
▪ L'actionnaire est propriétaire d'une part du capital social de la société. Il sera rémunéré par des dividendes et peut participer à la prise de décision collective.	▪ Elles représentent un titre de créance sur la société. L'obligataire a prêté de l'argent à la société, dont il est un créancier ordinaire. Il sera rémunéré par le remboursement de la somme prêtée plus des intérêts.
▪ On distingue les actions ordinaires des actions de préférence qui bénéficient de droits particuliers (ex. : droit de vote double, droit au dividende prioritaire...). Leur émission est décidée par l'AGE et les actionnaires qui en sont titulaires sont regroupés en assemblées spéciales pour toutes les décisions relatives à leurs titres.	▪ Leur émission est décidée par le conseil d'administration ou le directoire. Les obligataires sont regroupés dans une masse disposant de la personnalité juridique, qui assure la défense de leurs intérêts auprès de la société. ▪ L'émission d'obligations est également possible dans les SARL, les associations, ou les GIE.

Les opérations sur le capital doivent chercher à protéger des intérêts divergents (intérêt de la société, des associés, des créanciers sociaux). Dans les SA, elles sont les suivantes :

Augmentation du capital	Réduction du capital	Perte de la moitié du capital
▪ Décidée par l'AGE avec des possibilités de délégations aux dirigeants		▪ Nécessite que l'AGE soit consultée.
▪ Les actionnaires déjà présents peuvent bénéficier d'un droit préférentiel de souscription afin de participer à l'augmentation en priorité et que leur part dans le capital social ne diminue pas.	▪ Les actionnaires déjà présents doivent être traités de manière égale. ▪ Les créanciers disposent d'un droit d'opposition lorsque la réduction n'est pas justifiée par des pertes.	▪ Obligation de dissoudre la société ou de reconstituer les capitaux propres ou de diminuer le capital social

EXO 12.01 Cass. com., 11 janvier 2017

Analyse d'un arrêt de la Chambre commerciale de la Cour de cassation en date du 11 janvier 2017 – opération sur le capital social dans une SAS

Attendu, selon l'arrêt attaqué (Aix-en-Provence, 13 février 2014), que la Société de gestion Sainte-Marguerite était actionnaire majoritaire de la SAS Clinique de La Ciotat dont les sociétés Centre d'hémodialyse Provence Aubagne et Clinique de la Casamance étaient actionnaires minoritaires ; que le 4 août 2011, le président de la société Clinique de la Ciotat a convoqué les associés à une assemblée générale extraordinaire tenue le 25 août 2011, au cours de laquelle a été décidée la réduction du capital [...], l'augmentation du capital par création d'actions nouvelles, la suppression du droit préférentiel de souscription des actionnaires anciens et l'attribution des droits de souscription au profit de la Société de gestion de Sainte-Marguerite qui, à l'issue de cette assemblée, est devenue l'actionnaire unique de la société Clinique de la Ciotat ; que les sociétés Clinique de la Casamance et Centre d'hémodialyse Provence Aubagne ont assigné la société Clinique de la Ciotat et la Société de gestion Sainte-Marguerite en annulation de cette assemblée générale extraordinaire et de toutes les décisions qui en sont la conséquence et notamment de celle du même jour ayant modifié les statuts ;

Attendu que la société Clinique de La Ciotat et de la Société de gestion Sainte-Marguerite font grief à l'arrêt de dire que l'assemblée générale extraordinaire réunie le 25 août 2011 est nulle comme portant atteinte aux droits des actionnaires minoritaires, de dire que sont nulles les délibérations qui en sont la conséquence et d'enjoindre à la société Clinique de la Ciotat de réunir une assemblée générale extraordinaire dans les deux mois alors, selon le moyen :

1°/ que la résolution d'une assemblée d'actionnaires ne peut être annulée, sur le fondement de la fraude aux droits des minoritaires ou de l'abus de majorité, que s'il est établi qu'elle a été prise contrairement à l'intérêt social et dans l'unique dessein de favoriser des membres de la majorité au détriment de ceux de la minorité ; qu'il en résulte que le juge ne peut annuler l'opération consistant à réduire le capital social d'une société à zéro et à l'augmenter jusqu'au montant légal dès lors qu'une telle opération permet d'éviter la dissolution de la société encourue lorsque les capitaux propres sont inférieurs à la moitié du capital social ; qu'en jugeant contraire à l'intérêt social de la société Clinique de La Ciotat, et pour cette raison constitutive d'une fraude aux droits des minoritaires, la décision de réduction puis d'augmentation du capital social décidée lors de l'assemblée générale extraordinaire du 25 août 2011, quand les documents comptables révélaient pourtant que les capitaux propres étaient inférieurs à la moitié du capital social ce qui démontrait que la survie de la société était en jeu, la cour d'appel a violé l'article 1382 [nouveau 1240] du code civil ;

2°/ que la résolution d'une assemblée d'actionnaires ne peut être annulée, sur le fondement de la fraude aux droits des minoritaires ou de l'abus de majorité, que s'il est établi qu'elle a été prise contrairement à l'intérêt social et dans l'unique dessein de favoriser des membres de la majorité au détriment de ceux de la minorité ; qu'en se fondant, pour relever l'existence d'une fraude aux droits des actionnaires minoritaires, sur la fixation au 25 août 2011 de l'assemblée générale extraordinaire, après avoir pourtant relevé que lesdits actionnaires avaient été régulièrement convoqués et touchés par la convocation, la cour d'appel s'est déterminée au prix d'un motif impuissant à établir que l'opération litigieuse a été prise contrairement à l'intérêt social et dans l'unique dessein de favoriser des membres de la majorité au détriment de ceux de la minorité, en violation de l'article 1382 [nouveau 1240] du code civil ;

Mais attendu que l'arrêt retient, d'abord, que la délibération du 24 mars 2011 ayant approuvé les comptes de l'exercice clos au 31 décembre 2010 n'a pas fait mention de ce que les capitaux propres étaient inférieurs à la moitié du capital social, le rapport du président étant alors muet sur cette situation, et qu'aucune assemblée générale extraordinaire n'a été ensuite convoquée pour statuer sur la dissolution par anticipation de la société ; qu'il retient, ensuite, que si l'opération avait pour objectif de reconstituer les capitaux propres à la moitié du capital social, elle devait surtout permettre à l'actionnaire majoritaire, la Société de gestion de Sainte-Marguerite, de prendre l'entier contrôle de la société Clinique de la Ciotat ; qu'il retient, encore, que si la société Clinique de la Ciotat était en difficulté, sa survie n'était pas en jeu et que le choix du mois d'août, période estivale où bien des personnes sont indisponibles, cependant qu'il s'agissait de décider de la manière de recapitaliser la société, la réduction du capital à zéro envisagée ayant pour effet de supprimer toutes les actions existantes, et du maintien des minoritaires dans la société en leur laissant ou non la faculté de souscrire à l'augmentation de capital en faisant usage de leur droit préférentiel de souscription, ne se justifiait pas au regard de la situation de la société et que la nécessité de réaliser de nouveaux investissements ne le justifiait pas plus ; qu'il retient, ensuite, que l'augmentation de capital par la création de nouvelles actions réservées au seul actionnaire majoritaire a été libérée en totalité, par compensation avec une créance en compte courant de l'actionnaire majoritaire, et n'a donc créé aucune trésorerie permettant de faire face aux besoins de financement invoqués ; qu'il retient, enfin, que l'ensemble de cette opération avait pour objectif essentiel d'évincer les actionnaires minoritaires sans qu'aucun des éléments produits n'établisse que cette éviction était justifiée par l'intérêt social de la société Clinique de la Ciotat ; que de ces constatations et appréciations, la cour d'appel a pu déduire que les délibérations de l'assemblée générale extraordinaire étaient intervenues en fraude du droit des actionnaires minoritaires ; que le moyen n'est pas fondé ; [...]

PAR CES MOTIFS : REJETTE le pourvoi

Travail à faire

A l'aide de l'arrêt rendu par la chambre commerciale de la Cour de cassation le 11 janvier 2017 et de vos connaissances, répondez aux questions suivantes :

1. **Expliquez quelle est la conséquence de la suppression du droit préférentiel de souscription pour les anciens actionnaires.**
2. **Expliquez la procédure qui doit être suivie lorsque les capitaux propres d'une SAS sont devenus inférieurs à la moitié du capital social.**
3. **Quel est le problème juridique auquel doit répondre la Cour de cassation ?**
4. **Quels sont les arguments des demanderesses au pourvoi ?**
5. **Quels sont la solution et les arguments de la Cour de cassation ?**

Chapitre 13

La société par actions simplifiée (SAS)

COMPÉTENCES ATTENDUES

- **Schématiser et analyser les règles de fonctionnement de chaque forme sociétaire étudiée.**
- **Rédiger des clauses spécifiques des statuts (clause limitative de pouvoir, clause d'inaliénabilité, clause d'agrément).**
- **Repérer dans des statuts les clauses non conformes (clause limitative de pouvoir, clause d'inaliénabilité, clause d'agrément, clause de préemption et clause d'exclusion) et les corriger.**
- **Analyser les opérations de contrôle au sein d'une société : rôles du commissaire aux comptes, contrôle des conventions réglementées, contrôle interne, procédure d'alerte.**
- **Analyser les conditions et les conséquences d'une transformation pour chaque type de sociétés.**
- **Identifier les causes et les conséquences d'une dissolution spécifiques à chaque type de sociétés.**
- **Justifier le choix d'une forme sociétaire adaptée à une situation donnée.**

- A côté de la SA qui n'est pas une forme juridique souple, avec les très nombreuses dispositions impératives que lui consacre le Code de commerce, le législateur a créé en 1994 la SAS (société par actions simplifiée).

  Comme son nom l'indique, la SAS est un outil flexible, pour lequel **la place du contrat est très largement prioritaire par rapport à celle de la loi et du règlement**. Initialement la SAS était destinée à la constitution de sociétés « holdings », ayant comme fonction principale d'être la société mère de filiales (elle était d'ailleurs initialement une société dont les associés ne pouvaient être que d'autres sociétés). La SAS a cependant connu une évolution remarquable en devenant en 1999 **la seule société commerciale avec la SARL à pouvoir être unipersonnelle** avec donc un seul associé (de plus les personnes physiques ont pu à cette même date en devenir des associés).

On la rencontre à l'heure actuelle des deux côtés du « spectre » du capitalisme : soit forme sociale favorite des groupes notamment pour la gestion de leurs actifs financiers, soit forme sociale de la petite entreprise avec parfois un associé unique personne physique.

Il ne sera fait état ici que des principales caractéristiques de cette forme sociale, en insistant sur les rares règles impératives du Code du commerce mais aussi les dispositions statutaires les plus usuelles. Nous verrons successivement les règles de constitution (1), celles relatives au fonctionnement (2), puis à sa dissolution (3), avant de nous intéresser aux particularités de la SASU (4)

PLAN DU CHAPITRE

1 La constitution de la SAS

Les règles générales relatives à la création de toute société sont applicables à la SAS, seules sont à remarquer les dispositions suivantes :

Associés	Il peut n'y en avoir qu'un (personne physique ou personne morale), on parle alors de SASU (société par actions simplifiée unipersonnelle).
Apports (article L. 227-1 du Code de commerce)	Tous les apports sont autorisés dans la SAS : - apports en numéraire **Les règles relatives à la SA s'appliquent ici** : libération immédiate d'au moins la moitié et du solde dans les 5 ans. - apports en nature **Les règles relatives à la SA s'appliquent ici** : évaluation par un commissaire aux apports sauf si aucun apport en nature n'excède 30 000 € et si la somme de tous les apports en nature n'excède pas 50 % du capital social (**mêmes dérogations que dans la SARL).** Lorsqu'il n'y a pas eu de commissaire aux apports ou lorsque la valeur retenue est différente de celle proposée par le CAA, les associés sont solidairement responsables pendant cinq ans à l'égard des tiers. - apports en industrie **Ils sont autorisés (contrairement à ce qui est prévu dans les SA)**, mais leur régime juridique est strict. Les apporteurs en industrie reçoivent en contrepartie des **actions inaliénables** dont les statuts déterminent les modalités de souscription et de répartition ainsi que le délai au terme duquel les actions concernées doivent faire l'objet d'une évaluation par un CAA.
Capital (article L. 227-2 du Code de commerce)	Le montant du capital social est fixé librement par les statuts. **La SAS ne peut procéder en principe à une offre au public de titres financiers ou être admise aux négociations sur un marché réglementé pour ses actions.**
Objet	L'objet de la SAS peut être civil ou commercial, mais la SAS est une société commerciale par la forme.
Procédure (article L. 227.3 du Code de commerce)	La SAS suit les mêmes règles de constitution que la SA. Cependant **la création d'une SAS par transformation d'une société préexistante nécessite une décision unanime des associés de celle-ci.**

2 Le fonctionnement de la SAS

A La direction de la SAS

1 Le rôle des statuts

Le Code du commerce est très peu dissert sur la direction de la SAS : il précise seulement qu'**il appartient aux statuts de fixer les conditions dans lesquelles celle-ci est dirigée** (article L. 227-5 du Code de commerce). Toutes les solutions sont donc possibles, relativement :

- à la composition des organes de direction. Ils peuvent être par exemple calqués sur ceux de la SA (avec un conseil d'administration ou un directoire et un conseil de surveillance ou tout autre organe collectif quel que soit son nom) ou n'être constitués que d'une seule personne ;
- à leur nomination ou à leur révocation. Celles-ci peuvent dépendre de manière traditionnelle d'une décision des associés prise à la majorité absolue mais également du choix de tel ou tel associé même minoritaire ;
- à leur rémunération. Elle n'est pas soumise à publicité.

2 Les pouvoirs du président

La seule exigence du Code de commerce est que **la société soit représentée à l'égard des tiers par un président qui peut être une personne morale**. Il dispose des mêmes pouvoirs que tout dirigeant dans une société où la responsabilité des associés est limitée aux apports :

- vis-à-vis des associés, il est investi des pouvoirs les plus étendus pour agir en toute circonstance au nom de la société dans la limite de l'objet social, et doit respecter les clauses statutaires limitant ses pouvoirs ;
- vis-à-vis des tiers, la société est engagée même par les actes qui ne relèvent pas de l'objet social (sauf à prouver la mauvaise foi du tiers). Les limites statutaires sont inopposables aux tiers.

Les statuts peuvent prévoir que les pouvoirs de représentation du président seront aussi assurés par un ou plusieurs directeurs généraux ou directeurs généraux délégués (article L. 227-6 du Code de commerce).

3 La responsabilité du président et des dirigeants

Le président de la SAS et ses éventuels autres dirigeants engagent leurs responsabilités civile et pénale dans les mêmes conditions que les membres du conseil d'administration et du directoire de la SA (article L. 227-8 du Code de commerce).

Lorsque la présidence ou la direction de la SAS revient à une personne morale, le dirigeant de cette dernière engage ses responsabilités civile et pénale comme s'il était président ou dirigeant en son nom propre (article L. 227-7 du Code de commerce).

B Les associés de la SAS

1 Les décisions collectives

Le Code de commerce laisse ici aussi une grande place à la liberté statutaire. Les statuts déterminent les décisions qui relèvent de la collectivité des associés, ainsi que les formes et conditions de ces décisions.

Seules quelques limites à cette liberté sont prévues. Ainsi, les décisions qui dans les SA relèvent des compétences des assemblées générales d'actionnaires relativement aux opérations sur le capital (augmentation, amortissement, réduction), à celles de fusion, scission, dissolution, transformation de la SAS, à la nomination d'un commissaire aux comptes, ou aux comptes annuels et aux bénéfices appartiennent obligatoirement à la collectivité des associés de la SAS, aux conditions fixées par les statuts. A défaut, ladite décision peut être annulée à la demande de tout intéressé (article L. 227-9 du Code de commerce).

2 Les clauses relatives à l'actionnariat

La liberté contractuelle étant le propre de la SAS, le Code de commerce n'encadre que peu les clauses que peuvent contenir les statuts. Cependant, quant aux éventuelles clauses concernant la cession des actions ou l'exclusion des associés, quelques règles impératives sont prévues et la liberté n'est donc pas totale.

Clause d'inaliénabilité (articles L. 227-13, L. 227-15 et L. 227-19 du Code de commerce)	Les associés (ou seulement certains d'entre eux) peuvent être privés du droit de céder leurs actions, mais ces clauses ne sont valables que pour **10 ans au maximum.** Si la clause n'est pas respectée, la cession est nulle. La clause d'inaliénabilité ne peut être adoptée ou modifiée que par une décision des associés à l'**unanimité**.
Clause d'agrément (articles L. 227-14, L. 227-15, L. 227-18 et L. 227-19 du Code de commerce)	Les associés (ou certains d'entre eux) peuvent avoir à obtenir l'accord préalable de la société pour céder leurs actions. Si cette clause n'est pas respectée, la cession est nulle. En cas de mise en œuvre de la clause d'agrément prévue, le prix de la cession s'il n'est pas fixé par les statuts, est déterminé par un accord entre les parties à la cession ou par un expert (désigné par les parties ou par le président du tribunal). Lorsque les actions sont rachetées par la société, celle-ci est tenue de les céder dans un délai de six mois ou de les annuler. La clause d'agrément ne peut être adoptée ou modifiée que par une décision des associés dans **les conditions et formes prévues par les statuts**.
Clause d'exclusion (articles L. 227-16, L. 227-17, L. 227-18 et L. 227-19 du Code de commerce)	Les associés peuvent être exclus de la société dans les conditions prévues dans les statuts et sont alors contraints de céder leurs actions. L'exclusion peut également être prévue en cas de changement du contrôle d'une société associée de la SAS. Les droits non pécuniaires de l'associé concerné peuvent être suspendus tant que la cession des actions n'est pas effective. En cas de mise en œuvre de la clause d'exclusion prévue, le prix de la cession s'il n'est pas fixé par les statuts, est déterminé par un accord entre les parties à la cession ou par un expert (désigné par les parties ou par le président du tribunal). Lorsque les actions sont rachetées par la société, celle-ci est tenue de les céder dans un délai de six mois ou de les annuler. La clause d'exclusion ne peut être adoptée ou modifiée que par une décision des associés dans **les conditions et formes prévues par les statuts**.

C Le contrôle de la SAS

1 Le commissaire aux comptes

Si, dans une SAS, **deux des trois seuils suivants sont dépassés**, la désignation d'un ou plusieurs commissaires aux comptes par une décision collective des associés est obligatoire :

- **montant du chiffre d'affaires HT : 8 000 000 € ;**
- **total du bilan : 4 000 000 € ;**
- **nombre moyen de salariés permanents employés au cours de l'exercice : 50.**

Un ou plusieurs associés représentant 10 % du capital peuvent demander en justice la nomination d'un CAC même si les conditions rendant la nomination obligatoire ne sont pas réunies. Si un ou plusieurs associés représentant au moins le tiers du capital demande(nt) la nomination d'un commissaire aux comptes, la SAS doit le faire (article L. 227-9-1 du Code de commerce).

2 Le contrôle des conventions

Comme pour les SARL et les SA, les conventions passées entre la SAS et une personne y ayant un intérêt (dirigeant, associé…) font l'objet d'un encadrement juridique mais plus souple.

Conventions réglementées (article L. 227-10 du Code de commerce)	Les conventions conclues directement ou par personne interposée entre la SAS et son président, l'un de ses dirigeants, l'un de ses associés disposant de plus de 10 % des droits de vote ou la société contrôlant la SAS sont soumises au contrôle des associés. Les associés (y compris le cas échéant l'associé concerné) votent sur un rapport présenté par le CAC ou en son absence par le président sur la convention concernée. Les conventions non approuvées produisent néanmoins leurs effets, à charge pour la personne intéressée et éventuellement pour le président et les autres dirigeants d'en supporter les conséquences dommageables pour la société.
Conventions libres (article L. 227-11 du Code de commerce)	Les conventions qui portent sur des opérations courantes et conclues à des conditions normales ne sont pas soumises au contrôle des associés.
Conventions interdites (article L. 227-12 du Code de commerce)	Il est interdit au président et aux autres dirigeants de la SAS : - de contracter sous quelque forme que ce soit des emprunts auprès de la société ; - de se faire consentir par elle un découvert, en compte courant ou autrement ; - de se faire cautionner ou avaliser par elle leurs engagements envers des tiers. La même interdiction s'applique aux conjoints, ascendants ou descendants des dirigeants et à toute personne interposée.

3 La dissolution de la SAS

Outre celles relevant du droit commun des sociétés, la SAS ne connait qu'une cause de dissolution : elle peut être dissoute dans les mêmes conditions que la SA si le montant des capitaux propres devient inférieur à la moitié du capital social (cf. : chapitre 12).

En revanche la réunion entre les mains d'un seul associé de toutes les actions n'entraine pas la dissolution de la SAS mais sa transformation en SASU (article L. 227-4 du Code de commerce).

4 La société par actions simplifiée unipersonnelle (SASU)

Le régime juridique de la SASU présente certaines particularités :

- l'associé unique exerce les pouvoirs dévolus aux associés ;
- en cas d'apport en nature, le CAA est désigné par l'associé unique. Les conditions de dispense du recours au CAA sont les mêmes que celles prévues dans la SAS pluripersonnelle. Mais il y a également dispense si l'associé unique est une personne physique qui exerçait auparavant son activité en nom propre (entreprise individuelle ou EIRL) et qui apporte à la SASU des éléments figurant au bilan de son dernier exercice ;
- l'insertion d'un avis au BODACC lors de l'immatriculation n'est pas requise pour la SASU dont l'associé personne physique assume personnellement la présidence (article L. 227-1 du Code de commerce) ;
- le président arrête le rapport de gestion et les comptes annuels qui doivent être approuvés dans les 6 mois suivants la clôture de l'exercice après rapport du commissaire aux comptes le cas échéant. L'associé unique ne peut déléguer ses pouvoirs. Ses décisions sont répertoriées dans un registre ;
- lorsque l'associé unique personne physique est aussi président, le dépôt dans les 6 mois suivants la clôture de l'exercice au RCS de l'inventaire et des comptes annuels signés vaut approbation des comptes (article L. 227-9 du Code de commerce) ;

- les conventions réglementées ne nécessitent pas l'intervention du commissaire aux comptes, il en est simplement fait mention au registre des décisions (article L. 227-10 du Code de commerce) ;
- l'associé unique personne physique qui assume personnellement la présidence de la SASU est dispensé d'établir un rapport de gestion si la société ne dépasse pas deux des trois seuils suivants : un bilan de 4 000 000 €, un chiffre d'affaires hors-taxe de 8 000 000 € et un nombre de salariés de 50 (article L. 232-1 du Code de commerce).

SYNTHÈSE

- La SAS est une structure souple dans laquelle le rôle des statuts est très important.
- Elle peut être constituée par un seul associé, personne physique ou personne morale.
- Il s'agit d'une société par actions, dont la nature est atypique : les apports en industrie y sont autorisés contrairement à l'offre au public et le montant du capital social est libre.

Les dispositions impératives sont rares :

- **la représentation** est assurée par un président qui a les mêmes pouvoirs vis-à-vis des tiers qu'un représentant d'une société dont la responsabilité des associés est limitée aux apports ;
- la **collectivité des associés** est seule compétente pour prendre un certain nombre de décisions (approbations des comptes, affectation du résultat…) dans des conditions fixées par les statuts ;
- les **statuts** peuvent contenir des clauses d'inaliénabilité, d'agrément ou d'exclusion qui font l'objet d'un encadrement juridique par le Code de commerce ;
- le **contrôle de la société** est exercé par un commissaire aux comptes, qui est obligatoire si la société dépasse certains seuils ;
- les **conventions** passées entre la société et ses dirigeants ou ses associés font l'objet d'un contrôle et sont, pour certaines d'entre elles, interdites.

EXO 13.01 Analyse des statuts d'une SAS

Michel Ancelin peintre en bâtiment envisage de créer une SAS avec plusieurs de ses amis. Il a rédigé un projet de statuts et vous demande de répondre à certaines de ses interrogations.

ANNEXE 1 : Projet de statuts de la SAS

Article 5 - Apports
Les apports en numéraire doivent être libérés dès leur souscription pour un montant égal à 40 % de leur valeur, le solde devant être libéré dans un délai de 6 ans sur appel du président.
[...].
Article 12 - Droits de vote et majorités
I - Les droits de vote sont répartis proportionnellement aux actions de chaque associé dans le capital social.
Les décisions sont prises par les associés à la majorité des actions.
[...]
II - Par dérogation, aux règles du I du présent article :
- la décision de répartition des bénéfices appartient à la collectivité des associés, chaque associé disposant d'une voix ;
- la décision de révoquer le président appartient à l'associé disposant du plus grand nombre d'actions ;
- la décision de transformer la société en une autre forme sociale appartient au président.
Article 15 - Clause d'inaliénabilité
Les associés fondateurs de la société ne peuvent céder leurs actions pendant les 5 années suivant l'immatriculation initiale de la SAS au RCS.
Cette clause peut être modifiée par une décision des associés fondateurs à l'unanimité.
Article 25 - Pouvoirs du président
Dans les rapports avec les tiers, le président n'engage la société que par les actes entrant dans l'objet social.
Dans les rapports avec la société et les actionnaires, le président peut faire tous les actes de gestion dans l'intérêt de la société.

Travail à faire

1. **Michel ne dispose que de très peu de fonds. Il souhaite savoir si ses compétences en peinture peuvent constituer un apport possible pour la société.**
2. **Analysez les différentes clauses du projet de statuts mis en annexe, le cas échéant proposez-en une rédaction conforme au droit en vigueur.**
3. **Après quelques années d'exploitation, la société s'est bien développée (son chiffre d'affaires dépasse 1 500 000 €, et son bilan est de près de 750 000 €), elle envisage de créer une filiale spécialisée dans les prestations auprès de collectivités locales qu'elle contrôlera à 100 %, et qui prendra aussi la forme d'une SAS.**
   Ce projet est-il envisageable ?
   La SAS mère peut-elle être désignée présidente de la nouvelle société ?
   Quelles en seront les conséquences ?

EXO 13.02 Cass. com., 9 juillet 2013

Analyse d'un arrêt de la Chambre commerciale de la Cour de cassation en date du 9 juillet 2013 – exclusion d'un associé

Attendu, selon l'arrêt attaqué, que la société par actions simplifiée Logistics organisation X... (la société LOG), qui est présidée par M. X..., a été constituée entre la société Services immobiliers logistiques (la société SIL), qui détient la majorité du capital et est contrôlée par M. X..., et MM. Y...et Z... ; que sur le fondement de l'article 14 des statuts de la société LOG qui autorise l'exclusion d'un associé en cas d'exercice d'une activité concurrente, l'assemblée générale de cette société a prononcé l'exclusion de M. Z...sans que ce dernier ait pris part au vote ; qu'invoquant l'irrégularité de cette stipulation statutaire, M. Z...a fait assigner la société LOG et M. X... en annulation de la délibération de l'assemblée générale ayant prononcé son exclusion ; [...]

Sur le premier moyen :

Attendu que la société LOG et M. X... font grief à l'arrêt d'avoir annulé la délibération de l'assemblée générale des associés qui a voté l'exclusion de M. Z...et ordonné la réintégration de ce dernier dans ses droits d'associés, alors, selon le moyen :

[...]

4°/ que si tout associé a droit de prendre part aux décisions collectives, le non-respect de ce droit n'est sanctionné par la nullité que pour autant qu'il en résulte une incidence potentielle de son vote sur le sens de la délibération adoptée de sorte qu'en prononçant la nullité de la délibération litigieuse, sans rechercher, comme elle y était pourtant invitée, si, dans la mesure où la société SIL disposait à elle seule de la majorité des voix, la décision d'exclusion prononcée à l'encontre de M. Z...n'aurait pas été adoptée, peu important que celui-ci ait pu effectivement prendre part au vote, ce dont il résultait que M. Z...n'avait subi aucun grief, la cour d'appel a privé sa décision de base légale au regard des articles 1844 et 1844-10 du code civil ;

Mais attendu qu'il résulte de l'article 1844, alinéas 1 et 4, du code civil que tout associé a le droit de participer aux décisions collectives et de voter et que les statuts ne peuvent déroger à ces dispositions que dans les cas prévus par la loi ; qu'il résulte encore de l'article 1844-10, alinéa 2, du même code que toute clause statutaire contraire est réputée non écrite ; que l'arrêt constate que l'article 14 des statuts de la société LOG, sur le fondement duquel a été convoquée l'assemblée générale appelée à statuer sur l'exclusion de M. Z..., contrevient aux dispositions légales précitées ; [...] qu'ayant ainsi fait ressortir que l'exclusion de M. Z...était intervenue sur le fondement d'une clause statutaire contraire à une disposition légale impérative et donc pour le tout réputée non écrite, [...] [la Cour d'appel] en a déduit à bon droit que la délibération ayant prononcé cette exclusion devait être annulée ; que le moyen n'est pas fondé [...].

Travail à faire

A l'aide de l'arrêt rendu par la chambre commerciale de la Cour de cassation le 9 juillet 2013 et de vos connaissances, répondez aux questions suivantes :

1. **Rappelez les conditions de validité d'une clause d'exclusion dans une SAS.**
2. **Quel est le problème juridique auquel doit répondre la Cour de cassation ?**
3. **Quels sont les arguments des demandeurs au pourvoi ?**
4. **Quels sont la solution et les arguments de la Cour de cassation ?**

Chapitre 14

La société en commandite par actions (SCA)

COMPÉTENCES ATTENDUES

- **Identifier l'utilité de ces groupements dans des situations spécifiques.**
- **Mettre en évidence les principales règles de fonctionnement de ces groupements.**

- La société en commandite par actions est une société atypique. Il s'agit, comme son nom l'indique d'**une société par actions qui se rapproche de la SA, mais qui, comme la société en commandite simple, réunit deux catégories d'associés : les commandités, qui ont la qualité de commerçant et les commanditaires, qui n'ont pas la qualité de commerçant**. Le Code de commerce fait d'ailleurs référence à ces deux types de sociétés relativement aux règles à appliquer pour la société en commandite par actions (article L. 226-1 du Code de commerce).
- La SCA, était une forme sociale tombée en désuétude, elle connait un (relatif) regain d'intérêt ces derniers temps. Elle apparait en effet comme un outil plus souple que la SA, permettant de réunir des entrepreneurs (les commandités) et des apporteurs de fonds (les commanditaires). Elle peut également être utilisée par des sociétés cotées comme arme anti-OPA (les commandités conservent la gestion, même si la majorité des commanditaires change).

Nous verrons ici les particularismes de ce type de société, relativement à sa constitution (1), son fonctionnement (2) et sa dissolution (3).

PLAN DU CHAPITRE

1 La constitution de la SCA

A Les commanditaires

Ils sont des actionnaires (la SCA peut d'ailleurs être cotée), et leur responsabilité est limitée aux apports. Leur nombre est d'au minimum 3 (article L. 226-1 du Code du commerce). Ils assurent essentiellement le contrôle de la gérance de la société (dont ils sont exclus) de manière permanente par le biais du conseil de surveillance, ou de manière plus épisodique, par le biais des assemblées générales.

B Les commandités

Ils ont la qualité de commerçant, par conséquent leur responsabilité est indéfinie et solidaire (article L. 226-1 du Code de commerce). Ils voient donc leur statut ressembler à celui des associés de la SNC (cf. chapitre 8). Ils choisissent le ou les gérants (parmi ou en dehors d'eux) et disposent de prérogatives particulières (les statuts ne peuvent sans leur accord unanime être par exemple modifiés).

2 Le fonctionnement de la SCA

A La gérance de la SCA

1 La nomination du gérant

Le ou les premiers gérants sont désignés par les statuts. Ils réalisent les formalités de constitution de la SCA.

Au cours de la vie sociale, le ou les gérants sont **désignés par l'assemblée générale ordinaire avec l'accord unanime des commandités** (article L. 226-2 du Code de commerce). Les statuts peuvent cependant prévoir des dispositions différentes.

Le gérant peut être associé ou non, une personne physique ou une personne morale. **Il ne peut être choisi parmi les commanditaires** qui ne doivent pas s'immiscer dans la gestion de la société (article L. 222-6 du Code de commerce).

Les statuts doivent prévoir une limite d'âge pour l'exercice de la fonction de gérant. A défaut de clause expresse des statuts en ce sens, la limite est de 65 ans. Le gérant qui viendrait à dépasser cette limite serait réputé démissionnaire d'office (article L. 226-3 du Code de commerce).

2 La révocation du gérant

Le gérant peut être révoqué selon les conditions prévues par les statuts, ou judiciairement pour cause légitime à la demande de tout associé ou de la société. Toute clause contraire des statuts est réputée non écrite (article L. 226-2 du Code de commerce).

3 Les pouvoirs et les obligations du gérant

Les pouvoirs du gérant de la SCA sont **identiques aux pouvoirs des représentants de toute société dans lesquelles la responsabilité des associés est limitée aux apports** :

- vis-à-vis des associés : il est investi des pouvoirs les plus étendus pour agir en toute circonstance au nom de la société ;
- vis-à-vis des tiers : la société est engagée même par les actes qui ne relèvent pas de l'objet social (sauf à prouver la mauvaise foi du tiers). Les limites statutaires sont inopposables aux tiers.

En cas de pluralité de gérants, chacun d'entre eux détient les pouvoirs décrits précédemment. L'opposition formée par un gérant aux actes d'un autre gérant est sans effet à l'égard des tiers (sauf cas de mauvaise foi).

Le gérant a les mêmes obligations que le conseil d'administration d'une SA (article L. 226-7 du Code de commerce).

4 La rémunération du gérant

Elle doit être prévue par les statuts ou par l'assemblée générale ordinaire avec **l'accord de l'unanimité des commandités**, les statuts pouvant prévoir une majorité moindre (article L. 226-8 du Code de commerce).

B Les associés de la SCA

Les décisions collectives de la SCA sont prises par les associés réunis en assemblées générales comme dans la SA, mais ici l'existence de deux catégories d'associés vient un peu compliquer la prise de décision. **Les associés commandités risquant de voir leurs biens personnels être engagés disposent de prérogatives particulières, leur accord unanime est ainsi indispensable** :

- pour la désignation du gérant (article L. 226-2 du Code de commerce) ;
- pour octroyer au gérant une rémunération non prévue par les statuts (article L. 226-8 du Code de commerce) ;
- **pour modifier les statuts**, sauf clause contraire et sauf pour décider de l'augmentation du capital, qui relève des pouvoirs du gérant (article L. 226-11 du Code de commerce).

Enfin la transformation de la SCA en SA ou en SARL nécessite l'accord de l'assemblée générale, ainsi que celle de la majorité des commandités (article L. 226-14 du Code de commerce).

C Le contrôle de la SCA

1 Le commissaire aux comptes

Si, dans une SCA, deux des trois seuils suivants sont dépassés, la désignation d'un ou plusieurs commissaires aux comptes par une décision collective des associés est obligatoire :

- montant du chiffre d'affaires HT : 8 000 000 € ;
- total du bilan : 4 000 000 € ;
- nombre moyen de salariés permanents employés au cours de l'exercice : 50.

Un ou plusieurs associés représentant 10 % du capital peuvent demander en justice la nomination d'un CAC même si les conditions rendant la nomination obligatoire ne sont pas réunies (article L. 226-6 du Code de commerce).

2 Le conseil de surveillance

a. Composition

La SCA comprend obligatoirement un conseil de surveillance, dont les membres au nombre de 3 sont choisis par l'assemblée générale parmi les commanditaires (un associé commandité même s'il est également commanditaire ne peut en être membre), dans les conditions fixées par les statuts. Les associés commandités ne participent pas à la désignation des membres du conseil de surveillance.

Il doit être composé en recherchant une représentation équilibrée entre les femmes et les hommes. A défaut de disposition statutaire, les règles concernant la désignation et la durée du mandat des administrateurs de SA sont applicables aux membres du conseil de surveillance (article L. 226-4 du Code de commerce).

Les statuts doivent prévoir une limite d'âge s'appliquant, soit à l'ensemble des membres du conseil de surveillance, soit à un pourcentage déterminé d'entre eux. A défaut, pas plus d'un tiers des membres du conseil de surveillance ne peut avoir plus de 70 ans (article L. 226-5 du Code de commerce).

b. Mission

Le conseil de surveillance assume **le contrôle permanent de la gestion de la société**. Il dispose, à cet effet, des mêmes pouvoirs que le commissaire aux comptes (il est saisi en même temps que lui des documents nécessaires à ce contrôle).

Il fait à l'assemblée générale ordinaire annuelle un rapport dans lequel il signale, notamment, les irrégularités et inexactitudes relevées dans les comptes annuels.

Il peut convoquer l'assemblée générale des actionnaires (article L. 226-9 du Code de commerce).

c. Responsabilité

Les membres du conseil de surveillance n'encourent aucune responsabilité en raison des actes de la gestion et de leur résultat.

Ils peuvent être déclarés civilement responsables des délits commis par les gérants si, en en ayant eu connaissance, ils ne les ont pas révélés à l'assemblée générale. Ils sont responsables des fautes personnelles commises dans l'exécution de leur mandat (article L. 226.13 du Code de commerce).

3 Le contrôle des conventions

La réglementation relative au contrôle des conventions des SA est applicable aux conventions passées entre la SCA et :

- l'un de ses gérants ;
- l'un des membres de son conseil de surveillance ;
- l'un de ses actionnaires disposant de plus de 10 % des droits de vote ;
- la société actionnaire la contrôlant ;
- tout personne interposée.

Elle est également applicable aux conventions intervenant entre la SCA et une entreprise si l'un des gérants ou l'un des membres du conseil de surveillance de la SCA est propriétaire, associé indéfiniment responsable, gérant, administrateur, directeur général, membre du directoire ou membre du conseil de surveillance de l'entreprise.

L'autorisation préalable à de telles conventions est donnée par le conseil de surveillance de la SCA (article L. 226-10 du Code de commerce).

SYNTHÈSE

La SCA fait coexister deux types d'associés :

- **des commanditaires**, qui sont des actionnaires, dont la responsabilité est limitée aux apports. Ils ne peuvent participer à la gérance de la société et 3 d'entre eux assurent le contrôle permanent de celle-ci par le biais d'un conseil de surveillance ;
- **des commandités**, qui ont la qualité de commerçant et sont responsables indéfiniment et solidairement des dettes sociales. Ils choisissent le ou les gérants de la société et disposent de prérogatives particulières (droit de veto dans certains domaines).

EXO 14.01 Le gouvernement d'entreprise chez Michelin

Le gouvernement d'entreprise

Le gouvernement d'entreprise de Michelin est un dispositif solide, focalisé sur la responsabilité dans la durée.

LA COMMANDITE MICHELIN

L'industrie du pneumatique se caractérise par des investissements élevés et une diffusion relativement lente des innovations technologiques. Pouvoir déployer des stratégies à long terme conduites par une direction stable, responsable et solidaire des actionnaires, est un atout important. La Compagnie Générale des Etablissements Michelin (CGEM), société mère du Groupe, possède, depuis sa création, un statut de Société en Commandite par Actions (SCA).

Cette Société en Commandite par Actions est constituée de 2 types d'associés :

D'une part, les Associés Commanditaires, ou Actionnaires, apportent des capitaux, élisent les membres du Conseil de Surveillance et les Gérants et statuent sur les comptes arrêtés par la Gérance. Leur responsabilité est limitée au montant de leur apport. Le caractère exclusivement nominatif des actions Michelin permet au Groupe de mieux apprécier les attentes de ses Actionnaires. Ils perçoivent une part des bénéfices sous forme de dividende.

D'autre part, les Associés Commandités, qui sont responsables indéfiniment sur leurs biens personnels des dettes de la Société. Seule une décision des Actionnaires, réunis en Assemblée générale extraordinaire, peut les dégager de leurs responsabilités. Les Associés Commandités peuvent être actionnaires mais ne participent ni à la désignation des membres du Conseil de Surveillance ni à celle des commissaires aux comptes. Les Associés Commandités perçoivent une part statutaire des bénéfices, s'il y en a, qui est soumise chaque année à l'approbation des Actionnaires.

Depuis le 18 mai 2018, Michelin compte 3 Associés Commandités : Jean-Dominique Senard, Président de la Gérance, Florent Menegaux, Gérant et la Société Auxiliaire de Gestion (SAGES), non Gérant.

Yves Chapot a été nommé Gérant non Commandité.

RESPONSABILITÉ DU PRÉSIDENT DE LA GÉRANCE ET DU GÉRANT COMMANDITÉ

En leur qualité d'Associé Commandité, le Président de la Gérance et le Gérant Commandité sont responsables indéfiniment sur leur patrimoine personnel des dettes de Michelin. Cette spécificité donne une garantie exceptionnelle aux Actionnaires en les assurant que l'Entreprise est gérée dans leur intérêt à moyen terme mais aussi à long terme, spécialement pendant les périodes de turbulences ou de crises économiques. Elle renforce aussi la vigilance constante de la Direction à l'égard de la maîtrise des risques de l'Entreprise.

Consacrant ce principe de responsabilité dans la durée, le Président de la Gérance et le Gérant Commandité ne peuvent renoncer à leur statut d'Associé Commandité, sauf accord des Actionnaires réunis en Assemblée générale extraordinaire.

Ils assument donc pleinement les conséquences à long terme des décisions de la Gérance.

[...]

https://www.michelin.com/fre/groupe-michelin/gouvernance/gouvernement-d-entreprise

Travail à faire

A l'aide du document ci-dessus, expliquez les raisons qui ont poussé Michelin à choisir comme forme sociale la SCA.

Chapitre 15

La société à responsabilité limitée (SARL)

COMPÉTENCES ATTENDUES

- **Identifier l'utilité de ces groupements dans des situations spécifiques.**
- **Mettre en évidence les principales règles de fonctionnement de ces groupements.**

Deux grands traits caractérisent la SARL, commerciale par la forme, quel que soit son objet (article L. 210-1 al. 2 du Code de commerce) :

- le « déclin » de la SARL comme forme sociale : en 1966, chaque type sociétaire répondait à des besoins particuliers et pendant longtemps, la SARL fut la forme sociale privilégiée de ceux qui souhaitaient se mettre en société. Participant au brouillage des types sociétaires, les traits caractéristiques de la SARL sont aujourd'hui partagés avec d'autres formes sociales (absence de capital social minimum, responsabilité limitée des associés...) ce qui conduit à une situation de concurrence entre les formes sociales.

  La SARL – et en particulier l'EURL, sa forme unipersonnelle introduite en 1985 – n'a pas été délaissée au profit de l'EIRL (le patrimoine d'affectation ayant été conçu comme une alternative à la société) ; en revanche, les statistiques de l'INSEE montrent que depuis 2017 la forme de la SAS est préférée par les créateurs de sociétés ;
- le **caractère hybride** de la SARL : depuis son introduction en droit français par une loi du 7 mars 1925, la SARL est une société commerciale qualifiée d'hybride car elle emprunte des règles propres aux sociétés de personnes et aux sociétés de capitaux. Les différentes réformes dont elle a fait l'objet depuis une vingtaine d'années ont conduit à l'apparition de « sous-types » de SARL. Pour renforcer l'attractivité de la SARL, le législateur a supprimé le capital social minimum qui conduit à renforcer la prise en considération de la personne comme dans la SNC. Et pour répondre aux besoins de financement, il lui a reconnu la possibilité d'émettre un emprunt obligataire, se rapprochant des SA non cotées.

La SARL est régie par les dispositions L. 223-1 à L. 223-43 du Code de commerce.

PLAN DU CHAPITRE

1 Les conditions de constitution de la SARL

Les conditions de fond de constitution communes à toutes les sociétés ayant été étudiées dans la première partie du manuel, seules seront précisées les règles spécifiques qui s'appliquent à la SARL.

A Les associés

1 Le nombre d'associés

Le législateur prévoit un nombre minimum et un nombre maximum d'associés (PP ou PM) :

- l'EURL (entreprise unipersonnelle à responsabilité limitée) est une société unipersonnelle qui ne comprend qu'un seul associé. L'associé unique peut être une PP ou une PM (et même une autre EURL depuis l'admission des cascades d'EURL issue d'une ordonnance du 31 juillet 2014 visant à simplifier et à sécuriser la vie des entreprises) ;
- le nombre des associés ne peut être supérieur à cent : si la société vient à comprendre plus de cent associés, elle est dissoute (cf. IV E). Ce maintien d'un plafond est justifié par le souhait de préserver le caractère intuitu personae de la SARL.

2 La capacité des associés

Le statut de commerçant n'est pas exigé pour les associés, seule la SARL est une commerçante personne morale. Il leur suffit d'être capables. Par conséquent, un mineur même non émancipé peut souscrire des parts sociales d'une SARL en son nom par son représentant légal.

3 La responsabilité des associés

La SARL est instituée par une ou plusieurs personnes qui ne supportent les pertes qu'à concurrence de leurs apports (article L. 223-1 du Code de commerce).

Outre la responsabilité envers les tiers quant à la valeur attribuée aux apports en nature et la responsabilité pour insuffisance d'actif, force est de constater que la responsabilité limitée des associés reste théorique : dans la pratique un engagement personnel sous forme de caution est souvent exigé des gérants ou des associés majoritaires en garantie des crédits consentis à la SARL. Et c'est sans compter les sanctions dans le cadre du droit des entreprises en difficulté.

B Les apports

Les parts sociales doivent être souscrites en totalité par les associés.

1 La libération des apports en numéraire

Les apports en numéraire peuvent n'être libérés que du cinquième de leur montant lors de la constitution de la société. La libération du surplus intervient en une ou plusieurs fois sur décision du gérant, dans un délai qui ne peut excéder cinq ans à compter de l'immatriculation de la société au RCS (article L. 223-7, al. 1er du Code de commerce).

Afin de lutter contre la sous-capitalisation, des mesures fiscales sont subordonnées à la libération complète du capital (notamment l'allègement du taux d'imposition).

Remarque Si la SARL n'est pas constituée dans le délai de 6 mois à compter du premier dépôt des fonds (ou si elle n'est pas immatriculée au RCS), il existe deux procédures de retrait des fonds particulières à la SARL (article L. 223-8 al. 2 du Code de commerce) :

- chaque associé peut demander au président du tribunal de commerce l'autorisation de retirer le montant de son apport ;
- ou il a la possibilité de demander directement au dépositaire le retrait des fonds si tous les associés sont d'accord et ont désigné un mandataire pour les représenter.

2 Les apports en nature

a. L'évaluation

Il ressort des dispositions de l'article L. 223-9 du Code de commerce que :

- les statuts doivent contenir l'évaluation de chaque apport en nature (description, évaluation, nom de l'apporteur en nature). L'objectif est de limiter le risque de surévaluation portant atteinte aux droits des autres associés et des créanciers (crainte que l'existence d'un passif grève un bien pour un montant supérieur à sa valeur) ;
- en principe, les associés ne peuvent fixer la valeur de ces apports qu'au vu d'un rapport établi par un commissaire aux apports (CAA) :
  - désigné à l'unanimité par les futurs associés (rapport annexé aux statuts)
  - ou en justice à la demande d'un futur associé.
- Par exception, les futurs associés peuvent décider à l'unanimité que la désignation du CAA est facultative dans les SARL si les deux conditions suivantes sont réunies :
  - la valeur d'aucun apport en nature n'a de valeur supérieure à 30 000 € ;
  - la valeur totale de l'ensemble des apports en nature n'excède pas la moitié du capital social.

Remarque Lorsque la société est constituée par une seule personne, le CAA est désigné par l'associé unique. Toutefois le recours à un CAA n'est pas obligatoire si les deux conditions précitées sont réunies ou si le conjoint de l'associé unique, personne physique, exerçant son activité professionnelle en nom propre avant la constitution de la société -ou sous la forme d'un EIRL- apporte des éléments qui figuraient dans le bilan de son dernier exercice (loi du 9 décembre 2016 - article L. 223-9 al. 3 du Code de commerce).

Les associés sont responsables pendant 5 ans envers les tiers de la valeur attribuée aux apports en nature au moment de la constitution de la société :
- s'il n'y a pas eu évaluation des apports en nature par un CAA ;
- ou s'ils retiennent une évaluation différente de celle proposée par le CAA.

b. La libération

Les apports en nature doivent être libérés intégralement lors de la constitution de la société, c'est-à-dire lors de la signature des statuts.

Remarque sur l'apport d'un bien commun aux époux (cf. chapitre 2). Une EURL deviendrait alors une SARL (donc pluripersonnelle) si l'associé revendique la qualité d'associé.

3 Les apports en industrie

Les apports en industrie sont autorisés dans la SARL et ils doivent être prévus dans les statuts. Les prestations constituant l'apport en industrie doivent y être définies. Doivent également figurer dans les statuts les modalités selon lesquelles les parts d'industrie peuvent être souscrites (nombre de parts sociales allouées en rétribution de ces prestations, droits attachés à ces parts dans le partage des bénéfices et de l'actif net, clause de non-concurrence à la charge de l'apporteur...). A défaut ils seraient considérés comme inexistants (article L. 223-7 al. 2 du Code de commerce).

Conformément à l'article 1843-2 du Code civil, les apports en industrie ne concourent pas à la formation du capital social.

Leur libération est successive tout au long de la vie sociale.

C Le capital social

Le montant du capital social est fixé librement par les statuts. Sous couvert de mesures d'incitation à la création d'entreprise, le législateur a entériné le déclin du capital dans ses fonctions traditionnelles (à savoir le financement de l'exploitation et la protection des créanciers). Le lien historique établi entre la limitation de responsabilité des associés et l'exigence d'un capital social minimum a disparu pour la SARL.

Les statuts peuvent prévoir que le capital sera variable (article L. 231-1 du Code de commerce).

Il est divisé en **parts sociales égales non négociables** dont la cessibilité est limitée par la loi. Ainsi, la SARL repose partiellement sur l'*intuitu personae* (article L. 223-2 du Code de commerce).

Des parts sociales privilégiées peuvent être accordées à certains associés (accordant par exemple un droit de priorité sur les dividendes).

Remarque sur les avantages particuliers : même non visés explicitement à propos de la SARL, des avantages particuliers peuvent être accordés à ses associés, fondateurs ou tiers.

D L'objet social

En principe, la SARL est susceptible d'être constituée quel que soit l'objet. Il existe néanmoins des exceptions :

- **activités interdites** : la garantie apportée par le capital social étant faible, la SARL est exclue de certaines activités commerciales exigeant des capitaux élevés (entreprises d'assurance, de capitalisation et d'épargne (article L. 223-1 du Code de commerce).

  Une SARL exerçant ces activités serait nulle pour objet illicite (nullité absolue) ;
- **activités réglementées :** elles nécessitent que des conditions tenant par exemple à la qualification professionnelle des associés et des gérants soient remplies (société exploitant une officine pharmaceutique, société d'experts-comptables, de géomètres-experts ou des agences de voyage...).

E La dénomination sociale

La SARL est désignée par une dénomination sociale qui doit être précédée ou suivie immédiatement des mots « société à responsabilité limitée » ou des initiales « SARL », ainsi que de l'énonciation du capital social (article L. 223-1 al. 4 du Code de commerce).

Remarque Des mesures sont destinées à favoriser le développement des EURL. Peuvent être évoquées concernant les conditions spécifiques de forme :
- la dispense d'insertion d'un avis au BODACC si l'associé unique personne physique assume personnellement la gérance (articles L. 223-1 al. 3 et R. 123-155 al. 2 du Code de commerce) ;
- la fourniture de statuts types dans la même hypothèse (article L. 223-1 al. 2 du Code de commerce).

2 Le fonctionnement de la SARL

L'organisation et le fonctionnement de la SARL sont nettement moins souples que pour la SAS, offrant ainsi plus de sécurité pour les associés minoritaires. La structure est néanmoins nettement plus légère que dans la SA puisqu'il n'y a qu'un seul type d'organe de direction : la gérance.

A La gérance de la SARL

La SARL est gérée par une ou plusieurs personnes physiques (nombre fixé librement dans les statuts, gérance unique ou gérance collégiale). Les statuts peuvent imposer la cogérance ou l'interdire.

1 Le statut du gérant

- **Capacité** : le gérant est obligatoirement une personne physique choisie parmi les associés ou en dehors (article L. 223-18 du Code de commerce). La nomination d'une PM en tant que gérant serait frappée de nullité (article L. 235-1 al. 2 du code de commerce). La capacité civile suffit.

Remarque S'appuyant sur l'article 48 du Code de procédure civile qui prévoit qu'une clause attributive de juridiction n'est valable qu'entre commerçants, la Cour de cassation en rejette l'application dans un litige opposant le gérant d'une EURL à une SAS à laquelle il avait cédé des titres. Elle rappelle que les actes accomplis en tant que représentant légal (l'arrêt vise maladroitement la notion de mandataire social) ne s'analysent pas à son égard comme des actes de commerce (sous-entendu permettant la reconnaisance de la qualité de commerçant ; Cass. com. 29 janvier 2020).

Il ne doit pas être frappé d'incapacité professionnelle ou d'interdiction.

Il n'y a **pas de cumul de gérances plafonné**.

Les statuts peuvent prévoir une clause édictant l'obligation pour le gérant d'être associé, propriétaire d'un certain nombre de parts sociales ou interdire au gérant d'accepter d'autres mandats sociaux...

- **Nomination** : elle intervient lors de la constitution de la société, dans les statuts – ce qui présente l'avantage de démarrer au plus vite l'activité sociale- ou par un acte postérieur (décision de l'assemblée générale des associés ou acte signé par tous les associés). Puis, en cours de vie sociale, le gérant est nommé par décision des associés selon les règles applicables aux décisions ordinaires. Il est toutefois possible de stipuler une majorité plus importante, ce qui renforce la position du gérant. La nomination du gérant doit être publiée (JAL, RCS, BODACC).
- **Rémunération** (indemnité de gérance) : dans le silence des textes, la Cour de cassation a affirmé expressément que la rémunération du gérant d'une SARL est librement déterminée par les statuts (déconseillé néanmoins pour éviter par la suite le formalisme attaché à toute modification statutaire) ou par une décision collective des associés.

Remarque 1 : la détermination de la rémunération n'est pas une convention réglementée. Dans un arrêt de principe, la Cour de cassation a jugé que la détermination de la rémunération du gérant par l'assemblée des associés ne constituant pas une convention réglementée, le gérant associé peut prendre part au vote (Cass. com. 4 mai 2010). Elle a souvent l'occasion de rappeler sa volonté de protéger le droit de vote de l'associé. Certains continuent néanmoins de déconseiller cette participation dans la mesure où il s'agirait d'une situation avérée de conflit d'intérêts (c'est même une pratique d'auto-rémunération si le gérant est majoritaire).

Remarque 2 : une affaire relativement récente a montré d'ailleurs le risque d'une rédaction imprécise des statuts. La Cour de cassation n'a pu que débouter l'associé qui reprochait au gérant de s'être attribué une rémunération excessive – au regard de l'activité limitée de la SARL avant sa dissolution – avant qu'elle ne soit décidée par la décision collective des associés. Les statuts ne prévoyaient pas si la décision des associés devait intervenir pour l'exercice comptable futur ou pour celui qui se terminait (Cass. com. 18 décembre 2019).

Elle est la contrepartie du statut de représentant légal de la société (c'est-à-dire identifié légalement comme l'organe titulaire du pouvoir de représenter la société).

La rémunération peut correspondre à une somme fixe ou être proportionnelle au chiffre d'affaires ou aux bénéfices. D'autres éléments peuvent être pris en considération (avantages en nature, primes...).

Remarque sur le montant de la rémunération : si elle excède les capacités financières de la SARL, elle peut recevoir plusieurs qualifications. Elle peut constituer :

- une faute de gestion pouvant entraîner des sanctions pécuniaires à l'encontre du gérant si la SARL fait l'objet d'une procédure collective ;
- un abus de biens sociaux ;
- un juste motif permettant de le révoquer (il ne percevrait alors aucune indemnité).

Cette rémunération est précaire : plusieurs arrêts font état d'un nouveau pouvoir unilatéral offrant aux sociétés la possibilité de remettre en cause les rémunérations dues pour l'exercice futur des fonctions de direction. A propos d'un gérant absent pour cause de maladie qui s'était vu refuser le paiement de son indemnité de gérance (il avait été dans l'incapacité d'accomplir un quelconque travail), la Cour de cassation a consacré **l'intangibilité du droit du gérant au paiement de sa rémunération** tout en admettant que « la rémunération est due tant qu'aucune décision la révoquant n'est intervenue » (Cass. com. 21 juin 2017). La possibilité de « révoquer » la rémunération tout en laissant le gérant dans ses fonctions est ainsi consacrée.

- **Régime social** : il dépend de sa participation au capital social.

Remarque Le gérant majoritaire détient plus de la moitié des parts sociales. Sa situation familiale est prise en compte (les parts du conjoint ou partenaire pacsé et des enfants mineurs s'ajoutent à celles qu'il détient personnellement). En cas de pluralité de gérants, ils détiennent ensemble plus de la moitié des titres.
Le gérant égalitaire est titulaire de la moitié des parts sociales (il est assimilé au gérant minoritaire).
Le gérant minoritaire détient moins de la moitié des parts sociales.

Le **gérant minoritaire est assimilé à un salarié** et relève alors du régime général de la Sécurité sociale.

Depuis le 1er janvier 2018, le **gérant majoritaire relève de la Sécurité sociale des travailleurs indépendants** (auparavant RSI).

- **Régime fiscal :** le gérant, même majoritaire, est assimilé à un salarié. Il dépend donc du régime des traitements et salaires et bénéficie de la déduction forfaitaire pour frais professionnels de 10 % et de l'abattement de 20 %.
- **Cumul du mandat de gérant avec un contrat de travail** :

Il n'existe aucune incompatibilité de principe entre la qualité de gérant de SARL et celle de salarié. La jurisprudence fixe les conditions qui rendent le cumul possible sous réserve du respect des conventions réglementées (cf. III. A.2) :

Conditions du cumul autorisé :

- le travail doit correspondre à un emploi effectif (le contrat ne doit pas constituer un procédé destiné à bénéficier des garanties offertes aux salariés, notamment en cas de perte d'emploi) ;
- les fonctions exercées en tant que salarié doivent être distinctes des fonctions de direction générale assumées par le gérant (plus difficile dans les petites structures). Il est fortement conseillé que le gérant perçoive une rémunération distincte pour son travail salarié ;
- le salarié est placé sous la subordination juridique de la société (critère du contrat de travail). On en déduit que le gérant associé majoritaire ne peut être salarié.

Remarque Pour une application de ces conditions à l'hypothèse de l'associé unique qui n'est pas le gérant, cf. application.

Principe de l'autonomie du mandat social et du contrat de travail : la révocation du mandat de gérant ne saurait sanctionner une faute commise en dehors de la gérance. Ainsi la rupture du contrat de travail n'a pas d'incidence sur le mandat social (et réciproquement).

Jurisprudence

Dans une EURL ayant pour activité le transport sanitaire au sein de laquelle l'associé unique et gérant avait révoqué la cogérante qui n'exerçait plus ses fonctions d'ambulancière, la Cour de cassation a jugé que la cessation de toute activité pour l'entreprise par la cogérante ne démontrait pas qu'elle a abandonné ses fonctions de cogérante et qu'elle ne saurait constituer un juste motif de révocation (Cass. com. 5 avril 2018).

Formalités obligatoires : le contrat de travail conclu antérieurement à la nomination en qualité de gérant n'exige pas l'approbation des associés. En revanche, si le gérant est déjà en poste ou s'il s'agit de modifier son contrat de travail, cela constitue une convention réglementée au sens de l'article L. 223-19 du Code de commerce (Cf. III. A.2 c). Il est soumis à l'autorisation de l'assemblée des associés, le gérant ne participant pas au vote s'il est associé et ses parts n'étant pas prises en compte pour le calcul de la majorité. Constitue un juste motif de révocation le fait pour un gérant de se faire consentir un contrat de travail par la société sans avoir sollicité l'approbation des associés.

Remarque Comme beaucoup de dirigeants de PME, le gérant est souvent amené à se porter caution des dettes de la SARL pour lui procurer du crédit (caution du solde débiteur du compte courant de la société par exemple). Le recours est d'autant plus systématique que le capital social est peu élevé. Il bénéficie des dispositions de l'article L. 314-18 du Code de la consommation qui prévoient que l'engagement ne doit pas être manifestement disproportionné à ses biens et revenus. La cessation des fonctions de gérant n'emporte pas libération de la caution si le cautionnement est à durée déterminée. En revanche, si le cautionnement est à durée indéterminée, le gérant révoqué ou démissionnaire pourra résilier son engagement en tant que caution.

2 La cessation des fonctions

Quelle que soit la cause, la cessation des fonctions du ou des gérants fait l'objet de mesures de publicité (JAL, RCS, BODACC). Pour faciliter la continuité de la gérance, la mention du nom de celui-ci peut être radiée des statuts par décision des associés prise à la majorité ordinaire (article L. 223-18 al. 2 du Code de commerce).

- L'**arrivée du terme** : la durée des fonctions est fixée librement par les statuts. A défaut, le gérant est nommé pour la durée de la société (Article L. 223-18 al. 3 du Code de commerce). Les fonctions de gérant sont renouvelables, sans que cela n'entraîne une formalité de publicité.

  A défaut de tacite reconduction à l'arrivée du terme, le gérant qui continuerait de diriger la SARL serait considéré comme un gérant de fait (cf. chapitre 5). La décision de non-reconduction constitue un juste motif ; elle ne donnera lieu à des dommages-intérêts que si elle s'accompagne de circonstances humiliantes ou vexatoires.
- **Empêchement personnel** : plusieurs évènements rentrent dans cette catégorie : le décès (le CAC ou, tout associé, a la faculté de convoquer l'assemblée, en vue de procéder au remplacement du gérant), la maladie, la survenance d'une incapacité professionnelle ou d'une interdiction. Aucune limite d'âge n'est prévue.

Remarque Sur le gérant en tutelle : le législateur a étendu la procédure simplifiée permettant de le révoquer. Le CAC ou tout associé convoque l'assemblée des associés à seule fin de procéder à la révocation du gérant (article L. 223-27 al. 8 du Code de commerce, qui précise par ailleurs « pour quelque cause que ce soit »).

- **Démission** : elle ne fait l'objet d'aucune disposition légale. Elle est donc libre (article 2007 du Code civil), c'est-à-dire possible à tout moment, et doit résulter d'une volonté « sérieuse et non équivoque ». Elle n'a pas à être acceptée. Les statuts peuvent en prévoir les modalités (respecter un délai de prévenance). La SARL peut demander des dommages et intérêts en réparation du préjudice subi du fait de la démission.

Jurisprudence

Dans un arrêt de principe, la Cour de cassation a jugé que la démission du gérant d'une SARL est un acte juridique unilatéral qui produit tous ses effets dès lors qu'elle a été portée à la connaissance de la société. Sauf stipulation contraire des statuts, la démission ne nécessite aucune acceptation et ne peut faire l'objet d'aucune rétractation. Son auteur ne peut en contester la validité qu'en démontrant que sa volonté n'a pas été libre ou éclairée (Cass. com. 22 février 2005). Dans cet arrêt, le gérant associé statutaire avait dans un premier temps donné sa démission puis était revenu sur sa décision. Etant gérant statutaire, il se fondait sur le fait que l'AGE aurait dû accepter sa démission. Or, même dans cette hypothèse, la démission n'entraîne qu'une simple modification formelle du document dénommé statuts. Cette décision s'applique d'ailleurs à tous les dirigeants.
Dans un autre arrêt, non publié (Cass. Com. 8 juin 2017), la Cour de Cassation a reconnu le plein effet de la démission d'un gérant qui souhaitait également revenir sur sa décision prononcée au cours d'une AG dont il dénonçait l'irrégularité de la convocation. L'AG avait été finalement annulée par les juges du fond, ainsi que sa démission. Il apparaît ainsi que les juges choisissent de rendre irrévocable toute démission d'un dirigeant, y compris les « démissions réactionnelles » survenant au cours d'une AG.

- **Révocation par les associés pour juste motif** : en l'absence de juste motif, le gérant n'est pas réintégré dans ses fonctions. Il reçoit alors une **indemnité**. En outre, il percevra des dommages-intérêts s'il a été révoqué dans des conditions vexatoires ou humiliantes.

- La délibération visant à révoquer le gérant n'a pas besoin de figurer à l'ordre du jour.

  La révocation obéit au **principe de la contradiction** : le gérant doit pouvoir se justifier sur les fautes qui lui sont reprochées. Le gérant associé participe au vote.
- **Révocation judiciaire pour cause légitime** : le tribunal de commerce peut être amené à se prononcer sur la révocation du gérant à la demande de tout associé (seule voie possible finalement si le gérant est majoritaire).

Exemple

Exemples de justif motif/cause légitime : désintérêt complet pour la société, décisions contraires à l'intérêt social, création par le gérant d'une société susceptible de concurrencer celle qu'il dirige, sans en informer les associés et le refus de sa part d'effectuer un investissement considéré par ces derniers comme indispensable à l'activité de l'entreprise, constituent des justes motifs de révocation.

En cas de transformation de la SARL : le mandat du gérant prend fin. Il peut obtenir des dommages-intérêts si la transformation a eu pour but essentiel de le révoquer sans juste motif.

3 Les pouvoirs du gérant

Seul mandataire, le gérant exerce toutes les fonctions de gestion et de direction. Il est toujours possible de déléguer une partie de ces pouvoirs.

a. Dans ses rapports avec les tiers

En tant que représentant légal de la SARL, le gérant est investi des pouvoirs les plus étendus pour agir en toutes circonstances au nom de la société (article L. 223-18 al. 5 du Code de commerce). Sous l'impulsion du droit européen, le législateur arbitre en faveur des tiers qui n'ont ni le temps ni les moyens de procéder à une vérification des pouvoirs :

- **en cas de contrariété à l'objet social** : la SARL est engagée par tous les actes du gérant, y compris ceux qui ne participent pas de l'objet social « à moins qu'elle ne prouve que le tiers savait que l'acte dépassait cet objet ou qu'il ne pouvait l'ignorer, compte tenu des circonstances ». La seule publication des statuts ne suffit pas à en apporter la preuve qui est, par conséquent, très difficile à rapporter ;
- **en cas de contrariété à l'intérêt social** : dans l'ordre externe, l'intérêt social n'est pas davantage pris en compte pour obtenir la nullité d'un acte. C'est ce qui ressort de la jurisprudence qui protège ainsi les tiers ;

Jurisprudence

la Cour de cassation a jugé valable une hypothèque accordée par une société fille ayant la forme d'une SARL -sur un bien qui constituait son unique actif immobilisé- contraire à l'intérêt social (Cass. com. 12 mai 2015). La société mère avait besoin de cette garantie pour obtenir un prêt. La Cour d'appel l'avait annulée en la jugeant non conforme à l'intérêt social de la SARL, malgré la communauté d'intérêts entre les deux sociétés, parce qu'aucune contrepartie directe n'était venue équilibrer l'engagement de la SARL (jurisprudence maintenue et inspirée par une directive européenne ; point développé dans les applications du chapitre 1er).

Remarque À propos de la validité de l'acte du gérant qui aboutirait à empêcher la réalisation de l'objet social ou à son extinction : il s'agit d'une limite à la rigueur du principe énoncé. Il ressort de la jurisprudence que l'absence de pouvoir du gérant dans ces hypothèses est opposable aux tiers. Ainsi le gérant ne pourra pas aliéner seul l'unique fonds de commerce qui mettrait fin à l'activité sociale. La cession serait alors assimilée à une dissolution indirecte pour laquelle seuls les associés sont compétents. En revanche, le gérant sera considéré comme habilité à engager la société si la SARL dispose d'autres fonds de commerce.

- **en cas de clause statutaire limitant les pouvoirs du gérant** : les clauses limitant ses pouvoirs sont inopposables aux tiers quand bien même ils en auraient eu connaissance (article L. 223-18 al. 6 du Code de commerce) ;
- **en cas de pluralité de gérants** : les statuts peuvent déterminer leurs fonctions respectives ou préciser qu'ils doivent agir conjointement. Sinon, chacun peut intervenir séparément et s'opposer à une décision s'il en informe le tiers. L'opposition formée par un gérant aux actes d'un autre gérant est sans effet à l'égard des tiers-donc la SARL est engagée- à moins qu'il ne soit établi qu'ils en ont eu connaissance (article L. 223-18 al. 7 du Code de commerce).

b. Dans ses rapports avec les associés

Dans les rapports entre associés, les pouvoirs des gérants sont déterminés par les statuts (clause prévoyant l'autorisation préalable des associés pour l'accomplissement de certains actes). Les dispositions sont inopposables aux tiers. En revanche, les tiers peuvent s'en prévaloir.

Jurisprudence

La Cour de cassation a jugé qu'un tiers pouvait se prévaloir des statuts de la SARL dans lesquels l'introduction d'une action en justice par le gérant était subordonnée à l'autorisation de l'assemblée des associés. En l'espèce, une SARL assignait l'un de ses cocontractants mais le gérant n'avait pas été habilité à introduire l'action. L'assignation a été annulée par les juges du fond puis par la Cour de cassation (Cass. com. 14 févr. 2018).

En l'absence de clause statutaire déterminant ses pouvoirs, le gérant peut accomplir tous les actes de gestion dans l'intérêt de la société (article L. 221-4 al. 1er sur renvoi article L. 223-18 al. 4 du Code de commerce).

Remarque sur l'accroissement des pouvoirs du gérant : en vue d'assouplir le fonctionnement de la SARL, des prérogatives relevant en principe de la compétence des associés ont été attribuées au gérant : déplacer le siège social sur le territoire français. mettre les statuts de la société en conformité avec les lois et règlements en vigueur... A défaut de ratification par les associés, la décision du gérant est caduque et des mesures de publicité s'imposent pour informer les tiers du retour à la situation antérieure.

4 La responsabilité civile du gérant

L'article L. 223-22 du Code de commerce précise que le gérant engage sa responsabilité personnelle envers la société et les tiers. L'article L. 223-23 du Code de commerce prescrit par trois ans les actions en responsabilité.

a. En tant que mandataire social (dans l'ordre interne)

Le gérant engage sa responsabilité civile dans l'exercice de sa fonction ; elle est calquée sur celle des dirigeants de SA. Il engage donc sa responsabilité à l'occasion des trois faits générateurs classiques : infraction aux dispositions législatives ou réglementaires applicables ; violation des statuts et faute commise dans sa gestion.

Dans l'ordre interne, la faute du gérant réside dans des agissements contraires aux intérêts de la société ou de ses membres (concurrence déloyale du gérant à l'égard des associés ou de la société).

- La **faute de gestion du gérant de fait** : l'action en responsabilité n'est pas fondée sur les textes du droit des sociétés mais sur les dispositions du droit commun (responsabilité extra-contractuelle régie par les articles 1240 et suivants du Code civil). L'action se prescrit alors au bout de 5 ans contre 3 ans sur le fondement propre au droit des sociétés. De plus, elle peut être plus facilement engagée car les causes de responsabilité sont beaucoup plus larges que les trois faits générateurs rappelés ci-dessus.

- Mise en œuvre de la responsabilité : elle obéit aux règles du droit commun. Outre les faits générateurs rappelés ci-dessus, elle suppose l'existence d'un dommage – ou préjudice – et d'un lien de causalité entre le fait générateur et le dommage. Si plusieurs gérants ont coopéré aux mêmes faits, le tribunal de commerce détermine la part contributive de chacun d'eux dans la réparation du dommage. Le délai de prescription de trois ans commence à courir à compter du fait dommageable ou, en cas de dissimulation, de sa révélation.

Réparation du préjudice subi dans le cadre de la responsabilité du gérant

Préjudice subi par la société	**L'action sociale ut universi** est exercée au nom de la société par le gérant (le plus souvent contre son précédesseur révoqué). Dans l'hypothèse où le gérant fautif reste le représentant légal, l'**action sociale dite ut singuli** peut être mise en œuvre par un associé seul, quelle que soit sa participation dans le capital social ou par un groupe d'associés représentant au moins le dixième du capital social. Les **dommages-intérêts sont alloués à la SARL**. Est réputée non écrite toute clause des statuts ayant pour effet de subordonner l'exercice de l'action sociale à l'avis préalable ou à l'autorisation de l'assemblée, ou qui comporterait par avance renonciation à l'exercice de cette action. Aucune décision de l'assemblée ne peut avoir pour effet d'éteindre une action en responsabilité contre les gérants pour faute commise dans l'accomplissement de leur mandat.
Préjudice subi par un associé	L'action personnelle (individuelle) permet à un associé de demander la réparation d'un préjudice propre, c'est-à-dire distinct de celui subi par la société. Le délai de prescription est également de trois ans.

Remarque La souscription d'une assurance-responsabilité civile par le gérant -dont les primes sont prises en charge par la société- entraîne la multiplication des actions en responsabilité civile. La société est ainsi très protégée d'un point de vue financier.

b. En tant que représentant légal de la SARL

En dépit de l'autonomie de la personnalité morale de la SARL, le gérant peut engager sa responsabilité personnelle à l'égard des tiers, indépendamment de la mise en œuvre de la responsabilité de la SARL. La jurisprudence reste néanmoins largement favorable aux dirigeants sociaux dans la mesure où la théorie de la faute séparable, d'origine jurisprudentielle, a conduit à une quasi-irresponsabilité de fait des dirigeants sociaux.

- La **faute séparable** : la responsabilité personnelle d'un dirigeant social à l'égard des tiers ne peut être retenue que s'il a commis une faute « séparable » ou « détachable » de ses fonctions. Cette distinction n'est pas prévue par les textes mais elle permet de protéger les dirigeants d'actions en responsabilité abusives dans l'hypothèse où la société est défaillante.

  Les **critères classiques de la faute séparable** sont les suivants :
  - la **gravité de la faute** : la faute doit être d'une particulière gravité ;
  - l'**intention de son auteur** : la faute doit avoir été commise intentionnellement ;
  - l'**incompatibilité avec l'exercice normal des fonctions sociales** de la faute ainsi commise.

Jurisprudence

Ainsi a commis une faute séparable de ses fonctions sociales le gérant d'une SARL de rénovation immobilière n'ayant pas souscrit l'assurance décennale obligatoire lors de l'ouverture d'un chantier (faute intentionnelle constitutive d'une infraction pénale ; Civ. 3ème, 10 mars 2016).

- La **délégation de pouvoirs** : étant donné le caractère personnel de son mandat, le gérant ne saurait conférer une délégation générale de ses pouvoirs. En revanche, sauf disposition contraire des statuts, il peut conférer des délégations spéciales et temporaires pour des opérations bien précises à des cadres ou à des personnes extérieures à la société (obligations fiscales déléguées à un expert-comptable par exemple).

Le titulaire d'une délégation de pouvoirs régulière engage la SARL par les actes qu'il conclut s'ils rentrent dans la délégation reçue.

Remarque 1 : dans le cadre d'une procédure collective, le gérant engage sa responsabilité pour insuffisance d'actif en cas de faute de gestion qui n'est pas constituée par une simple négligence (article L. 651-2 al. 1er du Code de commerce - cf. chapitre 6).

Remarque 2 : le gérant engage sa responsabilité pénale en cas d'infractions commises dans le fonctionnement de la SARL (cf. chapitre 27).

B Les associés

1 Les droits politiques

La participation de chaque associé aux décisions collectives (b) suppose, pour qu'elle soit effective, qu'il puisse disposer des informations nécessaires (a) pour pouvoir se prononcer utilement sur les points soumis au vote.

a. Le droit à l'information des associés sur les affaires sociales

- **Communication ponctuelle** des documents sociaux

  La communication de ces documents est liée à la tenue d'une assemblée qui doivent être adressés 15 jours au moins avant la date de l'assemblée :
  - l'assemblée annuelle obligatoire destinée à statuer sur les comptes de la société : le droit à l'information ne concerne que l'exercice clos (article R. 223-18-1 du Code de commerce). L'article L. 223-26 du Code de commerce vise les documents soumis à l'approbation des associés (rapport de gestion, inventaire, comptes annuels, texte des résolutions proposées, rapport du CAC). Il n'est pas obligatoire de communiquer aux associés le rapport spécial sur les conventions réglementées.
  - pour toute autre assemblée : seront communiqués le texte des résolutions proposées, le rapport des gérants ainsi que, le cas échéant, celui des commissaires aux comptes (article R. 223-19 du Code de commerce).

  Sanctions :
  - Si les associés n'ont pas reçu en temps utile les documents sociaux en vue de l'assemblée annuelle, ils peuvent agir par la procédure dite du **référé-injonction de faire** (article L. 238-1 du code de commerce) auprès du président du tribunal de commerce.
  - Le défaut de communication préalable peut entraîner la nullité de la délibération qui aurait été prise en assemblée malgré ce défaut.

Remarque sur la remise en cause des décisions sociales : pour éviter de perturber le fonctionnement des sociétés, le législateur limite les causes possibles (prescription abrégée, possibilité de régularisation largement ouverte). Il est suivi par une jurisprudence très favorable à la validité des assemblées : dans un arrêt récent, la Cour de cassation a jugé que la nullité d'une délibération à laquelle un associé n'a pas été convoqué est subordonnée à la preuve d'un grief (Cass. com. 10 novembre 2015), étendant ainsi à la SARL une solution empruntée aux sociétés civiles. La recevabilité de l'action en nullité implique de vérifier l'intérêt à agir de l'associé qui invoquerait un défaut de convocation pour obtenir l'annulation d'une délibération.

- **Information permanente** : le droit de communication permanent est reconnu à tout associé qui a le droit, à toute époque, de prendre connaissance des documents listés par les articles L. 223-26 al. 4 et R. 223-15 du Code de commerce (bilans, comptes de résultats, annexes, inventaires, rapports soumis aux assemblées et PV de ces assemblées des trois derniers exercices). Ces règles protectrices permettent aux associés minoritaires d'obtenir par eux-mêmes ces documents. Ils peuvent se faire assister d'un expert pour les comprendre.

Ces dispositions supposent que l'associé se déplace au siège de la société pour bénéficier de ce droit (l'associé ne peut invoquer son éloignement géographique du siège social comme constituant un obstacle à l'exercice de ce droit). L'associé ne pourra faire injonction au gérant de communiquer les documents cités que s'il a été empêché pour les obtenir.

Un associé de SARL ne peut consulter directement les comptes et documents sociaux de l'exercice en cours (contrairement à un associé de SNC).

Remarque Comprise parmi les instruments de prévention des difficultés (chapitre 6), l'alerte est généralement étudiée avec le contrôle. Toutefois, elle trouve également sa place parmi les dispositions permettant aux associés d'obtenir des informations sur les affaires sociales (droit de poser deux fois par exercice des questions par écrit). Il vise davantage à obtenir une réaction de la part du gérant que des informations. Il en est de même de l'expertise de gestion étudiée à l'occasion du contrôle dans la SARL qui constitue une arme de pression.

b. La consultation des associés

Les décisions sont prises en assemblée. Les statuts peuvent stipuler que toutes les décisions (à l'exception de l'assemblée annuelle d'approbation des comptes et de l'affectation du résultat et de l'assemblée réunie à la demande d'associés, cf. convocation des autres assemblées) peuvent être prises par consultation écrite des associés ou pourront résulter du consentement de tous les associés exprimé dans un acte (article L. 223-27 du Code de commerce).

Le droit d'être convoqué aux assemblées, en particulier celle destinée à statuer sur les comptes de l'exercice clos, constitue un droit fondamental attaché à la qualité d'associé. Il lui permet d'exprimer son avis, à défaut de pouvoir influer sur les décisions sociales s'il est minoritaire.

- Le droit de vote des associés en assemblée : il se caractérise par le principe d'égalité : c'est-à-dire chaque associé -y compris l'apporteur en industrie- a droit de participer aux décisions et dispose d'un nombre de voix égal à celui des parts sociales qu'il possède. Les statuts ne peuvent pas conférer un droit de vote multiple à certaines parts sociales (contrairement aux actions dans la SA) (article L. 223-28 du Code de commerce).

  Un associé peut être représenté :
  - par un autre associé (sauf si la société ne comprend que deux associés) ;
  - par son conjoint (sauf si la société ne comprend que les deux époux) ;
  - par un tiers si les statuts le permettent.
- S'agissant de dispositions d'ordre public, les statuts ne peuvent pas y déroger.
- L'assemblée annuelle d'approbation des comptes : dans le délai de 6 mois à compter de la clôture de l'exercice -sous réserve de prolongation de ce délai par décision de justice- le gérant convoque les associés qui doivent être réunis en assemblée pour approuver le rapport de gestion, l'inventaire et les comptes de l'exercice (article L. 223-26 du Code de commerce).

Remarque s'agissant de l'EURL : l'associé unique approuve les comptes dans un délai de 6 mois. S'il est le seul gérant, il dépose au RCS dans le même délai l'inventaire, les comptes annuels et la déclaration d'affectation du résultat.
Sur la dispense de rapport de gestion : le rapport de gestion comprend un certain nombre d'éléments (analyse de l'évolution des affaires, des résultats et de la situation financière de la société, sa situation d'endettement, indicateurs clefs de performance de nature financière, description des principaux risques, caractéristiques des procédures de contrôle interne mises en place...). La loi du 10 août 2018 a étendu à toutes les « petites » sociétés commerciales la dispense d'établir un rapport de gestion. Sont visées les entreprises qui, à la clôture du dernier exercice, ne dépassent pas deux des trois seuils suivants : total du bilan de 4 millions d'euros, chiffre d'affaires net de 8 millions d'euros et effectif moyen de 50 salariés. La dispense vaut pour les exercices clos à compter du 11 août 2018 (article L. 232-1 IV du Code de commerce).

La pratique conduit à ce qu'un **quitus de gestion** soit délivré au gérant : c'est la décision adoptée en AGO par laquelle les associés reprennent à leur compte la gestion du gérant et dont le gérant espère qu'il le décharge de toute responsabilité. La jurisprudence révèle que le gérant n'est pas à l'abri de reproches ultérieurs, notamment lorsque le quitus est assorti de réserves (Cass. com. 4 février 2014).

La décision d'affectation des résultats qui conduit à leur mise en réserve ou au versement de dividendes aux associés ne constitue pas un acte de gestion.

Remarque 1 sur le dépôt des comptes annuels : lors de la clôture de chaque exercice annuel, la SARL doit obligatoirement déposer ses comptes sociaux au RCS afin d'en garantir la transparence. En principe, à réception par le greffe, les comptes annuels font l'objet d'une publication au BODACC. Toutefois, l'opacité des informations économiques initiée par l'ordonnance du 30 janvier 2014 et renforcée par la loi Macron du 6 août 2015, conduit à ce que la contrainte de devoir rendre public l'état financier des SARL disparaisse (il y a eu depuis une explosion des comptes confidentiels). Les comptes annuels ne sont pas rendus publics si la SARL ne dépasse pas au titre du dernier exercice comptable, deux des trois seuils suivants : total bilan : 350 000 euros, chiffre d'affaires hors taxes : 700 000 euros et nombre moyen de salariés : 10.

Remarque 2 sur le compte de résultat : depuis les exercices clos de 2016, la SARL est dispensée de publier son compte de résultat si elle reste en-dessous d'au moins deux des seuils suivants : bilan de 4 millions d'euros, chiffre d'affaires de 8 millions d'euros, et effectif de 50 salariés (vaut pour toutes les petites et moyennes entreprises). L'objectif est d'éviter que ces informations financières mettent davantage la pression au cours d'une négociation engagée avec un partenaire plus important. Le bilan et l'annexe comptable demeurent publics.

- Convocation des autres assemblées (ordinaires ou extraordinaires) : en principe, elles sont également convoquées par le gérant – ou, à défaut, par le CAC, s'il en existe un – dès qu'il le juge utile. Toutefois :
  - elle peut résulter d'une décision de justice : tout associé peut demander la désignation d'un mandataire chargé de convoquer l'assemblée et de fixer son ordre du jour ;
  - un ou plusieurs associés détenant la moitié des parts sociales ou détenant, s'ils représentent au moins le dixième des associés, le dixième des parts sociales, peuvent demander la réunion d'une assemblée (article L. 223-27 al. 4 du Code de commerce) ;

Remarque Le juge est tenu de faire droit à la demande de l'associé de désignation d'un mandataire chargé de convoquer l'assemblée et n'a pas à en apprécier l'opportunité (Cass. com. 6 février 2019).

- elle peut émaner du CAC ou de l'un des associés « Si, pour quelque cause que ce soit, la société se trouve dépourvue de gérant ou si le gérant unique est placé en tutelle ». « Le CAC ou tout associé convoque l'assemblée des associés à seule fin de procéder, le cas échéant, à la révocation du gérant unique et, dans tous les cas, à la désignation d'un ou de plusieurs gérants » (article L. 223-27 du Code de commerce).

Remarque La loi du 19 juillet 2019 a créé une sanction de nullité facultative des décisions ordinaires et extraordinaires en cas de violation des règles de majorité ou de quorum applicables à ces décisions

- Tenue des assemblées :

Règles tenant à la tenue des assemblées d'associés

Lieu	Les statuts fixent librement le lieu de tenue de l'AG, à défaut le gérant le détermine seul.
Présidence	Elle est présidée par le gérant ou par l'associé détenant le plus de titres si le gérant n'est pas associé.
Ordre du jour	Principe de l'intangibilité : seules seront abordées individuellement les résolutions y figurant (sauf révocation du gérant). Depuis l'ordonnance du 4 mai 2017 (et son décret du 28 février 2018) un ou plusieurs associés détenant 5 % des PS peuvent y faire inscrire des points ou projets de résolution qui sont portés à la connaissance des autres associés. La demande d'inscription doit être adressée au moins 25 jours avant la tenue de l'assemblée (LRAR). L'inscription d'un point à l'ordre du jour doit être motivée.
Réponse aux questions écrites	Le gérant doit répondre aux questions posées par les associés dans le cadre de l'alerte (cf. chap. 6) et également suite à l'envoi des documents obligatoires avant la tenue de l'assemblée annuelle (art. L. 223-26 al. 3).
Etablissement du PV	Un procès-verbal est établi (date et lieu de la réunion, identité des associés présents ou représentés, documents et rapports soumis à l'assemblée, résumé des débats, texte des résolutions mises aux voix et résultat des votes, décision de révocation... art. R. 223-24). Seules sont exigées les signatures des gérants et, le cas échéant, du président de séance.

Remarque sur les règles portant sur l'ordre du jour dans la SARL : elles sont aussi strictes que dans la SA. Récemment, la Cour de cassation a transposé à la SARL le principe de l'intangibilité de l'ordre du jour qui doit permettre aux associés de voter en connaissance de cause. Les faits étaient les suivants : un gérant convoque une AG dont l'ordre du jour prévoyait la nomination d'un CAC et précisant son identité. Après avoir empêché l'adoption de cette résolution, l'associé majoritaire propose un autre CAC au cours de la même assemblée dont la nomination est approuvée. Contestant cette nomination, le gérant convoque une nouvelle assemblée qui désigne le CAC proposé initialement. L'associé majoritaire sollicite du juge l'annulation de cette délibération et la publication de la nomination du CAC nommé lors de la première assemblée. Les juges du fond ont accueilli sa demande, jugeant que les associés demeurent libres de voter la nomination d'un CAC différent de celui inscrit à l'ordre du jour. La Cour de cassation casse cette décision au visa des articles L. 223-17 et R. 223-20, jugeant que la désignation d'un CAC autre que celui qui figurait à l'ordre du jour est irrégulière (Cass. com. 14 février 2018).

- Règles de quorum et de majorité : l'adoption des décisions collectives obéit à des règles qui diffèrent selon qu'il s'agit d'une décision ordinaire ou d'une décision emportant modification des statuts. Par ailleurs, concernant les décisions extraordinaires, ces règles ont été assouplies pour les SARL constituées après la publication de la loi du 2 août 2005 (la minorité de blocage est plus élevée). Les SARL constituées avant le 3 août 2005 peuvent néanmoins, à l'unanimité des associés, adopter ces « nouvelles » règles (article L. 223-29 et L. 223-30 al. 7 du Code de commerce).

Remarque La loi du 19 juillet 2019 a créé une sanction de nullité facultative des décisions ordinaires et extraordinaires en cas de violation des règles de majorité ou de quorum applicables à ces décisions.

<table>
<tr><th colspan="3">Règles de quorum et de majorité pour les décisions collectives dans la SARL</th></tr>
<tr><th colspan="3">Décisions ordinaires</th></tr>
<tr><td>Quorum</td><td colspan="2">Aucun (quel que soit le nombre d'associés présents)</td></tr>
<tr><td>Majorité</td><td colspan="2">Sur première consultation : majorité absolue (plus de la moitié des parts)
Sur deuxième consultation : la décision est prise à la simple majorité des voix exprimées</td></tr>
<tr><th colspan="3">Décisions extraordinaires</th></tr>
<tr><td rowspan="2">Quorum</td><td>Constituée avant le 3.8.2005</td><td>Constituée depuis le 3.8.2005</td></tr>
<tr><td>Aucun</td><td>Sur première convocation : un quart des parts
Sur seconde convocation : un cinquième des parts
Les statuts peuvent prévoir un quorum plus élevé.</td></tr>
<tr><td>Majorité</td><td>Trois quarts des parts sociales
Clause statutaire prévoyant une majorité plus élevée réputée non écrite</td><td>Deux tiers des parts détenues par les associés présents ou représentés.
Une majorité plus sévère peut être prévue dans les statuts sans pouvoir exiger l'unanimité.</td></tr>
</table>

Remarque 1 : pour les SARL constituées après le 3 août 2005 : si le quorum n'est pas atteint lors de la première convocation, la deuxième assemblée doit être reconvoquée dans un délai de 2 mois.

Remarque 2 : la loi du 19 juillet 2019 prévoit que les décisions ordinaires et extraordinaires des associés prises en violation des règles de majorité ou de quorum peuvent être annulées à la demande de tout intéressé (articles L. 223-29 al. 3 et L. 223-30 al. 7 du Code de commerce).

Remarque 3 : la Cour de cassation a admis explicitement que les statuts peuvent renforcer les conditions de majorité prévues à l'article L. 223-29 du Code de commerce et subordonner l'adoption de décisions ordinaires à l'accord unanime des associés (Cass. com. 20 février 2019). En l'espèce, la SARL réunissait 2 associés et la répartition des titres n'était pas égalitaire (70 %-30 %). L'associé minoritaire contestait les augmentations de la rémunération du gérant. Les délibérations litigieuses, faute d'accord du deuxième associé, constituaient alors la seule volonté de l'associé majoritaire et gérant (et non celle de la société). Il n'était alors pas utile d'évoquer un abus de majorité de la part de ce dernier. Le non-respect de la clause n'entraîne cependant pas la nullité des délibérations.

2 Les droits patrimoniaux

Les associés ont le droit aux dividendes constitués par le bénéfice distribuable. Les bénéfices sont répartis proportionnellement aux parts détenues par les associés sauf stipulation statutaire contraire (des parts sociales privilégiées peuvent être créées).

Les opérations portant sur les parts sociales feront l'objet de plus amples développements (cession, transmission, nantissement et location). Leur régime juridique propre prévu aux articles L. 223-13 et suivants du Code de commerce illustre le rattachement de la SARL aux sociétés de personnes.

a. La cession des droits sociaux

Les parts sociales ne sont pas négociables, c'est-à-dire pas librement cessibles.

Remarque Les parts d'industrie sont incessibles et intransmissibles.

La cession des parts sociales entre vifs (du vivant de l'associé cédant) conduit le cessionnaire à pouvoir invoquer un vice du consentement ou à bénéficier des garanties légales (sur le passif de la SARL). Cette cession démontre le caractère hybride de la SARL car la considération de la personne :
- conduit à exiger un agrément, d'origine légale ou statutaire, qui empêche l'entrée non contrôlée d'étrangers dans la SARL ;
- mais elle ne conduit pas l'associé cédant à rester prisonnier de ses titres.

- L'**agrément** :
  - d'**origine légale en cas de cession envisagée à l'égard d'un tiers** : les parts sociales ne peuvent être cédées qu'avec le consentement de la majorité des associés représentant au moins la moitié des parts sociales. C'est la règle de la double majorité. Il s'agit d'une disposition d'ordre public. Les statuts peuvent prévoir néanmoins une majorité plus forte (article L. 223-14 al. 1er du Code de commerce) ;
  - d'**origine statutaire en cas de cession envisagée à l'égard d'un associé, du conjoint, d'un ascendant ou d'un descendant du cédant** : en principe, cette cession est libre (disposition légale supplétive de volonté). Les statuts peuvent prévoir un agrément dans des conditions plus souples que la cession au profit d'un tiers. Il ne pourra pas en tous les cas être obtenu à des conditions plus strictes que si le cessionnaire est un tiers à la société. Si le cessionnaire est déjà associé, un autre associé peut craindre de perdre la majorité.
- **Etapes de la cession** :

Procédure d'agrément du cessionnaire	
Notification du projet de cession	Le cédant du projet de cession doit notifier le projet à la société (prise en la personne du gérant) et à chacun des associés afin d'obtenir leur agrément.
Convocation de l'assemblée	Dans les 8 jours de la notification, le gérant convoque l'assemblée des associés pour statuer sur le projet de cession (si les statuts le permettent, une consultation par écrit est possible).
Consultation de l'assemblée	Dans un délai de trois mois, l'assemblée statue sur le projet à une double majorité (majorité des associés en nombre et majorité des associés représentant au moins la moitié des PS). L'associé cédant participe au vote.
Notification de la décision au cédant	**Autorisation expresse ou refus d'agrément** : la décision d'agrément ou de refus du cessionnaire est notifiée à l'associé cédant. A défaut, si la société n'a pas fait connaître sa décision dans un délai de 3 mois-pouvant être prolongé à la demande du gérant par décision de justice -le consentement à la cession est réputé acquis (**autorisation tacite**).
Sanction	En cas de non-respect de la procédure, la nullité absolue de la cession est encourue.

- En cas de refus d'agrément : le cédant a un droit de repentir (il peut renoncer à la cession). Si le cédant détient ses parts depuis au moins deux ans (à défaut il reste **temporairement** « prisonnier » de ses titres sauf parts recueillies par succession, liquidation de communauté ou donation au profit d'un conjoint, ascendant ou descendant- article L. 223-14 al. 6 du Code de commerce), il peut également obtenir le rachat de ses titres.

Rachat des parts sociales du cédant en cas de refus d'agrément	
Par les associés	Ils sont tenus d'acquérir ou de faire acquérir les parts du cédant dans les trois mois du refus. En cas de désaccord sur le prix, les parties auront recours à un tiers rémunéré par la société.
Auprès d'un tiers	Le tiers doit obtenir l'agrément.
Par la société	La société réduit alors son capital à concurrence de la valeur des titres.
Agrément par déchéance	L'associé pourra réaliser la cession initialement prévue, quel que soit le cessionnaire), si, à l'expiration du délai imparti, aucun rachat des parts n'est intervenu (article L. 223-14 al. 5).

- Formalités à respecter : la cession doit respecter les règles suivantes :
  - la cession doit être **constatée par écrit** à peine de nullité (article L. 221-14 du Code de commerce par renvoi de l'article L. 223-17) ;
  - pour être opposable à la société, la cession doit être portée officiellement à la connaissance de la SARL (renvoi aux dispositions de la cession de créance civile figurant à l'article 1690 du Code civil). Toutefois la **signification** (c'est-à-dire par voie d'huissier ; requise pour la cession de créance de droit commun) peut être remplacée par le **dépôt d'un original de l'acte de cession au siège social** contre remise par le gérant d'une attestation de ce dépôt ;
  - **l'opposabilité aux tiers** résulte des formalités visées ci-dessus et du dépôt au greffe du tribunal de commerce des statuts modifiés (dépôt pouvant être effectué par voie électronique) ;
  - enfin, la cession doit **être enregistrée** (d'un point de vue fiscal) : un droit de 3 % est à la charge du cessionnaire.
- Agrément en cas de décès d'un associé de SARL : les intérêts de l'héritier et ceux de la société peuvent être opposés. Aussi le législateur permet-il aux associés d'aménager dans les statuts le sort des parts sociales de l'associé décédé en prévoyant que l'héritier ne peut devenir associé qu'après avoir été agréé dans les mêmes conditions qu'en cas de cession des parts sociales à un tiers. Cette reconnaissance légale conduit à renforcer la prise en considération de la personne.

Jurisprudence

La Cour de cassation a pu préciser que l'héritier, certes titulaire des parts sociales, n'est pas encore associé tant que son agrément est en cours (Cass. com. 3 mai 2018). Les faits étaient les suivants : l'héritier n'avait pas obtenu l'agrément. Estimant être devenu associé par déchéance, il avait alors assigné la SARL en annulation d'une délibération relative à la rémunération du gérant adoptée alors que la procédure était pendante.

b. Le nantissement des parts sociales

Le nantissement est une **garantie**, plus précisément une sûreté réelle portant sur un bien meuble incorporel, qui permet à son titulaire d'obtenir du crédit. Ainsi, un associé de la SARL peut donc affecter ses parts en garantie d'une opération de crédit à l'un de ses créanciers.

Faute de disposition légale propre aux parts sociales, c'est la jurisprudence qui a reconnu la validité du nantissement des parts sociales. En raison de leur incessibilité, les parts d'industrie ne peuvent être nanties.

Le créancier nanti ne devient pas associé tant que la sûreté ne se réalise pas (c'est-à-dire que l'associé n'est pas défaillant à ne pas avoir remboursé le crédit).

En cas de défaillance de l'associé, le transfert des parts sociales sera réalisé au profit du créancier nanti :

- soit en se faisant attribuer les parts en paiement ;
- soit en demandant la vente des parts en justice.

Dans ces deux hypothèses, l'agrément des associés sera nécessaire.

Les difficultés tenant au transfert peuvent être anticipées en notifiant le projet de nantissement à la société. Les associés pourront alors se prononcer sur l'agrément.

c. La location de parts sociales

Ce mécanisme vise à faciliter la **transmission** et la **reprise** des petites structures – telles que les SARL soumises à l'impôt sur les sociétés – par un repreneur, personne physique, ne disposant pas des ressources immédiates pour acquérir l'entreprise.

La location de parts sociales conduit à ce que le bailleur, « propriétaire » (titulaire plus rigoureusement) des parts sociales, en transmette la jouissance au preneur en contrepartie du versement d'un loyer. Le **preneur perçoit alors les dividendes** éventuels attachés aux parts sociales louées.

La clause d'agrément continue de s'appliquer dans cette hypothèse.

Le gérant peut procéder à la modification des statuts en cas de location de parts sociales.

Pour le reste, elle obéit aux mêmes règles que la location d'actions (articles L. 239-1 et suivants et R. 239-1 du Code de commerce qui fixent les mentions obligatoires devant figurer dans le contrat de bail).

Le « propriétaire » conserve le droit de vote pour les décisions extraordinaires.

Remarque Dans le même esprit, le mécanisme du crédit-bail peut également être envisagé. Le contrat contient la promesse de vente des parts sociales moyennant un prix convenu dès sa conclusion.

3 Le contrôle

A Le contrôle de la SARL par les associés

1 Contrôle exercé à titre individuel

a. Action en responsabilité

Pour la défense de ses droits propres et ceux de la société, tout associé peut intenter une action personnelle et, à titre individuel, isolément ou en groupe, une action sociale en responsabilité contre le gérant (cf. mise en œuvre de la responsabilité civile du gérant).

Il dispose également de la faculté de solliciter en justice la nomination d'un administrateur provisoire lorsque la gestion sociale contrecarre l'intérêt social ou se trouve entravée par l'impossibilité de dégager une majorité.

b. L'expertise de gestion

Les articles L. 223-35 et L. 223-37 du Code de commerce autorisent un ou plusieurs associés représentant au moins le 1/10ème du capital social à demander en justice la nomination d'un expert de gestion. Ce dernier sera chargé de présenter un rapport sur une ou plusieurs opérations de gestion.

L'expertise vise à renforcer l'information des minoritaires face aux insuffisances des organes en place sous le contrôle des majoritaires.

L'expertise de gestion est fréquemment invoquée mais rarement accordée. La publicité attachée à la mesure constitue davantage une menace brandie par les associés qui permet d'ouvrir la voie à une éventuelle négociation, les informations obtenues étant révélées au ministère public, au CSE (comité social et économique) et au CAC.

- Qu'est-ce qu'une opération de gestion ? Elle n'est volontairement pas définie par le législateur qui entendait ne pas l'enfermer dans une acception trop rigide des actes susceptibles de faire l'objet d'une expertise. Le critère de l'organe permet en partie de déterminer ce qu'est une opération de gestion au sens des articles L. 223-37 ou de l'article L. 225-231 du Code de commerce. La gestion englobe autant les actes des organes de direction que d'administration, par opposition aux décisions d'assemblées.

  Aussi, ne constituent pas une opération susceptible d'expertise :
  - la question de la rémunération des dirigeants quand elle relève de la compétence exclusive de l'assemblée des associés ;
  - la mise en réserve d'une somme au titre des résultats d'un exercice s'agissant d'une décision qui relève de la collectivité des associés et non d'une décision de gestion (Cour d'Appel Agen 25 avril 2018).

  Qu'en est-il des opérations pour lesquelles les statuts exigent une autorisation ou une approbation par l'assemblée des associés qui n'est pas investie de pouvoirs de gestion ? Constitue une opération de gestion la vente d'un actif immobilier par une SARL dont les statuts prévoient que l'AG doit seulement autoriser l'opération, et non en décider (Cass. com. 13 septembre 2017). La rédaction des statuts semble exercer une influence déterminante sur la qualification d'opération de gestion.
- Conditions : une menace contre l'intérêt social ou une présomption d'irrégularité d'une opération suffit. L'expertise tend à mettre à jour des informations dissimulées ou à rendre compréhensibles des montages opaques.

2 Contrôle exercé à titre collectif : le contrôle des conventions

Remarque préalable L'assemblée générale obligatoire visant à l'examen annuel des comptes participe également du contrôle des associés (cf. information des associés).

Il s'agit ici d'étudier le contrôle des conventions initiées par le gérant (ou un associé) qui sont susceptibles de générer un conflit entre l'intérêt de la société et son intérêt personnel. Certaines sont libres, d'autres sont purement et simplement interdites. Les conventions ne relevant d'aucune de ces deux catégories sont dites réglementées (par exemple le contrat de travail d'un gérant) et nécessitent l'autorisation des associés.

a. Les conventions libres

Les conventions libres, c'est-à-dire les conventions portant sur des **opérations courantes** et conclues à des **conditions normales**, échappent à ce contrôle (article L. 223-20). Aucune autorisation n'est requise pour ces conventions qui se rattachent à l'activité habituelle de la société (vente des produits fabriqués par la SARL) et ont été conclues dans les conditions du marché (prix, garanties du contrat...) ou conformément aux usages propres du secteur d'activité de la société.

b. Les conventions réglementées

Leur régime juridique est précisé à l'article L. 223-19 du Code de commerce.

Champ d'application :

Sont qualifiées de conventions réglementées les conventions conclues :
- entre la SARL et l'un de ses gérants ou associés, directement ou par personne interposée ;
- entre la SARL et une société dont un associé indéfiniment responsable ou dont un dirigeant (gérant, administrateur, directeur général, membre du directoire ou membre du conseil de surveillance) est simultanément gérant ou associé de la SARL (ex. : contrat conclu entre la SARL et une SNC dont l'un des associés est associé ou gérant de la SARL).

Remarque A propos de la personne interposée : l'interposition de personnes est la situation dans laquelle un acte conclu au bénéfice d'une personne (non visée directement par l'article L. 223-19) doit profiter en fait à une autre (visée directement, le gérant ou un associé).

Procédure : deux situations doivent être distinguées selon que la SARL est dotée d'un CAC ou non. La procédure sera plus lourde s'il n'existe pas de CAC et que la convention conclue concerne un gérant non associé (approbation préalable de l'assemblée).

- **Un simple contrôle a posteriori** : **hypothèse d'une SARL dotée d'un CAC ou dont le gérant est associé** : il n'y a pas d'autorisation préalable. Le gérant conclut la convention, elle produira donc ses effets même si le gérant ne respecte pas chacune des étapes de la procédure décrite ci-dessous, y compris d'ailleurs en cas de défaut d'approbation ultérieure.

Contrôle des conventions réglementées a posteriori = sans autorisation préalable	
Conditions	La SARL a un CAC ou le gérant est associé
Information du CAC	Dans le délai d'un mois à compter de la conclusion de la convention, le gérant doit aviser le CAC de l'existence de cette convention.
Rédaction d'un rapport spécial	Un rapport spécial est établi à propos des conventions rentrant dans le champ des conventions réglementées : par le CAC, ou à défaut, par le gérant (le contenu est visé par l'article R. 223-17 : énumération des conventions, identité des personnes concernées, nature et modalités essentielles des conventions telles que prix et ristournes, importance des fournitures livrées ou des prestations fournies).
Information des associés	Le rapport spécial est transmis aux associés selon les modalités obligatoires en cas de décision collective (AG ou consultation écrite).
Vote sur le rapport spécial	Lorsque les associés statuent sur le rapport spécial, le gérant ou l'associé concerné ne prend pas part au vote (ses parts ne sont pas prises en compte pour le calcul des règles de quorum et de majorité).
Effets de la décision des associés sur la convention	Quelle que soit la décision des associés, la convention se poursuit (elle n'est pas annulée en cas de désapprobation). En cas de préjudice subi par la société, le gérant et l'associé concerné - s'il y a lieu - engagent leur responsabilité individuelle. L'action se prescrit par 3 ans à compter de la conclusion de la convention (ou de sa révélation).

Remarque Dans l'EURL, lorsque la convention est conclue avec l'associé unique, il en est seulement fait mention au registre des décisions.

- **Un contrôle a priori : l'hypothèse dans laquelle la SARL est dépourvue de CAC et que le gérant n'est pas associé :** le gérant doit soumettre la convention à l'approbation préalable des associés. Le rapport spécial est établi par le gérant et communiqué aux associés préalablement au vote des associés (consultation possible) aux conditions de majorité prévues pour les décisions ordinaires.

Sanction : si la convention n'est pas approuvée, elle ne pourra pas être conclue.

c. Les conventions interdites

L'article L. 223-21 du Code de commerce vise les conventions **interdites** à peine de nullité absolue **au gérant et à tout associé personne physique** :

- les emprunts contractés auprès de la société ;
- les découverts consentis par la société ;
- et les cautions et avals donnés par la société pour couvrir leurs engagements avec les tiers.

Les sanctions :

De nature civile : s'agissant d'une nullité absolue, tout intéressé justifiant d'un intérêt légitime peut demander la nullité du contrat (par exemple, un créancier social).

De nature pénale : le gérant engage sa responsabilité pénale (cf. chapitre 27).

Remarque 1. Cette interdiction s'étend aux conjoint, ascendants, descendants du gérant et de tout associé, toute personne interposée et enfin, aux représentants permanents des personnes morales associées.

Remarque 2. Cette interdiction a été levée au profit des personnes morales associées (liens privilégiés au sein d'un groupe qui prennent la forme de concours financiers).

B Le contrôle de la SARL par un CAC

Les seuils de désignation obligatoire d'un CAC fixés par le décret d'application du 24 mai 2019 de la loi Pacte ont vocation à s'appliquer à la SARL. Cette réforme marque l'abandon par la France de seuils traditionnellement peu élevés visant à sécuriser la fiabilité des comptes au profit de la réduction du coût que la certification des comptes représente pour les petites et moyennes structures.

Sont ainsi désormais tenues de désigner un CAC les sociétés commerciales qui dépassent, à la clôture de l'exercice social, deux des trois seuils suivants :

- total du bilan : 4 000 000 € (contre 1 550 000 € auparavant) ;
- montant hors taxes du chiffre d'affaires de 8 000 000 € (contre 3 100 000 € auparavant) ;
- nombre moyen de salariés employés au cours de l'exercice de 50 (inchangé en ce qui concerne la SARL).

Remarque sur les nouveaux seuils : ce sont les seuils prévus par une directive européenne de 2013. Ils sont entrés en vigueur dès le 27 mai 2019. Ils ont pu être pris en compte dès les AG annuelles amenées à se prononcer sur le renouvellement du mandat de leur CAC au mois de juin 2019.

La loi PACTE a prévu que les mandats en cours à la date de publication du décret se poursuivent jusqu'à leur terme.

En dehors de ces seuils, la nomination d'un CAC demeure facultative.

Elle peut néanmoins être imposée par ordonnance du tribunal de commerce statuant en la forme des référés, à la demande d'un ou plusieurs associés représentant au moins le dixième du capital social (Article L. 223-35 al. 3 du Code de commerce).

La loi du 19 juillet 2019 prévoit désormais que sont également tenues de désigner un commissaire aux comptes, pour un mandat de trois exercices, les sociétés dont un ou plusieurs associés représentant au moins le tiers du capital en font la demande motivée auprès de la société (Article L. 223-35 al. 4 du Code de commerce).

Remarque Dès lors qu'elle remplit l'une des deux conditions tenant au nombre de salariés (au moins 300) et au chiffre d'affaires hors taxes (au moins 18 millions), la SARL est tenue d'établir des documents de gestion prévisionnelle (cf. chapitre 6).

4 Les mutations de la SARL

A L'augmentation de capital

Conformément au droit commun, l'associé de SARL ne peut être contraint à y participer.

1 Les règles de majorité

- Le principe : s'agissant d'une décision modifiant les statuts, l'AGE est compétente en cas d'augmentation du capital social (quorum et majorité d'une AGE).
- Par exception : la décision d'augmenter le capital par incorporation de bénéfices ou de réserves est prise par les associés représentant au moins la moitié des parts sociales (L. 223-30 du Code de commerce).

2 Les modalités de l'augmentation de capital

a. Par apport en numéraire

- **Conditions** : l'augmentation du capital social suppose que le capital initial ait été intégralement libéré (article L. 223-7 du Code de commerce). L'article L. 223-32 du Code de commerce renvoie aux règles de constitution de la SARL :
  - sur la libération des parts sociales en numéraire : les parts doivent être obligatoirement libérées d'un quart au moins de leur valeur nominale lors de la souscription. La libération du surplus doit intervenir, en une ou plusieurs fois, dans le délai de 5 ans à compter du jour où l'augmentation de capital est devenue définitive.
  - si l'augmentation de capital tarde à être réalisée : lorsque l'augmentation de capital n'est pas réalisée dans le délai de 6 mois à compter du premier dépôt des fonds (article L. 223-8 du Code de commerce).
- **Le droit préférentiel de souscription** : il est possible d'accorder à chaque associé le droit de souscrire un nombre de parts sociales nouvelles en proportion de sa participation au capital.
- **La prime d'émission** : il est possible de prévoir le versement à la société par tout souscripteur de parts sociales nouvelles d'une prime d'émission qui est versée à la société (pour tenir compte des réserves accumulées).
- **Par incorporation de réserves** : l'augmentation de capital réalisée par incorporation de réserves se traduit par l'élévation du montant nominal des parts ou par création de parts nouvelles.

b. Par apport en nature

L'article L. 223-33 du Code de commerce renvoie aux dispositions de l'article L. 223-9. Toutefois, le recours à un commissaire aux apports est obligatoire, quelle que soit la valeur des biens apportés. Il est désigné à l'unanimité des associés ou, à défaut, par une décision de justice à la demande d'un associé ou du gérant.

Lorsqu'il n'y a pas eu de commissaire aux apports ou lorsque la valeur retenue est différente de celle proposée par le commissaire aux apports, les gérants de la société et les personnes ayant souscrit à l'augmentation du capital (et non tous les associés comme lors de la constitution) sont solidairement responsables pendant 5 ans, à l'égard des tiers, de la valeur attribuée auxdits apports.

3 L'agrément des nouveaux associés

On retrouve les mêmes règles qu'en cas de cession de parts sociales.

Quelle que soient les modalités de l'augmentation du capital, les apporteurs qui ne sont pas associés doivent être obligatoirement agréés.

Si l'apporteur est le conjoint, l'ascendant ou le descendant d'un associé, l'agrément n'est pas nécessaire, sauf clause statutaire contraire.

B La réduction du capital social

Les deux hypothèses qui doivent être distinguées ont été abordées dans le chapitre 12 :

- la réduction du capital non motivée par des pertes ;
- la réduction du capital motivée par des pertes : cette cause de dissolution n'a plus vocation à intervenir dans les SARL à capital social très faible.

C Le financement de la SARL

Les besoins de financement ont fait céder le principe d'interdiction d'émettre des valeurs mobilières, ce qui la rapproche des sociétés de capitaux. Seules les SARL d'une certaine dimension peuvent **émettre des obligations nominatives** (il n'y a pas d'offre au public). Les deux conditions sont visées à l'article L. 223-11 du Code de commerce :

- la désignation d'un CAC ;

- les comptes des trois derniers exercices de douze mois doivent avoir été régulièrement approuvés.

L'émission résulte d'une décision de l'assemblée générale des associés (décision ordinaire).

Le régime de ces émissions est identique à celui des émissions d'obligations émises par les sociétés par actions. Les obligataires reçoivent un document d'information (article R. 223-7 du Code de commerce). Les obligataires d'une même émission sont réunies au sein d'une masse dotée de la personnalité morale pour la défense de leurs intérêts.

D Transformation de la SARL

L'article L. 223-43 du Code de commerce prévoit la transformation d'une SARL en une SNC, en une SCS ou SCA. La transformation en une société de capitaux est l'hypothèse la plus fréquente. Les règles portant sur la transformation sont impératives à peine de nullité.

- Rapport sur la valeur des biens composant l'actif social et les avantages particuliers

  En l'absence de CAC, les associés de la SARL doivent nommer à l'unanimité un commissaire à la transformation -à défaut, il sera désigné en justice- chargé d'apprécier la valeur des biens composant l'actif social (vérifie que les biens ne sont pas surévalués) et les avantages particuliers (article L. 224-3 du Code de commerce). Il atteste que le montant des capitaux propres est au moins égal à celui du capital social.

  En présence d'un CAC, un commissaire à la transformation n'est plus nécessaire. Le CAC peut être chargé d'établir ce rapport. Son mandat ne prend d'ailleurs pas fin avec la transformation si sa présence est obligatoire dans la forme choisie (par exemple dans la SA ; le terme de son mandat reste inchangé).

  Le rapport est mis à la disposition des associés au siège social et déposé au greffe du tribunal de commerce huit jours au moins avant la date de l'assemblée qui va statuer sur la transformation.

- Avis des associés : sous peine de nullité de la transformation, les associés doivent ensuite statuer sur l'évaluation des biens et l'octroi d'avantages particuliers. Ils ne peuvent les réduire qu'à l'unanimité (articles L. 224-3 al. 2 et 3 du Code de commerce).
- Majorité requise pour la décision de transformation :
  - transformation en SNC, en SCS et SCA : l'accord unanime des associés est exigé puisqu'elle entraîne une augmentation des engagements des associés (désignation d'un CAC pour la SCA) (article L. 223-43 du Code de commerce). Toutefois, il faudra veiller au sort des associés mineurs qui ne peuvent avoir la qualité d'associé dans une SNC ou d'associé commandité (cession de parts) ;
  - transformation en SAS : l'unanimité des associés est également exigée. Elle est courante ces dernières années depuis l'assouplissement des règles caractérisant la SAS.
  - transformation en SA, la plus courante : il s'agit d'une décision collective extraordinaire. La SARL doit en outre respecter les règles spécifiques à la SA : le capital social est au minimum de 37 000 €. L'exigence du nombre de sept actionnaires demeure pour la SA dont les titres sont admis aux négociations sur un marché réglementé. Toutefois, pour faciliter les transformations des SARL les plus importantes, la transformation peut être décidée par des associés représentant la majorité des parts sociales si les capitaux propres figurant au dernier bilan excèdent 750 000 euros (article L. 223-43 du Code de commerce).
- Avis des titulaires de parts représentatives d'apports en industrie : en raison de l'impossibilité d'échanger les parts d'industrie contre des actions, la transformation ne peut avoir lieu qu'avec leur accord. Cette impossibilité entraîne leur exclusion (article L. 225-3 du Code de commerce).

- Avis des obligataires : dans l'hypothèse où la SARL a émis des obligations, le projet de transformation doit être soumis à l'assemblée générale des obligataires. En cas de refus d'approbation, la société devra proposer de rembourser ceux qui en feraient la demande.
- Établissement d'un procès-verbal des délibérations : les associés doivent approuver la transformation, fixer sa date de prise d'effet, constater la répartition des actions entre les divers actionnaires, établir de nouveaux statuts, nommer les premiers administrateurs et les premiers CAC si la société est transformée en SA.

E L'EURL

L'entreprise unipersonnelle à responsabilité limitée (EURL) comprend un associé unique, personne physique ou personne morale. L'affectio societatis, initialement conçue comme commun, se retrouve appréhendée en la personne de l'associé unique.

En 1985, elle constitue la réponse du législateur qui ne voulait pas reconnaître le patrimoine d'affectation (le pas a été franchi en 2010 avec l'EIRL, entrepreneur individuel à responsabilité limitée).

Le régime de base de l'EURL suit celui de la SARL (désignation d'un gérant, obligation de désigner un CAC sous certaines conditions, respect des conventions réglementées) sous réserve des adaptations rendues nécessaires par la présence d'un associé unique.

L'associé unique peut être le gérant s'il se confie à lui-même ces fonctions ; il peut également la confier à un tiers.

Les pouvoirs de l'assemblée sont exercés par l'associé unique. Les règles de convocation ne sont évidemment pas applicables. Les décisions doivent être consignées dans le registre des décisions (y compris la décision d'approbation des conventions réglementées qu'il passe avec l'EURL).

F LA DISSOLUTION DE LA SARL

Ne seront évoquées dans le présent chapitre ni les causes communes de dissolution : survenance du terme, réalisation de l'objet social, liquidation judiciaire... ni les mesures de publicité (cf. chapitre 7) hormis l'hypothèse dans laquelle les parts sont réunies en une même main (la SARL devient une EURL).

1 Causes de dissolution propres à la SARL

- **Nombre des associés supérieur à cent** : si la société vient à comprendre plus de cent associés, elle est dissoute automatiquement au terme d'un délai d'un an à moins que, pendant ce délai, le nombre des associés soit devenu égal ou inférieur à cent ou que la société ait fait l'objet d'une transformation, en SA par exemple (article L. 223-3 du Code de commerce). La règle a vocation à s'appliquer même si la cause du dépassement résulte d'une dévolution successorale (article L. 223-3 du Code de commerce).
- **Perte de la moitié du capital social** : dans l'hypothèse où les fonds propres de la SARL sont devenus, à la suite de pertes, inférieurs à la moitié du capital social, les associés peuvent décider la dissolution anticipée de la société.

2 Dissolution de l'EURL

Il faut distinguer selon que l'associé unique est :

- une personne physique : pour éviter à l'associé unique de devenir personnellement responsable des dettes de la société dissoute, la SARL va être liquidée. Un liquidateur est désigné pour réaliser l'actif, apurer le passif (payer les créanciers) et attribuer le solde à l'associé unique ;
- une personne morale : il y a dissolution sans liquidation. Il y a une transmission universelle du patrimoine de l'EURL à l'associé unique (correspond à l'absorption par la société mère de sa filiale dont la responsabilité n'est plus limitée).

SYNTHÈSE

EURL

Conditions de validité

2 à 100 associés qui n'ont pas la qualité de commerçant. Si le nombre d'associés excède 100, la SARL est dissoute automatiquement au terme d'un délai d'un an à moins que, pendant ce délai :

- le nombre des associés soit devenu égal ou inférieur à 100
- ou que la société ait fait l'objet d'une transformation (le plus souvent en SA).

Le capital est libre.

Gérance

Individuelle ou collective. Révocable pour « juste motif ». Le gérant engage sa responsabilité même pour les actes n'entrant pas dans l'objet social. Sa responsabilité personnelle à l'égard des tiers ne peut être retenue que s'il a commis une faute « séparable » de ses fonctions.

Cession des parts sociales

La SARL est une société fermée aux tiers : l'agrément est alors obligatoire en cas de cession : autorisation expresse, tacite ou agrément déchéance. Dans les autres cas, elle est libre en principe.

Financement

La SARL peut, sous certaines conditions, émettre des obligations nominatives.

Certaines règles liées au contrôle sont identiques à la société anonyme (expertise de gestion, conventions réglementées). Toutefois, le commissaire aux comptes n'est obligatoire que si la SARL dépasse certains seuils.

EXO 15.01 Situations pratiques « La Ruche rouge SARL »

La SARL « La ruche rouge » a été créée il y a une vingtaine d'années par dix associés. Son capital social est de 9000 €. Un commissaire aux comptes a été désigné il y a deux ans. La SARL vend des articles de décoration d'intérieur provenant de tous les pays du monde. Sa gérante, Nathalie – qui détient 30 % des parts sociales – est souffrante depuis plusieurs mois. Elle peut néanmoins compter sur son époux, Olivier, très actif auprès des fournisseurs et il manage d'une main de maître les 25 salariés de la société. Olivier est associé – il détient 25 % des parts sociales – et salarié depuis la création de la SARL. Nathalie a néanmoins accepté de céder l'un des deux fonds de la société, le plus rentable.

Travail à faire

1. **Quel est le statut fiscal et social de Nathalie ?**
2. **Quels risques pèsent sur Olivier avec cette « substitution » de gérant ?**
3. **Le commissaire aux comptes engage-t-il sa responsabilité pénale en ne signalant pas cette « substitution » ?**
4. **Un associé assiste impuissant à certaines décisions. Il vous interroge sur la possibilité de suspendre la rémunération de Nathalie.**
5. **Il vous demande ensuite si la cession du fonds peut être annulée.**

EXO 15.02 Cas pratique « Les Nouradons SARL »

Virginie, Mathilde et Olivier ont créé une SARL « Les Nouradons » en 2015 qui réalise des installations informatiques dans les entreprises dans les alentours de Nantes. Virginie en est la gérante.

Mathilde souhaite céder ses parts à Virginie mais elle n'a pas suffisamment de liquidités pour le moment. Elles se sont mises d'accord sur la somme de 6 000 €. Virginie souhaiterait obtenir un prêt pour financer la cession qui pourrait être garanti par un cautionnement de la SARL.

Manifestant une méfiance grandissante à l'égard de la gérante, Olivier souhaiterait qu'un CAC soit désigné pour surveiller la gestion.

Travail à faire

1. **Olivier s'oppose à cette cession. Qu'en pensez-vous ?**
2. **Que pensez-vous du financement envisagé par Virginie ?**
3. **La désignation d'un CAC est-elle envisageable ?**

EXO 15.03 Cas pratique « Angerville SARL » (inspiré par l'arrêt Cass. com. 14 février 2018)

Depuis 2012, Anna était gérante de la SARL Angerville. Il y a deux mois, elle décidait de jeter l'éponge. Pourtant, sa démission n'a fait l'objet d'aucune publicité. La semaine passée, elle a cédé à la société Arthur Industrie deux brevets appartenant à la société.

La société Angerville et ses associés vous interrogent sur la possibilité d'obtenir l'annulation de la cession des brevets et leur chance d'en obtenir la restitution.

EXO 15.04 Cas pratique « Le Gastrobar »

« Le Gastrobar » est installé à Saint-Ouen depuis de nombreuses années. C'est un restaurant sans prétention mais les gastronomes ont trouvé leur nouvelle cantine. Gonzague l'exploite en nom propre, il est même propriétaire du fonds de commerce dans lequel le restaurant est installé. Il aimerait que son jeune et talentueux commis de cuisine Yanisse fasse partie de son projet. Son expert-comptable lui conseille de créer une SARL avec Yanisse. Gonzague est étonné car Yanisse n'a aucune liquidité et n'étant que salarié jusqu'à présent, il n'a pas la qualité de commerçant. Toutefois, cette perspective réjouit Gonzague car il pense qu'il pourrait devenir salarié et s'assurer une rémunération confortable en tant que gérant.

Travail à faire

1. **Une SARL peut-elle être créée par les Gonzague et Yanisse ? Quels pourraient alors être les droits de Yanisse sur la société ?**
2. **Gonzague pourra-t-il devenir salarié de la SARL tout en exerçant les fonctions de gérant ?**
3. **A quelle rémunération Gonzague peut-il prétendre en tant que gérant ? Est-elle soumise à un formalisme particulier ?**

EXO 15.05 Analyse d'une décision de justice : Cass. Com. 14 nov. 2018 (n° 16-26.115)

Attendu, selon l'arrêt attaqué, rendu sur contredit, que la société à responsabilité limitée Fresh delices (la société Fresh delices), anciennement dénommée Le Portable télécom, ayant pour gérante Mme Stéphanie X..., épouse Y... (Mme Y...), a été liée, entre mars 2001 et mars 2005, à la Société française de radiotéléphone (la société SFR) par des contrats de partenariat et de distribution ; qu'à partir de mars 2007, un litige prud'homal a opposé la société SFR à Mme Y..., cette dernière sollicitant la requalification des contrats de partenariat et de distribution en contrats de travail ; que la société SFR a été condamnée à payer à Mme Y... diverses sommes au titre d'indemnités de licenciement et de rupture sans cause réelle et sérieuse ; qu'au cours de la procédure prud'homale, la société SFR a assigné la société Fresh delices devant le tribunal de commerce afin qu'il soit statué sur les conséquences de la décision prud'homale sur l'exécution des contrats de partenariat et de distribution ; qu'après la liquidation amiable de la société Fresh delices, la société SFR, reprochant à Mme Y... d'être à l'origine du préjudice que lui avait causé l'inexécution par la société Le Portable télécom de ses obligations contractuelles et, à Mme Yvette X... (Mme X...), nommée liquidateur, d'avoir commis une faute dans l'exercice de ses fonctions, les a assignées devant le tribunal de commerce de Paris, lequel a rejeté l'exception d'incompétence soulevée par Mmes Y... et X... ; que ces dernières ont formé un contredit ;

Sur le premier moyen :

Vu l'article L. 721-3 du code de commerce ;

Attendu que pour accueillir le contredit, l'arrêt retient que l'action de la société SFR dirigée contre Mme Y... relève de la juridiction civile dès lors qu'elle n'a pas la qualité de commerçante et que les faits qui lui sont reprochés ne constituent pas des actes de commerce ni ne se rattachent à la gestion de la société par un lien direct ;

Qu'en statuant ainsi, alors que les manquements commis par le gérant d'une société commerciale à l'occasion de l'exécution d'un contrat se rattachent par un lien direct à la gestion de celle-ci, peu important que le gérant n'ait pas la qualité de commerçant ou n'ait pas accompli d'actes de commerce, la cour d'appel a violé le texte susvisé ;

Et sur le second moyen :

Vu l'article L. 721-3 du code de commerce ;

Attendu que pour retenir la compétence de la juridiction civile, l'arrêt énonce, que, bien que l'action en responsabilité dirigée contre le liquidateur soit régie par l'article L. 237-12 du code de commerce, le liquidateur n'a pas la qualité de commerçant et n'accomplit pas des actes de commerce ;

Qu'en statuant ainsi, alors que le liquidateur, comme le gérant, agit dans l'intérêt social et réalise des opérations se rattachant directement à la gestion de la société commerciale, la cour d'appel a violé le texte susvisé ;

Et vu l'article 627 du code de procédure civile, dont l'application est proposée par la demanderesse ;

PAR CES MOTIFS : CASSE ET ANNULE, en toutes ses dispositions, l'arrêt rendu le 20 septembre 2016, entre les parties, par la cour d'appel de Paris (...)

A la lecture de l'arrêt reproduit ci-dessous, vous répondrez aux questions figurant ci-dessous. Les aspects techniques liés à la procédure civile seront laissés de côté (l'exception d'incompétence est un moyen de défense qui consiste à contester l'aptitude d'un juge à connaître d'une prétention. Le contredit était une voie de recours ; elle n'existe plus depuis 2017).

1. **Quels sont les faits ?**
2. **Quelle fut la procédure antérieure ? Pourquoi les défenderesses considèrent-elles que le tribunal de commerce n'est pas compétent ? Quelle est la position de la Cour d'appel de Paris ?**
3. **Quel est le problème de droit auquel la Cour de cassation ?**
4. **Quelle est la solution rendue par la Cour de cassation ? Justifiez votre réponse. Vous viserez uniquement le sort de la gérante.**

EXO 15.06 L'associé unique salarié

La SARL Metallics Plus a été créée par deux amis Gonzague et Hippolyte il y a 5 ans. Gonzague assurait la gestion de la SARL jusqu'à ce que Hippolyte lui cède ses titres il y a quelques mois. Monsieur Biot a alors assuré la gérance de la société. Gonzague aimerait devenir salarié.

1. **À la lecture de l'arrêt rendu par la chambre sociale de la Cour de cassation le 16 janvier 2019 figurant en annexe, pensez-vous que Gonzague peut devenir salarié de la SARL Mettalics ? Quelle règle semble appliquer la Cour de cassation en l'espèce ?**
2. **La solution aurait-elle été différente si Gonzague (titulaire de 51 % des titres sociaux) et Hippolyte (titulaire de 49 % des titres sociaux) étaient restés coassociés, non gérants ?**

ANNEXE 1 : Extrait Cass. soc. 16 janv. 2019 (Numéro de pourvoi : n° 17-12.479)

LA COUR DE CASSATION, CHAMBRE SOCIALE, a rendu l'arrêt suivant :
Attendu, selon l'arrêt attaqué (Paris, 11 janvier 2017), qu'invoquant un contrat de travail conclu le 10 décembre 2011 avec la société Etrea, M. X... a saisi la juridiction prud'homale pour faire fixer sa créance au titre d'un rappel de salaires et des congés payés afférents, des indemnités de rupture, et de dommages-intérêts ;
Sur le moyen unique :
Attendu que M. X... fait grief à l'arrêt de confirmer le jugement déféré en ce qu'il a dit ne pas lui reconnaître la qualité de salarié et de le débouter de l'ensemble de ses demandes alors, selon le moyen :
1°/ que les contrats légalement formés tiennent lieu de loi aux parties contractantes ; que la reconnaissance juridique du contrat de travail repose sur l'existence d'un lien de subordination caractérisant le pouvoir, pour l'employeur, de donner des ordres et des directives, d'en contrôler l'exécution et d'en sanctionner les manquements ; qu'il appartient aux juges du fond de caractériser la réalité des relations de travail et de redonner aux relations contractuelles leur exacte qualification à partir des éléments de fait établis par les parties ; que la qualité d'associé n'est en aucun cas incompatible avec celle de salarié lorsqu'il n'exerce pas une fonction de gérant de ladite société ; qu'en refusant de reconnaître l'évidence d'une relation de travail subordonnée au sein de la société Etrea depuis que M. X... en avait cédé la gérance à M. B... à compter du 30 novembre 2011 et tandis qu'un contrat de travail écrit avait été établi entre ce dernier, en qualité de nouveau gérant, et M. X... par acte du 10 décembre 2011, la cour d'appel n'a pas tiré les conséquences légales de ses constatations, violant ainsi l'article L. 1221-1 du Code du travail, article 1103 du Code civil et l'article 12 du Code de procédure civile ;
2°/ qu'en présence d'un contrat de travail écrit ou apparent, il appartient à celui qui invoque son caractère fictif d'en rapporter la preuve ; qu'en refusant la qualité de salarié à M. X... au seul motif qu'il était associé de la SARL Etrea, alors qu'elle constatait que ce dernier produisait divers documents dont notamment un contrat de travail dûment signé par les parties et des bulletins de paie remis au salarié, la cour d'appel, en lui faisant davantage supporter la charge de la preuve, a violé les articles 1353 du Code civil et L. 1221-1 du Code du travail ;
3°/ que tout jugement doit être motivé à peine de nullité ; que le défaut de réponse à conclusions constitue un défaut de motifs ; que, dans ses conclusions d'appel, M. X... faisait valoir qu'il était placé sous la direction de M. B..., gérant de la Société Etrea et seul détenteur du pouvoir de décision et qui avait seul la signature sur les comptes bancaires ; qu'il affirmait, pièces à l'appui, que depuis sa démission de la gérance, il exerçait désormais la fonction de directeur administratif de ladite société démontrant, sans équivoque, qu'il avait dans les faits et dans les actes, cette qualité incontestable de salarié ; qu'en laissant sans réponse ces conclusions et en se bornant à affirmer, à tort, que « dans ces conditions le liquidateur et le CGEA AGS IDF Est établissent que M. X... n'a pas exercé ses fonctions de directeur administratif et financier au sein de la société depuis lors liquidée dans le cadre du lien de subordination caractéristique du statut de salarié », sans expliquer en quoi elle écartait le contrat de travail établi par les parties, la cour d'appel a, derechef, méconnu les exigences de l'article 455 du Code de procédure civile (...)
Mais attendu, qu'ayant relevé, par une décision motivée, que l'intéressé, associé unique de la société, qui avait exercé les fonctions de gérant jusqu'au 30 novembre 2011, disposait du pouvoir de révoquer le gérant, ce qui excluait toute dépendance attachée à la qualité de salarié, la cour d'appel en a exactement déduit qu'il n'était pas dans un lien de subordination à l'égard de la société Etrea ; que le moyen n'est pas fondé ;
PAR CES MOTIFS : REJETTE le pourvoi (...)

Les sociétés civiles

Partie 3

Les sociétés civiles sont des sociétés dont l'objet n'est pas commercial et qui n'appartiennent pas aux sociétés commerciales par la forme présentées dans la 2e partie.

Elles sont régies principalement par le Code civil, pour les sociétés civiles de droit commun (chapitre 16), on les rencontre principalement dans le domaine de l'immobilier (chapitre 17) mais également comme outil utilisé par les professions libérales pour exercer leur activité professionnelle (chapitres 17 et 19).

Les sociétés civiles de droit commun

Chapitre 16

COMPÉTENCES ATTENDUES

- **Identifier l'utilité de ces groupements dans des situations spécifiques.**
- **Mettre en évidence les principales règles de fonctionnement de ces groupements.**

- Les sociétés civiles sont définies par l'article 1845 du Code civil de manière négative : « ont le caractère civil **toutes les sociétés auxquelles la loi n'attribue pas un autre caractère à raison de leur forme, de leur nature, ou de leur objet** ».

Elles sont une forme sociale très usitée et peuvent servir autant à un projet immobilier qu'à l'exercice d'une profession libérale, artisanale ou agricole, à un regroupement de moyens... (cf. chapitres 17 à 19).

Elles connaissent donc à côté des règles de droit commun prévues par le Code civil de nombreux statuts particuliers (article 1845 du Code civil). Leur réglementation s'est de plus grandement rapprochée de celle relative aux sociétés commerciales : ainsi le traitement des entreprises en difficulté (cf. chapitre 6) ne distingue pas selon que la société en cause est civile ou commerciale.

Les principales caractéristiques de ces sociétés (place importante laissée aux statuts, faible possibilité d'y entrer ou d'en sortir...) sont dues à la **responsabilité indéfinie des associés**, ce qui rapproche en partie le régime juridique des sociétés civiles de la SNC (mais dans les sociétés civiles, la responsabilité est conjointe, et pas solidaire).

Nous étudierons donc ici le « droit commun » de ce type de société : leur constitution (1), leur fonctionnement (2) puis leur dissolution (3).

PLAN DU CHAPITRE

1 La constitution de la société civile

Les règles du Code civil applicables à toutes les sociétés s'appliquent également aux sociétés civiles.

Le seul point sur lesquels il est nécessaire d'insister est le caractère nécessairement civil de l'objet social qui ne peut donc avoir un caractère commercial (achat pour revendre dans un but spéculatif à titre de profession habituelle et indépendante). Les sociétés civiles se rencontrent ainsi dans de nombreux secteurs économiques : l'agriculture, les industries d'extraction, les activités intellectuelles, les activités libérales, l'immobilier, l'artisanat ou le secteur coopératif.

Comme il l'a déjà été précisé, un grand nombre de sociétés peuvent être commerciales par leur forme, et ce, même si leur objet est civil. Ainsi **une société n'est civile que si son objet est civil mais également que si les associés n'ont pas opté pour une de ces formes sociales commerciale** (cas des SA, des SARL, des SAS, des SNC et des sociétés en commandites).

2 Le fonctionnement de la société civile

A La gérance de la société civile

1 La nomination du gérant

Le gérant (ou les gérants) peut être associé ou non, personne physique ou personne morale, mais dans ce dernier cas, les dirigeants de la personne morale qui assurent la gérance sont soumis aux mêmes conditions et obligations et encourent les mêmes responsabilités civile et pénale que s'ils étaient eux-mêmes gérant (article 1847 du Code civil).

Il appartient aux statuts de fixer les règles de désignation du gérant. Il peut être nommé soit par les statuts, soit par un acte distinct, soit par une décision des associés.

Dans les deux derniers cas, et sauf disposition contraire des statuts, le gérant est nommé par **une décision des associés représentant plus de la moitié des parts sociales** (article 1846 du Code civil).

Les gérants sont nommés pour la durée de la société sauf si les statuts ou une décision des associés lors de la nomination ont prévu autre chose (article 1846 du Code civil).

2 La révocation du gérant

La révocation du gérant résulte d'une **décision prise par les associés représentant plus de la moitié des parts sociales**, sauf clause contraire des statuts. Elle doit être décidée pour des **justes motifs**, à défaut le gérant devrait être indemnisé du préjudice subi. Le gérant est également **révocable par les tribunaux pour cause légitime**, à la demande de tout associé.

La révocation du gérant n'entraîne pas dissolution de la société, sauf clause contraire des statuts. S'il est associé, **il peut demander à se retirer de la société** en obtenant le remboursement de la valeur de ses parts sociales, sauf si une clause de statuts l'en empêche (article 1851 du Code civil).

3 Les pouvoirs du gérant

Les pouvoirs du gérant sont identiques aux pouvoirs des représentants de toute société dans lesquelles la responsabilité des associés n'est pas limitée aux apports :

- vis-à-vis des associés, il peut accomplir tous les actes de gestion que demande l'intérêt de la société (article 1848 du Code civil) ;
- vis-à-vis des tiers, la société est engagée **mais seulement par les actes entrant dans l'objet social**. Les clauses statutaires limitant les pouvoirs des gérants sont inopposables aux tiers (article 1849 du Code civil).

Remarque S'il y a plusieurs gérants, chacun exerce séparément ces pouvoirs et peut s'opposer à une opération envisagée par un autre gérant avant qu'elle ne soit conclue. Mais cette opposition est inopposable au tiers de bonne foi.

4 La responsabilité du gérant

On retrouve les cas de responsabilité « classique » du représentant légal d'une société :
- infraction aux lois et aux règlements ;
- violation des statuts ;
- faute de gestion (article 1850 du Code civil).

5 Le contrôle des conventions

Lorsque la société civile a une activité économique c'est-à-dire une activité tendant à la création ou à la distribution de richesses, elle est soumise à une procédure de conventions réglementées. Le gérant ou, s'il en existe un, le commissaire aux comptes présente aux associés un rapport sur les conventions passées directement ou par personne interposée entre la personne morale et le gérant. Les associés statuent sur ce rapport lors de l'assemblée générale. Une convention non approuvée produit néanmoins ses effets. Les conséquences préjudiciables à la personne morale résultant d'une telle convention peuvent être mises à la charge du gérant (article L.612-5 du Code de commerce).

B Les associés de la société civile

1 La prise de décision

Les décisions excédant les pouvoirs du gérant sont prises par les associés selon ce que les statuts prévoient ou, **à défaut, à l'unanimité** (article 1852 du Code civil).

Les associés peuvent prendre leur décision de trois manières :
- réunion en assemblée ;
- consultation écrite, si les statuts la permettent (article 1853 du Code civil) ;
- consentement de tous les associés dans un acte (article 1854 du Code civil).

Pour prendre leurs décisions en toute connaissance de cause, les associés ont le droit d'obtenir, au moins une fois par an communication des livres et des documents sociaux et de poser par écrit des questions au gérant, qui devra y répondre par écrit dans le délai d'un mois (article 1855 du Code civil).

De plus le gérant doit rendre compte aux associés de sa mission au moins une fois par an, par un rapport écrit d'ensemble sur l'activité de la société au cours de l'année ou de l'exercice écoulé. Ce rapport doit indiquer les bénéfices réalisés ou prévisibles et des pertes encourues ou prévues (article 1856 du Code civil).

2 La responsabilité des associés

La responsabilité des associés de la société civile vis-à-vis des tiers est **indéfinie et conjointe** :
- **le tiers-créancier de la société peut réclamer le paiement de cette dette auprès d'un associé, mais ne pourra lui réclamer que la fraction de la dette sociale proportionnelle à sa part dans le capital social**. L'apporteur en industrie devra payer la même part que l'associé dont la part dans le capital social est la plus faible (article 1857 du Code civil) ;
- pour pouvoir poursuivre le paiement de la dette sociale auprès des associés, le tiers doit avoir **préalablement poursuivi vainement la société** (article 1858 du Code civil).

3 La cession de parts

L'agrément à la cession

Société risquée, la société civile est aussi une société relativement fermée, ainsi les associés ne peuvent céder leurs parts qu'avec l'**accord de tous les autres associés**. Des exceptions existent cependant :
- les statuts peuvent prévoir que l'agrément nécessaire à la cession soit accordé à une majorité qu'ils déterminent ou même avec le seul accord du gérant ;

- les statuts peuvent même dispenser d'agrément, les cessions consenties à un autre associé, ou à un conjoint d'un associé ;
- les cessions consenties à des ascendants ou des descendants de l'associé-cédant sont libres sauf si les statuts prévoient autre chose (article 1861 du Code civil) ;

La procédure de cession

Notification

- Le projet de cession est notifié avec demande d'agrément à la société et à chacun des associés

Agrément

- En cas d'agrément la cession peut avoir lieu
- En cas de refus, les associés peuvent se porter acquéreurs des parts. A défaut la société peut les faire acquérir par un tiers (avec accord des autres associés) ou les acquérir elle même
- **Si aucune offre n'intervient dans les 6 mois, l'agrément est réputé accordé** (article 1862 du Code civil)

Formalités

- La cession doit être constatée par écrit
- Les formalités de publicité sont nécessaires pour la rendre opposable aux tiers

4 Le retrait d'un associé

Un associé peut **se retirer totalement ou partiellement de la société** dans les conditions prévues par les statuts ou, à défaut, après autorisation donnée par une décision unanime des autres associés. Ce retrait peut également être autorisé pour justes motifs par une décision de justice (article 1869 du Code civil).

5 La transmission de parts

En cas de décès d'un associé, la société continue avec ses héritiers sauf si les statuts prévoient :
- un agrément par les autres associés ;
- la dissolution de la société ;
- la continuation de la société mais avec les seuls associés survivants (article 1870 du Code civil).

C Le contrôle de la société civile

Si, dans une société civile ayant une activité économique, **deux des trois seuils** suivants sont dépassés, la désignation d'un ou plusieurs commissaires aux comptes par une décision collective des associés est obligatoire :
- **montant du chiffre d'affaires HT : 3 100 000 € ;**
- **total du bilan : 1 550 000 € ;**
- **nombre moyen de salariés permanents employés au cours de l'exercice : 50** (articles L. 612-1 et R. 612-1 du Code de commerce).

3 La dissolution de la société civile

La société civile ne connaît aucune cause de dissolution spécifique si ce n'est la possibilité donnée à tout intéressé de la demander lorsque la société est dépourvue de gérant depuis plus d'un an (article 1846-1 du Code civil).

Le Code civil indique même que la survenance de certains événements ne saurait (sauf si les statuts l'imposent ou que les associés le décident) être cause de dissolution :

- la révocation du gérant (article 1851 du Code civil) néanmoins lorsque la société est privée de gérant depuis plus d'un an, tout intéressé peut demander au tribunal sa dissolution anticipée (article 1846-1 du Code civil). ;
- la faillite personnelle, la liquidation de biens ou le règlement judiciaire touchant l'un des associés (article 1860 du Code civil) ;
- le décès d'un associé (article 1870 du Code civil). La société continue avec ses héritiers sauf si les statuts prévoient une clause d'agrément à leur égard, une dissolution anticipée en cas de décès, ou que la société continuera entre les seuls associés survivants, ou avec des personnes expressément déterminées (conjoint de l'associé décédé, bénéficiaire du testamen...). Sauf clause contraire des statuts, lorsque la succession est dévolue à une personne morale, celle-ci ne peut devenir associée qu'avec l'agrément des autres associés, donné selon les conditions statutaires ou, à défaut, par l'accord unanime des associé (article 1870 du Code civil).

SYNTHÈSE

- La société civile est une société dont l'objet social est civil et dont les associés n'ont pas choisi une forme sociale commerciale.
- Sa principale caractéristique consiste en la responsabilité indéfinie et conjointe des associés : les créanciers peuvent poursuivre le paiement des dettes sociales auprès des associés, mais proportionnellement à leur part dans le capital social, et après avoir préalablement constaté le non-paiement par la société.

De ce caractère risqué découle la plupart des règles importantes de cette forme sociale :

- le gérant ne peut engager la société par un acte en dehors de l'objet social ;
- les décisions sont prises en principe à l'unanimité ;
- la cession de parts sociales est soumise le plus souvent à l'agrément unanime des associés (mais l'associé-cédant ne reste pas prisonnier de la société) ;
- les statuts ont une très grande importance et peuvent aménager très librement le fonctionnement de la société.

4 Application

EXO 16.01 Cas pratique – La création et la gestion d'une société civile

Irène, Patrick et Suzanne sont trois amis, ils ont décidé d'acquérir une maison dans le Cantal, et de la louer, après avoir effectué des travaux, ce qui leur procurera un complément de revenu.

Jérôme, le frère de Suzanne ayant quelques connaissances juridiques (et qui est aussi très intéressé par le projet), leur a conseillé de créer une société civile immobilière qui devrait faciliter la gestion du bien. Il les a aidés à rédiger les statuts de la société qui a été immatriculée. Le capital est réparti également entre les trois amis.

Patrick a été nommé gérant et s'est engagé dans des dépenses inconsidérées (alors qu'une clause des statuts prévoit que les travaux les plus importants doivent être décidés par accord unanime des associés). Il a notamment passé un contrat au nom de la société avec un entrepreneur pour faire installer une piscine sur le terrain de la propriété.

Irène et Suzanne sont très inquiètes et viennent vous demander conseil.

Travail à faire

1. **Justifiez le caractère civil de la société.**
2. **La société est-elle engagée par le contrat passé avec le constructeur de la piscine ?**
3. **Que risquent Irène et Suzanne ?**
4. **Peuvent-elles engager la responsabilité de Patrick et le révoquer ?**
5. **Irène peut-elle se retirer de la société ? Suzanne souhaite céder ses parts à Jérôme qui est toujours intéressé par le projet ? Patrick est opposé à ces deux hypothèses.**

Les sociétés d'exercice libéral (SEL)

Chapitre 17

COMPÉTENCES ATTENDUES

- **Identifier l'utilité de ces groupements dans des situations spécifiques.**
- **Mettre en évidence les principales règles de fonctionnement de ces groupements.**

La loi du 22 mars 2012 a défini les professions libérales comme celles groupant « les personnes exerçant à titre habituel, de manière indépendante et sous leur responsabilité, une activité de nature généralement civile ayant pour objet d'assurer, dans l'intérêt du client ou du public, **des prestations principalement intellectuelles, techniques ou de soins mises en œuvre au moyen de qualifications professionnelles appropriées et dans le respect de principes éthiques ou d'une déontologie professionnelle** ».

Les professions libérales sont assez souvent **réglementées et organisées autour d'un ordre professionnel**, c'est-à-dire d'un organisme corporatif institué par la loi, qui assure un rôle de représentation, de réglementation et de juridiction disciplinaire pour la profession libérale concernée.

- Il n'existe pas de **liste des professions libérales** mais il est possible de les regrouper en **quatre principaux secteurs d'activité** :
  - le **secteur juridique** : avocat, notaire, mandataire et administrateur judiciaires... ;
  - le **secteur santé** : médecin, infirmier, pharmacien, sage-femme, kinésithérapeute... ;
  - le **secteur technique** : expert-comptable, commissaire aux comptes, géomètre-expert, architecte... ;
  - le **secteur cadre de vie** : vétérinaire, traducteur, moniteur de ski...
- Les professionnels libéraux peuvent exercer leur activité par le biais de plusieurs formes sociales :
  - les sociétés d'exercice libéral (SEL) qui font l'objet du présent chapitre ;
  - les sociétés civiles professionnelles (cf. chapitre 19) ;
  - les sociétés civiles de moyens (cf. chapitre 19).
- Parmi les SEL, il faut distinguer :
  - les sociétés d'exercice libéral « au sens strict » (1) ;
  - les sociétés de participations financières de professions libérales (SPFPL) (2) ;
  - les sociétés pluriprofessionnelles d'exercice (SPE) (3).

PLAN DU CHAPITRE

1 Les SEL « au sens strict »

A Définition

- La loi du 31 décembre 1990 permet de constituer une SEL qui adopte **les caractéristiques d'une société commerciale** (sauf SNC et SCS). On parlera ainsi de :
  - SELARL (SEL à responsabilité limitée qui peut être unipersonnelle) ;
  - SELAFA (SEL à forme anonyme) ;
  - SELAS (SEL par actions simplifiée qui peut être unipersonnelle) ;
  - SELCA (SEL en commandite par actions).

La plupart des règles de la société commerciale choisie s'applique donc.

- Les professions concernées sont des professions libérales qui sont réglementées, c'est-à-dire qui sont soumises à des dispositions législatives ou réglementaires spécifiques et dont le titre est protégé (ex. : médecin, avocat, commissaire aux comptes...). **La SEL a donc un objet civil mais une forme commerciale**. Plusieurs conséquences en découlent, notamment :
  - compétence des tribunaux civils (article L. 721-5 du Code de commerce) ;
  - obligation de tenir une comptabilité conforme aux normes du plan comptable général (article L. 123-12 du Code de commerce).

Les SEL ne peuvent accomplir les actes d'une profession déterminée que par **l'intermédiaire d'un de leurs membres ayant qualité pour exercer cette profession** (article 1er de la loi du 31 décembre 1990).

B La constitution de la SEL

1 Les associés

Plus de la moitié du capital social et des droits de vote doit être détenue (directement ou indirectement) par des personnes physiques ou des personnes morales exerçant la ou les profession(s) constituant l'objet social au sein de la SEL (ou par des SPFPL ayant pour objet exclusif la détention de titres de SEL dont les professionnels concernés sont associés).

Les personnes pouvant détenir le complément sont notamment les suivantes :

- des personnes physiques ou morales exerçant la ou les profession(s) constituant l'objet social de la société mais en dehors de celle-ci ;
- des personnes physiques qui, ayant cessé toute activité professionnelle, ont exercé cette ou ces profession(s) au sein de la société, pendant un délai de 10 ans ;
- les ayant-droits des personnes physiques relevant des deux premières catégories dans un délai de 5 ans suivant leur décès ;
- des personnes exerçant une profession libérale de santé, ou une profession libérale juridique ou judiciaire, selon que l'exercice de l'une de ces professions constitue l'objet social (ce qui permet le regroupement de professions libérales différentes mais agissant dans le même domaine).

Les SEL de santé, juridique ou judiciaire sont soumises à des règles dérogatoires.

Dans l'hypothèse où ces conditions ne sont pas remplies la société dispose d'un délai d'un an pour se mettre en conformité. A défaut, tout intéressé peut demander en justice la dissolution de la société. Le tribunal peut accorder à la société un délai maximal de 6 mois pour régulariser la situation. La dissolution ne peut être prononcée si, au jour où il est statué sur le fond, cette régularisation a eu lieu (article 5 de la loi du 31 décembre 1990).

Une fois par an la SEL doit adresser à l'ordre professionnel dont elle dépend un état de son capital social (article 3 de la loi du 31 décembre 1990).

2 Les titres sociaux

Dans les SEL par actions, l'offre au public est interdite et les actions doivent revêtir la forme nominative. Le recours aux actions à droit de vote double est fortement encadré tout comme celui aux actions à dividende prioritaire (article 8 de la loi du 31 décembre 1990).

3 La dénomination sociale

La SEL a le choix de sa dénomination mais elle doit être précédée ou suivie de la mention du type de société commerciale choisie ainsi que du montant du capital social (article 2 de la loi du 31 décembre 1990).

4 Les formalités

La SEL ne peut être immatriculée, donc avoir la personnalité morale, et exercer la ou les professions constituant son objet social qu'après **son agrément par l'autorité compétente ou son inscription sur la liste ou au tableau de l'ordre professionnel** (article 3 de la loi du 31 décembre 1990).

C Le fonctionnement de la SEL

1 Les dirigeants

Sauf exceptions, **tous les dirigeants de la SEL doivent être des professionnels exerçant au sein de celle-ci.** Ils peuvent tous cumuler leur mandat avec un contrat de travail. En outre, lors de l'approbation des conventions portant sur les conditions d'exercice de leur profession entre la SEL et ses dirigeants, seuls se prononcent les professionnels exerçant au sein de la société (article 12 de la loi du 31 décembre 1990).

2 Les associés

La responsabilité

Sauf exceptions, la responsabilité des associés est limitée au montant de leur apport mais ils sont **indéfiniment responsables sur leurs biens propres des actes professionnels qu'ils accomplissent personnellement.** La SEL elle-même est responsable solidairement avec l'associé en cause (article 16 de la loi du 31 décembre 1990).

Les comptes courants

Les associés disposent de comptes courants personnels auprès de la SEL (article 14 de la loi du 31 décembre 1990), qui leur permettent de prêter de l'argent à la société pour ses besoins de trésorerie. Le montant de ces comptes est limité :

- un associé exerçant sa profession au sein de la SEL ne peut mettre à disposition de celle-ci plus de 3 fois le montant de sa participation au capital ;
- les autres associés ne peuvent avancer plus du montant de leur participation au capital.

De plus un associé ne pourra pas demander le remboursement de son compte courant sans avoir au préalable notifié ses intentions à la SEL et respecté un préavis (décret du 23 juillet 1992).

L'exclusion

L'exclusion d'un associé est possible à condition qu'elle soit prévue par une clause des statuts (article 21 de la loi du 31 décembre 1990).

L'agrément

L'agrément d'un nouvel associé doit obéir à des règles de majorité impératives qui dépendent du type de SEL (3/4 des professionnels exerçant leur profession dans la SEL pour les SELARL, 2/3 des actionnaires exerçant leur profession dans la SEL ou 2/3 des membres du conseil d'administration ou du conseil de surveillance pour les SELAFA – article 10 de la loi du 31 décembre 1990).

Chapitre 17

2 Les sociétés de participation financière de professions libérales (SPFPL)

Il s'agit d'une **société holding : son objet est la détention de titres (parts ou actions) de sociétés exerçant une profession libérale** (SEL ou autres). Ses filiales n'ont pas à exercer la même profession. Au sein de la SPFPL, la moitié du capital et des droits de vote doit être détenue directement ou indirectement par des personnes exerçant la même profession que celle des filiales. De la même manière la société doit être dirigée par des professionnels en exercice.

3 Les sociétés pluriprofessionnelles d'exercice (SPE)

La SPE peut organiser **l'exercice en commun de plusieurs professions libérales** (cela est aussi possible en recourant à une SEL classique) parmi les suivantes : avocat au Conseil d'Etat et à la Cour de cassation, commissaire-priseur judiciaire, huissier de justice, notaire, administrateur judiciaire, mandataire judiciaire, conseil en propriété industrielle, commissaire aux comptes et expert-comptable (articles 31-3 à 31-12 de la loi du 31 décembre 1990).

La totalité du capital et des droits de vote doit être détenue directement ou indirectement par des professionnels exerçant au sein de la société ou en dehors. Si l'associé est une personne morale, la totalité de son capital doit être détenue par des professionnels libéraux. La SPE ne pourra exercer les actes d'une des professions réglementées que si l'un des associés de la SPE est membre de cette profession et est présent au capital. La société ne pourra accomplir les actes d'une profession déterminée que par l'intermédiaire d'un membre de cette profession. Chaque profession exercée devra être représentée dans la structure de gouvernance.

SYNTHÈSE

- Les SEL sont des sociétés permettant l'exercice d'activités libérales, c'est-à-dire d'activités non commerciales, de prestations intellectuelles. Ces activités sont le plus souvent réglementées.
- Les SEL prennent la forme de sociétés commerciales (SA, SARL, SAS, SCA), mais leur objet reste civil.
- Les SEL sont des sociétés où la personnalité des associés est très importante. Les associés exercent la profession libérale visée par l'objet social :
  - la majeure partie du capital social doit être détenue par ces professionnels ;
  - les dirigeants sont obligatoirement choisis parmi ces professionnels ;
  - les SEL sont dotées de la personnalité juridique après avoir obtenu un agrément par l'autorité compétente ou leur inscription sur la liste ou au tableau de l'ordre professionnel concerné ;
  - les associés sont indéfiniment responsables sur leurs biens propres des actes professionnels qu'ils accomplissent personnellement.

A côté des SEL « classiques », il existe :

- des sociétés de participation financière de professions libérales (SPFPL), qui sont des sociétés holdings dont l'objet est la détention de parts ou actions de sociétés exerçant une profession libérale ;
- des sociétés pluriprofessionnelles d'exercice (SPE), qui organisent l'exercice en commun de plusieurs professions libérales.

EXO 17.01 Analyse d'un arrêt de la première chambre civile de la Cour de cassation en date du 15 janvier 2015 – participation à une SELARL juridique

Cass. civ. 1ère, 15 janvier 2015

Attendu, selon l'arrêt attaqué (Paris, 20 décembre 2012), que le 30 novembre 2000, MM. X..., Y... et Z..., qui détenaient l'intégralité des parts sociales de la SELARL d'avocats BRS associés (la société BRS), devenue BRS & Partners, ont conclu avec la société allemande B...& Partners GmbH (la société RP), ayant pour activité le commissariat aux comptes, un contrat de coopération et une convention d'entrée de cette dernière dans le capital de la société BRS à hauteur de 49 % ; que le 1er décembre suivant, la société RP a signé une promesse d'achat du solde des parts de la société BRS au bénéfice des trois associés de celle-ci ; que MM. X..., Y... et Z... ayant levé l'option prévue dans l'acte, ont assigné la société RP afin que la vente fût déclarée parfaite ; que M. Z... a poursuivi seul l'instance, une transaction étant intervenue entre les autres parties ; que la société RP a invoqué la nullité de l'ensemble des conventions ;

Sur le second moyen, qui est préalable :

Attendu que M. Z... fait grief à l'arrêt d'annuler [...] les conventions conclues, alors, selon le moyen :

[...] qu'une part minoritaire du capital d'une société d'avocats peut être détenue par des personnes exerçant l'une quelconque des professions juridiques ; que la cour d'appel, qui pour considérer que la participation au capital d'une société d'avocats de la société RP, société de commissaires aux comptes et conseillers fiscaux de droit allemand était illicite, s'est bornée à affirmer qu'une société de commissariat aux comptes au sens du droit français n'exerçait pas une profession juridique puisqu'elle n'avait pas d'activité de conseil, mais de simple certification des comptes sociaux, sans rechercher, comme il lui était demandé, si une société de commissaires aux comptes et conseillers fiscaux de droit allemand n'exerçait pas précisément une profession juridique au sens de l'article 5 de la loi [...] du 31 décembre 1990, a privé sa décision de base légale [...] ;

Mais attendu, en premier lieu, qu'ayant énoncé que l'article 5 de la loi [...] du 31 décembre 1990, d'ordre public économique, dans sa rédaction antérieure à la loi [...] du 28 mars 2011, impose que plus de la moitié du capital social et des droits de vote d'une SELARL d'avocats soit détenue par des professionnels en exercice au sein de la société, le complément pouvant l'être par des personnes exerçant l'une quelconque des professions libérales juridiques ou judiciaires, l'arrêt retient à bon droit qu'une société allemande ou française de commissariat aux comptes ne peut être assimilée à une profession juridique dès lors que, chargée d'une mission de contrôle et de certification des comptes sociaux, elle n'exerce pas une activité de conseil, ce qui exclut sa participation, même minoritaire, au capital d'une société d'avocats ; que la cour d'appel en a exactement déduit que les conventions litigieuses [...] étaient entachées d'une nullité absolue ;

D'où il suit que le moyen, [...] est mal fondé [...]

PAR CES MOTIFS : REJETTE LE POURVOI [...].

Travail à faire

A l'aide de l'arrêt rendu par la première chambre civile de la Cour de cassation le 15 janvier 2015 et de vos connaissances, répondez aux questions suivantes :

1. **Expliquez les faits de ce litige.**
2. **Quel est le problème juridique auquel doit répondre la Cour de cassation ?**
3. **Quels sont les arguments du pourvoi ?**
4. **Quels sont la solution et les arguments de la Cour de cassation ?**

Les sociétés civiles immobilières (SCI)

Chapitre 18

COMPÉTENCES ATTENDUES

- **Identifier l'utilité de ces groupements dans des situations spécifiques.**
- **Mettre en évidence les principales règles de fonctionnement de ces groupements.**

Les SCI sont des sociétés civiles dont **l'objet social porte sur une problématique immobilière.** Elles peuvent être utilisées :

- pour acheter en commun et gérer (par exemple louer) un bien immobilier (1) ;
- pour qu'un promoteur puisse édifier un nouveau programme immobilier et le commercialiser (société civile de construction-vente – 2) ;
- pour attribuer à ses associés la jouissance d'un immeuble (société civile d'attribution – 3) ;
- pour être le support d'une opération de placement financier basée sur un actif immobilier (société civile de placement immobilier – 4).

PLAN DU CHAPITRE

1 Les SCI « classiques »

- Ces SCI, les plus courantes, n'ont **pas de régime juridique propre** (ni de dénomination spécifique) et sont régies par le droit commun des sociétés civiles (cf. chapitre 16).

Elles sont utilisées pour **acquérir et gérer en commun un bien immobilier**.

- Elles sont donc un outil de gestion patrimoniale. Elles peuvent présenter de nombreux avantages :
  - elles évitent de recourir au régime juridique de l'indivision qui est particulièrement instable (chaque indivisaire pouvant provoquer la fin de l'indivision). En cas de conflit entre les associés d'une SCI, le gérant peut continuer à gérer le ou les biens appartenant à la société ;
  - elles offrent un avantage fiscal et patrimonial notamment dans l'optique de l'organisation d'une succession future. Un bien immobilier ne peut être transmis par « tranche », alors que des parts sociales d'une SCI peuvent faire l'objet d'une telle transmission. Celle-ci étalée dans le temps permettra de profiter des abattements prévus par le droit fiscal relatifs aux droits de succession ;
  - elles permettent de protéger les associés contre leurs créanciers personnels, les parts sociales pouvant être saisies étant difficiles à revendre ;
  - elles peuvent être un outil pour éviter de se voir appliquer les règles particulièrement lourdes de gestion des biens immobiliers pour un majeur incapable.

2 Les sociétés civiles de construction-vente

- Elles sont les outils juridiques **utilisés par les promoteurs pour chaque projet de construction et de commercialisation d'un ensemble immobilier**. Elles sont spécifiquement exclues du champ de la commercialité par l'article L. 110-1 du Code de commerce qui prévoit que : « la loi répute acte de commerce [...] tout achat de biens immeubles aux fins de les revendre, à moins que l'acquéreur n'ait agi en vue d'édifier un ou plusieurs bâtiments et de les vendre en bloc ou par locaux ». Elles sont régies par les articles L. 211-1 et suivants du Code de la construction et de l'habitation :
  - elles ne peuvent être utilisées pour édifier un immeuble qui sera attribué tout ou partie en jouissance ou en propriété aux associés ;
  - elles peuvent nécessiter, que les associés participent à des appels de fond complémentaires afin d'achever le projet. Si l'associé ne participe pas à ses appels de fonds complémentaires, il peut être exclu de la société ;
  - elles sont normalement dissoutes lors de la réalisation de leur objet social.

3 Les sociétés civiles d'attribution

Elles permettent **la construction ou l'acquisition d'immeubles en vue de leur division par fractions destinées à être attribuées aux associés en propriété ou en jouissance**. Le but de la société est donc ici la gestion et l'entretien des immeubles. Les associés sont tenus de participer aux charges entraînées par les services collectifs et les éléments d'équipement communs ainsi qu'à celles relatives à la conservation, à l'entretien et à l'administration des parties communes, s'il en existe. Chaque associé peut se retirer de la société à tout moment et provoquer ainsi la gestion et l'entretien des immeubles (il ne sera plus propriétaire de parts sociales de la société mais du lot mis en copropriété). Ces sociétés sont régies par les articles L. 212-1 et suivants du Code de la construction et de l'habitation.

Remarque Les sociétés civiles d'attribution d'immeubles en jouissance à temps partagé sont des sociétés civiles d'attribution particulières Elles donnent droit aux associés à la jouissance d'un lot mais seulement sur une période donnée (par exemple un appartement au bord de mer pour la période allant du 1er au 15 juillet).

4 Les sociétés civiles de placement immobilier (SCPI)

- Il s'agit ici d'une société destinée à **réaliser un placement financier** : les associés font l'acquisition de parts sociales d'une société, qui a pour objet d'acquérir des biens immobiliers, et de les louer en vue d'en tirer un bénéfice ou de réaliser une opération de défiscalisation. Les SCPI peuvent procéder par offre au public et sont donc soumises au contrôle de l'AMF. Elles sont régies par les articles L. 214-114 et suivants du Code monétaire et financier car elles sont considérées comme des fonds d'investissement alternatif.

SYNTHÈSE

- Il existe de **nombreuses sociétés civiles immobilières**, qui ont en commun d'être constituées autour d'un projet immobilier :
  - achat et gestion ;
  - construction ;
  - mise en copropriété ;
  - placement financier...
- Ces SCI dépendent du régime juridique de droit commun mais également de régimes juridiques spécifiques.

EXO 18.01 Cass. com., 26 juin 2012

Analyse d'un arrêt de la chambre commerciale de la Cour de cassation en date du 26 juin 2012 – poursuites à contre une SCI

Attendu, selon l'arrêt attaqué, que créancière de la société civile immobilière Les Vergers de Guentrange (la SCI) en vertu d'un jugement du 19 janvier 2004 [...], la société Eurovia Lorraine (la société Eurovia) a assigné en paiement M. X..., associé de la SCI, sur le fondement des dispositions de l'article 1857 du code civil ;

Sur le moyen unique, pris en sa deuxième branche :

[...]

Attendu que pour rejeter cette demande l'arrêt retient que si les actes d'huissier de justice versés aux débats démontrent la réalité des poursuites engagées par la société Eurovia en vue de l'exécution d[u] jugement d[u] 19 janvier [...], ils ne fournissent pas la démonstration lui incombant de ce que de telles poursuites ont échoué en raison de l'insuffisance ou de l'absence du patrimoine de la SCI, dès lors surtout qu'il n'est pas prétendu que cette personne morale ait fait l'objet ou fasse l'objet d'une procédure collective, ce dont il découle qu'elle est toujours in bonis et qu'elle dispose d'un patrimoine ;

Attendu qu'en statuant ainsi, sans répondre aux conclusions de la société Eurovia faisant valoir qu'il était justifié par la réponse donnée par le greffier du livre foncier de Thionville que la SCI ne disposait d'aucun actif immobilier, la cour d'appel n'a pas satisfait aux exigences du texte susvisé ;

Et sur la troisième branche du moyen :

[...]

Attendu qu'en se déterminant par de tels motifs, alors que la circonstance qu'une personne morale ne fasse pas l'objet d'une procédure collective n'est pas de nature à exclure que le patrimoine social soit insuffisant pour désintéresser le créancier, la cour d'appel n'a pas donné de base légale à sa décision ;

PAR CES MOTIFS, [...] : CASSE ET ANNULE

Travail à faire

A l'aide de l'arrêt rendu par la chambre commerciale de la Cour de cassation le 26 juin 2012 et de vos connaissances, répondez aux questions suivantes :

1. **Rappelez la définition d'une société civile immobilière.**
2. **Quel est le problème juridique auquel doit répondre la Cour de cassation ?**
3. **Quels sont la solution et les arguments de la cour d'appel ?**
4. **Quels sont la solution et les arguments de la Cour de cassation ?**

EXO 18.02 Avis publié dans un JAL

Analyse d'une annonce légale – constitution d'une SCI

Annonce légale – SCI LA ROCHE – Société Civile Immobilière de Construction Vente (SCICV ou SCCV)

Aux termes d'un acte SSP en date du 05/07/2018 il a été constitué une société
Dénomination sociale :
SCI LA ROCHE
Siège social : 18 rue Christophe de Saulx, 91310 Montlhéry
Forme : Société Civile Immobilière de Construction Vente (SCICV ou SCCV)
Capital : 1000 €
Objet social : Acquisition de terrain et construction d'un programme immobilier
Gérant : la société Sarl Continental foncier, au capital de 132000 €, immatriculée au RCS de Evry sous le numéro 509322343, domiciliée 18 rue Christophe de Saulx 91310 Montlhéry représentée par Monsieur DEMEURE Hervé
Durée : 10 ans à compter de son immatriculation au RCS de Evry

Travail à faire

A l'aide de l'avis publié dans un JAL reproduit ci-dessus, et de vos connaissances, répondez aux questions suivantes :

1. **Quelle est l'utilité de l'insertion de cet avis ?**
2. **Rappelez la définition d'une société civile immobilière de construction-vente.**
3. **Qui sera responsable en cas de faute du gérant dans cette société ?**

Chapitre 19

Les sociétés civiles professionnelles (SCP) et les sociétés civiles de moyens (SCM)

COMPÉTENCES ATTENDUES

- **Identifier l'utilité de ces groupements dans des situations spécifiques.**
- **Mettre en évidence les principales règles de fonctionnement de ces groupements.**

- Les sociétés civiles professionnelle, régies par la loi du 29 novembre 1966 (qui reprend de nombreuses dispositions des sociétés civiles de droit commun), sont constituées pour que **leurs membres exercent en commun une profession libérale** soumise à un statut législatif ou réglementaire ou dont le titre est protégé (article 1er de la loi du 29 novembre 1966).

  Elles peuvent concerner les architectes, avocats, commissaires-priseurs, huissiers de justice, infirmiers, médecins, notaires, vétérinaires...Chacune des SCP des professions concernées est régie par son propre décret.

  Seront étudiées ici les règles spécifiques relatives à leur constitution (1), leur fonctionnement (2) et leur dissolution (3). Puis seront étudiées les sociétés civiles de moyens (4).

PLAN DU CHAPITRE

1 La constitution des SCP

A Les associés

Les associés sont des **personnes physiques exerçant la même profession libérale.**

Un associé ne peut être membre que d'une seule SCP, et ne peut exercer à titre individuel la profession concernée (article 4 de la loi du 29 novembre 1966).

B Les titres sociaux

Le capital social ne peut être représenté par des titres négociables (article 9 de la loi du 29 novembre 1966).

Sauf dispositions contraires du décret particulier à chaque profession ou des statuts, la valeur des parts sociales prend en considération une valeur représentative de la clientèle civile de chaque professionnel (article 10 de la loi du 29 novembre 1966).

C La dénomination sociale

La SCP a le choix de sa dénomination mais elle doit être précédée ou suivie de l'indication de la profession exercée (article 8 de la loi du 29 novembre 1966).

D Les formalités

La SCP ne peut être immatriculée, donc avoir la personnalité morale, et exercer la ou les professions constituant son objet social qu'après **son agrément par l'autorité compétente ou son inscription sur la liste ou au tableau de l'ordre professionnel** (article 6 de la loi du 29 novembre 1966).

2 Le fonctionnement de la SCP

A Le gérant

Tous les associés sont gérants sauf clause contraire des statuts, qui peut prévoir, que seul un ou quelques associés seront gérants.

Les pouvoirs des gérants ne peuvent en aucun cas avoir pour effet de créer une subordination des associés à la société pour l'accomplissement de leurs actes professionnels (article 11 de la loi du 29 novembre 1966).

B Les associés

La prise de décision

Les décisions qui excèdent les pouvoirs des gérants sont prises par les associés.

Chaque associé dispose d'une seule voix, quel que soit le nombre de parts sociales qu'il détient (article 13 de la loi du 29 novembre 1966).

La répartition des bénéfices

Les rémunérations de toute nature, versées en contrepartie de l'activité professionnelle des associés, constituent des recettes de la société et sont perçues par celle-ci.

En l'absence de disposition réglementaire ou d'une clause statutaire, chaque associé a droit à **la même part dans les bénéfices** (article 14 de la loi du 29 novembre 1966).

La responsabilité

La responsabilité des associés aux dettes sociales est **indéfinie et conjointe** (article 15 de la loi du 29 novembre 1966).

De plus chaque associé répond **sur l'ensemble de son patrimoine des actes professionnels qu'il accomplit**. La société est solidairement responsable avec lui des conséquences dommageables de ces actes. La société ou les associés doivent contracter une assurance de responsabilité civile professionnelle (article 16 de la loi du 29 novembre 1966).

L'exclusion

L'associé frappé d'une **interdiction définitive d'exercer la profession** perd, au jour de cette interdiction, la qualité d'associé (article 24 de la loi du 29 novembre 1966).

La cession et le retrait

Les parts sociales peuvent être cédées à des tiers avec le consentement des associés représentant au moins les 3/4 des voix. Mais en cas de refus d'agrément, les associés doivent acquérir ou faire acquérir les parts de l'associé cédant qui ne reste par prisonnier de la société (article 19 de la loi du 29 novembre 1966). En revanche la cession entre associés est libre (article 20 de la loi du 29 novembre 1966).

L'associé a le droit de se retirer de la société en obtenant le remboursement de ses parts (article 18 de la loi du 29 novembre 1966).

3 La dissolution de la SCP

La société civile professionnelle connait les mêmes causes de dissolution (cf. : chapitre 7) que n'importe quelle société civile. Elle n'est pas dissoute par le décès, l'incapacité ou le retrait de la société d'un associé ou lorsqu'un des associés est frappé de l'interdiction définitive d'exercer sa profession (article 24 de la loi du 29 novembre 1966).

4 Les sociétés civiles de moyens (SCM)

- Les sociétés civiles de moyens sont définies par l'article 36 de la loi du 29 novembre 1966. Il s'agit de sociétés qui regroupent des personnes physiques ou morales exerçant des professions libérales et qui ont pour objet exclusif de faciliter pour chacun de leurs membres l'exercice de son activité.
- Il n'y a donc pas ni partage de bénéfices, ni clientèle commune mais simplement une contribution aux frais communs dont les statuts doivent prévoir les modalités. Les associés exercent de manière indépendante leur profession (médecin, avocat...) qui n'est pas exercée par la société. Ils peuvent ainsi disposer de moyens (secrétariat, locaux...) qu'ils n'auraient pu acquérir seuls.

SYNTHÈSE

Les SCP

- Les SCP sont des sociétés permettant à des personnes physiques d'exercer en commun une même profession libérale.
- Les SCP sont dotées de la personnalité juridique après avoir obtenu un agrément par l'autorité compétente ou leur inscription sur la liste ou au tableau de l'ordre professionnel concerné.

Tous les professionnels-associés sont :

- gérants (sauf clause contraire des statuts),
- responsables de manière indéfinie et conjointe des dettes sociales et sur l'ensemble de leur patrimoine, des actes professionnels qu'ils accomplissent,
- sur un pied d'égalité que ce soit pour les prises de décision au sein de la société ou pour la répartition des bénéfices.

Les SCM

Les SCM sont des regroupements de personnes physiques ou morales exerçant une profession libérale et qui ont pour objet exclusif de faciliter pour chacun de leurs membres l'exercice de son activité.

5 Applications

EXO 19.01 Cass. civ. 1ère, 11 juillet 2018

Analyse d'un arrêt de la première chambre civile de la Cour de cassation en date du 11 juillet 2018 – responsabilité d'une associé d'une SCP

Attendu, selon l'arrêt attaqué, que M. X... a présenté une dissection d'une artère vertébrale, ayant entraîné un accident vasculaire [...] dont il a imputé la responsabilité à une faute commise, lors d'une manipulation cervicale réalisée, le 15 janvier 2007, par J. Y..., kinésithérapeute [...] associé au sein de la société civile professionnelle Mistral Kinés (la SCP) ; qu'il a sollicité une expertise en référé qui a été ordonnée, le 21 juin 2007, au contradictoire de J.. Y... ; que celui-ci est décédé [...], avant le début des opérations expertales ; que, par acte du 20 août 2009, Mme Cécilia Y... et M. Anthony Y... ont, en qualité d'héritiers du défunt (les héritiers), cédé les parts sociales détenues par ce dernier à un associé de la SCP, avec effet au 1er août ; que M. X... a assigné en responsabilité et indemnisation les héritiers, [...] et la SCP [...]

Vu les articles 16 de la loi [...] du 29 novembre 1966 et R. 4381-25 du code de la santé publique ;

Attendu, qu'aux termes du premier de ces textes, chaque associé répond, sur l'ensemble de son patrimoine, des actes professionnels qu'il accomplit et la société civile professionnelle est solidairement responsable avec lui des conséquences dommageables de ces actes ; que, selon le second, [...], la responsabilité de chaque associé à l'égard de la personne qui se confie à lui demeure personnelle et entière ; qu'il en résulte que la cession par un associé de ses parts sociales est dépourvue d'effet sur sa responsabilité qui demeure, comme celle de la société, engagée au titre des conséquences dommageables des soins qu'il a prodigués dans le cadre de son exercice au sein de la société ;

Attendu que, pour juger que les héritiers ne peuvent plus être mis en cause, depuis le 1er août 2009, au titre de la responsabilité des actes professionnels accomplis par J.. Y... dans la

société et rejeter la demande formée à leur encontre par M. X..., l'arrêt se fonde sur la cession des parts sociales qu'ils ont consentie à un associé de la SCP ;
Qu'en statuant ainsi, la cour d'appel a violé les textes susvisés ;
PAR CES MOTIFS [...] : CASSE ET ANNULE

Travail à faire

A l'aide de l'arrêt rendu par la première chambre civile de la Cour de cassation le 11 juillet 2018 et de vos connaissances, répondez aux questions suivantes :

1. **Expliquez les faits de ce litige.**
2. **Quel est le problème juridique auquel doit répondre la Cour de cassation ?**
3. **Quels sont les arguments de la cour d'appel ?**
4. **Quels sont la solution et les arguments de la Cour de cassation ?**

EXO 19.02 Extraits de statuts d'une SCM constituée entre des médecins

Article 4 : objet social

La société a pour objet exclusif la mise en commun des moyens utiles à l'exercice de la profession de ses membres en veillant au respect de la liberté de choix par le malade et de l'indépendance technique et morale de chaque associé.

Elle peut notamment acquérir, louer, vendre, échanger les installations et appareillages nécessaires. Elle peut encore engager le personnel auxiliaire nécessaire et plus généralement, procéder à toutes opérations financières, mobilières et immobilières, se rapportant à l'objet social et n'altérant pas son caractère civil.

Article 7 : ressources sociales

Les dépenses sociales sont couvertes par une redevance à laquelle chacun des associés est tenu au prorata de sa participation au capital.

Cette redevance est fixée provisoirement à la majorité des associés par l'assemblée qui statue sur les résultats de l'exercice précédent.

Elle tient compte des investissements décidés. Les associés sont tenus de la verser mensuellement sur appel de la gérance. Elle est liquidée définitivement à la fin de l'exercice.

Article 8 :

Selon que la redevance perçue sur les associés au cours de l'exercice fait apparaître un excédent ou une insuffisance par rapport aux dépenses et charges auxquelles il y avait lieu de faire face, les associés reçoivent le remboursement leur revenant et sont invités à opérer les versements complémentaires nécessaires de manière que les comptes de l'exercice écoulé se soldent sans bénéfice ni perte.

Travail à faire

À l'aide des extraits de statuts et de vos connaissances, répondez aux questions suivantes :

1. **Montrez que l'objet social correspond bien à celui d'une SCM.**
2. **Expliquez l'intérêt des articles 7 et 8.**

Les autres groupements

Partie 4

Les groupements agricoles

Chapitre 20

COMPÉTENCES ATTENDUES

- **Identifier l'utilité de ces groupements dans des situations pratiques**
- **Mettre en évidence les principales règles de fonctionnement**

- Les exploitations agricoles sont des entreprises particulières.

  D'un point de vue économique, elles se caractérisent par l'importance du foncier, qui rend la forme sociale particulièrement attractive puisque l'apport d'un ou plusieurs biens immeubles à la valeur vénale permet d'augmenter les amortissements.

  Ces exploitations sont au cœur de plusieurs politiques publiques : aménagement du territoire, développement des énergies alternatives, sécurité alimentaire du point de vue quantitatif et qualitatif.

  Elles reçoivent pour cette raison des aides nationales et européennes (Politique Agricole Commune notamment).

  Les activités et les conditions d'exploitation étant spécifiques, le législateur leur a prévu des formes juridiques dans le Code rural et de la pêche maritime.
- Les **activités agricoles** sont définies par l'article L. 311-1 du Code rural et de la pêche maritime.

  Sont ainsi réputées agricoles :
  - toutes les activités correspondant à la maîtrise et à l'exploitation d'un cycle biologique de caractère végétal ou animal et constituant une ou plusieurs étapes nécessaires au déroulement de ce cycle ;
  - les activités exercées par un exploitant agricole et qui sont dans le prolongement de l'acte de production (transformation, conditionnement, commercialisation de produits agricoles) ;
  - les activités qui ont pour support l'exploitation (activités touristiques par exemple). Le Code a ajouté les activités de production de biogaz et méthanisation.
- Trois statuts sont particulièrement employés pour exercer ces activités :
  - le groupement agricole d'exploitation en commun (GAEC) qui a été créé par la loi du 8 août 1962 ; il s'agit de la forme la plus ancienne,
  - ce statut a ensuite été fortement concurrencé par l'EARL (exploitation agricole à responsabilité limitée) à partir de 1985,
  - la SCEA (société civile d'exploitation agricole) demeure une option moins populaire.

PLAN DU CHAPITRE

APPLICATIONS P. 299

1 Le groupement agricole d'exploitation en commun (GAEC)

Il est régi par les règles de droit commun prévues dans le Code civil et par les articles L. 323-1 et suivants du Code rural et de la pêche maritime.

A Constitution

- Le GAEC est une société civile.
- **Associés** : le GAEC est créé entre deux personnes physiques majeures au moins et 10 au plus. Le GAEC entre les seuls conjoints est possible. Elles doivent être **exploitantes** dans le GAEC, en principe à titre exclusif et à temps complet. Le Code indique clairement qu'il doit fonctionner comme une **exploitation familiale**.
- **Apports** : tous les apports sont possibles. Le capital minimum est de 1500 euros. Il peut être fixe ou variable.
- **Objet** : il s'agit de la gestion d'une ou plusieurs exploitations agricoles ou de terres bâties ou non, de forêt et/ou la location de domaines agricoles. Des activités de nature commerciale ou accessoires sont autorisées mais limitées.
- **Agrément** : Le préfet accorde un **agrément** après avoir vérifié que les conditions de la constitution étaient réunies. Il peut demander l'avis de la commission départementale d'orientation de l'agriculture (article 323-10 du Code rural et de la pêche maritime). Le GAEC doit ensuite être inscrit au RCS et fait l'objet d'une insertion au JAL. Le recours à un notaire s'impose en cas d'apport de bien immeuble.

B Fonctionnement

- La direction est organisée par les statuts qui prévoient les conditions de désignation et les pouvoirs du ou des gérants associés habilités à agir au nom du groupement. Mais chacun doit participer tant au travail qu'aux fonctions de direction (article R. 323-31 du Code rural et de la pêche maritime)
- Les statuts déterminent les conditions dans lesquelles l'assemblée des associés délibère et la manière dont sont calculées les voix de chaque associé selon la décision à prendre. Le nombre de voix détenu par chaque associé dépend de la qualité d'associé et de la participation au travail ; il est en principe proportionnel au nombre de parts de capital détenues. La majorité ne peut être détenue par un associé qu'à titre temporaire. La plupart du temps, les statuts retiennent le principe : « un homme = une voix ».
- La rémunération des associés constitue une charge pour le groupement dans les conditions prévues par décret. Cette rémunération doit être comprise entre 1 et 6 fois le SMIC.
- A l'égard des tiers ayant contracté avec le groupement, les associés ont en principe une responsabilité limitée au montant de deux fois leur apport, sauf clause contraire. Au regard des pertes, les associés contribuent dans les mêmes proportions (article L. 323-10 du Code rural et de la pêche maritime).

C Transparence

- La GAEC est la seule structure sociétaire agricole qui permette la conservation de **l'intégralité des références individuelles existant avant la mise en société pour le calcul des aides** et subventions, notamment de la politique agricole commune européenne (quota laitier, etc..). Dans les autres formes sociales, la référence du groupement ouvre des droits inférieurs à la somme des références individuelles antérieures.

Sauf dérogation législative, pour bénéficier de la transparence, le GAEC doit être total, c'est-à-dire intégrer la totalité des activités agricoles de ses membres.

2 L'exploitation agricole à responsabilité limitée (EARL)

Il s'agit d'une société civile à objet agricole. **Elle est régie par les règles de droit commun prévues dans le** Code civil **et par les** article L. 324-1 et suivants du Code rural et de la pêche maritime.

A Constitution

- **Associés** : l'EARL peut être unipersonnelle. Si elle est pluripersonnelle, le nombre maximal d'associés est de 10. Il s'agit nécessairement de personnes physiques majeures. Les personnes associés exploitants doivent détenir ensemble plus de la moitié du capital.
- **Apports** : les apports en nature et en numéraire concourent à la formation du capital et donnent lieu à l'attribution de parts sociales. Le montant du capital minimum est fixé à 7500 euros (article L. 324-3 du Code rural et de la pêche maritime). Il résulte de l'article L. 324-4 que les apports en nature sont évalués par un commissaire aux apports dans les mêmes conditions, et avec les mêmes exceptions que la SARL (cf. Chapitre 15).
- **Objet** : il s'agit d'activités agricoles.

B Fonctionnement

- La direction du groupement est assurée par un ou plusieurs gérants associés exploitants.
- La rémunération perçue par les exploitants du fait de leur participation effective aux travaux et qui constitue une charge sociale de l'exploitation selon les dispositions de l'article L. 324-7 du Code rural et de la pêche maritime, ne peut être ni inférieure au salaire minimum interprofessionnel de croissance ni supérieure à trois fois ce salaire, ou à quatre fois ce salaire pour les gérants de l'exploitation. Elle est fixée dans les conditions définies par les statuts de l'exploitation.
- Les droits de vote des associés, dans les assemblées, sont proportionnels au nombre de parts sociales qu'ils détiennent. Toutefois, les statuts peuvent prévoir que les associés exploitants se répartissent d'une façon égalitaire les droits de vote qu'ils détiennent ensemble.

3 La société civile d'exploitation agricole SCEA

- Il s'agit de la société civile de droit commun, régie par le Code civil (cf. Chapitre 16)

EXO 20.01 Problème juridique : conseiller une forme juridique pour une exploitation agricole

	EARL (articles L. 324-1 s. du Code rural et de la pêche maritime)	**SCEA** (Code civil)	**GAEC** (articles L. 323-1 et suivants du Code rural et de la pêche maritime)
Associés	- 1 à 10 - Personnes physiques - Majeurs - Exploitants majoritaires - Rémunération obligatoire des exploitants de 1 à 4 fois le SMIC	- Au moins 2 - Personnes physiques ou morales - Mineurs ou majeurs - Exploitants ou non - Rémunération du travail n'est pas obligatoire	- 2 à 10 - Personnes physiques - Majeurs - Exploitants - Rémunération du travail : 1 à 6 fois le SMIC
Apports et capital social	- Tous les apports sont possibles - Recours à un commissaire aux apports pour les apports en nature comme pour la SARL - Capital minimum 7500 euros	- Tous les apports sont possibles - Pas de capital minimum	- Tous les apports sont possibles - Capital minimum 1500 euros
Agrément	NON	NON	OUI
Statut fiscal	- Impôt sur le revenu - Bénéfices Agricoles - Réel obligatoire - Option pour IS possible - Salaires des exploitants = charges dans la limite de 1 à 4 fois le SMIC	- Impôt sur le revenu - Bénéfices Agricoles - Réel obligatoire - Option pour IS possible	- Impôt sur le revenu - Bénéfices Agricoles - Forfait possible - Option pour IS possible - Salaires des exploitants = charges dans la limite de 1 à 4 fois le SMIC
Transparence	Pas de maintien des références individuelles pour les aides.	Pas de maintien des références individuelles pour les aides.	Maintien des références individuelles si le GAEC est total
Responsabilité des associés	Limitée au montant des apports	Indéfinie et conjointe	Limitée à deux fois le montant de l'apport
Gérance	- Un ou plusieurs gérants - Personnes physiques - Majeurs - Associés - Exploitants	- Un ou plusieurs gérants personnes physiques ou morales, exploitant ou non	- Un ou plusieurs gérants - Personnes physiques - Majeurs - Associés - Exploitants
Droits de vote des associés	Sauf clause contraire, une part = une voix.	- Nombre de voix fixé par les statuts - Unanimité sauf clause contraire	Sauf clause contraire, un homme = une voix

Travail à faire

A l'aide du tableau ci-dessus, conseillez une forme juridique à ces agriculteurs en justifiant votre réponse.

1. Jonathan et Kévin sont deux amis d'enfance nés dans le même village en Bretagne. Après leurs études, ils ont acquis une expérience en tant que salariés agricoles. Ils s'apprêtent aujourd'hui à reprendre l'exploitation de leurs parents et souhaitent s'associer. Ils anticipent des revenus assez faibles.
2. Daniel a 60 ans et souhaite dans un premier temps associer sa fille, Jennifer, de 25 ans à son affaire, pour lui laisser ensuite l'intégralité des parts.
3. Emmanuel et Catherine sont deux exploitants agricoles de 45 ans. Leur fils, Paul, 14 ans veut absolument reprendre l'exploitation à leur départ à la retraite. Ils souhaiteraient l'associer à l'exploitation familiale pour l'encourager.

Groupement d'intérêt économique : GIE

21 Chapitre

COMPÉTENCES ATTENDUES

- **Identifier l'utilité de ces groupements dans des situations pratiques**
- **Mettre en évidence les principales règles de fonctionnement**

A côté des formes sociétaires permettant d'exercer collectivement une activité, les pouvoirs publics ont mis à la disposition des acteurs de l'économie des structures permettant d'accueillir, à côté de leur affaire, des activités communes à plusieurs entreprises. Le GIE permet d'institutionnaliser la coopération entre entreprises en lui conférant la personnalité juridique. Il peut être l'outil d'une coopération plus approfondie que dans le cadre d'un contrat seul mais il présente l'avantage de laisser à chaque membre, la possibilité de conserver ses intérêts propres et distincts, contrairement à une participation à une société commune.

C'est dans cet esprit que le groupement d'intérêt économique (GIE) a été créé par une ordonnance du 23 septembre 1967. L'idée a été reprise en droit européen avec la création d'un groupement européen d'intérêt économique dans les années 80 (Le groupement européen d'intérêt économique -ou GEIE- a pour vocation de faciliter les partenariats entre des entreprises de nationalités différentes de l'Union européenne et a le même objet que le GIE).

- Le GIE est un groupement d'une nature spécifique : ce n'est ni une société, ni une association.
- Le GIE est une **structure de coopération** qui se prête à de multiples usages. Il permet de mettre en commun une ou quelques activités : recherche et développement, aide et assistance, exportation. Parmi les GIE les plus connus, on compte le GIE Carte Bancaire qui regroupe près de 120 établissements de service de paiement autour du système de carte bancaire ou le GIE SESAM-Vitale qui regroupe les régimes d'assurance maladie obligatoire et complémentaire autour de la carte Vitale.
- Le GIE permet aussi de **structurer des groupes**. Ainsi, dans le réseau Orpi, les agences sont rattachées à des GIE dans toute la France autour de fichiers communs. Au sein d'AXA, le GIE Axa chapeaute l'ensemble des activités du groupe et occupe environ 800 salariés.
- Le GIE peut aussi simplement **permettre la mise en commun de moyens**. Par exemple, quelques médecins libéraux désireux de mettre des moyens en commun des moyens matériels et/ou une secrétaire peuvent opter pour cette forme. Le GIE est ici une alternative à la société civile de moyens (cf. Chapitre 19). Lorsque les membres sont commerçants, il est largement concurrencé par la SAS (cf. Chapitre 13).

PLAN DU CHAPITRE

APPLICATIONS P. 305

1 Constitution du GIE

A Conditions de fond

Membres du groupement	Le GIE est créé entre deux ou plusieurs personnes physiques ou morales, privées ou publiques. L'affectio societatis n'est pas requis ici, mais l'intuitus personae est fort.
Objet	Sa spécificité tient au **caractère accessoire de son activité** par rapport à celle de ses membres. Chaque membre du groupement doit exercer une activité économique qui trouve son prolongement dans celle du GIE. Il est par ailleurs **économique**. Il peut être civil ou commercial. Il doit être rédigé avec beaucoup de soins car il détermine l'étendue des pouvoirs de l'administrateur.
Capital et apports	Le GIE peut être constitué sans capital. Les adhérents sont cependant libres de faire des apports en nature, en numéraire ou en industrie. Il n'y a aucune formalité obligatoire concernant les apports en nature ou en numéraire.
Siège	Le groupement a un siège précisé dans le contrat.
Durée	Le GIE a une durée déterminée. Elle peut être prorogée.

Remarque La création d'un GIE peut résulter de la transformation d'une société ou d'une association. Dans ce cas, il n'y a pas création d'un être moral nouveau et la poursuite de l'objet intervient sans nécessiter une dissolution.

B Conditions de forme

Le contrat constitutif est écrit. Le GIE fait l'objet d'une immatriculation au RCS et d'une publication au BODACC.

Le contrat constitutif est souvent complété par un règlement intérieur qui peut demeurer secret.

2 Fonctionnement du GIE

A Organe de direction

1 Nomination

Le GIE est géré par un ou plusieurs administrateurs. Ils peuvent être des personnes physiques ou morales. S'il s'agit d'une personne morale, elle doit désigner un représentant permanent qui encourt les mêmes responsabilités civile et pénale que s'il était administrateur en son nom propre. L'administrateur peut être membre ou non du groupement. Les conditions d'exercice de son mandat sont librement organisées par l'acte constitutif.

2 Pouvoirs

L'administrateur est le représentant légal du groupement. Il engage celui-ci par tout acte entrant dans l'objet du groupement. Le GIE n'est pas engagé par les actes qui excèdent cette limite. La solution est inspirée de la SNC : la responsabilité des membres étant indéfinie et solidaire, ils doivent être protégés des dépassements de pouvoirs du dirigeant.

L'acte constitutif peut venir limiter les pouvoirs de l'administrateur. Cependant, ces limitations sont classiquement inopposables aux tiers.

B Organes de contrôle

L'article L. 251-12 du Code de commerce prévoit deux organes de contrôle.

1 Contrôle de gestion :

La loi prévoit qu'une ou plusieurs personnes physiques, membres ou non membres exercent ce contrôle dans les conditions déterminées par le contrat constitutif.

2 Contrôle des comptes :

Le contrôle des comptes est obligatoire. Il est réalisé par un commissaire aux comptes lorsque le GIE emploie au moins 100 salariés ou émet des obligations. En dehors de ces cas, le contrôle des comptes est librement organisé par le contrat constitutif.

C Membres du GIE

- Les décisions sont prises à l'unanimité et chaque membre ne dispose que d'une voix, sauf clause contraire de l'acte constitutif. Par ailleurs, l'assemblée est obligatoirement convoquée si un quart des membres au moins le demande.
- « Le but du groupement est de faciliter ou de développer l'activité économique de ses membres, d'améliorer ou d'accroître les résultats de cette activité. Il n'est **pas de réaliser des bénéfices pour lui-même** » selon l'article L. 251-1 du Code de commerce. Si le GIE réalise néanmoins des bénéfices, ils pourront être mis en réserve ou faire l'objet d'une distribution librement organisée par les membres.
- Les membres sont responsables **indéfiniment et solidairement** des dettes du groupement. Les créanciers du GIE peuvent agir contre les associés après une vaine et préalable mise en demeure par acte d'huissier (délai de 8 jours comme pour la SNC).
- Les membres ont un **droit de retrait**, dans les conditions prévues par les statuts à condition d'avoir exécuté leurs obligations (article L. 251-9 alinéa 2 du Code de commerce). Les statuts peuvent prévoir une clause d'exclusion et en préciser les conditions. Le membre qui se retire – ou est exclu – ne peut pas obtenir le remboursement de sa part dans les réserves sauf clause statutaire ou décision d'assemblée en ce sens (Cass. Com, 19 janvier 2016).
- La cession des parts est possible dans les conditions imposées par les statuts. Dans le silence des statuts, l'agrément doit être donné à l'unanimité des autres membres.

Le GIE est **fiscalement transparent** : chaque membre est imposé avec son résultat selon son propre régime d'imposition : il ajoute sa quote-part de bénéfices ou déduit sa quote-part de perte.

- Les évènements susceptibles d'affecter personnellement un membre peuvent entraîner la dissolution du groupement. Le décès d'un membre personne physique ou la dissolution d'un membre personne morale entraînent la dissolution, sauf clause contraire du contrat constitutif. L'incapacité, la faillite personnelle ou l'interdiction de gérer entraînent la dissolution sauf stipulation contraire ou décision unanime des autres membres de poursuivre l'activité.
- Un GIE peut être transformé en SNC, sans que cette transformation n'entraîne dissolution et création d'un être moral nouveau. Il semble que la solution inverse s'impose en cas de transformation en une autre forme de société (et entraîne de lourdes charges fiscales).

SYNTHÈSE

- Le GIE est une structure d'accueil de coopérations entre entreprises. Il s'agit d'un groupement dont la nature est spécifique. Ce n'est ni une société, ni une association.
- Le GIE doit exercer une activité économique et auxiliaire par à rapport à celle de ses membres.
- Il comprend au moins deux membres qui sont responsables indéfiniment et solidairement des dettes du groupement.
- Le GIE est représenté par un ou plusieurs administrateurs. La gestion du groupement fait l'objet d'un double contrôle : un contrôle de la gestion et un contrôle des comptes.

Sauf clause contraire de l'acte constitutif, les décisions de l'assemblée des membres sont prises à l'unanimité et chaque membre a une voix.

EXO 21.01 Cas pratique – Choix d'une structure juridique : le GIE

Albert, Baptiste et Coralie exploitent des commerces en nom propre dans un centre commercial situé à la périphérie de Lyon. Albert est fleuriste, Baptiste vend des vêtements, Coralie vend des articles de décoration. Ils pensent pouvoir améliorer leurs ventes en proposant un service de livraison à domicile gratuit pour leurs clients, dans un premier temps, et peut-être plus tard un service de personal shopper. Ils sont très attachés à leur statut de commerçant indépendant mais souhaitent développer ce(s) service(s) ensemble. Ils ont entendu parler du GIE et de la SAS et vous demandent conseil.

Travail à faire

Ils vous demandent de :

1. **leur indiquer quels sont les avantages et les inconvénients du GIE ;**
2. **leur expliquer s'ils ont intérêt à opter pour le GIE ou pour la SAS.**

L'Economie sociale et solidaire (ESS) et le monde des affaires

5

Partie

Les caractéristiques de l'ESS

Chapitre 22

COMPÉTENCES ATTENDUES

- **Caractériser l'économie sociale et solidaire**
- **Mettre en évidence à partir d'une documentation l'importance croissante de l'économie sociale et solidaire et son encadrement par la loi**
- **Identifier une structure juridique adaptée à une situation donnée**

- L'économie sociale et solidaire rassemble des acteurs économiques très divers, aussi bien dans leur forme entrepreneuriale que dans leur activité, qui portent un projet de société humaniste alternatif au capitalisme. Elle fait écho aux mouvements sociaux qui ne cessent d'interpeler les Etats et les entreprises sur leurs responsabilités dans les déséquilibres environnementaux et les inégalités mondiales. Les acteurs de l'ESS, de plus en plus nombreux, souhaitent concilier performance économique et utilité sociale. Ils partagent un certain nombre de valeurs communes fortes (prééminence de l'humain, ancrage territorial, solidarité ...) qui les différencient de celles de l'économie classique. Le projet collectif prime sur le capital. Traditionnellement, l'économie sociale et solidaire relevait d'une économie de la « réparation » (protection et soutien aux ouvriers...). Aujourd'hui, elle va bien au-delà et fait preuve d'innovation sur bien des aspects.
- Les acteurs de l'économie sociale et solidaire ont démontré qu'ils résistaient mieux à la crise que les secteurs traditionnels (notamment en termes d'emplois) et laissent présager de nouvelles perspectives de croissance pour le secteur de l'économie sociale et solidaire. Plusieurs secteurs (économie collaborative ou économie circulaire) sont en plein essor.
- Il suffit de penser à la qualité de société à mission dont les statuts précisent une raison d'être et un ou plusieurs objectifs sociaux et environnementaux que la société se donne pour mission de poursuivre dans le cadre de son activité (article L. 210-10 du Code de commerce).
- Alors que la loi Pacte, s'adressant à toutes les entreprises, contient un chapitre 3 intitulé des entreprises plus justes, il convient de s'interroger sur l'existence de spécificités des entreprises relevant de l'ESS. Y a-t-il dilution ou diffusion du modèle de l'ESS s'interroge D. Hiez, spécialiste des coopératives ?

  Il suffit de penser à la qualité de société à mission dont les statuts précisent une raison d'être et un ou plusieurs objectifs sociaux et environnementaux que la société se donne pour mission de poursuivre dans le cadre de son activité (article L 210-10 du Code de commerce).

1 Qu'est-ce que l'économie sociale et solidaire ?

A Genèse de l'économie sociale et solidaire

La loi du 31 juillet 2014 marque la convergence entre deux champs disciplinaires, l'économie sociale et l'économie solidaire.

- **Le terme d'économie sociale** est apparu en 1830 sous la plume de l'économiste Charles Dunoyer. Il désigne un mouvement fortement contestataire qui vise à répondre à des besoins communs. L'économie sociale naît en réaction aux dégâts engendrés par le capitalisme et la révolution industrielle au 19ème siècle. Naissent alors les coopératives et les associations dont la finalité n'est pas le profit. Elles transposent aux activités économiques les principes démocratiques (« une personne = une voix »).
- **L'économie solidaire** est une expression forgée en 1990 par Bernard Eme ; elle répond à des enjeux d'intérêt général. L'économie solidaire désigne l'ensemble des activités économiques au sein desquelles les **rapports sociaux de solidarité** priment sur l'intérêt individuel ou le profit matériel. Le mouvement qui donne naissance à l'économie solidaire naît de la prise de **conscience écologique**, de la volonté de nouer de nouveaux rapports entre consommateurs et producteurs permettant par exemple le maintien d'une agriculture paysanne. Elle se structure à la fin du 20ème siècle.

La loi-cadre du 31 juillet 2014, fruit de plusieurs années de concertation, a constitué une étape importante pour l'essor du secteur (cf. II). Certaines dispositions ont été réformées par la loi Pacte qui, rappelons-le, a introduit la notion de raison d'être, la qualité de société à mission, intégré l'intérêt social, la considération des enjeux sociaux et environnementaux de l'activité de toutes les entreprises. Il y a un brouillage que le président d'ESS France interprétait de la manière suivante : « *Car il ne s'agit pas dans notre cas de « moraliser le capitalisme » mais bien de convaincre que la norme souhaitable pour l'économie de demain est celle que nous incarnons : une économie de transformation de la société, collective dans sa forme et au service des autres, efficace et résiliente, qui n'appartient à personne d'autre que ses bénéficiaires et/ou ses salariés, qui n'a pas besoin de se donner bonne conscience même si elle n'est pas toujours exemplaire, qui est consciente de sa performance globale et pas seulement de ses externalités, et qui est doublement démocratique en tant que société de personnes, et comme actrice du lien social* ».

B Un secteur dynamique et innovant

Aujourd'hui, l'économie sociale et solidaire trouve sa place entre le système marchand représenté par les entreprises capitalistes traditionnelles et le système non marchand représenté par l'Etat. Elle se présente donc comme une alternative à l'économie capitaliste, moins sensible à la crise financière mondiale car ses emplois sont par essence non délocalisables.

L'économie sociale et solidaire connaît un essor sans précédent depuis dix ans : elle est créatrice de richesses. Selon une première estimation réalisée en 2013 par l'INSEE, la part de l'ESS dans la valeur ajoutée créée en France est d'environ **100 milliards d'euros**. Les entreprises de l'ESS versent chaque année près de **39 milliards d'euros à l'État et aux organismes collecteurs** (URSSAF, caisses de retraites...) sous forme de cotisations sociales patronales et salariales.

► Quelques chiffres complémentaires : complétés par les tableaux figurant ci-après, attestent de ce dynamisme : l'ESS représente 10,5 % de l'emploi salarié français, soit 2,38 millions de salariés pour 221 325 établissements employeurs (dont 154 000 associations employeuses, 8700 coopératives, 800 mutuelles, 500 fondations, une centaine de sociétés commerciales...) représentant une masse salariale de 55 milliards d'euros par an.

Création annuelle moyenne d'établissements de l'ESS

1950 - 1970	80
1970 - 1980	471
1980 - 1990	2 157
1990 - 2000	4 128
2000 - 2010	7 389
2010 - 2014	11 645
Source : Observatoire national de l'ESS – CNCRESS, d'après INSEE SIRENE 2016. Lecture : en moyenne, entre 1990 et 2000, 4 128 établissements de l'ESS ont été créés chaque année.	

Source : L'ATLAS COMMENTE DE L'ECONOMIE SOCIALE ET SOLIDAIRE 2017
Produit par le Réseau des CRESS (Chambre régionale de l'économie sociale et solidaire) et son Observatoire national – Edition Dalloz

Selon la Confédération générale des SCOP (cf. chapitre 23), 2 800 emplois ont été créés en 2014 (en progression de 40 % par rapport à 2013) dans le cadre de reprises ou de créations d'entreprise par les salariés.

Comparaison des taux de croissance annuel moyen entre 2008 et 2014 selon le secteur public, le secteur privé hors économie sociale et solidaire et ESS

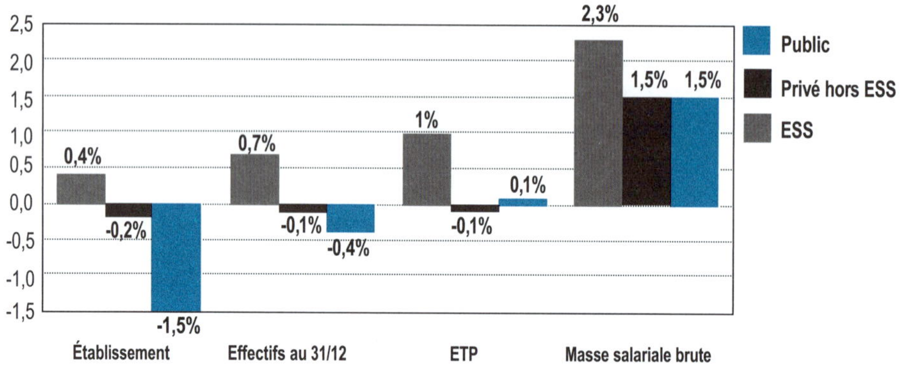

Source : L'ATLAS COMMENTE DE L'ECONOMIE SOCIALE ET SOLIDAIRE 2017
Produit par le Réseau des CRESS (Chambre régionale de l'économie sociale et solidaire) et son Observatoire national – Edition Dalloz

Le tableau ci-dessous montre que seul le secteur de l'ESS croît en termes d'établissements et d'emplois créées.

Entreprises et emploi : volumes et taux de croissance

	Entreprises		Établissements		Effectifs au 31/12		Effectifs ETP	
	Volume	Évolution	Volume	Évolution	Volume	Évolution	Volume	Évolution
ESS	164 077	1,0 %	221 136	3 %	2 372 812	5,0 %	2 024 605	7 %
Privé hors ESS	635 023	- 1,1 %	1 931 439	- 1,1 %	14 622 540	- 0,7 %	13 200 652	- 0,8 %
Public	72 137	- 5,9 %	162 390	- 10,0 %	5 672 041	- 2,5 %	5 224 352	0,7 %
Source : Observatoire national de l'ESS – CNCRESS, d'après INSEE CLAP 2008-2014.								

Source : L'ATLAS COMMENTE DE L'ECONOMIE SOCIALE ET SOLIDAIRE 2017
Produit par le Réseau des CRESS (Chambre régionale de l'économie sociale et solidaire) et son Observatoire national – Edition Dalloz

Remarque sur le sigle ETP : équivalent temps plein

Entreprises et emploi de l'ESS par catégorie juridique : volume et taux de croissance

	Entreprises	Établissements		Effectifs au 31/12		Effectifs ETP		Masse salariale brute	
	Volume	Volume	Évolution	Volume	Évolution	Volume	Évolution	Volume	Évolution
Association	154 895	184 560	+ 0,2 %	1 844 547	+ 0,6 %	1 538 666	+ 1,0 %	43 105 694 311	+ 2,1 %
Coopérative	8 714	26 760	+ 0,7 %	308 532	0,0 %	290 654	- 0,1 %	11 737 333 465	+ 1,8 %
Mutuelle	792	8 298	+ 3,2 %	136 723	+ 0,9 %	121 249	+ 1,9 %	4 867 647 716	+ 3,9 %
Fondation	476	1 518	+ 3,7 %	83 010	+ 4,0 %	74 036	+ 4,9 %	2 335 783 845	+ 4,8 %
Total ESS	164 077	221 136	+ 0,4 %	2 372 812	+ 0,7 %	2 024 605	+ 1,0 %	62 046 459 337	+ 2,3 %

Source : Observatoire national de l'ESS - CNCRESS, d'après INSEE CLAP 2008-2014.

Source : L'ATLAS COMMENTE DE L'ECONOMIE SOCIALE ET SOLIDAIRE 2017
Produit par le Réseau des CRESS (Chambre régionale de l'économie sociale et solidaire) et son Observatoire national - Edition Dalloz

(*) *Taux de croissance annuel moyen entre 2008 et 2014.*

Taux de croissance annuel moyen des acteurs historiques de l'ESS entre 2008 et 2014

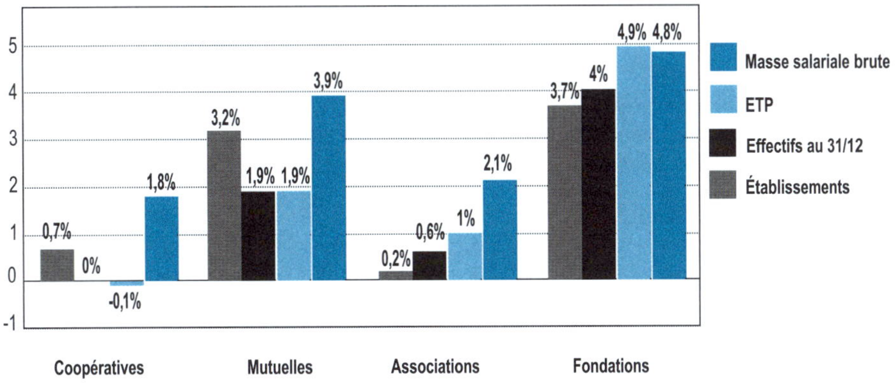

Source : L'ATLAS COMMENTE DE L'ECONOMIE SOCIALE ET SOLIDAIRE 2017
Produit par le Réseau des CRESS (Chambre régionale de l'économie sociale et solidaire) et son Observatoire national - Edition Dalloz

L'ESS se caractérise enfin par un **ancrage territorial** très appuyé. Elle contribue à faire émerger des pôles territoriaux de coopération économique entre acteurs publics et privés (cf. illustrations avec les coopératives chapitre 2). C'est la raison pour laquelle elle est également présentée comme une économie durable et responsable, positionnée autour des territoires et de leurs habitants. Elle constitue un facteur d'attractivité pour les territoires peu denses (par ex. à travers les services de garde de petite enfance, les associations culturelles ou sportives...). L'ESS est devenue incontournable en matière d'aménagement du territoire.

C Champs couverts par l'ESS

L'ESS fait preuve d'une grande capacité d'innovation en termes de services :
- économie collaborative (nouveaux modes d'échanges et d'accompagnement) ;
- économie circulaire (recyclage) ;
- silver économie (destinée aux personnes âgées) ;
- formes de gouvernance (mobilisation de citoyens) ;
- réponses aux défis sociaux (accompagnement du retour à l'emploi) ;
- nouveaux modes de production agricole (bio ou raisonnable, agriculture paysanne, circuits courts) ;
- transition énergétique ;
- finance solidaire.

La notion d'économie sociale et solidaire est parfois difficile à cerner tant ses acteurs intègrent des préceptes présents dans d'autres mouvements.

C'est le cas notamment :

- de **l'entreprenariat social** qui dépasse le seul cadre de l'ESS. Apparu au début du siècle, il se caractérise par la volonté de soumettre la performance économique aux critères de l'intérêt général ;
- de **l'entreprise citoyenne** qui désigne des entreprises prenant en compte dans leurs activités certaines contraintes liées à l'intérêt général (écologie par exemple), parfois par pur opportunisme économique (« business ethic ») ;
- **du développement durable** qui repose sur une conception de la croissance économique pensée dans une perspective de long terme et qui intègre les contraintes liées à l'environnement et au fonctionnement de la société. Ses préceptes sont également intégrés par les entreprises capitalistes ;
- de la **RSE** (responsabilité sociétale des entreprises), démarche qui est également adoptée par les « entreprises classiques ». Elle se compose de règles d'origine volontaire que l'entreprise se donne pour atteindre divers objectifs relevant de valeurs essentielles (droits de l'homme, respect de l'environnement...).

L'adoption de la loi PACTE suscite des interrogations chez les acteurs de l'ESS. La prise en compte des enjeux sociaux et environnementaux (article 1833 al. 2) la raison d'être et la qualité de société à mission pour toutes les entreprises suscitent des inquiétudes parmi les acteurs de l'ESS. Le périmètre de l'ESS est-il préservé ? L'expression de cannibalisation du secteur de l'ESS a même été utilisée. De quelles mesures propres ses acteurs bénéficient-ils ?

Remarque Un risque de brouillage existe entre l'entreprise classique, l'entreprise sociale et la solidaire et la société à mission par la loi Pacte (article L. 210-10 du Code de commerce). Ce régime permet aux entreprises qui le souhaitent d'engager davantage leur responsabilité sociale et environnementale. Néanmoins il semblerait que les contraintes pesant sur les acteurs de l'ESS resteront plus fortes que celles des sociétés à mission (limitation de la lucrativité, garantie d'une gestion désintéressée, assurance d'une gouvernance démocratique).

2 La loi-cadre du 31 juillet 2014 et la promotion d'un modèle de développement à part entière

A Le rassemblement d'acteurs autour de pratiques et de principes communs

Présentée comme une loi inclusive car la loi rassemble les acteurs autour de pratiques et de principes communs, au-delà des statuts juridiques.

La loi du 31 juillet 2014 (dite loi Hamon) consacre une définition « inclusive » de l'économie sociale et solidaire :

1. **incluant les « acteurs historiques »** présumés disposer de la qualité d'entreprise de l'ESS dès lors qu'elles se seront valablement immatriculées. Sont ainsi rattachés d'office :
   - les **associations** : elles participent directement au bien commun et à l'amélioration de la société civile (cf. chapitre 23) ;
   - les **mutuelles** : elles sont la propriété collective de leurs membres qui sont impliqués dans les décisions (présentes dans le domaine de l'assurance ou de la santé) ;
   - les **coopératives** : rattachées aux sociétés, elles constituent un modèle d'entreprise démocratique qui ont pour finalité première de rendre des services individuels et collectifs à leurs membres (cf. chapitre 24) ;

- les **fondations** : elles constituent des groupements auxquels sont affectés de manière irrévocable des biens et ressources pour la réalisation d'une œuvre d'intérêt général et à but non lucratif ;

Remarque La loi Pacte a créé le fonds de pérennité, un instrument juridique permettant de protéger de manière durable le capital des entreprises pour assurer leur croissance à long terme (sur le modèle des fondations dites actionnaires en Europe du Nord). Il modernise le régime de la fondation reconnue d'utilité publique.

Ces structures sont éligibles à l'« agrément entreprise solidaire d'utilité sociale » qui permet de bénéficier d'un soutien fiscal ;

2. **englobant toutes les sociétés respectant certains principes de gestion** : conformément à l'article 1er de la loi, il s'agit d'un mode d'entreprendre et de développement économique adapté à tous les domaines de l'activité humaine auquel adhèrent **des PM de droit privé** qui remplissent les conditions cumulatives suivantes :
   - **un but poursuivi autre que le seul partage des bénéfices ;**
   - **une gouvernance démocratique**, définie et organisée par les statuts, prévoyant l'information et la participation, dont l'expression n'est pas seulement liée à leur apport en capital ou au montant de leur contribution financière, des associés, des salariés et des parties prenantes aux réalisations de l'entreprise ;
   - **une gestion conforme à certains principes** (les bénéfices distribuables sont majoritairement consacrés à l'objectif de maintien ou de développement de l'activité de l'entreprise ; les réserves obligatoires constituées, **impartageables**, ne peuvent pas être distribuées) ;
3. **et les entreprises poursuivant une utilité sociale**

   Sont considérées comme poursuivant une **utilité sociale** les entreprises dont l'objet social satisfait à titre principal à l'une au moins des quatre conditions visées à l'article 2 de la loi du 31 juillet 2014 (la loi Pacte a ajouté une 4ème condition alternative). Ces entreprises ont pour objectif :
   - d'apporter, à travers leur activité, un **soutien à des personnes en situation de fragilité** soit du fait de leur situation économique ou sociale, soit du fait de leur situation personnelle et particulièrement de leurs besoins en matière d'accompagnement social, médico-social ou sanitaire, ou de contribuer à la lutte contre leur exclusion ;
   - de **contribuer à la préservation et au développement du lien social ou au maintien et au renforcement de la cohésion territoriale** ;
   - de **contribuer à l'éducation à la citoyenneté**, notamment par l'éducation populaire et par la mise en œuvre de modes de participation impliquant, sur les territoires concernés, les bénéficiaires de ces activités. Elles participent ainsi à la **réduction des inégalités sociales et culturelles**, notamment entre les femmes et les hommes ;
   - de **concourir** au développement durable, à la transition énergétique, à la promotion culturelle ou à la **solidarité internationale**, dès lors que leur activité contribue également à produire un impact soit par le soutien à des publics vulnérables, soit par le maintien ou la recréation de solidarités territoriales, soit par la participation à l'éducation à la citoyenneté (apport de la loi Pacte).

Remarque sur les réserves impartageables : dans une société de capitaux, les fonds propres appartiennent intégralement aux associés dans le sens où les bénéfices réalisés non distribués contribuent à valoriser leurs titres. Dans une société coopérative, du fait de la non-rémunération ou rémunération limitée du capital, une grande partie des réserves sont déclarées « impartageables » : ils n'appartiennent à personne en particulier mais à la coopérative et à ses membres, actuels comme futurs, pris comme un tout.

Les sociétés commerciales disposeront de cette qualité dès lors que, régulièrement immatriculées, elles auront déposé des statuts conformes aux exigences énumérées ci-dessus.

Le tableau figurant ci-dessous montre le secteur d'activité des sociétés commerciales relevant de l'ESS pour l'année 2016.

Remarque 1 : il y a un risque de confusion avec l'article 1833 al. 2 qui prévoit que la société est gérée dans son intérêt social, en prenant en considération les enjeux sociaux et environnementaux de son activité. Quel sort serait réservé à une coopérative agricole qui continue d'utiliser du glyphosate ? Dans ce cas, cela ne signifie pas qu'elle ne prend pas en compte les enjeux environnementaux. De toute façon, aucune sanction ou annulation ne peut être obtenue sur ce fondement.

Remarque 2 : la notion de raison d'être semble superflue pour les entreprises qui relèvent de l'ESS. Elle n'est pas un contrepoids à l'aspect financier. Elle permet d'approfondir tout au plus les principes et d'individualiser les objectifs.

Secteur d'activité des sociétés commerciales de l'ESS en 2016

Réparation, recyclage, réemploi	28
Services aux entreprises	22
Commerce	13
Industrie	4
Enseignement, formation	3
Information, communication	3
Logement, activités immobilières	3
Construction, BTP	2
Culture	2
Hébergement social ou médico-social	1
Services à la personne	1
Transport, mobilité	1
Autre	10
Total	93
Source : Observatoire national de l'ESS - CNCRESS, d'après INSEE SIRENE 2016.	

Source : Atlas commenté de l'économie sociale et solidaire 2017 - Observatoire national de l'ESS – CNCRESS – Edition : Dalloz 07/17 – 3e édition
Auteur(s) : Conseil national des chambres régionales de l'économie sociale (CNCRES), Arnaud Matrin – https://www.editions-dalloz.fr/atlas-commente-de-l-economie-sociale-et-solidaire-2017.html

B La loi définit une organisation nationale et régionale de l'ESS

L'ESS apparaît comme un nouveau levier des politiques publiques. Les CRESS (chambres régionales de l'économie sociale et solidaire) assurent les missions de représentation, de défense, de promotion, de développement et d'observation de l'ESS au niveau régional. Elles rassemblent les entreprises de l'ESS au-delà de leurs statuts pour développer des coopérations, une intelligence commune et porter le projet de l'ESS.

Le Conseil national des CRESS supervise les CRESS et les aide à mutualiser leurs actions.

1 La loi la dote d'instruments pour pérenniser son rayonnement

Le gouvernement a cherché à consolider ce modèle économique. La loi prévoit que le Conseil supérieur de l'économie sociale et solidaire contribue à la définition d'une stratégie nationale de développement de l'ESS. Ce Conseil a adopté en 2017 un guide définissant les conditions d'amélioration continue des bonnes pratiques des entreprises de l'ESS. L'objectif est de faire progresser l'ESS dans sa globalité et de proposer un outil donnant aux entreprises les moyens pour trouver individuellement des solutions concrètes.

Ces bonnes pratiques concernent notamment les modalités effectives de gouvernance démocratique, la concertation dans l'élaboration de la stratégie de l'entreprise, la territorialisation de l'activité économique et des emplois, la politique salariale, le lien avec les usagers et la réponse aux besoins non couverts des populations, la situation de l'entreprise en matière de diversité, de lutte contre les discriminations et d'égalité réelle entre les femmes et les hommes...

Un livret comprenant des fiches thématiques avec les objectifs et des propositions d'indicateurs est disponible (http://www.esspace.fr/files/pdf/Livret2.pdf).

2 La loi ouvre la voie à de nouveaux moyens de financement

L'agrément « ESUS » (Entreprise solidaire d'utilité sociale) permet aux acteurs de l'ESS de bénéficier d'aides et de financements spécifiques. C'est un label qui permet l'identification des entreprises exigeantes socialement qui pourront attirer **l'épargne salariale solidaire**. Cette épargne peut financer des projets solidaires dans le domaine de l'habitat social ou le développement de circuits courts de consommation.

Pour l'obtenir, les entreprises doivent remplir plusieurs critères :

- l'entreprise doit avoir pour objectif principal la **recherche d'une utilité sociale** ;
- la charge induite par l'objectif d'utilité sociale doit impacter le compte de résultat de manière significative (et non plus sur sa rentabilité financière depuis la loi Pacte) ;
- la politique de rémunération de l'ESUS doit respecter certains principes (par exemple, la moyenne des sommes versées aux salariés ou dirigeants les mieux rémunérés ne doit pas excéder un plafond annuel correspondant à 7 fois le Smic). Depuis la loi Pacte, l'exigence d'une modération des rémunérations et de l'écart salarial ne doit plus être inscrite aux statuts ;
- les titres de capital de l'entreprise ne doivent pas être négociés sur un marché financier.

Parallèlement à la loi du 31 juillet 2014, Bpifrance – qui est une banque publique d'investissement, chargée de soutenir les petites et moyennes entreprises – gère un fonds de financement de l'innovation sociale, cofinancé par l'État et les régions à hauteur de 40 millions d'euros depuis 2014. Ce fonds distribue des avances remboursables jusqu'à concurrence de 500 000 euros.

MESURE 3 : permettre de nouveaux financements pour les entreprises de l'ESS

Le développement de l'ESS a besoin d'une mobilisation accrue des investisseurs privés, qui connaissent encore mal les spécificités et les atouts de l'ESS.
En reconnaissant les acteurs de l'ESS, la loi permet un suivi statitstique renforcé des entreprises de l'ESS par l'INSEE, la Banque de France et Bpifrance, facilitant leur lisibilité et leur attractivité auprès des investisseurs publics et privés.
Déjà, l'État s'engage pour le financement de l'ESS grâce à Bpifrance et deux nouveaux dispositifs : les prêts participatifs solidaires, et une capacité dédiée d'investissement directe en fonds propres, auprès des coopératives, par exemple.
En juin 2015, a été signé le premier Prêt pour les entreprises de l'ESS (PESS). Ce nouveau dispositif de soutien public vient compléter la gamme existante d'outils spécialisés de financement à destination des entreprises de l'ESS, en proposant un prêt sans garantie pouvant aller jusqu'à 100 000 euros.

Source : https://www.economie.gouv.fr/files/files/PDF/ess-brochure.pdf

Il ressort de tous ces éléments que les pouvoirs publics font la promotion du secteur de l'ESS. Elle passe également par le nouveau droit d'information préalable pour favoriser les reprises d'entreprises en bonne santé par les salariés (cf. « SCOP d'amorçage », société coopérative et participative dont le statut permet aux salariés de reprendre une entreprise et de détenir la majorité des voix à la constitution de la société tout en étant minoritaires au capital. Ils bénéficient d'un délai de sept ans pour détenir la majorité du capital).

Remarque On note un engouement des entreprises de l'ESS pour se qualifier de société à mission. Quel en est l'intérêt ? Il n'y a aucune mesure fiscale complémentaire à la clé. Seul le contrôle externe exigé pour la société à mission et la mobilisation interne autour d'un projet mobilisateur (révélateur d'une faiblesse de l'ESS selon D. Huez) peuvent le justifier.

3 Le choix de la structure la plus adaptée

A Délicate distinction entre société, association et coopérative (et même GIE !)

Parmi les structures de l'ESS, les coopératives et les associations figurent au programme. Alors que tout semble les opposer –les coopératives étant juridiquement des sociétés- leur proximité a été réaffirmée dans la loi Hamon de 2014 par leur intégration dans la catégorie des entreprises sociales et solidaires. Déjà la SCIC (Société coopérative d'intérêt collectif) plus proche de la forme associative, marquait un rapprochement entre elles (cf. chapitre 24).

La classification « société/association/coopérative » est parfois délicate à mettre en œuvre tant le rattachement de telle structure à telle catégorie est devenu confus.

Le développement de l'ESS conduit des associations toujours plus nombreuses et puissantes à exercer des activités économiques dans des domaines variés (tourisme, sanitaire et social, éducation). Quant aux coopératives agricoles, elles représentent plus de 40 % de la filière agro-alimentaire française.

Remarque Explications : au début du 20ème siècle, la distinction était très nette entre la société motivée par un intérêt pécuniaire et l'association, motivée par un intérêt altruiste. D'un côté, la société, jusqu'en 1978, était constituée uniquement pour réaliser des bénéfices et les partager entre les associés (cf. chapitre 2). De l'autre, l'association est constituée dans un « but autre que de partager des bénéfices » (cf. chapitre 23). Ainsi, dès lors qu'une PM ne partageait pas de bénéfices, elle ne pouvait être considérée que comme une association. Ainsi à côté des associations « altruistes » -à finalité charitable- on trouve des groupements exerçant une activité économique et réalisant des bénéfices parce qu'ils ne distribuaient pas de dividendes et qui demeurent des associations (c'est toujours le cas d'ailleurs). Le droit fiscal, fidèle à son approche pragmatique, reconnut l'existence d'associations à but lucratif qu'il assimila à des sociétés sur certains points. Le droit privé conserva longtemps cette approche binaire alors même qu'elle ne correspondait plus aux réalités économiques.
Avec la coopérative, le débat fut relancé. Elle ne partage pas de bénéfices mais elle se distingue néanmoins nettement de l'association à but désintéressé (chapitre 24). La loi du 10 septembre 1947 a rattaché les coopératives aux sociétés. Puis, ce rattachement sembla moins artificiel puisque la définition de la société a été élargie avec la recherche d'une économie. La coopérative est devenue une véritable société pour laquelle l'introduction de la notion d'intérêt social à l'article 1833 du Code civil n'a aucune incidence.
L'introduction du GIE (chapitre 21) en 1967 a perturbé l'édifice actuel.

Finalement cohabitent aujourd'hui :

Personne morale exerçant l'activité économique	Réalisation de bénéfices	Partage de bénéfices	Réalisation d'économies
société (de droit commun)	OUI	OUI	OUI
association au sens strict	NON	NON	NON
association à but lucratif	OUI	NON	PARFOIS
Coopérative (ou société coopérative)	PARFOIS (excédents)	NON	OUI
GIE	NON	OUI	PARFOIS

B Le domaine commun de l'économie

Il découle de ce qui a été démontré précédemment que les associations, les sociétés et les GIE bénéficient d'un domaine commun, celui de l'économie. Prenons l'exemple d'un groupement radio-taxi qui affecte aux chauffeurs de taxi les courses des clients dont il a reçu les appels. Selon les communes, on constate que ce groupement prend aussi bien la forme d'une association, que d'un GIE ou encore même d'une société.

De la même manière, les entreprises qui constituent des groupements pour mutualiser certains services (par exemple les groupements chargés de passer des contrats publicitaires afin de promouvoir l'activité des membres) ont le choix d'adopter l'une des trois structures juridiques évoquées.

Pour le reste, ce sont les caractéristiques du régime juridique propres à chaque groupement qui détermineront le choix de la structure juridique à adopter. Si le statut juridique de l'association permet de fédérer plusieurs personnes autour d'un projet commun, l'association connaît un certain nombre de limites puisque les bénéfices réalisés ne peuvent être redistribués à ses membres. Le choix de la coopérative sera alors préféré pour répartir une partie des bénéfices entre les associés. La coopérative reste une société qui poursuit un but lucratif et qui permet d'impliquer davantage les membres dans la vie de l'organisation.

D'autres caractéristiques sont également déterminantes : la capacité, l'exigence ou non d'un capital, la responsabilité ou l'absence de responsabilité des membres, les droits sur les apports effectués...

SYNTHÈSE

- L'économie sociale et solidaire (ESS) se caractérise par une vision d'utilité sociale plus que par la recherche d'un gain. Son articulation avec la loi Pacte qui a redéfini les finalités des entreprises questionne.
- Elle représente un secteur de l'économie en pleine croissance. Elle a le soutien des pouvoirs publics tant elle est pourvoyeuse d'emplois. Depuis 2000, l'emploi privé dans l'économie sociale et solidaire a progressé de 24 % alors qu'il n'a progressé que de 4,5 % dans le secteur privé hors ESS.
- Elle réunit des acteurs aux statuts juridiques variés et s'étend même aux sociétés commerciales qui respectent un certain nombre de valeurs (but poursuivi autre que le seul partage des bénéfices, gouvernance démocratique, gestion conforme à certains principes).

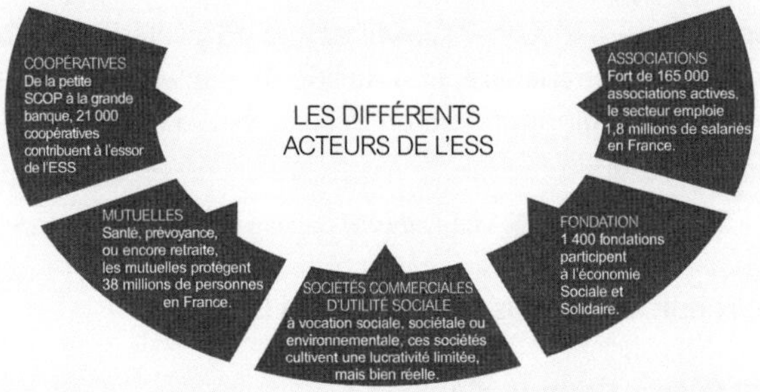

Source : https://www.economie.gouv.fr/files/files/PDF/ess-brochure.pdf

- Outre les moyens de financement et les avantages fiscaux, les pouvoirs publics encouragent ce secteur, à l'image de la semaine de l'ESS organisée dans les écoles au mois de mars 2019 (https://semaineessecole.coop/).

Les ressources en ligne sont également nombreuses : gouvernement.fr/action/l-economie-sociale-et-solidaire et ESSPACE.fr.

EXO 22.01 Analyse de documents

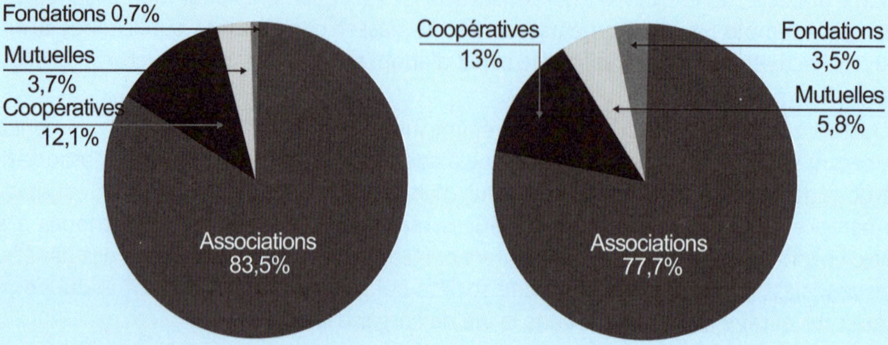

Source : Atlas commenté de l'économie sociale et solidaire 2017 - Observatoire national de l'ESS - NCRESS - Edition : Dalloz 07/1 - 3e édition
Auteur(s) : Conseil national des chambres régionales de l'économie sociale (CNCRES), Arnaud Matarin -

A partir des documents reproduits ci-dessous, vous présenterez les acteurs de l'économie sociale et solidaire qui embauchent le plus.

EXO 22.02 Cas Eqosphère

Eqosphère redonne une nouvelle vie aux produits en fin de cycle.

Aider les entreprises à vendre leurs produits en fin de cycle, et permettre qu'ils soient revalorisés : c'est ce que propose Eqosphère, une plateforme de mise en relation, grâce à laquelle les émetteurs de surplus -alimentaires ou non- peuvent entrer en contact avec des structures qui vont les récupérer, les recycler, les réutiliser. En un peu plus d'un an, Eqosphère, qui a bénéficié du soutien du ministère de l'Agriculture, de la Région Ile-de France, de la ville de Paris, de Bpifrance et de Franceactive, a convaincu plus de 250 partenaires dont plusieurs enseignes de la grande distribution.

Aujourd'hui, l'entreprise créée par Xavier Corval emploie 14 salariés. En 2014, elle devrait réaliser son premier exercice bénéficiaire, et a décidé de réinvestir chaque année 50 % de son résultat net dans son développement en France et à l'étranger, ainsi que dans le financement de projets solidaires.

Source : https://www.economie.gouv.fr/files/files/PDF/ess-brochure.pdf

Pourquoi l'exemple reproduit ci-dessous relève-t-il de l'ESS ?

EXO 22.03 Consultation « Cousins d'Auvergne »

Anna, Adèle, Simon et Arthur exploitent en nom propre des commerces de bouche en Auvergne. Ils vous consultent au sujet de leur projet de structure commune chargée de promouvoir l'activité artisanale en Auvergne. Le groupement sera notamment chargé de passer des contrats publicitaires.

Quelle structure juridique leur conseillez-vous entre le GIE, l'association ou une société ?

Les associations

Chapitre 23

COMPÉTENCES ATTENDUES

- **Identifier les principes généraux régissant les associations**
- **Déterminer les conséquences de l'exercice par une association d'une activité économique**

- L'association est un regroupement de deux ou plusieurs personnes – alors que la fondation, acteur de l'ESS, est davantage un groupement de biens – qui mettent en commun leurs connaissances ou leur activité dans un but autre que celui de partager des bénéfices. Sa finalité a même été définie par opposition à celle des sociétés. C'est la raison pour laquelle elle échappe aux modifications apportées au droit des sociétés par la loi Pacte. 1,3 million d'associations en activité étaient dénombrées en 2017.
- Depuis l'adoption de la loi du 1er juillet 1901 initiée par Waldeck-Rousseau, les mutations du monde associatif ont été importantes. Il existe une très grande variété d'associations. Certaines conservent une vocation intimiste (association de quartier), d'autres apparaissent comme les « nouvelles bêtes noires des entreprises » et dénoncent la surconsommation (par exemple HOP -halte à l'obsolescence programmée des imprimantes et certains smartphones). Et surtout, sans devenir pour autant des sociétés, de plus en plus d'associations exercent une activité économique, voire commerciale dans le but de financer leur objet désintéressé. Elles ont été consacrées en tant qu'acteur à part entière de l'ESS. Celles-ci sont alors soumises à des règles empruntées au droit des sociétés.
- La **nature contractuelle** de l'association est très marquée dans la loi 1901. Par certains aspects l'association est néanmoins en partie une institution : elle est tenue de respecter un certain nombre de règles contraignantes.
- L'identité des associations reste néanmoins marquée par certaines caractéristiques (1). Par ailleurs, toutes ne jouissent pas de la personnalité morale. La loi Hamon a d'ailleurs élargi la capacité de certaines d'entre elles. Le sort des associations exerçant une activité économique sera plus particulièrement traité (2). Seront enfin évoquées les règles de constitution et de fonctionnement des associations (3) ; puis de sa dissolution (4).

PLAN DU CHAPITRE

1 Les caractéristiques des associations

L'identité des associations subsiste malgré les évolutions évoquées précédemment.

Toutes les associations restent marquées du sceau de la liberté d'association qui a été affirmée par la loi dite 1901 relative au contrat d'association. Elle a une valeur constitutionnelle.

A L'association, un contrat

Une association est une convention par laquelle deux ou plusieurs personnes mettent en commun d'une façon permanente leurs connaissances ou leur activité dans un but autre que de partager des bénéfices.

La déclaration en préfecture confère à la plupart des associations une existence juridique autonome et un intérêt propre, détachés de ceux des membres fondateurs.

1 Liberté contractuelle et liberté d'association

La liberté contractuelle combinée à la liberté d'association se traduit par :

- **la liberté de créer une association ou de rejoindre une association existante** (liberté d'adhésion) : tout contrôle ou autorisation de l'administration ou de l'autorité judiciaire préalablement à la création de l'association est interdit ;
- cette liberté s'exprime également négativement comme **le droit de ne pas s'associer et la liberté de retrait des membres** (appelés sociétaires).

Le contentieux relatif aux associations gestionnaires de centre commercial l'illustre : il est fréquent que le propriétaire d'un centre commercial insère dans les contrats de bail commercial conclus avec chaque commerçant une clause qui les contraint à adhérer à l'association dont l'objet est de gérer le centre commercial et d'organiser les animations publicitaires. La Cour de cassation sanctionne ces clauses et refuse toute compensation financière pour l'association alors même que le commerçant ayant refusé d'adhérer profite des retombées de l'association ;

- **la liberté du choix du contenu du contrat d'association** (sous réserve de ne pas porter atteinte à la sécurité ou à l'ordre public. L'objet de l'association ne peut être contraire aux droits et libertés fondamentaux) ;
- **la liberté de l'association de choisir ses membres.**

La qualité de membre d'une association (ou sociétaire) peut se perdre par la démission, la radiation (elle suppose qu'une condition requise pour être membre a disparu) et l'exclusion (elle sanctionne une faute définie initialement dans les statuts et résulte d'une procédure disciplinaire). La distinction est parfois délicate ; c'est le cas du défaut de paiement de cotisations qui, selon les statuts, sera considéré comme une cause d'exclusion ou une cause de radiation ; cf. application 3).

La nature contractuelle des associations se matérialise par les statuts qui constituent l'acte fondateur d'une association signé par au moins deux personnes et pour lesquels la loi 1901 n'impose que très peu de règles impératives et supplétives. Les statuts bénéficient de la liberté contractuelle et contiennent l'essentiel des règles de fonctionnement.

2 Contrat soumis aux conditions de validité de droit commun

L'article 1er de la loi 1901 prévoit que l'association est régie, quant à sa validité, par les principes généraux du droit applicables aux contrats et obligations » (article 1er de la loi du 1er juillet 1901 relative au contrat d'association qui a donné son nom aux « associations loi 1901 »). La jurisprudence quant à elle applique régulièrement le droit des contrats à la formation, au fonctionnement et à la dissolution des associations.

a. Les sociétaires (ou membres de l'association)

Nombre des sociétaires : au moins deux membres, pas de maximum. Il ne peut y avoir d'association unipersonnelle ; elle serait alors qualifiée d'association fictive. Pour bénéficier de certains avantages, un nombre minimal de sociétaires est requis (200 au moins pour les associations voulant être reconnues d'utilité publique ; 10 000 pour les associations agréées de consommateurs au niveau national).

Consentement des sociétaires : au nom de la liberté de ne pas s'associer, tous les membres doivent avoir donné leur consentement. Toutefois, en pratique, les fondateurs créent l'association puis les autres membres y adhèrent conformément aux statuts. Le consentement donné ne doit pas être vicié.

Capacité des sociétaires : toute personne qui souhaite adhérer à une association doit disposer de la capacité de droit commun sous peine de nullité relative de l'adhésion. L'article 2 bis de la loi 1901 prévoit que les mineurs de seize ans révolus peuvent librement constituer une association. Pour participer à la création, le majeur sous tutelle doit obtenir l'autorisation de son tuteur sauf si le juge des tutelles lui a permis d'effectuer ce type d'acte. Le majeur sous curatelle peut constituer une association dès lors que cela n'implique pas des actes de disposition. Les personnes morales peuvent être membres d'associations (les associations d'associations sont appelées unions). Certaines personnes faisant l'objet d'interdictions et d'incompatibilités ne peuvent être membres d'une association.

Exigence de mise en commun de connaissances ou d'activité : les membres doivent être actifs, c'est-à-dire s'investir dans la vie de l'association (une sorte d'*affectio associationis*, déclinaison de l'*affectio societatis*).

La loi fait de la mise en commun la contrepartie de la qualité de membre. En revanche, les cotisations ne sont pas obligatoires.

L'association n'a pas de capital social mais les membres peuvent réaliser des apports (en numéraire, en nature et en industrie) qui se distinguent de la mise en commun requise par l'article 1er de la loi 1901.

Remarque sur les différentes catégories de sociétaires : on distingue les membres fondateurs qui ont constitué l'association des membres adhérents qui y adhèrent par la suite. Viennent ensuite parfois les membres de droit désignés par les statuts en tant que tels et les membres bienfaiteurs qui y ont contribué financièrement.

b. Le contenu licite et certain de l'association

C'est l'activité de l'association qui est visée à travers l'objet du contrat associatif. L'objet doit être déterminé dans les statuts, exister et être licite. Conformément à la loi du 1er juillet 1901, il doit être autre que le partage de bénéfices.

Licéité de l'activité : l'activité ne doit pas être contraire à la loi ni aux bonnes mœurs, ne doit pas porter atteinte ni à l'intégrité du territoire national ni à la forme républicaine du gouvernement. Le juge prend en compte l'objet réel. La sanction d'une activité illicite est la nullité de l'association.

Remarque sur la différence entre association et GIE : beaucoup de traits les rapprochent et ils sont présents dans des secteurs communs, tels que la recherche et développement. Toutefois, le domaine de l'association est beaucoup plus vaste et ne peut être dévolu à un GIE qui poursuit le but de faciliter ou de développer l'activité économique de ses membres (par exemple la défense d'intérêts moraux ou politiques). L'objet d'une association reste toujours civil.

Un but autre que le partage de bénéfices : l'association peut réaliser des bénéfices mais leur partage est interdit, c'est-à-dire l'enrichissement personnel des membres, aussi bien au cours de la vie de l'association que lors de sa dissolution. Elle se distingue sur ce point de la coopérative.

En cas de non-respect, l'association serait requalifiée en société créée de fait : l'association perdrait alors la personnalité morale qui conduirait ses membres à être exposés patrimonialement vis-à-vis des tiers.

Elle peut néanmoins être constituée dans le but de permettre à ses membres de profiter des économies résultant de ses activités. C'est le cas de celles qui offrent des avantages à leurs membres (ex. les abattements fiscaux attribués aux membres d'une association ou centre de gestion agréés).

Remarque concernant la licéité du contenu : lors de la déclaration, un récépissé est remis aux membres de l'association par le préfet. C'est seulement une fois le récépissé délivré qu'il peut saisir le juge si l'objet de l'association lui paraît illégal.

c. Les statuts

Les statuts sont rédigés soit sous seing privé, soit par acte notarié (obligatoire en cas d'apport immobilier). Leur **contenu n'est pas imposé par la loi de 1901**. Néanmoins sont mentionnés le plus souvent : le nom de l'association, sa durée et son objet, les modalités d'acquisition ou de perte de la qualité de membre, les règles régissant les apports, les règles d'organisation et de fonctionnement, les règles relatives aux assemblées, les règles de contrôle interne opportun en cas d'exercice par l'association d'une activité économique, les conditions de modification des statuts, les causes de dissolution et les règles de dévolution des biens (cf. IV). D'autres mentions peuvent être prévues.

Remarque sur certaines mentions obligatoires dans les statuts : les associations exerçant une activité commerciale doivent prévoir cette activité dans les statuts (article L. 442-7 du Code de commerce). D'autres mentions impératives sont prévues pour les associations d'utilité publique ou encore les associations émettant des valeurs mobilières.

Toute modification des statuts portant sur l'administration des associations doit être communiquée dans les 3 mois à la préfecture. Aucune publicité au Journal officiel n'est requise.

Une fois ces conditions de validité respectées, les fondateurs qui souhaitent lui conférer la personnalité juridique doivent procéder à certaines démarches (cf. II).

B Une finalité non lucrative ?

Opposée par essence à toute activité intéressée, l'association ne devait pas être assimilée à une entreprise. Elle fonctionne avec les seules ressources traditionnelles (cotisations, subventions publiques, dons) et s'appuie sur le bénévolat. Principal acteur de l'ESS, les associations ayant une activité économique sont de plus en plus nombreuses. Elles sont alors soumises à certaines règles.

1 Une distinction dépassée

En 1901, les associations ne sont définies que par opposition aux sociétés, c'est-à-dire dans une démarche non lucrative, c'est-à-dire un but autre que de partager des bénéfices. En découle l'impossibilité de répartir les biens (boni de liquidation) lors de la dissolution de l'association.

Depuis, les frontières ne sont plus aussi délimitées comme nous l'avons rappelé précédemment, notamment avec le groupement d'intérêt économique (GIE).

La Cour de cassation a reconnu qu'une association pouvait réaliser des actes de commerce (Cass. com. 6 février 2007). Ainsi, comme une société, elle peut exercer une activité lucrative et commerciale, sous réserve de respecter son objet statutaire et de ne pas partager de bénéfices entre ses membres.

Remarque Une association qui distribuerait des bénéfices à ses membres perdrait la personnalité juridique et serait requalifiée en société créée de fait (cf. chapitre 4). La responsabilité des sociétaires devenus associés de fait serait engagée.

2 L'association considérée comme une entreprise

Principal acteur de l'ESS et employeur, l'association répond aux critères posés par la jurisprudence européenne qui définit l'entreprise comme toute entité qui exerce une activité économique, quel que soit son statut juridique ou son mode de financement.

En tant qu'entreprise, l'association est soumise au droit de la concurrence mais elle est également protégée en cas de rupture brutale d'une relation commerciale établie (Cass. comm. 6 février 2007). Les entreprises relevant du secteur lucratif (tourisme, activités sportives...), redoutent la concurrence des associations exerçant une activité économique sans en supporter les charges correspondantes (phénomène appelé le **para-commercialisme** qui est interdit. L'association peut alors être privée temporairement ou définitivement de ses subventions et être poursuivie sur le fondement de la concurrence déloyale).

Une association qui exerce une activité économique est alors soumise à plusieurs règles empruntées au droit des sociétés (cf. III. 3).

2 La personnalité morale et la capacité des associations

Une grande variété d'associations existe. La principale distinction oppose :
- les associations de fait, non déclarées ;
- aux associations déclarées qui jouissent de la personnalité juridique. L'association acquiert la personnalité juridique à compter de sa publication au Journal officiel.

Parmi les associations déclarées, il faut encore distinguer les associations reconnues d'utilité publique. Les enjeux de la distinction tiennent en la capacité de chacune. Afin de renforcer leurs fonds propres, la loi Hamon de 2014 a fait évoluer les frontières tenant à la capacité de chacune d'elles.

A L'association non déclarée, dite de fait : absence de personnalité morale

L'association simple, dite de fait, n'est pas déclarée en préfecture. Par conséquent, elle n'a pas la personnalité morale et est dépourvue de toute capacité juridique : elle ne peut pas posséder de patrimoine ni agir en justice.

Elle a néanmoins une existence juridique. Tout contrat conclu en son nom n'engage que la personne qui s'est présentée aux yeux des tiers comme son représentant. Elle reçoit des cotisations (ex. : une association d'étudiants).

Elle n'est soumise à aucune condition de forme particulière : les statuts écrits ne sont pas requis mais conseillés pour établir les règles de fonctionnement de l'association.

B L'association déclarée en préfecture : « petite personnalité » morale

L'existence de l'association déclarée est rendue publique par ses fondateurs.

- La loi 1901 impose deux formalités :
  - **une déclaration au représentant de l'Etat dans le département** (la préfecture, et pour Paris, la préfecture de police) au sein duquel l'association aura son siège social. Le dépôt des statuts à la préfecture peut être effectué en ligne. Doivent impérativement être mentionnés : le titre exact et complet de l'association, l'objet et le but de l'association, l'adresse du siège social, les noms, professions, domicile et nationalité des personnes chargées de son administration (bureau). Un récépissé est remis aux membres de l'association dans les cinq jours du dépôt. Le préfet ne peut refuser de délivrer le récépissé qui précise le numéro RNA attribué à l'association (numéro d'enregistrement au répertoire national des associations) ;
  - **une publication au JOAFE** (Journal officiel des Associations et Fondations d'entreprise) : elle rend l'association opposable aux tiers. La prestation est fixée à la somme de 44 €.

L'association jouit de la personnalité juridique et dispose alors de la capacité juridique : elle peut donc posséder un patrimoine et agir en justice. La loi Hamon permet aux associations déclarées depuis 3 ans au moins de posséder et administrer tous immeubles reçus à titre gratuit et d'accepter les libéralités entre vifs ou testamentaires (sous certaines conditions).

L'association déclarée peut accomplir des actes juridiques (embauche de salariés, recevoir des dons, des subventions, acquérir à titre onéreux…) en son nom dans la limite de son objet.

Enfin, elle peut solliciter un agrément ou une reconnaissance d'utilité publique.

Sur les associations d'intérêt général : parmi les associations déclarées, certaines sont qualifiées d'intérêt général si les conditions suivantes sont réunies :
- l'activité de l'association doit être non lucrative ;
- sa gestion doit être désintéressée ;
- elle ne doit pas être mise en œuvre au profit d'un cercle restreint de personnes.

L'association d'intérêt général peut alors délivrer des reçus fiscaux à ses donateurs et membres afin qu'ils puissent bénéficier d'un crédit d'impôt. Les organismes concernés sont les œuvres ou organismes d'intérêt général ayant par exemple un caractère philanthropique ou humanitaire. La loi Hamon leur a étendu la capacité de recevoir à titre gratuit (libéralités) et de gérer des immeubles de rapport.

C Les associations reconnues d'utilité publique : la « grande personnalité » morale

L'association jouit de la « grande personnalité » si elle acquiert la reconnaissance d'utilité publique.

- Deux conditions s'imposent :
  - l'association doit avoir fonctionné en **qualité d'association déclarée** depuis au moins 3 ans ; sauf si les ressources prévisibles sur un délai de 3 ans permettent d'assurer son équilibre financier ;
  - l'association doit **contenir un certain nombre de mentions dans ses statuts**. Outre les mentions visées précédemment, on peut citer les conditions d'admission et de radiation de ses membres, les règles d'organisation et de fonctionnement de l'association, la détermination des pouvoirs conférés aux membres chargés de l'administration, les conditions de modification des statuts et de la dissolution de l'association, l'engagement de présenter les registres et pièces de comptabilité, les règles suivant lesquelles les biens seront dévolus quelle que soit la source de la dissolution…
- Le Conseil d'Etat a ajouté d'autres conditions, l'association doit :
  - être composée d'un nombre suffisant de membres (200 personnes au moins),
  - avoir une influence qui dépasse le plan local,
  - avoir des modalités de fonctionnement démocratiques,
  - avoir des ressources d'un montant suffisant et essentiellement propres,
  - justifier d'un équilibre financier et être d'intérêt public. Sur ce dernier point, l'association doit en effet avoir un objet d'intérêt général et mener une activité utile à la société.

La demande est adressée au ministre de l'intérieur qui délivre un **récépissé** et transmet le dossier au **Conseil d'Etat pour avis**. Un **décret du Premier ministre** – publié au Journal officiel – octroie la reconnaissance d'utilité publique.

La reconnaissance d'utilité publique est délivrée – et retirée – par décret en Conseil d'État aux associations dont l'objet présente un intérêt général. Cette reconnaissance permet de recevoir des dons et des legs (ex. : la Croix-Rouge française).

La loi Hamon a permis aux associations reconnues d'utilité publique de faire tous les actes de la vie civile que leurs statuts ne leur interdisent pas (et non plus seulement de posséder ou acquérir les immeubles nécessaires au but qu'elles se proposent).

Sur les associations agréées : il ne s'agit pas d'une catégorie d'associations au sens strict. L'agrément s'inscrit plus largement dans le cadre de relations toujours plus fréquentes entre les associations et les pouvoirs publics. Il consiste en une approbation administrative de leur mode de fonctionnement et une reconnaissance de l'intérêt général que présente leur action. Pour solliciter l'agrément, l'association doit répondre à un objet d'intérêt général, avoir un mode de fonctionnement démocratique et garantir une transparence financière. L'agrément permet alors à l'association de solliciter des subventions de fonctionnement ou d'équipement auprès du ministère qui l'a délivré par arrêté (ex. subvention du Ministère de la Transition écologique et solidaire pour une association de protection de l'environnement). On trouve également des associations sportives agréées, des associations de défense des consommateurs agréés.

D Les associations immatriculées au RCS

La fonction économique des associations est admise, pourtant la Cour de cassation ne leur permet pas de s'immatriculer au R.C.S. Aujourd'hui, seules les associations qui émettent des obligations sont contraintes de s'immatriculer au RCS.

L'enjeu de l'immatriculation consiste pour l'association à pouvoir bénéficier de l'application des baux commerciaux dont elle est en principe exclue alors que certaines interviennent dans la vie économique et commerciale (ce statut permet d'obtenir une indemnité d'éviction en cas de non renouvellement du bail). Il est néanmoins possible de prévoir une soumission conventionnelle au régime des baux commerciaux.

3 L'organisation et le fonctionnement d'une association

A L'organisation

Ce sont les statuts qui organisent les pouvoirs au sein de l'association. Toutefois, toute association déclarée est composée de deux instances :

- l'assemblée générale qui est l'organe souverain, sauf disposition statutaire contraire. Elle a une compétence générale (nomination et révocation des dirigeants, autorisation des actes excédant leurs pouvoirs, approbation des comptes annuels, prononcer la dissolution volontaire de l'association...)
- et le bureau qui comprend 3 membres dont le rôle est précisément déterminé :
  - **le président** dirige l'association et il est le **représentant de l'association** à l'égard des tiers. Les statuts déterminent librement ses pouvoirs. Les clauses limitatives de pouvoirs sont opposables aux tiers ;
  - **le secrétaire** organise le travail et entretient les relations avec les adhérents ;
  - **le trésorier** a en charge les finances de l'association.

Remarque Faute de disposition légale propre aux associations, la jurisprudence renvoie fréquemment au droit des sociétés pour des règles techniques et « neutres » (sur la régularité d'une délibération portant sur une question ne figurant pas à l'ordre du jour par exemple).

B La représentation de l'association

La représentation est dite **conventionnelle** dans l'association. Cela signifie qu'elle est **organisée par les statuts**, en vertu du contrat de mandat.

Les statuts déterminent :

- non seulement les conditions d'accès aux fonctions de direction

- mais également les pouvoirs conférés à la direction de l'association (pouvoir de décision ou de représentation, distinction selon les types d'actes – administration, gestion ou disposition – ou encore clauses limitatives de pouvoirs visant certains actes déterminées).

La liberté contractuelle rend possible une concentration des pouvoirs entre les mains d'un président omnipotent.

Remarque sur la représentation dans une société commerciale : elle est légale, ce qui signifie qu'elle est prévue par la loi : le Code de commerce identifie les organes de direction et de représentation des sociétés et précise leurs pouvoirs. Là se manifeste la distinction entre le caractère contractuel de l'association et le caractère institutionnel de la société.

Pour le reste, les statuts sont libres de prévoir d'autres organes : un conseil d'administration, un directoire, un conseil de surveillance, des comités de rémunération, de contrôle, ou tout autre organe.

Ce sont également les statuts qui organisent les conditions d'adhésion des membres, qui fixent les modalités, les quorum et majorités des décisions collectives, ou encore qui déterminent les causes de dissolution de l'association.

C Le contrôle des associations ayant une activité économique

Les associations ayant une activité économique font l'objet de dispositions propres aux personnes morales de droit privé non commerçantes (elles figurent dans le Livre VI du Code de commerce consacré aux difficultés des entreprises).

Le législateur fait une application croissante du droit des sociétés pour les **associations ayant une activité économique** (et a fortiori quand l'association émet des **obligations** ; cf. 4) qui peut être illustré par les règles suivantes. Faute de disposition légale propre aux associations, la jurisprudence renvoie fréquemment au droit des sociétés pour des règles techniques et « neutres » (sur la régularité d'une délibération portant sur une question ne figurant pas à l'ordre du jour par exemple).

1 Obligation de désigner un commissaire aux comptes :

La Loi Pacte et le décret du 24 mai 2019 n'ont pas modifié les seuils économiques obligeant une association à désigner un CAC. Les obligations de nomination d'un CAC (et de son suppléant) s'appliquent, notamment :

- aux **entreprises associatives ayant une activité économique** qui dépassent deux des trois seuils précisés par décret : 50 salariés ; 3 100 000 € de chiffre d'affaires ou de ressources ; 1,55 million de total du bilan (articles L. 612-1 et R. 612-1 du Code de commerce ; à l'heure où nous écrivons, ces seuils n'ont pas été relevés) ;

Remarque Les entreprises associatives ayant une activité économique doivent par ailleurs établir des comptes annuels (comprenant un bilan, un compte de résultat et une annexe) et assurer la publicité de leurs comptes annuels et du rapport du commissaire aux comptes.

- aux associations ayant une activité de formation et qui accordent des prêts pour la création ou le développement d'entreprises, ou pour la réalisation de projets d'insertion ;
- aux associations qui **reçoivent des dons ou subventions pour un montant supérieur à 153 000 €** ;
- aux associations qui **émettent des obligations** ;

Les dirigeants d'association qui ne s'acquittent pas de cette obligation légale s'exposent à de lourdes sanctions pénales (article R. 820-4 du code de commerce). Les associations qui le souhaitent peuvent volontairement nommer un CAC (sa mission de certification des comptes annuels leur apporte alors une garantie de transparence à l'égard de ses partenaires).

2 Procédure des conventions réglementées

Champ d'application de la réglementation des conventions réglementées

En principe, les conventions conclues par les associations n'exerçant pas une activité économique avec leurs dirigeants ne sont pas réglementées et peuvent être librement conclues.

En revanche, lorsque l'association exerce une activité économique, l'article L. 612-5 du Code de commerce vise à vérifier que ces conventions ne dissimulent pas un abus.

Par ailleurs, lorsque l'association reçoit de l'Etat ou des établissements publics ou des collectivités territoriales une subvention d'au moins 153 000 €, la procédure des conventions réglementées s'applique.

Qu'est-ce qu'une convention réglementée ?

Deux hypothèses doivent être distinguées :

- les conventions passées directement ou par personne interposée entre l'association et l'un de ses dirigeants (administrateurs ou personne assurant un rôle de mandataire social) ;

Remarque Contrairement au droit des sociétés (SA et SARL notamment), la convention conclue entre l'association et un sociétaire échappe au contrôle.

- les conventions passées entre l'association et une autre personne morale, dont un associé indéfiniment responsable, un gérant, un administrateur, le directeur général, un directeur général délégué, un membre du directoire ou du conseil de surveillance, un actionnaire disposant d'une fraction des droits de vote supérieure à 10 % est simultanément administrateur ou assure un rôle de mandataire social de l'association. Sont également visées les conventions passées entre deux associations ayant des dirigeants communs.

Les conventions courantes ne sont pas soumises à la procédure. Est une convention courante la convention conclue à des conditions normales qui, en raison de son objet ou de ses implications financières, n'est significative pour aucune des parties (elle relève de l'activité usuelle de l'association, les conditions sont celles habituellement pratiquées par l'association).

Procédure a posteriori

Le contrôle est réalisé après la conclusion de la convention réglementée.

Le représentant de l'association, ou le CAC si l'association a une activité économique, présente à l'organe délibérant un **rapport sur l'opération** en question.

Si le rapport est établi par un CAC, le représentant de l'association avise ce dernier dans le délai d'un mois à compter de la conclusion des conventions. A défaut d'organe délibérant, le rapport est joint aux documents communiqués aux adhérents. L'organe délibérant statue sur ce rapport. Le dirigeant n'est pas expressément exclu de la participation au vote.

La convention non approuvée produit ses effets. Toutefois, les conséquences préjudiciables à l'association peuvent être mises à la charge du dirigeant.

Remarque sur le traitement fiscal des activités lucratives par une association : dans un souci d'égalité avec les entreprises relevant du secteur marchand, l'association qui exerce une activité lucrative est soumise aux impôts commerciaux.
Toutefois, il y a une exception pour les opérations commerciales accessoires destinées à financer leur objet désintéressé. Pour bénéficier de cette franchise des impôts commerciaux, les activités non lucratives doivent rester significativement prépondérantes et les recettes encaissées au titre des activités lucratives ne doivent pas excéder 72000 € pour l'année 2020 (franchise des activités lucratives).

D Le financement des associations

Les moyens de financement de toutes les associations se sont diversifiés. Les associations ne peuvent se contenter de la générosité des donateurs pour développer leurs actions.

Remarque Les associations autorisées à recevoir des dons de la part du public font l'objet d'un contrôle de la Cour des comptes.

Les subventions

Elles regroupent les aides de toute nature, justifiées par un intérêt général, attribuées de manière facultative, par les administrations, les établissements publics ou d'autres organismes chargés de la gestion d'un service public administratif. Lorsqu'elles dépassent certains montants, elles donnent lieu à l'établissement d'une convention et de comptes annuels. Leur utilisation entraîne parfois l'établissement de comptes annuels ou les soumet au contrôle financier de l'État.

Toute association déclarée et immatriculée au répertoire Siren peut effectuer une demande de subvention pour :

- réaliser une action ou un projet d'investissement,
- contribuer au développement d'activités,
- ou contribuer au financement global de son activité.

Pour l'attribution de certaines subventions, il peut être exigé que l'association dispose d'un agrément ministériel (cf. associations agréées).

Le contrôle des associations subventionnées par la collectivité

- En amont : une association qui demande une subvention à une collectivité doit permettre à cette dernière de pouvoir évaluer le projet faisant l'objet d'une telle aide ;
- En aval : une association ayant reçu une subvention peut être soumise au contrôle de la collectivité la lui ayant accordée. Elle peut lui réclamer communication de tout document justifiant de l'utilisation de l'aide accordée.

L'agrément ESUS (Entreprise solidaire d'utilité sociale)

En tant qu'acteur de l'ESS, l'association est éligible à cet agrément qui permet de bénéficier d'un soutien fiscal. Il s'adresse aux associations d'utilité sociale. Il donne accès à des financements spécifiques de Bpi France, des marchés publics réservés, l'épargne solidaire, des dispositifs locaux d'accompagnement comme le DLA (dispositif local d'accompagnement), certains dispositifs de soutien mis en œuvre par des collectivités locales ou des organismes privés comme les banques commerciales.

Le DLA est un dispositif gratuit mis en place par l'État et l'Union européenne pour venir en aide aux associations et aux entreprises solidaires en développement ou en difficulté. Il contribue au financement des stratégies de développement et de communication.

Les titres associatifs

Ils constituent une variété d'obligations qui ont un taux de rémunération souvent attractif. L'objectif est que les associations **renforcent leurs fonds propres** pour leur développement à long terme. Le taux sera librement négocié entre l'association émettrice et les souscripteurs dans la limite d'un plafond. La décision d'émettre est prise par l'assemblée générale de l'association.

Trois conditions doivent être remplies sous peine de dissolution de l'association et de remboursement sans délai des obligations :

- l'association doit exercer une activité économique effective depuis au moins deux ans (article L. 213-8 et s. du Code monétaire et financier) ;
- l'association doit être immatriculer au RCS ;
- l'association doit avoir prévu dans ses statuts les conditions dans lesquelles seront désignées les personnes chargées de la diriger, de la représenter et de l'engager vis-à-vis des tiers, ainsi qu'un organe collégial chargé de contrôler les actes de ces personnes.

4 Dissolution de l'association

A Les causes de dissolution

L'article 9 de la loi de 1901 distingue :

la dissolution volontaire

À tout moment l'assemblée générale des sociétaires peut décider de la dissolution de l'association (aux conditions de quorum et de majorité fixées dans les statuts à propos de la dissolution). La décision est soumise à l'accord du Conseil d'Etat lorsque l'association est reconnue d'utilité publique ;

la dissolution judiciaire

Le juge prononce la dissolution de l'association quand son activité réelle est illicite (la nullité est d'abord prononcée puis sa dissolution subséquente). En cas de mésentente entre les sociétaires, la dissolution peut également être prononcée pour justes motifs ;

la dissolution statutaire/de plein droit

En application des statuts, la dissolution automatique de l'association sera prononcée lors de l'arrivée du terme prévu (les sociétaires pourront toutefois prévoir une prorogation de l'association avant l'arrivée du terme) ou pour toute autre cause prévue dans les statuts (comme la diminution des adhérents ou l'insuffisance des finances). Il en sera de même si l'association ne comprend plus qu'un seul sociétaire ou si elle ne respecte pas les conditions requises par la loi pour émettre des obligations.

Remarques

- **Sur le droit des entreprises en difficulté** : s'appliquant à toute personne morale de droit privé, toutes les associations, qu'elles exercent une activité économique ou non, sont concernées. Toutefois, la Cour de cassation a précisé que la liquidation judiciaire n'est pas une cause de dissolution des associations, contrairement aux sociétés. Ainsi, en cas de clôture de la procédure pour extinction de passif, l'association redevient maître de ses biens et peut reprendre son activité (Com. 19 oct. 2010).
- **Sur la fusion** : la dissolution de l'association peut également résulter d'une décision de fusion de l'association avec une autre association.

B Les effets de la dissolution

La dissolution de l'association implique sa liquidation (sauf en présence d'une fusion). En l'absence de disposition légale sur ce point, la jurisprudence a posé le principe suivant lequel « une association dissoute conserve la personnalité morale et le droit d'ester en justice pour les besoins de la liquidation » pour que le liquidateur puisse accomplir les actes liés à la liquidation.

Dévolution des biens de l'association

Quelle que soit l'origine de la dissolution, les biens seront dévolus conformément aux statuts ou, à défaut de disposition statutaire, suivant les règles déterminées en assemblée générale. La dévolution peut se faire avec charge (continuer l'action par exemple) ou sans charge.

Boni de liquidation

L'interdiction de partager les bénéfices entre les sociétaires conduit à l'impossibilité de répartir les biens lors de la dissolution de l'association entre ses membres. L'actif net est transmis à un ou plusieurs bénéficiaires (souvent une autre association). Les biens subsistants ne peuvent jamais être attribués aux membres de l'association dissoute.

Possibilité de récupérer son apport

La reprise de son apport par le sociétaire n'est pas un droit. Ce n'est que sous réserve d'absence de disposition contraire des statuts ou de décision contraire de l'assemblée générale qu'il pourra le récupérer lors de la dissolution.

La dissolution de l'association n'est pas soumise à publicité.

SYNTHÈSE

- L'association est une structure d'organisation pour des personnes poursuivant un but non lucratif. La liberté contractuelle est très présente, aussi bien lors de sa constitution que pour son fonctionnement.
- Parmi les associations, on distingue :
  - les associations déclarées en préfecture : elles acquièrent la personnalité juridique à compter de leur publication au Journal officiel ;
  - la personnalité juridique et la capacité juridique à compter de sa publication au Journal officiel ;
  - les associations reconnues d'utilité publique, dotée de la personnalité juridique et dont la capacité juridique est élargie.
- Les associations qui exercent une activité économique sont soumises aux mêmes règles que les sociétés (CAC, procédure des conventions réglementées). Elles peuvent même se financer en émettant des titres associatifs.

EXO 23.01 Cas pratique - Analyse de situations pratiques

Cas 1 : plusieurs Italiens installés à Bergerac souhaitent promouvoir la culture italienne dans leur ville. Ils voudraient proposer des cours d'italien, de cuisine italienne. Ils ne cherchent pas à s'enrichir mais seulement à partager des moments conviviaux et culturels.

Cas 2 : les commerçants de la ville de Saint-Ouen souhaitent créer une structure de livraison de leurs marchandises pour les personnes ayant des difficultés à se déplacer. Ils y voient l'occasion de conquérir une nouvelle clientèle, sans remettre en cause leur clientèle habituelle.

Cas 3 : plusieurs professeurs de musique souhaitent fonder une école de musique pour faire face au manque de place dans le conservatoire de la ville. Ils n'ont aucun apport personnel. Un local est prêté par la ville. Les professeurs en seraient les salariés. Les cours seraient payants. Les professeurs pensent consacrer les bénéfices réalisés à l'achat d'instruments de musique, de partitions et en organisant des sorties à l'Opéra.

Travail à faire

Précisez dans chacun des projets exposés ci-dessus la structure juridique qui vous semble la plus appropriée.
Justifiez votre réponse.

EXO 23.02 Cas pratique - Association « Tous en forme »

L'association sportive « Tous en forme » a été créée par 5 amis, salariés par ailleurs, en 2012. Chacun a réalisé un apport de 500 € pour acquérir les équipements nécessaires, notamment des appareils de musculation professionnels. Parmi eux, Christian a été désigné président de l'association. La mairie de la commune leur a loué un local pour un montant inférieur à celui du marché. La salle de sport est ouverte de 17 h à 22 heures du lundi au vendredi. Les adhérents s'acquittent d'une cotisation de 75 € et viennent autant qu'ils le souhaitent, à charge pour eux de s'assurer que la salle est propre après leur départ. Le 1er janvier 2019, l'association comptait 456 membres. L'embauche d'une personne chargée du nettoyage semble indispensable. Un contrat de travail de 10 heures par semaine rémunérées au niveau du salaire minimum est proposé. Les locaux devenant exigus, Christian conclut un contrat de bail pour un local exceptionnel dont le loyer reste relativement élevé dont le propriétaire n'est autre que la SCI (société civile immobilière) dans Christian est associé avec son épouse. Il pense également proposer l'embauche de sa fille étudiante pour le contrat de 10 heures. Ses quatre amis s'interrogent sur ces opérations et se demandent si un commissaire aux comptes ne devrait pas être désigné.

Travail à faire

1. **L'association « Tous en forme » n'usurpe-t-elle pas le statut d'association ?**
2. **Un commissaire aux comptes devrait-il être désigné ?**
3. **Que pensez-vous de la régularité du contrat de bail ? Et celle du contrat de travail ?**

EXO 23.03 Exclusion d'un membre d'une association

L'association « Blé noir tradition Bretagne » (BNTB) est une association interprofessionnelle type loi 1901 regroupant 3 collèges composés de membres représentant les différents opérateurs intégrés à la filière Blé Noir Tradition Bretagne (producteurs, organismes collecteurs et meuniers). Elle est notamment chargée de la défense de la dénomination « « Farine de blé noir de Bretagne/Farine de blé noir de Bretagne – Gwinizh du Breizh ». Cette dénomination est d'ailleurs inscrite au registre des indications géographiques protégées (IGP).

La société Emile est une entreprise de minoterie, c'est-à-dire qu'elle transforme les grains de blé en farine. Elle exploite la marque « Les Monts d'Arrée tradition Bretagne ». La société Emile est membre de l'association BNTB depuis 1987. À la suite d'un contrôle qui conduit la société Emile à perdre son habilitation, le président de BNTB l'informe de son exclusion de l'association conformément aux statuts. Malgré son exclusion, la société Emile continue à faire usage de la dénomination protégée.

Travail à faire :

À partir de l'annexe reproduite ci-dessous, vous répondrez aux questions suivantes :

1. **Qui a introduit l'instance ? Quelle était la demande ?**
2. **Dans quels cas la qualité de membre d'une association peut-elle se perdre ?**
3. **Sur quel fondement le président de l'association a-t-il pu exclure la société Emile ? Comment la Cour d'appel de Rennes a-t-elle interprété cette disposition ? Qu'en pensez-vous au regard de la liberté contractuelle qui anime le droit des associations ?**
4. **La sanction de l'exclusion disciplinaire est-elle finalement régulière en l'espèce ?**
5. **Que vient préciser, indirectement, cet arrêt sur le mandat du président d'association ?**

1 : Annexe – Extraits de l'arrêt Cass. com. 4 décembre 2019

La Cour,

Attendu, selon l'arrêt attaqué, que la société Emile Le Rhun, entreprise de minoterie exploitant un moulin à Pont-l'Abbé, est titulaire de la marque semi-figurative « Les Monts d'Arrée tradition Bretagne » ; qu'en application du règlement communautaire n° 560/2010 du 25 juin 2010, la dénomination « Farine de blé noir de Bretagne/Farine de blé noir de Bretagne – Gwinizh du Breizh » a été inscrite au registre des indications géographiques protégées (IGP) et sa défense confiée à l'association Blé noir tradition Bretagne (l'association BNTB), en tant qu'organisme de défense et de gestion, dont la société Emile Le Rhun était membre depuis l'année 1987, et qui est titulaire de la marque semi-figurative « Blé noir tradition Bretagne Gwinizh du Breiz » ; qu'à l'issue de la visite de contrôle du moulin, le 18 septembre 2009, par un représentant mandaté par l'association BNTB, la société Emile Le Rhun s'est vu notifier, le 30 septembre 2009, son absence d'habilitation, ayant pour effet de la priver de la faculté d'utiliser l'IGP en cause ; qu'elle a été, le 25 janvier 2010, informée de son exclusion de l'association BNTB en raison du refus de certification ; que reprochant à la société Emile Le Rhun de continuer à faire usage de sa marque et d'éléments composant l'IGP, l'association BNTB et la société du Rhu, membre de l'association, l'ont assignée aux fins d'obtenir réparation des atteintes portées à la marque « Blé noir tradition Bretagne Gwinizh du Breiz » et à l'IGP « Farine de blé noir de Bretagne/Farine de blé noir de Bretagne – Gwinizh du Breizh » (...)

Mais sur ce moyen, pris en sa première branche :

Vu l'article L. 642-21 du Code rural et de la pêche maritime, ensemble l'article 1er de la loi du 1er juillet 1901 et l'article 1134 du Code civil, dans sa rédaction antérieure à l'ordonnance du 10 février 2016 ;

Attendu que pour rejeter la demande d'annulation de l'exclusion de l'association BNTB, prise par la présidente de celle-ci contre la société Emile Le Rhun le 25 janvier 2010, ainsi que la demande de réintégration de cette société, l'arrêt retient que selon l'article 7 des statuts de l'association BNTB, la qualité de membre « se perd par non-respect du cahier des charges », qu'ainsi libellée, cette clause s'interprète comme une clause de résiliation de plein droit de la qualité de membre et qu'en l'absence de disposition statutaire autre, la résiliation n'est subordonnée à aucun vote formel de la part d'une assemblée générale ;

Qu'en statuant ainsi, alors que dans le silence des textes et des statuts relatifs au fonctionnement d'une association, la décision de radier ou d'exclure un sociétaire relève de l'assemblée générale, son président ne pouvant prendre, en cette matière, que des mesures à titre conservatoire, la cour d'appel a violé les textes susvisés ;

Par ces motifs, et sans qu'il y ait lieu de statuer sur les autres griefs du pourvoi incident ni sur le pourvoi principal :

Casse et annule (...) l'arrêt rendu le 7 février 2017, entre les parties, par la cour d'appel de Rennes (...)

Les sociétés coopératives

Chapitre 24

COMPÉTENCE ATTENDUE

- **Identifier les principes généraux régissant les sociétés coopératives**

- « *Fille de la misère et de la nécessité* » (C. Gide), la société coopérative est une technique d'organisation d'une activité économique qui représente une alternative à l'économie capitaliste.

  Au partage des bénéfices ou à la recherche d'une économie, la société coopérative propose comme finalité la satisfaction des besoins économiques et sociaux de ses membres par l'effort commun. Elle incarne des valeurs humaines telles que l'entraide, la solidarité ou encore la fraternité. Elle est pour cela soumise à des règles de gestion spécifiques.

  Depuis 1947, le législateur la rattache aux sociétés (recours à la forme associative auparavant), ce qui fut fort critiqué car une société ne pouvait être constituée, à l'époque, que dans le but de réaliser des bénéfices (jusqu'en 1978). L'image d'Épinal du vote par tête colle, à raison, à la coopérative. La crise de 2008 a remis la coopérative est un statut qui peut être embrassé aussi bien par une société commerciale (SA, SARL...) qu'une société civile. En attendant une réforme du statut coopératif (Proposition pour une loi coopérative renovée et utopique proposée par plusieurs universitaires en 2018), la loi de 1947 plusieurs fois modifiée continue à s'appliquer.

  Pour autant, elle n'est pas une forme de société particulière : la coopérative est un statut qui peut être embrassé aussi bien par une société commerciale (SA, SARL...) qu'une société civile.

- Tout en proposant une nouvelle définition plus adaptée à la période contemporaine, la loi du 31 juillet 2014 relative à l'ESS n'a pas modifié la **nature de la coopérative** qui reste une **société**. Cette définition marque son insertion dans la vie économique et en particulier son rattachement à l'économie sociale et solidaire.

PLAN DU CHAPITRE

APPLICATIONS P. 347

1 Les principes et valeurs des coopératives

A Définition de la coopérative

La loi du 31 juillet 2014 intègre dans la définition de la coopérative plusieurs principes coopératifs déjà énoncés en 1947. Ils figurent désormais explicitement à l'article 1er de la loi de 1947 modifiée :

« La coopérative est une société constituée par plusieurs personnes volontairement réunies en vue de satisfaire à leurs besoins économiques ou sociaux ***par leur effort commun*** *et la mise en place des moyens nécessaires.*

Elle exerce son activité dans toutes les branches de l'activité humaine et respecte ***les principes suivants : une adhésion volontaire et ouverte à tous, une gouvernance démocratique, la participation économique de ses membres, la formation desdits membres et la coopération avec les autres coopératives****.*

Sauf dispositions spéciales à certaines catégories de coopératives, ***chaque membre coopérateur*** *dénommé, selon le cas, "associé" ou "sociétaire",* ***dispose d'une voix*** *à l'assemblée générale.*

Les ***excédents*** *de la coopérative sont* ***prioritairement mis en réserve*** *pour assurer son développement et celui de ses membres (...) ».*

Remarque La proposition de loi utopique évoquée dans l'introduction propose de renouveler la définition. Traditionnellement tournée vers la satisfaction des besoins de ses membres, la coopérative serait orientée vers des besoins qualifiés d'utilité sociale.

B Les principes coopératifs

Certains de ces principes concernent le fonctionnement de la société coopérative (cf. II).

Principe de la double qualité	Tout associé apporteur en capital doit être aussi coopérateur, c'est-à-dire lié à la coopérative par une relation distincte telle que celle d'utilisateur de ses services ou fournisseur en produits ou en travail personnel. Depuis 1992, il existe des atteintes à ce principe afin d'obtenir de nouveaux financements.
Principe de l'exclusivisme	L'exclusivisme est la contrepartie de l'engagement d'activité pris par chaque coopérateur. Les coopérateurs sont les détenteurs de capital et les bénéficiaires des activités de la coopérative. Ainsi, la coopérative est censée agir en principe pour le seul bien de ses membres. Ce principe connaît un nombre croissant d'exceptions pour permettre plus largement l'ouverture à des non-coopérateurs aux services de la coopérative. Les coopérateurs doivent demeurer maîtres de l'entreprise.
Principe dit de la "porte ouverte"	Il implique que toute personne est libre d'adhérer ou non à une coopérative. L'associé coopérateur est libre de quitter la société coopérative à tout moment à charge pour lui de respecter un préavis. La coopérative peut exclure l'associé coopérateur qui ne respecte pas l'intérêt coopératif.
Principe de répartition des excédents selon la règle de la **ristourne** proportionnelle	La coopérative n'a pas vocation à réaliser des bénéfices qui seraient répartis lors d'une distribution de dividendes entre les coopérateurs. Le législateur utilise le terme d'excédents. Les coopérateurs participent au capital qui est rémunéré par le versement d'un intérêt annuel. Pour assurer son développement, la coopérative a cependant besoin de réaliser des bénéfices : les excédents sont alors prioritairement mis en réserve.
Indisponibilité des réserves	Les réserves ne peuvent être distribuées aux coopérateurs. Seule la coopérative en tant que PM s'enrichit avec l'incorporation aux réserves. En quittant la coopérative, un coopérateur ne peut prétendre qu'au remboursement de ses parts sociales (même principe qui conduit à la dévolution altruiste des actifs de la coopérative en cas de dissolution).

Gouvernance démocratique	La maîtrise des décisions sociales n'appartient pas à l'associé ayant réalisé l'apport en capital le plus important. Le fonctionnement anticapitaliste de la coopérative est basé sur le principe "1 homme, 1 voix". Cette règle de parité exprime la volonté de donner toute son importance à l'Homme plutôt qu'au capital. Cette règle et parfois très critiquée (des aménagements sont possibles).

C Un paysage coopératif multiple

Les coopératives se regroupent en différentes familles qui se distinguent par l'activité exercée et surtout par le type d'associés mais se caractérisent par le **principe de la double qualité.**

Les plus répandues sont **les coopératives d'entreprises** (en particulier les coopératives agricoles) **et les SCOP** (société coopérative de production).

- Lorsqu'on parle de **coopératives d'entreprises**, les associés sont des entrepreneurs :
  - **coopérative agricole** (les agriculteurs adhèrent à la coopérative), www.coopdefrance.coop
  - **coopérative d'artisans (les artisans mutualisent les services),** www.ffcga.coop
  - **coopérative et groupement de transporteurs** (les transporteurs sont associés), www.france-groupements.com
  - **coopérative de commerçants** (les entrepreneurs indépendants sont associés au sein d'un groupement), www.commerce-associe.fr
  - **coopérative maritime** (qui regroupe des marins pêcheurs). www.cooperationmaritime.com
- Au sein des **coopératives d'utilisateurs ou d'usagers**, les associés sont les utilisateurs des biens et des services produits :
  - **coopérative de consommateurs** (les clients-consommateurs sont associés), → www.fncc.coop
  - **coopérative d'HLM** (accession à la propriété comme en locatif social), → www.hlm.coop
  - **coopérative d'habitants** (les habitants sont associés) → www.habicoop.fr
  - **coopérative scolaire** (gérée par les élèves, avec le concours des enseignants) → www.occe.coop
- S'agissant des **coopératives bancaires** ou **banques coopératives**, les associés sont les clients, déposants ou emprunteurs.

  www.bpce.fr, www.fnbp.fr, www.federation.caisse-epargne.fr ; www.credit-cooperatif.coop ; www.creditmutuel.com ; www.creditagricole.info
- Les **sociétés coopératives et participatives** ou coopératives de production sont les seules coopératives dont les membres associés sont les salariés, majoritaires au capital : Scop (Société coopérative et participative) et coopérative d'activités et d'emploi (qui accompagnent des entrepreneurs individuels). www.les-scop.coop
- Les **coopératives multisociétariales** (associant plusieurs parties prenantes autour d'un même projet, dont a minima les salariés et les bénéficiaires de l'activité) : Scic (Société coopérative d'intérêt collectif) : www.les-scic.coop
- Enfin, la **société coopérative européenne** (SCE), dont l'adoption est récente permet de créer une coopérative pour une activité commune sur plusieurs pays de la Communauté vient aujourd'hui compléter le dispositif législatif.

Source : entreprises.coop/decouvrir-les-cooperatives/quest-ce-quune-cooperative/typologie-des-coop.html

2 Constitution et fonctionnement de la société coopérative

- Trois catégories de normes déterminent le statut juridique des coopératives :
  - les **règles du droit commun des sociétés** (civiles et commerciales) étudiées précédemment parce que les objectifs coopératifs se réalisent dans une structure sociétaire. C'est la raison pour laquelle elle pourrait même adopter la qualité de société à mission (mais les conditions pour en bénéficier sont bien moins fortes que celles relatives à l'exigence d'utilité sociale des entreprises de l'ESS). Ce sont celles qui portent sur la constitution et le fonctionnement des coopératives ;

- les **dispositions – souvent jugées lacunaires – figurant dans la** loi-cadre de 1947 (modifiée en 1992, par la loi Hamon du 31 juillet 2014 et enfin par la loi Pacte du 22 mai 2019) qui fixent les principes coopératifs. C'est le cadre juridique de référence, l'équivalent d'un « droit commun des coopératives » mais elle ne comporte que très peu de précisions relatives à l'organisation concrète de la société coopérative. Il en découle une grande place laissée à la liberté ;
- enfin, de nombreuses **dispositions spécifiques aux diverses branches de la coopération** (par exemple pour les coopératives agricoles) ou aux différentes catégories de sociétés coopératives (par exemple, les SCOP).

▪ **Résolution du conflit entre ces normes** : ce sont toujours les dispositions spéciales qui prévalent sur le droit commun.

A Constitution d'une coopérative

1 Conditions de fond

▪ La constitution d'une coopérative obéit à plusieurs conditions de fond tenant :

- **aux associés** : une société unipersonnelle est exclue dans la mesure où la coopérative suppose la réalisation d'une activité commune. Pour le reste, il convient de se reporter au droit commun de la société dont la coopérative a pris la forme pour connaître le nombre d'associés requis (la SARL ne pourra pas convenir aux coopératives excédant 100 associés). Chaque coopérateur est détenteur d'une part de capital qui n'est librement cessible. La sortie d'un coopérateur se réalise par la disparition des parts remboursées par la coopérative ;
- l'**associé non coopérateur** : un assouplissement au principe d'exclusivisme a été institué par la loi du 31 juillet 2014. Une coopérative peut admettre comme associé non coopérateur, dans les conditions et limites fixées par leurs statuts, des personnes physiques (leurs salariés) ou personnes morales qui n'ont pas vocation à recourir à leurs services ou dont elles n'utilisent pas le travail mais qui entendent contribuer par un apport (capitaux, conseil, compétences, locaux) à la réalisation des objectifs de la coopérative. Les associés non coopérateurs disposent d'un nombre de voix proportionnel à leur part de capital mais ils ne peuvent détenir ensemble plus de 49 % du total des droits de vote (article 3 bis de la loi de 1947) ;
- **à l'affectio corporatis** : sur le modèle de l'affectio societatis (cf. chapitre 2), cette notion exprime la volonté des associés de créer et de collaborer à la coopérative. Par la nature même de la coopérative, elle se présente comme une affectio societatis renforcée ;
- **aux apports** : en application du principe de double qualité, le coopérateur doit apporter selon la nature de la coopérative sa qualité de client, son activité professionnelle ou son travail. Aussi l'apport en industrie semble exclu dans les coopératives (interdit dans la coopérative constituée en SA). Les associés reçoivent des droits sociaux qualifiés de parts sociales, quelle que soit la forme sociétaire retenue, qui sont nominatives (lien personnel très fort entre l'adhérent et la structure) ;
- **au capital** : les coopératives peuvent ou doivent (sociétés coopératives agricole ou de banque) se former sous la forme d'une société à capital variable. Le principe de variabilité du capital a d'ailleurs historiquement été conçu pour les coopératives. La loi du 10 septembre 1947 n'impose pas son emploi mais il s'agit d'une modalité de fonctionnement précieuse pour une coopérative car elle facilite le respect de certaines règles de la coopération telles que l'adhésion libre ou le droit de retrait. Même s'il est variable, se pose la question du capital minimum lors de la constitution. On retiendra que la SA étant la seule société commerciale exigeant un capital minimum, le capital d'une société coopérative créée sous la forme d'une SA requiert la moitié, soit 18 500 €. Pour les autres, le capital est libre ;

- **à l'objet social** : les statuts doivent déterminer l'objet en tenant compte du type de société coopérative adoptée (agricole, SCOP...).

2 Conditions de forme

Quant à la forme, les statuts écrits sont importants. Les dispositions impératives étant rares, les juges se réfèrent à la loi des parties. Outre les pouvoirs de l'assemblée générale et des dirigeants, les modalités de contrôle des associés, les statuts doivent contenir les conditions d'adhésion, de retrait et d'exclusion des adhérents.

Remarque portant sur le choix de la forme sociale : en principe, toutes les sociétés commerciales sont possibles. Cependant, parce qu'elles correspondent davantage aux attentes des coopérateurs, les SA, SARL et SAS sont les formes privilégiées. De fait, les formes sociales impliquant pour les associés la qualité de commerçant sont laissées de côté (exception faite des coopératives professionnelles qui réunissent des adhérents déjà commerçants).

Acquisition de la personnalité morale : on retrouve les mêmes démarches (JAL, BODACC, RCS). La doctrine met en lumière un **intérêt coopératif** sur le modèle de l'intérêt social.

B Organisation et fonctionnement d'une coopérative

- **Organisation calquée sur le droit des sociétés :** très peu de dispositions portent sur l'organisation de la coopérative dans la loi de 1947. La gestion est effectuée par des mandataires nommés pour 6 ans au plus et révoqués par l'assemblée générale. L'AG annuelle est obligatoire pour approuver les comptes et désigner les dirigeants. Pour le reste, le droit commun des sociétés s'applique (conseil d'administration ou conseil de surveillance dans la coopérative SA...). L'assemblée générale se réunit au moins une fois par an pour prendre connaissance du compte rendu de l'activité de la société, approuver les comptes de l'exercice écoulé et procéder à la nomination de mandataires.

Remarque Certains auteurs (D. Hiez) plaident pour l'autonomie du droit coopératif, sans remettre en cause le rattachement aux sociétés. Il arrive que des juges appliquent les règles du droit commun des sociétés quand le droit coopératif devrait permettre, ponctuellement, d'y déroger (cf. application 2).

- **Fonctionnement contraint par les principes coopératifs :** en revanche, le fonctionnement s'éloigne profondément du droit des sociétés, il obéit aux principes coopératifs évoqués précédemment.
- **Les coopérateurs disposent d'une seule voix à l'assemblée générale** (cf. gouvernance démocratique).
- **La participation aux résultats** : la coopérative ne poursuivant pas un but lucratif. La répartition des excédents obéit à des règles spécifiques. Après le versement de la ristourne aux coopérateurs, les sommes disponibles sont affectées aux réserves (**indisponibilité ou l'impartageabilité des réserves**) ou attribuées sous forme de subventions à d'autres coopératives.
- **Le mécanisme de la ristourne :** les membres coopérateurs recueillent une partie des excédents avec le mécanisme de la ristourne, fondé sur la rétrocession de tout ou partie des excédents générés par la coopérative (appelés « trop-perçus »). Ces ristournes sont versées en fonction des opérations traitées par la coopérative avec chacun des associés ou du travail fourni par l'associé, **sans lien avec la part de capital détenu**. Dès lors que l'associé coopérateur a participé à l'effort commun par l'activité ou en fournissant les moyens de l'activité, la coopérative valorise ce travail en lui attribuant une ristourne.
- **Concernant le financement,** les collectivités territoriales peuvent participer aux charges de fonctionnement. C'est le cas des SCIC (sociétés coopératives d'intérêt collectif) créées en 2001.

Remarque La loi PACTE prévoit que les sociétés coopératives constituées sous la forme d'une société anonyme peuvent procéder à une offre au public de leurs titres (article 11 modifié de la loi du 10 septembre 1947).

C Le contrôle de la coopérative

- **Contrôle par un commissaire aux comptes** : avant la loi Pacte, seule la coopérative constituée sous la forme d'une SA était tenue de désigner un CAC ; les autres devaient se référer à la forme sociale de référence. Désormais toutes les sociétés coopératives suivent la règle modifiée par la loi Pacte et devront désigner un CAC quand elles dépassent deux des trois seuils fixés par décret : 4 millions d'euros de total du bilan ; 8 millions d'euros de chiffre d'affaires hors taxes et nombre moyen de salariés : 50.

  Les coopératives ont la possibilité de désigner un CAC volontairement ou d'en faire désigner un par le président du tribunal de commerce.
- **Contrôle administratif** : « les coopératives sont tenues de fournir sur réquisition des contrôleurs ou des agents désignés par les ministres dont elles relèvent suivant leur nature, toutes justifications permettant de vérifier qu'elles fonctionnent conformément à la loi. Elles doivent, notamment, leur communiquer à cet effet leur comptabilité appuyée de toutes pièces justificatives utiles » (article 23 loi de 1947). Toute entrave apportée à l'exercice de ce contrôle est sanctionnée pénalement. Des sanctions sont prévues (retrait de l'agrément, interdiction de poursuivre l'activité coopérative...).
- **Procédure de révision coopérative** : ce mécanisme consiste à vérifier au moins tous les 5 ans (les statuts peuvent prévoir un délai inférieur) la conformité de l'organisation et du fonctionnement de certaines coopératives aux principes rappelés précédemment (un décret fixe les différents seuils de cette obligation ; ils dépendent de la nature de la coopérative en cause. On retiendra que les sociétés coopératives comprenant au moins deux associés coopérateurs et dont le chiffre d'affaires est supérieur à 30000 € sont soumises à la révision coopérative). La révision est obligatoire au terme de trois exercices déficitaires ou si les pertes d'un exercice s'élèvent à la moitié au moins du montant le plus élevé atteint par le capital social de la coopérative. Elle est également de droit, notamment lorsqu'elle est demandée par le dixième au moins des associés. Un réviseur agréé apprécie la participation des associés aux opérations et à la gestion de la coopérative. Il porte une appréciation critique sur la gestion au vu des comptes annuels. Des mesures correctives sont proposées.

Remarque Les associés ne peuvent pas solliciter une expertise de gestion.

D Dissolution de la coopérative

Le droit commun des sociétés a vocation à s'appliquer, notamment en ce qui concerne les causes de dissolution d'une coopérative. La décision de dissolution entraîne la liquidation de la société coopérative selon les règles applicables à la forme sociétaire choisie.

Le caractère collectif de la propriété est très marqué puisque les réserves restent impartageables en cas de dissolution.

- *Boni* de liquidation : en cas de dissolution, l'actif net subsistant après extinction du passif et remboursement du capital effectivement versé, est dévolu par décision de l'assemblée générale, soit à d'autres coopératives ou unions de coopératives, soit à une autre entreprise de l'économie sociale et solidaire (article 19 de la loi de 1947).

Sur la « sortie » du statut coopératif : il s'agit de la transformation d'une société coopérative en société capitaliste. L'article 25 de la loi de 1947 en prévoit un régime contraignant. Toute modification des statuts entraînant la perte de la qualité de coopérative ne peut intervenir qu'après autorisation de l'autorisation de l'autorité administrative, pris après avis du Conseil supérieur de la coopération. Elle peut notamment être apportée lorsque la qualité de coopérative est un obstacle immédiat à la survie de l'entreprise ou lorsqu'une dégradation sérieuse de l'activité de l'entreprise, liée à sa qualité de coopérative, entrave ou porte atteinte ses perspectives de développement. Depuis 2014, cette sortie peut également résulter d'une sanction, en lien avec la révision coopérative.

3 Les principaux types de sociétés coopératives en France

Les règles spéciales sont nombreuses (hypertrophie dénoncée). Elles expliquent les développements figurant ci-dessous.

A Les SCOP (sociétés coopératives de production)

Seules 5 % des SCOP sont issues du redémarrage d'entreprises en difficulté comme dans cette illustration. La très large majorité des créations sont des nouvelles entreprises ou des entreprises transformées en SCOP à la suite du départ à la retraite du dirigeant fondateur. Elles sont donc présentes dans tous les secteurs d'activité. La SCOP est une société à **capital variable,** constituée uniquement sous forme de SARL, SA ou SAS.

- **Des associés salariés majoritaires** : la loi du 19 juillet 1978 a fixé le statut des SCOP. Les SCOP sont formées par des salariés de toutes catégories ou qualifications professionnelles, associés pour exercer en commun leur profession dans une entreprise qu'ils gèrent directement ou par l'intermédiaire de mandataires désignés par eux et en leur sein.

Une SCOP est une société coopérative dont les salariés sont les associés majoritaires. Ils détiennent au moins 51 % du capital et 65 % des droits de vote.

- **Direction de la société :** un dirigeant est élu par les salariés associés qui en exercent le contrôle. Les grandes décisions stratégiques sont adoptées par l'ensemble des salariés associés réunis en AG.
- **Le profit est partagé sous forme de participation et d'intéressement** pour tous les salariés qui ont vocation à devenir associés, de **dividendes** pour les salariés associés et de **réserves** pour la société coopérative qui sont impartageables et définitives. Elles représentent environ 40 % du résultat.

Sur la « SCOP d'amorçage » : le décret du 31 décembre 2014 a créé un statut de SCOP transitoire au statut assoupli pour favoriser la reprise de l'activité par les salariés d'entreprises saines.
Un ou plusieurs investisseurs, associés non coopérateurs, pourront détenir plus de la moitié du capital de cette SCOP, mais pour une durée limitée à sept ans, tout en laissant aux salariés la majorité en voix.

Illustration : avec la SCOP TI et la création de la marque de thé « 1336 » qui représente le nombre de jours de lutte des salariés menacés par un projet de délocalisation en 2010.
Ils décidèrent d'occuper l'usine pour le maintien de l'activité industrielle. Au terme de 4 ans de lutte, les machines sont cédées à l'euro symbolique par Unilever. SCOP TI fut alors créée par 58 anciens salariés qui ont chacun investi un minimum de 3000 € afin de lancer la société coopérative.
La SCOP TI propose des produits bio qui favorisent les circuits courts.

B Les sociétés coopératives agricoles

Sous réserve des dispositions des articles L. 521 et s. du Code rural et de la pêche maritime, les sociétés coopératives agricoles sont régies par la loi de 1947. Les sociétés coopératives agricoles ont un objet limité : l'utilisation en commun par des agriculteurs de tous moyens destinés à faciliter ou à développer leur activité économique, à améliorer ou à accroître les résultats de cette activité (utilisation d'outils de production, approvisionnement en engrais...).

Les statuts peuvent également préciser une raison d'être, constituée des principes dont la société coopérative agricole se dote et pour le respect desquels elle entend affecter des moyens dans la réalisation de son activité (article L. 521-7 du Code rural et de la pêche maritime introduit par la loi Pacte).

Elles sont obligatoirement à **capital variable** et nécessitent un **agrément lors de leur constitution**.

Concernant les associés coopérateurs, il peut s'agir de personnes physiques ou morales ayant la qualité d'agriculteur ou de forestier dans la circonscription de la coopérative agricole, ou encore de personnes possédant des intérêts agricoles, les groupements agricoles d'exploitation, les associations et syndicats d'agriculteurs ayant avec la coopérative agricole un objet commun ou connexe.

Il y a également des associés non coopérateurs.

C Les coopératives de consommateurs

Les coopératives de consommateurs avaient quasiment disparu en France dans les années 1970 avec l'ouverture des grandes surfaces. Un renouveau des coopératives de consommation s'annonce peut-être avec la remise en question du système contemporain de consommation qui conduit à de nouvelles relations entre producteurs, commerçants et consommateurs (à l'image des Amap, associations pour le maintien d'une agriculture paysanne).

Les coopératives de consommateurs sont des regroupements de consommateurs qui permettent d'acheter en grande quantité des biens de consommation. La coopérative de consommateurs poursuit plusieurs objectifs : **réduire le prix de vente des produits ou services pour les consommateurs, améliorer leur qualité** et contribuer à la satisfaction des besoins des consommateurs ainsi qu'à leur formation.

> Une illustration peut être trouvée avec certains magasins Biocoop constitués en coopératives de consommateurs ou encore La Louve : en réaction à l'offre alimentaire classique, La Louve se définit comme le premier supermarché coopératif et participatif de Paris, à but non lucratif et géré par ses membres (ou encore La Mouette au Havre depuis le mois de janvier 2020). Tout le monde peut y faire ses courses sous réserve de devenir coopérateur, c'est-à-dire participer au financement, à la gouvernance et au fonctionnement de la coopérative. Les marges, plus faibles que dans la plupart des autres magasins d'alimentation, permettent de pratiquer des prix raisonnables. Tous les bénéfices sont réinvestis dans le fonctionnement du supermarché.

Remarques

- Sur la Camif et le statut de société à mission : au mois d'octobre 2018, les députés ont anticipé la disposition de la loi Pacte visant la reconnaissance de la qualité de société à mission. Elle doit permettre aux entreprises qui le souhaitent d'engager davantage leur responsabilité sociale et environnementale (RSE). Ce statut existe déjà aux Etats-Unis, il regroupe des sociétés (connues sous le nom de « B Corp » pour « benefit coporation ») qui se sont fixé un objet social intégrant des contributions à l'intérêt général, en plus de la seule recherche du profit (bénéfices répartis plus équitablement également). Pour s'assurer que l'entreprise tienne ses engagements et ne se cache pas derrière une belle ambition, les engagements pris devraient faire l'objet d'un audit certifié par un organisme tiers. Plusieurs entreprises en France s'inspirent déjà de ces principes, c'est le cas de la Camif (historiquement Coopérative de consommation) qui s'illustre notamment à l'occasion du « green day » pour résister au « black Friday », évènement associé à la surconsommation venu des Etats-Unis. Cette entreprise française de vente aux particuliers spécialisée dans l'équipement de la maison distribue ses produits exclusivement par Internet et ferme son site pour l'occasion.
- Ces coopératives de consommateurs ne doivent pas être confondues avec les coopératives de commerçants telles que Super U, Intermarché et Leclerc.

D La société coopérative d'intérêt collectif (SCIC)

> Illustration avec Med Clichy : confrontée à une diminution de son offre de soins, la ville de Clichy-sous-Bois a permis d'ouvrir une maison de santé sous forme de SCIC. La SCIC fournit aux professionnels de santé des prestations de services et logistiques leur permettant d'exercer au quotidien dans de bonnes conditions, notamment par la mise à disposition de locaux, la prise de rendez-vous, l'accueil des patients, le service informatique...
> Tous les secteurs d'activités sont concernés par la SCIC qui porte un projet qui va au-delà de ses seuls membres, en cela, elle diffère de la coopérative « classique » (on ne retrouvera pas d'ailleurs le principe de double qualité pour les coopérateurs).

- Ce statut constitue une formule de PM de droit privé originale, éloignée du modèle de la coopérative et des sociétés commerciales. Elle est en effet obligatoirement constituée sous forme de SARL, SAS ou SA, à capital variable et est imposée à l'impôt sur les sociétés.

La SCIC permet de structurer des offres de services nécessitant, pour leur mise en œuvre et pour leur gestion, le rapprochement de différents partenaires privés et/ou publics. La SCIC se définit comme une société coopérative ayant pour objet la production ou la fourniture de biens ou de services **d'intérêt collectif** qui présentent un **caractère d'utilité sociale**. Elle est conçue comme un outil de développement de projets d'ESS dans le cadre d'une politique d'insertion par l'activité économique.

- Les SCIC se caractérisent par :
  - le **multisociétariat** : elle rassemble des associés aux intérêts a priori divergents qui se rassemblent dans un intérêt collectif qui les dépasse. On dénombre au moins trois catégories d'associés : **des producteurs de biens ou de services**, **des bénéficiaires**, à titre gratuit ou onéreux, de ces biens et services proposés par la coopérative et **d'autres types d'associés (personnes physiques ou morales de droit privé ou de droit public** contribuant à l'activité de la coopérative. Il peut s'agir de collectivités territoriales, de sociétés, d'associations, d'artisans, de bénévoles, d'agriculteurs dans la limite de 25 % du capital) ;
  - la recherche d'un but lucratif même si l'intérêt collectif prime, les associés peuvent se partager une partie des bénéfices même une grande partie est réinvestie dans l'activité

E La coopérative d'activité et d'emploi (CAE)

Illustration avec Coop'Alpha créée à Bordeaux il y a 15 ans : il s'agit d'une structure dédiée à la création d'entreprise. Elle propose aux porteurs de projet une façon originale de développer leur projet en brisant l'isolement des personnes désireuses de créer leur emploi. Ces personnes acquièrent la posture et l'autonomie de l'entrepreneur, et en même temps, la protection du salariat. Coop'Alpha appartient au réseau Coopérer pour entreprendre.

- La coopérative d'activité et d'emploi (CAE) a pour objet principal l'appui à la création et au développement d'activité économique des entrepreneurs personne physique. La CAE permet à un porteur de projet de tester son activité en toute sécurité : elle lui offre un statut "**d'entrepreneur salarié**" qui lui permet de percevoir un salaire et de bénéficier du régime général de la sécurité sociale comme tout salarié.
- Les CAE sont constituées sous forme de SCOP.

L'entrepreneur salarié verse une **contribution** pour le financement de ses services selon des modalités fixées dans le cadre de l'assemblé générale des CAE. Il conclut avec la coopérative un contrat qui comporte notamment les objectifs à atteindre et ses obligations d'activité minimale, les moyens mis en œuvre par la coopérative pour soutenir et contrôler son activité économique.

La CAE est responsable des engagements pris vis-à-vis des tiers dans le cadre de l'activité économique développée par l'entrepreneur salarié associé.

SYNTHÈSE

- Une **coopérative est une société à objet civil ou commercial** qui se distingue des sociétés dites capitalistes car la recherche des bénéfices n'est pas le principal objectif.
- La coopérative obéit à plusieurs principes : la double qualité, la porte ouverte, l'exclusivisme, la répartition des excédents selon la règle de la ristourne proportionnelle, l'indisponibilité des réserves et le fonctionnement démocratique (un homme = une voix).
- La loi de 1947 ne contient que très peu de dispositions impératives. Les statuts sont alors très importants et il convient de se reporter aux dispositions particulières à chaque coopérative. Il existe une grande variété de coopératives :
  - les **coopératives de consommateurs** : elles permettent d'acheter en grande quantité des biens de consommation ;
  - les **sociétés coopératives agricoles** : elles visent exclusivement l'utilisation en commun par des agriculteurs de tous moyens destinés à faciliter ou à développer leur activité économique ;
  - la **SCIC** (société coopérative d'intérêt collectif) : son objet est la production ou la fourniture de biens et de services d'intérêt collectif qui présentent un caractère d'utilité sociale ;
  - la **CAE** (coopérative d'activité et d'emploi) : coopérative destinée à favoriser la création d'activité par les demandeurs d'emploi et à développer leur activité ;
  - la **SCOP** (société coopérative de production) : c'est une entreprise qui appartient à ses salariés. Les salariés possèdent au minimum 51 % du capital, ils sont associés majoritaires ;
  - la **SCOP « d'amorçage »** : il s'agit d'un statut de SCOP transitoire au statut assoupli dans le but de faciliter la reprise par les salariés d'entreprises saines.

EXO 24.01 Analyse de situations pratiques

Cas 1 : la communauté de communes de Commercy souhaite s'engager dans la lutte contre la précarité énergétique. Le constat est le suivant : 70 % des habitations sont énergivores. Elle souhaite réunir autour d'un grand projet EDF, les collectivités territoriales concernées, des artisans locaux.

Cas 2 : après avoir été longtemps salarié, Christian souhaite devenir entrepreneur et notamment pépiniériste, visant une clientèle de particuliers. Il craint de se retrouver sans rémunération. De plus, il ne dispose d'aucun réseau, n'a aucune connaissance en termes de création et gestion d'une entreprise.

Cas 3 : la société Carmelec (SA) a été créée il y a 15 ans. Elle évolue dans les secteurs de la sécurité et de la radioprotection. Ses actionnaires ont exprimé le souhait de la transformer en une entreprise démocratique avec une hiérarchie horizontale. Son P-DG veut éviter que les salariés ne s'endettent.

Dans les situations ci-dessus, choisissez la forme de société coopérative qui convient le mieux au projet des coopérateurs.

EXO 24.02 Organisme de foncier solidaire

Un organisme de foncier solidaire (OFS) a tenu sa première assemblée constitutive le 26 juin 2017 et a été baptisé « La Coopérative foncière francilienne » (LCFF). Le 5 mai 2017, l'Urcoop Île-de-France (Union régionale des coopératives HLM d'Île-de-France) avait validé le projet de statuts ainsi que le modèle économique de l'OFS. LCFF est un outil spécifique pour mettre en œuvre le démembrement foncier / bâti, et améliorer l'offre d'accession sociale à la propriété notamment des primo-accédants et de favoriser le parcours résidentiel des locataires Hlm. La Coopérative foncière francilienne travaille sur l'ensemble du territoire d'Île-de-France notamment sur les zones où le prix des terrains est élevé et rend difficile le développement de logements abordables en accession.

La Coopérative foncière francilienne comprend 12 associés fondateurs (parmi lesquels Coop Acces, Coop Hlm Habitat Réuni, Domaxia, Expansiel Promotion, Habitation Transports...) qui ont adopté les statuts de LCFF constituée sous la forme d'une SCIC SAS. Sa gouvernance est partenariale avec les utilisateurs personnes physiques (20 %), les garants du projet coopératif (40 %), les collectivités publiques (20 %), les partenaires coopératifs et HLM (10 %) les autres partenaires (10 %). À l'issue de l'AG, un premier conseil d'administration a été tenu d'élire le bureau.

À l'aide de l'annexe ci-dessous, répondez aux questions suivantes :

1. **Quelle finalité poursuit un organisme de foncier solidaire ? En quoi s'inscrit-il dans le cadre de l'économie sociale et solidaire ?**
2. **Qu'est-ce qu'un BRS ?**
3. **Cela vous surprend-il que la Coopérative foncière francilienne soit constituée sous la forme d'une SAS ?**
4. **Qu'est-ce qu'une SCIC et quelles sont ses caractéristiques ?**

ANNEXE 1 : Extrait du communiqué de presse de La Coop Foncière Francilienne en date du 24 septembre 2019

En 2014, la loi ALUR a créé les organismes de foncier solidaire (OFS), déclinaison française du « Community Land Trust » anglo-saxon. Les OFS constituent un nouvel acteur du foncier dont une des missions est de permettre aux classes moyennes d'accéder à la propriété dans les zones connaissant des prix du foncier tendus, tout en assurant du caractère anti-spéculatif et pérenne de l'opération.

L'ordonnance du 20 juillet 2016 a ensuite instauré le Bail Réel Solidaire (BRS), nouveau outil juridique spécifiquement dédié aux OFS. Ce bail permet la dissociation de la propriété du foncier de celle du bâti et sa durée, allant de 18 à 99 ans, est rechargeable en cas de rotation.

En juin 2017, c'est sur ces bases qu'a été créée, à l'initiative des coopératives Hlm d'Île-de-France et de la Fédération des COOP Hlm, la Coopérative Foncière Francilienne (LCFF) de statut société coopérative d'intérêt collectif par action simplifiée. En octobre 2017, la Coopérative Foncière Francilienne est agréée en tant qu'organisme de foncier solidaire sur le territoire de la région Île-de-France.

La Coopérative Foncière Francilienne réunit aujourd'hui 21 organismes HLM franciliens qui vont assurer la maîtrise d'ouvrage des opérations et apporter la sécurisation HLM aux ménages accédants en cas d'accidents de la vie.

Convaincue de l'intérêt du Bail Réel Solidaire et de la complémentarité de cette offre d'accession sociale avec le logement locatif social pour favoriser les parcours résidentiels, la Banque des Territoires finance par son prêt de portage foncier GAIA Long Terme l'achat du foncier par les OFS. La durée de ce prêt vient d'être allongée aujourd'hui de 60 ans à 80 ans, ce qui permet de minimiser la redevance payée par les accédants pour l'acquisition des droits réels conférés par le BRS. Deux opérations de la Coopérative Foncière Francilienne ont déjà bénéficié de prêts GAIA LT, à Bagneux et au Kremlin-Bicêtre.

EXO 24.03 Cas Coopérative agricole « Les bonnes tartes d'Annie »

Retrouvez cet exercice complémentaire sur www.editions.foucher.fr

Le droit pénal des affaires

Partie 6

- Dans le cadre de leurs activités, les personnes morales intervenant dans la vie des affaires ainsi que leurs dirigeants peuvent engager leur responsabilité pénale. Certains comportements constituent des infractions.
- Le procureur de la République est maître de l'opportunité des poursuites en matière pénale. Toutefois, la victime qui demande réparation du préjudice qu'elle a subi du fait du comportement incriminé peut agir par la voie de l'action civile. Certaines infractions relèvent du droit commun mais sont commises dans le cadre d'une activité économique, c'est le cas de l'abus de confiance ou de l'escroquerie.
- D'autres relèvent du droit pénal des sociétés et groupements d'affaires qui a pour but de protéger l'ordre public économique et social, c'est le cas de la distribution de dividendes fictifs ou de l'abus de biens sociaux.

Chapitre 25

La mise en œuvre de la responsabilité pénale

COMPÉTENCES ATTENDUES

- **Identifier la personne pénalement responsable, l'auteur et le complice**
- **Associer une peine à une infraction (amende, emprisonnement...)**
- **Schématiser les grandes étapes de la procédure pénale**
- **Mettre en évidence les grandes règles de la procédure pénale**

- La société, en tant que personne morale, engage sa responsabilité pénale lorsqu'elle commet une infraction.
- Le droit pénal désigne l'ensemble des règles ayant pour objet l'étude de la répression par l'État de comportements de nature à créer un trouble pour l'ordre social. L'action publique est exercée par le ministère public qui représente l'État.
- Le droit pénal général définit les infractions, les auteurs qui seront poursuivis et les sanctions qui leurs seront applicables.
- La procédure pénale définit l'ensemble des règles applicables depuis la constatation de l'infraction jusqu'au jugement et à l'épuisement des voies de recours.

1 Les principes généraux du droit pénal

Le droit pénal définit l'infraction, précise les règles concernant son imputabilité et les peines applicables lorsque l'infraction est consommée.

A L'infraction

L'infraction est une action ou une omission prohibée par la loi et passible selon sa gravité d'une peine principale, soit criminelle, soit correctionnelle, soit de police, éventuellement assortie de peines complémentaires ou de mesures de sûreté.

1 La classification des infractions

A partir de leur gravité, trois catégories d'infractions sont identifiables. L'échelle des peines principales encourues est la suivante :

- Les contraventions sont « les infractions que la loi punit d'une amende n'excédant pas 3 000 euros » (article 131-12 et suivants du Code pénal). Il n'y a pas de peine d'emprisonnement.
- Les délits sont punis d'une peine d'emprisonnement de 10 ans au plus ou d'une peine d'amende supérieure ou égale à 3 750 euros (article 381 du Code de procédure pénale).

Remarque L'article 131-3 du Code pénal recense l'ensemble des peines correctionnelles applicables. Ainsi, sont encore des peines correctionnelles les peines de stage, la détention sous surveillance électronique, le travail d'intérêt général, les peines privatives ou restrictives de droits prévues à l'article 131-6, les peines complémentaires prévues à l'article 131-10 et la sanction-réparation.

- Les crimes sont les infractions que la loi punit d'une peine de réclusion criminelle.

Les crimes sont en principe punis par la loi de 15 ans de réclusion criminelle au moins. Dans tous les cas, la durée de la réclusion criminelle ne peut être inférieure à 10 ans (article 131-1 du Code pénal).

2 Les éléments constitutifs de l'infraction

Pour qu'une infraction soit poursuivie, les trois éléments constitutifs doivent être réunis : l'élément légal, l'élément matériel et l'élément moral.

a. L'élément légal : nécessité d'un texte d'incrimination

- En application du **principe de la légalité** énoncé par l'article 111-3 du Code pénal, nul ne peut être puni si les faits ne sont pas définis par la loi pour les crimes et les délits, par un règlement pour les contraventions.
- En droit pénal des sociétés, l'élément textuel peut trouver sa source dans le Code pénal lorsque certaines infractions générales telles que l'abus de confiance, l'escroquerie, le faux, l'usage de faux et le recel sont commises dans la pratique des affaires (Chapitre 26).

Mais il existe aussi des infractions spécifiques au droit pénal des affaires qui ont leur source dans d'autres codes, notamment le Code de commerce, pour l'abus de biens ou du crédit de la société par exemple (cf. Chapitre 27), mais aussi le Code du travail ou le Code général des impôts.

b. L'élément matériel : nécessité d'un comportement incriminé par le texte

Le texte qui définit l'infraction décrit la manière dont se matérialise l'infraction. L'acte matériel ainsi désigné peut être une action, une omission, ou même une tentative.

- On distingue les infractions de commission qui correspondent à une action ou un acte positif (falsification d'un document pour le délit de faux par exemple) et les infractions d'omission qui consistent à ne pas faire ce que la loi commande (abstention pour le délit de non-assistance à personne en danger par exemple).

- **La tentative** d'infraction consiste à commettre les faits pénalement réprimés mais sans atteindre le résultat recherché. La tentative est punissable si deux éléments matériels sont réunis : un **commencement d'exécution** et une **interruption involontaire** de l'exécution.

La première condition suppose un début de matérialisation de l'intention coupable : même réitérées et très précises, les simples pensées criminelles ne sont pas punissables.

La seconde implique que si l'auteur n'a pas achevé la réalisation de l'élément matériel, c'est parce qu'il en a été empêché par des circonstances extérieures à sa volonté. Il ne s'est pas arrêté de lui-même. Ainsi, une personne qui aurait fracturé une voiture pour se saisir d'un sac situé sur un siège et prendrait la fuite en voyant surgir une voiture de police sans avoir pris le sac, peut être poursuivie pour tentative de vol.

La tentative est punie des mêmes peines que l'infraction consommée.

Le traitement pénal de la tentative dépend de l'infraction : la tentative de crime est toujours punissable, la tentative de délit n'est punissable que dans les cas prévus par la loi ; la tentative de contravention n'est jamais punissable.

c. L'élément moral : faute intentionnelle ou non intentionnelle

- Pour que l'infraction soit constituée, il faut un fait matériel prévu par un texte, mais cela ne suffit pas, il faut encore que l'auteur ait agi de façon volontaire, en toute conscience. Cependant pour certaines infractions, le législateur a aussi incriminé l'acte commis par imprudence ou négligence. L'article 121-3 du Code pénal distingue la faute intentionnelle de la faute non intentionnelle.
  - La faute intentionnelle (article 121-3 du Code pénal) : il n'y a point de crime ou de délit sans intention de le commettre. L'intention consiste en la volonté délibérée d'accomplir un acte puni par la loi (exemple : le comptable qui falsifie une facture en modifiant le montant porté est parfaitement conscient qu'il commet un délit de faux).
  - La faute non intentionnelle (article 121-3 al. 2 et 3 du Code pénal) : lorsque la loi le prévoit, elle peut être poursuivie. Ainsi, il y a délit en cas de mise en danger délibérée de la personne d'autrui.
- Le délit est également constitué, lorsque la loi le prévoit, en cas de faute d'imprudence, de négligence ou de manquement à une obligation de prudence ou de sécurité prévue par la loi ou le règlement, s'il est établi que l'auteur des faits n'a pas accompli les diligences normales compte tenu, le cas échéant, de la nature de ses missions ou de ses fonctions, de ses compétences ainsi que du pouvoir et des moyens dont il disposait. Le manquement de l'employeur à son obligation de sécurité est ainsi pris en compte par le juge pénal lorsqu'il s'agit de qualifier un délit de blessure par imprudence.

B L'imputabilité des infractions

L'auteur de l'infraction est celui qui réunit sur sa tête les éléments constitutifs de l'infraction. Toutefois, le complice fait également l'objet de poursuites car il a participé à la réalisation de l'infraction.

1 L'auteur de l'infraction

L'auteur de l'infraction est celui qui la commet. Si plusieurs auteurs agissent de concert, ce sont les coauteurs de l'infraction.

En droit pénal des sociétés, la loi vise tout particulièrement les dirigeants de la société ou le commissaire aux comptes.

- Il s'agit d'abord **des dirigeants de droit** : les infractions sanctionnées par le Code de commerce concernent principalement les SARL et les sociétés par actions (gérant de SARL, président de SAS, directeur général d'une SA, etc...)

Le dirigeant de droit peut être exonéré de sa responsabilité s'il a donné **délégation de pouvoirs** à un préposé. La délégation de pouvoirs doit avoir été donnée à un préposé et non à un tiers. Elle doit être précise, certaine et sans ambiguïté. C'est au dirigeant qui délègue ses pouvoirs de le prouver.

- Il peut s'agir aussi des **dirigeants de fait** (cf. Chapitre 5). Les articles L. 241-9 et L. 245-16 Code de commerce par exemple, étendent les incriminations à "toute personne qui, directement ou par personne interposée, aura, en fait, exercé la direction, l'administration ou la gestion sous le couvert ou au lieu et place de (leurs) représentants légaux".
- Les **sociétés** peuvent voir leur responsabilité pénale engagée à deux conditions. L'infraction doit avoir été commise **pour le compte de la société**, c'est-à-dire dans son intérêt et l'infraction doit avoir été commise par **un de ses organes ou représentant** (cf. Chapitre 3).

2 Le complice

- Le **complice**, visé aux articles 121-6 et 121-7 du Code pénal, est celui qui, par son aide ou son assistance, a facilité la préparation ou la consommation de l'infraction, de façon consciente. La responsabilité pénale du complice peut être engagée dès lors que le fait principal est punissable.
- La complicité suppose l'utilisation de **l'un des quatre modes prévus** par l'article 121-7 du Code pénal : l'aide, l'assistance, la provocation ou les instructions. L'acte de complicité doit par ailleurs être antérieur ou concomitant à l'infraction principale.
- Le complice n'est poursuivi que s'il a agi sciemment. Le complice ne peut être exonéré de sa responsabilité en invoquant la subordination dans laquelle il se trouvait placé vis-à-vis de l'auteur de l'infraction principale. Le comptable, par exemple, ne sera pas exonéré de sa participation à la réalisation d'un faux en avançant qu'il ne faisait qu'exécuter les directives du dirigeant.
- Le complice encourt les mêmes peines que s'il était auteur.

3 Les causes de non-responsabilité

Les faits justificatifs et les causes de non-imputabilité permettent d'écarter la responsabilité pénale. Dans le premier cas, ce sont des circonstances objectives qui justifient que la responsabilité pénale ne soit pas retenue (l'infraction revêt une utilité sociale), dans le second cas, l'auteur ne peut être considéré comme responsable car sa conscience ou sa volonté font défaut.

a. Les faits justificatifs

L'ordre de la loi	Le fait justificatif qui fait disparaître la responsabilité pénale repose sur un texte. Exemple : violation du secret professionnel par un commissaire aux comptes lorsqu'il révèle un fait délictueux.
Le commandement de l'autorité légitime	Celui qui accomplit un acte sous commandement d'une autorité publique, civile ou militaire, n'est pas responsable, sauf si cet acte est manifestement illégal. Exemple : faits militaires en temps de guerre.
La légitime défense des personnes et des biens	L'agression doit être réelle, injustifiée et actuelle contre les personnes ou les biens. La défense doit être nécessaire et proportionnée. L'état de légitime défense est présumé (présomption simple) dans certains cas par exemple lorsque l'acte est accompli pour repousser, de nuit, l'entrée par effraction.
L'état de nécessité	Il ne doit pas y avoir disproportion entre les moyens utilisés et la gravité de la menace. Exemple : vol d'aliments pour ne pas mourir de faim.

b. Les causes de non-imputabilité

L'enfance	Ne sont pas responsables pénalement les mineurs qui ne sont pas capables de discernement.
Les troubles psychiques ou neuropsychiques	Les facultés mentales sont abolies. L'autorité judiciaire doit immédiatement aviser le préfet et la Commission départementale des hospitalisations psychiatriques du non-lieu ou de l'acquittement du malade pour que soient prises les mesures utiles pour faire respecter l'ordre public et assurer la sécurité des personnes. Exemple : psychose délirante avec hallucinations.
La force ou la contrainte	La contrainte doit être imprévisible et irrésistible. Lorsqu'elle est morale, elle doit être extérieure. Exemple : accident de voiture dû à un malaise du conducteur.
L'erreur sur le droit	L'infraction n'est pas imputable à l'auteur. Exemple : information erronée donnée par l'administration interrogée préalablement à l'acte.

C La peine

La peine est ici la sanction qualifiée de pénale par le législateur et infligée à l'auteur de l'infraction par la juridiction pénale conformément aux textes applicables.

Selon le **principe de légalité des peines**, nul ne peut être puni d'une peine qui n'est pas prévue par la loi, si l'infraction est un crime ou un délit, ou par le règlement, si l'infraction est une contravention (article 111-3 du Code pénal).

Les peines sont classées selon la nature de l'infraction et prononcées par des juridictions différentes :

- les peines criminelles sont prononcées par une cour d'assises en cas de crime ;
- les peines correctionnelles par un tribunal correctionnel en cas de délit ;
- les peines contraventionnelles par un tribunal de police en cas de contravention.

Remarque Le **projet de loi « de programmation 2018-2022 et de réforme pour la justice »** à instauré un tribunal criminel départemental à titre expérimental. Il est composé de magistrats professionnels et compétent pour les crimes punis de 15 à 20 ans de réclusion criminelle.

1 Les catégories de peines

Les peines principales	Ce sont les peines prévues pour chaque infraction. La loi prévoit le maximum. Les peines principales peuvent, en principe, être prononcées cumulativement. Cependant, le juge peut prononcer des peines alternatives prévues par les textes sauf en matière de crime.
Les peines complémentaires	Elles peuvent venir s'ajouter aux peines principales si elles sont prévues par un texte d'incrimination et si le juge le décide. Elles consistent en un retrait d'un droit (exemple : retrait du permis de conduire), d'un bien ou d'un animal (exemple : retrait de l'ordinateur qui a servi à commettre l'infraction), obligation de soins ou de formation, restrictions professionnelles (exemple : interdiction de gérer une entreprise) ou affichage de la décision.

Remarque Les peines applicables aux personnes morales tiennent compte de l'impossibilité par nature de leur infliger des peines d'emprisonnement. Les articles 131-38 et 131-39 du Code pénal adaptent ainsi les sanctions. En matière délictuelle, le montant de l'amende est porté au quintuple de la somme applicable aux personnes physiques et en matière criminelle, le montant de l'amende est d'un million d'euros.
Peuvent en outre être prononcées des peines telles que l'interdiction de faire offre de titres au public ou d'exercer une activité pendant cinq ans au plus. Le juge peut même prononcer la dissolution de la personne morale.

2 Le quantum de la peine

Le juge prononce la peine dans le cadre de la liste prévue par la loi en fonction du principe de personnalisation de la peine. En France, des limites sont par ailleurs posées au cumul des peines.

Principe de personnalisation de la peine

Du fait du principe de personnalisation de la peine, la juridiction prononce les peines en fonction des circonstances de l'infraction et de la personnalité de son auteur, dans les limites fixées par la loi ou le règlement. La juridiction peut décider d'une peine ferme ou d'une peine avec sursis.

Limitation au cumul des peines

Lorsqu'un auteur commet plusieurs crimes ou délits avant d'être poursuivi, la juridiction saisie ne peut prononcer que le maximum le plus élevé des peines de chaque nature (amende ou prison) parmi les sanctions applicables.

Si les infractions font l'objet de poursuites distinctes et de condamnations distinctes, les peines s'exécutent dans la limite du montant le plus élevé et le juge peut prononcer la confusion totale ou partielle des peines pour limiter également le quantum exécutable.

2 La mise en œuvre de la responsabilité pénale : éléments de procédure

Toute infraction à la loi pénale fonde contre son auteur une action publique exercée par le ministère public. Même si la victime porte une infraction à la connaissance des autorités en déposant une plainte, l'action publique est toujours exercée par le ministère public. Le ministère public est le demandeur car la finalité de l'action pénale est la répression et non la réparation. La victime peut toutefois exercer l'action civile en réparation du dommage causé par une infraction et demander des dommages et intérêts devant la juridiction civile ou la juridiction pénale.

En matière pénale, la procédure et le jugement pénal peuvent être attentatoires aux droits et libertés des personnes. La matière est donc strictement encadrée par le Code de procédure pénale qui pose en son article liminaire plusieurs principes.

A La séparation de la poursuite, de l'instruction et du jugement

L'exercice de ces trois fonctions de la procédure est confié par le Code de procédure pénale à des autorités différentes. Ces trois fonctions correspondent à trois étapes de la procédure pénale.

Le déclenchement des poursuites est précédé d'une enquête dite préliminaire ou de flagrance (lorsque les officiers de police judiciaire constatent une infraction qui se commet actuellement, vient de se commettre ou se situe dans un temps très voisin ; elle confère à la police judiciaire des pouvoirs plus importants). L'enquête est menée par la police judiciaire sous la direction et sous la surveillance du procureur de la République. Elle a pour objet d'obtenir les premiers renseignements sur une infraction pour permettre au procureur de prendre une décision sur l'opportunité des poursuites. Elle intervient sur autosaisine, sur plainte de la victime ou sur dénonciation d'un tiers.

1 La décision d'orientation d'une affaire ayant donné lieu à enquête

Elle appartient au procureur de la République ou à la partie lésée. Le procureur peut décider du classement sans suite (en cas d'impossibilité ou en opportunité), il peut mettre en œuvre des procédures alternatives aux poursuites ou poursuivre. Les procédures alternatives se sont développées pour permettre de donner une réponse pénale à certaines infractions alors que les tribunaux sont surchargés.

a. La mise en œuvre de procédures alternatives à l'initiative du procureur de la République

1 – La médiation	
Le procureur peut faire procéder à une mission de médiation s'il lui apparaît que la mesure peut permettre de réparer les dommages subis par une victime, de mettre fin aux troubles résultant de l'infraction ou de contribuer au reclassement de l'auteur des faits. Elle a pour objet d'aboutir à un accord en un accord amiable entre l'auteur des faits et la victime, constaté par un procès-verbal dressé par le procureur ou le médiateur. Une fois l'accord signé, le procureur clôt l'affaire. En cas de non-exécution d'une de ces mesures de médiation, le procureur « met en œuvre une composition pénale ou engage les poursuites ».	
2 – la composition pénale	
Le procureur peut proposer une composition pénale à toute personne physique ou morale qui reconnaît avoir commis un ou plusieurs délits punis à titre de peine principale d'une amende ou d'un emprisonnement d'une durée inférieure ou égale à cinq ans. La procédure de composition pénale est également applicable aux contraventions. La composition pénale consiste en une ou plusieurs actions dont, notamment, les actions suivantes : – payer une amende de composition au Trésor Public, qui ne peut excéder le maximum de l'amende encourue. – se dessaisir au profit de l'État de la chose qui a servi à commettre l'infraction ou qui en est le produit, – remettre au greffe du TGI son permis de conduire pour 6 mois au maximum, – effectuer un travail non rémunéré pour une durée maximale de 60 heures dans un délai qui ne peut être supérieur à 6 mois. Lorsque la victime est identifiée, le procureur de la République doit proposer à l'auteur de l'infraction de réparer les dommages causés dans un délai qui ne peut être supérieur à 6 mois. Il informe la victime de cette proposition. Si l'auteur des faits accepte les mesures proposées, le président du tribunal, à la demande du procureur, rend une ordonnance de validation. (Le juge ne peut qu'accepter ou refuser). Par exception la proposition de composition n'est pas soumise à la validation du président du tribunal lorsque, pour un délit puni d'une peine d'emprisonnement d'une durée inférieure ou égale à trois ans, elle porte sur une amende de composition, n'excède pas un certain montant, ou sur la remise d'une chose dont la valeur n'excède pas ce montant. L'action publique est éteinte, mais la composition pénale donne lieu à inscription au casier judiciaire : bulletin n° 1. Si l'auteur refuse la composition ou ne l'exécute pas, le procureur doit mettre en mouvement l'action publique.	
3 – La convention judiciaire d'intérêt public (article 41-1-2 du Code de procédure pénale)	Le procureur peut proposer à une personne morale pour certains délits prévus par la loi et notamment la corruption, le trafic d'influence, et le blanchiment de fraude fiscale, le versement d'une amende, et/ ou un programme de conformité sous le contrôle de la nouvelle agence française anticorruption et/ou l'indemnisation de la victime. L'accord est homologué par le président du tribunal (en audience publique). Il n'a ni la nature, ni les effets d'un jugement de condamnation : il ne figure pas au casier judiciaire mais il fait l'objet d'un communiqué de presse du procureur et d'un communiqué sur un site internet.

b. La poursuite : la mise en œuvre de l'action publique

"L'action publique pour l'application des peines est mise en mouvement et exercée par les magistrats ou par les fonctionnaires auxquels elle est confiée par la loi. Cette action peut aussi être mise en mouvement par la partie lésée (...)" (article 1er du Code de procédure pénale).

Le législateur est intervenu pour permettre au procureur de la République de mettre en œuvre des procédures alternatives aux poursuites.

La poursuite à l'initiative du procureur de la République

En règle générale, c'est le procureur de la République qui met en mouvement l'action publique. Il recueille les plaintes et procède ou fait procéder à tous les actes nécessaires à la recherche et à la poursuite des infractions. Il dirige l'enquête menée par la police ou la gendarmerie pour identifier l'auteur de faits délictueux. Par principe, le procureur de la République n'est pas obligé d'engager des poursuites : il peut classer sans suite en application du **principe de l'opportunité des poursuites**. Dans le cas contraire, il peut utiliser :

L'avertissement	Cet écrit nomme l'infraction (contravention ou délit) et vise le texte qui la réprime. L'auteur est connu et il doit se présenter en justice.
La citation directe	La personne poursuivie est informée par acte d'huissier qu'elle est directement assignée devant la juridiction de jugement. La citation énonce le fait poursuivi (contravention ou délit) et vise le texte qui le réprime. L'auteur est connu et majeur.
La convocation par procès-verbal	Elle est faite par le procureur si l'infraction est un délit. L'auteur est connu et les éléments sont suffisants pour éviter l'instruction.
La comparution immédiate	Le délit est passible d'un emprisonnement maximum de 2 ans d'emprisonnement ou 6 mois pour un flagrant délit. En cas de délit flagrant, il y a comparution immédiate devant le tribunal correctionnel, le jour même ou dans les 3 jours ouvrables, sauf si le prévenu préfère un renvoi à une date ultérieure. La comparution peut être différée dans certains cas.
La comparution sur reconnaissance préalable de culpabilité	On l'appelle communément le « plaider coupable ». Elle permet d'éviter un procès pénal en cas de délit punissable d'une peine d'amende ou d'un emprisonnement maximal de 5 ans. Le procureur propose au prévenu, qui reconnaît sa culpabilité, une peine limitée au montant maximal de l'amende ou à une peine de prison limitée au maximum à 3 ans et à la moitié de la peine encourue, avec possibilité de sursis. Cette procédure est mise en œuvre à l'initiative du procureur de la République ou à la demande du prévenu ou de son avocat (le procureur n'est pas obligé d'accepter). Le procureur de la République propose une peine en présence du prévenu et de son avocat. Le prévenu a dix jours pour l'accepter. Si le prévenu accepte, le procureur de la République saisit le président du tribunal judiciaire d'une requête en homologation. L'audience d'homologation est publique. L'ordonnance du président du tribunal judiciaire a les effets d'un jugement de condamnation, elle peut donc faire l'objet d'un appel. Si le prévenu refuse la peine proposée, ou si le président refuse d'homologuer la peine, un procès public aura lieu devant le tribunal correctionnel.
Le réquisitoire introductif d'instance ou réquisitoire à fin d'informer.	Il permet la saisine de la juridiction d'instruction pour l'ouverture d'une information judiciaire.

Remarque L'action publique doit être exercée dans un certain délai au-delà duquel les poursuites ne peuvent plus être exercées. Le délai de prescription de l'action est d'un an pour les contraventions, 6 ans pour les délits et 20 ans pour les crimes. Si les infractions ont été dissimulées, le point de départ de la prescription est reporté au jour de leur découverte. Toutefois, dans ce cas, un délai butoir a été prévu : l'action est en principe éteinte dans le délai de 12 ans, pour les délits et 30 ans pour les crimes.

La poursuite à l'initiative de la victime

La victime dépose souvent une plainte simple auprès des autorités, qui déclenche une enquête préliminaire. Si à l'issue de cette enquête, une suite est donnée, la victime peut se joindre à la procédure à tout moment de l'enquête ou de l'instruction ou encore devant la juridiction de jugement, par la voie de l'intervention. Elle profite ainsi de la recherche des preuves réalisée par les autorités.

La victime dispose par ailleurs de la possibilité de poursuivre elle-même l'auteur par la voie de la citation directe. Elle peut aussi déclencher l'action publique en se constituant partie civile. Cette seconde voie est plus avantageuse par elle devient partie au procès et peut prendre connaissance des pièces.

La citation directe	La victime peut de sa propre initiative faire signifier par acte d'huissier la citation devant la juridiction de jugement.
Le dépôt d'une plainte simple	La victime dépose plainte auprès du commissariat de police, de la gendarmerie ou du parquet du tribunal judiciaire compétent. Le procureur de la République peut classer l'affaire.
La constitution de partie civile	La victime peut saisir directement du juge d'instruction du tribunal de grande instance compétent afin qu'il déclenche l'action publique. L'action publique est alors mise en mouvement par la partie lésée, mais l'exercice de l'action appartient au seul ministère public. Dans cette hypothèse, le procureur ne peut plus classer l'affaire sans suite. La constitution de partie civile n'est possible que si une plainte simple est toutefois restée sans suite durant 3 mois ou si elle a été classée sans suite.

Remarque L'infraction a causé un trouble social que l'action publique a pour objet de sanctionner. Mais elle a également fait des victimes qui ont subi un préjudice et doivent pouvoir demander réparation par la voie d'une **action civile**. Celle-ci peut être exercée en même temps que l'action publique et devant la même juridiction (ce que permet de se constituer partie civile – même sans plainte, à partir du moment où l'action publique est déclenchée – elle devient alors partie au procès) ou présentée séparément devant une juridiction civile qui pourra surseoir à statuer tant qu'il n'aura pas été prononcé définitivement sur l'action publique. (Cependant, l'appel n'est possible que sur la condamnation civile : la victime ne peut interjeter appel sur la peine pénale – seuls l'accusé et le ministère public le peuvent).
Les droits reconnus à la partie civile peuvent être, sous certaines conditions, exercés par des ordres professionnels, des syndicats ou des associations, pour protéger une profession ou des intérêts moraux collectifs

La loi du 23 mars 2019 de programmation 2018-2022 et de réforme pour la justice prévoit la plainte par voie électronique. Elle élargit les possibilités de constitution de partie civile et d'action de la victime.

2 L'instruction

L'instruction -ou information judiciaire-, est une phase de la procédure dans laquelle une enquête est réalisée par un juge, **le juge d'instruction**, aux fins de recueillir et rassembler tous les éléments qui permettent d'établir la véracité des faits. Ainsi, après l'enquête :

- elle est obligatoire pour les crimes, facultative pour les délits.
- elle est confiée au juge d'instruction, saisi par réquisitoire du procureur de la République.

Lorsque le juge d'instruction estime sa mission terminée, il adresse le dossier au procureur de la République qui prend alors son réquisitoire définitif. A ce moment-là, soit le juge d'instruction rend une ordonnance de non-lieu soit il renvoie l'affaire devant la juridiction pénale.

Durant cette phase de la procédure pénale, les demandes de placement en détention provisoire, de maintien en détention provisoire et de mise en liberté sont confiées au juge des libertés et de la détention (JLD). Le JLD décide aussi de l'assignation à résidence avec surveillance électronique dans certains cas, et du placement sous contrôle judiciaire lorsqu'il est saisi. Il s'agit d'un magistrat du siège désigné par le président du TGI. Il est saisi par une ordonnance motivée du juge d'instruction qui lui transmet le dossier de la procédure accompagné des réquisitions du procureur de la République.

3 Le jugement

Les parties ont droit à un juge impartial et indépendant

- Les contraventions sont normalement jugées par **le tribunal de police**, les délits par le **tribunal correctionnel**, les crimes par la **cour d'assises**.
- Le procès selon la procédure ordinaire implique en principe une audience publique. Le huit clos peut être décidé dans certains cas, notamment lorsque la personne poursuivie était mineure au moment de la commission des faits (il est alors automatique), ou à la demande de la victime
- Les décisions rendues doivent être motivées.

Les voies de recours

L'**appel** peut être exercé sous 10 jours, devant une cour d'appel ou une cour d'assises d'appel (ce droit est limité pour les contraventions).

Un **pourvoi** peut être formé devant la Cour de cassation.

B Les principes protecteurs du prévenu

1 La présomption d'innocence

Tout sujet de droit est présumé innocent tant qu'il n'a pas été reconnu coupable par une décision devenue définitive (ainsi, la détention provisoire est une exception). Ce principe doit être respecté tout au long de la procédure pénale.

En application de ce principe, la charge de la preuve appartient au ministère public. Si le ministère public n'a pas recueilli les éléments de preuve nécessaires à la démonstration de la culpabilité du prévenu, il doit être relaxé ou acquitté. Le doute profite à l'accusé.

2 Le respect des droits de la défense

La personne poursuivie a des droits qu'il convient de respecter.

Des garanties sont prévues tout au long de la procédure (en particulier pour l'audition en garde à vue, ou en tant que mis en examen, sur la durée, la présence d'un avocat etc...)

Le prévenu a le droit de connaître les charges retenues contre lui. Il a le droit de bénéficier du temps et des moyens nécessaires à sa défense. Il a le droit de se défendre lui-même ou par l'intermédiaire d'un avocat et de bénéficier d'une aide en cas de ressources insuffisantes.

Les représentants de l'État doivent respecter le **principe du contradictoire**. Cela implique que chaque partie doit être pouvoir discuter les arguments de fait, de droit et de preuve à partir desquels il sera jugé. Tout élément produit en justice doit pouvoir faire l'objet d'un débat, il doit en conséquence être communiqué à l'autre partie.

SYNTHÈSE

1. Les infractions

	Contravention	Délit	Crime
Peine principale	Amende < 3 000 euros	Amende > 3 750 euros Emprisonnement ⩽ 10 ans	Réclusion criminelle ⩾ 15 ans
Juridiction compétente	Tribunal de police	Tribunal correctionnel	Cour d'assises
Prescription de l'action	1 an	6 ans	20 ans

2. Les éléments constitutifs de l'infraction

Élément légal	Élément matériel	Élément moral
Texte qui prévoit l'infraction	Comportement décrit par le texte	Intention délictueuse requise

3. Le complice

Définition	Celui qui, par son aide ou son assistance, a facilité la préparation ou la consommation de l'infraction.
Élément matériel	- Aide, assistance, provocation ou instructions. - Acte antérieur ou concomitant
Élément moral	Intention délictueuse requise
Répression	Peines identiques à celles encourues par l'auteur

4. Procédure pénale : les étapes

Enquête de police
- Police judiciaire
- Dirigée par le procureur

➡

Enquête judiciaire
- Juge d'instruction
- (saisi par le procureur)
- JLD

➡

Jugement
- Tribunal de police
- Tribunal correctionnel
- Cour d'assises

Les principes directeurs du procès pénal

- Séparation des autorités de poursuite, d'instruction et de jugement
- Droit d'être jugé dans un délai raisonnable
- Publicité du jugement
- Motivation des décisions de justice
- Présomption d'innocence
- Respect des droits de la défense et principe du contradictoire

EXO 25.01 Analyse de document – CJIP signée par HSBC

Fraude fiscale : HSBC Private Bank s'engage à verser 300 millions d'euros pour éviter un procès, Le Monde, 24/11/2017

Cet accord, appelé « convention judiciaire d'intérêt public » (CJIP), est le premier signé en France. Il permet à une entreprise de négocier une amende sans aller en procès.

L'accord constitue la première convention judiciaire d'intérêt public (CJIP) signée en France. HSBC Private Bank, filiale suisse du géant britannique bancaire, s'est engagée à verser 300 millions d'euros pour éviter un procès en France pour « blanchiment de fraude fiscale », a annoncé mardi 14 novembre le parquet national financier (PNF).

Cette nouvelle procédure qui permet à une entreprise, poursuivie pour corruption ou blanchiment de fraude fiscale, de négocier une amende, sans aller en procès ni en procédure de « plaider coupable ». Avec la signature de cette convention, « la banque reconnaît l'existence des faits qui lui sont reprochés et accepte leur qualification légale », souligne-t-il dans un communiqué. Ces 300 millions d'euros, déjà intégralement provisionnés par la banque, abonderont le budget de l'Etat français.

De son côté, la maison mère HSBC Holdings a bénéficié d'un non-lieu, selon le PNF et le groupe.

Les faits reprochés

HSBC Private Bank avait été mise en examen le 18 novembre 2014 pour *« démarchage bancaire et financier illicite »* et *« blanchiment aggravé de fraude fiscale »*.

Il lui était reproché d'avoir, via des chargés de clientèle, prospecté en 2006 et 2007 des contribuables en France et d'avoir permis à ces clients de dissimuler des avoirs au fisc, pour au moins 1,6 milliard d'euros, *« en toute connaissance de cause »*, a rappelé le parquet national financier. Deux de ses anciens dirigeants restent, pour leur part, pénalement poursuivis. (...)

Travail à faire

Lisez l'article ci-dessus et indiquez quels sont les avantages de la CJIP pour HSBC Private Bank et pour l'État Français.

EXO 25.02 Cas pratique – Questions de procédure pénale

Frédéric Fabien, ancien député, a été mis en examen il y a quelques mois pour complicité et recel d'abus de biens sociaux (pour ces infractions, les peines encourues sont cinq ans d'emprisonnement et d'une amende de 375 000 euros). Il lui a été reproché, ainsi qu'à son épouse, d'avoir bénéficié d'un emploi fictif dans une société de conseil en communication. Le président directeur général de la société a opté pour une procédure de comparution sur reconnaissance préalable de culpabilité.

Le juge en charge de l'affaire a notifié la fin de ses investigations au parquet.

Travail à faire

1. **Quelles sont les étapes de la procédure antérieure à cette notification ?**
2. **Qu'est-ce que la procédure de comparution sur reconnaissance préalable de culpabilité ?**
3. **Quelles sont les étapes suivantes de la procédure ?**

Les infractions de droit commun

Chapitre 26

COMPÉTENCES ATTENDUES

- **Repérer et nommer les éléments constitutifs de l'infraction**
- **Distinguer les infractions de droit commun des infractions spécifiques**

- Les pratiques malhonnêtes des affaires relèvent ou bien des infractions de droit commun et sont punies par le Code pénal, ou bien d'infractions propres à la vie économique et sont punies par le Code de commerce par le Code pénal (cf. Chapitre 27)
- Les infractions principales de droit commun sont l'escroquerie, l'abus de confiance, le faux, l'usage de faux et le recel sont également communs.

PLAN DU CHAPITRE

1 L'escroquerie

L'escroc provoque la remise d'un bien par son propriétaire -ou son possesseur-après l'avoir induit en erreur à l'aide de moyens frauduleux. Trois procédés frauduleux sont visés par le Code pénal.

A Qualification

Élément légal	Article 313-1 du Code pénal : "l'escroquerie est le fait, soit par l'usage d'un faux nom ou d'une fausse qualité, soit par l'abus d'une qualité vraie, soit par l'emploi de manœuvres frauduleuses, de tromper une personne physique ou morale et de la déterminer ainsi, à son préjudice ou au préjudice d'un tiers, à remettre des fonds, des valeurs ou un bien quelconque, à fournir un service ou à consentir un acte opérant obligation de décharge".	
Élément matériel	**Moyens frauduleux**	
	Usage d'un faux nom ou d'une fausse qualité	L'infraction repose sur le **mensonge portant sur le nom ou la qualité**, en créant une confusion provoquant la remise du bien convoité. Le mensonge doit être déterminant du consentement de la victime. - L'usage d'un faux nom peut consister dans l'usage d'un nom réel usurpé ou d'un nom imaginaire. - L'usage d'une fausse qualité peut porter sur l'état des personnes, la profession, le titre, la fonction... Exemple : usurpation d'un diplôme.
	Abus d'une qualité vraie	L'auteur de l'escroquerie utilise **sa profession ou sa qualité** à des fins frauduleuses. Il profite de la confiance que sa qualité inspire. Exemple : dirigeant d'une société de crédit qui recueille des fonds prétendument pour des prêts.
	Emploi de manœuvres frauduleuses	Les manœuvres frauduleuses ne sont pas définies par le Code pénal, il s'agit d'un **fait actif de l'auteur** (les omissions sont exclues) qui est **déterminant** dans la remise de la chose ou du service. Les manœuvres frauduleuses doivent être confortées par des éléments matériels extérieurs destinés à lui donner force et crédit ; ils doivent **précéder** la remise. La jurisprudence retient notamment : - la mise en scène : la combinaison de faits, l'arrangement de stratagèmes, l'organisation de ruses, ayant pour but de donner crédit au mensonge. Exemple : faux accident pour tromper l'assurance, société fictive pour obtenir un remboursement indu de TVA. - La production de faux documents Exemples : faux bulletins de salaires pour obtenir un prêt, factures fictives ou bilan falsifiés pour obtenir des fonds. - L'intervention d'un tiers qui peut être de bonne ou de mauvaise foi. S'il est de mauvaise foi, il pourra être poursuivi pour complicité. Exemples : traite de complaisance, faux clients pour faire monter le prix d'un bien.

Élément matériel (suite)	But de l'escroquerie	
	Remise de la chose	**Des fonds, des valeurs ou des biens** quelconques sont remis volontairement par la victime. En principe, les biens sont mobiliers, les immeubles sont exclus.
	Fourniture d'un service	Le service doit avoir une valeur patrimoniale. Exemple : utilisation d'un faux chèque pour obtenir des heures de ménage.
	Acte opérant obligation ou décharge	Il s'agit d'un acte écrit qui crée, constate ou éteint un droit au détriment de la victime et au profit de l'escroc. Exemples : faux testament, fausse facture, faux contrat, fausse déclaration de TVA.
	Existence d'un préjudice	
	L'infraction doit avoir causé un préjudice : - soit à la victime (personne morale ou personne physique), soit à un tiers - le préjudice peut être matériel, moral, actuel ou même éventuel. La jurisprudence est ici peu exigeante.	
Élément moral	L'auteur de l'escroquerie doit avoir agi intentionnellement. Il a manifesté son intention frauduleuse, sa mauvaise foi, peu importent les mobiles du délit.	

B Répression

1 Peines principales

- L'escroquerie est un délit puni de 5 ans d'emprisonnement et 375 000 euros d'amende.
- Les peines sont portées à :

- 7 ans et 750 000 euros quand il y a usurpation de l'identité d'un agent public, organisation d'une fausse collecte pour une œuvre caritative ou abus de faiblesse.
- 10 ans de prison et 1 000 000 euros d'amende quand l'escroquerie a été commise en bande organisée.

- La tentative d'escroquerie est punie des mêmes peines.

2 Peines complémentaires

Elles sont prévues aux articles 313-7 du Code pénal pour les personnes physiques et 131-38 et 131-39 du Code pénal pour les personnes morales. Il s'agit notamment de la déchéance ou de l'interdiction de droits, de l'affichage ou la diffusion de la décision prononcée. De plus, les personnes morales encourent la dissolution.

2 Abus de confiance

L'abus de confiance traduit une atteinte à la propriété d'autrui et suppose la violation de la confiance que la victime a mise, à tort, dans l'auteur de l'infraction. Le délinquant **détourne ou conserve une chose qui lui a été légitimement remise à titre précaire**. Il n'y a pas vol : la chose détournée n'est pas soustraite, il n'y a pas non plus escroquerie : la chose n'est pas obtenue par fraude.

Commet un abus de confiance, un commercial qui utilise son téléphone professionnel pour de multiples communications personnelles à l'international. De même, le chauffeur qui utilise son véhicule professionnel pour partir en week-end. Un téléconseiller qui utilise le numéro de carte bancaire remis par un client pour faire des achats en ligne pour son compte commet aussi un abus de confiance.

A Qualification

Élément légal	Article 314-1 du Code pénal : « l'abus de confiance est le fait par une personne de détourner, au préjudice d'autrui, des fonds, des valeurs ou un bien quelconque qui lui ont été remis et qu'elle a acceptés à charge de les rendre, de les représenter ou d'en faire un usage déterminé. »	
Élément matériel	**Remise préalable d'une chose**	**L'objet de la remise** : la chose remise par la victime est constituée par des « fonds, des valeurs ou un bien quelconque ». La définition vise tout bien meuble, corporel ou incorporels. **La cause de la remise** : la victime doit avoir remis la chose à titre précaire, volontairement, mais de façon passagère. **L'existence d'un lien d'obligation** : la remise de la chose est liée notamment à l'exécution d'un contrat de dépôt, de mandat, de louage, de prêt... Celui qui reçoit la chose s'engage à rendre le bien, à le représenter ou à en faire un usage déterminé.
	Détournement préjudiciable	**L'utilisation du bien est différente de celle qui avait été stipulée dans le contrat** : la dissipation (appropriation ou destruction du bien), l'absence ou le retard dans la restitution ou l'usage abusif de la chose (non-respect des conditions d'utilisation prévues lors de la remise et volonté pour le détenteur de se comporter comme un propriétaire) matérialisent un détournement. **Le préjudice** peut être matériel ou moral, actuel ou éventuel. Il suffit que la victime ait subi un préjudice du fait du détournement pour que l'infraction soit constituée, même si le délinquant n'en a pas tiré profit.
Élément moral	Le détournement doit être fait **intentionnellement**, l'auteur doit avoir conscience que la chose ne lui a été remise qu'à charge de restitution et que le détournement occasionne un préjudice à la victime. Il a la volonté de se comporter en véritable propriétaire. Le retard dans la restitution ne doit pas être dû à une simple négligence. Le mobile est indifférent.	

B Répression :

1 Peines principales :

- Le délit d'abus de confiance est puni de 3 ans d'emprisonnement et 375 000 € d'amende.
- Les peines sont portées à 7 ans de prison et 750 000 euros d'amende si la victime est une personne vulnérable (handicapée, âgée, malade...).
- La tentative n'est pas punissable.

2 Peines complémentaires

Ce sont les mêmes que pour l'escroquerie.

3 Faux et usage de faux

L'écrit est le fondement de la preuve en droit civil (cf. UE 1 – Fondamentaux du droit). L'importance de ce rôle probatoire explique une protection pénale des écrits, authentiques ou sous seing privé.

Le code distingue entre le faux et l'usage de faux car le faussaire n'est pas nécessairement l'utilisateur.

A Faux

1 Qualification

Élément légal	Article 441-1 du Code pénal : « constitue un faux toute altération frauduleuse de la vérité, de nature à causer un préjudice et accomplie par quelque moyen que ce soit, dans un écrit ou tout autre support d'expression de la pensée qui a pour objet ou qui peut avoir pour objet d'établir la preuve d'un droit ou d'un fait ayant des conséquences juridiques. »	
Élément matériel	**Support**	- Le support est constitué par un **écrit ou tout autre support d'expression de la pensée** : écritures de commerce et de banque, écritures privées, films, logiciels, puce... - Le support du faux doit **avoir une portée juridique**, sinon l'infraction ne sera pas constituée. Il doit avoir « pour objet ou peut avoir pour effet d'établir la preuve d'un droit ou d'un fait ayant des conséquences juridiques ».
	Altération de la vérité	- **L'altération peut être matérielle** : l'écrit ou le support est physiquement modifié par surcharge, imitation de l'écriture, modification d'un élément. - **L'altération peut être intellectuelle** : elle consiste à dénaturer le contenu de l'acte sans laisser de traces physiques. Exemple : un dirigeant qui mentionne dans le PV d'assemblée la présence d'associés en réalité absents, omission intentionnelle de certaines écritures comptables.
	Préjudice	Le faux n'est punissable que s'il est de nature à causer un préjudice à autrui. Ce préjudice peut être matériel, moral. Il peut être actuel ou éventuel.
Élément moral	L'auteur du faux doit agir en connaissance de cause. Le faux est une infraction intentionnelle.	

2 Répression

a. Peines principales :

- Le faux simple est puni de trois ans d'emprisonnement et de 45 000 euros d'amende.
- Les peines sont aggravées si le faux document est un document délivré habituellement par une administration (faux papiers, d 'identité fausse carte Vitale...) : 5 ans de prison et 75 000 euros d'amende.
- La tentative est punissable.

b. Peines complémentaires :

L'article 441-10 du Code pénal dresse la liste restrictive des peines complémentaires pour les personnes physiques : interdiction des droits civiques, interdiction d'exercer une fonction publique, exclusion des marchés publics, confiscation de la chose qui a permis le délit.

Pour les personnes morales, les peines complémentaires applicables sont les mêmes que pour les infractions précédemment étudiées.

B Usage de faux

Chaque délit de faux peut être accompagné d'un délit d'usage de faux, dont l'auteur n'est pas forcément la même personne.

Élément légal	Articles 441-1, 441-2, 441-4 du Code pénal : simple mention de l'usage de faux et des peines encourues.
Élément matériel	Sont nécessaires à la constitution de l'infraction un faux et l'utilisation de ce faux. L'utilisation du faux consistera à se servir du support pour obtenir quelque chose, en causant un préjudice.
Élément moral	L'auteur doit avoir conscience, au moment de l'usage, de la falsification du support utilisé.

▶ Le faussaire et l'utilisateur encourent les mêmes peines.

Remarques

- Les mêmes faits peuvent être à l'origine d'une qualification de faux et d'escroquerie. On parle d'infractions en concours. En France, le coupable ne peut exécuter que la peine maximale la plus élevée parmi les infractions consommées. Les peines ne s'ajoutent pas les unes aux autres.
- Le faux et l'usage de faux documents réalisés dans le cadre d'une fraude fiscale constituent un autre délit.

4 Recel

Le recel est une infraction distincte qui suppose la commission d'une infraction antérieure, un crime ou un délit. Il est poursuivi sévèrement car le receleur favorise la commission de l'infraction.

A Qualification

Élément légal	Article 321-1 du Code pénal **:** « le recel est le fait de dissimuler, de détenir ou de transmettre une chose, ou de faire office d'intermédiaire afin de la transmettre, en sachant que cette chose provient d'un crime ou d'un délit. Constitue également un recel le fait, en connaissance de cause, de bénéficier, par tout moyen, du produit d'un crime ou d'un délit ».	
Élément matériel	**Formes de recel**	**Le recel classique** (article 321-1 al. 1 du Code pénal) résulte de quatre situations : - la dissimulation : le receleur cache une chose provenant d'une infraction (exemple : cacher des voitures volées) - la détention : le receleur détient cette chose sans la dissimuler (exemple : un journaliste a des photocopies d'avis d'imposition provenant d'une violation du secret fiscal) - la transmission de la chose : le receleur ne détient la chose que pendant un certain temps ; (exemple : transport de marchandises volées) - l'intermédiation : le receleur met en relation deux personnes pour que la chose soit transmise (exemple : l'expert-comptable qui intervient dans la fixation de la valeur des parts cédées à un tiers alors qu'il sait que ces parts sont surévaluées et que le prix est injustifiable au vu de la situation au bilan). **Le recel-profit** (article 321-1 al. 2 du Code pénal) permet de bénéficier de la chose provenant d'un crime ou d'un délit. Il peut ne pas y avoir détention de la chose (exemple : accepter des sommes que l'on sait volées en paiement).
	Nature de la chose recelée	La chose doit provenir d'un crime ou d'un délit. Il peut s'agir de documents, de fonds, de biens, de brevets, d'informations...
Élément moral	Le recel est une infraction intentionnelle. Le receleur doit avoir connaissance de l'origine frauduleuse de la chose recelée.	

B Répression

1 Peines principales

- Le recel simple est puni de cinq ans d'emprisonnement et 375 000 euros d'amende.
- Le recel aggravé (activité professionnelle ou en bande organisée) est puni de dix ans d'emprisonnement et 750 000 euros d'amende.

Dans les 2 cas, l'amende peut être portée à la moitié de la valeur des biens recelés.

- La tentative de recel n'est pas punissable sauf lorsqu'il est aggravé et puni de 10 ans d'emprisonnement.

2 Les peines complémentaires

Ce sont les mêmes que pour l'escroquerie ou l'abus de confiance.

SYNTHÈSE

ESCROQUERIE

- **Élément légal** : Code pénal (article 313-1)
- **Élément matériel** :

+ Moyen frauduleux (faux nom, fausse qualité, abus d'une qualité vraie, manœuvres frauduleuses)
+ but frauduleux (remise de la chose, fourniture d'un service, acte opérant décharge)
+ préjudice

- **Élément moral** : infraction intentionnelle

Peine principale : 5 ans de prison, 375 000 euros d'amende

ABUS DE CONFIANCE

- **Élément légal** : Code pénal (article 314-1)
- **Élément matériel** :

Remise préalable de la chose volontaire et précaire + détournement préjudiciable

- **Élément moral** : infraction intentionnelle

Peine principale : 3 ans de prison, 375 000 euros d'amende

FAUX ET USAGE DE FAUX

- **Élément légal** : Code pénal (article 441-1)
- **Élément matériel** :

FAUX : Support ayant une portée juridique + altération de la vérité + préjudice
USAGE DE FAUX : utilisation d'un faux

- **Élément moral** : infraction intentionnelle

Peine principale : 3 ans de prison, 45 000 euros d'amende

RECEL

- **Élément légal** : Code pénal (article 321-1)
- **Élément matériel** :

Recel classique : dissimulation ou détention ou transmission ou intermédiation

- **Élément moral** : infraction intentionnelle

Peine principale : 5 ans de prison, 375 000 euros d'amende

EXO 26.01 Cas pratique – Arnaque aux diamants

Monsieur Mondrian a acheté des diamants pour une somme de 100 000 euros auprès de la société Diamexclusive. Cette société, spécialisée dans le négoce et le courtage des pierres précieuses propose à ses clients d'acheter des diamants qui sont placés dans des coffres sous sa responsabilité dans le « port franc » de Genève (ce qui permet aux acheteurs de bénéficier d'une exonération de TVA). Monsieur Mondrian a trouvé le site internet de Diamsexclusive très bien fait et il a été mis en confiance par Monsieur Degas, son dirigeant, qui l'a même invité à Anvers. Plus tard au cours des pourparlers, il également rencontré Monsieur Stein, un diamantaire de la place d'Anvers, qui a établi pour lui un certificat d'authenticité concernant les pierres qu'il souhaitait acquérir.

La semaine dernière, pour faire face à un besoin d'argent inopiné, il a contacté la société pour obtenir le paiement de 15 000 euros. Il est à ce jour sans nouvelles de la société. L'avocat qu'il a contacté lui a indiqué que les pierres n'avaient probablement jamais existé et lui a conseillé de porter plainte.

Travail à faire

Quelles infractions pénales vous paraissent-elles constituées ?

Chapitre 27

Les infractions spécifiques

COMPÉTENCE ATTENDUE

- **Repérer et nommer les éléments constitutifs de l'infraction**

Dans ce chapitre, les infractions abordées relèvent exclusivement de la vie des affaires. Elles sont ainsi prévues dans le Code de commerce et non dans le Code pénal.

- Le droit pénal des sociétés correspond aux infractions commises en général par les dirigeants des sociétés et ont pour but de punir pénalement la non-exécution d'obligations impératives prévues par le droit des sociétés parce qu'elles troublent l'ordre public économique et social. La loi punit ces infractions afin de protéger les sociétés, en tant que personnes morales, mais aussi les associés et les tiers qui ont des relations économiques ou financières avec elles.
- Les principales infractions du droit pénal des sociétés concernent la constitution de la société et de la vie sociale, qui ont été étudiées dans la première partie de l'ouvrage.

PLAN DU CHAPITRE

APPLICATIONS P. 385

1 Droit pénal et constitution de la société : le délit de majoration frauduleuse des apports en nature

Une évaluation erronée des apports en nature risque de léser les tiers (créanciers sociaux) et de rompre l'égalité entre les coassociés, aussi, le droit l'encadre-t-il strictement dans les sociétés par actions et les SARL – dans lesquelles le capital social est censé représenter le gage des créanciers sociaux (cf. Chapitre 3). Un commissaire aux apports est souvent chargé d'évaluer les apports en nature à la constitution (ou lors d'une augmentation de capital), cependant les associés peuvent toujours retenir une autre évaluation.

A Qualification

Élément légal	SARL : article L. 241-3 1° du Code de commerce Sociétés par actions : article L. 242-2 du Code de commerce (SA, SCA, SAS)
Élément matériel	Est puni le fait pour toute personne de **faire attribuer frauduleusement à un apport en nature une évaluation supérieure à sa valeur réelle**. – Les auteurs du délit peuvent être l'apporteur, les autres associés ou le commissaire aux apports. – L'évaluation frauduleuse peut résulter d'un simple mensonge (par exemple : dissimuler l'existence d'une hypothèque sur l'immeuble apporté) ou de manœuvres destinées à tromper les vérificateurs ou les associés (exemple : assistance d'un commissaire aux apports de complaisance). – La surévaluation est évaluées souverainement par les juges du fond au jour du transfert de l'apport à la société.
Élément moral	Celui qui évalue le bien doit être de mauvaise foi, il doit avoir menti sur l'évaluation. L'élément intentionnel est ici essentiel compte tenu des difficultés d'évaluation des apports en nature.

Remarque La jurisprudence est plus exigeante vis-à-vis du commissaire aux apports dans l'appréciation tant de l'élément matériel que de l'élément moral. Engage par exemple sa responsabilité, le professionnel qui se contente de reprendre les chiffres avancés par l'apporteur, dont il ne peut ignorer la majoration excessive.

B Répression

1 Peines principales :

L'auteur encourt une peine de 5 ans d'emprisonnement et 375 000 euros d'amende dans le cas d'une SARL, 5 ans d'emprisonnement et 9 000 euros d'amende dans le cas d'une société par actions.

La tentative n'est pas punissable.

2 Peines complémentaires :

Elles sont prévues par l'article L. 249-1 du Code de commerce. Les personnes physiques encourent des interdictions d'exercice :

- d'une fonction publique,
- de la fonction à l'occasion de laquelle l'infraction a été commise,
- d'une profession commerciale ou industrielle,
- de gérer une entreprise commerciale ou industrielle ou société commerciale.

Elles sont cumulables entre elles.

Pour les seules SARL, l'auteur encourt une interdiction des droits civils, civiques et de famille (article L. 241-3 du Code de commerce).

2 Droit pénal et gestion de la société : le délit d'abus de biens sociaux

Le dirigeant d'une SARL ou d'une société par actions qui confond le patrimoine de la société avec son patrimoine personnel commet un abus de biens sociaux. Un tel acte lèse les intérêts de la société et des associés. C'est l'infraction la plus fréquente en droit pénal des sociétés. Les mêmes textes punissent encore l'abus du crédit de la société, des pouvoirs et des voix (dont ils disposent).

A Qualification

Abus de biens sociaux, abus de crédit, de pouvoirs ou de voix	
Élément légal	Articles L. 241-3, 4° du Code de commerce pour les SARL, L. 242-6 pour les SA à CA, L. 242-30 pour les SA à directoire, L. 243-1 pour les SCA, L. 244-1 pour les SAS.
Élément matériel	Il est caractérisé par 3 conditions cumulatives : **1) Un usage des biens, du crédit, des pouvoirs ou des voix** • **Les biens de la société** couvrent les biens mobiliers et immobiliers composant le patrimoine de la société. Le dirigeant doit s'abstenir de toute action portant atteinte au patrimoine social, même temporaire. Exemple : le dirigeant fait payer ses voyages personnels par la société, ou celui qui emprunte les fonds à la société, même s'il les restitue ultérieurement. • **Le crédit** : le dirigeant utilise la bonne réputation de la société en engageant la signature sociale. Il expose ainsi la société à des paiements éventuels qui ne lui incombent pas. Exemple : le dirigeant fait cautionner par sa société ses dettes personnelles. • **Les pouvoirs** : il s'agit de l'ensemble des prérogatives dont sont investis les dirigeants par la loi ou les statuts. L'abus peut être une action ou une abstention. Exemple : un administrateur engage de multiples actions judiciaires pour déstabiliser la société et contraindre ses dirigeants à céder leurs actifs. • **Les voix** : il s'agit des voix correspondant aux pouvoirs en blanc donnés aux dirigeants pour les assemblées générales. **2) Un usage contraire à l'intérêt de la société** L'agissement délictueux doit causer un préjudice à la société. Ce préjudice peut être : - **matériel** : le patrimoine est diminué ou court un risque anormal de diminution. - **moral** : le crédit de la société peut être entamé par les agissements délictueux de son dirigeant. **3) Un usage dans l'intérêt personnel du dirigeant ou pour favoriser une autre entreprise** - **Usage à des fins personnelles** : le délit procure un avantage matériel ou moral. Cet avantage doit être obtenu au préjudice de la société. - **Usage pour une autre société ou entreprise dans laquelle le dirigeant est intéressé directement ou indirectement** : le délit peut avoir pour objectif d'enrichir une autre entreprise avec laquelle le dirigeant entretient des liens directs ou indirects.
Élément moral	L'abus des biens ou du crédit de la société est une infraction intentionnelle : **la mauvaise foi du dirigeant** est exigée. Le dirigeant doit avoir conscience que son comportement est contraire à l'intérêt de la société. La mauvaise foi fait l'objet d'une présomption simple lorsque l'acte est accompli de façon dissimulée.

B Répression

- **Les personnes punissables sont les dirigeants de droit** : gérants de la SARL ou de la SCA, le président, les administrateurs, le directeur général, les membres du directoire ou du conseil de surveillance d'une SA ou d'une société européenne, le président et les dirigeants de la SAS et le liquidateur (pour les autres sociétés = abus de confiance, l'infraction de droit commun). Sont également punissables, **les dirigeants de fait** : toute personne qui directement ou par personne interposée aura, en fait, exercé la gestion de la société (articles L. 241-9 C.com pour les SARL, L. 246-2 C.com pour les sociétés par actions).
- La tentative n'est pas punissable.
- **Les sanctions** encourues sont une peine d'emprisonnement de cinq ans et une amende de 375 000 €

C'est un délit instantané, consommé lors de chaque usage abusif des biens ou du crédit de la société. La prescription se fait par six ans à compter de la présentation des comptes annuels. Cependant, en cas de dissimulation, le point de départ est reporté au moment de la révélation des faits litigieux.

Remarque L'infraction n'existe pas pour les autres formes sociales, cependant, de tels agissements peuvent être poursuivis sous d'autres qualifications, et particulièrement l'abus de confiance (cf. Chapitre 26).

3 Droit pénal et comptes sociaux

Les documents comptables d'une société présentent un rôle fondamental pour connaître sa situation financière exacte et prendre les mesures adaptées. Celle-ci intéresse aussi les tiers tels que le fisc ou les créanciers. Aussi, plusieurs infractions ont pour objet de sanctionner les atteintes aux règles comptables. La principale est la présentation ou publication de comptes ne donnant pas une image fidèle (A). Elle est complétée par le délit de distribution de dividendes fictifs (B).

A Le délit de présentation de bilan inexact

Le Code de commerce sanctionne par une amende de 9 000 € le fait pour les dirigeants de SARL et de sociétés par actions de ne pas dresser l'inventaire et de ne pas établir les comptes annuels et un rapport de gestion (articles L. 241-4 et L. 242-8).

Le Code sanctionne par ailleurs et plus lourdement la publication ou la présentation de comptes inexacts dans le but de dissimuler la véritable situation financière de l'entreprise.

1 Qualification

Le délit vise :

- la **présentation** des comptes annuels, qui a pour objectif de faire connaître la situation financière et patrimoniale de la société et de faire approuver les comptes par les associés ou les actionnaires lors de l'assemblée générale annuelle obligatoire. Le refus par l'assemblée d'approuver les comptes n'influe en rien sur la matérialité de l'infraction.
- la **publication** vise à faire connaître les comptes aux tiers. La jurisprudence retient tout moyen permettant aux tiers d'avoir connaissance des documents annuels.

La présentation et la publication de comptes ne donnant pas une image fidèle	
Élément légal	Articles L. 241-3 3° du Code de commerce pour les SARL, L. 242-6 2° pour les SA, L. 243-1 pour les SCA, L. 244-1 pour les SAS
Élément matériel	Il est constitué par la réunion de deux éléments : **1) la présentation ou la publication des comptes annuels** ▪ SARL : seule est sanctionnée la présentation aux associés de comptes annuels ne donnant pas une image fidèle. L'infraction débute lors de la mise à disposition des comptes : au moins 15 jours avant l'assemblée et se poursuit lors de l'approbation par les associés. ▪ Sociétés par actions : sont sanctionnées la présentation aux associés et la publication de comptes annuels inexacts, quelle que soit la forme de l'information destinée au public ; **2) les comptes ne donnant pas une image fidèle** - Le bilan, le compte de résultat et l'annexe forment un tout indissociable. - Ils dissimulent la véritable situation de la société. La fraude consiste à majorer l'actif et/ou minorer le passif.
Élément moral	L'infraction est **intentionnelle**. Les comptes doivent avoir été établis dans le but de dissimuler la véritable situation de l'entreprise.

2 Répression

- Sont punissables les personnes physiques ou morales qui ont la qualité de dirigeant - de fait ou de droit - et leurs complices.
- La tentative n'est pas punissable.
- Les sanctions encourues sont une peine d'emprisonnement de cinq ans et une amende de 375 000 euros.

La prescription de 6 ans commence à courir au jour de la présentation ou de la publication des comptes.

B Le délit de distribution de dividendes fictifs

Ce délit accompagne le délit de présentation de faux bilan ne donnant pas une image fidèle.

La distribution de dividendes en l'absence de bénéfice peut diminuer le capital social. Elle affecte les créanciers sociaux pour qui le capital constitue une forme de garantie. Elle peut aussi tromper les tiers susceptibles d'entrer en relation avec la société.

Délit de distribution de dividendes fictifs	
Élément légal	Articles L. 241-3 2° Code de commerce pour les SARL, article L. 242-6 1° pour les SA, L. 243-1 pour les SCA, L. 244-1 pour les SAS.
Élément matériel	L'infraction est constituée lorsque les dividendes sont distribués en l'absence de bénéfices distribuables alors que l'inventaire n'a pas été réalisé ou que l'inventaire est frauduleux. Trois éléments matérialisent l'infraction : **1) l'existence de dividendes fictifs :** des dividendes sont distribués à partir de sommes non distribuables. Le paiement va entamer les réserves et parfois même le capital. Les sommes qui peuvent être distribuées sont le bénéfice distribuable (bénéfice de l'exercice diminué des pertes antérieures, de la réserve légale et de la réserve statutaire et augmenté du report bénéficiaire) et le montant prélevé sur les réserves libres ; **2) la répartition de dividendes** : le délit est consommé dès lors que les dividendes sont mis à la disposition des associés ou actionnaires ; **3) le défaut d'inventaire** : il y a rarement absence d'inventaire, il y a plus fréquemment inventaire frauduleux par majoration artificielle de l'actif ou diminution artificielle du passif.

Élément moral	C'est une infraction **intentionnelle** : la mauvaise foi du dirigeant est exigée. Le dirigeant doit avoir conscience que son comportement est contraire à l'intérêt de la société. La mauvaise foi est présumée lorsque l'acte est accompli de façon dissimulée, sans enregistrement comptable. Cependant, les tribunaux estiment souvent que la connaissance de l'avantage retiré est une manifestation de la mauvaise foi du dirigeant poursuivi.

- Sont punissables les dirigeants de droit ou de fait et leurs complices

Les associés peuvent être tenus de rendre les sommes si le délit est constitué et s'ils ont eu connaissance du caractère irrégulier de la distribution.

- La tentative n'est pas punissable.

Les sanctions encourues sont une peine d'emprisonnement de cinq ans et une amende de 375 000 euros.

La prescription commence à courir au jour de la mise à disposition des dividendes.

4 Droit pénal et contrôle de la société

En matière de contrôle interne des sociétés, la protection du droit à l'information des associés a été très largement dépénalisée. A l'inverse, en matière de contrôle externe, le droit pénal punit strictement les professionnels qui portent atteinte au contrôle légal des comptes.

Le contrôle des sociétés est principalement assuré par les commissaires aux comptes (CAC). Compte tenu de l'importance du contrôle effectué pour le bon fonctionnement des organes de la société et pour les tiers, deux sortes d'agissements sont sanctionnés pénalement :

- les infractions commises par les commissaires aux comptes ;
- les infractions commises par les dirigeants qui font obstacle à la mission du CAC.

A Les infractions commises par le CAC

1 Les infractions relatives à la protection de la profession

L'exercice illégal de la profession de commissaire aux comptes

Élément légal	Article L. 820-5 du Code commerce
Élément matériel	Il est interdit de faire usage du titre de commissaire aux comptes ou d'exercer la profession à : - toute personne qui n'est pas inscrite sur la liste établie par le Haut conseil du commissariat aux comptes ou qui n'a pas prêté serment ; - un commissaire aux comptes subissant une mesure d'interdiction ou de suspension.
Élément moral	L'infraction est **intentionnelle**.

L'infraction est un délit de commission, c'est une infraction continue. Aussi le délai de prescription commence à courir à compter du jour où l'agissement illicite a pris fin.

- La peine encourue est d'un an d'emprisonnement et de 15 000 euros d'amende.
- La tentative est punissable.

L'exercice de la profession de commissaire aux comptes malgré une incompatibilité ou une interdiction

Élément légal	Article L. 820-6 du Code commerce
Élément matériel	Il est interdit d'exercer les missions de CAC en violation des incompatibilités légales (Les articles L. 822-11 et suivants : prévoient des incompatibilités spéciales touchant les services, les intérêts auprès de l'entité contrôlée tels que définis par le Code de déontologie ou encore touchant les fonctions au sein de celle-ci).
Élément moral	L'infraction est **intentionnelle**.

Remarque Les incompatibilités générales prévues à l'article L. 822-10 du Code de commerce portant sur les activités de nature à porter atteinte à l'indépendance, tout emploi salarié et toute activité salariée ont été exclus du champ d'application du texte par la Cour de cassation en raison précisément de leur caractère trop général pour fonder une infraction pénale (Cass. crim, 16 juin 2010)

Le délai de prescription commence à courir à compter du jour où l'agissement illicite a pris fin.

- La tentative est punissable.
- La peine encourue est de 6 mois d'emprisonnement et de 7500 euros d'amende.

2 Les infractions relatives à l'exercice de la profession

Le CAC est un professionnel du chiffre dont la mission d'audit des comptes est légale, c'est-à-dire imposée et définie par la loi. Cela justifie qu'à côté d'une responsabilité civile et disciplinaire (cf. Chapitre 5), une responsabilité pénale spéciale lui soit organisée. D'une part, le CAC est soumis au devoir de vérité, sous peine d'être sanctionné pour délit d'information mensongère et à un devoir de révélation, sous peine d'être sanctionné pour délit de non-révélation de faits délictueux au procureur de la République. D'autre part, il est soumis au secret professionnel protégé pénalement.

Le délit d'informations mensongères et le délit de non-révélation des faits délictueux

Élément légal	Article L. 820-7 du Code de commerce
Élément matériel	La mission des CAC est de certifier que les comptes sont réguliers, sincères et donnent une image fidèle du patrimoine et de l'exercice, ils doivent informer les associés ou les actionnaires de toutes inexactitudes ou irrégularités qu'ils pourraient constater. L'infraction consiste : - soit à mentir sur la situation de la personne morale qu'ils contrôlent en donnant de fausses informations, ou en les confirmant : **délit d'informations mensongères** ; - soit à ne pas communiquer, au procureur de la République, les faits délictueux dont il a eu connaissance à l'occasion de leur mission : **délit de non-révélation des faits délictueux**.
Élément moral.	L'infraction est **intentionnelle**, il ne peut s'agir d'une simple erreur. Mais les tribunaux peuvent reprocher au commissaire aux comptes son imprudence ou sa négligence.

Le délit d'informations mensongères est un délit de commission. Le délit de non-révélation est un délit d'omission.

- La peine encourue est de 5 ans d'emprisonnement et de 75 000 euros d'amende.
- La tentative est punissable.

La violation du secret professionnel

Élément légal	Article L. 822-15 du Code de commerce et article 226-13 du Code pénal
Élément matériel	L'infraction consiste à ne pas garder le secret sur les faits, actes ou renseignements dont le CAC a eu connaissance à l'occasion de sa mission.
Élément moral	L'infraction est **intentionnelle**.

- Sont punissables les commissaires aux comptes, leurs collaborateurs et les experts.
- La peine encourue est d'un an d'emprisonnement et de 15 000 euros d'amende.

Remarque **Le commissaire aux comptes est lié par le secret** à l'égard des tiers, et notamment les créanciers et le fisc pour toutes les informations dont il a pu connaître au cours de l'exercice de sa mission. Toutefois, il est délivré du secret professionnel dans certaines circonstances et en particulier :
- à l'égard du président du tribunal dans le cas de la procédure d'alerte ou de l'ouverture d'une procédure collective de traitement des difficultés des entreprises ;
- à l'égard du procureur de la République en cas de révélation de faits délictueux ;
- à l'égard des actionnaires pour leur signaler des irrégularités ou des inexactitudes dans la tenue des comptes.

B Les infractions qui font obstacle au contrôle du commissaire aux comptes

Le Code de commerce sanctionne les dirigeants qui font obstacle à la mission d'audit légal des comptes. Trois comportements sont incriminés : l'absence de désignation, la non-convocation et en complément l'entrave à la mission du CAC.

1 Le défaut de désignation d'un commissaire aux comptes

Élément légal	Article L. 820-4 1° du Code de commerce
Élément matériel	L'infraction consiste à ne pas provoquer la réunion d'une assemblée générale pour désigner un commissaire aux comptes lorsque la loi ou les statuts rendent cette désignation obligatoire.
Élément moral	La **simple négligence** suffit, la mauvaise foi n'est pas à prouver.

- Sont punissables les dirigeants de droit.
- La sanction encourue est deux ans d'emprisonnement et 30 000 euros d'amende.

2 Le défaut de convocation d'un commissaire aux comptes

Élément légal	Article L. 820-4 1° du Code de commerce.
Élément matériel	L'infraction est consommée si le commissaire aux comptes n'est pas convoqué à toute assemblée générale.
Élément moral	Le **défaut de convocation suffit**, la mauvaise foi n'est pas à prouver.

- Sont punissables les dirigeants de droit.
- La sanction encourue est deux ans d'emprisonnement et 30 000 euros d'amende.

3 L'entrave à la mission du commissaire aux comptes

Élément légal	Article L. 820-4 2° du Code de commerce.
Élément matériel	L'infraction consiste à empêcher le CAC et les experts d'exécuter leur mission de contrôle et de vérification.
Élément moral	L'infraction est **intentionnelle**.

- Sont punissables les dirigeants de la personne morale contrôlée et toute personne au service de l'entité contrôlée.
- La sanction encourue est de cinq ans d'emprisonnement et 75 000 euros d'amende.

SYNTHÈSE

<table>
<tr><th colspan="2">1) Infraction à la constitution de la société</th></tr>
<tr><td colspan="2">▪ Délit de majoration frauduleuse des apports en nature :
- SARL, société par actions
- Faire attribuer frauduleusement une valeur supérieure à la valeur réelle
- Délit intentionnel
- Peine : 5 ans / 375 000 euros d'amende pour SARL – 9 000 euros pour les sociétés par actions</td></tr>
<tr><th colspan="2">2) Infraction relative à la gestion</th></tr>
<tr><td colspan="2">▪ Délit d'abus des biens, du crédit, des pouvoirs ou des voix :
- SARL, société par actions
- Usage des biens/crédits/pouvoirs/ voix + usage contraire à intérêt social + à des fins personnelles ou pour une entreprise où intéressé.
- Délit intentionnel
- Peine : 5 ans / 375 000 euros d'amende</td></tr>
<tr><th colspan="2">3) Infractions relatives aux comptes</th></tr>
<tr><td colspan="2">▪ Délit de présentation ou publication de comptes ne donnant pas une image fidèle :
- SARL, société par action
- SARL : présentation et dans les sociétés par actions : présentation ou publication + comptes inexacts
- Délit intentionnel
- Peine : 5 ans / 375 000 euros d'amende
▪ Délit de distribution de dividendes fictifs
- SARL, société par actions
- Existence de dividendes fictifs + Répartition des dividendes + Absence/défaut d'inventaire
- délit intentionnel
- Peine : 5 ans / 375 000 euros d'amende</td></tr>
<tr><th colspan="2">4) Infractions relatives au statut du CAC</th></tr>
<tr><th>Protection de la mission du CAC</th><th>Protection de l'exercice de la mission</th></tr>
<tr><td>▪ Délit de défaut de désignation du CAC
- Délit non intentionnel
- Peine : 2 ans / 30 000 euros d'amende
▪ Délit de non-convocation du CAC
- Délit non intentionnel
- Peine : 5 ans / 75 000 euros d'amende
▪ Délit d'entrave à la mission du CAC
- Toute personne au service de l'entité contrôlée
- Délit intentionnel
- Peine : 5 ans / 75 000 euros d'amende</td><td>▪ Délit d'informations mensongères et délit de non révélation des faits délictueux
- Délit intentionnel
- Peine : 5 ans / 75 000 euros d'amende</td></tr>
</table>

EXO 27.01

La SA Laglois et fils a été immatriculée à Rennes cette année. Elle comprend cinq actionnaires : Pierre, Marguerite et leurs trois enfants Kevin, Anaïs et Tatiana. Pour atteindre le capital minimum de 37 000 euros, ils ont attribué au matériel et aux véhicules qu'ils apportaient une valeur bien supérieure à leur valeur réelle établie par le commissaire aux apports à 25 000 euros.

Que risquent-ils ?

EXO 27.02 Cas pratique – La SARL Mario'ndgaz

La SARL Mario'ndgaz est spécialisée dans les travaux de plomberie et de chauffage au gaz, son siège social est situé à Paris et elle intervient uniquement à Paris et dans la petite couronne. Mario Da Silva, le fondateur de la SARL Mario'gaz, a depuis longtemps laissé la gestion de sa société à son salarié le plus expérimenté Nicolas Dominique. Celui-ci a quitté l'entreprise il y a peu pour s'installer en province. Mario Da Silva a alors nommé Olivier Marcel en tant que nouveau gérant.

En reprenant les comptes, Olivier Marcel a découvert des éléments surprenants dans les comptes :

- durant l'été dernier, la société a réglé la facture d'un hôtel cinq étoiles à Nice pour 13 nuitées, au titre d'un voyage de Monsieur Dominique pour la prospection de nouveaux clients. Monsieur Dominique n'a trouvé aucune demande de devis.
- la société a distribué des bénéfices au titre de l'exercice précédent alors que diverses créances irrécouvrables n'ont pas été enregistrées et qu'en définitive l'exercice était déficitaire. Le comptable a confirmé que Monsieur Dominique lui a effacé ces créances pour l'édition finale des comptes.

Travail à faire

1. **Quelles infractions vous semblent avoir été commises ?**
2. **A quelles poursuites peuvent-elles donner lieu ?**

EXO 27.03 Analyse d'une décision de justice – Crim, 17 mai 2006

Cour de cassation, chambre criminelle, 17 mai 2006

(...)Attendu qu'il résulte de l'arrêt attaqué et du jugement qu'il confirme que les comptes sociaux annuels, les comptes consolidés et les informations financières de la société de banque Le crédit lyonnais (LCL), entreprise publique dont l'État détenait 56 % du capital social, émettant des certificats d'investissement cotés à la bourse de Paris, dissimulaient, pour les exercices 1991, 1992 et le premier semestre de 1993, la véritable situation financière de la société, les bénéfices enregistrés n'étant que le résultat d'artifices comptables ; qu'il a été notamment constaté que la dotation aux provisions pour risques, charges et dépréciations avait été délibérément minorée ; qu'il a été établi que l'insuffisance des provisions constituées à raison des concours octroyés au groupe italien G..., en état de cessation des paiements, et des participations financières prises dans ses filiales était supérieure à 1,4 milliard de francs en 1992 ; que, malgré les recommandations de la Compagnie des commissaires aux comptes et des autorités de tutelle, préconisant la constitution de provisions plus substantielles liées à la crise du marché apparue dès 1991, celles des encours immobiliers de la banque, engagée avec le groupe H… qui ne pouvait plus faire face à ses engagements, n'ont pas été dotées d'un complément de 1,75 milliard de francs au 31 décembre 1992 ;

Attendu que, (…) Jean-Yves X…, président du conseil d'administration, Bernard I…, directeur général, et François J…, directeur général adjoint, ont été poursuivis puis condamnés des chefs de présentation ou publication de comptes annuels infidèles, (…), distribution de dividendes fictifs et complicité de ces délits ; (…)

Sur le troisième moyen de cassation, (…) “en ce que l'arrêt attaqué a relaxé Albert D…, Kevin E… et Patrick F…, commissaires aux comptes du Crédit lyonnais, des chefs d'informations mensongères et non-révélation de faits délictueux ;

Vu l'article 593 du code de procédure pénale ;

Attendu que tout jugement ou arrêt doit comporter les motifs propres à justifier la décision ; que l'insuffisance ou la contradiction des motifs équivaut à leur absence ;

Attendu que, pour dire non établis les faits de non-révélation de faits délictueux et de confirmation d'informations mensongères reprochés à Albert D…, Kevin E… et Patrick F…, commissaires aux comptes, pour les exercices 1991 et 1992, l'arrêt prononce par les motifs propres et adoptés repris au moyen ;

Mais attendu qu'en l'état de ces motifs, d'où il résulte que les comptes ont été certifiés sans aucune réserve par les commissaires aux comptes, en connaissance de l'insuffisance des provisions pour risques et dépréciations et alors qu'elle retient que les experts commis par le juge d'instruction avaient écarté toute possibilité de compenser cette insuffisance par des reprises de provision, le montant d'une provision réglementée et des recettes aléatoires, la cour d'appel, qui n'a pas tiré les conséquences légales de ses propres constatations, n'a pas justifié sa décision ;

D'où il suit que la cassation est à nouveau encourue ;

Par ces motifs, (…)

CASSE et ANNULE (…)

Travail à faire

Après avoir lu l'arrêt ci-dessus, relevez :

1. **les infractions retenues à l'encontre des dirigeants du LCL,**
2. **la solution concernant les commissaires aux comptes,**
3. **les motifs de la Cour pour fonder cette décision.**

EXO 27.04

Après avoir lu l'arrêt, répondez aux questions suivantes :

1. **Rappelez les notions de conventions réglementées et d'abus de bien social ainsi que les sanctions prévues par la loi.**
2. **Formulez le problème de droit.**
3. **Expliquez la motivation de la Cour de cassation.**
4. **Selon vous, pourquoi cette décision a-t-elle été très critiquée par la doctrine ?**

1 : Annexe : Cour de cassation, chambre criminelle, 25 septembre 2019 :

Attendu qu'il résulte de l'arrêt attaqué et des pièces de procédure qu'au terme d'une information judiciaire ouverte à la suite de la plainte de la société Bayer, M. I... C... a été renvoyé devant le tribunal correctionnel notamment pour avoir, courant 2006, 2007 et 2008, étant président du directoire de la société Bayer, fait de mauvaise foi des biens ou du crédit de cette société un usage qu'il savait contraire à l'intérêt de celle-ci, à des fins personnelles ou pour favoriser une autre société dans laquelle il était directement ou indirectement intéressé, en l'espèce en signant deux règlements de retraite sur-complémentaire fixant les conditions d'accès au bénéfice de la retraite dont les dispositions lui étaient particulièrement favorables, sans avoir obtenu préalablement l'autorisation du conseil de surveillance de la société alors qu'il s'agissait de conventions réglementées et en organisant son licenciement dans le cadre d'une intégration au plan de sauvegarde pour l'emploi et au dispositif de départ anticipé à la retraite, pour un montant de 4 473 000 euros, ainsi que l'octroi d'une avance sur son indemnité de départ, pour un montant de 1 580 000 euros, sans que cette convention réglementée ne fasse l'objet d'un accord préalable du conseil de surveillance de la société, et ce, en violation de l'article 10 de son règlement intérieur et des articles L. 225-86 et L. 225-88 du Code de commerce et en occultant les conséquences financières détaillées et personnelles qu'une telle intégration entraînait pour la société ; que M. C... a été déclaré coupable de ces faits par un jugement du 22 novembre 2016 dont il a interjeté appel ; (...)

Sur le premier moyen de cassation pris de la violation des articles L. 227-1, L. 242-6, L. 244-1 et L. 249-1 du Code de commerce, 591 et 593 du Code de procédure pénale, défaut de motifs et manque de base légale :

« en ce que l'arrêt attaqué a confirmé le jugement ayant déclaré M. C... coupable des faits d'abus des biens ou du crédit d'une société par actions par un dirigeant à des fins personnelles commis à Puteaux courant 2006, 2007 et 2008, pour avoir le 25 mai 2006 signé deux règlements de retraite sur-complémentaire sans autorisation du conseil de surveillance et organisé son licenciement dans le cadre d'une intégration au plan de sauvegarde pour l'emploi et au dispositif de départ anticipé à la retraite (...), sans l'accord préalable du conseil de surveillance et, infirmant le jugement sur la peine, condamné M. C... à une peine d'amende de 50 000 euros ainsi qu'à une peine d'interdiction de diriger, gérer ou contrôler à un titre quelconque, directement ou indirectement, une entreprise commerciale ou industrielle ou une société commerciale pendant une durée de cinq ans et prononcé sur les intérêts civils » ;

« 1°) alors que les articles L. 225-86 et L. 225-88 du Code de commerce visés dans la prévention, subordonnant, dans les sociétés anonymes, la conclusion des conventions réglementées à une autorisation du conseil de surveillance, ne sont pas applicables aux sociétés par actions simplifiées ; qu'en retenant que M. C... s'était rendu coupable du délit d'abus de biens sociaux en signant, le 25 mai 2006, deux règlements de retraite sur-complémentaire constituant des conventions réglementées, et en organisant son licenciement dans le cadre d'un plan de sauvegarde pour l'emploi et au dispositif de départ anticipé à la retraite, sans avoir préalablement obtenu l'autorisation du conseil de surveillance de la société Bayer, cependant que les articles L. 225-86 et L. 225-88 du Code de commerce n'étaient pas applicables à cette société qui était, à l'époque des faits, une société par actions simplifiée, la cour d'appel n'a pas légalement justifié sa décision au regard des textes susvisés » ; (...)

Sur le moyen pris en sa première branche :

Attendu que, pour déclarer M. C... coupable des abus de biens sociaux susmentionnés, l'arrêt retient notamment que l'article 1er des statuts de la société Bayer, qui était, à l'époque des faits, une société par actions simplifiées, prévoyait qu'elle était régie par les règles applicables aux sociétés anonymes, que l'intégration du prévenu dans le plan de sauvegarde pour l'emploi et l'avance qu'il a perçue sur son indemnité de départ correspondaient à des conventions réglementées qui devaient, aux termes des articles visés dans la prévention, être soumises à l'approbation préalable du conseil de surveillance, ce que l'intéressé s'est délibérément abstenu de faire ;

Attendu qu'en l'état de ces énonciations, et dès lors que, d'une part, l'octroi au dirigeant du bénéfice d'un plan de sauvegarde pour l'emploi ou d'un dispositif de départ anticipé à la retraite mis en place par la société correspond à une convention réglementée, soumise aux dispositions des articles L. 225-86 et L. 225-88 du Code de commerce, d'autre part, l'article L. 244-1 du Code de commerce prévoit que les articles L. 242-1 à L. 242-6, L. 242-8, L. 242-17 à L. 242-24 du même code s'appliquent aux sociétés par actions simplifiées et que les peines prévues pour le président, les administrateurs ou les directeurs généraux des sociétés anonymes sont applicables au président et aux dirigeants des sociétés par actions simplifiées, la cour d'appel a justifié sa décision sans méconnaître aucun des textes visés au moyen ;

D'où il suit que le moyen n'est pas fondé ;

Et attendu que l'arrêt est régulier en la forme ;

REJETTE le pourvoi

Applications

7

Partie

Méthodologie

Les compétences spécifiques de l'UE 2 figurant au programme de l'axe « Droit des affaires » doivent permettre de développer :

- la recherche et l'analyse d'une documentation juridique fiable et actualisée ;
- l'analyse d'une décision de justice (en dégager la portée) ;
- la qualification des faits, les articuler dans un raisonnement juridique et proposer une solution adaptée, dans le cadre d'une situation juridique donnée.

Voici quelques conseils pour réussir chacun des exercices demandés à l'examen.

1 Les questions ouvertes

La difficulté consiste à cerner correctement la question posée. Les correcteurs ont un barème très détaillé pour assurer une forme d'égalité entre les candidats. Les développements hors-sujets ne seront pas valorisés.

- Veillez tout d'abord à définir les termes du sujet. **Par exemple, pour la question « les nullités de la période suspecte »**, il convient de fixer le cadre de cette notion :
  - il s'agit du droit des entreprises en difficulté ;
  - de la remise en cause de certains actes conclus pendant la période située avant la cessation des paiements.

Pourquoi cette règle a-t-elle prévue par le législateur ? Quels sont ces actes ? Existe-t-il plusieurs catégories ? Qu'implique la nullité de ces actes ?

- L'ensemble de ces questions correspond à la méthode de questionnement dite du QQOQCPC (Qui ? Quoi ? Où ? Quand ? Comment ? Pourquoi ? Combien ?)

Proposition : *la période suspecte s'étend de la date de cessation des paiements retenue par le tribunal compétent à la date du jugement d'ouverture de la procédure dite collective (de redressement ou de liquidation judiciaire). Le législateur a institué un système de nullités pour sanctionner les actes accomplis au cours de cette période qui ont eu pour objet ou pour effet d'aggraver les difficultés des entreprises et de désavantager certains créanciers sociaux.*

Deux catégories de nullité sont envisagées : les nullités de droit (actes sur lesquels pèse une présomption irréfragable de fraude, par exemple tout paiement alors que la créance n'était pas exigible) et les nullités facultatives (dont le caractère frauduleux est laissé à la libre appréciation du juge, par exemple les paiements pour dettes échues effectués à compter de la date de cessation des paiements peuvent être annulés si ceux qui ont traité avec le débiteur ont eu connaissance de la cessation des paiements).

2 Les études de situations pratiques (ou cas pratiques)

La résolution d'un cas pratique suppose la mise en œuvre d'un raisonnement juridique souvent comparé au syllogisme.

- Partons de l'énoncé suivant : CG, gérant de la société R., a fait construire sur les fonds de la société une maison dédiée à son repos personnel. Votre connaissance du cours et l'analyse du sujet doivent vous amener à vous demander si CG a commis un abus de bien social. Le raisonnement s'articule autour de trois étapes :
  - **principe juridique** (ou de la règle de droit) : le gérant qui fait, de mauvaise foi, des biens ou du crédit de la société, un usage qu'il sait contraire à l'intérêt de celle-ci, à des fins personnelles engage sa responsabilité pénale (article L. 241-3 du Code de commerce).

- **rappel des faits :** CG, gérant de la société R., a fait construire sur les fonds de la société une maison dédiée à son repos personnel.
- **la conclusion :** en l'espèce, CG a commis le délit d'abus de biens sociaux en faisant construire une maison dont l'utilité ne profite pas à la société. Il engage sa responsabilité pénale et encourt une peine d'emprisonnement de 5 ans et/ou une amende de 375 000 euros.

■ Pour mener correctement ce raisonnement, il convient tout d'abord de **qualifier les faits** à partir de la lecture attentive de l'énoncé.

La qualification permet de déterminer la règle de droit pertinente pour résoudre le cas. Cette règle est énoncée dans le principe juridique : de manière précise (conditions et effets de la règle de droit, ses exceptions éventuellement). L'application au cas

Par exemple : la SNC « Sous le vent » a été constituée par quatre amis, chacun détenant 25 % des titres de la société. Céline est la gérante associée. La SNC commercialise des planches à voile très appréciées des spécialistes. La concurrence est néanmoins très sévère et la SNC règle avec beaucoup de retard ses fournisseurs, parmi lesquels Christian qui connaît bien Céline et lui demande personnellement de régler la dernière facture de 28 000 €. Céline doit-elle s'acquitter de cette facture ?

■ Proposition :

Problème de droit : *quelle est l'étendue de la responsabilité d'un associé en nom (société en nom collectif) vis-à-vis des tiers ?*

Principe juridique : *à l'égard des tiers, le gérant de la SNC est seul responsable s'il a commis une faute personnelle, en dehors de l'objet social, n'entrant pas dans l'exercice de ses fonctions. Quant à l'obligation aux dettes sociales, les associés d'une SNC ont une responsabilité indéfinie et solidaire (article L. 221-1 du Code de commerce). Cette obligation est néanmoins subsidiaire : par acte extra-judiciaire, le créancier doit préalablement mettre en demeure la SNC qui a un délai de 8 jours pour régler la créance. Ce délai peut même être prolongé par ordonnance du président du tribunal de commerce.*

Application au cas : *si la SNC a été régulièrement mise en demeure, Christian n'a pas à diviser ses recours et peut poursuivre Céline en tant qu'associée de la SNC pour exiger le règlement intégral de la facture de 28 000 €. Céline pourra ensuite se retourner contre ses trois coassociés dans le cadre d'un recours subrogatoire.*

- **Dernier conseil :** appuyez-vous sur les éléments de l'énoncé pour répondre au cas pratique (reprenez le nom des parties, les chiffres fournis dans l'énoncé – le pourcentage de parts sociales détenues par tel associé – les années -une prescription est peut-être cachée...). N'oubliez pas d'exploiter l'annexe fournie. Si la solution n'est pas tranchée, n'hésitez pas à indiquer que les juges apprécieront souverainement tel ou tel élément.

3 L'analyse de document

Le plus souvent, l'analyse de document porte sur une décision de justice. Mais on pourrait tout à fait imaginer qu'il s'agisse d'une annonce publiée dans un JAL, d'un procès-verbal d'assemblée générale, d'un extrait de statuts ou du communiqué d'un conseil d'administration comme dans l'exemple reproduit ci-dessous.

Le document est alors le prétexte à poser diverses questions sur la gouvernance, la dissociation des fonctions de direction et la notion de cooptation dans la SA.

Analyse du communiqué du conseil d'administration

Communiqué du conseil d'administration du Groupe Renault
Boulogne-Billancourt, 24 janvier 2019 – Le conseil d'administration de Renault s'est réuni le 24 janvier 2019 à 10 h sous la présidence de M. Philippe Lagayette, administrateur référent.
Le conseil a pris acte de la démission de son actuel président-directeur-général. Il salue le parcours de l'Alliance qui lui a permis de se hisser au premier rang des constructeurs automobiles mondiaux.
Le conseil d'administration a décidé de doter Renault d'une nouvelle gouvernance et, à cette occasion, d'instituer une dissociation des fonctions de président du conseil et de directeur général.
Outre toutes les fonctions assumées normalement par le président du conseil, le nouveau président du conseil d'administration de Renault devra évaluer et, si nécessaire, faire évoluer la gouvernance de Renault afin notamment d'assurer la transition vers la nouvelle structure. Il présentera ses propositions sur l'évolution de la gouvernance au conseil d'administration avant la prochaine assemblée générale des actionnaires.
Par ailleurs, le conseil d'administration de Renault souhaite superviser activement le fonctionnement de l'Alliance et décide de confier à son président la pleine responsabilité du pilotage de l'Alliance pour le compte de Renault, en liaison avec le directeur général.
A ce titre, le président du conseil d'administration de Renault sera l'interlocuteur principal du partenaire japonais et des autres partenaires de l'Alliance pour toute discussion sur l'organisation et l'évolution de l'Alliance. Il proposera au conseil d'administration tout nouvel accord d'Alliance qui lui semblerait utile à l'avenir de Renault. Il aura vocation à être le représentant principal de Renault dans les organes de direction de l'Alliance et chez Nissan lorsque Renault dispose d'un droit de proposition.
Le directeur général coordonnera pour la société les activités de l'Alliance dans le domaine opérationnel sous l'autorité du président.
Le conseil a coopté M. Jean-Dominique Senard comme nouvel administrateur et l'a élu président.
Sur proposition de ce dernier, le conseil a nommé Thierry Bolloré directeur général.
Le conseil exprime sa confiance aux deux nouveaux dirigeants et leur souhaite plein succès dans leur mission.

L'analyse d'une décision de justice

- L'analyse d'une décision de justice est souvent perçue comme un exercice difficile. L'enjeu pour le candidat est de ne pas se perdre dans les détails dont recèlent certains arrêts et de trouver rapidement le « thème » mobilisé par l'arrêt. Plusieurs questions sont traditionnellement posées. L'arrêt rendu le 12 décembre 2018 par la chambre commerciale, financière et économique de la Cour de cassation servira d'illustration.
- Vous devez être capable de répondre aux questions suivantes :
  - Quels sont les faits ayant donné lieu à l'espèce ?
  - Quelle fut la procédure antérieure ?
  - Quel est le problème de droit soulevé ?
  - Quels sont les arguments des parties ? (au moins du demandeur au pourvoi ?)
  - Quelle est la solution rendue par la Cour de cassation ?

Attendu, selon l'arrêt attaqué, que la société GB coiffure (la société GB), exploitant un salon de coiffure dont M. X... était le gérant, avait pour expert-comptable la société France expertise comptable (la société FEC) ; que, M. et Mme X... ayant conçu le projet d'ouvrir un institut de soins esthétiques, un fonds de commerce a été acquis afin de développer au sein de la société GB cette activité, pour laquelle la société FEC a établi un plan de financement et des comptes prévisionnels ; que la société GB a souscrit un emprunt, dont M. et Mme X... se sont rendus cautions solidaires ; que M. et Mme X... ont dû effectuer différents versements pour soutenir l'exploitation du fonds, qui s'est finalement révélée déficitaire ; que la société GB a revendu le fonds de commerce à un prix inférieur à celui de son acquisition, sans que M. et Mme X... puissent récupérer les sommes qu'ils avaient investies ; qu'estimant que les préjudices qu'ils avaient subis résultaient d'un défaut de diligences et de conseil de la société FEC, M. et Mme X... et la société GB l'ont assignée en paiement de dommages-intérêts ;
Sur le moyen unique, pris en sa première branche :
Vu l'article 455 du code de procédure civile ;
Attendu que pour rejeter les demandes de la société GB, l'arrêt, après avoir retenu que la société FEC avait manqué à ses obligations contractuelles en ne vérifiant ni les prévisions de chiffres d'affaires proposées par son client, lequel n'était pas particulièrement informé du nouveau type de commerce qu'il envisageait d'exploiter, ni l'état du marché relatif à cette nouvelle activité, ce qui lui aurait permis d'alerter son client, écarte tout lien de causalité entre cette faute et le préjudice invoqué au motif qu'il n'était pas établi que la société FEC était tenue de valider les chiffres d'affaires proposés par M. X... pour la préparation du plan de financement nécessaire à l'obtention du prêt ;
Qu'en statuant ainsi la cour d'appel, qui s'est contredite, a méconnu les exigences du texte susvisé ;
Sur le moyen, pris en sa deuxième branche :
Vu l'article 1147 du code civil, en sa rédaction antérieure à celle issue de l'ordonnance du 10 février 2016 ;
Attendu que pour rejeter la demande de la société GB, l'arrêt retient qu'il n'est pas établi que la société GB ait subi une perte de chance dans les choix d'investissement qu'elle a faits, notamment celui d'acquérir le nouveau fonds de commerce, qui soit directement liée à la faute de l'expert-comptable, puisque M. et Mme X... avaient acquis le fonds avec leurs deniers personnels un an avant l'établissement du plan de financement soumis à la banque ;
Qu'en se déterminant ainsi, sans vérifier si l'emprunt souscrit, dans la mesure où le fonds avait été acquis antérieurement, n'était pas destiné au développement de la nouvelle activité, de sorte que la faute retenue contre la société FEC avait pu entraîner pour la société GB une perte de chance de ne pas souscrire l'emprunt, la cour d'appel a privé sa décision de base légale ;
Et, sur le moyen, pris en sa troisième branche :
Vu l'article 1382, devenu 1240, du code civil ;
Attendu que pour rejeter la demande de M. et Mme X..., l'arrêt retient que le fait que ceux-ci aient dû vendre leur appartement pour faire face à leur engagement de cautions solidaires contracté lors de l'octroi du prêt à la société GB, lequel avait été souscrit un an après l'acquisition du fonds par M. et Mme X... sur leurs deniers personnels, ne permet pas de démontrer l'existence d'un lien direct avec la faute commise par la société FEC ;
Qu'en se déterminant ainsi, sans rechercher si M. et Mme X... se seraient engagés comme cautions si la société FEC n'avait pas établi un plan de financement erroné, la cour d'appel a privé sa décision de base légale ;
PAR CES MOTIFS, sans qu'il y ait lieu de statuer sur le dernier grief : casse et annule, en toutes ses dispositions, l'arrêt rendu le 6 juillet 2017, entre les parties, par la cour d'appel de Paris ; remet, en conséquence, la cause et les parties dans l'état où elles se trouvaient avant ledit arrêt et, pour être fait droit, les renvoie devant la cour d'appel de Paris, autrement composée (...)

A Rappel des faits

Ces éléments se trouvent généralement dans le premier paragraphe de l'arrêt.

- Veillez à ne pas recopier l'arrêt, à ne conserver que les éléments qui permettent de comprendre le problème de droit posé (par exemple : les initiales sont suffisantes pour désigner les parties ; l'indication des dates est intéressante si la règle de droit mobilisée concerne un délai de prescription ou l'application de la loi dans le temps).
- Essayez de qualifier la situation qui lie les parties au litige (elles sont liées par exemple par un contrat).

- N'oubliez pas de terminer les faits en indiquant la demande de celui qui a introduit l'instance (par exemple, X introduit une action en justice pour demander réparation du préjudice subi...).
- Ne perdez pas de vue que la dernière question posée permettra de savoir si cette demande a abouti.

- Proposition :

  Les époux X gèrent un salon de coiffure exploité par la société GB. Souhaitant diversifier leur activité, ils acquièrent un fonds de commerce et sollicitent ensuite leur expert-comptable (la société FEC) qui établit un plan de financement et des comptes prévisionnels qui s'avèrent erronés. Pour financer l'opération, la société GB souscrit un emprunt pour lequel les époux X s'engagent personnellement. Par la suite, cette activité est déficitaire et ils perdent les sommes investies. Ils estiment que l'expert-comptable a manqué à son obligation de conseil et engagent une action en justice contre lui pour obtenir réparation des préjudices subis.

B Procédure antérieure

Un travail préparatoire au brouillon s'impose pour déterminer les étapes judiciaires qui ont conduit à l'arrêt rendu par la Cour de cassation.

Il convient d'identifier pour chacune :

- la **juridiction saisie** : qui sont les parties à l'instance ? (demandeur et défendeur en première instance, appelant et intimé devant la cour d'appel, demandeur au pourvoi et défendeur au pourvoi devant la Cour de cassation).
- la **décision rendue** (jugement ou arrêt) : celui qui a introduit l'instance obtient-il gain de cause ou bien est-il débouté (c'est-à-dire que sa demande est rejetée) ?

Remarque Il arrive que le contenu du jugement rendu en première instance ne soit pas connu.
Conseil : n'inventez pas ! En revanche, il est possible de le déduire par un raisonnement à rebours : si l'arrêt d'appel est infirmatif et qu'il n'accueille pas la demande formulée initialement, cela signifie que la juridiction du premier degré avait fait droit à cette demande. On détermine alors également la partie qui avait interjeté appel.

- la **voie de recours** (appel et pourvoi en cassation) : qui la forme ?

Conseil Commencez par repérer dans l'arrêt de la Cour de cassation la position de la cour d'appel (si « M. X fait grief à l'arrêt » ou si « pour rejeter la demande de M. X, l'arrêt retient... » : on en déduit que M. X n'a pas obtenu gain de cause devant la Cour d'appel et qu'il a formé le pourvoi. Dans l'arrêt, ont été soulignés les éléments qui permettent d'affirmer que les époux X et la société GB ont été déboutés par la Cour d'appel. Le « par ces motifs » précise la nature et la date de la décision attaquée, ainsi que la juridiction qui l'a rendue.

Proposition : *les époux X et la société GB ont assigné la société FEC devant un tribunal de commerce (la chambre de la Cour de cassation vous permet de le déterminer). Le tribunal de commerce a rendu un jugement en premier ressort (puisqu'une cour d'appel a par la suite été saisie) dont on ne connaît pas le contenu. L'une des deux parties a interjeté appel.*
Le 6 juillet 2017, la Cour d'appel de Paris a rendu un arrêt par lequel elle déboute les époux X. Les époux X forment un pourvoi en cassation (observez le premier attendu).

Remarques 1 : n'écrivez pas qu'une partie a interjeté appel le 6 juillet 2017 : plusieurs mois s'écoulent entre l'appel (voie de recours) et l'arrêt finalement rendu par la cour d'appel.
2 : en principe, l'étude de la procédure antérieure s'achève avec le pourvoi. Toutefois, vous viserez l'arrêt rendu par la Cour de cassation, sans en donner le contenu (date, rejet ou cassation).

C Arguments des parties

- Il convient de se positionner au stade du pourvoi en cassation (le demandeur au pourvoi n'est pas nécessairement le demandeur qui a introduit l'instance). Le demandeur au pourvoi formule ses griefs à l'égard de l'arrêt rendu par la cour d'appel par ce qu'on appelle un **moyen** qui peut être divisé en **branches**.

Proposition : *les époux X et la société GB sont les demandeurs au pourvoi ; ils développent un moyen divisé en 3 branches :*

- *l'expert-comptable a manqué à ses obligations contractuelles en ne vérifiant pas les chiffres ayant permis d'élaborer le plan de financement dont le lien de causalité avec le préjudice subi est établi ;*
- *l'expert-comptable leur a faire perdre la chance de ne pas souscrire l'emprunt ;*
- *c'est sur la base du plan de financement erroné que les époux X se sont engagés en tant que cautions.*

Le défendeur au pourvoi, l'expert-comptable (la société FEC) demande la confirmation de l'arrêt rendu par la Cour d'appel de Paris.

D Problème de droit

- Il convient de le formuler sous forme interrogative et en termes juridiques et abstraits (l'enjeu pour la Cour de cassation dépasse le cas particulier des parties au litige. Qualifier juridiquement les faits aide à trouver le problème de droit).

Proposition : *quelles sont les conditions de la mise en œuvre de la responsabilité d'un expert-comptable dans sa mission de conseils ? Quelle est l'étendue de la responsabilité d'un expert-comptable dans ce domaine ?*

E Solution rendue

- Il convient de répondre en deux temps :
  - **nature de l'arrêt rendu par la Cour de cassation** : rejet ou cassation. Répondez alors à la demande formulée initialement dans les faits. Lors du prononcé de la décision, un client vous demande ce qu'il en est : peu importe qu'il s'agisse d'un arrêt de cassation ou de rejet, a-t-il gagné ou perdu ?
  - **les motifs de la Cour de cassation**, c'est-à-dire les arguments fournis. La difficulté consiste à distinguer les arguments du demandeur au pourvoi – qui critique évidemment l'arrêt de la cour d'appel – de la position de la Cour de cassation (éléments reproduits en italique pour chaque branche). La réponse doit fournir la réponse au problème de droit soulevé devant la Cour de cassation et sa motivation.

Proposition : *le 12 décembre 2018, la Cour de cassation a rendu un arrêt de cassation. Elle annule l'arrêt rendu par la cour d'appel de Paris le 6 juillet 2017 et renvoie les parties vers la cour d'appel de Paris autrement composée. Les époux X obtiennent réparation pour le préjudice subi.*

La Cour de cassation a retenu que l'expert-comptable n'a pas correctement alerté son client en ne corrigeant pas les prévisions de chiffre d'affaires formulées par les époux X et que du fait de l'établissement d'un plan de financement erroné, les époux ont perdu la chance de ne pas s'engager personnellement pour l'emprunt contracté.

4 Etude de statuts, identification de clauses illicites et rédaction de clauses

Les statuts comportent l'ensemble des règles permettant l'organisation et le fonctionnement d'une société. Un expert-comptable peut être amené à rédiger les statuts d'une société (dans l'hypothèse où les associés fondateurs s'engagent à lui confier la comptabilité de la future société). Le travail sur les statuts d'une société suppose de déterminer si une règle est d'ordre public ou si elle est supplétive de volonté pour la société visée. Par exemple, une clause statutaire :

- ne peut modifier l'étendue de l'obligation aux dettes sociales des associés en nom (SNC) ;

- peut prévoir, en cas de projet de cession de parts sociales dans la SARL, un agrément si le cessionnaire est déjà un associé de cette SARL.

Certaines clauses obligatoires sont sensibles : l'objet social doit être déterminée de manière suffisamment précise (ni trop large, ni trop restrictif) ; la dénomination sociale doit être disponible.

Pour éviter l'arrivée d'associés indésirables, les cessions de titres font souvent l'objet d'un encadrement statutaire. Y compris dans les sociétés par actions dans lesquelles la cession est libre en principe, différentes dispositions sont possibles (agrément, inaliénabilité, préemption...). Tous les modes de transmission doivent aussi être envisagés (cession, transmission par donation ou succession).

Pour éviter le recours au juge en cas de désaccord sur l'interprétation d'une clause statutaire, veillez à ce que la rédaction soit précise.

- Exemple sur la base d'une consultation :

Les associés fondateurs de la société BST SARL souhaitent anticiper les conflits qui pourraient éventuellement survenir entre les futurs associés. Ils redoutent que l'un d'entre eux puisse à l'avenir exercer une activité concurrence à la société BST, à titre personnel ou pour le compte d'une autre société. Ils ont rédigé un projet de clause visant à exclure l'associé concerné ; ils souhaiteraient obtenir votre avis.

L'exclusion d'un associé peut être décidée par la collectivité des associés réunis en assemblée générale pour les motifs suivants : violation d'une règle statutaire, concurrence à la société BST organisée par l'un des associés, soit à titre personnel, soit pour le compte d'une autre société. L'assemblée générale peut prononcer le rachat forcé des parts de l'associé concerné. La décision de rachat forcé des titres sera adoptée à l'unanimité des associés présents ou représentés. L'associé concerné ne prend pas part au vote.
Les titres de l'associé exclu seront rachetés par les autres associés, à un prix fixé à l'amiable ou par un expert désigné d'un commun accord ou par le tribunal.
Cet article ne peut être modifié qu'à la majorité des deux-tiers des voix.

Proposition : il s'agit d'envisager le départ forcé d'un associé. En principe, un associé ne peut être exclu mais il existe des exceptions. La Cour de cassation a admis la validité de la **clause statutaire de rachat forcé** qui conduit à exclure un associé. Cette clause doit figurer dans les statuts d'origine (ou être introduite en cours de vie sociale à l'unanimité des associés ; ce qui n'est pas le cas dans la proposition faite).

Les conditions de l'exclusion doivent être soigneusement précisées : elles doivent être objectives pour éviter une exclusion arbitraire. Cela semble être le cas ici même s'il faudra au préalable être certain des faits de concurrence loyale avancés.

Par ailleurs, le principe du contradictoire doit pouvoir s'appliquer au profit de l'associé dont le départ est souhaité. Il doit pouvoir participer à l'assemblée générale au cours de laquelle la décision de rachat est prise. Cela n'est pas le cas ici.

La clause de rachat forcé doit prévoir la base et le mode de liquidation des titres sociaux de l'associé exclu. La fixation du prix définitif intervenant le cas échéant à dire d'expert. Il semblerait que les modalités ne soient pas suffisamment précises en ne prévoyant que le recours à un expert.

Conseils généraux :

- ne négligez pas la forme, c'est-à-dire la présentation de votre travail et l'orthographe. Faites-en sorte que l'écriture soit lisible, évitez les ratures ; privilégiez les phrases courtes ;
- veillez à traiter une partie après l'autre, puis les questions dans l'ordre : tout ce qui freine le correcteur est à bannir. Evitez de traiter deux questions en une : il y a de grandes chances que deux questions numérotées séparément appellent deux réponses différentes.

28 Applications transversales

EXO 28.01 Situation pratique

La société anonyme Valverde est spécialisée dans l'import-export de produits alimentaires sud-américains. Il s'agit d'une SA de forme classique dont le conseil d'administration est composé de 5 personnes, ce qui correspond au minimum prévu par les statuts :

- M. Esteban Valverde, 62 ans, qui est président du conseil d'administration et directeur général ;
- Mme Roissy Louise, 54 ans, qui est également directrice des ressources humaines de la société ;
- M. Léger Jacques, 70 ans ;
- Mme Bouffu Adeline, 72 ans ;
- M. Aymard Paul, 63 ans, qui est également directeur administratif et financier de la société.

Le capital de la société est de 300 000 euros.

1. **La composition du conseil d'administration vous parait-elle conforme à la réglementation ?**

2. **En quoi le 71ème anniversaire de M. Léger risque-t-il de perturber cette composition ? Comment devra alors réagir le conseil d'administration ?**

3. **A quelles conditions de quorum et de majorité un vote des actionnaires pourra-t-il éviter la survenance d'un tel risque ?**

EXO 28.02 Situation pratique

La femme de M. Valverde est propriétaire d'un entrepôt en région parisienne à proximité de l'aéroport de Roissy Charles de Gaulle. M. Valverde se demande s'il ne pourrait pas en faire profiter la SA, en signant un contrat de bail à un loyer supérieur au prix du marché afin de remercier sa femme, et aussi en profiter personnellement.

1. **Que pensez-vous de la validité de cette convention ?**

2. **Quelles peuvent être les conséquences pénales d'une telle convention pour M. Valverde ?**

EXO 28.03 Situation pratique

La société a subi de nombreuses pertes lors du dernier exercice. Les comptes devant être présentés lors de la prochaine assemblée générale font apparaître des capitaux propres évalués à 135 000 euros.

1. **Que vous inspire la situation comptable de la société ?**

2. **M. Valverde minimise les problèmes que rencontre la société, que doit faire M. Turin, le commissaire aux comptes de la société ?**

3. **Décrivez brièvement les procédures auxquelles la société peut recourir pour répondre à ces difficultés économiques en insistant sur les avantages et les inconvénients de chacune d'entre elles.**

EXO 28.04 Situation pratique

La société Valverde détient à 100 % une filiale la SAS Vialo, spécialisée dans le commerce avec le Brésil et dont le président est également M. Valverde. Son chiffre d'affaires vient de dépasser 1 500 000 euros et son bilan 750 000 euros, ce qui révèle un réel dynamisme de la filiale.

1. **La présence d'un commissaire aux comptes au sein de la SAS est-elle obligatoire ?**

2. **M. Valverde souhaiterait développer l'activité de cette filiale. Il a trouvé de potentiels investisseurs qui entreraient dans son capital social. Il a cependant peur que ceux-ci ne s'engagent que pour une période brève et ne cherchent à céder leurs actions à d'autres personnes. Que pouvez-vous lui conseiller ?**

EXO 28.05 Commentaire de document

Cass. Com., 7 juin 2018

Sur le moyen unique :

Vu l'article L. 223-22 du code de commerce, ensemble les articles L. 231-1 et L. 241-8 du code de la construction et de l'habitation et L. 241-1 et L. 243-3 du code des assurances ;

Attendu, selon l'arrêt attaqué (Montpellier, 13 octobre 2016), que Mme Z... et son époux ont confié la construction de leur maison à la société ABC construction (la société) ; que les plans ont été réalisés par M. B..., architecte, par ailleurs gérant de la société ; qu'après expertise, Mme Z... et son époux, se plaignant notamment de désordres, ont assigné la société et M. B... en [...] en indemnisation ; que, Joachim Z... étant décédé, Mme Z... et ses enfants, Stéphane et Isabelle (les consorts Z...), ont repris l'instance en leur nom ;

Attendu que, pour rejeter la demande des consorts Z... tendant à ce que M. B... soit condamné, avec la société, à indemniser le préjudice causé par le défaut de souscription de l'assurance de responsabilité décennale et à rembourser les sommes résultant de l'apurement des comptes, l'arrêt retient que M. B... n'est pas personnellement le cocontractant ;

Qu'en statuant ainsi, sans rechercher, comme il le lui était demandé, si M. B... n'avait pas commis des fautes séparables de ses fonctions sociales engageant sa responsabilité personnelle en omettant [...] de souscrire une assurance de responsabilité décennale, la cour d'appel n'a pas donné de base légale à sa décision ;

PAR CES MOTIFS : Met hors de cause la société ABC construction ; CASSE ET ANNULE

A l'aide du document reproduit ci-dessus et de vos connaissances répondez aux questions suivantes :

1. **Définissez la notion de faute séparable des fonctions. Quelles sont les conséquences d'une telle faute ?**

2. **Quel est le problème juridique soulevé par cet arrêt ?**

3. **Quels sont la solution et les arguments de la cour d'appel ?**

4. **Quels sont la solution et les arguments de la Cour de cassation ?**

EXO 28.06 Etude d'arrêt portant sur la paralysie d'une société

Cass. com. 5 avril 2018, n° 16-19.829

LA COUR DE CASSATION, CHAMBRE COMMERCIALE, a rendu l'arrêt suivant :

Sur le moyen unique, pris en sa deuxième branche :

Vu l'article 1844-7, 5° du code civil ;

Attendu, selon l'arrêt attaqué, que le capital de la société civile Holding financière du parc (la société HFP) est réparti entre M. Jean-Louis X..., son gérant, détenteur de 50 % des parts, Mme Nathalie X... et M. Jean-Bruno X..., ces derniers détenant chacun 25 % des parts ; qu'elle est propriétaire de deux terrains donnés à bail à deux sociétés, dirigées par M. Jean-Bruno X... ; qu'invoquant la mésentente entre les associés paralysant le fonctionnement de la société, Mme Nathalie X... a judiciairement sollicité la dissolution de celle-ci, demande à laquelle M. Jean-Bruno X... s'est associé ;

Attendu que pour prononcer la dissolution de la société HFP, l'arrêt retient, par motifs adoptés, que le fonctionnement normal de la société est perturbé par une mésentente durable et l'absence de toute confiance entre les associés, opposés dans une procédure judiciaire de partage successoral, et, par motifs propres, qu'il résulte des statuts de la société que les assemblées sont présidées par le gérant, qui dispose d'une voix prépondérante en cas de partage de voix, qu'il s'agisse des AGO ou AGE, de sorte que les résolutions nécessaires au bon fonctionnement de la société ne sont prises qu'en vertu de la voix prépondérante de ce dernier ; qu'il retient encore que si l'absence de blocage est avérée, cette situation est de pure forme et que la vie de la société est caractérisée par un antagonisme en deux camps qui disposent exactement du même nombre de parts sociales ; qu'il relève qu'un litige entre la société et ses deux locataires n'est pas réglé au bout de trois ans, et que les associés s'opposent sur la valorisation de terrains souhaitée par Mme Nathalie X... et M. Jean-Bruno X..., depuis 2013, cependant que le gérant souhaite patienter ; qu'il relève encore que les dissensions au sein de la société ont conduit à transmettre en son nom, à la mairie de Portet-sur-Garonne, des projets différents et concurrents, et qu'il s'agit d'un dysfonctionnement manifeste imputable à la mésentente entre associés ; qu'il ajoute que l'exercice clos le 31 décembre 2014 s'est traduit par une perte de 1 179 euros que M. Jean-Louis X... impute aux loyers dérisoires payés par les sociétés gérées par M. Jean-Bruno X..., et que le conflit entre les associés n'est pas de nature à permettre un accord pour l'augmentation de loyers ; qu'il en déduit que c'est l'équilibre financier de la société qui est compromis par la mésentente ;

Qu'en se déterminant ainsi, par des motifs impropres à établir que la mésentente entre les associés paralysait le fonctionnement de la société, la cour d'appel n'a pas donné de base légale à sa décision ;

PAR CES MOTIFS, et sans qu'il y ait lieu de statuer sur les autres griefs : CASSE ET ANNULE, en toutes ses dispositions, l'arrêt rendu le 1er juin 2016, entre les parties, par la cour d'appel de Toulouse ; remet, en conséquence, la cause et les parties dans l'état où elles se trouvaient avant ledit arrêt et, pour être fait droit, les renvoie devant la cour d'appel de Montpellier (...)

28 : Annexe

Annexe : l'article 1844-7, 5° du Code civil prévoit que la société prend fin par la dissolution anticipée prononcée par le tribunal à la demande d'un associé pour justes motifs, notamment en cas d'inexécution de ses obligations par un associé, ou de mésentente entre associés paralysant le fonctionnement de la société.

A partir de l'arrêt reproduit ci-dessus (Cass. com. 5 avril 2018, n° 16-19.829) et de l'annexe, vous répondrez aux questions suivantes :

1. **Quels sont les faits dans ce litige ? Qui forme le pourvoi en cassation ?**
2. **Comment se caractérise la paralysie d'une société ? Quelle est la position de la Cour de cassation dans cet arrêt ?**
3. **Quelles solutions auraient permis aux demandeurs d'échapper à cette situation ?**

EXO 28.07 Cas pratique « Thé et Chat conseils »

Adèle Thé et Simon Chat détiennent à parts égales le capital social de la SARL « Thé et Chat conseils » dont ils sont les cogérants. Lorsque la société a été créée, Simon Chat hésitait à assurer la cogérance avec Adèle Thé, il aurait préféré être salarié mais il en a été dissuadé par le conseiller juridique qui les avait aidés à monter leur projet. Après plusieurs années de fonctionnement satisfaisant et de réussites diverses, les relations entre eux se sont dégradées mais cette mésentente n'altère pas le fonctionnement quotidien de la société. Souhaitant davantage de visibilité à la société, Simon envisage de changer les locaux de la société. Il a déjà pris attache avec une société spécialisée dans les baux commerciaux et a formulé une proposition pour un local situé en plein quartier d'affaires. Adèle Thé n'y est pas du tout favorable : le coût fragiliserait les comptes de la société. Dernièrement, Adèle Thé a conseillé directement un client de la société sur un projet de financement qui lui a permis d'obtenir une rétribution dont elle n'a pas fait profiter la société. Simon Chat aimerait obtenir la révocation d'Adèle Thé de ses fonctions de cogérante.

1. **Simon Chat aurait-il pu être salarié de la SARL aux lieu et place de cogérant ?**
2. **Adèle bénéficie-t-elle d'un droit de veto en ce qui concerne le bail commercial ?**
3. **Pourquoi seule la révocation judiciaire d'Adèle Thé est envisageable ? A quelles conditions la révocation judiciaire peut-elle être prononcée ?**
4. **Au vu des conséquences liées au rejet de la demande de révocation judiciaire, quelle différence essentielle existe-t-il entre la qualification de « juste motif » et de « cause légitime » de révocation ?**
5. **Outre les conséquences pénales, Simon Chat peut-il obtenir réparation pour le préjudice subi ? Sur quel fondement ?**

Corrigés

Introduction

EXO 00.01 Cas pratique sous la forme d'une consultation

Conseillez Anna sur la forme juridique que peut revêtir son restaurant.

Proposition : la première question à trancher est celle de savoir si Anna entreprend seule, c'est-à-dire si elle court seule les risques de l'entreprenariat. Si Boran participe au projet en tant qu'associé, une société devra être créée. Il semble ne pas disposer de liquidités mais ses talents de cuisinier semblent indispensables. Ils peuvent constituer un apport en industrie, autorisé dans les SNC, SARL et SAS. Les associés doivent néanmoins avoir la qualité de commerçant dans la SNC.

Boran peut être salarié par Anna, il ne supportera pas dans ce cas les risques de l'entreprenariat (hormis en cas de perte d'emploi lié à la fermeture du restaurant).

Il semblerait néanmoins qu'Anna souhaite se lancer seule dans le projet. Plusieurs possibilités s'offrent à elle. La contrainte semble liée à la protection de l'appartement mais, théoriquement, elle ne devrait pas être un problème :

- en tant qu'**entrepreneur individuel**, s'il s'agit de sa résidence principale, l'appartement ne peut pas faire l'objet d'une saisie immobilière par les créanciers professionnels ;
- avec le régime de **l'EIRL** : elle n'affectera pas l'appartement au patrimoine professionnel ;
- en créant une société (EURL ou SASU) : elle n'apportera pas l'appartement. Reste à savoir si le capital social qui pourrait être constitué d'un apport en numéraire de 3 000 € sera suffisant aux yeux des créanciers si elle a des besoins de financement.

Conclusion : il manque des éléments tenant au fonds dans lequel ce restaurant pourrait être installé. Les liquidités semblent peu suffisantes pour démarrer une activité. Les créanciers accepteront-ils de lui faire confiance si elle-même ne s'engage pas davantage d'un point de vue patrimonial ? Sous réserve d'avoir la qualité de commerçant, toutes les possibilités énoncées sont possibles, seule (entrepreneur individuel, EIRL, EURL, SASU) ou avec son ami (SNC, SARL, SAS).

EXO 00.02 Analyse d'une décision de justice (Cass. com., 7 févr. 2018, nº 16-24.481)

Quel était le problème de droit soulevé ? Quelles sont les conséquences de l'absence de déclaration d'affectation ?

La question posée était celle de savoir si le dépôt d'une déclaration ne comportant aucune précision relative aux biens affectés était de nature à justifier la réunion du patrimoine personnel et du patrimoine professionnel de l'entrepreneur (dans le cadre de la procédure collective, cf. chapitre 6).

La Cour de cassation répond de manière positive à cette question. Elle casse l'arrêt rendu par la Cour d'appel d'Angers rendu le 5 juillet 2016. En cas de manquement grave relatif à la déclaration d'affectation (ou aux obligations comptables par exemple), la sanction est la réunion des patrimoines qui conduit à faire perdre à l'entrepreneur individuel le bénéfice de la limitation des poursuites des créanciers professionnels aux biens affectés au patrimoine professionnel. L'entrepreneur doit veiller à respecter le cloisonnement patrimonial.

Remarque : avec le statut d'EIRL, les créanciers personnels exercent leur droit de gage général sur la partie du patrimoine qui n'a pas été affectée à l'activité professionnelle (article L. 526-12 du Code de commerce). Dans l'hypothèse où l'entrepreneur individuel ne parvenait pas à rembourser un emprunt personnel, un créancier de l'EIRL ne peut pas s'opposer à ce que l'entrepreneur saisisse la commission de surendettement. Les décisions de cette dernière ne concernent que les éléments portant sur son patrimoine non professionnel. La Commission n'a pas à connaître de l'existence de biens professionnels dont l'entrepreneur est propriétaire. (Civ. 2e, 27 septembre 2018).

Remarque cherchant à promouvoir l'EIRL, la loi Pacte brise cette jurisprudence. Il est désormais possible pour l'entrepreneur individuel souhaitant avoir recours à la technique de l'EIRL de démarrer son activité avec un patrimoine affecté d'une valeur nulle. L'entrepreneur pourra démarrer son activité alors même que le patrimoine affecté est d'une valeur égale à zéro. L'article L. 526-8 al. 2 du Code de commerce prévoit désormais qu'en l'absence de bien, droit, obligation ou sûreté affectés, aucun état descriptif n'est établi.

1 Présentation du droit des sociétés

EXO 01.01 Analyse d'une décision de justice Cass. com. 18 décembre 2012

À partir de l'arrêt reproduit ci-dessus, précisez les faits et la solution rendue par la Cour de cassation en matière de loyauté du dirigeant.

Les faits : des médecins ont constitué une SAS ayant pour objet l'exploitation d'une clinique exploitée dans un immeuble que la SAS loue. L'un des associés, membre du comité de direction de la SAS, en fait l'acquisition à leur insu avec son beau-frère par sociétés interposées. Dès que l'information est dévoilée, les associés réclament des dommages et intérêts car cet associé connaissait l'objectif poursuivi par les autres associés d'acquérir cet immeuble.

La solution rendue par la Cour de cassation : elle casse l'arrêt rendu par la Cour d'appel qui avait jugé que la recherche à son seul profit d'une opération financièrement avantageuse ne suffit pas à caractériser une faute de ce dirigeant envers ses associés. Sachant que les associés voulaient acquérir l'immeuble, le dirigeant de la société aurait dû les informer de la possibilité d'acquérir le bien. Il a manqué à son devoir de loyauté envers eux.

EXO 01.02 Droit européen et rémunération des dirigeants

1. Identifiez la nature des règles de droit correspondant à chacun des documents. Quel lien établissez-vous entre ces trois règles ?

Chaque document désigne une règle de droit dont la source est différente :

- Le document 1 vise une directive européenne. La directive doit être transposée dans chacun des États-membres de l'UE. Elle fixe des objectifs qui doivent ensuite être déclinés par chaque parlement national. Chaque État-membre est libre d'élaborer ses propres mesures pour les atteindre (« devrait »).
- Le document 2 est un article du Code de commerce (extraits) qui a été modifié par l'ordonnance du 27 novembre 2019. La loi Pacte du 22 mai 2019 avait habilité le gouvernement à transposer cette directive par voie d'ordonnance.
- Enfin, le document 3 est un article du Code de commerce (extraits) figurant dans la partie réglementaire. Il a été modifié par le décret du 27 novembre 2019 qui complète l'ordonnance du 27 novembre 2019 (décret d'application auquel renvoie l'article L. 225-37-2 du Code de commerce).

2. Quelles sont les sociétés entrant dans le champ d'application de la directive du 17 mai 2017 ?

La directive du 17 mai 2017 vise les sociétés cotées et cherche à créer un dispositif « unifié et contraignant » en matière de rémunération des dirigeants des SA, SCA et sociétés européennes cotées (sont exclues les sociétés dont seules les obligations sont cotées).

3. Quelles sont les finalités de cette directive ?

La directive cherche à promouvoir l'engagement à long terme des actionnaires et sur les domaines visés dans les extraits, il s'agit de l'avis des actionnaires qui doit être pris en compte en matière de rémunération des dirigeants (sur la politique de rémunération ou sur les rémunérations individuelles ; le « say on pay » désigne l'expression selon laquelle les sociétés cotées doivent permettre à leurs actionnaires de se prononcer sur le système de rémunération). Pour cela, ils doivent être informés et éclairés (d'où l'importance de l'information claire et précise).

La directive s'appuie sur des concepts mobilisés par la théorie du gouvernement d'entreprise (transparence, responsabilisation des dirigeants, droit de regard des actionnaires sur la rémunération des dirigeants).

4. Le droit français vous semble-t-il en conformité avec le droit européen ?

Le droit français issu de l'ordonnance et du décret semble être conformité avec le droit européen, notamment en termes d'informations transmises aux actionnaires, de publicité gratuite organisée autour de cette rémunération. La directive prévoit que les actionnaires « devraient avoir le droit de procéder à un vote contraignant ou consultatif sur cette politique » (sous-entendu politique de rémunération des mandataires sociaux). L'article L. 235-37-2 prévoit que cette politique doit faire l'objet d'un projet de résolution soumis à l'approbation de l'AG des actionnaires (depuis la loi Sapin 2 du 16 décembre 2016, la loi française était plus rigoureuse que le droit européen). La directive prévoit également que les actionnaires doivent avoir « une vue d'ensemble complète des rémunérations individuelles des dirigeants ». Le décret du 27 novembre 2019 répond à cet objectif. Il apparaît même que le droit français a exigé des informations supplémentaires, non requises par la directive, pour s'assurer du vote éclairé des actionnaires. La directive ne prévoit pas expressément la sanction de la nullité des rémunérations attribuées non conformément à la politique de rémunération. Le droit français prévoit la nullité.

2 Le contrat de société

EXO 02.01 Cas pratique – La création d'une SARL informatique

1. Calculez le montant du capital social.

Règles

Le capital social est la somme des apports en numéraire et en nature. En revanche les apports en industrie ne sont pas pris en compte.

Application

Le capital social de la SARL sera de 5 000 €.

2. Déterminez les droits de chacun des associés dans la répartition des bénéfices. Une autre répartition aurait-elle été possible ?

Règles

La répartition des bénéfices se fait dans le silence des statuts proportionnellement à la part de chacun des associés dans le capital social.

L'apporteur en industrie reçoit une part des bénéfices égale à celle de celui qui a le moins apporté en numéraire ou en nature.

Les statuts peuvent prévoir une autre répartition des bénéfices, à condition de ne pas prévoir de clauses léonines, c'est-à-dire de clauses donnant tous les bénéfices à un seul associé ou privant un associé de toute part dans les bénéfices. La clause léonine est réputée non écrite.

Application
Jean doit recevoir 3/7e des bénéfices, Christine 2/7e et Richard 2/7e. Les statuts auraient pu prévoir une autre répartition tant que chacun des trois amis reçoit une part des bénéfices.

3. Christine peut-elle faire l'apport du matériel informatique librement ? Son évaluation personnelle de la valeur de matériel est-elle possible ?
Règles
L'évaluation d'un apport en nature doit être le fait des associés dans les statuts.
Dans une SARL, un commissaire aux apports doit être nommé par les fondateurs à l'unanimité ou par la justice à la demande du fondateur le plus diligent. Cependant les associés peuvent décider à l'unanimité de ne pas recourir au commissaire aux apports si aucun apport en nature n'excède 30 000 € et si la somme de tous les apports en nature n'excède pas 50 % du capital social. Le commissaire aux apports réalise une évaluation des apports en nature mais les associés ne sont pas tenus par cette évaluation et peuvent en retenir une autre, dont ils seront alors responsables solidairement.
Application
Christine seule ne peut évaluer l'apport du matériel informatique, qui devra être évalué dans les statuts par les trois amis. En revanche le recours à un commissaire aux apports n'est pas nécessaire si les trois amis le décident à l'unanimité. En effet, l'apport de Christine fait moins de 30 000 € et représente moins de 50 % du capital social (2 000/5 000 = 40 %).

4. Richard peut-il devenir associé de la société ? Y-a-t-il un risque de nullité de la société ?
Règles
Une SARL peut comprendre un associé mineur à condition que l'apport soit réalisé par le représentant du mineur.
Pour être cause de nullité d'une SARL, l'incapacité doit concerner la totalité des associés fondateurs.
Il existe de plus de nombreux moyens de régulariser la situation :
- lorsque l'incapacité a cessé d'exister le jour où le tribunal statue sur le fond en première instance, la nullité ne peut plus être demandée ;
- tout intéressé peut mettre en demeure l'incapable de régulariser la situation ou de demander la nullité, et même dans ce dernier cas la société peut proposer tribunal de ne pas prononcer la nullité mais de lui permettre de racheter les parts de l'incapable ;
- ...

Application
Richard peut devenir associé de la société par l'intermédiaire de ses représentants légaux. La SARL ne sera pas annulée.

3 La société, personne morale

EXO 03.01 Analyse d'une décision de justice (Civ. 3e, 8 juillet 2015)

1. Quels sont les faits ayant donné lieu à ce contentieux ?
Les faits : il s'agit d'une SCI (société civile immobilière) dédiée initialement à l'acquisition et l'exploitation d'un immeuble. Les parts de cette SCI étaient à l'origine détenues pour deux tiers par une autre société et pour le dernier tiers par M. B. La société contrôlant la SCI put imposer le vote d'une augmentation de capital – qu'elle a souscrit en totalité – destinée à mener des travaux sur l'immeuble avant sa remise en location, de modifier l'objet social de la SCI pour autoriser expressément la cession dudit immeuble, et de décider l'affectation en réserves des bénéfices des trois exercices suivants. M. B, associé minoritaire, introduit une action en justice afin d'obtenir la nullité des AG les ayant adoptées.

2. Quelle fut la procédure antérieure ?

La procédure antérieure :

- En première instance, s'agissant d'une SCI et d'un litige entre associés, M. B a saisi une juridiction civile (la chambre fournit une indication précieuse : s'agissant de la 3e chambre civile, le tribunal de commerce n'était pas compétent pour connaître de ce litige). Vraisemblablement, il s'agit d'un TGI qui a rendu un jugement en premier ressort. On ne sait pas si M. B a été débouté ou s'il a obtenu gain de cause. Une des deux parties a interjeté appel.
- En deuxième instance : la Cour d'appel de Paris a rendu un arrêt le 22 janvier 2013 par lequel elle donne gain de cause à M. B. C'est donc la société Bruxys qui forme le pourvoi en cassation.
- Devant la Cour de cassation : le demandeur au pourvoi est la société Bruxys ; le défendeur au pourvoi est M. B. Le 8 juillet 2015, la Cour de cassation rend un arrêt de rejet.

3. Le demandeur initial – celui qui a introduit l'instance – a-t-il finalement obtenu gain de cause ? Pourquoi la notion d'intérêt social est-elle convoquée ?

M. B obtient finalement gain de cause puisque la Cour de cassation rend un arrêt de rejet (elle rejette le pourvoi et confirme ainsi l'arrêt rendu par la Cour d'appel).

La décision d'augmentation du capital social était contraire à l'intérêt social dès lors qu'elle se trouvait sans cause légitime et n'avait pour seul objet que de diluer la participation du minoritaire. La Cour d'appel avait donc légalement justifié sa décision d'annuler la délibération pour abus de majorité.

EXO 03.02 Analyse d'une décision de justice (Civ. 3e, 21 décembre 2017)

1. Quels sont les faits ayant donné lieu à ce contentieux ?

Les faits : à la suite du décès de deux époux, les parts sociales qu'ils détenaient l'un et l'autre au sein d'une SCI familiale sont transmises en indivision à leurs cinq enfants. Un désaccord survient relatif à la vente, par la société, de deux villas, opération qui doit faire l'objet d'une autorisation obtenue en assemblée générale de la société. Refusant cette mise en vente, l'un des associés cherche à bloquer la décision en ne procédant pas à la désignation indispensable d'un mandataire (il n'est pas utile de chercher à expliciter davantage les faits car l'intérêt de l'arrêt consiste à étudier la sanction d'un abus de minorité). La majorité requise n'était pas réunie, mais la résolution fut néanmoins adoptée. Cet associé sollicite alors l'annulation de la délibération.

2. Quelle fut la procédure antérieure ?

La procédure antérieure : en première instance, l'associé saisit une juridiction civile, probablement un TGI. Il rend un jugement en premier ressort dont on ne connaît pas le contenu. Une des deux parties interjette appel.

Le 4 juin 2015, la Cour d'appel refuse d'annuler la délibération collective en précisant que le refus de procéder à la désignation du mandataire caractérisait un abus de minorité de la part de l'associé ayant introduit l'instance. L'associé forme un pourvoi en cassation.

Le 21 décembre 2017, la Cour de cassation rend un arrêt de cassation.

3. Quelle est la décision rendue par la Cour de cassation ? Comment le droit de vote des associés est-il protégé ?

Décision rendue par la Cour de cassation : la décision des juges du fond apportant une sanction « en nature » à l'abus de minorité est cassée. La Cour de cassation ne se prononce pas sur le point de savoir si l'associé avait commis un abus de minorité (la décision de vendre ces biens était-elle indispensable à la survie de la SCI ?). La Cour de cassation juge qu'un « abus de minorité n'est pas susceptible d'entraîner la validité d'une résolution adoptée à une majorité insuffisante ». Le droit de vote des associés est donc ici particulièrement protégé. La mauvaise foi – l'arrêt est rendu au visa d'une disposition abrogée visant l'exécution de bonne foi des contrats – de l'associée ne l'empêche pas de contester la régularité de la décision adoptée par l'AG. Ainsi, les droits de vote que des associés refusent d'utiliser ne sont pas neutralisés.

EXO 03.03 Cas pratique : mise en œuvre de la responsabilité civile

Qu'en pensez-vous ?

Solution : il semblerait que la responsabilité du fait des produits défectueux puisse être mise en œuvre par la société victime d'incendie (article 1245 du Code civil).

Un produit est défectueux lorsqu'il n'offre pas la sécurité à laquelle on peut légitimement s'attendre. L'expert a exclu la responsabilité de la société qui commercialise et installe le coffret de commande. Il apparaît que le coffret est à l'origine de l'incendie.

Le demandeur doit prouver le dommage, le défaut et le lien de causalité entre le dommage et le défaut.

La société Jackson devra réparer le préjudice subi par la société Viandissimo car il est le producteur responsable du dommage causé par un défaut de son produit.

EXO 03.04 Cas pratique sur le thème : l'opposabilité des statuts aux tiers

Pierre peut-il obtenir l'annulation de son congé ?

Le problème de droit est le suivant : un tiers -au GFA en l'espèce- peut-il se prévaloir de la violation des statuts ?

Les statuts ont en principe vocation à régir les rapports internes, c'est-à-dire les rapports entre associés et dirigeants. Ainsi le législateur affirme que les limitations statutaires apportées aux pouvoirs du dirigeant sont inopposables aux tiers.

Dans un arrêt rendu le 14 juin 2018, la Cour de cassation (Civ. 3e) a jugé dans cette hypothèse que le locataire d'un bien appartenant à une société pouvait se prévaloir des statuts du groupement pour invoquer le dépassement de pouvoir commis par le gérant et ainsi faire annuler le congé qui lui a été donné par le dirigeant.

Remarque : une clause précisant dans les statuts qu'ils ne peuvent être invoqués par les tiers aurait-elle permis de débouter le locataire de sa demande ? Il semblerait que non, la Cour de cassation ayant donné effet à une telle clause.

EXO 03.05 Veolia, société de mission

Le problème de droit est le suivant : la société Meubles Confort peut-elle se prévaloir du secret des affaires pour obtenir le retrait des articles de presse ?

D'un côté, à compter de son immatriculation au RCS, une société devient un sujet de droit, titulaire de droits et d'obligations. Parmi les droits protégés, il est parfois délicat d'établir une véritable correspondance entre les prérogatives reconnues aux personnes physiques. Ainsi en est-il du droit à la vie privée ou encore du droit à l'honneur qui ne peuvent être attribuées comme tels à une PM. En revanche, une société a un droit au secret des affaires qui a été réaffirmé à l'occasion de la transposition d'une directive européenne du 14 avril 2016 portant sur le secret des affaires.

De l'autre, les journalistes ont un droit à l'information. Lorsque le débat est d'intérêt général, les tribunaux admettent qu'une atteinte proportionnée aux prérogatives individuelles peut être légitimée.

Remarque 1 : au mois de février 2018, le tribunal de commerce de Paris a ordonné au magazine Challenges de retirer de son site internet un article sur les difficultés financières de Conforama, au nom du secret des affaires sous peine d'une astreinte de 10 000 euros par jour (soupçon de fraude comptable). Il a estimé que la confidentialité s'impose aussi aux journalistes car l'information ne relevait pas de l'intérêt général (« la défenderesse ne justifie aucunement avoir poursuivi un but d'information au public sur un sujet d'intérêt général »).

Remarque 2 : le droit à la vie privée figure parmi les droits de la personnalité dont les personnes physiques seules peuvent se prévaloir (Civ. 1re, 16 mai 2018). Les droits de la personnalité accordés aux personnes morales ont pour fonction la protection de leurs activités et s'incarnent dans le droit au secret. Toute société détient des secrets (fichiers clients, étude de marché, accords commerciaux, savoir-faire technologique...) qui constituent des actifs de l'entreprise et nécessitent d'être protégés. La transposition de la directive susvisée qui a conduit à la loi du 30 juillet 2018 relative à la protection du secret des affaires a cristallisé des intérêts légitimes mais contradictoires : d'un côté est privilégiée une concurrence loyale justifiant un certain degré de secret ou d'exclusivité, justifiant que les « tricheurs » soient condamnés à des DI ; de l'autre, à l'heure d'un droit à la transparence ou à l'information, certains ont dénoncé à propos de la proposition de loi une atteinte à la liberté d'informer, œuvrant pour la protection du travail des journalistes ou de l'action des lanceurs d'alerte.

EXO 03.06 Décision de justice : responsabilité du représentant légal de la personne morale ou responsabilité pénale de la personne morale (Cass. cim. 11 décembre 2018)

1. Quelle disposition de la loi Pacte avait déjà été anticipée chez Veolia ?

Le dirigeant de Veolia souhaite doter la société d'une raison d'être qui doit résoudre le conflit entre la performance sociale et environnementale et le profit. Elle devra figurer dans les statuts.

2. Qu'est-ce qu'une entreprise (ou société) de mission ?

L'entreprise de mission n'est pas une nouvelle forme juridique. Toutes les entreprises – quels que soient leur taille et leur secteur – peuvent muer en société à mission (article L. 210-10 du Code de commerce introduit par la loi Pacte). C'est une qualité, et non une nouvelle forme sociale. L'entreprise à mission implique l'engagement de l'ensemble des parties prenantes, en particulier des actionnaires. Toute mission d'intérêt général ou collectif peut figurer dans les statuts (par exemple lutter contre le réchauffement climatique en supprimant le charbon pour reprendre l'exemple de Veolia) ce qui suppose une modification des statuts de la société. Ils doivent préciser les modalités du suivi de l'exécution de la mission mentionnée (comité de mission distinct des organes sociaux et devant comporter au moins un salarié). Le décret du 2 janvier 2020 a posé les conditions de la déclaration de société à mission auprès du greffe du tribunal de commerce.

3. Qu'est-ce que le greenwashing ?

Le greenwashing est la stratégie de communication qui pourrait faire croire aux consommateurs que Veolia agit en faveur de la planète. La journaliste s'interroge sur les réelles intentions du représentant de Veolia. S'agit-il de « ethic business » qui consiste à pouvoir gagner davantage d'argent en adoptant un comportement éthique ?

Pour éviter que la qualité de société à mission ne soit considérée comme un traitement de « greenwashing » (ou de « fairwashing »), la loi Pacte a prévu l'intervention d'un organisme tiers indépendant (gras seulement pour organisme tiers indépendant). Il contrôle si les objectifs sociaux et environnementaux que la société s'est assigné sont ou non respectés. la société peut alors être sanctionnée : le ministère public ou toute personne intéressée peut saisir le président du tribunal statuant en référé aux fins d'enjoindre, le cas échéant sous astreinte, au représentant légal de la société de supprimer la mention « société à mission » de tous les actes, documents ou supports électroniques émanant de la société. Le décret du 2 janvier 2020 prévoit que la vérification de l'exécution des objectifs sociaux et environnementaux doit intervenir au moins tous les deux ans.

L'organisme tiers indépendant délivre un « avis motivé » accessible au public pendant 5 ans indiquant notamment si la société respecte ou non les objectifs qu'elle s'est fixés.

4. Qu'est-ce que la RSE ?

La responsabilité sociale de l'entreprise (RSE) conduit les sociétés à intégrer volontairement des préoccupations sociales, environnementales, et économiques dans leurs activités et dans leurs interactions. La RSE n'implique pas l'engagement de l'ensemble des parties prenantes comme dans l'hypothèse de l'entreprise à mission. Elle n'apparaît pas suffisante pour le dirigeant de Veolia. Elle aurait permis une prise de conscience mais elle n'est pas traitée sur le même plan que l'objectif financier. Le décret du 2 janvier 2020 a posé les conditions de la déclaration de la qualité de société à mission auprès du greffe du tribunal de commerce.

5. Quelles sont les sanctions qui seront encourues s'il apparaît que Veolia est à l'origine d'une pratique qui contribue contribuer au réchauffement climatique ?

Si la loi Pacte prévoit qu'une société doit être gérée dans l'intérêt social, en prenant en considération les enjeux sociaux et environnementaux de son activité, il n'en reste pas moins qu'il ne s'agit que d'une obligation de moyens. La sanction ne serait pas juridique mais l'image et la réputation de Veolia seraient ternies sur les marchés après la diffusion de telles annonces dans la presse.

EXO 03.07 Qui va payer les loyers ?

1. Qu'en est-il de la note d'honoraires de Maître Boullain ?

Le présent cas pratique permet de rappeler les différentes modalités de reprise des actes accomplis pour le compte de la société en formation. L'arrêt permet de mesurer la portée du refus de la reprise implicite.

L'arrêt permet de distinguer plusieurs hypothèses :

Concernant la note d'honoraires :

Principe juridique : il y a reprise automatique des engagements lors de la signature par les associés des statuts auxquels est annexé un état des actes accomplis pour le compte de la société.

Application au cas : la note d'honoraire doit être payée par la SARL. Il est fort probable qu'il y ait eu reprise automatique de cette note (l'énoncé ne précise pas s'il y a eu une annexe portant sur les actes accomplis avant la signature des statuts). En fonction du passif de la SARL, l'avocat ne sera peut-être pas rémunéré.

2. Qui devra régler les salaires non versés de Monsieur Olivier depuis 2 mois ?

Concernant les salaires de Monsieur Olivier :

Principe juridique : il y a également reprise automatique des engagements en cas de mandat donné par les associés avant l'immatriculation de la société à l'un ou plusieurs d'entre eux.

Application au cas : Nathalie avait reçu mandat de conclure le contrat litigieux. Aussi c'est la SARL qui est tenue de payer les salaires. Les salariés bénéficient du superprivilège (= garantie légale leur accordant un droit de préférence permettant d'être payés avant même les créanciers hypothécaires). Monsieur Olivier a de grandes chances d'obtenir le paiement des salaires non versés lors des opérations de liquidation.

3. Annie constate un arriéré de loyers de 6 mois. Qui va payer les loyers ?

Concernant les loyers dus à Annie :

Principe juridique : en dehors des hypothèses avancées précédemment (reprise automatique visée dans les hypothèses des honoraires de l'avocat et les salaires du conseiller des achats), il peut également y avoir une reprise après l'immatriculation par une décision collective des associés à la majorité, sauf clause contraire des statuts.

Application au cas : il n'y a pas eu de décision collective expresse permettant la reprise du contrat de bail commercial (et pour lequel Nathalie n'avait pas reçu mandat). Il y a seulement eu une reprise implicite (le paiement des loyers par la SARL). La Cour de cassation marque une très grande rigueur dans l'application des règles de droit et refuse de considérer la reprise implicite comme un mode de reprise. La SARL n'est donc pas tenue de payer les loyers impayés puisqu'il n'y a pas eu reprise du contrat de bail. Cela signifie qu'Annie peut se retourner contre Nathalie qui est restée engagée à titre personnel.

4 Les sociétés non immatriculées

EXO 04.01 Cas pratique

Contre qui le propriétaire doit-il se retourner ?

Principe juridique : la question est de savoir si le contrat de bail a été ou non repris par la société :

- s'il a été repris : seule la société est débitrice de l'obligation de payer le loyer. Le propriétaire-créancier ne peut se retourner contre les associés qui ont une responsabilité limitée.
- Si l'acte n'a pas été repris explicitement après son immatriculation, le propriétaire ne peut se retourner que contre Simon qui a conclu le contrat de bail. Il n'y avait pas eu de mandat pour la conclusion du contrat de bail.

Les règles de reprise sont fixées aux articles 1843 du Code civil et L. 210-6 al. 2 du Code de commerce.

Pour un acte accompli dans le cadre d'un mandat, il y a reprise automatique lors de l'immatriculation.

Dans l'hypothèse d'un acte accompli en dehors d'un mandat, une reprise expresse prendra la forme d'une délibération spéciale postérieure des associés selon des modalités propres à chaque type de société.

Application au cas : Simon n'avait pas été mandaté pour conclure un contrat de bail. Le contrat de bail est repris tacitement dans la mesure où c'est la SARL qui s'acquitte des loyers. Pourtant, à défaut de reprise expresse, le propriétaire ne peut se retourner que contre Simon.

EXO 04.02

Que pouvez-vous conseiller à Simon pour augmenter ses chances pour obtenir le règlement de sa créance ?

Pour exercer ses poursuites contre Arthur et ne pas se contenter du patrimoine d'Anna, le créancier a intérêt à faire reconnaître l'existence d'une société créée de fait. Pour cela, il devra seulement se contenter de prouver l'apparence d'une société.

Tout dépend de l'appréciation souveraine des juges du fond des éléments fournis par Simon pour faire reconnaître l'existence d'une société (Arthur semble très présent, en contact avec les fournisseurs et les clients...).

5 Le fonctionnement et le contrôle de la société

EXO 05.01 Cas pratique - La SARL VD

1. Les contrats passés par B sont-ils valables ?

Problème juridique : les pouvoirs du gérant.

Principes juridiques : Dans l'ordre externe, le gérant a les pouvoirs les plus étendus pour agir en toute circonstances au nom de la société. Il exerce ses pouvoirs dans la limite de l'objet social. Toutefois, pour les SARL, les dépassements de l'objet social sont sans effets à l'égard des tiers de bonne foi. Le gérant doit encore respecter les limites qui résultent des pouvoirs conférés par la loi à d'autres organes. Enfin, les clauses statutaires limitant ses pouvoirs sont inopposables aux tiers.

Application au cas : L'achat de fourniture et la conclusion d'un bail commercial relèvent de la gestion de la société et sont donc a priori valablement passés par le gérant.

La question de la limite de l'objet social aurait pu être invoquée si les statuts limitent l'activité de la société à la fabrication de de tablettes et bonbons de chocolat et n'inclut pas leur commercialisation directe. Toutefois, s'agissant d'une SARL, la société VD est engagée, même

par les actes qui dépassent l'objet social si les tiers sont de bonne foi. Ici, il n'y a pas de raison pour remettre en cause la bonne foi de la coopérative brésilienne.
La clause de l'article 10 des statuts est inopposable aux tiers, de sorte que l'absence d'autorisation ne peut être invoquée pour remettre en cause les commandes.
Ainsi, les deux contrats sont valables.

2. Que peuvent faire Emmanuel et Christine ?
Problème juridique : responsabilité civile du dirigeant à l'égard des associés – action sociale
Principes juridiques : À l'égard des associés, le dirigeant répond de ses fautes de gestion, de la violation des statuts et de la violation des lois et règlements. Dès lors que la société subit un préjudice, l'action sociale peut être mise en œuvre. Si les dirigeants n'agissent pas, les associés peuvent agir *ut singuli*.
Application au cas : Emmanuel et Christine pourront demander réparation des éventuels préjudices subis par la société : le contrat de bail semble pourrait violer l'objet statutaire ; les contrats de fourniture pourraient relever de la faute de gestion, et ont en tout état de cause été passés en violation des statuts. Par ailleurs, en raison de la violation des statuts, ils peuvent révoquer Bernard pour juste motif, s'ils détiennent la majorité des parts, lors de la prochaine assemblée ou peuvent demander en justice sa révocation pour cause légitime.

EXO 05.02 Cas pratique : La SARL Créabille

1. Qui est compétent pour décider le changement de dénomination sociale de la SARL Créabille ?
Problème juridique : Organe compétent pour modifier les statuts
Principes juridiques : La dénomination sociale est mentionnée dans les statuts. Pour la modifier, il faut convoquer une assemblée générale extraordinaire, seule compétente pour modifier les statuts. (S'agissant d'une SARL constituée après 2005, la décision est prise à la majorité des 2/3 des parts des associés présents et représentés).
Application au cas : L'AGE est seule compétente, le changement de dénomination sociale décidé par Pierre est nul.

2. Inquiet quant aux frais exposés pour rémunérer le consultant et renouveler l'équipe de commerciaux, Jérôme Diesse peut-il demander la désignation d'un expert de gestion ? Sa demande a-t-elle des chances d'aboutir ?
Problème juridique : Expertise de gestion
Principes juridiques : Un ou plusieurs associés représentant au moins le dixième du capital social peuvent, soit individuellement, soit en se groupant, demander en justice la désignation d'un expert chargé de présenter un rapport sur une ou plusieurs opérations de gestion.
Les juges font droit à une demande sérieuse, en cas de présomptions d'irrégularité grave ou en cas de menace à l'intérêt social.
La mission de l'expert ne peut porter que sur une ou plusieurs opérations de gestion (et non l'ensemble de la gestion), ces opérations étant de la compétence du gérant (et non des associés).
Application au cas : En l'espèce, Jérôme détient plus de 10 % des parts (60 %). L'embauche d'un consultant, les licenciements des commerciaux existants et l'embauche de nouveaux commerciaux relèvent bien de la compétence du gérant. L'opération dans l'ensemble peut représenter un coût trop important pour la SARL VD et menacer l'intérêt social. Sa demande peut donc aboutir.

EXO 05.03 Cas pratique - Une SAS en pleine croissance

1. La SAS doit-elle désigner un CAC ?

Problème juridique : Obligation de nomination du CAC dans la SAS

Principes juridiques : Une SAS est tenue de nommer un commissaire aux comptes, si, à la clôture d'un exercice, elle dépasse 2 des 3 seuils suivants :

- 4 000 000 d'euros de total de bilan
- 8 000 000 d'euros de chiffre d'affaires
- 50 salariés

Application au cas : En l'espèce, les seuils relatifs au chiffre d'affaires et aux salariés étant dépassés, la SAS doit nommer un commissaire aux comptes.

2. La SAS peut-elle nommer Monsieur Masset en tant que CAC ?

Problème juridique : La nomination du CAC

Principes juridiques : Le CAC est nommé par l'AGO. Il doit s'agir d'une personne physique ou morale inscrite sur la liste près la cour d'appel. Le choix de la personne est libre, toutefois, pour garantir l'indépendance du CAC, des incompatibilités et interdictions existent. Le CAC ne doit pas être salarié ou commerçant et doit s'abstenir de tout acte ou activité de nature à remettre en cause son indépendance. En outre, vis-à-vis de la personne contrôlée, il doit s'abstenir de toute prise d'intérêt et éviter les liens personnels, financiers et professionnels prévus par le Code de déontologie. Les liens d'amitiés ne font pas partie des liens personnels visés à l'article 25 du Code de déontologie. Mais il est interdit au CAC de fournir d'autres services à l'entité contrôlée.

Application au cas : Les liens d'amitié avec le président de l'entité contrôlée doivent être pris en compte par le CAC pour apprécier son indépendance (ce qui est confirmé par l'article 5 du même Code). En tout état de cause, parce qu'il est son expert-comptable, il ne peut être en même temps son CAC.

3. Le CAC de la SAS peut-il contribuer à une présentation favorable des comptes de la SAS ?

Problème juridique : Missions et responsabilité du CAC

Principes juridiques : L'audit prévu par le législateur et réalisé par le CAC a pour objet de certifier que les comptes annuels sont réguliers (conformes aux règles applicables), sincères (application de bonne foi des règles) et donnent une image fidèle du résultat, de la situation financière et du patrimoine de l'entreprise (notion qui vient en complément pour jauger la réalité économique). Le CAC doit s'assurer de la conformité de l'information donnée aux actionnaires à cette réalité. Le CAC a une obligation d'alerte sur tout fait de nature à compromettre la continuité de l'exploitation.

Le CAC engage sa responsabilité pénale pour confirmation d'information mensongère.

Application au cas : si les finances de la société sont dégradées, cela doit se traduire dans les comptes annuels et dans la communication adressée par le dirigeant aux associés. Si des irrégularités sont présentes pour dissimuler cette situation le CAC peut certifier avec réserves, voire refuser de certifier les comptes.

S'il certifie des comptes qu'il sait mensongers, il engage sa responsabilité pénale pour confirmation d'informations mensongères (sur ce point Cf. chapitre 27)

Si la situation est de nature à provoquer la cessation de paiement, le CAC de la SAS doit exercer son devoir d'alerte.

6 Le droit des entreprises en difficulté

EXO 06.01 Analyse d'un article de presse Le Monde 10 avril 2017

1. Distinguez mandat *ad hoc* et conciliation.

Mandat *ad hoc* : il s'agit d'une procédure de prévention du traitement des difficultés des entreprises, qui consiste pour le débiteur à demander la nomination en justice d'un mandataire, qui aura pour mission de cherche à résoudre les difficultés financières, économiques ou juridiques que rencontrent l'entreprise.

Conciliation : il s'agit également d'une procédure de prévention du traitement des difficultés des entreprises, qui consiste pour le débiteur à demander la nomination d'un conciliateur, qui aura pour mission de négocier un accord entre le débiteur et ses créanciers.

2. Expliquez les facteurs de réussite de ces procédures : confidentialité et « prises en amont des problèmes ».

Ces deux procédures ont du succès car :

- elles sont confidentielles. Contrairement aux procédures de sauvegarde, de redressement ou de liquidation, elles ne donnent pas lieu à publication. Les partenaires de l'entreprise qui rencontre des difficultés ne sont pas obligatoirement informés de la procédure et des difficultés ;
- elles se déroulent en « amont ». Elles ne sont possibles que si la société n'est pas en cessation de paiements (l'actif disponible est toujours supérieur au passif exigible), même si la procédure de conciliation peut être utilisée jusqu'à 45 jours après la cessation de paiements. La situation de l'entreprise n'est donc pas trop compromise.

EXO 06.02 Analyse d'un article de presse Capital 18 janvier 2019

1. Expliquez pour quelles raisons le tribunal a choisi de convertir la procédure de sauvegarde en procédure de redressement, et non en procédure de liquidation.

Le tribunal a rejeté le plan de sauvegarde présenté car il a probablement estimé que ce qu'il prévoyait était insuffisant pour que les entreprises concernées ne soient plus en situation de difficulté. Il a d'ailleurs converti cette procédure de sauvegarde en procédure de redressement, ce qui indique que les sociétés sont en situation de cessation de paiements (l'actif disponible ne permet plus de régler le passif exigible). En revanche le tribunal n'a pas choisi la procédure de liquidation, car il estime que la situation des entreprises n'est pas irrémédiablement compromise.

2. Expliquez l'utilité de la période d'observation dont il est question ici.

Cette période a pour but d'étudier les chances de redressement de l'entreprise et d'aboutir à un plan de redressement.

3. Expliquez en quoi cette situation retarde le paiement des créances dues par les sociétés de Bernard Tapie.

À compter du jugement d'ouverture de sauvegarde ou de redressement, le débiteur n'a plus le droit de payer les créances nées antérieurement et de payer certaines créances nées postérieurement (créances qui ne sont pas conclues pour les besoins du déroulement de la procédure ou en contrepartie d'une prestation fournie au débiteur).

De plus, le jugement d'ouverture interrompt ou interdit toute action en justice (et toute procédure d'exécution) de la part des créanciers relativement à leurs créances, que ce soit pour en obtenir le paiement ou pour obtenir la résolution du contrat pour défaut de paiement.

EXO 06.03 Analyse d'un arrêt de la chambre commerciale de la Cour de cassation en date du 5 septembre 2018 – insuffisance d'actif

1. Expliquez les notions d'insuffisance d'actif et de faillite personnelle.

L'insuffisance d'actif correspond pour une société qui a été mise en liquidation judiciaire à n'avoir pas pu rembourser l'intégralité de ses dettes lors de cette procédure. Le tribunal, à la demande du liquidateur, du ministère public ou de la majorité des créanciers nommés contrôleurs peut demander à ce que le chef d'entreprise comble cette insuffisance d'actif sur ses propres biens. La faillite personnelle consiste pour le chef d'une entreprise en situation de redressement ou de liquidation judiciaire à se voir condamner par le tribunal à la demande des mêmes personnes que pour l'insuffisance d'actif (plus le mandataire judiciaire de la procédure de redressement) à une interdiction de gérer ou de diriger une nouvelle entreprise. Cette sanction est prononcée si le comportement du chef d'entreprise a été fautif et a provoqué la procédure collective en cause.

2. Pour quelle raison M. X se voit condamner à une interdiction d'exercer pendant 5 ans par la cour d'appel ?

La cour d'appel condamne M. X gérant d'une société qui a été mise en liquidation judiciaire à une interdiction de gérer pour 5 ans (faillite personnelle), car il a poursuivi l'activité de son entreprise de manière abusive, celle-ci étant fictive et déficitaire, ce qui a immanquablement débouché sur l'état de cessation des paiements.

3. Expliquez la solution de la Cour de cassation.

La Cour de cassation casse et annule la décision de la cour d'appel, pour prononcer cette sanction, il aurait fallu que M. X poursuive l'activité de son entreprise dans un intérêt personnel, or ce n'était visiblement pas le cas.

7 La disparition de la société

EXO 07.01 Analyse d'un arrêt de la Chambre commerciale de la Cour de cassation en date du 30 mars 2016 – extinction de l'objet social

1. Distinguez extinction et réalisation de l'objet social. Dans quel cas sommes-nous ici ?

L'extinction et la réalisation de l'objet social sont des causes de dissolution d'une société. Il y a extinction lorsque l'activité prévue dans l'objet social ne peut plus être poursuivie, car cela est impossible. Il y a réalisation lorsque l'activité prévue dans l'objet social est achevée, la société a donc réussi à faire ce pour quoi elle avait été constituée. Ici une société exploite un fonds de commerce de supermarché et accessoirement un fonds de commerce de station-service. Le bail du supermarché n'est pas renouvelé et l'activité ne se poursuit qu'avec la station-service. Un des associés demande cependant la dissolution de la société, car il estimait que l'objet social se limitait à l'exploitation du fonds de commerce de supermarché, et qu'avec la disparition de celui-ci, l'objet de la société s'est éteint.

2. Quel est le problème juridique auquel doit répondre la Cour de cassation ?

La perte d'un fonds de commerce se traduisant par l'abandon de l'activité principale prévue dans l'objet social d'une société, signifie-t-elle extinction de celui-ci et donc dissolution de la société ?

3. Quels sont les arguments des demandeurs au pourvoi ?

La société G et A distribution, et certains de ses associés (M. M… et Mme Solange D) s'opposent à la dissolution aux motifs que :

- la perte du fonds de commerce de supermarché ne signifie pas extinction de l'objet de la société, car l'objet social n'exclut pas expressément la possibilité d'une reprise ultérieure de l'activité ;
- les statuts prévoient que l'objet social ne se limite pas à l'exploitation du fonds de commerce de supermarché, mais prévoit aussi toutes les activités secondaires pouvant s'y rattacher.

4. Quels sont la solution et les arguments de la Cour de cassation ?
La Cour de cassation rejette le pourvoi, elle confirme l'arrêt de la Cour d'appel qui prononce la dissolution de la société pour extinction de l'objet social.
L'objet social de la société se limite exclusivement à l'exploitation d'un fonds de commerce de supermarché et l'activité d'exploitation de la station-service ne peut se rattacher à cet objet.

5. Quel sera le rôle du liquidateur nommé par le Cour d'appel ?
Le liquidateur nommé par la Cour d'appel est responsable de la liquidation de la société, c'est-à-dire de l'ensemble des opérations destinées à faire l'inventaire de l'actif et du passif de la société en dissolution, à désintéresser les créanciers, à répartir le cas échéant le reste de l'actif (capital social et boni de liquidation) entre les associés et à demander aux associés de constater la fin de la PM de la société.

EXO 07.02 Analyse d'un arrêt de la chambre commerciale de la Cour de cassation en date du 3 mai 2018 – mésentente entre associés

1. Quel est le problème juridique auquel doit répondre la Cour de cassation ?
Le fait qu'un associé ne respecte pas ses obligations sans que cela n'entraîne la paralysie de la société peut-il justifier la dissolution anticipée de la société pour justes motifs ?

2. Quels sont les arguments de la demanderesse au pourvoi ?
Mme Z estime que la Cour d'appel aurait dû prononcer la dissolution de la société, car M. X…Y… a fait acquérir par la société son fonds libéral à un prix surévalué en ne respectant pas les règles relatives aux conventions réglementées (il s'agit de conventions passées entre la société et un de ses dirigeants ou un de ses associés, et dont les risques de conflit d'intérêt imposent de suivre une procédure particulière). Il n'a donc pas respecté ses obligations ce qui est une cause de dissolution pour justes motifs, peu importe que la société ne soit pas paralysée par cette attitude.

3. Quels sont la solution et les arguments de la Cour de cassation ?
La Cour de cassation rejette le pourvoi, elle confirme l'arrêt de la Cour d'appel qui refusait de prononcer la dissolution de la société pour justes motifs. Le juste motif se comprend comme l'attitude d'un associé qui ne respecte pas ses obligations, ce qui amène la paralysie de la société, sans cette paralysie il ne peut y avoir de dissolution.

4. Mme Z pourra-t-elle finalement obtenir la dissolution de la société par exemple en paralysant elle-même le fonctionnement de la société ou en servant d'une autre cause de dissolution ?
Mme Z ne pourra pas obtenir la dissolution si elle est la cause de la paralysie de la société. Elle peut en revanche mettre à l'ordre du jour de la prochaine assemblée générale, une proposition pour que soit votée la dissolution anticipée. Il lui faudra obtenir une majorité égale à celle nécessaire à la modification des statuts et que ce vote ne constitue pas un abus de majorité.

8 La société en nom collectif

EXO 08.01 Cas pratique – La SNC Armand

1. Les contrats conclus sont-ils valables ?
Problème de droit : quelle est l'étendue des pouvoirs du gérant de SNC ?
Règles de droit : Dans l'ordre externe, le gérant d'une SNC a les pouvoirs les plus étendus pour agir en toute circonstances au nom de la société dans la limite l'objet social et sous réserve des pouvoirs que la loi réserve à d'autres organes. Il exerce ses pouvoirs dans la limite des clauses statutaires, mais celles-ci sont inopposables aux tiers.

Application : En l'espèce, la conclusion d'un contrat de travail, des contrats de vente de matériel ainsi que le contrat de prestation de service avec l'expert-comptable sont des actes de gestion courante. Ils entrent dans l'objet social et dans les pouvoirs du gérant.

Quelques mois plus tard Jeanne a conclu seule, sans en informer son mari, un contrat avec une société de livraison de colis pour assurer un revenu complémentaire à la société. Xavier est opposé à cette diversification.

2. Le contrat est-il valable ? Que peut faire Xavier Armand ?

Problème de droit : quelle est l'étendue des pouvoirs du gérant de SNC ? Quel est l'effet de la cogérance ?

Règles de droit : En cas de cogérance, sauf clause contraire des statuts chaque gérant dispose séparément des pouvoirs d'engager la société. Un gérant ne peut empêcher un autre gérant d'agir que par opposition préalable. Cette dernière n'a d'effet à l'égard des tiers que s'ils en ont eu connaissance.

Application : Jeanne dispose des pouvoirs d'engager la société seule en tant que co-gérante. Xavier ne semble pas avoir manifesté son opposition avant la conclusion du contrat car il n'était pas informé.

Le seul point qui lui permettrait de remettre en cause le contrat serait une contrariété avec l'objet social. Si celui-ci a été rédigé strictement, la vente de tabac et de presse ne sauraient relever de la même activité de que le dépôt de colis. S'il parvient à démontrer que l'acte excède l'objet social, il peut en obtenir la nullité.

EXO 08.02 Analyse d'arrêt – Formaliste de la cession de parts dans la SNC

Après avoir rappelé les conditions de cessions des parts sociales dans la SNC, Expliquez le problème de droit et la portée de l'arrêt.

La cession de parts sociales dans une SNC requiert le consentement unanime de tous les associés, nommé **agrément**. Toute clause contraire est réputée non écrite.

Du point de vue de la forme, la cession doit être constatée par écrit.

Elle est **opposable à la société**, soit par signification de la cession à la société par acte d'huissier ou acceptation dans un acte authentique (article 1690 du Code civil), soit par dépôt de l'original de l'acte de cession au siège social contre remise par le gérant d'une attestation de ce dépôt. Elle n'est **opposable aux tiers** qu'après accomplissement de ces formalités et après publication au Registre du commerce et des sociétés.

Problème de droit : Quelle est la sanction du défaut d'agrément de la cession de parts sociales dans une SNC ?

Portée de l'arrêt : L'agrément unanime à la cession est la marque de l'intuitu personae qui règne dans la SNC. La cession ne saurait donc avoir d'effet vis-à-vis des associés ou de la société. La Cour a ici estimé que la sanction n'était pas la nullité de l'acte à l'égard de tous, mais seulement l'inopposabilité à la société et aux associés. En effet, la cession reste valable entre les parties. La solution est rigoureuse pour le cessionnaire qui ne pourra que demander la résolution pour inexécution et ne pourra pas bénéficier des droits des associés (vote, dividendes) alors qu'il a payé le prix.

EXO 08.03 Analyse de statuts – La SNC Sportdiva

Lire l'extrait de statuts suivants, relever les clauses illégales et les corriger.

Les articles 2 et 3 sont légaux. Les trois autres articles comportent des erreurs.

Article 5 – Durée

Cette clause est illégale : la durée maximale d'une société est de 99 ans.

Clause nouvelle :

La durée de la société est fixée à 99 ans à compter du jour de son immatriculation au registre du commerce et des sociétés de Pontoise, sauf dissolution anticipée.

Article 12 – Nomination et révocation du gérant

Les associés ont choisi une gérance collective et statutaire ce qui peut avoir de lourdes conséquences pour l'avenir de la société mais est parfaitement légale.

Le mode de révocation en revanche est illégal : la décision doit être prise à l'unanimité des autres associés.

Clause nouvelle :

La société est administrée par un gérant, associé, nommé dans les statuts. Andrea et Anaïs Novaparma sont désignés gérants pour une durée de cinq ans indéfiniment renouvelables.

La révocation du ou des gérants statutaire(s) associé(s) doit intervenir sur juste motif et selon les modalités suivantes, sauf demande de révocation présentée par tout associé en justice pour cause légitime :

- la révocation d'un gérant ne peut être décidée qu'à l'unanimité des autres associés. (Cette révocation n'entraîne pas la dissolution de la société).
- Le gérant révoqué peut décider de se retirer de la société et demander le remboursement de ses parts sociales dont la valeur sera, à défaut d'accord amiable, déterminée conformément à l'article 1843-4 du Code civil.
- Cette décision de retrait doit être notifiée dans les quinze jours de la révocation à chacun des associés avec demande d'avis de réception ; à défaut le gérant révoqué conserve la qualité d'associé.
- Les autres associés peuvent désigner un tiers pour acquérir les parts sociales du gérant qui exerce sa faculté de retrait.

Article 13 – Pouvoirs de la gérance

La clause était illégale car le gérant n'engage la société que dans le cadre de l'objet social. Dans la mesure il y a pluralité de gérant mieux vaut préciser leurs rapports.

Clause nouvelle :

1. Dans les rapports avec les tiers, le gérant unique, ou chacun des gérants, s'ils sont plusieurs, engage la société par tous les actes entrant dans l'objet social. En cas de pluralité de gérants, l'opposition formée par l'un d'eux aux actes d'un autre gérant est sans effet à l'égard des tiers, à moins qu'ils en aient eu connaissance.
2. Dans les rapports avec la société et les associés, le gérant ou chacun des gérants pourra faire tous les actes dans l'intérêt de la société. En cas de pluralité de gérants, chacun d'eux a le droit de s'opposer à une opération envisagée par l'un d'eux avant qu'elle soit conclue.

9 La constitution de la société anonyme

EXO 09.01 Cas pratique

1. Que pensez-vous de la faisabilité du projet et de leurs craintes quant au capital social ?
Principes juridiques : une société anonyme n'offrant pas de titres financiers au public doit réunir au moins 2 actionnaires et le capital social minimum est de 37000 €. Concernant les apports en numéraire, la totalité du capital social doit être souscrite avant la signature des statuts, mais la loi n'impose que la libération immédiate d'au moins la moitié des apports en numéraire. Le solde est à libérer au plus tard dans les 5 ans de l'immatriculation au RCS de la société.
Application au cas : les actionnaires sont au nombre de 3, ce qui est possible. Elles réunissent plus de la moitié du capital social exigé (20 000 € contre 18500 € exigés lors de la constitution). Elles peuvent constituer la SA au regard de ces 2 aspects.

2. Quel avantage particulier Yaël peut-elle obtenir ? Quelles en sont les conditions ?
Principe juridique : les apports en industrie sont interdits dans la société anonyme. Des avantages particuliers peuvent être reconnus par les statuts lors de la création de la société (ou en cours de vie sociale), par exemple un dividende préciputaire (c'est-à-dire prélevé en priorité). Afin de protéger les autres actionnaires, une procédure dite des avantages particuliers doit être suivie : intervention d'un commissaire aux apports chargé d'apprécier la valeur de l'avantage particulier et vote d'une assemblée générale statuant sur l'octroi de l'avantage particulier (l'assemblée statue aux conditions de quorum et de majorité prévues pour les assemblées générales extraordinaires ; le bénéficiaire ne participe pas au vote).
Application au cas : Yaël ne peut réaliser un apport en industrie. En revanche, un avantage particulier peut lui être accordé si les formalités sont respectées (intervention d'un CAA et vote d'une AG auquel Yaël ne participera pas).

3. Nathalie souhaiterait récupérer la somme de 8000 € qu'elle a apportée pour se lancer dans un nouveau projet. Que pouvez-vous lui conseiller ?
Principe juridique : en l'absence d'immatriculation de la SA dans un délai de 6 mois à compter du dépôt des fonds, une procédure de retrait est prévue. Les souscripteurs peuvent désigner à l'unanimité un mandataire chargé de retirer les fonds auprès du dépositaire ou bien tout souscripteur peut demander en justice la nomination d'un mandataire chargé de retirer les fonds pour les restituer aux souscripteurs.
Application au cas : si le délai de 6 mois est expiré, les souscripteurs peuvent désigner à l'unanimité un mandataire chargé de retirer les fonds ou bien Nathalie pourra demander en justice la nomination d'un mandataire à cette fin.

10 La société anonyme : la direction

EXO 10.01 Cas pratique – La SA Chaboté

Est-ce possible ?
Quelles sont les règles de cumul des mandats ?
Règles juridiques :
Les mandats sociaux dans les SA ayant leur siège social en France sont limités :
- s'agissant des mandats d'administrateurs : la limite particulière est de 5 mandats d'administrateurs et la limite globale est de 5 mandats d'administrateurs, de membres du conseil de surveillance, de directeur général, de directeur général unique ou de membre du directoire.

Deux exceptions existent :

Il est possible au titulaire d'un mandat d'administrateur auprès d'une société mère de cumuler un nombre illimité de mandats dans les sociétés filiales de elle-ci.

Il est par ailleurs possible de cumuler jusqu'à 5 mandats d'administrateurs parmi les filiales sans être titulaire d'un mandat auprès de la société mère.

- s'agissant des mandats de directeur général, le titulaire d'un mandat de DG, membre du directoire ou directeur général unique : la limite est d'un seul mandat.

Deux exceptions existent :

Il est possible au titulaire d'accepter un autre mandat dans une société contrôlée.

Il est également possible d'accepter un second mandat dans une autre SA, à condition que les deux sociétés ne soient pas cotées.

Application : au regard de l'application des règles de cumul des mandats, monsieur Chava détient :

- 1 mandat dans la SA Chaboté (les mandats d'administrateur, de président du conseil d'administration et de directeur général dans la même société ne comptent que pour un seul mandat)
- 4 mandats dans les 4 SA filiales.

Avec ses 5 mandats, il respecte avant l'acquisition, tant la règle relative aux administrateurs, que celle relative aux mandats de DG, membre du directoire, directeur général unique.

Monsieur Chava peut détenir d'un nouveau mandat de PDG dans une SA contrôlée :

- à l'égard de la règle de cumul des administrateurs, le cumul est possible car il s'agira à nouveau d'une société contrôlée par la société dans lequel il est administrateur. Le compteur sera « arrêté à 5 ».
- à l'égard de la règle de cumul des mandats de DG, membre du directoire, directeur général unique, le cumul est là aussi possible car la société sera contrôlée par la première société. Il se situe dans le cadre de la première exception.

EXO 10.02 Cas pratique – La SA Beauchamp

1. Les candidats peuvent-ils être nommés ?

Problème juridique : à quelles conditions une personne peut-elle être nommée administrateur ?

Règles juridiques : il faut :

- être une personne physique ou morale,
- être actionnaire ou non,
- être dotée de la capacité civile,
- ne pas être atteint par la limite d'âge (le tiers des administrateurs en fonction ne doit pas avoir plus de 70 ans sauf clause contraire des statuts),
- respecter la législation relative au cumul des mandats,
- avoir été antérieurement nommé si l'on salarié, sauf si la société est une PME. Il faut encore respecter la règle du tiers : le nombre des administrateurs liés à la société par un contrat de travail ne doit pas excéder le tiers des administrateurs en fonction. Il faut enfin respecter le droit commun (exercer un emploi effectif et fonction distincte et être lié à la société par un lien de subordination).

Application :

En l'espèce, tous deux sont des personnes physiques majeures et a priori capables. Il n'y a pas de question concernant le cumul des mandats.

Pour Monsieur Bayere : il n'est pas atteint par la limite d'âge mais il est salarié. Il faut donc vérifier qu'il exerce un emploi effectif, une fonction distincte et est lié à la société par un lien de subordination. Ce semble être le cas ici car les fonctions d'ingénieurs agronomes sont techniques. La condition d'antériorité applicable ici car la SA Beauchamp n'est pas une PME est satisfaite. Il peut donc être nommé à condition qu'il n'y ait pas plus d'un autre administrateur salarié.

Pour Madame Monsantès : elle n'est pas salariée mais (à moins que les statuts n'aient retenu un autre âge), elle est frappée par la limite d'âge de 70 ans. Il y a lieu d'appliquer la règle du tiers : elle ne peut être nommée que s'il y a au plus un autre administrateur ayant atteint la limite de 70 ans.

2. Comment peuvent-ils être nommés ?

Problème juridique : quel est l'organe compétent pour nommer des administrateurs ?

Règles juridiques : la compétence pour nommer des administrateurs appartient à l'assemblée générale ordinaire. Toutefois, à titre provisoire, le conseil d'administration peut nommer un ou plusieurs administrateurs, jusqu'à la plus prochaine assemblée générale ordinaire, c'est la cooptation. Elle est obligatoire lorsque le nombre d'administrateurs en fonction excède le nombre minimal légal (3) sans atteindre le minimum statutaire. Elle est facultative si le nombre excède le minimum statutaire. Elle est interdite lorsque le nombre est inférieur au minimum légal. En l'espèce, le minimum statutaire d'administrateurs est de 6. Le départ à la retraite de Monsieur Rouille fait tomber le nombre à 5. La cooptation d'un membre est obligatoire. Celle d'un second est facultative. Ainsi, si Monsieur Mildiou souhaite agir rapidement, et que les membres du CA sont d'accord avec ces nominations, il peut faire procéder à la cooptation de Monsieur Bayere et de Madame Monsantès en attendant la prochaine assemblée générale – qui pourra ratifier ce choix.

EXO 10.03 Cas pratique – La SA Charivari

La société est-elle tenue par les actes accomplis par Monsieur Variaton ?

Problème de droit : quels sont les pouvoirs du directeur général ? Quel organe doit donner les cautions, avals et garanties ?

Principes juridiques : le directeur général représente la société. A l'égard des tiers il a les pouvoirs les plus étendus pour agir en toutes circonstances au nom de la société. Il exerce ces pouvoirs dans la limite des pouvoirs reconnus par la loi à d'autres organes. Il doit respecter l'objet social. Mais la société est engagée même par les actes qui excèdent cet objet.

Le CA autorise les cautions, avals et garanties donnés par le directeur général. Cette autorisation est donnée pour un an maximum, préalablement à la passation des actes et pour un montant déterminé. Si les engagements ont été donnés pour un montant supérieur à la limite globale, le dépassement ne peut être opposé aux tiers qui n'en ont pas eu connaissance, sauf si l'engagement donné excède à lui seul l'une des limites globale ou particulière fixée par le conseil d'administration. Il est inopposable à la société.

Application : en l'espèce, concernant l'emploi de l'enquêteur privé, Monsieur Variaton a agi en dehors de l'objet social et de l'intérêt social. Toutefois, la société est engagée même au-delà de cet objet. Elle devra donc payer l'enquêteur mais pourra rechercher la responsabilité de son directeur général.

S'agissant de la caution de Monsieur Variaton en garantie du prêt souscrit par le sous-traitant : le pouvoir d'engager la société est bien celui du directeur général. Toutefois, celui-ci doit respecter les autorisations données par le conseil d'administration. Le montant global autorisé par le CA de 100 000 euros est dépassé par cet acte seul. Dans la mesure où l'acte excède à lui seul la limite globale fixée par le conseil, le dépassement est opposable aux tiers. La banque de l'enquêteur ne pourra rechercher la garantie de la banque, au moins pour la portion de la dette supérieure aux 100 000 (pour le reste de la somme, la question est discutée en doctrine).

EXO 10.04 Cas pratique – La constitution d'une SA dualiste

1. Peuvent-ils légalement être seuls membres du directoire ?

Problème de droit : à quelles conditions sont désignés les membres du directoire ?

Principes juridiques : les membres du directoire sont des personnes physiques, actionnaires ou non, qui ont moins de 65 ans.

Leur nombre est fixé par les statuts entre 2 et 5 (un directeur général unique peut être nommé dans les SA dont le capital minimum est de 150 000 euros). Ils sont nommés par le conseil de surveillance.

Application : les deux amis Ahmed et Christophe semblent respecter la condition d'âge. Ils peuvent n'être que 2.

2. Tous les associés peuvent-ils être membres du conseil de surveillance ?

Problème de droit : à quelles conditions sont désignés les membres du conseil de surveillance ?

Principes juridiques : le conseil de surveillance est composé de 3 à 18 membres. Ils peuvent être des personnes physiques ou morales, actionnaires ou non, dotés de la capacité civile. Une incompatibilité spéciale existe entre la qualité de membre du directoire et de membre du CS. La limite d'âge et le cumul avec un contrat de travail sont celles appliquées pour le CA :

- sauf clause contraire des statuts, le nombre de membres ayant atteint l'âge de 70 ans ne doit pas dépasser le tiers des membres en fonction.
- Ils peuvent cumuler 5 mandats de membre du CA ou du CS du point de vue de la limitation particulière, et du point de vue de la limite globale, 5 mandats de directeur général, membre du directoire ou de directeur général unique, de membre du CA ou du CA.

Application : le conseil de surveillance pouvait être valablement composé de 12 personnes physiques. Cependant, Ahmed et Christophe ne peuvent être à la fois membre du directoire et membre du conseil de surveillance. Il leur faudra choisir entre ces deux mandats. Le conseil de surveillance pourrait valablement être constitué par les 10 autres camarades de promotion, personnes physiques qui semblent respecter les autres règles.

EXO 10.05 Analyse d'une décision de justice (Com, 12 juillet 2005)

1. Après avoir lu l'arrêt suivant, dégagez :
- **Le problème de droit**
- **La portée de l'arrêt.**

Problème de droit : **quelle est l'étendue du pouvoir des membres du conseil de surveillance ? A quelles conditions les membres du conseil de surveillance ont-ils un pouvoir de direction ?**

- La mission des membres du conseil de surveillance ne les conduit pas à exercer à ce titre une activité de direction (ils n'ont qu'un pouvoir de contrôle). Leur qualité de dirigeant ne pourrait donc être établie que par la reconnaissance dans une affaire particulière d'une gestion de fait. La Cour rappelle ici classiquement que cette démonstration requiert des activités positives de direction en toute indépendance. Peu importait ici leur poids dans la gouvernance de la société au regard des actions qu'ils détenaient.

Problème de droit : Qu'est-ce qu'une convention réglementée ? Quelle procédure est applicable ?

Principes juridiques : Toute convention intervenant directement ou par personne interposée entre la société et son directeur général, l'un de ses directeurs généraux délégués, l'un de ses administrateurs, l'un de ses membres du directoire, l'un de ses membres du conseil de surveillance, l'un de ses actionnaires disposant d'une fraction des droits de vote supérieure à 10 % ou, s'il s'agit d'une société actionnaire, la société la contrôlant au sens de l'article L. 233-3 du Code de commerce.

Il en est de même des conventions auxquelles une des personnes visées précédemment est indirectement intéressée.
Les conventions réglementées sont soumises à autorisation préalable du CA, doivent faire l'objet d'un rapport du CAC, puis doivent être soumises pour approbation à l'assemblée générale.
Toutefois, les conventions qui correspondent à des conventions courantes conclues à des conditions normales sont des conventions libres. La procédure de contrôle ne s'applique pas.
Application :

- L'achat des 20 agendas est une convention intervenue entre le directeur général et la SA qu'il dirige. Mais l'achat est réalisé au prix habituellement pratiqué par la société s'analyse en une convention courante à l'égard de la société ; les conditions de vente sont les conditions normales. Il s'agit d'une convention libre.
- Le contrat de vente immobilière, s'il est conclu, interviendra entre une administratrice et la société dans laquelle elle est administratrice. Le contrat envisagé est une vente d'immeuble qui ne semble pas relever de l'activité courante d'une société spécialisée dans la fabrication de produits pour l'écriture. En outre le prix semble supérieur au prix du marché. La convention est donc une convention réglementée.

Elle doit être autorisée préalablement par le CA, doit faire l'objet d'un rapport du CAC, puis doit être soumise pour approbation à l'assemblée générale. En l'espèce, si Norbert s'y oppose l'issue du vote du CA est incertaine. Juliette ne votant pas. La majorité requise est de 44 % et Norbert ne détient que 40 % des parts. S'il parvient à convaincre au moins l'un des autres administrateurs, il pourra obtenir un vote négatif du CA.

11 La SA : les assemblées générales

EXO 11.01 Cas pratique – La SA Alertix

Monsieur Passiflure, actionnaire de la société Alertix vient vous consulter sur la légalité de ces décisions.

Problème juridique **: quels sont les pouvoirs du DG ?**
Principes juridiques : Dans l'ordre externe, le DG a les pouvoirs les plus étendus pour agir en toutes circonstances au nom de la société. Il exerce ses pouvoirs la limite des pouvoirs que la loi réserve à d'autres organes et dans la limite de l'objet social. Les clauses statutaires limitant ses pouvoirs sont inopposables aux tiers.
Application : en l'espèce, l'embauche d'un salarié, fût-ce à grands frais relève de la gestion courante et des pouvoirs du DG, Madame Millepertan.

Problème juridique **: quel est l'organe compétent pour décider le déplacement du siège social sur le territoire national ?**
Par exception au principe de la compétence de l'AGE pour modifier les statuts, le CA ou le directoire est compétent pour déplacer le siège social sur le territoire français, sous réserve de ratification par la prochaine AGO.
Application : Madame Millepertan pouvait valablement déplacer le siège de la société Alertix de Senlis à Marseille. La prochaine AGO doit toutefois ratifier ce choix.

EXO 11.02 Cas pratique – La SA Airlight

Antoine vous consulte sur les chances de réussite de ses 3 projets.

- **Antoine souhaite que les actionnaires renoncent à leurs dividendes pour financer l'acquisition de nouveaux matériels.**

Problème de doit : A quelles conditions une décision est-elle acquise en AGO ?

Le quorum de l'AGO est d'1/5e des actions ayant le droit de vote sur première convocation.

La majorité des voix des actionnaires présents ou représenté est nécessaire pour adopter la décision.

Application :

Le quorum sera atteint = 95 000 parts sur 100 000 si Danielle est absente.

La majorité nécessaire à l'adoption de la décision est de 47501 voix. Si Antoine, Amandine, Baptiste et Barbara votent en faveur de la décision, elle sera adoptée (50 000 voix).

- **Antoine souhaite modifier l'objet social. Cette décision est de la compétence de l'AGE.**

Problème de doit : A quelles conditions une décision est-elle acquise en AGE ?

Le quorum de l'AGE est d'1/4 des actions ayant le droit de vote sur première convocation.

La majorité des 2/3 des voix des présents ou représentés est nécessaire.

Application :

Le quorum sera atteint : 95 000 parts

La majorité requise est de 63334 parts et ne sera pas atteinte compte tenu de l'opposition de Damien et Baptiste (40 000 vois à eux seuls).

- **La convention conclue entre Antoine et la société peut-elle être adoptée ?**

Principes juridiques

Est une convention réglementée toute convention intervenant directement ou par personne interposée entre la société et son directeur général, l'un de ses directeurs généraux délégués, l'un de ses administrateurs, l'un de ses membres du directoire, l'un de ses membres du conseil de surveillance, l'un de ses actionnaires disposant d'une fraction des droits de vote supérieure à 10 % ou, s'il s'agit d'une société actionnaire, la société la contrôlant au sens de l'article L. 233-3 du Code de commerce.

Il en est de même des conventions auxquelles une des personnes visées précédemment est indirectement intéressée.

La convention réglementée est soumise à autorisation préalable du CA, doit faire l'objet d'un rapport du CAC, puis doit être soumise pour approbation à l'AG.

Les convention conclues entre ces personnes sont exclues de la procédure de contrôle s'il s'agit de conventions courantes conclues à des conditions normales.

Application : En l'espèce, la convention entre dans le champ d'application des conventions réglementées : elle est conclue par Antoine, le PDG et la société, au bénéfice de son fils. Mais il s'agit d'une convention courante pour la société qui pose des Velux. Est-elle conclue à des conditions normales ? La question de la remise de 15 % ne peut être tranchée aussi facilement : il convient de se reporter aux remises habituellement pratiquées par la société et par les entreprises du secteur. Si c'est une condition normale alors il s'agit d'une convention libre et l'accord du CA est inutile. Si c'est une condition inhabituelle, il faudra l'accord du CA, un rapport du CAC et une approbation de l'AG. Le vote du CA sera négatif car les parts d'Antoine ne sont pas prises en compte alors que Damien et Baptiste sont opposés à la convention (si les deux amis étaient absents au CA, et que la convention était soumise à l'AG, le vote serait là aussi négatif car Damien et Baptiste seraient majoritaires : 40 000 parts sur 75 000).

12 Les titres et les opérations sur le capital

EXO 12.01 Cass. com., 11 janvier 2017

1. Expliquez quelle est la conséquence de la suppression du droit préférentiel de souscription pour les anciens actionnaires.

Le droit préférentiel de souscription est utilisé lors d'une augmentation de capital, pour que les anciens actionnaires puissent souscrire prioritairement à cette augmentation. Il leur permet de ne pas voir leurs droits réduits, car ceux-ci dépendent de leur part dans le capital. Le droit préférentiel de souscription peut être annulé totalement ou partiellement par une décision de l'assemblée générale des associés.

Dans cet arrêt, l'actionnaire majoritaire de la SAS Clinique de la Ciotat a fait voter une réduction du capital social puis une augmentation avec suppression du droit préférentiel de souscription, afin que les actionnaires minoritaires se trouvent de fait exclus de la société par l'arrivée d'un nouvel actionnaire unique, la société Sainte Marguerite.

2. Expliquez la procédure qui doit être suivie lorsque les capitaux propres d'une SAS sont devenus inférieurs à la moitié du capital social.

Lorsque les capitaux propres d'une SAS sont devenus inférieurs à la moitié du capital social, le président de la SAS doit convoquer l'assemblée générale extraordinaire dans les quatre mois de l'approbation des comptes, qui ont fait apparaître cette situation. Cette dernière peut décider de :

- dissoudre de manière anticipée de la société ;
- reconstituer les capitaux propres, afin que ceux-ci représentent au minimum la moitié du capital social ;
- réduire le capital de la société, d'un montant au moins égal à celui des pertes qui n'ont pas été imputées sur les réserves.

Ici, cette situation s'est vérifiée, mais au lieu de convoquer l'assemblée générale extraordinaire afin de respecter cette procédure, elle a été convoquée pour réduire le capital social à 0, puis pour l'augmenter dans le même temps. Cette réduction-augmentation permettait d'exclure les anciens associés minoritaires (la clinique de la Casamance et le centre Provence Aubagne) et d'en faire entrer un nouveau (la société Sainte Marguerite).

3. Quel est le problème juridique auquel doit répondre la Cour de cassation ?

A quelles conditions une double opération de réduction puis d'augmentation du capital social, qui permet d'exclure les actionnaires minoritaires d'une société, est-elle possible ?

4. Quels sont les arguments des demanderesses au pourvoi ?

La SAS la Ciotat qui a subi cette réduction-augmentation de capital et son nouvel actionnaire unique (la société Sainte Marguerite) estiment que la Cour d'appel s'est trompée en annulant l'opération car :

- l'opération de réduction-augmentation ne constitue par un abus de majorité contraire à l'intérêt social, car la société était dans une situation comptable complexe. Ses capitaux propres étaient devenus inférieurs à la moitié de son capital social, ce qui aurait dû amener à sa dissolution. La décision prise visait donc à éviter cela, et était donc prise dans l'intérêt de la société ;
- l'opération de réduction-augmentation n'a pas été prise en fraude des droits des minoritaires car ceux-ci ont été régulièrement convoqués à l'assemblée générale qui en a décidé

5. Quels sont la solution et les arguments de la Cour de cassation ?

La Cour de cassation rejette le pourvoi, elle confirme l'arrêt de la Cour d'appel qui annule l'assemblée générale extraordinaire qui avait décidé de l'opération de réduction-augmentation du capital.

La Cour de cassation utilise pour cela un faisceau d'indices :
- l'assemblée générale extraordinaire qui a décidé de l'opération n'a pas fait mention (tout comme le rapport du président de la SAS) du fait que les capitaux propres étaient devenus inférieurs à la moitié du capital social ;
- l'opération n'avait pas pour but principal de trouver une solution aux difficultés financières de la SAS, mais plutôt de permettre à la société Sainte Marguerite de devenir l'unique associé de la SAS ;
- la SAS connaissait certes des difficultés financières mais rien qui ne justifiât une telle opération ;
- l'assemblée générale s'est tenue au mois d'août, ce qui explique l'absentéisme des associés minoritaires, qui a permis l'opération ;
- l'arrivée du nouvel actionnaire a été permise par des apports nouveaux liés à une compensation avec une créance en compte courant de l'associé majoritaire, ce qui n'a pas permis à la SAS de bénéficier de nouveaux financements ;
- l'opération de réduction-augmentation avait pour seul but d'évincer les actionnaires minoritaires, et cette éviction ne se justifiait pas au regard de l'intérêt social.

Remarque Comme on le voit dans l'arrêt, ce « coup d'accordéon » est possible, si la société n'est plus viable et qu'il n'a pas pour seul but d'exclure les anciens actionnaires.

13 La société par actions simplifiée (SAS)

EXO 13.01 Analyse des statuts d'une SAS

1. Michel ne dispose que de très peu de fonds. Il souhaite savoir si ses compétences en peinture peuvent constituer un apport possible pour la société.

Règles

Les apports en industrie sont autorisés dans la SAS. Les apporteurs en industrie reçoivent en contrepartie des actions inaliénables dont les statuts déterminent les modalités de souscription et de répartition, ainsi que le délai au terme duquel les actions concernées doivent faire l'objet d'une évaluation par un commissaire aux apports.

Application

Michel pourra réaliser son apport en industrie mais les actions dont il disposera en contrepartie seront inaliénables et sont apport devra faire l'objet d'une évaluation par un commissaire aux apports conformément à ce qui sera prévu dans les statuts.

2. Analysez les différentes clauses du projet de statuts mis en annexe, le cas échéant proposez-en une rédaction conforme au droit en vigueur.

Article 5 – Apports

Règles

Les apports en numéraire doivent être libérés dès la souscription d'au moins la moitié, le solde devant être libéré dans les 5 ans.

Application

L'article 5 n'est pas valable, le montant des apports en numéraire devant être libéré dès la souscription ne doit pas être de 40 % (mais de 50 %) et le solde ne doit pas être libéré dans les 6 ans (mais dans les 5 ans).

Rédaction conforme au droit

Les apports en numéraire doivent être libérés dès leur souscription pour un montant égal à **50 %** de leur valeur, le solde devant être libéré dans un délai de **5** ans sur appel du président.

[...].

Article 12 - Droits de vote et majorités

Règles

Les statuts doivent prévoir les décisions qui seront prises par la collectivité des associés, ainsi que les formes et conditions de ces décisions.

Certaines décisions relèvent obligatoirement de la compétence de la collectivité des associés dans les conditions prévues par les statuts :

- fusion, scission, dissolution, transformation de la SAS ;
- nomination d'un commissaire aux comptes ;
- décisions relatives aux comptes annuels et aux bénéfices.

A défaut, ladite décision peut être annulée à la demande de tout intéressé

Application

- la décision de répartition des bénéfices est valable : elle appartient bien à la collectivité des associés et les statuts peuvent prévoir une telle modalité de vote ;
- la décision de révoquer le président est valable : elle n'a pas à appartenir à la collectivité des associés ;
- la décision de transformer la société en une autre forme sociale n'est pas valable : elle appartient nécessairement à la collectivité des associés (et non au président). Tout intéressé peut demander la nullité de cette clause des statuts.

Rédaction conforme au droit

I - Les droits de vote sont répartis proportionnellement aux actions de chaque associé dans le capital social.

Les décisions sont prises par les associés à la majorité des actions.

[...]

II - Par dérogation, aux règles du I du présent article :

- la décision de répartition des bénéfices appartient à la collectivité des associés, chaque associé disposant d'une voix ;
- la décision de révoquer le président appartient à l'associé disposant du plus grand nombre d'actions ;
- la décision de transformer la société en une autre forme sociale appartient à la collectivité des associés.

Remarque Il est possible de prévoir une majorité spécifique pour la décision de transformer la société ou même de ne rien indiquer relativement à une telle décision (dans ce cas ce sera la règle du I qui s'appliquera : décision prise par les associés à la majorité des actions).

Article 15 - Clause d'inaliénabilité

Règles

Les associés (ou seulement certains d'entre eux) peuvent être privés du droit de céder leurs actions, mais ces clauses ne sont valables que pour 10 ans au maximum. Si la clause n'est pas respectée, la cession est nulle.

La clause d'inaliénabilité ne peut être adoptée ou modifiée que par une décision des associés à l'unanimité.

Application

La clause d'inaliénabilité est valable en ce qu'elle ne concerne que les associés fondateurs, et relativement à sa durée de seulement 5 ans (cela est inférieur à la durée maximale de 10 ans). En revanche, le vote de modification de la clause, s'il se fait bien à l'unanimité ne peut être réservé aux seuls associés fondateurs : tous les associés doivent voter.

Rédaction conforme au droit

Les associés fondateurs de la société ne peuvent céder leurs actions pendant les 5 années suivant l'immatriculation initiale de la SAS au RCS.

Cette clause peut être modifiée par une décision des associés à l'unanimité.

Article 25 - Pouvoirs du président

Règles

- vis-à-vis des associés, le président est investi des pouvoirs les plus étendus pour agir en toute circonstance au nom de la société dans la limite de l'objet social, et se doit de respecter les clauses statutaires limitant ses pouvoirs ;
- vis-à-vis des tiers, la société est engagée même par ses actes qui ne relèvent pas de l'objet social (sauf à prouver la mauvaise foi du tiers). Les limites statutaires sont inopposables aux tiers.

Application

La clause des statuts n'est pas valable : les pouvoirs du président vis-à-vis des tiers n'ont pas à être limités par l'objet social.

Rédaction conforme au droit

Dans les rapports avec les tiers, le président engage la société même par les actes **en dehors** de l'objet social.

3. Après quelques années d'exploitation, la société s'est bien développée (son chiffre d'affaires dépasse 1 500 000 €, et son bilan est de près de 750 000 €), elle envisage de créer une filiale spécialisée dans les prestations auprès de collectivités locales qu'elle contrôlera à 100 %, et qui prendra aussi la forme d'une SAS.

Ce projet est-il envisageable ?

La SAS mère peut-elle être désignée présidente de la nouvelle société ?

Quelles en seront les conséquences ?

Règles

- présence du commissaire aux comptes

  Si, dans une SAS, deux des trois seuils suivants sont dépassés, la désignation d'un ou plusieurs commissaires aux comptes par une décision collective des associés est obligatoire :
  - montant du chiffre d'affaires HT : 8 000 000 € ;
  - total du bilan : 4 000 000 € ;
  - nombre moyen de salariés permanents employés au cours de l'exercice : 50.
- Un ou plusieurs associés représentant 10 % du capital peuvent demander en justice la nomination d'un CAC même si les conditions rendant la nomination obligatoire ne sont pas réunies.
- constitution d'une SASU

Il est possible de constituer une SASU avec comme associé unique une autre société. L'associé unique personne morale peut être président. Le dirigeant de la personne morale-associée unique peut voir les mêmes responsabilités civiles et pénale être engagées, que s'il était président ou dirigeant en son nom propre. Le fait que l'associé unique soit une personne morale ne permettra pas à la SASU de bénéficier des facilités que le Code de commerce octroie à la SASU dont l'associé unique est une personne physique et aussi président de la SASU : dispense d'un avis au BODACC lors de la constitution, d'un rapport de gestion lorsque la SASU ne dépasse pas certains seuils...

Application

- présence du commissaire aux comptes

  La SAS ne dépasse pas les seuils relatifs au chiffre d'affaires et au bilan, néanmoins le fait qu'elle contrôle sa filiale nécessite qu'un commissaire aux comptes soit désigné.
- constitution de la SASU

  Le projet de filiale est possible. La SAS mère peut être désignée présidente de la SASU filiale mais dans ce cas le président de la SAS mère sera responsable civilement et pénalement en son nom propre.

EXO 13.02 Cass. com., 9 juillet 2013

1. Rappelez les conditions de validité d'une clause d'exclusion dans une SAS.

Les associés peuvent être exclus de la société dans les conditions prévues dans les statuts et sont alors contraints de céder leurs actions.

L'exclusion peut également être prévue en cas de changement du contrôle d'une société associée de la SAS.

Les droits non pécuniaires de l'associé concerné peuvent être suspendus tant que la cession des actions n'est pas effective.

En cas de mise en œuvre de la clause d'exclusion prévue, le prix de la cession s'il n'est pas fixé par les statuts, est déterminé par un accord entre les parties à la cession ou par un expert (désigné par les parties ou par le président du tribunal).

Lorsque les actions sont rachetées par la société, celle-ci est tenue de les céder dans un délai de six mois ou de les annuler.

La clause d'exclusion ne peut être adoptée ou modifiée que par une décision des associés dans les conditions et formes prévues par les statuts.

2. Quel est le problème juridique auquel doit répondre la Cour de cassation ?

Dans une SAS, un associé peut-il être privé du droit de vote lors d'une décision de la collectivité des associés relative à son exclusion ?

3. Quels sont les arguments des demandeurs au pourvoi ?

La SAS LOG et son président défendent la validité du vote d'exclusion de M. Z de la société (que la Cour d'appel a annulé). Quand bien même M. Z n'a pas participé au vote, cela est sans incidence sur la validité de la décision de l'exclure : la société SIL qui est associée majoritaire de la SAS a voté pour cette exclusion, l'opposition de M. Z n'y aurait rien changé.

4. Quels sont la solution et les arguments de la Cour de cassation ?

La Cour de cassation estime que la Cour d'appel qui a rejeté les arguments de la SAS LOG et de son président a bien jugé. La clause des statuts qui prévoit que l'exclusion d'un associé puisse être votée sans que celui-ci ne participe au vote est réputée non écrite, ce qui entache de nullité la décision de l'assemblée générale se basant sur ce vote. Un associé d'une SAS ne peut en être exclu s'il ne participe pas au vote relatif à cette exclusion.

14 La société en commandite par actions (SCA)

EXO 14.01 Le gouvernement d'entreprise chez Michelin

A l'aide du document ci-dessus, expliquez les raisons qui ont poussé Michelin à choisir comme forme sociale la SCA.

Le choix de la SCA comme forme sociale pour Michelin se justifie par plusieurs critères :

- la SCA permet de disposer d'une direction stable. Dans un secteur où les innovations technologiques se diffusent lentement, ce critère est particulièrement important pour avoir une vision de long terme ;
- le fait que les associés commandités soient responsables de manière solidaire et indéfinie des dettes sociales et que certains d'entre eux se retrouvent à la tête de la société est une garantie, qu'ils ne prendront pas de risques inconsidérés. Les commandités assurant la direction de la société sont d'ailleurs contraints de rester commandités tout au long de leur mandat.

15 La société à responsabilité limitée (SARL)

EXO 15.01 Situations pratiques « La Ruche rouge SARL »

1. Quel est le statut fiscal et social de Nathalie ?

Principe juridique : pour déterminer le régime social du gérant, il convient d'évaluer sa participation au capital social. Le gérant majoritaire est celui qui détient plus de la moitié des parts sociales. Il relève de la Sécurité sociale des travailleurs indépendants. Sa situation familiale est prise en compte. En revanche, le gérant même majoritaire assimilé à un salarié.

Application au cas : Nathalie détient 30 % des parts sociales, son époux 25 %. Elle est donc considérée comme une gérante majoritaire. Elle relève alors de la Sécurité sociale des travailleurs indépendants. Fiscalement, elle est assimilée à un salarié.

2. Quels risques pèsent sur Olivier avec cette « substitution » de gérant ?

Principe juridique : le gérant de fait est celui qui exerce les fonctions de gérant alors qu'il n'est pas le représentant légal de la société. En cas de faute de gestion, il engage sa responsabilité personnelle plus largement : l'action en responsabilité est fondée sur les dispositions du droit commun (articles 1240 du Code civil et suivants dont le fait générateur est plus large). Par ailleurs, le délai de prescription est plus long (5 ans contre 3).

3. Le commissaire aux comptes engage-t-il sa responsabilité pénale en ne signalant pas cette « substitution » ?

Principe juridique : le commissaire aux comptes engage sa responsabilité pénale s'il ne révèle pas au procureur de la République les faits délictueux dont il a eu connaissance à l'occasion de sa mission. La gestion de fait d'une société ne constitue pas une infraction pénale.

Application au cas : la gestion de fait n'étant pas une infraction pénale, le CAC n'engagera pas sa responsabilité en ne dénonçant pas la gestion de fait d'Olivier (cela aurait été différent si Olivier était frappé d'une interdiction de gérer une société).

4. Un associé assiste impuissant à certaines décisions. Il vous interroge sur la possibilité de suspendre la rémunération de Nathalie.

Principe juridique : la rémunération du gérant n'est pas la contrepartie d'un travail effectif mais celle du statut de représentant légal de la société. La Cour de cassation a consacré l'intangibilité du droit du gérant au paiement de sa rémunération : il n'est pas possible de demander le remboursement des indemnités versées mais il est possible de révoquer la rémunération

Application au cas : en droit, rien n'empêche de révoquer la rémunération de la gérant indisponible. Il faudra qu'une majorité de parts sociales se regroupe sur cette décision, ce qui semble difficile étant donnée la répartition des parts.

5. Il vous demande ensuite si la cession du fonds peut être annulée.

Problème juridique : un acte contraire à l'intérêt social conclu par le gérant peut-il être annulé ?

Principe juridique : dans ses rapports avec les tiers, le gérant est investi des pouvoirs les plus étendus pour agir en toutes circonstances au nom de la société. Dans l'ordre externe, l'intérêt social n'est pas pris en compte pour obtenir la nullité d'un acte dans la SARL.

Application au cas : la jurisprudence de la Cour de cassation nous invite à répondre que la cession du fonds ne pourra être annulée car il reste un fonds qui peut être exploité. La vente du fonds, même le plus rentable, ne met pas fin à l'activité sociale.

EXO 15.02 Cas pratique « Les Nouradons SARL »

1. Olivier s'oppose à cette cession. Qu'en pensez-vous ?

Principe juridique : en principe, la cession de parts sociales est libre lorsque le cessionnaire est déjà associé de la SARL. Toutefois, s'agissant d'une règle supplétive de volonté, les statuts peuvent prévoir un agrément qui ne pourra être plus sévère que si la cession était réalisée au profit d'un tiers à la société.

Application au cas : les statuts ne sont pas fournis et la répartition des parts sociales entre les 3 associés non communiquée, on en déduit qu'Olivier ne pourra pas s'opposer à la cession en l'absence de disposition statutaire prévoyant un agrément et dans cette hypothèse, encore faut-il qu'il possède un nombre de titres suffisant.

2. Que pensez-vous du financement envisagé par Virginie ?

Principe juridique : sont considérées comme des conventions interdites les emprunts contractés auprès de la société, les découverts consentis par la société, et les cautions et avals donnés par la société pour couvrir leurs engagements avec les tiers au profit du gérant ou de tout associé personne physique.

Application au cas : le prêt accordé à Virginie et cautionné par la SARL constitue une convention interdite. S'agissant d'une nullité absolue, tout intéressé -Olivier évidemment- justifiant d'un intérêt légitime peut demander la nullité du contrat. Virginie engage même sa responsabilité pénale.

3. La désignation d'un CAC est-elle envisageable ?

Principe juridique : le CAC n'est pas obligatoire dans la SARL, sauf dans 2 hypothèses :

- dépassement de 2 des 3 seuils (total du bilan : 1 550 000 € ; chiffre d'affaires hors taxes, 3100 000 € ; nombre moyen de salariés : 50) ;
- à la demande d'un ou plusieurs associés représentant au moins le dixième du capital social : la désignation sera imposée par ordonnance du président du tribunal de commerce statuant en la forme des référés.

Application au cas : l'énoncé ne fournit aucune indication sur le total du bilan, le chiffre d'affaires et le nombre de salariés. Toutefois, si deux des trois seuils avaient été dépassés, un CAC aurait dû déjà être désigné. Si Olivier détient au moins 10 % des titres, il pourra demander la désignation d'un CAC auprès du président du tribunal de commerce.

EXO 15.03 Cas pratique « Angerville SARL » (inspiré par l'arrêt Cass. com. 14 février 2018)

La société Angerville et ses associés vous interrogent sur la possibilité d'obtenir l'annulation de la cession des brevets et leur chance d'en obtenir la restitution.

Deux questions se posent :

- La cession des brevets porte-t-elle atteinte à l'intérêt social ?
- Un gérant démissionnaire peut-il valablement engager la société dont il était le représentant légal ?

Nous sommes en présence d'un acte qui met en cause la pérennité de la société, la réalisation de son objet social mais qui est également contraire à l'intérêt social.

Il ressort de la jurisprudence récente qu'il importe peu que la cession des brevets soit contraire à l'intérêt social car même si cette contrariété était établie, elle ne constituerait pas une cause de nullité.

Concernant les pouvoirs d'un gérant démissionnaire, il peut valablement engager la SARL tant que sa démission n'a pas été publiée, peu importe que les actes passés par lui portent atteinte à l'intérêt social.

La société Angerville reste engagée par l'acte de cession d'Anna dont la démission n'a fait l'objet d'aucune publicité. Aucune restitution ne peut être envisagée.

EXO 15.04 Cas pratique « Le Gastrobar »

1. Une SARL peut-elle être créée par les Gonzague et Yanisse ? Quels pourraient alors être les droits de Yanisse sur la société ?

Principe juridique : la capacité de commerçant n'est pas requise pour devenir associé d'une SARL. Par ailleurs, l'apport en industrie est autorisé dans la SARL. Il doit être prévu dans les statuts. Les prestations constituant l'apport en industrie doivent y être définies.

Application au cas : Yanisse peut devenir associé de la SARL même s'il n'est pas commerçant et qu'il n'apporte « que » son talent de cuisinier. Il recevra des parts d'industrie en rétribution de sa prestation de cuisinier et recevra des dividendes.

2. Gonzague pourra-t-il devenir salarié de la SARL tout en exerçant les fonctions de gérant ?

Principe juridique : en principe il n'existe aucune incompatibilité de principe entre la qualité de gérant de SARL et celle de salarié. La jurisprudence fixe les conditions qui rendent le cumul possible (le travail doit correspondre à un emploi effectif, fonctions exercées en tant que salarié doivent être distinctes des fonctions de direction générale assumées par le gérant, le salarié est placé sous la subordination juridique de la société) sous réserve du respect des conventions réglementées.

Application au cas : dans la mesure où Gonzague sera le gérant associé majoritaire, les conditions ne peuvent être remplies, notamment en ce qui concerne la subordination juridique. Gonzague relèvera néanmoins de la Sécurité sociale des travailleurs indépendants.

3. A quelle rémunération Gonzague peut-il prétendre en tant que gérant ? Est-elle soumise à un formalisme particulier ?

Principe juridique : en matière de rémunération du gérant, il n'y a pas de disposition légale. Elle est librement fixée par les statuts ou par une décision collective des associés. Cette décision ne sera pas soumise à la procédure des conventions réglementées ; le gérant prend part au vote.

Application au cas : dans cette SARL, Gonzague serait le gérant majoritaire et pourrait donc déterminer le niveau de sa rémunération en tant que gérant sans véritable contrainte. Toutefois, la rémunération qui excède les capacités financières de la SARL peut constituer une faute de gestion, un abus de biens sociaux ou un juste motif permettant de le révoquer.

EXO 15.05 Analyse d'une décision de justice : Cass. Com. 14 nov. 2018 (n° 16-26.115)

1. Quels sont les faits ?

Les faits : la SARL FD ayant pour gérante Mme Y. a été liée pendant 4 ans à l'opérateur SFR par des contrats de partenariat et de distribution. Elle obtient gain de cause devant le conseil de prud'hommes (juridiction spéciale compétente pour tous les litiges individuels relatifs à un contrat de travail) qui a procédé à la requalification des contrats précités en contrats de travail. SFR assigne à son tour la SARL FD devant le tribunal de commerce pour obtenir réparation pour le préjudice subi du fait de l'inexécution des contrats de partenariat et de distribution.

La société FD ayant fait l'objet d'une liquidation amiable, l'action est dirigée contre la gérante Mme Y SFR et Mme X, le liquidateur. SFR leur reproche respectivement d'être à l'origine du préjudice que lui avait causé l'inexécution par la SARL de ses obligations contractuelles et d'avoir commis une faute dans l'exercice de ses fonctions.

2. Quelle fut la procédure antérieure ? Pourquoi les défenderesses considèrent-elles que le tribunal de commerce n'est pas compétent ? Quelle est la position de la Cour d'appel de Paris ?

En première instance, SFR assigne la gérante et la liquidatrice devant le tribunal de commerce de Paris. Les deux défenderesses estiment que le tribunal de commerce n'est pas compétent (elles soulèvent l'exception d'incompétence du tribunal de commerce). Le tribunal de commerce de Paris a rendu un jugement dans lequel il refuse de se dessaisir (il rejette le moyen de défense soulevé par les défenderesses).

Elles forment une voie de recours appelée « contredit » (cet élément de procédure civile ne peut être attendu). Le 20 septembre 2016, la Cour d'appel de Paris accueille le contredit. Elle juge que SFR (le demandeur) aurait dû saisir la juridiction civile parce que la gérante n'avait pas la qualité de commerçante et que les faits qui lui sont reprochés ne constituent pas des actes de commerce ni ne se rattachent à la gestion de la société par un lien direct.
SFR forme un pourvoi en cassation.

3. Quel est le problème de droit auquel la Cour de cassation ?

Est-ce que le tribunal de commerce est compétent pour apprécier la régularité d'un acte de gestion accompli par un gérant qui n'a pas la qualité de commerçant pour le compte d'une SARL qui est commerçante ?

4. Quelle est la solution rendue par la Cour de cassation ? Justifiez votre réponse. Vous viserez uniquement le sort de la gérante.

Le 14 novembre 2018, la Cour de cassation rend un arrêt de cassation : elle annule l'arrêt rendu par la Cour d'appel de Paris le 20 septembre 2016. Il n'y a pas de renvoi devant une autre cour d'appel, même autrement composée (exceptionnellement il s'agit d'une cassation sans renvoi parce qu'il s'agissait de régler une question de compétence ; ce degré de précision ne saurait être attendu).

Cela signifie que le demandeur au pourvoi (SFR) obtient gain de cause. Le tribunal de commerce est compétent et va pouvoir juger sur le fond (par opposition au moyen de défense fondé sur la procédure) le litige introduit par SFR.

La Cour de cassation retient un lien direct entre la faute alléguée et la gestion sociale. Elle considère que les manquements commis par le gérant d'une société commerciale à l'occasion de l'exécution d'un contrat se rattachent par un lien direct à la gestion de celle-ci ; peu importe que le gérant n'ait pas lui-même la qualité de commerçant ou n'ait pas accompli d'actes de commerce.

EXO 15.06 L'associé unique salarié

1. À la lecture de l'arrêt rendu par la chambre sociale de la Cour de cassation le 16 janvier 2019 figurant en annexe, pensez-vous que Gonzague peut devenir salarié de la SARL Mettalics ? Quelle règle semble appliquer la Cour de cassation en l'espèce ?

Le problème du cumul entre le mandat de dirigeant social et un contrat de travail est très courant. En l'espèce, on comprend qu'il s'agit d'un associé. A priori rien ne s'oppose à ce qu'un associé devienne salarié de la société dans laquelle il détient des titres. Pourtant, l'arrêt rendu le 16 janvier 2019 indique qu'un contrat de travail ne peut être conclu car l'associé unique n'était pas placé dans une relation de subordination juridique. En pouvant révoquer à tout moment le gérant qui est un tiers, l'associé ne peut être considéré comme étant placé sous la subordination juridique de la société (prérogative de l'employeur – *cf.* Droit social). L'exercice du pouvoir de direction qui revient à l'employeur est ici remis en cause. Par ailleurs, dans cette espèce, le poste qu'occupait l'associé unique, dont la rémunération était élevée, n'existait pas quand il était gérant. Gonzague ne pourra pas devenir salarié de la SARL Metallics.

2. La solution aurait-elle été différente si Gonzague (titulaire de 51 % des titres sociaux) et Hippolyte (titulaire de 49 % des titres sociaux) étaient restés coassociés, non gérants ?

Il ressort de l'arrêt rendu le 16 janvier 2019 que la Cour de cassation a retenu que l'associé unique disposait du pouvoir de révoquer le gérant. Le lien de subordination qui est le critère du contrat de travail et également une des conditions récurrentes du cumul dirigeant/salarié semble également faire défaut en cas de pluralité d'associés si l'un des associés détient à lui seul les titres permettant de révoquer le gérant non associé. C'est le cas en l'espèce si Gonzague détient 51 % des parts sociales.

16 Les sociétés civiles de droit commun

EXO 16.01 Cas pratique – La création et la gestion d'une société civile

1. Justifiez le caractère civil de la société.

Règles

Une société est civile si elle n'est pas commerciale par la forme (cas des SA, SAS, SARL, SNC, et sociétés en commandite) ou par son objet (cas d'une société dont l'objet consisterait en une activité d'achat pour revendre dans un but spéculatif à titre de profession habituelle et indépendante).

Application

Ici la société constituée par les trois amis a bien un objet civil (effectuer des travaux dans une maison afin de la louer et de s'assurer un complément de revenu) et elle n'a pas une forme commerciale (il s'agit d'une société civile immobilière).

2. La société est-elle engagée par le contrat passé avec le constructeur de la piscine ?

Règles

Vis-à-vis des tiers, le gérant engage la société mais seulement par les actes entrant dans l'objet social. Les clauses statutaires limitant les pouvoirs des gérants sont inopposables aux tiers

Application

La construction de la piscine entre bien dans l'objet social de la société, celle-ci est donc engagée. La clause des statuts prévoyant l'accord unanime des associés pour les travaux importants est inopposable aux tiers.

3. Que risquent Irène et Suzanne ?

Règles

La responsabilité des associés de la société civile vis-à-vis des tiers est indéfinie et conjointe :

- le tiers-créancier de la société peut réclamer le paiement de cette dette auprès d'un associé, mais ne pourra lui réclamer que la fraction de la dette sociale proportionnelle à sa part dans le capital social ;
- pour pouvoir poursuivre le paiement de la dette sociale auprès des associés, le tiers doit avoir préalablement poursuivi vainement la société.

Application

Le constructeur de la piscine pourra demander à Irène et Suzanne de régler un tiers de la dette de la société, mais il devra au préalable poursuivre celle-ci et constater qu'elle ne paye pas.

4. Peuvent-elles engager la responsabilité de Patrick et le révoquer ?

Règles

Le gérant d'une société civile est responsable vis-à-vis des associés pour les fautes de gestion qu'il a commis, en cas d'infraction aux lois et aux règlements, ou en cas de non-respect des statuts.

La révocation du gérant résulte d'une décision prise par les associés représentant plus de la moitié des parts sociales, sauf clause contraire des statuts. Elle doit être décidée par des justes motifs, à défaut le gérant devrait être indemnisé du préjudice subi. Le gérant est également révocable par les tribunaux pour cause légitime, à la demande de tout associé.

La révocation du gérant n'entraîne pas dissolution de la société, sauf clause contraire des statuts, mais s'il est associé, il peut demander à se retirer de la société en obtenant le remboursement de la valeur de ses parts sociales, sauf si une clause de statuts l'en empêche.

Application

Irène et Suzanne peuvent engager la responsabilité de Patrick qui n'a pas respecté les statuts en s'engageant avec le constructeur de piscine.

Elles peuvent également voter sa révocation, car elles disposent des deux tiers des parts sociales. Patrick n'aura pas droit à une indemnisation, car son comportement constitue un juste motif de révocation. En revanche, il pourra demander à se retirer de la société, en obtenant le remboursement de ses parts.

5. Irène peut-elle se retirer de la société ? Suzanne souhaite céder ses parts à Jérôme qui est toujours intéressé par le projet ? Patrick est opposé à ces deux hypothèses.

- Retrait d'un associé

Règles

Un associé peut se retirer totalement ou partiellement de la société, dans les conditions prévues par les statuts ou, à défaut, après autorisation donnée par une décision unanime des autres associés. Ce retrait peut également être autorisé pour justes motifs par une décision de justice.

Application

Patrick s'opposant au départ d'Irène, celle-ci a intérêt à demander l'autorisation de la justice pour l'obtenir.

- Cession de parts

Règles

Les associés ne peuvent céder leurs parts qu'avec l'accord de tous les autres associés. Des exceptions existent cependant :

- les statuts peuvent prévoir que l'agrément nécessaire à la cession soit accordé à une majorité qu'ils déterminent ou même avec le seul accord du gérant ;
- les statuts peuvent même dispenser d'agrément, les cessions consenties à un autre associé, à un conjoint d'un associé ;
- les cessions consenties à des ascendants ou des descendants de l'associé-cédant sont libres sauf si les statuts prévoient autre chose.

Le projet de cession est notifié avec demande d'agrément à la société et à chacun des associés :

- en cas d'agrément la cession peut avoir lieu
- en cas de refus, les associés peuvent se porter acquéreurs des parts. A défaut la société peut les faire acquérir par un tiers (avec accord des autres associés) ou les acquérir elle même

Si aucune offre n'intervient dans les 6 mois, l'agrément est réputé accordé.

La cession doit être constatée par écrit

Les formalités de publicité sont nécessaires pour la rendre opposable aux tiers

Application

Pour céder ses parts à son frère, Suzanne doit obtenir l'accord d'Irène et de Patrick (les frères ne font pas partie des personnes vis-à-vis desquelles la cession est en principe libre, car ils ne sont ni ascendant, ni descendant du cédant). Patrick s'y refusant, Suzanne peut tout de même notifier le projet de cession à la société et aux deux autres associés, qui disposeront de 6 mois pour eux-mêmes les parts, ou les faire acquérir par la société ou par un tiers. A défaut Suzanne pourra céder ses parts à Jérôme.

17 Les sociétés d'exercice libéral (SEL)

EXO 17.01 Analyse d'un arrêt de la première chambre civile de la Cour de cassation en date du 15 janvier 2015 – participation à une SELARL juridique

1. Expliquez les faits de ce litige.

Messieurs X, Y et Z ont constitué une SELARL d'avocats (la société BRS). Ils vendent 49 % de leurs parts sociales à la société RP, une société de commissaires aux comptes, qui leur promet d'acheter le reste des parts. Mais finalement la société RP décide de ne pas respecter cette promesse. Les associés décident de poursuivre la société RP pour qu'elle respecte sa promesse alors que cette dernière estime que sa promesse est nulle.

2. Quel est le problème juridique auquel doit répondre la Cour de cassation ?

La profession de commissaires aux comptes est-elle une profession pouvant être qualifiée de juridique ?

3. Quels sont les arguments du pourvoi ?

M. Z s'est pourvu en cassation, il estime que la cour d'appel s'est trompée en annulant la promesse de la société RP de rachat de ses parts, car la profession de commissaire aux comptes est une profession juridique. Il est donc possible pour une société de commissaires aux comptes de se rendre propriétaire d'une part minoritaire du capital d'une SELARL d'avocats, pour finalement acquérir la totalité de ce capital.

4. Quels sont la solution et les arguments de la Cour de cassation ?

La Cour de cassation rejette le pourvoi de M. Z. Le capital d'une SELARL juridique doit être détenue majoritairement par des professionnels en exercice au sein de la société, le reliquat pouvant être la propriété par des personnes exerçant une autre profession juridique. Or la profession de commissaire aux comptes n'est pas une profession juridique, il n'est donc pas possible pour la société RP d'être propriétaire d'une part du capital de la société BRS et par conséquent d'avoir promis d'acquérir le reste du capital.

18 Les sociétés civiles immobilières (SCI)

EXO 18.01 Cass. com., 26 juin 2012

1. Rappelez la définition d'une société civile immobilière.

Une SCI est une société dont l'objet est nécessairement civil et lié à une problématique immobilière : achat et gestion en commun d'un immeuble, opération de promotion immobilier, placements financiers dans des biens immobiliers...

2. Quel est le problème juridique auquel doit répondre la Cour de cassation ?

A quelles conditions de procédure le créancier d'une SCI peut-il poursuivre le paiement de sa créance sur les associés de la SCI ?

3. Quels sont la solution et les arguments de la cour d'appel ?

La cour d'appel estime que la société Eurovia ne peut demander le paiement de la dette sociale, qu'à l'encontre de la SCI, et non auprès des associés de cette dernière (et notamment M. X). En effet, la société Eurovia a bien engagé des poursuites à l'encontre de la SCI, mais :

- ces poursuites n'ont pas échoué du fait de l'insuffisance ou de l'absence d'un actif du patrimoine de la SCI ;
- la SCI ne fait pas l'objet d'une procédure collective.

Pour ces deux raisons la SCI peut payer, et n'a pas été poursuivie vainement par son créancier, ce qui est la condition pour que celui-ci puisse se retourner, contre ses associés.

4. Quels sont la solution et les arguments de la Cour de cassation ?

La Cour de cassation casse et annule la décision de la cour d'appel :

- il apparaît que la SCI ne dispose d'aucun actif immobilier ;
- il n'est pas nécessaire que la SCI fasse l'objet d'une procédure collective pour que les associés soient poursuivis par les créanciers.

La SCI a bien été vainement poursuivie par son créancier qui peut se retourner contre M. X, son associé.

EXO 18.02 Avis publié dans un JAL

1. Quelle est l'utilité de l'insertion de cet avis ?

L'insertion dans un JAL après l'immatriculation de la société au RCS, rend la création de celle-ci opposable aux tiers.

2. Rappelez la définition d'une société civile immobilière de construction-vente.

Les sociétés civiles de construction-vente sont les outils juridiques utilisés par les promoteurs pour chaque projet de construction et de commercialisation d'un ensemble immobilier.

3. Qui sera responsable en cas de faute du gérant dans cette société ?

Le gérant d'une SCI peut être associé ou non, une personne physique ou une personne morale, mais dans ce dernier cas, les dirigeants de la personne morale qui assure la gérance sont soumis aux mêmes conditions et obligations, et encourent les mêmes responsabilités civile et pénale, que s'ils étaient eux-mêmes gérant.

Ici c'est une SARL qui est gérante, mais ce sera son propre représentant personne physique (M. Demeure) qui pourra voir sa responsabilité engagée, comme s'il était lui-même gérant de la SCI.

19 Les sociétés civiles professionnelles (SCP) et Les sociétés civiles de moyens (SCM)

EXO 19.01 Cass. civ. 1ère, 11 juillet 2018

1. Expliquez les faits de ce litige.

M. Y est kinésithérapeute au sein d'une SCP. Suite à une mauvaise manipulation, il a causé une blessure à un de ses patients M.X, qui l'a assigné ainsi que la SCP en responsabilité. M. Y est décédé avant les expertises requises par M. X et ses héritiers ont décidé de céder ses parts à un des associés de la SCP. M. X a poursuivi son action en responsabilité à leur encontre.

2. Quel est le problème juridique auquel doit répondre la Cour de cassation ?

Les héritiers d'un associé d'une SCP sont-ils tenus des dettes liées à l'exercice de la profession de cet associé au sein de la SCP alors qu'ils ont cédé ses parts suite à son décès ?

3. Quels sont les arguments de la cour d'appel ?

La cour d'appel estime que les héritiers ne sont pas responsables des dettes professionnelles de M. Y, car ils ont cédé les parts sociales de celui-ci à un autre associé de la SCP.

4. Quels sont la solution et les arguments de la Cour de cassation ?

La Cour de cassation casse et annule l'arrêt de la cour d'appel, car elle estime que chaque associé d'une SCP est responsable sur son patrimoine personnel des actes professionnels qu'il a accompli au sein de la société, peu importe qu'il ait cédé ses parts (ou que ses héritiers l'aient fait).

EXO 19.02 Extraits de statuts d'une SCM constituée entre des médecins

1. Montrez que l'objet social correspond bien à celui d'une SCM.

Une SCM regroupe des personnes physiques ou morales exerçant des professions libérales et a pour objet exclusif de faciliter pour chacun de ses membres l'exercice de son activité.
Ici l'objet social de la SCM de médecins répond bien à ces deux conditions :
- la mise en commun de moyens, qui sont décrits dans le deuxième paragraphe de l'article ;
- le fait que chacun des médecins de la société reste indépendant dans l'exercice de sa profession.

2. Expliquez l'intérêt des articles 7 et 8.

Une SCM ne réalise pas de bénéfices elle-même car chacun des professionnels reste indépendant et reçoit donc personnellement la rémunération de son travail. Il faut donc prévoir des dispositifs pour que les membres de la société entretiennent les moyens alloués par la société. Ici, il s'agit d'une redevance qui est fixée tous les ans par les associés et à laquelle chacun participe en fonction de sa part dans le capital social (article 7 des statuts). Le versement de la redevance doit correspondre parfaitement aux sommes dont a besoin la société, ce qui justifie la régularisation prévue par l'article 8 des statuts : la société à l'issue de cette régularisation ne subira pas de pertes et ne fera aucun bénéfice.

20 Les groupements agricoles

EXO 20.01 Problème juridique : conseiller une forme juridique pour une exploitation agricole

1. Jonathan et Kévin sont deux amis d'enfance nés dans le même village en Bretagne. Après leurs études, ils ont acquis une expérience en tant que salariés agricoles. Ils s'apprêtent aujourd'hui à reprendre l'exploitation de leurs parents et souhaitent s'associer. Ils anticipent des revenus assez faibles.

Jonathan et Kévin peuvent utiliser les trois formes juridiques. Toutefois, le GAEC semble particulièrement correspondre à leur projet. En effet, ils sont des personnes physiques, majeures, exploitants. Si leur activité est exclusivement consacrée au GAEC, ce qui semble le cas, ils peuvent bénéficier de la transparence pour maximiser leurs aides et subventions. Leur responsabilité est par ailleurs limitée (à deux fois le montant des apports). Enfin, ils anticipent des revenus faibles et le GAEC est le seul groupement à leur permettre d'opter pour le forfait à l'IR. Ces avantages compensent les formalités de constitution plus lourdes (agrément).

2. Daniel a 60 ans et souhaite dans un premier temps associer sa fille, Jennifer, de 25 ans à son affaire, pour lui laisser ensuite l'intégralité des parts.

Daniel a une fille majeure qui va participer à l'exploitation. A eux deux, ils peuvent opter pour n'importe quelle forme. Cependant, Daniel souhaite pouvoir laisser son affaire à sa fille lorsqu'il sera à la retraite. Une seule forme juridique permet d'exercer seul : il s'agit de l'EARL. La solution n'est pas désavantageuse car la transparence n'a pas d'intérêt dans ce cas. La constitution est plus lourde qu'en SCEA mais la responsabilité est limitée au montant des apports.

3. Emmanuel et Catherine sont deux exploitants agricoles de 45 ans. Leur fils, Paul, 14 ans veut absolument reprendre l'exploitation à leur départ à la retraite. Ils souhaiteraient l'associer à leur à l'exploitation familiale pour l'encourager.

Emmanuel et Catherine souhaitent associer leur fils mineur à leur exploitation. Ils n'ont pas le choix : seule la SCEA leur permet de s'associer avec un mineur. Il faudra bien attirer leur attention sur le fait que la constitution et le fonctionnement de cette forme sociale sont souples, mais que la responsabilité est bien plus lourde que dans les autres groupements (indéfinie et conjointe).

21 Groupement d'intérêt économique : GIE

EXO 21.01 Cas pratique – Choix d'une structure juridique : le GIE

1. Leur indiquer quels sont les avantages et les inconvénients du GIE.

Problème juridique : avantages et inconvénients du GIE

Avantages :

- Frais et formalisme réduits
- Pas de capital minimum
- Grande liberté pour organiser le fonctionnement
- Possibilité de mettre en commun des moyens et des activités
- Transparence fiscale

Inconvénients :

- Responsabilité indéfinie et solidaire des membres
- Peu compatible avec les activités lucratives.

2. Leur expliquer s'ils ont intérêt à opter pour le GIE ou pour la SAS

Problème de droit : conseil sur la forme juridique GIE ou SAS

Règles juridiques : la SAS a été initialement conçue pour accueillir des filiales communes d'entreprise. Elle peut donc apparaître parfois comme rivale du GIE.

- La SAS permet de mettre en commun un éventail plus important d'activités en commun puisqu'elle peut permettre la réalisation de bénéfice.
- Depuis 2008, il n'y a plus de capital minimum. Les formalités de constitution et de réalisation des apports sont un peu plus lourdes que pour le GIE (publication au JAL, dépôt des fonds, etc..) mais la SAS demeure très souple. Le fonctionnement est également très largement régi par les statuts.
- La responsabilité des actionnaires est limitée au montant des apports.
- La SAS a un président.
- La société est en principe imposée à l'IS.

Application au cas :

En l'espèce, malgré l'avantage considérable de la responsabilité limitée aux apports dans la SAS, plusieurs éléments conduisent à conseiller le GIE.

En effet, Albert, Baptiste et Coralie ont manifesté leur attachement à leur qualité de commerçant indépendant. Ici le GIE étant réservé à des activités auxiliaires aux activités principales des membres correspond bien à leur projet. Ils peuvent aussi être tous les trois administrateurs s'ils le souhaitent.

Les règles de fonctionnement sont, dans les deux cas, laissées très largement au contrat constitutif.

Les activités envisagées peuvent être exploitées sous n'importe laquelle des deux formes.

Toutefois, dans la mesure où les activités qu'ils envisagent ne génèrent que des charges, il est capital qu'ils puissent les faire remonter dans leurs résultats.

Ainsi, c'est le GIE qui correspond le mieux au projet des 3 commerçants.

22 Les caractéristiques de l'ESS

EXO 22.01 Analyse de documents

A partir des documents reproduits ci-dessous, vous présenterez les acteurs de l'économie sociale et solidaire qui embauchent le plus.
les acteurs traditionnels de l'ESS sont les associations à une très large majorité (plus de 83 % des structures de l'ESS), puis les coopératives (environ 12 %), puis les mutuelles et les fondations. Logiquement, il en ressort que les associations et les coopératives ont créé le plus d'emplois.

EXO 22.02 Cas Eqosphère

Pourquoi l'exemple reproduit ci-dessous relève-t-il de l'ESS ?
Cet exemple s'inscrit dans l'économie dite circulaire qui permet le recyclage de produits, alimentaires ou non. Cette structure bénéficie du soutien des pouvoirs public à travers le ministère de l'Agriculture. La gestion est conforme à certains principes, notamment celui consistant à ce que les bénéfices distribuables soient majoritairement consacrés à l'objectif de maintien ou de développement de l'activité de l'entreprise (50 % du résultat net est ici réinvesti) et dans des projets solidaires.

EXO 22.03 Consultation « Cousins d'Auvergne »

Quelle structure juridique leur conseillez-vous entre le GIE, l'association ou une société ?
Solution : voilà le raisonnement qu'il convient de mener pour distinguer la structure qui conviendrait à ce groupement qui vise à procurer des économies à ses membres :

- si l'activité du groupement est l'accessoire de celle de ses membres, il pourra s'agir d'un GIE (cf. chapitre 21) ;
- si en revanche, l'activité est autonome, il convient de déterminer si les membres recherchent avant tout l'économie réalisée ou s'ils recherchent avant tout le service dispensé. Dans le premier cas, il pourra s'agir d'une société ; dans le second, il s'agira davantage d'une association.

23 Les associations

EXO 23.01 Cas pratique - Analyse de situations pratiques

Précisez dans chacun des projets exposés ci-dessus la structure juridique qui vous semble la plus appropriée.
Justifiez votre réponse.
Cas 1 : il semblerait que les Italiens puissent constituer une association. La finalité d'une association ne doit pas être le partage des bénéfices. Cela n'empêche pas de demander une participation pour bénéficier des services (cours d'italien et cours de cuisine). L'association aura peut-être besoin d'être déclarée pour être titulaire de la personnalité juridique (notamment si les cours sont dispensés à titre onéreux).
Cas 2 : les commerçants de la ville de Saint-Ouen peuvent concevoir un groupement d'intérêt économique dans la mesure où ce service constitue une activité accessoire et située dans le prolongement de leur activité principale classique. La structure permet de limiter les frais de fonctionnement d'un tel service.

Cas 3 : une association consiste en une mise en commun de connaissances ou d'une activité. Aucun capital social n'est requis. Les membres à l'origine de l'association peuvent en devenir salariés : ils percevront alors un salaire qui n'est pas un bénéfice. La mairie subventionne l'association par la fourniture d'un local. Les bénéfices réalisés ne sont pas distribués mais permettent d'assurer le fonctionnement de l'association (instruments, concerts...).

EXO 23.02 Cas pratique - Association « Tous en forme »

1. L'association « Tous en forme » n'usurpe-t-elle pas le statut d'association ?

Principe juridique : une association régulièrement déclarée peut avoir une activité économique. L'activité consistant à fournir des services doit être prévue par les statuts de l'association. L'exigence d'un but non lucratif demeure, c'est-à-dire que l'association ne doit pas rechercher à titre principal la réalisation de bénéfices. L'association devient imposable si ses activités lucratives sont prépondérantes (plus de 63060 € de recettes par an pour l'année 2019).

Application au cas : l'association « Tous en forme » est bien une association si l'activité est exercée titre bénévole et désintéressé. C'est le cas des cinq amis.

2. Un commissaire aux comptes devrait-il être désigné ?

Principe juridique : une association est tenue à des obligations comptables dès lors qu'elle acquiert une certaine taille (article L. 612-1 du Code de commerce). C'est le cas des associations ayant une activité économique lorsqu'elle dépasse deux des seuils précisés par décret : 50 salariés ; 3 100 000 € de chiffre d'affaires ou de ressources ; 1,55 million d'euros de total du bilan.

Application au cas : l'association « Tous en forme » ne semble pas réunir les conditions fixées pour être contrainte de désigner un commissaire aux comptes. Toutefois, les statuts peuvent imposer une telle nomination.

3. Que pensez-vous de la régularité du contrat de bail ? Du contrat de travail ?

Principe juridique : constitue une convention réglementée dans une association le contrat conclu directement ou par personne interposée entre l'association et

- l'un de ses administrateurs ou l'une des personnes assurant un rôle de mandataire social ;
- et une autre personne morale dont un associé indéfiniment responsable, un gérant, un administrateur, le directeur général (...) est simultanément administrateur ou assure un rôle de mandataire social de l'association.

Un contrôle est réalisé après la conclusion de la convention réglementée. Le représentant de l'association présente à l'organe délibérant un rapport sur l'opération en question.

Constitue une convention courante la convention conclue à des conditions normales qui, en raison de son objet ou de ses implications financières, n'est significative pour aucune des parties.

Application au cas : le contrat de bail conclu par le président de l'association constitue une convention réglementée car Christian, son président, est associé indéfiniment responsable de la SCI propriétaire du local.

Le contrat de travail constitue une convention courante.

Remarque Une association peut embaucher des salariés à la condition d'avoir obtenu un numéro Siret d'association.

EXO 23.03 Exclusion d'un membre d'une association

1. Qui a introduit l'instance ? Quelle était la demande ?

L'association BNTB et un membre de l'association (société du Rhu) qui ont introduit l'instance. Ils veulent obtenir réparation des atteintes portées à la marque « Blé noir tradition Bretagne Gwinizh du Breiz » et à l'IGP « Farine de blé noir de Bretagne/Farine de blé noir de Bretagne – Gwinizh du Breizh ».

2. Dans quels cas la qualité de membre d'une association peut-elle se perdre ?

Outre la démission, la Cour de cassation rappelle les deux hypothèses dans lesquelles la qualité de membre d'une association (ou sociétaire) peut se perdre : la radiation et l'exclusion. La radiation suppose qu'une condition requise pour être membre a disparu (il y a donc une certaine objectivité). L'exclusion sanctionne une faute définie initialement dans les statuts, commise par le membre sanctionné et résulte d'une procédure disciplinaire.

3. Sur quel fondement le président de l'association a-t-il pu exclure la société Emile ? Comment la Cour d'appel de Rennes a-t-elle interprété cette disposition ? Qu'en pensez-vous au regard de la liberté contractuelle qui anime le droit des associations ?

Le président a fait application des statuts de l'association BNTB, en particulier de l'article 7 qui prévoit que la qualité de membre « se perd par non-respect du cahier des charges ».

La Cour d'appel de Rennes l'a interprété comme une clause de résiliation de plein droit de la qualité de membre. La société Emile ne respectait plus le contrat d'adhésion fondateur de BNTB (à savoir, les statuts), en particulier de son cahier des charges. Elle a commis une faute susceptible d'entraîner son exclusion de l'association.

Un vote formel en AG ne semblait pas requis pour prononcer une telle exclusion de l'association. Le droit des associations est fortement marqué par la liberté contractuelle. On pourrait imaginer aisément que les statuts d'une association puissent prévoir les modalités d'exclusion par cette seule stipulation statutaire et que l'exclusion de la société Emile soit alors régulière. La loi de 1901 n'impose que très peu de règles impératives. La « contractualisation » de l'association se matérialise par les statuts.

4. La sanction de l'exclusion disciplinaire est-elle finalement régulière en l'espèce ?

La Cour de cassation rend un arrêt de cassation. Elle retient que, « dans le silence des textes et des statuts relatifs au fonctionnement d'une association, la décision de radier ou d'exclure un sociétaire relève de l'AG, son président ne pouvant prendre, en cette matière, que des mesures à titre conservatoire ». Il apparaît donc que la clause statutaire de résiliation ne suffisait pas à exclure le membre d'une association qui ne respectait plus les conditions figurant dans le cahier des charges de l'association. L'exclusion d'un membre d'une association suppose le respect d'une procédure disciplinaire et la consultation de l'AG.

Remarque : la société Emile peut alors continuer à faire usage de la dénomination dans l'attente d'une exclusion régulière (procédure disciplinaire avec la convocation et la délibération d'une AG).

5. Que vient préciser, indirectement, cet arrêt sur le mandat du président d'association ?

Le président d'une association n'est pas un organe légal. C'est un mandataire, ce qui signifie qu'il tire ses pouvoirs du contrat d'association. En l'absence de disposition légale ou dans les statuts de l'association, il revenait à l'AG la compétence d'exclure ou de radier un de ses membres.

L'exclusion d'un membre comme sanction n'est envisageable qu'à la condition que les statuts prévoient ses causes et ses conditions. Le président de BNTB n'était pas investi pour le faire. Ce n'est qu'à titre conservatoire (c'est-à-dire dans l'attente de la décision définitive de l'AG) que le président pouvait l'exclure.

24 Les sociétés coopératives

EXO 24.01 Analyse de situations pratiques

Dans les situations ci-dessus, choisissez la forme de société coopérative qui convient le mieux au projet des coopérateurs.

Cas 1 : une SCIC semble être la forme adaptée au projet. Son objet est la production ou la fourniture de biens et de services d'intérêt collectif qui présentent un caractère d'utilité sociale. Elle permet de structurer des offres de services nécessitant, pour leur mise en œuvre et pour leur gestion, le rapprochement de différents partenaires privés et/ou publics.

Cas 2 : Christian peut trouver intérêt à se rapprocher d'une CAE (coopérative d'activités et d'emploi) qui lui permet dans un premier temps de rester salarié. Il bénéficiera d'une couverture sociale. Il bénéficiera du soutien et des conseils de gestion du CAE.

Cas 3 : la SCOP d'amorçage permet de passer « en douceur » du statut de société capitaliste en une SCOP. Les salariés ont un délai de 7 ans pour devenir majoritaires au capital. Leur capacité financière est donc prise en compte.

EXO 24.02 Organisme de foncier solidaire

1. Quelle finalité poursuit un organisme de foncier solidaire ? En quoi s'inscrit-il dans le cadre de l'économie sociale et solidaire ?

Les tensions sont très fortes sur le marché de l'immobilier, notamment en Île-de-France, privant ainsi beaucoup de personnes de la possibilité de devenir propriétaires. Parallèlement au marché, un organisme foncier solidaire propose un nouveau mode d'accession sociale à la propriété qui s'appuie sur une dissociation entre le terrain et le logement. Ce mécanisme permet d'échapper à la spéculation immobilière et s'intègre en cela à l'ESS. L'organisme foncier solidaire (OFS) acquiert le terrain grâce à un prêt à très long terme (pour en lisser la charge de remboursement). L'acquéreur devient propriétaire du logement seul, ce qui explique son prix raisonnable. « *C'est l'assurance de disposer, à long terme, d'un parc accessible, ce qui n'était pas le cas de l'accession sociale à l'ancienne, qui ne bénéficiait qu'au premier acquéreur, vite tenté de réaliser une belle plus-value en revendant* » (Christian Chevé, président de la Coopérative foncière francilienne).

2. Qu'est-ce qu'un BRS ?

L'OFS loue le terrain aux habitants (pour quelques euros par m2) et signe avec chaque habitant un bail réel solidaire (BRS) d'une durée de 18 à 99 ans, qui précise les conditions d'accession et de cession future du logement. L'accession sociale est réservée à des ménages aux ressources plafonnées. Aujourd'hui, l'OFS est la seule façon de proposer des immeubles situés près de Paris à des prix raisonnables.

3. Cela vous surprend-il que la Coopérative foncière francilienne soit constituée sous la forme d'une SAS ?

La Coopérative foncière francilienne est une coopérative qui est rattachée aux sociétés, comme toutes les coopératives. Il est donc tout à fait normal que la coopérative soit rattachée à une société par actions simplifiée.

4. Qu'est-ce qu'une SCIC et quelles sont ses caractéristiques ?

Une SCIC est une société coopérative d'intérêt collectif. Elle est d'ailleurs obligatoirement constituée sous la forme d'une SARL, d'une SA ou d'une SAS. Elle réunit des partenaires privés et publics pour produire ou fournir des biens ou services d'intérêt collectif. Le conseil d'administration de la Coopérative foncière francilienne réunit des villes, des bailleurs sociaux, promoteurs immobiliers.

25 La mise en œuvre de la responsabilité pénale

EXO 25.01 Analyse de document – CJIP signée par HSBC

Lisez l'article ci-dessus et indiquez quels sont les avantages de la CJIP pour HSBC Private Bank et pour l'État Français.

La convention judiciaire d'intérêt public est inspirée du droit américain. Elle a été introduite en droit français par la loi Sapin du 9 décembre 2016.

Du point de vue de l'État, c'est une procédure lourde et coûteuse qui est ainsi évitée. L'issue n'était pas certaine non plus car même si le fond est bien établi, une affaire peut être gagnée sur des questions de procédure

Le Parquet national financier (il a été institué près le TGI de Paris, à côté du Parquet généraliste, un Parquet national financier, compétent pour certains délits et pour des affaires financières complexes) a indiqué que la somme versée par HSBC dans cette affaire est supérieure au produit de l'ensemble des amendes versées en 2015 (277 millions).

Du point de vue de la banque, le montant de l'amende encourue était bien plus élevé (à titre de comparaison, USB a été condamnée pour les mêmes faits à une amende de 3,7 milliards d'euros en première instance le 20 février 2019). En outre, la CJIP n'est pas inscrite au casier judiciaire, ce qui permet à la personne morale de participer aux marchés publics. Enfin, il est probablement préférable pour son image que la publicité soit plus réduite que lors d'un procès pénal plus long.

EXO 25.02 Cas pratique – Questions de procédure pénale

1. Quelles sont les étapes de la procédure antérieure à cette notification ?

L'affaire a en principe fait l'objet d'une enquête préliminaire. Le procureur a ensuite saisi le juge d'instruction par un réquisitoire introductif d'instance. Celui-ci a mené l'instruction qu'il vient de clore.

2. Qu'est-ce que la procédure de comparution sur reconnaissance préalable de culpabilité ?

La procédure de comparution sur reconnaissance préalable de culpabilité ou « plaider coupable » permet d'éviter un procès pénal en cas de délit punissable d'une peine d'amende ou d'un emprisonnement maximal de 5 ans (c'est le cas ici avec l'abus de bien social – étudié au chapitre 27)

Le procureur propose au prévenu, qui reconnaît sa culpabilité, une peine limitée au montant maximal de l'amende ou à une peine de prison limitée au maximum à 1 an et à la moitié de la peine encourue, avec possibilité de sursis.

Cette procédure est mise en œuvre à l'initiative du procureur qui propose une peine au prévenu qui a dix jours pour l'accepter.

Si le prévenu accepte, le procureur de la République saisit le président du TGI d'une requête en homologation. L'ordonnance du président du TGI a les effets d'un jugement de condamnation, elle peut donc faire l'objet d'un appel.

3. Quelles sont les étapes suivantes de la procédure ?

Lorsque le juge d'instruction a terminé son instruction, il revient au procureur de prendre ses réquisitions. Les juges d'instructions décideront ensuite s'il y a lieu de renvoyer ou non l'affaire devant le tribunal compétent. En l'espèce, le recel (étudié au chapitre 26) et l'abus de biens social sont des délits. La juridiction compétente est donc le tribunal correctionnel.

En cas de renvoi, l'étape suivante est le procès et le jugement. Les voies de recours contre la décision du tribunal correctionnel sont l'appel et le pourvoi.

26 Les infractions de droit commun

EXO 26.01 Cas pratique – Arnaque aux diamants

Quelles infractions pénales vous paraissent-elles constituées ?
Problème juridique : quelles infractions sont constituées ?
Règles applicables :
Plusieurs qualifications peuvent être envisagées : l'escroquerie, le faux et l'usage de faux.
L'escroquerie est retenue si trois éléments sont présents.
L'élément légal est constitué par l'incrimination qui est prévue au Code pénal (article 313-1).
L'élément matériel correspond à l'utilisation de l'un des trois procédés frauduleux (usage d'un faux nom ou qualité, abus d'une qualité vraie ou emploi de manœuvres frauduleuses) dans le but d'obtenir une remise de la chose, la fourniture d'un service ou un acte opérant décharge en causant un préjudice à la victime.
L'élément moral ressort de l'intention frauduleuse de l'auteur.
Le faux est retenu à l'encontre d'un prévenu si trois éléments sont réunis.
L'élément légal est constitué par l'incrimination prévue au Code pénal (article 441-1).
L'élément matériel correspond à la réalisation d'un support qui manifeste une altération de la vérité (matérielle ou intellectuelle) et qui a une portée juridique cause un préjudice à autrui.
Pour l'élément moral, l'intention délictueuse est requise.
La qualification d'usage de faux nécessite la réunion de trois éléments.
L'élément légal est constitué par l'incrimination prévue au code pénal (article 441-1).
L'élément matériel requiert un faux et son utilisation pour obtenir quelque chose en causant un préjudice.
Enfin, s'agissant de l'élément moral : l'infraction est intentionnelle.
Application au cas : en l'espèce, Monsieur Degas réunit sur sa tête les éléments de l'escroquerie prévue au code pénal : il a créé un faux site internet, il a eu recours à une mise en scène et utilisé un faux document pour obtenir la remise de fonds – 100 000 euros – au préjudice de Monsieur Mondrian. Il a agi en toute connaissance de cause. L'infraction est donc constituée.
Monsieur Stein pourrait être poursuivi pour faux si les pierres n'ont jamais existé. Le faux est puni par le Code pénal, il y aurait écrit entaché d'une altération intellectuelle de la réalité au préjudice de Monsieur Mondrian.
Monsieur Degas pourrait être poursuivi comme co-auteur du faux (même analyse que ci-dessus) et pour usage de faux dans la mesure où il a utilisé intentionnellement le faux pour escroquer Monsieur Mondrian.

27 Les infractions spécifiques

EXO 27.01

Que risquent-ils ?
Problème juridique : Quelle infraction est constituée ? Quelle est la peine encourue ?
Règles applicables : Pour retenir la qualification de majoration frauduleuse des apports en nature, trois éléments doivent être réunis :
L'élément légal : le code commerce (article L. 241-3 1°) punit le délit.
L'élément matériel est établi si un apport en nature fait l'objet d'une surévaluation par toute personne.

L'élément moral correspond ici au mensonge sur l'évaluation.
La peine encourue est de cinq ans de prison et 9 000 euros d'agissant d'une SA.
Application aux cas : Le délit de majoration frauduleuse des apports en nature est constitué car les exigences du code de commerce sont réunies : les actionnaires ont retenu pour le matériel et les véhicules qu'ils apportaient une valeur de 37 000 euros au lieu de 25 000 euros et le rapport de l'expert prouve qu'ils ont agi en connaissance de cause : tant l'élément matériel que l'élément moral sont présents. Les associés risquent cinq ans de prison et 9 000 euros d'amende.

EXO 27.02 Cas pratique – La SARL Mario'ndgaz

1. Quelles infractions vous semblent avoir été commises ?
Problème juridique : quelles infractions sont constituées ?
Règles applicables :
L'abus de bien social est retenu si trois éléments sont réunis :
L'élément légal est constitué par l'incrimination qui est prévue au Code de commerce (article L. 241-3, 2°)
L'élément matériel correspond à la réunion de trois conditions : il doit y avoir utilisation des biens sociaux, cet usage doit se faire en causant un préjudice à la société : le patrimoine est diminué et enfin, cet usage est fait dans l'intérêt du dirigeant ou dans celui d'une société dans laquelle il est intéressé.
Il s'agit d'un délit intentionnel : le dirigeant doit être de mauvaise foi.
Le délit de **présentation de comptes ne donnant pas une image fidèle** peut être établie si trois éléments sont présents :
L'élément légal est constitué par la disposition pertinente du code de commerce (article L. 241-3 3°).
L'élément matériel répond à une double exigence : d'abord, les comptes doivent être inexacts et dissimuler la véritable situation de la société ; ensuite, ils doivent avoir été présentés aux associés s'agissant d'une SARL.
L'infraction est intentionnelle. L'élément moral résulte de la volonté de dissimuler la situation réelle de la société.
Le délit de **distribution de dividendes fictifs** résulte de la réunion de trois éléments :
L'élément légal est établi par le code de commerce (article L. 241-3 3° pour la SARL)
L'élément matériel implique l'absence ou le défaut d'inventaire, la distribution de bénéfices à partir de sommes non distribuables et la répartition de ceux-ci.
Le délit est intentionnel : le dirigeant doit avoir conscience d'agir en contrariété avec l'intérêt social pour satisfaire à l'exigence de l'élément moral.
***Application aux cas :* le délit d'abus de biens sociaux** prévu au Code de commerce paraît constitué. Monsieur Dominique semble avoir utilisé les fonds. Cet usage a diminué le patrimoine social. Il semble que Monsieur Dominique ait fait financer ses vacances à Nice par la société.
Monsieur Dominique était de mauvaise foi : l'activité de la société se déploie uniquement en région parisienne et aucun élément ne vient confirmer l'existence de clients potentiels dans une zone aussi lointaine.
Le **délit de présentation de comptes ne donnant pas une image fidèle** est réprimé par le Code de commerce. L'élément matériel est présent : les comptes sont inexacts car le passif est artificiellement diminué : des créances irrécouvrables n'ont pas été enregistrées. Les comptes ont été présentés en assemblée puisque des dividendes ont été distribués. Monsieur Dominique a volontairement effacé ces créances, l'élément moral est donc présent. L'infraction est constituée.
Le **délit de distribution de dividendes fictifs** est ici consommé. L'infraction prévue par le code de commerce est matérialisée par un inventaire frauduleux par minoration du passif. En outre,

des sommes ont été distribuées en l'absence de bénéfice distribuable. Monsieur Dominique a volontairement faussé les comptes, l'élément moral est donc présent.

Remarque D'autres délits tels que le faux ou des délits fiscaux peuvent être constitués. La justice applique les règles de cumul et ne retient en général que l'infraction la plus grave avec confusion des peines, de sorte que le nombre d'années de prison reste limité contrairement à ce que l'on peut voir aux États-Unis.

2. A quelles poursuites peuvent-elles donner lieu ?

Problème de droit : quelles actions peuvent être mises en œuvre en cas d'infraction pénale dont la société est victime ?

Règles juridiques : la société peut se constituer partie civile pour déclencher l'action pénale et poursuivre ainsi (ou par action séparée devant la juridiction civile) l'indemnisation de ses préjudices. Conformément au droit commun : peuvent agir au nom de la société, le dirigeant, ou à défaut, un associé.

Application au cas : La SARL Mario'ndgaz a subi un préjudice du fait des agissements de Monsieur Dominique. Peuvent agir en son nom, le nouveau gérant Olivier Marcel ou à défaut, Monsieur Mario Da Silva en tant qu'associé de la SARL.

EXO 27.03 Analyse d'une décision de justice – Crim, 17 mai 2006

1. les infractions retenues à l'encontre des dirigeants du LCL,

Dans cette affaire, les dirigeants du LCL ont été poursuivis pour présentation ou publication de comptes annuels infidèles, distribution de dividendes fictifs et complicité de ces délits.

2. la solution concernant les commissaires aux comptes,

La Cour casse la décision de la cour d'appel de Paris en date du 23 février 2005. Celle-ci ne pouvait écarter la responsabilité des commissaires aux comptes pour non révélation des faits délictueux.

3. les motifs de la Cour pour fonder cette décision.

La motivation de la Cour déduit la connaissance des faits délictueux par les CAC de la certification sans réserve de comptes sociaux, en parfaite connaissance de l'insuffisance des provisions pour risques et dépréciations.

EXO 27.04

1. Rappelez les notions de conventions réglementées et d'abus de bien social ainsi que les sanctions prévues par la loi.

Les conventions réglementées sont d'une façon très générale (chaque forme sociale, SA SARL et SAS obéit à des règles propres), des conventions passées :

- entre un dirigeant ou un associé et la société qu'il dirige ou dont il est associé d'une part et
- celles passées entre deux sociétés dans lesquelles le dirigeant ou l'associé est intéressé.

La réglementation de ces conventions a pour but de prévenir les conflits d'intérêt. Le défaut de respect de la procédure se traduit par des sanctions civiles : la responsabilité civile de l'auteur peut être recherchée (dommages-intérêts), dans certains cas la convention peut être annulée.

L'abus de bien social est constitué si trois éléments sont réunis :

L'élément légal est constitué par l'incrimination qui est prévue au Code de commerce (article L. 242-6 pour la SA à CA, par l'article L. 244-1, pour la SAS)

L'infraction se matérialise par la réunion de 3 conditions : il doit y avoir utilisation des biens sociaux, cet usage doit se faire en causant un préjudice à la société : le patrimoine est diminué et enfin, cet usage est fait dans l'intérêt du dirigeant ou dans celui d'une société dans laquelle il est intéressé.

Il s'agit d'un délit intentionnel : le dirigeant doit être de mauvaise foi.
Le dirigeant encourt une peine de 5 ans de prison et 375 000 euros d'amende. La sanction est donc pénale.

2. Formulez le problème de droit.
Problème juridique : Le dirigeant d'une SAS, dont les statuts répliquent le régime applicable à la SA (en prévoyant un directoire et un conseil de surveillance), qui a omis de solliciter l'autorisation préalable du conseil de surveillance pour un plan de sauvegarde ou un dispositif de départ à la retraite dont il bénéficie, commet-il un abus de bien social ?

3. Expliquez la motivation de la Cour de cassation.
La Cour considère que les actes visés étaient des conventions réglementées et que le dirigeant devait soumettre à l'autorisation préalable du conseil de surveillance, conformément aux dispositions statutaires de la SA. Elle constate ensuite que la procédure applicable n'a pas été suivie et déclare que les peines encourues pour l'abus de bien social prévues dans la cadre de la SA s'appliquent au dirigeant de la SAS par l'effet du renvoi de l'article L. 244-1 du Code de commerce.

4. Selon vous, pourquoi cette décision a-t-elle été très critiquée par la doctrine ?
La décision a été très critiquée par la doctrine (par exemple le professeur B. Dondero sur son blog). En effet, à la seule lecture de la décision, il semble y avoir confusion entre deux notions bien distinctes : les conventions réglementées d'une part et l'abus de bien social qui relève du droit pénal d'autre part. Si l'absence de respect de la procédure des conventions réglementées peut être retenue comme un indice de l'abus de bien social, celui-ci doit faire impérativement l'objet d'une analyse en trois temps : il faut établir que l'acte est contraire à l'intérêt social (1), qu'il est conclu dans l'intérêt personnel du dirigeant (2) et que ce dernier a agi avec une intention délictueuse (3).

28 Applications transversales

EXO 28.01 Situation pratique

1. La composition du conseil d'administration vous parait-elle conforme à la réglementation ?
Règles
Les administrateurs peuvent être :
- des personnes physiques ou des personnes morales (mais dans ce cas elles doivent nommer un représentant permanent-personne physique) ;
- des actionnaires ou non (mais les statuts peuvent l'exiger).

Les administrateurs-personnes physiques (ou représentant permanent des personnes morales) ne peuvent cumuler plus de 5 mandats d'administrateurs ou plus de 5 mandants au total tous mandants confondus (membre du conseil d'administration, du conseil de surveillance, du directoire, directeur général) de SA ayant leur siège social en France.
Pas plus d'un tiers des administrateurs ne peut être lié par un contrat de travail à la SA.
Le conseil d'administration est composé en recherchant une représentation équilibrée des hommes et des femmes (même si le législateur ne fixe pas de sanction en cas de non-respect de ce principe).
Le conseil d'administration est composé de 3 à 18 membres.

Application

La composition du conseil d'administration n'est pas conforme à la loi. En effet deux des cinq membres sont liés à la SA par un contrat de travail ce qui est supérieur au tiers. En principe, la nomination du dernier administrateur lié par la SA par un contrat de travail est nulle.

2. En quoi le 71ème anniversaire de M. Léger risque-t-il de perturber cette composition ? Comment devra alors réagir le conseil d'administration ?

Règles

- âge limite des administrateurs

L'âge limite pour être administrateur doit être précisée par les statuts. À défaut le nombre des administrateurs ayant dépassé l'âge de 70 ans ne pourra être supérieur au tiers des administrateurs en fonction. En cas de dépassement de la limitation statutaire ou légale relative à l'âge des administrateurs, le plus âgé est réputé démissionnaire d'office, sauf si les statuts prévoient une autre procédure.

- cooptation

Dans certains cas, le conseil d'administration peut lui-même choisir ces membres. Ces nominations devront être soumises à l'approbation de la plus prochaine AG ordinaire.

Lorsque le nombre d'administrateurs en fonction demeure supérieur au minimum statutaire, le conseil d'administration a la faculté de procéder entre deux assemblées à une nomination provisoire en cas de vacance par suite de décès ou de démission (cooptation facultative).

Lorsque le nombre d'administrateurs est devenu inférieur au minimum statutaire sans être inférieur au minimum légal, le conseil d'administration doit nommer provisoirement un administrateur pour compléter son effectif dans le délai de 3 mois à compter de la vacance (cooptation obligatoire).

Lorsque le nombre d'administrateurs est devenu inférieur au minimum légal de trois, les administrateurs restants doivent convoquer immédiatement l'AG ordinaire en vue de compléter l'effectif (cooptation interdite).

Application

Lorsque M. Léger aura 71 ans, deux administrateurs sur cinq dépasseront les 70 ans, ce qui est supérieur au tiers. Mme Bouffu qui est plus âgée sera réputée démissionnaire d'office.

Le conseil d'administration ne sera alors que composé de quatre membres, ce qui est supérieur au minimum légal mais inférieur au minimum statutaire qui est de cinq, il doit donc nommer un nouveau membre, et demander ratification lors de la prochaine AG.

3. A quelles conditions de quorum et de majorité un vote des actionnaires pourra-t-il éviter la survenance d'un tel risque ?

Règles

Les règles relatives à l'âge maximum des administrateurs peuvent être modifiées par une décision des actionnaires lors d'une assemblée générale extraordinaire qui est compétente pour modifier les statuts.

Les règles de quorum et de majorité sont les suivantes :

- quorum

Sur 1ère convocation, les actionnaires présents ou représentés doivent détenir 25 % des actions ayant droit de vote. Les statuts peuvent prévoir un quorum plus élevé pour les SA non cotées.

Sur 2ème convocation, les actionnaires présents ou représentés doivent détenir 20 % des actions ayant droit de vote. Les statuts peuvent prévoir un quorum plus élevé pour les SA non cotées.

- majorité

2/3 des voix dont disposent les actionnaires présents et représentés.

Application

Les actionnaires peuvent modifier les dispositions des statuts relatifs à l'âge maximum des membres du conseil d'administration en respectant les règles de quorum et de majorité décrites plus haut.

EXO 28.02 Situation pratique

1. Que pensez-vous de la validité de cette convention ?

Règles

- définition

  Les conventions réglementées sont des conventions passées, directement ou indirectement entre la SA et :

  - les mandataires sociaux de la SA : directeur général, directeur général délégué, administrateurs ;
  - l'un de ses actionnaires détenant plus de 10 % des droits de vote ;
  - une société contrôlant une société actionnaire qui détient plus de 10 % des droits de vote dans la SA en cause ;
  - une entreprise si le directeur général, l'un des directeurs généraux délégués, l'un des administrateurs SA est propriétaire, associé indéfiniment responsable, gérant, administrateur, membre du conseil de surveillance ou, de façon générale, dirigeant de l'entreprise ;
  - toute personne interposée.

    En revanche une convention est libre quand elle porte sur une opération courante et conclue à des conditions normales.

- procédure

  La convention réglementée doit respecter la procédure suivante :

  - la personne intéressée doit informer le conseil d'administration de la convention projetée et de ses modalités ;
  - le conseil d'administration donne son autorisation préalable motivée avant sa conclusion par un vote auquel l'intéressé, s'il est membre du conseil d'administration, ne participe pas ;
  - le président du conseil d'administration avise le CAC de la convention dans un délai d'un mois de sa conclusion ;
  - le CAC présente un rapport spécial à l'assemblée qui statue sur ce rapport. Au cours de cette AG, l'intéressé (s'il est actionnaire) ne prend pas part au vote et ses actions ne sont pas prises en compte pour le calcul du quorum et de la majorité.

- effets

  Les conventions réglementées approuvées ou non par l'assemblée produisent leurs effets vis-à-vis des tiers. Les conséquences préjudiciables à la société des conventions désapprouvées peuvent être mises à la charge de l'intéressé.

  Les conventions réglementées conclues sans autorisation préalable du conseil d'administration peuvent être annulées si elles ont eu des conséquences dommageables pour la société. En revanche le non-respect des autres phases de la procédure ne peut entrainer que la responsabilité de l'intéressé en cas de préjudice social mais pas la nullité de la convention.

  L'action en nullité se prescrit par 3 ans, à compter de la date de la convention.

Application

Le contrat de bail passé entre la SA et la femme de M. Valverde peut apparaître comme une convention réglementée car M. Valverde est indirectement intéressé à la convention. Les conditions de la convention apparaissent de plus comme anormales, le loyer étant supérieur au prix du marché.

La convention devra donc être approuvée par le conseil d'administration (sans que M. Valverde ne participe au vote), puis fera l'objet d'un rapport du CAC avant d'être (ou non) ratifiée par la prochaine AG (sans que M. Valverde ne participe aussi le cas échéant au vote).
La convention a des conséquences dommageables pour la SA qui a dû payer un loyer supérieur à celui du marché :
- si le conseil d'administration n'est pas consulté ou n'approuve pas la convention, celle-ci peut être annulée ;
- dans tous les cas M. Valverde devra indemniser la SA de ces conséquences.

2. Quelles peuvent être les conséquences pénales d'une telle convention pour M. Valverde ?
Règles
Une infraction est valablement constituée à conditions que les éléments suivants soient réunis :
- élément légal
  L'infraction est prévue par l'article L 242-6 du Code de commerce pour les SA à conseil d'administration.
- élément matériel
  Il est constitué par un usage des biens (ou de crédit) de la SA contraire à l'intérêt social : un dirigeant utilise à des fins personnelles des biens ou des crédits de la société.
- élément moral
  Le dirigeant recherche de manière intentionnelle un intérêt personnel direct ou indirect dans l'abus.
- sanction encourue
  Elle est de 5 ans d'emprisonnement et 375 000 € d'amende plus la possibilité de peines complémentaires.

Application
Les éléments constitutifs de l'infraction entrainant la responsabilité pénale de M. Valverde semblent remplis car celui-ci a voulu personnellement profiter du loyer surestimé versé par la SA à sa femme.

EXO 28.03 Situation pratique

1. Que vous inspire la situation comptable de la société ?
Règles
Si les pertes qu'a subies la société font que les capitaux propres représentent moins de la moitié du capital social, le conseil d'administration doit, dans les quatre mois de l'approbation des comptes qui ont fait apparaître cette situation, interroger les actionnaires sur les suites données à la société qui périclite.
Il doit donc convoquer l'AGE, qui peut décider de :
- dissoudre de manière anticipée la société ;
- reconstituer les capitaux propres, afin que ceux-ci représentent au minimum la moitié du capital social ;
- réduire le capital de la société d'un montant au moins égal à celui des pertes qui n'ont pas été imputées sur les réserves.

La reconstitution des capitaux propres et la réduction du capital doivent être réalisées au plus tard à la clôture du deuxième exercice suivant celui au cours duquel la perte de la moitié du capital a été constatée.
Si l'AG n'est pas consultée ou ne délibère pas de manière valable, tout intéressé peut demander en justice la dissolution de la société. Le juge peut toujours donner un délai maximal de six mois

pour régulariser la situation et ne pourra dans tous les cas prononcer la dissolution, si au jour où il statue, la régularisation a eu lieu.

Application

Les capitaux propres sont de 135 000 euros, soit moins de la moitié du capital social qui est de 300 000 euros, le conseil d'administration doit convoquer l'AGE pour qu'elle décide soit la dissolution de la société, soit de régulariser la situation.

2. M. Valverde minimise les problèmes que rencontre la société, que doit faire M. Turin, le commissaire aux comptes de la société ?

Règles

Lorsqu'il existe des faits de nature à compromettre la continuité de l'exploitation, le CAC a l'obligation de suivre la procédure suivante :

- il informe le président du conseil d'administration de l'existence des faits en cause ;
- à défaut de réponse ou de réponse satisfaisante dans un délai de 15 jours, il invite par écrit le président du conseil d'administration à faire délibérer le conseil d'administration sur ces faits. Une copie de cette invitation est transmise au président du tribunal de commerce. Les résultats de cette délibération à laquelle le CAC assistera lui seront aussi transmis ;
- à défaut de délibération du conseil d'administration, de délibération satisfaisante, ou en l'absence du CAC lors de celle-ci, une AG est convoquée par le conseil d'administration (ou à défaut par le CAC). Lors de cette AG, il sera débattu du rapport spécial rédigé par le CAC sur les faits ayant justifié la procédure. Ce rapport est communiqué le cas échéant aux représentants du personnel, ainsi qu'au président du tribunal de commerce ;
- à défaut de décision satisfaisante de l'AG, le CAC informe le président du tribunal de commerce de ses démarches.

Application

Les pertes que subit la SA sont de nature à compromettre la continuité de son exploitation, le CAC doit donc entamer la procédure décrite.

3. Décrivez brièvement les procédures auxquelles la société peut recourir pour répondre à ces difficultés économiques en insistant sur les avantages et les inconvénients de chacune d'entre elles.

Règles

La cessation de paiements est la situation d'une entreprise dont l'actif disponible ne permet plus de faire face au passif exigible. Lorsqu'une entreprise rencontre des difficultés sans être en situation de cessations de paiements, trois procédures lui sont offertes :

- le mandat ad hoc. Il s'agit de demander en justice la nomination d'un mandataire, qui aura pour mission de trouver des solutions aux difficultés rencontrées. Cette procédure est confidentielle ;
- la conciliation. Il s'agit de demander en justice la nomination d'un conciliateur, qui aura pour mission de négocier un accord amiable entre la société et ses créanciers. Cette procédure est confidentielle ;
- la sauvegarde. Il s'agit de demander en justice la nomination d'organes qui vont encadrer les pouvoirs du chef d'entreprise, et d'essayer de réorganiser la société pour qu'elle puisse poursuivre son activité, maintenir l'emploi et apurer son passif. Cette procédure a pour but de mettre en place un plan de sauvegarde. Elle débute par une période d'observation et pendant toute sa durée les créanciers de la société ne peuvent poursuivre le paiement de leurs créances. Cette procédure n'est pas confidentielle.

Application

La SA connait des difficultés mais elle n'est pas en situation de cessation des paiements. Parmi les trois procédures chacune a ses avantages et ses inconvénients, mais il semble que la procédure de conciliation soit la plus adaptée. Elle permet d'essayer de trouver un accord avec les créanciers de la société tout en laissant la totalité des pouvoirs à ses dirigeants et en restant confidentielle.

EXO 28.04 Situation pratique

1. La présence d'un commissaire aux comptes au sein de la SAS est-elle obligatoire ?

Règles

Si, dans une SAS, deux des trois seuils suivants sont dépassés, la désignation d'un ou plusieurs CAC par une décision collective des associés est obligatoire :

- montant du chiffre d'affaires HT : 2 000 000 € ;
- total du bilan : 1 000 000 € ;
- nombre moyen de salariés permanents employés au cours de l'exercice : 20.

De plus, les SAS qui contrôlent de manière exclusive ou conjointe une ou plusieurs sociétés ou qui sont contrôlées de la même manière par une ou plusieurs sociétés restent tenues de désigner au moins un CAC.

Enfin, un ou plusieurs associés représentant 10 % du capital peuvent demander en justice la nomination d'un CAC même si les conditions rendant la nomination obligatoire ne sont pas réunies

Application

La SAS concernée ne dépasse pas deux des trois seuils décrits, mais en revanche elle est contrôlée par la SA Valverde, elle doit donc nommer un CAC.

2. M. Valverde souhaiterait développer l'activité de cette filiale. Il a trouvé de potentiels investisseurs qui entreraient dans son capital social. Il a cependant peur que ceux-ci ne s'engagent que pour une période brève et ne cherchent à céder leurs actions à d'autres personnes. Que pouvez-vous lui conseiller ?

Règles

- clause d'agrément

  Les associés (ou certains d'entre eux) peuvent avoir à obtenir l'accord préalable de la société pour céder leurs actions.

  Si cette clause n'est pas respectée, la cession est nulle.

  En cas de mise en œuvre de la clause d'agrément prévue, le prix de la cession s'il n'est pas fixé par les statuts, est déterminé par un accord entre les parties à la cession ou par un expert (désigné par les parties ou par le président du tribunal).

  Lorsque les actions sont rachetées par la société, celle-ci est tenue de les céder dans un délai de six mois ou de les annuler.

  La clause d'agrément ne peut être adoptée ou modifiée que par une décision des associés dans les conditions et formes prévues par les statuts.
- clause d'inaliénabilité

  Les associés (ou seulement certains d'entre eux) peuvent être privés du droit de céder leurs actions, mais ces clauses ne sont valables que pour 10 ans au maximum.

  Si la clause n'est pas respectée, la cession est nulle.

  La clause d'inaliénabilité ne peut être adoptée ou modifiée que par une décision des associés à l'unanimité.

Application

M. Valverde peut avoir intérêt à insérer dans les statuts de la SAS une clause d'agrément et/ou une clause d'inaliénabilité qui limiteront les possibilités pour les nouveaux associés de quitter trop rapidement la SAS.

EXO 28.05 Commentaire de document

1. Définissez la notion de faute séparable des fonctions. Quelles sont les conséquences d'une telle faute ?

La faute séparable des fonctions est une faute intentionnelle d'une particulière gravité qui permet à un tiers qui a subi un préjudice de la part d'une société d'engager la responsabilité personnelle de son ou ses dirigeant(s) ?

2. Quel est le problème juridique soulevé par cet arrêt ?

La non souscription d'une assurance décennale par le gérant dont la société est en charge de la construction d'une maison individuelle est-elle constitutive d'une faute séparable des fonctions ?

3. Quels sont la solution et les arguments de la cour d'appel ?

La cour d'appel estime que M. B, le gérant de la société ABC, n'est pas responsable personnellement des dommages qu'ont subis les époux Z, du fait des désordres apparus dans la maison individuelle que la société leur a construite, et non indemnisés en l'absence de souscription d'une assurance. Elle estime que M. B n'étant pas partie au contrat passé entre les époux Z et la société ABC, sa responsabilité personnelle ne pourrait être retenue.

4. Quels sont la solution et les arguments de la Cour de cassation ?

La Cour de cassation casse et annule l'arrêt rendu par la cour d'appel. Elle estime que M. B peut être tenu personnellement responsable car le fait de ne pas avoir souscrit d'assurance permettant d'indemniser les défauts lors de la construction de la maison individuelle constitue une faute séparable des fonctions pouvant entrainer sa responsabilité personnelle.

EXO 28.06 Etude d'arrêt portant sur la paralysie d'une société

1. Quels sont les faits dans ce litige ? Qui forme le pourvoi en cassation ?

Le capital social de la société civile HFP est réparti entre 3 associés, parmi lesquels le gérant détient 50 % des parts. Les 2 autres associés demandent judiciairement la dissolution de la société fondée sur la mésentente entre les associés qui conduirait à la paralysie de la société. Le gérant s'y oppose.

Le gérant de la SCI forme le pourvoi en cassation.

2. Comment se caractérise la paralysie d'une société ? Quelle est la position de la Cour de cassation dans cet arrêt ?

Cette question relève de l'appréciation souveraine des juges du fond. Pourtant la Cour de cassation exige que les juges du fond déterminent par des motifs précis que la mésentente entre les associés paralyse bien le fonctionnement social. La seule mésentente entre les associés ne suffit pas pour que la dissolution de la société soit prononcée. Elle doit provoquer la paralysie du fonctionnement de la société. L'existence de pertes financières n'est pas de nature à constituer un critère de la paralysie. C'est par exemple l'impossibilité pour les assemblées d'adopter des décisions collectives qui caractérise par exemple la paralysie (Civ. 3ème, 26 novembre 2015).

Dans l'arrêt rendu le 5 avril 2018, la Cour de cassation casse et annule l'arrêt rendu par la Cour d'appel de Toulouse. Les deux associés qui demandent la dissolution n'évoquent qu'une perturbation du fonctionnement normal de la société. La Cour de cassation retient alors que la paralysie de la société n'est pas avérée malgré la mésentente durable, l'absence de toute confiance entre les associés, la transmission à la mairie de projets différents et concurrents et les pertes financières dues à des loyers dérisoires.

3. Quelles solutions auraient permis aux demandeurs d'échapper à cette situation ?
Les demandeurs auraient pu invoquer l'abus de majorité en démontrant que le gérant a adopté des décisions contraires à l'intérêt social. La mise en œuvre de la responsabilité du gérant pour faute de gestion pouvait également être envisagée en s'appuyant sur la santé financière de la société. Enfin, le gérant aurait pu être révoqué pour juste motif. La désignation d'un administrateur provisoire semble difficile à obtenir dès lors qu'il n'y a pas de véritable blocage (en cas de mise en péril de l'intérêt social). Enfin, les associés ont la possibilité de se retirer si les statuts le permettent.

EXO 28.07 Cas pratique « Thé et Chat conseils »

1. Simon Chat aurait-il pu être salarié de la SARL aux lieu et place de cogérant ?
Principe juridique : il n'existe aucune incompatibilité de droit entre la qualité d'associé majoritaire et celle de salarié de la SARL dès lors que l'intéressé n'outrepasse pas ses pouvoirs d'associé, qu'il ne s'immisce pas dans la gestion et qu'ainsi sa fonction salariale s'exerce bien dans un réel état de subordination envers le gérant. Par ailleurs, il appartient à celui qui invoque le caractère fictif du contrat de travail d'en rapporter la preuve.
Application au cas : sous réserve des conditions évoquées ci-dessus, rien ne s'opposait à ce que Simon Chat puisse être associé majoritaire et salarié de la SARL au lieu de cogérant.

2. Adèle bénéficie-t-elle d'un droit de veto en ce qui concerne le bail commercial ?
Principe juridique : le droit de vote étant consacré par la loi et reconnu comme droit fondamental de l'associé, le législateur ne prévoit pas de droit de veto (remarque : il peut résulter d'un aménagement statutaire dans certaines sociétés telles que la SAS). En revanche, ce droit de véto peut se manifester à travers le pouvoir d'opposition du cogérant contre une décision que peut prendre l'autre gérant avant qu'elle s'applique (article L223-18 al. 7 du Code de commerce). L'opposition sera sans effet si le contrat a été conclu, à moins que les tiers en aient eu connaissance.
Application au cas : dans la mesure où le contrat de bail reste en l'état de projet, Adèle Thé peut s'y opposer en tant que cogérante.

3. Pourquoi seule la révocation judiciaire d'Adèle Thé est envisageable ? A quelles conditions la révocation judiciaire peut-elle être prononcée ?
Principe juridique : le gérant d'une SARL peut être révoqué en interne, c'est-à-dire par décision des associés représentant plus de la moitié des parts sociales. Par conséquent, le gérant détenant la moitié des titres est alors irrévocable. Seule la révocation judiciaire reste alors ouverte, pour cause légitime, à la demande de tout associé (article L. 223-25 al. 2 du Code de commerce). La cause légitime doit être appréciée au regard de l'intérêt social. Elle sera prononcée s'il est démontré que la conduite des affaires sociales par le gérant affecte la gestion de la société.
Application au cas : Simon ne peut obtenir la révocation d'Adèle Thé que par la voie judiciaire. Il semblerait que le fonctionnement de la société ne soit pas altéré mais Adèle Thé a agi conformément à son intérêt personnel et a méconnu l'intérêt social. Le tribunal de commerce prononcera sans doute la révocation d'Adèle.

4. Au vu des conséquences liées au rejet de la demande de révocation judiciaire, quelle différence essentielle existe-t-il entre la qualification de « juste motif » et de « cause légitime » de révocation ?
Si le juge ne reconnaît pas l'existence d'une cause légitime de révocation, le gérant est maintenu dans l'exercice de son mandat. Il pourrait même être indemnisé pour l'atteinte portée à son honorabilité.
Quand la révocation du gérant est obtenue en interne, c'est-à-dire sur décision majoritaire, elle conserve un caractère irréversible en l'absence de juste motif. Le gérant révoqué sans juste motif pourra alors être indemnisé.

5. Outre les conséquences pénales, Simon Chat peut-il obtenir réparation pour le préjudice subi ? Sur quel fondement ?

Principe juridique : la responsabilité du gérant peut être engagée en cas de violation des statuts, d'infractions aux lois et règlement et faute de gestion. Tout dirigeant doit agir dans l'intérêt de la société, et non dans son intérêt personnel. Le gérant peut alors être condamné à réparer le préjudice subi par la société ou un associé en cas de violation du devoir de loyauté et de fidélité qui lui incombe. L'action peut être engagée par un associé individuellement ou au nom de la société.

Application au cas : outre l'engagement de sa responsabilité pénale, la recherche d'un gain personnel par Adèle Thé constitue un détournement de son mandat visant à poursuivre l'intérêt social de la SARL. La rémunération obtenue par Adèle aurait dû profiter à la SARL. Simon Chat peut engager cette action en réparation à titre individuel et au nom de la SARL.

Remarque Pénalement, Adèle Thé a commis un abus de biens sociaux.

Index

Table des matières

PARTIE 4 : LES AUTRES GROUPEMENTS

PARTIE 5 : L'ECONOMIE SOCIALE ET SOLIDAIRE (ESS) ET LE MONDE DES AFFAIRES

PARTIE 6 : LE DROIT PÉNAL DES AFFAIRES

Conception graphique : Sylvie Vaillant
Composition Maury

Paris – juillet 2020 – MV-CK/EG

PAPIER À BASE DE FIBRES CERTIFIÉES

Foucher s'engage pour l'environnement en réduisant l'empreinte carbone de ses livres. Celle de cet exemplaire est de : 1.9 kg éq. CO_2 Rendez-vous sur www.editions-foucher-durable.fr

Achevé d´imprimer en Espagne par Grafo à Basauri - Dépôt légal: 15870-6/01 - Août 2020